타로와 카발라,
신의 우주 설계도

제1부
생명의 나무와 마이너 아르카나

윤 민 지음

마름돌

타로와 카발라,
신의 우주 설계도

제1부
생명의 나무와 마이너 아르카나

초판 1쇄 발행 2025년 5월 15일

지은이 윤민
편집 윤민
디자인 김성엽의 디자인모아, 서진(모눈종이)
펴낸곳 윤앤리퍼블리싱
임프린트 마름돌
주소 경기도 용인시 기흥구 보정로 30, 114-1502
전화 070-4155-5432
팩스 0303-0950-9910
카페 http://cafe.naver.com/ynl
유튜브 http://www.youtube.com/user/yoonandlee
이메일 krysialove@naver.com
페이스북 https://www.facebook.com/yoon.min.10
인스타그램 https://www.instagram.com/yoon.min.10

ISBN 979-11-987982-2-0   03180

그 때에 사람의 손가락이 나타나서 왕궁 촛대 맞은편 분벽에 글자를 쓰는데 왕이 그 글자 쓰는 손가락을 본지라. (다니엘서 5장 5절)

지은이 윤민

17년간의 직장생활을 마무리하고 2013년에 '윤앤리 퍼블리싱' 출판사를 차렸다. 2017년부터는 '마름돌'이라는 이름으로 새롭게 출발했다. 거칠고 울퉁불퉁한 돌을 꾸준히 다듬고 연마하여 널리 쓰일 수 있는 단단하고 매끈매끈한 마름돌을 탄생시키겠다는 의지가 담겨 있는 이름이다.

번역서 《신비주의 기독교》, 《타로 속으로 떠나는 명상 여행》, 《그대, 아직도 '나'를 찾고 있는가?》 외 16종

저서 《센과 치히로의 신곡》, 《죽음의 무도》 외 4종

이메일 krysialove@naver.com
카페 http://cafe.naver.com/ynl
유튜브 http://www.youtube.com/user/yoonandlee
페이스북 https://www.facebook.com/yoon.min.10
인스타그램 https://www.instagram.com/yoon.min.10

일러두기

- 이 책에서 설명하는 타로와 카발라에 관한 내용은 앨리스터 크로울리의 『토트의 서(Book of Thoth)』와 디온 포춘의 『미스티컬 카발라(Mystical Qabalah)』를 주로 참조하였다.
- 시중에서 판매하는 토트 타로 덱을 구매하여 카드에 담긴 상징체계를 공부하고 명상의 도구로 활용할 것을 권한다.
- 코트 카드와 메이저 아르카나는 향후 출간 예정인 제2부에서 다룰 것이다.

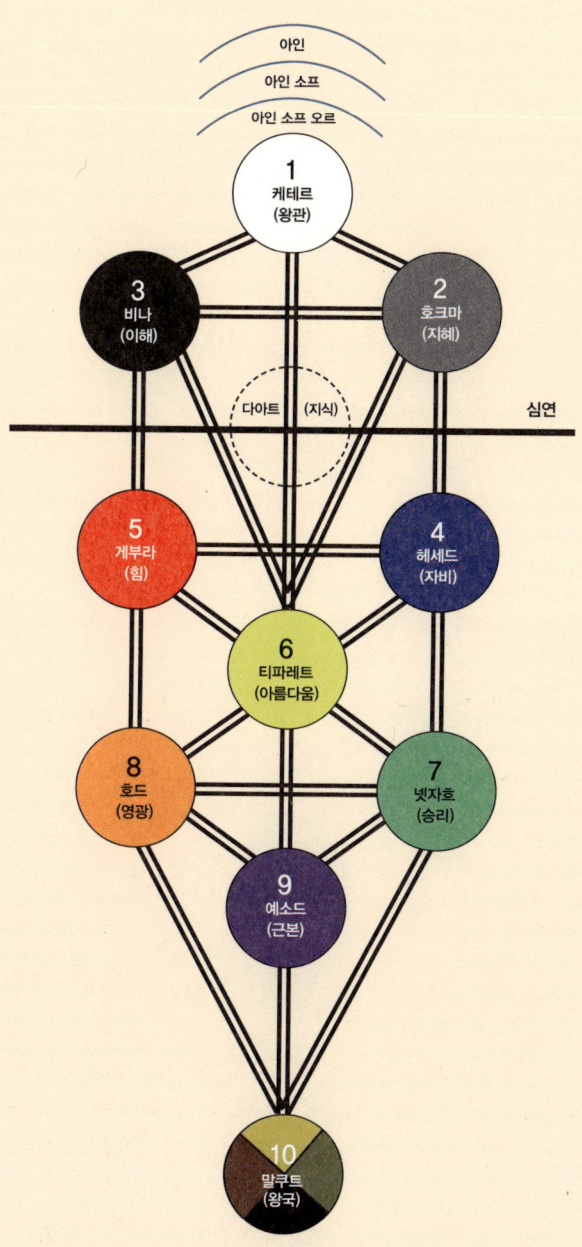

 서문

"나는 어디에서 왔는가?"

"나는 누구인가?"

"나는 어디로 가는가?"

인간이 스스로 생각하는 법을 터득한 후부터 가졌던 가장 중요한 세 가지 질문이 아닐까? 지금도 많은 사람이 일상에 치이면서도 어느 날 문득, 고된 직장/사회생활 중 번아웃이 찾아올 때, 계획했던 일이 뜻대로 풀리지 않아 곤경에 처할 때, 사람으로 인해 상처를 받을 때, 하던 일을 잠시 멈추고 본능적으로 던져보게 되는 질문들이다. 나도 그랬고, 내 주변 사람들과 먼 옛날에 살았던 우리 조상들도 그랬을 것이다. 나만, 우리만 직면한 새로운 의문, 새로운 고민거리는 아니라는 얘기다. 태양 아래 새로운 것은 없다.

그런데 이 세 질문에 대한 해답은 아주 오래전에 이미 나왔다. 처음에 그 해답을 제시한 자, 그 소중한 비밀을 인간에게 전수한 자가 누구였는지 알 수 없을 정도로 까마득한 옛날에 나왔다. 신화와 전설은 선사시대(先史時代), 즉, 역사가 글로 기록되기 이전 시대의 역사라고 한다. 신의 특명을 받은 천사가 세상에서 가장 오래된 이 비밀을 최초의 인간에게 가르쳤다는 설도 있고, 인간의 형상을 띠고 땅에 내려온 지식의 신이 당시 동물에 가까웠던 초기 인류에게 이 가르침을 전파하며 그들을 교화했다는 말도 있다. 그 후 이 비밀 지식을 중심으로 세계 각지에서 수많은 종교와 철학 학파가 탄생했고, 사제단과 스승들은 선택받은 몇몇 후계자들과 제자들에게 이 '신의 말씀'을 대대로 전했다. 이렇게 시대를 관통하며 오늘날까지 전해 내려오는 이 지식은 하나의 전통으로 자리를 잡았다. 그런데 왜 대다수 사람은 아직도 이 비밀을 모르고 있는 것일까?

모든 종교에는 평신도와 일반인을 위한 대중적 또는 통상적 가르침(exoteric teachings)이 있고, 인사이더, 즉, 입문의 과정을 거친 자들을 위한 오컬트 또는 비의적 가르침(esoteric teachings)이 따로 있다. 불교에서는 이를 현교(顯敎)와 밀교(密敎)라 부르고, 기독교에서는 정교(正敎; orthodox)와 신비주의(mysticism)[1]로 둘을 구분한다. 겉으로 드러났음을 의미하는 표층(表層)과 안에 감춰져 있음을 의미하는 심층(深層)이라는 용어도 종종 사용된다. 유대교에서는 평신도를 위해 율법 중심의 토라(Torah; 모세 5경)를 제공하고, 사제들과 대제사장을 위한 고급 지식체계인 미슈나(Mishnah)와 카발라(Qabalah)가 따로 있다. 예수도 자신의 설교를 들으러 오는 일반 청중과 최측근 제자들을 구분하여 가르침을 전수했다. 성경에도 이 사실이 기록되어 있다.

> (마가복음 4:10) 예수께서 홀로 계실 때에 함께한 사람들이 열두 제자로 더불어 그 비유들을 묻자오니
> (마가복음 4:11) 이르시되 하나님 나라의 비밀을 너희에게는 주었으나

외인에게는 모든 것을 비유로 하나니

(마가복음 4:33) 예수께서 이러한 많은 비유로 저희가 알아들을 수 있는 대로 말씀을 가르치시되
(마가복음 4:34) 비유가 아니면 말씀하지 아니하시고 다만 혼자 계실 때에 그 제자들에게 모든 것을 해석하시더라

이렇게 사람에 따라 차별을 두고 지식을 공개한 데는 그럴만한 이유가 있다. "아는 것이 힘이다."라는 말이 있다. 지식은 날카로운 검과 같아서 숙련되지 않은 사람이 함부로 휘둘렀다간 자기 손은 물론, 본의 아니게 남까지 상해할 수 있고, 이기적인 마음을 품고 그 지식을 오용하고자 하는 자의 손에 쥐어지면 파괴의 도구로 쓰일 수 있다. 물리학의 법칙을 아직 배우지도 않은 초등학생들에게 폭탄 만드는 법을 가르치고 재료를 나눠주면 안 되듯이, 오컬트 지식(숨겨진 지식)도 막중한 책임감으로 이를 올바르게 취급할 줄 아는, 강력한 힘의 유혹에 넘어가지 않고 자기 통제력을 발휘할 줄 아는, 사적인 목적으로 사용할 의도가 없음을 입증한 자들(입문자)에게만 주어져야 한다고 생각했기에 오랜 세월 동안 불특정 다수에게는 널리 공개되지 않았다.

이 지식이 이단으로 규정되어 탄압을 받던 시절도 있었다. 당시 이 지식을 소유한 혐의로 지목된 입문자는 종교재판을 받은 후 끔찍한 죽임을 당했고, 이 지식을 보존하고 후대에 전하는 중책을 맡은 자들은 지하로 숨어들 수밖에 없었다. 우연인지는 몰라도, 이 무렵에 인간뿐 아니라 우주의 비밀을 간직한 이 지식체계, 스승에서 제자에게로 구전(口傳)되어

내려오던 이 전통은 심볼의 형태로 기록되기에 이른다. 다음은 마름돌 출판사에서 2022년에 출간한 폴 포스터 케이스의 『타로 속으로 떠나는 명상 여행』에서 발췌한 것으로, 이 오컬트 지식이 '타로'라 불리는 상징 체계에 압축된 경위를 설명하고 있다.

14세기 이전에는 이 희한한 카드 덱에 관한 공식적 기록이 없다. 오늘날 박물관에 보존된 가장 오래된 타로 디자인은 대략 1390년경에 그려진 것으로 추정된다. 하지만 오컬트 전통에 따르면 1200년경에 최초의 타로가 등장했다고 한다.

오컬트 전통에 따르면 타로는 모로코의 페스에서 정기적으로 만났던 마스터들에 의해 '시대를 초월하는 지혜(Ageless Wisdom Teachings)'의 일부로 편입되었다고 한다. 알렉산드리아의 도서관이 파괴된 후 페스는 학문의 중심지가 되었다. 진리를 탐구하는 전 세계 많은 구도자가 페스의 대학을 찾아왔다. 깨달음에 이른 자들로 구성된 형제단(Brotherhood of Enlightened Men)의 일부 단원들도 이 고대 도시에 정착했다. 이들은 정기적으로 만나 서로 의견을 교환하고, 각자 새롭게 발견한 것을 공유하고, 이것이 철학적인 관점에서 의미하는 바가 무엇인지 규명하기 위해 의견을 나누며 토론을 벌이곤 했다.

이들의 자유로운 토론과 아이디어의 공유를 가로막는 가장 큰 장애물은 언어장벽이었다. 앞서 언급했듯이, 이 모임은 세계 각지에서 몰려든 다국적 마스터들로 구성되어 있었다. 따라서 이들은 언어로 원활하게 소통하면서 철학적 대화를 나눌 수 없었다. 하지만 이들은 우주의식 계발을 위한 시각적 원형의 패턴과 이미지의 활용에는 정통했기에 언어 대신 그림과 심볼로 대화를 나눌 수 있었다. 이들은 세상에서 가장 중요한 영적 원리와 의식에 담긴 오컬트의 힘을 표현하기 위해 그림의 형태로 된 책을 만들기로 한다. 이들이 고안한 그림들은 수의 조화와 부합하는 형태와 조합으로 배열되었다.(어쩌면 중국에서 온 마스터가 이 기발한 아이디어를 처음 제안했는지도 모른다. 동양에는 "백문이 불여일견"이라는 속담도 있고, 중국에서 사용하는 문자도 일종의 상형문자다. 그림의 형태로 된 한문은 개념을 전달하는 수단이며, 따라서 서로 말이 통하지 않는 중국인, 일본인, 한국인끼리도 한문으로 쉽게 의사소통을 할 수 있다.)

이 마스터들은 그림이라는 기본적인 틀에 서양 신비주의의 카발라에서 가져온 숫자와 문자체계를 덧입혀 영적 진화의 도구를 완성했다. '이스라엘의 비밀 지혜'로도 불리는 카발라는 기원전부터 구전되어 온 견고한 학문체계로, 역사적으로 많은 구도자가 이 체계를 통해 깨달음에 이른 바 있다. 따라서 타로를 온전하게 이해하고 최대한 활용하기 위해서는 카발라의 지식도 요구된다.

이 책의 제목에 '신의 우주 설계도'라는 표현을 넣은 이유는 위 인용문에서 언급한 타로와 카발라가 실제로 신이 어떤 목적으로, 어떻게 우주를 창조했는지, 그리고 왜 인간을 비롯한 무수한 생명체로 그 우주를 가득 채웠는지를 적절하게 설명하는 체계이기 때문이다. 타로와 카발라는 인간은 왜 존재하는지("나는 어디에서 왔는가?"), 인간이 해야 할 일은 무엇인지("나는 누구인가?"), 인간의 궁극적인 운명은 무엇인지("나는 어디로 가는

가?")에 관한 해답도 제시하는 인생 매뉴얼이자 로드맵이다.

타로는 단순히 예쁘고 화려한 그림이 잔뜩 그려진 점술 도구가 아니라 책 수십 권으로도 그 안의 내용을 다 다룰 수 없을 정도로 방대한 지식이 저장된 작은 반도체 칩에 비유할 수 있는 작은 책 또는 경전이다. "백문불여일견(百聞不如一見)." 백 번 듣는 것보다 한 번 보는 것이 낫다는 뜻이다. 영어에는 이와 비슷한 의미로 "A picture is worth a thousand words."라는 표현이 있다. 그림 하나에 천 개의 단어로 쓰인 정보가 들어있다는 뜻이다. 타로에 담긴 상징, 즉, 심볼은 수많은 그림을 하나의 이미지로 또 압축한 것이다. 심볼의 형태로 저장된 이 지식은 일종의 암호화 데이터와 같아서, 암호를 푸는 열쇠가 없으면 그 의미를 온전하게 이해할 수 없다. 열쇠를 가진 자가 '비유를 해석'하여 풀이해주기 전에는 그저 추상적인 그림 그 이상도 이하도 아니다. 이 지식에 '오컬트(감춰진, 숨겨진)'라는 수식어를 붙이는 이유 중 하나다. 표면적으로는 드러나 있으나 그 의미가 감춰져 있으므로 그렇게 불리는 것이다.

한때는 남녀가 육체적으로 결합하여 그 결실로 새로운 생명이 태어나는 탄생의 원리도 오컬트 지식이었다. 지구가 태양계의 중심이 아니라 지구를 포함한 행성들이 태양 주위를 돌고 있다는 사실도 소수 입문자만 아는 비밀이었다. 이 책에서 다루고 있는 타로와 카발라도 마찬가지다. 오늘날 타로와 카발라를 공부하고 싶은 사람은 누구나 서점에 가서 마음에 드는 책을 사서 공부하거나 온라인에서 제공되는 수많은 영상을 무료로 시청할 수 있다. 지금은 이 지식이 오컬트이기는커녕, 자료가 넘쳐나서 어떤 책과 영상을 골라야 할지 고민해야 할 판이다. 하지만 불과 100년 전까지만 해도 사정이 달랐다. 그 당시 타로와 카발라를 공부하려면 진실성을 입증한 구도자들에게만 이런 지식을 제공하는 오컬트 단체에 정식으로 입문하고, 많은 시험을 통과하고 일정 수준 이상의 등급에 오른 후에야 약간의 지식을 얻을 수 있었다. 이 입문자들은 타로와 카발라에 관한 지식을 통해 자신과 삶의 의미를 발견하고, 이에 맞춰 인생의 항로를 정했다.

오늘날 시중에서 판매되고 있는 타로 덱은 대부분 19세기 후반에 영국에서 설립된 오컬트 단체인 황금새벽회(The Hermetic Order of the Golden Dawn)에서 집대성한 체계를 기반으로 하고 있다. 초보자들에게도 익숙한 라이더-웨이트-스미스 덱을 제작한 아서 에드워드 웨이트, 이 책에서 중점적으로 다룰 토트 타로의 제작자 앨리스터 크로울리도 황금새벽회에 입문하여 타로와 카발라 지식을 습득했고, 난해하기로 정평이 난 카발라의 가르침을 비교적 이해하기 쉽게 풀어서 설명한 『미스티컬 카발라(The Mystical Qabalah)』의 저자, 디온 포춘도 황금새벽회 전통을 계승했다.

이런 입문자들의 노력으로 타로와 카발라의 비밀이 우리에게도 널리 공개되었고, 이는 현재의 인류가 이 지식을 받아도 될 수준으로 의식이 상승했음을 의미한다. 결코 우연이 아니다. 지금 시점의 인류에게 꼭 필요한 지식이기 때문에 공개된 것이다. 최근 전 세계적으로 많은 사람이 타로에 관심을 가지기 시작한 현상도 다 같은 맥락이다. 지금은 주로 점술 도구로서의 활용에 치중되어 있지만, 카드에 그려진 이미지들이 사람들의 뇌리에 각인되고 영향을 발휘하면서 타로와 카발라를 학문적 관점에서 공부하는 사람들도 앞으로 늘어날 것이다. 그리고 크로울리의 말대로 이들이 새로운 시대의 도래 후 인류가 통과해야 할 암흑의 시기에 횃불을 들고 앞장서서 길을 밝히는 자들이 될 것이다.

『타로와 카발라, 신의 우주 설계도』라는 제목에서도 볼 수 있듯이, 이 책은 타로뿐 아니라 타로의 기반이 되는 유대교의 형이상학 체계인 카발라도 함께 다루고 있다. 이번에 출간하는 제1부에서는 타로와 카발라를 공부하기 전에 알아야 할 기초 지식, 카발라 생명 나무의 구조, 생명 나무에 달린 열매('세피로트'), 그리고 각 세피라에 상응하는 타로 마이너 아르카나 카드들의 속성을 집중적으로 파헤치고 있다. 생명의 나무와 세피로트에 관한 설명은 디온 포춘의 『미스티컬 카발라』를 주로 참조하였으며, 타로에 관한 설명은 황금새벽회의 전통에서 탄생한 덱 중, 본래의 가르침을 그대로 보존하면서도 새로운 시대에 맞게 일부 내용을 개정한 토트 타로의 매뉴얼 격인 앨리스터 크로울리의 『토트의 서(The Book of Thoth)』를 소스로 삼았다. 향후 출간 예정인 제2부에서는 코트 카드와 메이저 아르카나를 심층적으로 분석하고, 생명의 나무를 타고 오르는 영적 성장의 여정을 다룰 예정이다.

영국의 록 그룹, 비틀스는 1967년에 『Magical Mystery Tour』라는 제목의 앨범을 발표했다. 우리말로는 '환상적인 신비 여행' 정도로 번역할 수 있다. 인생은 곧 여행이다. 사람으로 태어나 성장하는 것도 여행이다. 이번 책을 준비하면서 인간은 마법과 신비로 가득한 우주를 여행하는 나그네라는 느낌을 여러 차례 받았다. 그리고 타로와 카발라는 이 환상적인 신비 여행에서 우리가 길을 잃지 않도록 도와주는 지도이자 내

비게이션이라는 생각이 들었다. 이 책은 그 복잡한 지도를 조금 더 읽기 편한 형태로 만들고자 하는 취지에서 쓰였다. 동료 여행자들에게 조금이라도 도움이 되었으면 하는 마음으로 서문을 마친다.

서문 _ 007

제1장
타로와 카발라를 공부하기 전에 알아야 할 기초 지식

타로란 무엇인가? _ 025

토트, 오컬트 가르침의 스승 _ 029

황금새벽회 _ 031

헤르메스 철학의 일곱 가지 기본 원칙 _ 037

    I. 유심론의 원칙 _ 037

    II. 상응의 원칙 _ 040

    III. 진동의 원칙 _ 043

    IV. 극성의 원칙 _ 046

    V. 리듬의 원칙 _ 049

    VI. 인과관계의 원칙 _ 053

    VII. 성의 원칙 _ 058

기존 타로와 토트 타로의 가장 큰 차이점 – '새 시대(The Aeon)' _ 062

    I. 이시스의 시대 _ 064

    II. 오시리스의 시대 _ 066

    III. 호루스의 시대 _ 068

다채로운 재료로 만들어진 한 장의 카드 _ 070

프톨레마이오스의 세계관 _ 073

별자리의 성질 _ 078

    I. 활성사인 - 양자리, 게자리, 천칭자리, 염소자리 _ 081

    II. 고정사인 - 황소자리, 사자자리, 전갈자리, 물병자리 _ 082

    III. 변동사인 - 쌍둥이자리, 처녀자리, 사수자리, 물고기자리 _ 087

10분각 _ 088

에센셜 디그니티, 별자리와 행성의 상성 _ 090

열두 별자리의 키워드 _ 094

    I. 양자리 _ 095

    II. 황소자리 _ 097

    III. 쌍둥이자리 _ 099

    IV. 게자리 _ 101

    V. 사자자리 _ 103

    VI. 처녀자리 _ 105

    VII. 천칭자리 _ 107

    VIII. 전갈자리 _ 109

    IX. 사수자리 _ 111

    X. 염소자리 _ 113

    XI. 물병자리 _ 115

    XII. 물고기자리 _ 117

고대의 일곱 행성과 일곱 신 _ 119

    I. 토성 _ 121

    II. 목성 _ 122

    III. 화성 _ 124

    IV. 태양 _ 125

V. 금성_126

　　VI. 수성_128

　　VII. 달_129

4대 원소와 제5원소_130

　　I. 흙_132

　　II. 물_132

　　III. 불_133

　　IV. 공기_134

　　V. 영_134

엘리멘탈에 관하여_135

　　I. 흙의 정령_139

　　II. 물의 정령_141

　　III. 불의 정령_142

　　IV. 공기의 정령_144

엘리멘타리_145

제2장
생명의 나무

형성의 서, 세페르 예치라_151

생명의 나무_159

발산과 대우주의 창조_164

입문과 소우주의 진화_172

세 개의 기둥_181

'The Naples Arrangement'_194

생명의 나무를 나누는 여러 기준_215
　네 개의 세상_216
　인간의 혼을 구성하는 요소들_226
　매크로프로소포스, 마이크로프로소포스, 마이크로프로소포스의 신부_229
　발음할 수 없는 신의 이름, יהוה(YHVH)_232
　[도표] 황도대, 일곱 행성, 스몰 카드, 코트 카드, 에이스_243

제3장
10개의 세피로트와 마이너 아르카나 (스몰 카드)

(0) 아인 소프(무한)_251

(1) 케테르(왕관)_257
　에이스 카드의 기본 속성_276
　Ace of Wands – 불의 힘의 근원_277
　Ace of Cups – 물의 힘의 근원_280
　Ace of Swords – 공기의 힘의 근원_286
　Ace of Disks – 흙의 힘의 근원_290

(2) 호크마(지혜)_296
　2번 카드의 기본 속성_314
　2 of Wands – 지배_316
　2 of Cups – 사랑_319
　2 of Swords – 회복된 평화_323
　2 of Disks – 조화로운 변화_327

(3) 비나(이해)_333
　3번 카드의 기본 속성_356

3 of Wands - 확립된 힘_357

　　　3 of Cups - 풍요_359

　　　3 of Swords - 슬픔_364

　　　3 of Disks - 물질적 일_369

(4) 헤세드(자비)_373

　　　4번 카드의 기본 속성_395

　　　4 of Wands - 완성된 일_395

　　　4 of Cups - 즐거움/쾌락_398

　　　4 of Swords - 갈등 후의 휴식_401

　　　4 of Disks - 세속적 파워_404

(5) 게부라(힘, 가혹)_408

　　　5번 카드의 기본 속성_445

　　　5 of Wands - 갈등_446

　　　5 of Cups - 즐거움의 상실_448

　　　5 of Swords - 패배_450

　　　5 of Disks - 세속적 문제_452

(6) 티파레트(아름다움)_455

　　　6번 카드의 기본 속성_526

　　　6 of Wands - 승리_527

　　　6 of Cups - 기쁨_531

　　　6 of Swords - 성취한 성공_533

　　　6 of Disks - 물질적 성공_536

티파레트 아래의 하위 세피라_539

(7) 넷자흐(승리)_547

　　　7번 카드의 기본 속성_573

　　　7 of Wands - 용기_574

7 of Cups - 성공의 허상 _ 578

7 of Swords - 불안정한 노력 _ 580

7 of Disks - 실현되지 못한 성공 _ 583

(8) 호드(영광) _ 590

8번 카드의 기본 속성 _ 628

8 of Wands - 신속 _ 629

8 of Cups - 성공의 유기 _ 631

8 of Swords - 제한된 힘 _ 634

8 of Disks - 신중 _ 637

(9) 예소드(근본) _ 640

9번 카드의 기본 속성 _ 665

9 of Wands - 강력한 힘 _ 666

9 of Cups - 물질적 행복 _ 668

9 of Swords - 절망과 잔혹 _ 671

9 of Disks - 물질적 이득 _ 674

(10) 말쿠트(왕국) _ 677

10번 카드의 기본 속성 _ 734

10 of Wands - 억압 _ 736

10 of Cups - 완벽한 성공 _ 740

10 of Swords - 파멸 _ 744

10 of Disks - 부 _ 747

맺음말 _ 756

주석 _ 759

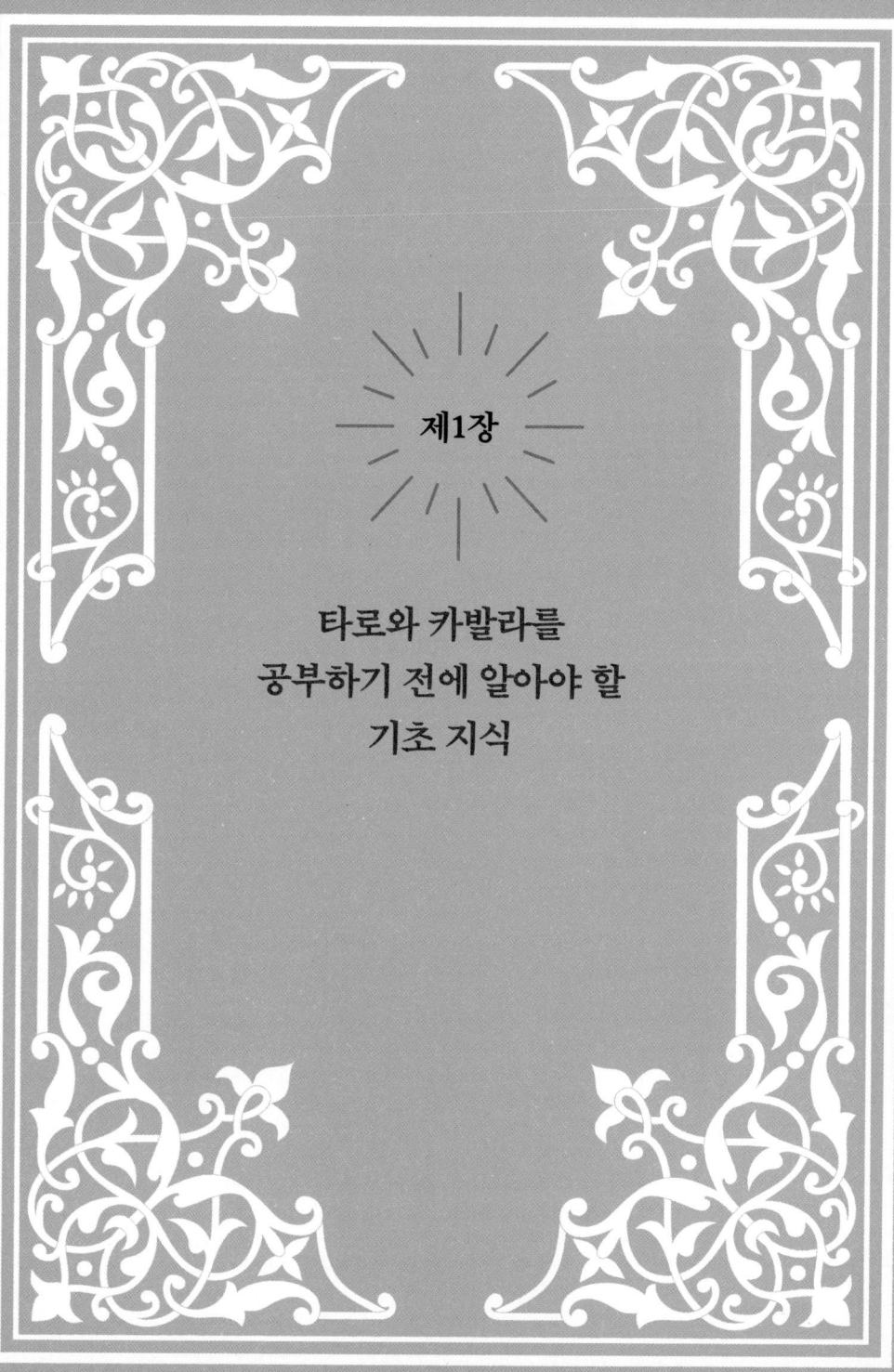

제1장

타로와 카발라를
공부하기 전에 알아야 할
기초 지식

타로란 무엇인가?

'타로(Tarot)'라는 단어의 기원에 관해서는 여러 설이 있다. 아일랜드의 오컬트 연구가, 마이클 트세리온[2]은 타로를 주제로 한 어느 강의에서 이 단어가 고대 이집트 신화에서 출산과 생식능력을 관장하는 하마 형상의 여신, 타와레트[3]에서 유래되었고, '진리'를 의미하는 영어단어 'truth'도 같은 뿌리에서 파생되었을 가능성이 있다고 주장했다. 그는 동양의 다라보살[4]이 타로의 기원일 가능성도 함께 제기했다.

카발라와 타로를 비롯한 서양의 오컬트 지식체계를 연구하는 단체인 B.O.T.A.의 설립자, 폴 포스터 케이스[5]는 타로 메이저 아르카나의 10번 카드, '운명의 수레바퀴'에 적힌 네 문자, T, A, R, O를 다양한 순으로 조합하여 다음과 같은 라틴어 문장을 만들어냈다.

Rota Taro Orat Tora Ator.

다소 억지스럽고 어색하지만, "타로(Taro)의 수레바퀴(Rota)는 아토르(Ator)의 법(Tora)을 말한다(Orat)."는 뜻이다. 여기서 'Tora'는 모세가 전한 유대교의 율법인 '토라[6]', 그리고 'Ator'는 이집트판 비너스인 '하토르[7]' 여신을 각각 의미한다. 아이에게 사랑을 퍼붓고 영양분을 제공하는 하토르는 이시스[8] 여신의 어머니로서의 측면을 상징한다.

한편 글쓰기와 지식을 관장하는 이집트의 신, 토트[9]가 집필한 것으로 알려진, 오늘날 전설의 형태로 제목만 전해지는 『토트의 서[10]』가 다름 아닌 타로라는 설도 있다. 현재까지도 완전하게 발굴되지 않은 이집트 기자 지구의 스핑크스 아래에 고대의 신비주의 입문자들을 양성하던 사원이 있었는데, 당시의 입문 후보들이 사원 대회랑의 벽에 그려진 여러 그림(타로 이미지)으로 구성된 '책'을 보면서 명상하고 우주의 신비를 사색하며 깨달음에 이르렀다는 주장이다. 이처럼 두꺼운 베일에 싸인 타로의 기원을 고대, 특히 이집트와 연결하려는 시도는 지금까지도 꾸준히 이어지고 있다.

'전해진 지혜'를 의미하는 유대교 신비주의 전통의 형이상학 체계, 카발라(Qabalah; קבל)의 기원도 사정은 비슷하다. 유대교, 기독교, 이슬람교의 뿌리이자 시조로 알려진 고대 이스라엘의 족장, 아브라함[11]이 우주의 창조 과정을 설명하는 카발라의 대표적 경전, 『세페르 예치라(Sepher Yetzirah; 형성의 서)』의 저자라는 설도 있고, 모세[12]가 시내산에 올랐다가 신으로부터 십계명뿐 아니라 탈무드[13]와 카발라의 가르침까지 받아서 내려왔고, 이후 여러 시대에 걸쳐 세상에 출현한 선지자와 현자들을 통해 오늘날까지 이 가르침이 전해지고 있다는 말도 있다. 아담과 이브가 에덴동산에서 쫓겨나기 전, 천사들이 인류가 낙원으로 다시 복귀하는 방법을 가르쳐주기 위해 최초의 인간에게 카발라를 전수했다고 주장하는 랍비[14]들도 있다.

타로든 카발라든, 전설상으로는 까마득히 먼 옛날에 기원을 두고 있으나, 실존하는 가장 오래된 카드 덱과 카발라 문헌은 기껏해야 몇백 년 전까지밖에 거슬러 올라가지 않는다. 하지만 이 책의 바탕이 된 『토트의 서』의 저자, 앨리스터 크로울리[15]는 이런 역사와 전통은 그다지 중요하지 않다고 말한다. 무엇보다 중요한 것은 카발라를 기반으로 하는 타로의 체계가 인간과 우주를 아주 절묘하게 설명하고 표현하고 있다는 사실이다. 이 책에서도 타로와 카발라에 담긴 핵심 가르침을 익히고, 그 가르침을 일상에서 발견하고 적용함으로써 우주의 섭리를 이해하고 자기를 계발하는 방법을 제시하는 데 초점을 맞출 것이다.

타로를 한마디로 요약하면 '서양의 비의(秘儀; esoteric) 지식을 총망라하여 그림의 형태로 기록한 경전'으로 표현할 수 있을 것 같다. 구전 전통과 얼마 되지 않는 문헌의 형태로만 전해지는 카발라의 일러스트 버전인 셈이다. 카발라 사상체계의 중심인 생명의 나무(Tree of Life) 도안에는 '세피로트[16]'라 불리는 10개의 '열매'와, 이 세피로트를 연결하는 22개의 '가지'가 있다. 생명 나무의 위에서 아래까지 순서대로 매달린 10개의 세피로트에는 1부터 10까지의 숫자와 이름이 각각 지정되고, 생명의 나무 위에는 신이 자신의 모습을 드러내기 이전의 상태, 즉, 세상이 구체화하기 이전(Unmanifest)의 공(空) 또는 무(無)의 상태를 상징하는 세 개의 베일(Three Veils of Negativity)이 구름처럼 둥둥 떠 있다.

발산[17]의 과정을 통해 1번부터 순차적으로 탄생하는 10개의 세피로트는 우리 눈에 보이는 객관적 우주, 즉, 대우주(大宇宙; Macrocosm)의 창조, 진화, 동작, 파괴, 순환의 원리를 설명하며, 불, 물, 공기, 흙의 4대 원소를 기준으로 네 개의 슈트로 나뉜 타로의 마이너 아르카나(Minor Arcana[18])에 해당한다. 한편 22개의 가지는 인간, 즉, 소우주(小宇宙; Microcosm)의 성장을 지도해주는 지침서, 고대인들의 말을 빌리자면 인간이 에덴동산으로 돌아가기 위해 필요한 지도, 내비게이션 또는 열쇠

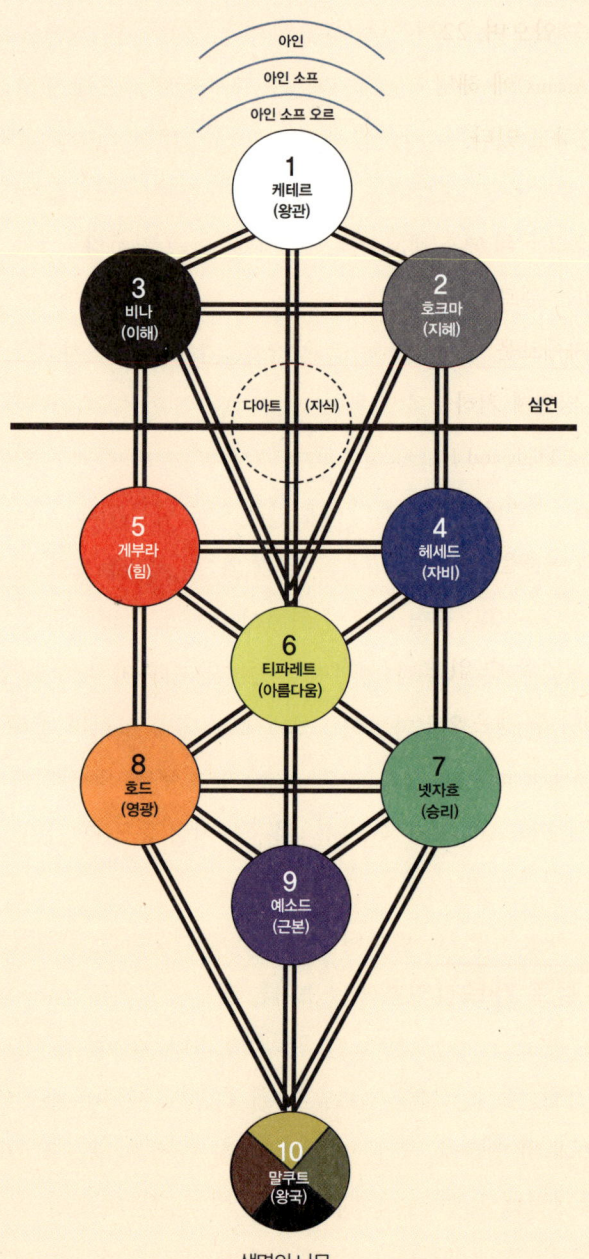

라고 할 수 있으며, 22개의 히브리 문자와 22장의 타로 메이저 아르카나(Major Arcana)에 해당한다. 『세페르 예치라』에서는 이 구조를 다음과 같이 설명하고 있다.

> 야(Jah), 만군의 여호와(Jehovah of hosts), 이스라엘의 신(God of Israel), 살아있는 엘로힘(Living Elohim), 모든 시대의 왕(King of Ages), 자비롭고 자애로운 신(The Merciful and Gracious God), 높으신 분(Exalted One), 영원에 거하는 자(Dweller in Eternity), 가장 높고 성스러운 그 분(Most High and Holy)은 세 세파림(Sepharim) – 수(Numbers), 문자(Letters), 소리(Sounds) – 을 통해 서른두 개의 신비로운 지혜의 길로 자신의 이름을 새기셨다.
>
> 열은 형언할 수 없는 세피로트다. 스물둘은 문자이자, 만물의 근본이다. 이 중 셋은 어머니 자음(Mother Letters)이고, 일곱은 더블 자음(Double Letters)이고, 열둘은 단순 자음(Simple Letters)이다.

토트, 오컬트 가르침의 스승

타로의 기원, 역사, 전통보다는 내용이 더 중요하다고 강조했던 크로울리도 토트의 이름을 따서 자신이 제작한 타로 덱을 『토트 타로(Thoth Tarot)』로 명명했고, 이 덱의 매뉴얼 격인 책의 제목도 『토트의 서 – 이집트의 타로(The Book of Thoth – Egyptian Tarot)』로 지었다. 그만큼 오컬트에

글쓰기와 지혜의 신, **토트**

서 이집트와 토트는 중요한 위치를 차지하고 있다.

따오기[19]의 머리를 가진 것으로 묘사되는 토트는 그리스의 헤르메스[20]와 로마의 머큐리[21]처럼 신의 말씀(가르침)을 기록하는 필경사이자, 이를 온 세상에 전파하는 전령, 메신저이기도 하다. 신화에 등장하는 이들의 활약상을 보면 살이 찔 겨를이 없을 정도로 천국, 지상, 지하 세계를 자유롭게 바삐 오가며 신의 의지를 실현하는 도구로 쓰이는 모습을 볼 수 있다. 머큐리는 전령의 임무를 신속하게 수행하기 위해 아예 날개 달린 모자와 신발까지 착용하고 있다. 비밀 마스터(Secret Chiefs)로부터 메시지를 받아 훗날 텔레마(Thelema; Θελημα; 그리스어로 '의지'라는 의미) 철학의 토대가 되는 『법의 서(Book of the Law)』를 필사한 크로울리도 『토트의 서』에서 자신을 '필경사'라고 칭한 바 있다.

연금술(鍊金術; Alchemy)에서는 우주의 능동적 에너지(陽)와 수동적 에너지(陰)를 각각 상징하는 유황(sulphur)과 소금(salt)을 연결해주고, 중간에서 소통을 관장하고 중재자 역할을 하는 매체가 수은(mercury[22])이라고 설명한다. 마법 지팡이를 쥔 한 손으로는 하늘을 가리키고 다른 손으로는 땅을 가리키며 천지간 매개 역할을 하는 타로 메이저 아르카나의 '마법사' 역시 신과 인간, 하늘과 땅, 영과 물질을 맺어주는 우주의 공인 중 개사, 머큐리다. 미국의 신비주의 철학자, 맨리 P. 홀[23]이 어느 강의에서 머큐리를 예수, 부처, 크리슈나 등과 같은 종교적 인물에 비유한 것도 같은 맥락에서 나온 말이다. 맨눈으로 볼 수 없는 태양 빛이 프리즘을 통과하면 인간이 인지할 수 있는 다채로운 색으로 변하듯이, 이들 모두 보통 사람이 이해하기 어려운 신의 뜻, 신의 말씀을 우리가 소화할 수 있는 형태로 풀어서 설명해주고 전해주는 메신저이자 인류의 스승 역할을 하고 있기 때문이다. 이 책의 제2부에서 메이저 아르카나의 개별 카드에 관해 설명하면서 다양한 옷을 걸치고 이름을 지닌 토트의 여러 측면을 다시 만나게 될 것이다.

황금새벽회(The Hermetic Order of the Golden Dawn)

타로와 카발라를 논하면서 오컬트 지식의 체계화와 대중화에 지대하게 공헌한 영국의 오컬트 단체, 황금새벽회에 관한 이야기를 하지 않을 수 없다. 그럼 지금부터 크로울리가 『토트의 서』에서 서술한 이야기를 토대로 이 단체의 설립 배경을 간단히 알아보도록 하자.

> 프랑스에서 오컬트 르네상스가 꽃을 피우던 무렵, 영국에서도 비슷한 움직임이 일고 있었다. 당시 영국에서는 고대의 종교, 입문 의식, 마법 전통에 관한 관심이 서서히 고조되고 있었다. 오컬트 지식을 중심으로 여러 비밀단체와 유사 단체들이 새롭게 설립되거나 부활했고,

이런 단체 중 프리메이슨의 한 지파인 콰투어 코로나티 롯지(Quatuor Coronati Lodge)에 소속된 세 명의 인사가 있었다. 런던에서 검시관으로 활동하던 웨스트콧 박사[24], 우드포드 박사[25], 그리고 우드먼 박사[26]가 바로 이 이야기의 주인공이다. 이 셋 중 누가 런던의 패링던가(Farringdon Road)를 방문했는지, 그가 방문했던 곳이 진짜로 패링던가였는지에 관해서는 약간의 논란이 있긴 하지만, 어쨌든 이들 중 한 명이 1884년 또는 1885년에 잘 알려지지 않은 런던의 헌책방, 고물상이 끌고 가던 수레, 또는 도서관에서 독특한 고서(古書) 한 권을 입수했다는 사실에는 의심의 여지가 없다. 고서 안에는 누군가의 글이 담긴 종이가 여러 장 끼워져있었고, 종이에는 암호화 형태의 글이 빼곡히 적혀 있었다. 암호문에는 오컬트 의례를 통해 입문 의식을 거행하고 입문자에게 일정한 지위를 수여하는 비밀단체의 설립 절차뿐 아니라, 타로의 트럼프(메이저 아르카나)와 히브리 알파벳의 각 문자를 연결하는 상응 관계에 관한 지식도 담겨 있었다. 여기까지는 논란의 소지가 없는 사실이다.

이들의 주장에 따르면 문제의 암호화 원고는 19세기 초에 누군가에 의해 작성되었고, 원고 중에는 엘리파스 레비[27]가 직접 쓴 것으로 보이는 노트도 있었다고 한다. 엘리파스 레비가 불워 리턴[28]을 만나기 위해 영국을 방문했을 당시 이 원고를 접했을 가능성은 매우 높아 보인다. 구체적인 사실관계가 어찌 되었든, 전술한 바와 같이 레비는 트럼프와 히브리 문자 간의 상응 관계를 정확하게 알고 있었으며, 비밀유지 서약을 지키는 범위 내에서 이 지식을 활용했던 것으로 보인다.[29]

각 트럼프의 올바른 속성을 손에 넣는 순간, 타로는 하나의 생명체로 거듭난다. 상응 관계가 놀랍도록 정확하게 맞아떨어지는 것을 보며 누구나 지적으로 감탄할 수밖에 없는 체험을 하게 된다. 일반 학자들이 이해하고 있는 전통적인 해석이 유발하는 혼란과 수긍할 수 없는 각종 의문도 일시에 자취를 감춘다. 이런 점들을 고려했을 때, 이 암호화 원고를 작성했던 자들이야말로 진리의 수호자였다는 주장에 고개를 끄덕일 수밖에 없다는 생각이 든다.

그럼 이제 암호화 원고를 작성하고 공개한 자들의 체계가 옳았음을 한 단계 더 뒷받침하기 위해 웨스트콧 박사와 그의 동료들이 부활시킨 비밀단체, 황금새벽회(Hermetic Order of the Golden Dawn)의 역사를 살펴볼 차례다.

앞서 설명했듯이, 고서에 끼워져있던 종이 뭉치에는 타로의 속성뿐 아니라 오컬트 입문 의식의 비밀을 간직한 기초적인 정보도 기록되어 있었다. 원고에 따르면 독일에 거주하는 슈프렝겔 여사(Fraülein Sprengel)라는 사람이 단체 설립의 승인 권한을 소유하고 있었다. 암호화된 원고의 내용을 해독한 후 웨스트콧 박사는 슈프렝겔 여사에게 편지를 보냈고, 그녀의 허락하에 1886년에 황금새벽회를 설립했다.

암호화 원고의 내용을 활용하여 황금새벽회의 설립까지 가능케 한 일련의 작업을 추진한 천재의 이름은 사무엘 리델 매더스[30]였다. 슈프렝겔 여사는 영국에서 황금새벽회가 설립된 지 얼마 되지 않아 세상을 떠났다. 더 높은 차원의 지식을 요청하는 황금새벽회 측의 서한에 그녀의 동료가 답신을 보내면서 여사의 부고 소식을 전했다. 웨스트콧 박사를 수신인으로 지정한 그 서한에는 독일 비밀단체의 단원들이 황금새벽회의 설립을 허가한 슈프렝겔 여사의 결정에 동의한 적이 없으며, 단지 고인을 향한 경배심과 존경하는 마음 때문에 그녀 생전에 공개적으로 반대 의사를 표명하지 않았을 뿐이었다는 내용도 적혀 있었다. 서한에는 또한 "이제부터 양측 간의 상호 연락은 중단될 것이며, 그대들이 진정으로 원한다면 황금새벽회가 이미 가진 지식을 올바르게 활용함으로써 고급 지식을 얼마든지 더 얻을 수 있을 것이다."라는 말이 덧붙여져 있었다. 즉, 단체에서 그때까지 계발한 마법의 힘을 활용하여 비밀 마스터들과 직접 접촉함으로써 추가 지식을 구해야 한다는 말이었다.(참고로 이는 고차원의 지식을 얻을 때 사용되는 지극히 정상적이고 전통적인 방법이다).

얼마 후, 황금새벽회를 사실상 장악한 매더스는 자신이 이 비밀 마스터들과 접촉하는 데 성공했다고 선언했다. 비밀 마스터들이 매더스의 단독 지휘하에 황금새벽회가 지속하여 활동하는 것을 허락했다는 것이었다. 하지만 매더스의 주장이 진실이었음을 입증하는 구체적 근거는 없었다. 그가 그 후 단체에 딱히 중요한 지식을 제공한 사례가 없기 때문이다. 그럴듯해 보이는 지식도 자세히 살펴보면 굳이 비밀 마스터의 힘을 빌릴 필요도 없이, 매더스가 일반적인 방법으로도 얼마든지 구할 수 있는 것들이었다. 예를 들어, 대영 박물관을 통해 누구나 쉽게 확보할 수 있는 정보도 있었다. 이처럼 수상쩍은 상황에 사소한 일들을 둘러싼 갈등까지 겹치면서 단원들의 불만은 커져만 갔고, 황금새벽회는 결국 1900년에 사실상 해체되었다.

마법사 복장을 한 토트 타로의 제작자,
앨리스터 크로울리

진리는 불변의 속성을 지니고 있지만, 바라보는 관점에 따라 다르게 보일 수 있다. 또한 시간이 흐르고 인류의 의식이 성장하면서 진리를 덮고 있는 베일이 조금씩 더 벗겨지고, 이를 통해 의식이 한층 더 확장하는 선순환이 이루어지기도 한다. 예를 들어보자. 카발라의 원조 격인 '유대 카발라(Jewish Qabalah 또는 Hebrew Qabalah)'를 연구하는 랍비 중에는 형상의 표현을 금지하는 모세의 법에 따라 생명의 나무 도안을 그리기 꺼리는 사람들도 많았다. 그래서 이들은 생명의 나무를 연구하기보다는 모세 5경에 담긴 비밀 메시지를 캐내기 위해, 마치 바이블 코드를 깨듯이 경전의 문자 하나하나를 해독하는 일('Literal Qabalah')에 더 많은 시간을 할애했다. 하지만 동양에서 유래된 카발라는 르네상스 시대를 맞이하면서 서양에서 새로운 변혁을 맞이한다. 앞서 언급했던 프랑스의 성직자, 엘리파스 레비는 히브리 알파벳을 구성하는 22개의 문자가 타로의 메이저 아르카나를 구성하는 22장의 카드와 연결되어 있다는 사실을 발표함으로써 그때까지 따로 발전해왔던 카발라와 타로 간의 상응 관계를 제시했다.[31] 오늘날 타로와 연계하여 다뤄지는 카발라는 '헤르메틱 카발라(Hermetic Qabalah)'라는 이름으로 불린다. 성장에 필요한 양분을 섭취한 나무가 꾸준히 자라나듯이, 카발라와 생명의 나무도 계속 성장하면서 오늘에 이르렀다. 요약하자면, 진리는 불변이지만, 진리를 바라보는 인간의 관점과 시각은 계속 진화한다.

비록 10여 년 남짓의 짧은 기간 동안 활동하고 유명무실해졌지만, 황금새벽회에서 집대성하고 발전시킨 지식체계는 현대 카발라와 타로의 단단한 토대가 되었다. 오늘날 대중적으로 큰 인기를 누리고 있는 라이더-웨이트-스미스 타로 덱의 제작 콤비인 아서 에드워드 웨이트[32]와 파멜라 콜먼 스미스[33], 이 책에서 중점적으로 다룰 예정인 토트 타로의 제작자 앨리스터 크로울리도 황금새벽회에 몸담았고, 이 외에도 크로울리의 스승이자 서양에 불교를 널리 전파한 것으로 평가받는 영국의 승려, 찰스 헨리 알란 베넷[34], 『셜록 홈즈』의 저자, 아서 코난 도일[35], 아일랜드의 시인, 윌리엄 버틀러 예이츠[36]도 황금새벽회 단원들이었다. 황금새벽회 해체 이후 그들의 가르침을 계승하여 '내면의 빛의 형제단(Fraternity of the Inner Light)'을 설립한 『미스티컬 카발라』의 저자, 디온 포춘[37], 앨리스터 크로울리의 비서 출신으로 『가운데 기둥(The Middle Pillar)』, 『석류의 정원(A Garden of Pomegranates)』, 『생명의 나무(The Tree of Life)』, 『황금새벽회(The Golden Dawn)』와 같은 명작을 남긴 이스라엘 레가르디[38] 등도 진리의 베일을 조금 더 벗겨내는 일에 기여한 신의 일꾼들로 기억되고 있다.

헤르메스 철학의 일곱 가지 기본 원칙

카발라와 타로를 올바르게 이해하기 위해서는 우주의 법칙에 관한 기초적인 배경 지식도 필요하다. 이를 신의 법칙, 우주 만물의 섭리, 자연의 법칙이라 표현해도 무방하다. 이번 섹션에서는 '세 명의 입문자(The Three Initiates)'라는 익명의 저작으로 1908년에 출간된 헤르메스 철학의 교과서적 명작, 『키발리온39』에 수록된 내용을 기준으로 일곱 가지 기본 우주 법칙을 간단히 소개한다.

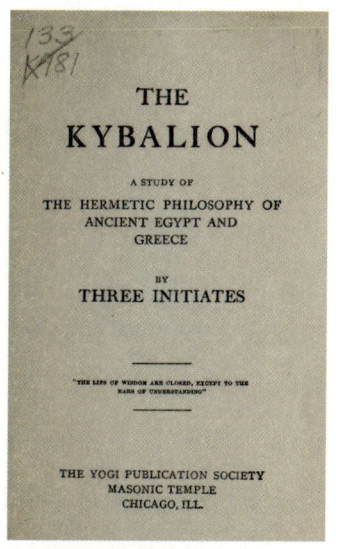

키발리온(The Kybalion)

I. 유심론(唯心論)의 원칙(The Principle of Mentalism)

"The ALL은 정신이다; 우주는 정신의 속성을 지니고 있다."

여기서 말하는 'The ALL'은 말 그대로 우주에 존재하는 모든 것, 단순히 물질뿐 아니라 물질 너머에 있는 영혼, 힘, 에너지 등을 전부 통틀어 포함하는 개념으로, 조금 더 쉽게 이해하기 위해 모든 것의 근원인 '신'으로 생각해도 좋다. 그런데『키발리온』에 따르면 이 신 또는 'The ALL'의 속성은 '정신'이다. 우주 만물을 존재하게 한 그 창조의 힘은 신의 정신에서 나왔다는 것으로 이해하면 좋을 것 같다. 즉, 신의 생각에서 우주가 탄생했고, 인간을 포함한 우주 만물은 신의 머릿속에 존재한다고 말할 수 있다.

유심론의 원칙은 신에게만 해당하는 개념이 아니다. 잠시 후 살펴볼 헤르메스 철학의 두 번째 원칙인 '상응의 원칙'에 따르면 "위의 것은 아래의 것과 같고, 아래의 것은 위의 것과 같다."고 한다. 신이 생각으로 우주를 창조했듯이, 인간도 정신의 힘으로 모든 것을 창조한다. 그리고 인간이 생각의 힘으로 머릿속에서 만들어낸 상념체(想念體; thought form)는 물질의 형태로 현실화한 사물보다 더 영속적이고 실제에 가깝다.

이 개념을 이해하기 위해 예를 하나 들어보자. 건축가는 새로운 건물을 짓기 위해 처음부터 무턱대고 자재와 인력을 확보하지 않는다. 그는 본격적인 작업에 착수하기 전에 머릿속에서 장차 세워질 건물의 이미지[40]부터 그려본다. 이 과정을 통해 건물의 상념체가 만들어지는데, 오컬트의 가르침에 따르면 이 상념체는 건축가의 머릿속에서만 존재하는, 실체가 없는 추상적인 무언가가 아니라, 건축가가 건물에 관한 상, 이미지, 아이디어를 떠올리는 순간 하나의 생명체로 탄생하여 구름처럼 세상을 떠돌아다닌다고 한다. 머릿속에서 이미지를 그려보는 작업을 마친 후, 그는 자신의 아이디어를 청사진 또는 설계도의 형태로 작성하고, 이를 기반으로 세부적인 건축 계획을 수립하고, 그제야 자재와 인력을 확보하여 실질적인 신축 공사를 개시한다. 뜬구름의 형태로만 존재했던 건축가의 생각이 이런 일련의 과정을 단계적으로 거치면서 우리가 손으로 만지고 눈으로 볼 수 있는 견고한 구조물로 탄생하게 되는 것이다. 이렇게 세워진 튼튼한 건물은 영원히 그곳에 서 있을 것 같다는 느낌이 든다. 하지만 과연 그럴까?

아무리 견고한 구조물일지라도, 철근 하나 빼먹지 않은 튼튼한 건물일지라도 자연재해 앞에서는 무릎을 꿇을 수밖에 없다. 세월의 흐름도 견딜 수 없고, 만약 그 건물이 금싸라기 땅 위에 지어지기라도 했다면 멀쩡한 상태임에도 불구하고 몇 년 후에 재개발을 위해 철거되는 운명을 피할 수 없다. 하지만 건축가가 작성한 청사진은 언제 무너질지 모르는 건물보다 상대적으로 영구적이다. 여러 개의 사본이 만들어질 수도 있고, 다양한 디지털 형태로 저장될 수도 있다. 처음에 세웠던 건물이 사라지더라도 이 정보를 이용하여 같거나 유사한, 또는 더욱 개선된 건물을 얼마든지 더 지을 수 있다. 청사진보다도 영속적인 것은 건물의 상념체다. 청사진의 모든 사본이 유실되거나 파괴되고, 심지어 건축가가 사망한 후에도 건물의 상념체는 세상에 계속 남아있고, 자연의 기억(Memory of Nature 또는 'Akashic Records')에 접근하는 방법을 익힌 후손들에 의해 얼마든지 복원될 수 있다. 그래서 오컬트에서는 사물을 구체화하는 생각이 존재하는 영역을 원인의 영역(plane of causes), 그리고 사물이 구체화한 영역, 즉, 물질계를 결과의 영역(plane of effects)이라 칭하며, 상대적으로 영속적이고 창조의 원천인 원인의 영역이 실제에 더 가깝다고 설명한다. 타로와 카발라처럼 문헌보다는 구전 전통으로 존재하는 지식체계도 이런 방식으로 비밀리에 후대까지 전수된다. 보통 사람은 그 정확한 의미를 해석하지 못하는 심볼 안에 많은 정보를 압축하여 담고, 비밀 지식을 전해 받을 자격을 입증한 후대의 입문자들이 그 심볼에 담긴 방대한 정보를 '다운로드'하는 것이다.

모든 창조, 변화, 마법의 근본은 '생각'이다. 어떤 결과가 마음에 들지 않으면 그 결과를 가져온 원인을 바꿔야 하는데, 그 원인이 바로 '생각'이다. 우리가 물질계 너머에 있는, 생각이 거하는 보이지 않는 세상의 원리를 공부하고 이해해야 하는 이유다.

II. 상응의 원칙(The Principle of Correspondence)

"위에서와같이 아래에서도; 아래에서와같이 위에서도."

전설에 따르면 마케도니아의 정복 군주, 알렉산더는 이집트를 점령했을 당시 기자 지구의 대피라미드 내부에 감춰져 있던 고대 이집트의 현자, 헤르메스 트리스메기스토스[41]의 묘를 발굴했고, 그 안에서 에메랄드로 만들어진 석판[42]을 발견했다고 한다. 이 석판에는 분야를 막론하고 모든 지식 습득의 기본적인 원리인 중요한 문구가 새겨져 있었다. 큰 것과 작은 것은 규모에만 차이가 있을 뿐, 그 작용 원리는 같다는 원칙으로, '비유의 법칙(The Law of Analogy)'으로도 불리는 문구였다. "위에서와같이 아래에서도; 아래에서와같이 위에서도."

어렸을 때 "똑똑한 사람은 하나를 가르치면 열을 깨우친다."는 말을 귀가 아프게 들었다. 회사 다니던 시절에는 "세상에는 하나를 가르치면 하나를 깨치는 사람이 있고, 열을 깨치는 사람이 있고, 둘을 까먹는 사람도 있다."는 우스갯소리를 들은 적도 있다. 그런데 상응의 법칙을 이해하면, 하나를 알면 백을 깨우칠 수 있다. 이 원칙에 따르면 대우주(전체)와 소우주(개체)는 서로를 비추는 거울이다. 조금 더 쉽게 설명하자면, 우주는 '거대한 인간'이라고 할 수 있고, 인간은 '작은 우주'에 비유할 수 있다.(카발라에서는 우주처럼 큰 인간을 '아담 카드몬(Adam Kadmon)'이라고 부른다). 여러 행성이 태양 주위를 일정한 주기로 공전하고 있는 태양계의 모습은 원자핵을 중심으로 여러 전자가 정해진 궤도를 돌고 있는 원자의 모습과 유사하다. 태양과 원자핵이 끌어당기는 힘과 행성과 전자들이 그 인력에서 벗어나려는 힘이 같기 때문에 안정된 상태를 유지하며 존재할 수 있는 것이다. 하나는 아주 크고(태양계) 하나는 아주 작지만(원자), 동작 원리는 같다는 공통점을 가지고 있다.

신탁(오라클)의 신, 아폴로를 모시던 그리스의 델포이 신전에는 다음과 같은 문구가 새겨져 있었다.

> 자연의 깊이를 알고자 하는 모든 자는 귀를 기울이라. 찾고자 하는 것을 너 안에서 발견하지 못한다면, 밖에서도 찾을 수 없을 것이다. 네가 거하는 집의 신비를 무시하면서 어떻게 다른 신비를 찾을 수 있겠는가? 너의 내면에는 보물 중의 보물이 간직되어 있다. 너 자신을 알라. 나를 알면 우주와 신도 알 수 있다.

소크라테스도 인용했던 것으로 유명한 이 구문은 상응의 원칙을 아주 잘 설명하고 있다. '나'는 소우주를, '우주'와 '신'은 대우주를 각각 의미하며, 큰 것과 작은 것의 원리는 같다는 상응의 원칙을 적용하면 나를 앎으로써 우주와 신도 알 수 있다는 가르침이다. 또한 안과 밖도 사실상 같으므로("As within, so without") 나의 내면을 이해하면 내 밖에 있는 세상도,

우주도 이해할 수 있다. 이 원리는 명상과 기도의 본질이기도 하다. 상응의 원칙에 따르면 명상으로 내면을 성찰하는 것과 두 손을 모아 신에게 기도를 올리는 것은 사실상 같은 행위라고 할 수 있다. 명상을 통해 내 안의 진아[43]를 만나고, 기도를 통해 내 안의 신과 대화를 나누는 것이다.

"수신제가치국평천하(修身齊家治國平天下)." 자기 몸을 닦고, 집을 정돈하고, 나라를 통치하고, 천하를 평화롭게 한다는 뜻으로, 작은 것을 잘 처리해야 큰일도 제대로 할 수 있다는 가르침을 담고 있다. 여기에 상응의 원칙을 적용하면 나 자신을 잘 관리하는 것(修身)이나, 천하를 평화롭게 하는 것(平天下)이나, 원리는 같다고 할 수 있겠다. 나를 관리하지 못하면 나라를 통치하거나 천하를 다스리기는커녕, 가정도 지킬 수 없다.

성경에도 상응의 원칙을 암시하는 유명한 구절들이 있다.

- …뜻이 하늘에서 이룬 것같이 땅에서도 이루어지이다.(마태복음 6:10, 예수의 『주기도문』 중에서)
- …하나님이 가라사대 우리의 형상을 따라 우리의 모양대로 우리가 사람을 만들고 그로 바다의 고기와 공중의 새와 육축과 온 땅과 땅에 기는 모든 것을 다스리게 하자 하시고 하나님이 자기 형상 곧 하나님의 형상대로 사람을 창조하시되 남자와 여자를 창조하시고….(창세기 1:26)

신이 자신의 형상을 본떠서 인간을 창조한 것인가? 아니면 인간이 자신의 형상을 본떠서 인간과 똑같은 성정을 지닌 신을 만들어낸 것인가? 둘 다 맞는 말인가?(이 문제에 관해서는 제3장에서 생명 나무의 7번 세피라, 넷자흐를 다룰 때 더 자세히 얘기해보자).

상응의 원칙을 염두에 두고 세상과 사물을 바라보는 습관을 들이면 우주의 섭리에 관한 이해가 깊어진다. 좀처럼 풀리지 않는 일 때문에 고민인가? 큰 규모의 문제라면 작은 것에 비유해서 생각해 보고, 작은 규모의 문제라면 큰 것에 빗대어 생각해 보자. 해법의 실마리를 발견할 수 있을 것이다.

III. 진동의 원칙(The Principle of Vibration)

> "세상에 정지 상태에 머물러있는 것은 없다; 만물은 움직인다; 만물은 진동한다."

우주와 우주를 구성하는 모든 요소는 각기 다른 주파수로 진동하고 있는 에너지다. 즉, 우주 만물은 끊임없이 움직이며 변화하고 있다. 움직임이 잠시라도 멈추면 우주의 질서가 파괴된다. 움직임은 곧 변화다. 그리스의 철학자, 헤라클레이토스[44]는 "세상에서 유일하게 영구적인 것은 변화뿐이다."라고 말했다. 크로울리는 이 개념을 다음과 같이 설명했다.

> 균형에 관한 모든 교리 중에서도 가장 이해하기 쉬운 것은, 변화가 곧 안정이라는 사실이다. 변화가 있어야만 안정과 질서가 보장된다. 우

주 만물 중 단 하나라도, 잠시라도 변화를 멈추면 우주는 파괴된다. 자전거를 탈 때 너무 천천히 움직이면 넘어지는 것과 같은 이치다. 손을 떨면서 느린 속도로 종이에 선을 그리면 곧은 직선이 될 수 없는 것도 같은 원리다.

완전한 정지 상태에 있는 것처럼 보이는 물체도 확대해서 보면 매우 빠른 속도로 진동하고 있음을 알 수 있다. 이는 물리학적으로도 입증된 사실이다. 양자역학에 따르면 우리가 입자라고 여기는 것들은 파동의 속성도 동시에 지니고 있으며, 모든 파동은 고유의 주파수로 진동하고 있다. 우리에게 익숙한 물질의 세 가지 상태 중 고체의 진동수가 가장 낮고, 액체와 기체의 진동수는 상대적으로 높다. 세 가지 상태 중 기체는 가장 빠른 속도로 진동하고 있으므로 눈에 잘 보이지 않는다. 줄넘기할 때 줄을 천천히 돌리면(진동수가 낮으면) 줄이 잘 보이지만, 빠르게 돌릴수록(진동수가 높으면) 잘 보이지 않는 것과 같은 이치다.

기체 위에는 아직 과학계에서 측정하지 못했으나 오컬트 전통에서는 오래전부터 그 실체를 인정하고 작용을 설명한 여러 종류의 에테르(ether 또는 aether)가 있다. 고체, 액체, 기체는 화학적 성분으로 구성된 물질이고, 에테르는 그렇지 않다는 차이가 있지만, 에테르도 엄연한 물질의 일종이다. 영혼은 가장 높은 주파수로 진동하고 있는 에너지이고, 물질은 가장 낮은 주파수로 진동하고 있는 에너지다. 이런 관점에서 볼 때, 영혼과 물질은 진동하는 속도에 차이만 있을 뿐, 본질은 같다고 할 수 있다.

사람에게도 고유의 주파수가 있다. 우리가 어떤 사람을 만났을 때 기분이 좋을 수도 있고, 알 수 없는 이유로 기분이 찝찝할 때도 있다. 나의 주파수와 공명하는 사람과 함께 있으면 파동이 증폭되고 시너지 효과가 발생하여 기분이 날아갈 것 같고, 그렇지 않은 사람과 함께 있으면 파동의 왜곡 또는 상쇄 현상이 발생하여 마음이 불편하다. 유유상종(類類相從). 속된 말로, 끼리끼리 놀게 되어있다는 뜻이다. 그런데 사람의 진동수/주파수도 변할 수 있다. 유심론의 원칙을 설명할 때 결과를 바꾸려면 원인, 다시 말해, 생각을 바꿔야 한다고 했다. 생각이 바뀌면 주파수도 변한다. 사람의 생각이 바뀌면 주변에 있는 사람들도 자연스럽게 물갈이된다. 공부는 뒷전이고 노는 데만 열중인 학생 주변에는 놀기를 좋아하는 친구들이 언제나 벌떼처럼 몰려들지만, "이제부턴 정말 공부뿐이야!"라고 다짐하며 마음을 고쳐먹으면 나도 모르는 사이 안경 쓴 친구들이 내 옆에서 책만 들여다보고 있다.

소위 말하는 '끌어당김의 법칙(The Law of Attraction)'도, 그리고 이와 대조를 이루는 '반발의 법칙(The Law of Repulsion)'도 진동의 원칙에서 나온 것이다. 예수는 산상수훈[45]에서 나쁜 행동뿐 아니라 나쁜 생각을 품는 것도 죄악이라고 강조했다. 생각이 행동으로 이어지는 측면에 관한 경고이기도 하지만, 부정적인 생각의 주파수는 부정적인 사람과 결과를 끌어들이므로 경계해야 한다는 가르침이기도 하다.

IV. 극성의 원칙(The Principle of Polarity)

"만물은 이원성을 지니고 있다; 만물은 극성을 지니고 있다; 만물은 상반되는 쌍으로 이루어져 있다; 같은 것과 다른 것은 사실 같은 것이다; 반대의 속성을 가진 것들은 그 속성을 지닌 정도에 차이가 있을 뿐, 본질적으로는 같다; 양쪽 극단에 있는 것끼리는 서로 통한다; 모든 진리는 절반의 진리다; 모든 역설은 해소될 수 있다."

우리는 이원성(二元性; duality)이 지배하는 세상에 살고 있다. 좋은 것과 나쁜 것, 추움과 더움, 밝음과 어둠, 높음과 낮음, 사랑과 증오, 선과 악 등등. 그런데 이런 속성들을 둘로 나누는 기준은 무엇일까? 예를 들어, 섭씨 몇 도를 기준으로 추움과 더움이 구분되는 것일까? 온도계에 그런 기준점이 표시되어 있기라도 하단 말인가?

『키발리온』에 따르면 우리 눈에 반대 속성을 가진 것으로 보이는 것들은 사실 같은 속성을 가지고 있다고 한다. 다만 그 속성을 지닌 정도에 차이가 있어서 다르게 보일 따름이다. 밝음은 빛의 입자(광전자)가 많은 상태를 의미한다. 그렇다면 어둠은? 어둠의 입자가 많은 상태를 의미하는가? 그런 것(어둠의 입자)은 따로 없다. 어둠이란 빛의 입자가 상대적으로 적은 상태를 말하는 것이다. 즉, 밝음과 어둠은 빛 입자의 양에 따라 우리가 붙인 수식어에 불과하고, 본질적으로는 같은 개념이다. 진동의 원칙 섹션에서 설명했던 영혼과 물질의 차이도 마찬가지다. 진동하는 주파수에 따라 완전히 다르게 여겨지지만 본질적으로는 같다고 할 수 있다.

고대의 철학자 중에는 "세상에는 악이 존재하지 않는다."는 순진한 말을 했다가 많은 사람의 심기를 건드린 자들도 있다. 날마다 일상에서 명백한 악을 목격하고 접하면서 속에서 열불이 나는데 악이 존재하지 않는다니, 그게 도대체 무슨 기계적 중립 같은 망발이란 말인가? 그런데 극성의 원칙에 따르면, 엄밀히 말해 악은 존재하지 않는다. 악은 선이 부족한 상태를 의미하는 것이지, '악'이라는 힘 또는 에너지가 따로 있는 것이 아니다. 마찬가지로 증오는 사랑이 부족한 상태를 지칭하는 상대적 개념이다.

극성의 원칙에 따르면 세상에서 악을 퇴치하는 방법은 없다. 악이라는 실체가 따로 있는 것이 아니므로 퇴치의 대상도 없는 것이다. 따라서 우리가 악이라고 여기는 것을 추방하려면 악이 있는 곳에 더 많은 선을 공급해야 한다. 어둠을 걷어내는 방법은 무엇인가? 어둠의 입자라는 것이 따로 존재하지 않으므로 이를 직접 퇴치하는 방법도 없다. 어둠을 몰아내는 유일한 방법은 어두운 곳에 빛을 비추는 것이다. 같은 원리로, 증오가 있는 곳에는 사랑을 퍼부어야 한다. 부정적인 생각으로 가득한 머릿속을 정화하는 방법은? 부정적인 생각을 죽이려 기를 쓰는 것이 아니라, 긍정적인 생각으로 머리를 채우는 것이다. 일종의 밀어내기 전략이다. 이런 식으로 상태를 변환(transmutation)하는 것이 연금술의 궁극적인 목표다. 영화 『스타워즈』의 여섯 번째 에피소드, 『제다이의 귀환』의 마지막 장면 기억하시는가? 주인공, 루크 스카이워커가 악당, 다스 베이더를 코너로 몰아 최후의 일격을 날릴 수 있는 유리한 상황에서 이를 지켜보던 제국의 황제가 명령한다. "어서 그를 내리치고 나의 제자가 되거라!" 고민에 빠진 스카이워커는 그 순간 깨달음을 얻고 광선검을 거두며 황제에게 당당하게 말한다. "당신이 패했소! 나는 제다이란 말이오!" 스카이워커의 깨달음이란 무엇인가? 악과 어둠의 화신인 다스 베이더를 죽여봐야 아무런 소용이 없고, 그를 변화시키는 것만이 유일한 해답임을 알아챈 것이다. 그래서 그는 그 순간, 자기가 제다이(입문자)가 되었다고 선언했다. 그리고 루크의 행동을 보며 심경의 변화를 일으킨 다스 베이더는 그를 살리기 위해 자신의 목숨을 바친다. 연금술의 원리와 극성의 원칙을 아주 절묘하게 표현한 영화 역사상 최고의 장면이 아닌가 싶다.

"모든 진리는 절반의 진리다."라는 말은 또 무슨 소린가? 진리의 한 단면만 보면 반쪽짜리 진리라는 뜻이다. 아니, 반쪽도 아니고 진리의 십 분의 일만 본 것일 수도 있다. 크로울리는 이 개념을 이렇게 설명했다.

- 머릿속에서 어떤 생각이 떠오르는 순간, 즉각적으로 반대 생각을 떠올림으로써 균형점을 찾아야 한다.
- 나의 모든 생각에 반대의 생각을 적용하여 균형점을 찾아야 한다. 두 생각이 마치 결혼하듯이 하나로 맺어져야 허상이 파괴된다.
- 반대편에 있는 모든 것은 우주에서 꼭 필요한 보완 작용이므로 이 사실을 기뻐해야 한다.

불과 100여 년 전까지만 해도 뉴턴의 역학(고전역학)은 물리학의 절대적 진리로 받아들여졌다. 하지만 20세기 초에 양자역학과 상대성 이론이 물리학계를 뒤흔들면서 고전역학은 특수한 조건에서만 맞아떨어진다는 사실이 밝혀졌다. 물론 그 특수한 조건이라는 것이 우리의 일상을 지배하는 영역 대부분에 해당하기 때문에 고전역학은 아직도 쓸모가 많으나, 원자, 전자 단위의 아주 작은 세상(양자역학)과 행성, 태양, 은하계 단위의 아주 큰 세상(상대성 이론)에서는 고전역학의 공식이 유효하지 않다. 그런데 또 양자역학은 아주 큰 세상을 설명하지 못하고, 상대성 이론 역시 아주 작은 세상에는 적용될 수 없다. 그래서 학계에서는 모든 경우에 적용할 수 있는 통일장 이론(Unified Field Theory)을 발견하려는 노력이 지금도 진행 중이다. 즉, 반쪽짜리 진리들을 하나로 통합하여 완전한 진리를 찾아내려는 시도인 것이다. 이것이 바로 "모든 역설은 해소될 수 있다."는 말의 의미다.

V. 리듬의 원칙(The Principle of Rhythm)

> "만물은 흘러나왔다가 다시 흘러 들어간다; 만물은 조수(潮水)의 속성을 지니고 있다; 만물은 상승했다가 하강한다; 만물에는 시계추의 왕복 움직임이 내재하고 있다; 시계추는 오른쪽으로 간만큼 왼쪽으로 간다; 리듬이 모든 균형을 맞춰준다."

"인생은 새옹지마(塞翁之馬)." 먼 옛날, 중국의 변방에 한 노인이 살고 있었다. 어느 날 노인이 아끼던 말 한 마리가 우리를 깨부수고 탈출하는 사건이 일어났다. 마을 주민들은 큰 재산상의 손실을 본 노인을 위로했다. 그러자 노인은 대답했다. "뭐, 그럴 수도 있죠. 하지만 이 일이 복이 되어 다시 돌아오지 않는다는 법도 없지 않습니까?" 얼마 후, 도망쳤던 말이 친구를 데리고 노인에게 돌아왔다. 이번에는 마을 주민들이 재산을 배로 불린 노인에게 축하의 말을 건넸다. 그러자 노인은 또 이렇게 대답했다. "뭐, 그럴 수도 있죠. 하지만 이 일이 화의 불씨가 되지 않으리라는 법도 없지 않습니까?" 며칠 후, 노인의 젊은 아들이 새로 얻은 말을 타다가 낙마하는 바람에 다리를 심하게 다치는 사고가 일어났다. 주민들의 위로에 노인은 늘 그렇듯이, 태연하게 대답했다. "뭐, 그럴 수도 있죠. 하지만 이 일이 복이 되어 다시 돌아오지 않는다는 법도 없지 않습니까?" 그렇게 시간이 또 흐르고, 이번에는 나라에 큰 전쟁이 터졌다. 마을의 젊은 남자들은 모두 징집되어 전쟁터에서 죽었지만, 노인의 아들은 다리를 쓰지 못하는 불구라는 이유로 징집에서 제외되어 목숨을 보전할 수 있었다.

새옹지마의 주인공인 노인은 리듬의 원칙을 정확하게 이해한 사람이었다. 우주의 모든 것이 그러하듯이, 인생사도 길흉화복이 번갈아 가면서 닥치게 되어있기 때문에 좋은 일이 있다고 해서 특별히 기뻐할 필요도, 나쁜 일이 있다고 해서 특별히 슬퍼할 필요도 없다. 오르막길이 나오면 그다음에는 내리막길이 있는 법이다. 가정, 사회, 국가, 문명도 흥망성쇠를 거듭한다. 누구나 바이오리듬에 따라 컨디션이 좋은 날도 있고, 온몸이 찌뿌둥한 날도 있다. 물 들어올 때 노를 젓는 사람 역시 이 원칙을 잘 알고 있는 사람이다. 반면 평소만큼 노력해도 성과가 시원치 않은 날도 있다. 물이 빠지는 시기에 노를 젓고 있으니 배가 제대로 나아갈 리 없다. 불교에서는 이를 인연(因緣)이라는 개념으로 설명한다. 결과를 만드는 힘(因; 원인)이 있더라도 이를 실현하는 힘(緣)이 더해지지 않으면 일이 일어나지 않는다는 것이다. 구약시대의 현자, 솔로몬이 쓴 것으로 알려진 『전도서』의 한 구절[46]도 이 원리를 잘 표현하고 있다.

천하에 범사가 기한이 있고

모든 목적이 이룰 때가 있나니

날 때가 있고 죽을 때가 있으며

심을 때가 있고 심은 것을 뽑을 때가 있으며

죽일 때가 있고 치료시킬 때가 있으며

헐 때가 있고 세울 때가 있으며

울 때가 있고 웃을 때가 있으며

슬퍼할 때가 있고 춤출 때가 있으며

돌을 던져 버릴 때가 있고 돌을 거둘 때가 있으며

안을 때가 있고 안는 일을 멀리 할 때가 있으며

찾을 때가 있고 잃을 때가 있으며

지킬 때가 있고 버릴 때가 있으며

찢을 때가 있고 꿰맬 때가 있으며

잠잠할 때가 있고 말할 때가 있으며

사랑할 때가 있고 미워할 때가 있으며

전쟁할 때가 있고 평화할 때가 있느니라.

무엇이든 그 안에 내재한 리듬을 파악하면 일을 효율적으로 처리할 수 있고, 불필요하게 에너지를 낭비하는 사태도 피할 수 있다. 세상에서 가장 효율적인 호흡법은 리듬 호흡[47]이고, 하루 24시간 동안 규칙적인 리듬과 호흡을 몸에 달고 사는 클래식 음악 지휘자/연주자들은 일반적으로 수명이 길다는 말도 있다. 지구의 생체 리듬인 슈만 공명 주파수(Schumann Resonance)를 잘 활용하면 '기적적인' 일들도 가능해진다고 한다.

세상에서 리듬을 제일 잘 타는 춤꾼은 다름 아닌 자연이다. 해가 저물면 밤이 오고, 아침에 해가 뜨면 낮이 온다. 계절의 순환도 자연의 리듬이다. 생명의 탄생과 죽음도 순환이자 리듬이다. 잘 모르겠으면 자연을 관찰하며 커닝이라도 하자.

시계추가 움직이는 폭은 좌우가 똑같다. 새옹지마의 노인은 좋은 일에도 크게 기뻐하지 않았기 때문에 나쁜 일이 벌어져도 크게 상심하지 않는다. 어떤 상황에서도 감정이 요동치지 않으므로 언제나 마음의 평온을 유지한다. 하지만 조금이라도 좋은 일이 있으면 기뻐 날뛰면서 호들갑을 떠는 사람은 반대로 조금이라도 안 좋은 일이 생기면 세상의 종말이라도 온 것처럼 우울해한다. 영어로는 이런 경우를 두고 "무드 스윙이 심하다."라고 표현하는데, 리듬의 법칙에서 말하는 시계추의 원리를 아주 정확하게 표현한 말이라고 생각한다.

기다란 시계추의 아래, 끝부분에 매달려 있으면 스윙의 폭을 크게 느낄 수밖에 없다. 하지만 시계추 위로 올라갈수록 좌우로 흔들리는 정도가 줄어든다. 빠른 속도로 회전하는 바퀴의 가장자리에 매달려 있으면 원심력에 의해 밖으로 튕겨 나가지 않기 위해 필사적으로 노력해야 하지만, 바퀴의 중심에 가까워질수록 상대적으로 안정적이다. 어린 시절 놀이터에서 쉽게 볼 수 있었던 뺑뺑이도 마찬가지다. 바퀴든 뺑뺑이든, 아무리 빠르게 회전하고 있더라도 중심부에 자리를 잡으면 흔들림과 멀미를 느끼지 않는다. 이른바 태풍의 눈처럼 고요한 상태다. 우리의 정신과 마음도 중심에 가까워질수록 평온해진다.

VI. 인과관계의 원칙(The Principle of Cause and Effect)

"모든 원인은 어떤 결과를 가져온다; 모든 결과는 어떤 원인에서 비롯된다; 모든 것이 이 법칙을 따른다; '우연'이란 법칙의 작용을 인지하지 못한 사건에 불과하다; 원인을 발생시키는 영역은 여럿일 수 있으나, 이 법칙의 작용을 회피하는 방법은 없다."

인과응보(因果應報), 결과주의, 카르마의 법칙 등으로도 불리는 원칙으로, 물질뿐 아니라 도덕적 차원에서도 언제나 정확하게 작용하는 원칙이다. 인과관계의 원칙은 세계의 주요 종교에서도 핵심적인 교리로 채택하고 있다.

불교
- 뿌린 대로 거두는 것은 자연의 법칙이다.

기독교
- 사람은 무엇으로 심든지 그대로 거두리라.(갈라디아서 6:7)
- 하나님께서 각 사람에게 그 행한 대로 보응하시되.(로마서 2:6)

힌두교
- 뿌리지 않은 것을 거둘 수는 없다.
- 씨를 뿌린 곳에서 나무가 자라나는 법이다.

유대교
- 구제를 좋아하는 자는 풍족하여질 것이요, 남을 윤택하게 하는 자는 자기도 윤택하여지리라.(잠언서 11:25)

이 원칙의 응용편이라 할 수 있는 황금률(黃金律; The Golden Rule)도 아주 중요한 종교적 가르침이다.

불교
- 나에게 고통을 주는 일은 남에게도 하면 안 된다.
- 세상의 모든 것을 사랑하고 타인을 위해 도덕을 실천하는 사람만이 진정으로 행복한 사람이다.
- 이웃을 심판하지 말라.

기독교
- 비판을 받지 아니하려거든 비판하지 말라.(마태복음 7:1)
- 그러므로 무엇이든지 남에게 대접을 받고자 하는 대로 너희도 남을 대접하라.(마태복음 7:12)

힌두교
- 모든 선을 합친 것은 다음과 같으니라 - 남에게 대접을 받고자 하는 대로 너희도 남을 대접하라.
- 이웃이 내게 행하기 원치 않는 일은 이웃에게도 행하지 마라.
- 이웃을 나와 동일시했을 때 올바른 행동을 할 수 있다.

이슬람

- 남에게 대접을 받고자 하는 대로 너희도 남을 대접하라. 내가 거부하고 싶은 일은 남에게도 강요하지 말라.

유대교

- 내게 해로운 일은 남에게도 행하지 마라. 이게 토라의 가르침 전부다. 나머지는 해설에 불과하다.
- 이웃의 입장이 되어 보지도 않고서 그를 함부로 판단하면 안 된다.

크로울리는 이 개념을 이렇게 설명했다.

- 자연은 정의로운 것이 아니라, 무엇보다 정확하다는 속성을 지니고 있다.
- 자연은 빈틈이 없을 정도로 정확하다. 작은 핀 하나를 바닥에 떨어트리면 우주의 모든 별이 이에 즉각 반응한다. 그 작은 사건 하나가 우주의 균형을 일시적으로 깨버린 것이다.

아무리 사소한 일일지라도 작용이 있으면 이에 상응하는 반작용이 뒤따른다. 그래야만 크로울리의 말대로 우주의 균형 상태가 유지될 수 있다. 물리적인 인과관계의 작용은 비교적 쉽게 관찰할 수 있다. 명백한 결과가 즉시 나타나기 때문이다. 예를 들어, 겁도 없이 맨손으로 벌집을 들쑤시면 잠시 후 크나큰 육체적 고통이라는 대가를 치르게 된다. 이런 일은 인과관계가 워낙 명쾌하므로 대부분 사람이 한 번 쓴맛을 본 후 같은 짓을 다시는 반복하지 않는다. 그런데 모든 인과관계가 방금 설명한 사례처럼 일대일의 관계(하나의 원인과 하나의 결과)로 나타나는 것도 아니고, 결과가 즉시 나타나지 않고 며칠, 몇 달, 몇 년 후, 심지어 다음 생에서 나타나는 경우도 있다. 미국 장미십자협회의 설립자, 맥스 하인델[48]은 인과관계의 원칙이 작용한다는 사실 자체가 인간은 환생한다는 증거라고 주장했다. 누구나 한 번만의 생으로는 원인과 결과의 관계, 즉, 카르마의 채권과 채무를 완전히 정산하지 못한 상태에서 육신의 죽음을 맞기 때문에 우주의 법칙에 따라 반드시 환생이 필요하다는 것이다. 다시 태어나 살아야만 균형을 맞추는 기회를 얻을 수 있기 때문이다.

물리적인 인과관계와 달리 도덕적인 사안에 관해서는 원인과 결과가 명확하게, 즉각적으로 드러나지 않는 경우가 많다. 작은 나비의 날갯짓이 1주일 후 지구 반대편에 폭풍을 일으킬 수도 있다는 '나비효과'처럼, 내가 오래전부터 베푼 작은 선행들이 영혼의 돼지 저금통에 차곡차곡 쌓였다가 오늘 좋은 결과로 실현될 수도 있고, 반대로 그동안 저지른 악행의 무게가 너무 무거워져 영혼을 짓누르기 시작하면 압력을 해소하기 위해 한꺼번에 많은 카르마의 고지서가 날아오는 수도 있다. 좋은 일이 생기면 그저 싱글벙글 웃으며 즐거운 마음으로 넘겨도 되지만, 갑자기 안 좋은 일이 생기면 영문을 몰라 머리를 긁적이게 된다. 재수 없게 나에게 액운이 닥쳤다고 억울해하기도 하고, 우연이었다는 말로 상황을 설명하려고도 하고, '나만 미워하는' 신을 원망하기도 한다. 하지만 모든 결과에는 이를 유발한 어떤 원인이 있다. 『키발리온』에 쓰인 대로, 그 원인을 정확히 파악하지 못하여 혼란스러울 때 우연이라고 치부하는 것이다. 우리가 '기적'이라고 말하는 현상도 마찬가지다. 기적이란 인과관계가 명확하게 규명되지 않은 현상을 칭하는 단어다.

나쁜 짓을 해도 그 대가를 즉시 치르지 않는 경우가 많아서 한 번에 교훈을 얻지 못하고 같은 실수를 계속 반복하는 사람도 많다. 그래서 "역사는 되풀이된다."는 말까지 생겼다. 원인을 모르니 "나는 잘못한 일이 없는데 왜 계속 당하기만 하나!"라고 억울해하며 분노하기도 한다. 차라리 우리가 도덕적으로 잘못을 저지를 때마다 벌이 날아와서 손등을 쏘기라도 한다면 상황을 즉시 알아차리고 잘못된 행동을 중단할 텐데, 왜 신이 그런 확실하고 직관적인 시스템을 만들지 않았는지 의아하다는 생각도 들 수 있다. 이유는 간단하다. 대가를 치르는 것이 두렵다는 이유만으로 악행을 중단하면 배우는 것이 하나도 없기 때문이다. 그건 답을 미리 알려주고 시험을 치르는 것이나 다를 바 없다. 형벌이 두려워서가 아니라, 선행과 악행의 갈림길에 섰을 때 옳다는 이유로 선을 택하는 법을 배우는 것이 우리가 태어난 중요한 이유 중 하나다.

도덕적 문제의 원인과 결과의 상관관계는 1:1이 아니라 M:N의 관계인 경우가 많다. 그렇다면 어떤 원인의 조합이 어떤 결과들을 가져오는지 정확히 알 수 없는 상황에서 우리는 어떻게 행동해야 할까? 위에 명시한 여러 종교의 가르침을 생활화하고, 미국의 작가 리처드 W. 웨더릴(Richard W. Wetherill)이 저서, 『옳은 것이 강한 것이다(Right Is Might)』에서 말한 단순명료한 진리를 실천하면 된다.

> 올바른 행동은 올바른 결과를 가져오고, 올바르지 않은 행동은 올바르지 않은 결과를 가져온다. 올바른 행동은 올바르지 않은 결과를 가져올 수 없고, 올바르지 않은 행동은 올바른 결과를 가져올 수 없다.

예전에 영국계 불교 승려, 아잔 브라마[49]가 어떤 감옥을 방문했을 때 겪은 일화를 공유했다. 재소자들과 대화하는 시간이 있었는데, 한 재소자가 자기 사연을 나누며 이렇게 말했다고 한다. "저는 사실 누명을 쓰고 여기 들어왔습니다." '변명 없는 죄인은 없다더니, 뻔한 거짓말을 하고 있네.'라고 속으로 짐작하던 아잔 브라마는 재소자의 다음 말을 듣고 신선한 충격을 받았다고 한다. "하지만 억울하다고 생각하지는 않습니다. 그 전에 죄를 짓고 걸리지 않은 사례도 많았거든요. 저는 어차피 감옥에 와야 할 사람입니다."

이 법칙에 예외가 없다는 사실을 잘 아는 현명한 사람은 선을 행하고 악을 멀리하면서 카르마 계좌의 잔액을 불린다.

VII. 성(性)의 원칙(The Principle of Gender)

"만물에는 성의 속성이 내포되어 있다; 만물에는 남성성과 여성성의 원칙이 담겨 있다; 모든 영역에서 성의 원칙이 작용한다."

세계 여러 나라의 신화에 따르면 태초에 우주란(宇宙卵; Cosmic Egg)이 있었고, 이 우주란이 깨지면서 세상의 창조 과정이 개시되었다고 한다. 그리스 신화에서는 태고의 에테르(Aether; '제한'을 상징)와 카오스(Chaos; '무한'을 상징)가 서로 힘을 겨루는 과정에서 거대한 소용돌이가 발생했고, 그 결과로 우주란이 만들어졌다고 설명한다. 그 후 이 우주란이 깨지면서 강력한 빛을 발산하는 파네스(Phanes)가 탄생했고, 깨진 우주란의 금빛 상단은 하늘(우라노스; Uranus), 은빛 하단은 땅(가이아; Gaia)이 되었다. 한편 중국의 천지창조 신화에는 반고(盤古)라는 존재가 등장한다. 반고 역시 우주란이 깨지면서 세상에 나왔고, 알의 밝은 부분(양청; 陽淸)은 하늘이 되고 누런 부분(음탁; 陰濁)은 땅이 되었다. 이때부터 양(陽)과 음(陰)의 개념이 생겨났다.

카발라에서는 태초에 공(0; 아인 소프)이 구체화하면서 1(케테르)이 생겨났고, 1에서 2(호크마)와 3(비나)이 차례대로 탄생(발산)했다고 설명한다. 생명 나무에 달린 각 세피라를 다루는 제3장에서 더 자세히 설명하겠지만, 2와 3번 세피라는 양과 음, 남성성과 여성성, 천상의 아버지와 어머니, 능동적인 힘과 수동적인 힘, 확장하는 힘과 제한하는 힘 등을 각각 상징한다. 카발라에서는 2와 3번 세피라를 'Abba'와 'Aima/Ama'라고도 부른다. 즉, 태초의 아빠와 엄마인 것이다.

이 두 힘은 어느 한쪽이 우월한 것이 아니라 언제나 서로 영향을 주고받으면서 세상을 돌아가게 하는 원동력으로 작용한다. 연금술에서는 상반되는 속성을 지닌 이 두 힘을 하나로 통합하는 것을 궁극의 목표로 삼는다. "합치기 불가능해 보이는 것도 합칠 수 있다."는 것이 연금술의 중요한 가르침이다. 미국의 오컬티스트이자 한때 크로울리가 이끌었던 단체, O.T.O.(Ordo Templis Orientis)의 미국 지부 부(副) 그랜드마스터를 역임했던 론 마일로 듀켓[50]은 자신이 토트 타로를 주제로 진행한 강좌의 제목을 '성의 연금술과 토트 타로(Sexual Alchemy & The Thoth Tarot)'로 지었다. 이 책의 제2부에서 토트 타로의 메이저 아르카나를 다루면서 연금술의 개념과 과정이 담긴 카드도 여럿 접하게 될 것이다.

음과 양

음양 심볼을 자세히 보면 양 안에 음이 있고, 음 안에 양이 있음을 볼 수 있다. 세상에 특정 기운만으로 채워진 사주를 가지고 태어나는 1차원적인 사람이 없듯이, 만물에는 양과 음의 속성이 언제나 뒤섞인 상태로 혼재한다. 성의 원칙에서 말하는 '성'은 남녀의 성별을 의미하는 것이 아니다. 남자 안에도 여성성의 속성이 있고, 여자 안에도 남성성의 속성이 있다. 다만 남자의 경우 대체로 남성성이 밖으로 표현되고, 여자는 여성성이 표현되는 경우가 상대적으로 많을 뿐이다.

생명의 나무를 구성하는 세 개의 기둥 중 오른쪽 기둥은 남성성을, 왼쪽 기둥은 여성성을 상징한다. 오른쪽 기둥은 '자비의 기둥(Pillar of Mercy)', 왼쪽 기둥은 '가혹의 기둥(Pillar of Severity)'으로 불린다. 자비는 여성적이고 가혹함은 남성적인 속성으로 여겨질지 모르겠지만, 생명 나무에서는 마치 제목이 뒤바뀐 것처럼 보인다. 그런데 또 남성성의 기둥 상에는 비너스 여신이 위치하고, 여성성의 기둥에는 전쟁의 신 마르스, 신들의 아버지 크로노스, 꾀돌이 머큐리가 자리를 차지하고 있다. 신화에는 아름답고 여성적인 미의 여신 비너스뿐 아니라 덥수룩한 턱수염을 자랑하는 비너스 바르바타도 있고, 음경이 달린 여신도 있고, 여성처럼 아름다운 꽃미남 신들도 있다. 심지어 남자 중에서도 상남자인 천하장사 헤라클레스가 여성의 옷을 입고 있는 모습을 묘사한 명화도 많다. 생명의 나무를 처음 공부할 때 이처럼 상식을 뒤엎는, 직관에 반하는 요소들로 인해 혼란이 올 수 있는데, 겉모습(육신)은 특정 성별을 지니더라도 안으로는 반대 성의 속성이 표현되는 경우가 있기 때문에 이처럼 성적 특성이 뒤죽박죽 섞인 것으로 보이는 것이다. 자세한 내용은 각 세피라를 다룰 때 살펴볼 예정이다.

헤라클레스와 옴팔레

여성성의 원리를 키워드로 요약하면 다음과 같다.

> 우뇌, 음, 수동적, 창의력, 감정, 감성, 직관, 전체론적/비선형 사고, 패턴인식, 연민, 양육, 배려, 도덕, 불가침의 원리

남성성을 대표하는 키워드는 다음과 같다.

> 좌뇌, 양, 능동적, 이성, 논리적/분석적/선형 사고, 과학, 수학, 자기방어의 원리

보다시피 어느 한쪽이 더 좋은 것도 아니고, 어느 한쪽만 필요한 것도 아니다. 진정한 깨달음과 영적 성장을 위해서는 이 두 측면을 조화시킴으로써 균형점을 찾아야 한다는 점을 기억하자.

기존 타로와 토트 타로의 가장 큰 차이점 – '새 시대(The Aeon)'

토트 타로 덱을 한번 쭉 살펴본 사람이라면 라이더-웨이트-스미스 덱(여기서 파생된 수많은 대중적 타로 덱 포함)과 토트 덱 간에 몇 가지 중요한 차이점이 있다는 사실을 금세 눈치챘을 것이다. 메이저 아르카나의 8번과 11번 카드 위치가 뒤바뀌어 있고, 제목도 다른 카드가 여러 장 있다. 코트 카드의 제목도 다르다. 라이더-웨이트-스미스와 토트 타로 덱의 중요한 차이점을 간단히 정리해보았다.(사소한 차이점은 생략하였다.)

라이더-웨이트-스미스	토트
메이저 아르카나 8번 카드-Strength(힘)	메이저 아르카나 8번 카드-Adjustment(조정)
메이저 아르카나 11번 카드-Justice(정의)	메이저 아르카나 11번 카드-Lust(욕망)
메이저 아르카나 14번 카드-Temperance(절제)	메이저 아르카나 14번 카드-Art(연금술)
메이저 아르카나 20번 카드-Judgement(심판)	메이저 아르카나 20번 카드-The Aeon(새 시대)
코트 카드-King(왕)	코트 카드-Knight(기사)
코트 카드-Knight(기사)	코트 카드-Prince(왕자)
코트 카드-Page(시종/견습생)	코트 카드-Princess(공주)
마이너 슈트-Pentacles(펜타클)	마이너 슈트-Disks(디스크)

표 I. 라이더-웨이트-스미스 덱과 토트 덱의 주요 차이점

개별 카드를 다루면서 이런 차이점이 존재하는 이유에 관해 설명할 예정이며, 이번 섹션에서는 그중에서도 가장 눈에 띄는 차이점인 메이저 아르카나의 20번 카드, '새 시대(The Aeon)'의 의미를 얘기해보고자 한다.

'Aeon' 또는 'eon'은 '아주 긴 세월', '시대', '억겁' 등을 의미한다. 크로울리에 따르면 성경 시대(The Aeon of Osiris)의 모티프를 다수 차용하고 있는 기존의 타로는 시대에 뒤떨어졌으며, 요한계시록에 기록된 불의 심판(Judgement)은 이미 실현되었다고 한다. 조금 더 구체적으로 말하자면, 1904년 3월 20일(춘분)에 불의 신, 왕관을 쓴 정복 군주 호루스(The Crowned and Conquering Child)가 그때까지 권좌를 지켰던 죽는 신(Dying God)이자 자신의 아버지인 오시리스를 자리에서 몰아냈고, 이 시점부터 호루스의 시대(The Aeon of Horus)가 시작되었다는 것이 크로울리의 설명이다.(물론 이는 물질계가 아니라 '아스트랄계'에서 일어난 상징적 사건을 일컫는 것이다).

타로든 카발라든, 고정된 상태로 계속 남아있는 것이 아니라, 인류의 의식 상승과 이에 따른 시대의 변화에 발맞춰 함께 진화하고 성장한다는 사실은 이미 설명한 바 있다. 새로운 시대는 천국의 전쟁, 아마겟돈, 행성의 특별한 배열과 같은 천문학적 사건 등, 어떤 외적 또는 물리적인 요인에 의해 시작되는 것이 아니라, 인류의 의식 변화에 따라 필연적으로 찾아온다. 크로울리는 호루스 시대의 도래를 맞아 기존의 '심판(Judgement)' 카드를 '새 시대(The Aeon)'로 대체하였다. 단순히 제목뿐만 아니라 카드의 상징체계까지 새로운 시대에 맞춰 바꿨다. 그럼 이제 크로울리가 정의한, 인류 의식 성장의 역사를 상징하는 세 개 시대의 특성을 알아보자.

I. 이시스의 시대(The Aeon of Isis)

이집트 신화에서 이시스는 최고 여신으로, 오시리스의 부인이자 호루스의 어머니다. 이시스 시대의 키워드는 '탄생'이라고 할 수 있다. 인류가 탄생의 신비를 경배했던 시대였다. 당시의 인류는 한 달 주기로 피를 흘리면서도 죽지 않는 여성을 신적 존재로 인식했다. 의학 지식이 부족했던 원시시대에 사람이 많은 피를 흘리는 것은 사실상 사형선고나 다름없었는데, 달의 주기에 맞춰 규칙적으로 피를 흘리고도 끄떡없는 여성은 불사의 존재로 여겨졌다. 여성이 생리를 멈추고 약 9개월이 지난 후, 그녀의 몸에서 새로운 생명이 탄생하는 현상도 기적으로 보였다. 게다가 여성은 새로운 생명에게 영양분을 제공하는 모유까지 자체적으로 생산했다. 여성이 혼자만의 힘으로 새로운 생명을 창조한다고 믿었던 당시의 인류는 그녀를 창조주로 여기며 추앙했고, 지구상의 모든 생명체를 키워주고 보살피는 어머니 지구(Mother Earth)와 동일시했다. 지구는 어머니이고, 어머니는 곧 생명이고, 신은 곧 여성이라는 사상이 이 시대를 지배했고, 이 시대의 인류는 달을 숭배했다. 맥스 하인델은 저서 『절망 속에서 태어나는 용기[51]』에서 유대교의 최고신 여호와를 '달의 시대의 입문자'로 칭하며 생명의 탄생을 주관하는 그의 역할을 다음과 같이 설명했다.

> 천사들의 지배자인 여호와는 달의 시대(Moon Period) 최고의 입문자이며, 달의 힘으로 인류의 성장을 지도하는 존재다. 그는 생성(생식)을 주관하고 생명을 임신할 수 있게 하는 신으로, 달의 빛을 활용하여 길일에 출산이 이루어지도록 함으로써 인간과 동물에게 새끼를 선물한다. 여호와는 출산을 관장하는 자신의 특권을 자랑스럽게 여기는 질투심 많은 신이다. 따라서 여호와는 인간이 선악과(The Tree of Knowledge of Good and Evil)의 열매를 따 먹고 출산의 권한을 자체적으로 행사하자 그들을 낙원에서 추방하고 황야를 방랑하도록 하는 형벌을 내렸다. 용서는 없었다. 인간으로서 할 수 있는 일은 죄에 따른 고통의 대가를 치르면서 속죄하는 길뿐이었다.

오컬트에서는 세상에 빛이 있기 이전에 어둠이 있었고, 그 어둠이 빛을 탄생시켰다고 설명한다. 태초의 어둠은 우주 만물의 어머니, 또는 어머니의 자궁에 비유할 수 있다. '여자'를 의미하는 영어단어 'woman'은 본래 'womb of man' 즉 '인류의 자궁'을 의미하는 표현에서 유래되었다는 설도 있다. 달의 여신, 다이애나를 숭배했던 고대 에페수스에서는 그녀를 '신들의 어머니(Mater Deorum)'라 불렀고, 두 팔을 벌리고 서 있는, 수많은 유방을 가진 어머니의 형상으로 묘사했다. 자기가 낳은 자식들(우주 만물)이 자기 품으로 돌아오는 날까지 두 팔을 벌리고 무한정 기다리고 있는 그녀의 모습은 신이 창조한 모든 피조물이 성장의 긴 여정을 마치고 궁극적으로는 다시 신에게 흡수된다는 오컬트의 가르침과 일맥상통한다. 특이점(Singularity)에서 빅뱅(Big Bang)이 일어나 우주의 팽창(창조)이 시작되었고, 어느 순간부터 팽창이 멈추고 수축의 과정이 개시되어 우주가 본래의 점(블랙홀)으로 되돌아가게 된다는 현대과학의 이론도 이와 유사한 개념이다. 불가해한 0(아인 소프)에서 1(케테르)이 탄생하고, 세피라의 순차적인 발산으로 생명의 나무가 완성되었다가 모든 것이 다시 0으로 돌아간다는 카발라의 사상도 마찬가지다.

다시 정리하자면, 이시스의 시대는 탄생의 신비를 중시하고, 여신과 여성을 창조주로 모시고 경배하던 모계사회이자 '여성시대'였다고 할 수 있겠다.

II. 오시리스의 시대(The Aeon of Osiris)

세월이 흘러 인류의 의식에 일대 변혁이 일어났다. 태양이 생명에 미치는 영향을 새롭게 인식하면서 탄생의 신비에 관한 기존의 생각이 수정된 것이다. 오시리스 시대의 인류는 또한 탄생뿐 아니라 죽음의 의미에 관해서도 깊게 사색하기 시작했다. 이 시대의 주요 키워드는 '죽음'이라 할 수 있을 것 같다.

오시리스 시대의 인류는 어머니 지구가 땅 위의 모든 생명을 먹여 살리는 것은 맞지만, 지구도 태양에 의존한다는 사실을 알게 되었다. 이들은 또한 낮과 밤, 계절의 순환에 따른 '태양의 죽음'이 농작물에 영향을 주는 현상도 관찰했다. 태양이 지구에 빛을 충분히 쏴야 땅에서 농작물이 쑥쑥 자라나고, 태양이 비실비실한 겨울에는 식물도 죽어가는 모습을 보고 생각이 꼬리에 꼬리를 물면서 인류는 아기의 탄생에 남자도 기여한다는 사실을 발견했다. 지구상의 생명이 자라나고 살아가기 위해 태양의 빛이 필요하듯이, 새로운 인간이 탄생하기 위해서는 남자의 정자가 필요하다는 결론을 내린 것이다. 이 시점부터 아버지와 남자의 역할이 급부상하고, 부계사회와 '남성시대'가 시작되었다.

태양의 부재는 죽음과 직결된다고 생각한 이 시대의 인류는 태양숭배의 전통을 만들어냈다. 오시리스 시대의 신들은 대부분 태양과 연관되어 있고, 12월 25일에 태어난 구세주들이 유난히 많다. 사람들은 1년 중 태양의 위력이 동짓날(12월 21~22일)에 가장 약해지고, 태양이 '죽은 상태'로 3일간 머무르다가 12월 24~25일부터 다시 힘이 강해지는("장사한 지 사흘 만에 죽은 자 가운데서 다시 살아나신"[52]) 현상을 관찰했다. 즉, 매년, 이 시점에 태양이 새롭게 태어난다고 보았고, 이에 따라 태양신들의 탄생일을 이날로 지정하고 기념했다. 이들은 태양이 매년 다시 태어나면서 봄이 찾아오면 겨우내 죽은 것처럼 보였던 식물이 다시 땅에서 솟아나는 모습을 관찰했고(그래서 영어권에서는 봄을 '튀어나온다.'는 의미의 'spring'으로 표현한다) 이를 통해 탄생 – 삶 – 죽음 – 부활의 순환을 조금씩 이해하게 되었다.

이들은 또한 죽음이 있는 곳에서 새로운 생명이 탄생하는 현상도 관찰했다. 인간 또는 동물의 사체가 부패하면서 땅속으로 스며들면 토지가 비옥해져 식물이 힘차게 자라나는 것이었다. 그래서 이때부터 풍성한 수확을 보장하기 위해 매년 봄 동물의 피를 희생제물로 바치는 의식이 생겨났고, 이 전통은 훗날 신성한 사원과 예배당을 붉은 피로 물들이는 끔찍한 악습(유대교의 유월절 행사 등)으로 타락했다. 심지어 한술 더 떠서 동물의 피보다 더욱 강력한 약발(?)을 얻기 위해 사람을 제물로 바치는 인신 공양의 만행까지 곳곳에서 벌어졌다.

오시리스 시대의 신들은 자기희생을 통해 인류를 구원한다. 오시리스는 질투심에 사로잡힌 동생 세트에게 죽임을 당한 후 지하 세계를 다스리는 신이 되었고, 예수와 디오니소스 역시 보혈(寶血)을 흘림으로써 인류를 구원했다. 이 시대에 구세주 대접을 받으려면 순교쯤은 기본적으로 갖추어야 할 스펙이었다. 하지만 크로울리는 호루스의 시대가 도래하면서 '죽는 신'의 전설은 이제는 폐기해야 할 구시대의 유물이 되었으며, 새 시대에서 '자기희생'이라는 개념은 잘못된 발상이라고 말한다.("This idea of sacrifice is, in the final analysis, a wrong idea.")

III. 호루스의 시대(The Aeon of Horus)

이집트 신화에 따르면 오시리스는 동생, 세트에게 살해당한 후 그때까지도 동정녀였던 부인 이시스에게 정령의 형태로 나타나 그녀와 동침했고, 이 결합으로 호루스가 태어났다고 한다. 성령으로 말미암아 임신하여 예수를 낳은 동정녀 마리아, 정령으로 나타난 제우스와 동침하여 디오니소스[53]를 낳은 세멜레의 이야기와 여러모로 닮은 탄생 설화다. 임신한 이시스는 장차 태어날 아기의 목숨을 노리는 세트로부터 멀리 도망쳐 호루스를 몰래 낳아 길렀고, 이후 건장한 청년으로 장성한 호루스는 세트를 물리치고 이집트의 왕권을 되찾는다.[54]

이번 섹션의 초반에서 "호루스가 아버지를 권좌에서 몰아냈다."는 표현을 썼는데, 이는 호루스가 후레자식이라는 뜻이 아니라, 구시대는 저물고 새로운 시대가 도래했다는 의미다. 그리스 신화에서도 크로노스가 아버지 우라노스의 성기를 잘라낸 후 자신이 왕이 되고[55], 크로노스의 아들인 제우스가 아버지를 상대로 전쟁[56]을 벌이고 결국 승리하여 올림포스의 왕이 되는 패륜의 역사가 대를 이어 이루어지는데, 이 역시 하늘(우라노스)과 시간(크로노스)을 상징하는 두 신이 무대 뒤로 물러나고 새로운 세대가 주도하는 세상이 찾아왔음을 설명하는 일종의 우화다. 호루스가 전면에 나선다는 이야기도 인류의 의식이 한 단계 성장하여 새로운 시대를 맞게 되었다는 의미로 해석해야 한다.

리듬의 원칙을 다룬 섹션에서 시계추는 오른쪽으로 움직인 만큼 왼쪽으로도 움직인다고 설명했다. 여성이 지배하는 이시스의 시대와 남성이 지배하는 오시리스의 시대 둘 다 시계추가 한쪽으로 움직여 균형이 무너졌던 시대였다. 여성성과 남성성은 경쟁 관계가 아니라 협력 관계로 발전해야 한다. 호루스의 시대는 인류가 이시스와 오시리스의 시대를 거치면서 배운 교훈을 토대로 '성장'을 추구하는 시대라고 말하고 싶다.

크로울리가 1904년에 계시를 통해 필사한 『법의 서』는 "모든 인간은 별이다."라고 선언한다.("Every man and woman is a star.") 이전 시대의 인류는 신의 의중을 파악하기 위해 필사적으로 노력하고 이에 자신을 맞추려고 시도하면서 어설프게 행동했으나, 호루스의 시대를 사는 인간은 사랑을 바탕으로 한 의지는 신의 의지와 이미 조화를 이루고 있음을 이해하고, 이에 맞춰 행동해야 한다고 한다.("Do what thou wilt shall be the whole of the Law. Love is the law, love under will.") 호루스의 시대에는 '인간은 자체적으로 발광하는, 영원한 생명의 태양과도 같다.'는 사상이 싹을 틔운다. 인간도 태양처럼 죽지 않으며, 죽음은 허상에 불과하다는 확신이 의식 속에 자리를 잡게 된다는 것이다. 호루스 시대의 시민인 우리가 새겨듣고 일상의 신조로 삼아야 할 중요한 내용이다.

다채로운 재료로 만들어진 한 장의 카드

앞서 우주 만물은 음과 양이 뒤섞여있는 혼합물이라고 설명했다. 물질은 이 외에도 불, 물, 공기, 흙의 4대 원소, 그리고 이 원소들이 적절하게 섞인 상태에서 제 기능을 수행하도록 관리 감독하는 제5 원소로 구성되어 있다.[57] 타로도 마찬가지다. 다양한 식자재가 한데 모이고 뒤섞이면서 음식이 탄생하듯이(맛은 식자재의 배합에 따라 좋을 수도 있고 없을 수도 있다), 한 장의 카드는 다채로운 의미를 지닌 수많은 심볼의 조합으로 특정한 에너지를 표현하며, 해당 에너지는 각 요소 간의 궁합에 따라 강화되거나 상쇄된다. 마이너 아르카나의 지팡이 6번 카드를 사례로 이 개

지팡이 6번 카드

넘을 자세히 살펴보자.

황금새벽회는 이 카드를 'Lord of Victory' 즉, '승리의 군주'로 명명했다.[58] 이 카드를 구성하는 재료들은 다음과 같다.

- 지팡이. 마이너 아르카나의 네 슈트 중 지팡이는 '불'을 상징한다.
- 목성과 사자자리의 심볼. 목성이 사자자리에 진입했음을 의미한다. 사람 간에 궁합이 있듯이, 행성과 별자리 간에도 좋은 궁합과 나쁜 궁합이 있다.
- '6'은 생명 나무의 중간 기둥에 있는, 태양이 지배하는 6번 세피라, 티파레트를 의미한다. 위와 아래, 좌와 우 기준으로 생명 나무의 정중앙에 위치한 티파레트는 매우 안정적인 세피라다.

- 태양은 사자자리를 지배한다. 태양이 자신의 집(사자자리)에 와서 아주 편하게, 자신의 역량을 마음껏 발휘할 수 있다는 뜻이다.
- 동물의 왕인 사자를 심볼로 삼는 사자자리는 '용기'를 의미하는데, 여기에 올림포스의 왕인 목성(제우스/주피터)의 기운까지 더해졌다. 점성학에서 목성은 행운(대길성; 大吉星; The Greater Benefic)을 상징한다.

이처럼 강력하고 안정적인 요인들이 한 카드에 모여 시너지를 발휘하고 있으니 그 결과는 '승리'다. 크로울리는 이 카드가 "승리의 모습뿐 아니라, 승리를 쟁취하기 위해 필요한 요소들을 보여주고 있다."고 설명한다. 따라서 타로 리딩에서 이 카드가 나오면 '승리할 것이다.' 또는 '승리하기 위해서는 이렇게 해야 한다.'는 식으로 풀이할 수 있다.

서론에 가까운 제1장에 많은 지면을 할애한 이유는, 본격적으로 요리를 시작하기 전에 각 식자재의 특성부터 알아야 하듯이, 카드를 구성하는 여러 요소의 속성을 대략적으로라도 짚고 넘어가기 위함이다. 카드부터 빨리 살펴보고 싶은 독자도 많겠지만, 오컬트 덱인 토트 타로를 제대로 이해하기 위해서는 이와 같은 사전지식 습득이 필수적이다. 위의 사례에서도 벌써 슈트(원소), 행성, 별자리, 숫자 등의 기본 재료들이 등장했고, 이 외에도 생명 나무의 구조와 각 세피라의 특성, 메이저 아르카나에 지정된 히브리 문자, 연금술 관점의 속성 등에 관한 지식도 필요하다. 그럼 다음 섹션부터 타로를 구성하는 재료들을 하나씩 공부해보도록 하자.

프톨레마이오스의 세계관

현대 서양 점성학의 아버지 프톨레마이오스[59]는 태양을 포함한 태양계의 행성들이 지구 주위를 돈다는 천동설(天動說; Geocentric Theory)을 주장했다. 그의 이름을 따서 천동설을 'Ptolemaic System'이라 부르기도 한다. 물론 그의 이론은 훗날 코페르니쿠스[60] 등에 의해 잘못되었음이 밝혀졌고, 지금은 지구를 포함한 행성들이 태양 주위를 돈다는 사실이 당연한 상식으로 자리를 잡았다.[61] 하지만 별과 행성이 인간에게 주는 영향을 연구하는 점성학의 관점에서는 프톨레마이오스의 시스템이 여전히 유용하며, 타로에서도 그의 세계관을 따르고 있다.

물리적 관점에서 보면 지구는 태양 주위를 도는 여러 행성 중 하나에 불과하지만, 지구에 발을 딛고 사는 우리의 주관적 관점에서 볼 때 별과 행성들은 태양계의 실질적인 구조와 무관하게 지구 밖에 있는, 지구를 둘러싼 중요한 환경적 요소들이다. 내가 사는 집 주변의 환경, 이를테면 산천, 숲, 대로, 건물, 공사현장 등이 내 심리에 영향을 주듯이, 지구에서 바라본 우주의 이웃들도 우리에게 영향을 주는 주변 환경의 일부다.

프톨레마이오스의 태양계를 묘사한 그림을 보면 중앙에 4대 원소로 구성된 지구가 있고, 지구 주위를 돌고 있는 일곱 행성이 다음 순으로 배치되어 있다.[62]

- LUNAE (Luna; 달)
- MERCVRII (Mercury; 수성)

프톨레마이오스의 우주

- VENERIS (Venus; 금성)
- SOLIS (Sol; 태양)
- MARTIS (Mars; 화성)
- IOVIS (Jupiter; 목성)
- SATVRNI (Saturn; 토성)

토성 너머에는 세 개의 겹으로 구성된 황도대(黃道帶; Zodiacal Belt), 즉, 열두 별자리가 있고, 그보다도 위에는 EMPIREVM(Empyrean), 즉, 가장 높은 하늘인 최고천(最高天)이 있다. 이 구조에서 원소, 행성, 별자리는 우주의 몸(지구), 혼, 영을 각각 상징하며, 이 체계는 타로의 메이저 아르카나에도 그대로 반영되어 있다. 22장의 메이저 아르카나 카드는 12장의 별자리 카드, 7장의 행성 카드, 그리고 3장의 원소 카드로 구성된다. 원소 카드가 3장밖에 없는 이유는 4대 원소 중 흙(Earth)은 우리가 사는 지구를 상징하기 때문이다.

세계 각국의 신화와 전설에는 하늘과 땅을 연결해주는 '천국에 이르는 계단(Stairway to Heaven)'의 상징체계가 종종 등장한다. 이스라엘 열두 부족(열두 별자리에 상응) 시조들의 아버지인 야곱은 꿈에서 천국에 이르는 계단[63]을 보았고, 이슬람교의 창시자인 무함마드는 야간비행을 하며 일곱 개의 관문을 통과하고 성경 시대의 주요 인사들을 만나는 비전[64]을 체험했다. 바빌론의 이슈타르[65] 여신은 일곱 개의 계단을 밟으며 하늘에서 지구로 내려왔다. 프톨레마이오스 세계관의 일곱 행성이 바로 하늘과 땅을 연결하는 사다리 또는 계단 구실을 한다. 피타고라스는 천국에 머무르던 인간의 영혼이 육신을 가진 존재로 태어날 때마다 일곱 행성으로 구성된 계단을 하나씩 밟으며 지구로 내려오며, 한 계단씩 디딜 때마다 그곳을 관리하는 문지기 또는 신으로부터 장차 그가 세상에서 드러낼 기질, 성격, 성향 등을 선물로 받는다고 설명했다. 피타고라스는 마치 기타의 프렛(fret)처럼 행성들의 궤도가 일정한 간격을 유지하고 있는 태양계 구조에서 영감을 받아 일현금(一絃琴; monochord)이라는 악기를 창안하고 이를 기반으로 음악 이론을 발전시키기도 했다.

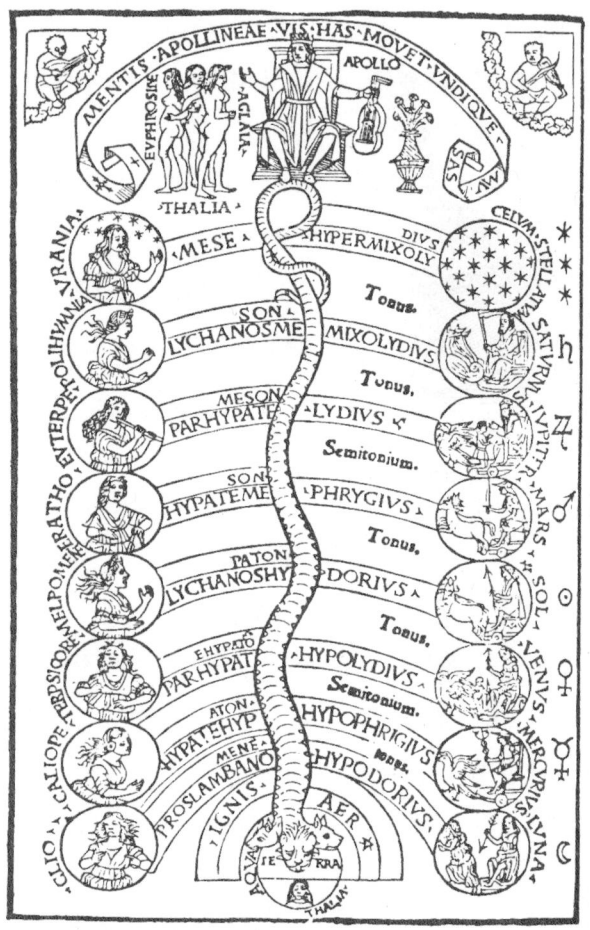

천체의 음악(Music of the Spheres)

고대 이스라엘의 이동식 예배소인 성막(聖幕; The Tabernacle)에는 열두 개의 진설병이 놓인 상과 일곱 개의 등잔이 달린 촛대가 비치되어 있었다.

- 상 위에 진설병을 두어 항상 내 앞에 있게 할지니라.(출애굽기 25: 30)
- 등잔 일곱을 만들어 그 위에 두어 앞을 비추게 하며,(출애굽기 25: 37)

열두 개의 전설병이 놓인 상(Table of Shewbread)

일곱 개의 등잔이 달린 촛대 (Seven-Branched Candlestick; Menorah)

디지털 파일로 가지고 있는 킹제임스성경(King James Bible)에서 'twelve' 와 'seven'이 나오는 횟수를 검색해봤더니 각각 189회, 680회 나왔다. ('seven'으로 검색하면 'seventy'도 함께 검색되지만, 수비학적 관점에서 7과 70은 같은 의미를 지닌다). 성경뿐 아니라 세계 주요 종교의 경전에서 언급되는 7과 12도 다 유사한 의미를 내포하고 있다. 앞으로 3, 7, 12와 같은 숫자가 등장하면 이 점을 염두에 두고 주목하도록 하자.

별자리의 성질(Quadruplicity)

태양계 너머에 있는 열두 별자리는 마치 큰 띠를 이루며 지구를 둥글게 감싸고 있는 것처럼 보인다. 이를 '황도대'라고 부르며, 각각의 별자리는 황도대의 360도 중 약 30도씩 지배한다. 별자리의 순서는 전통적으로 양자리에서 시작하여 물고기자리에서 끝나며, 아래 도표에서 보는 바와 같이 여러 기준으로 분류된다.

별자리	극성(Polarity)	원소(Triplicity)	속성(Quadruplicity)
양자리(Aries)	양	불	활성
황소자리(Taurus)	음	흙	고정
쌍둥이자리(Gemini)	양	공기	변동
게자리(Cancer)	음	물	활성
사자자리(Leo)	양	불	고정
처녀자리(Virgo)	음	흙	변동
천칭자리(Libra)	양	공기	활성
전갈자리(Scorpio)	음	물	고정

사수자리(Sagittarius)	양	불	변동
염소자리(Capricorn)	음	흙	활성
물병자리(Aquarius)	양	공기	고정
물고기자리(Pisces)	음	물	변동

표 II. 열두 별자리의 기본 속성

원소를 기준으로 열두 별자리를 세 개씩 묶어 네 개의 그룹으로 나누는 기준(Triplicity)에 관해서는 4대 원소를 다룰 때 더 자세히 다루고, 이번 섹션에서는 별자리를 네 개씩 묶어 세 개의 그룹으로 나누는 기준(Quadruplicity)에 관해 설명한다. 설명에 들어가기에 앞서, 프톨레마이오스가 남긴, 우리가 새겨들어야 할 중요한 명언 한마디를 소개한다.

"별들은 부추기기는 하지만, 강제하지는 않는다."("Stars impel, but do not compel.")

완전히 똑같은 사주를 가지고 태어난 일란성 쌍둥이라 해도 얼마든지 인생이 다르게 풀릴 수 있듯이, 내 별자리가 내 운명을 결정적으로 좌지우지하는 것은 아니라는 얘기다. 프톨레마이오스의 말대로 별들은 내 인생이 어떤 방향으로 흘러가도록 쿡쿡 찌르며 부추길 수는 있지만, 반드시 그쪽으로 가도록 강제하지는 않는다. 의지력이 강한 사람은 별 또는 사주의 영향과 무관하게 자기가 선택한 길을 가고, 약한 사람은 그 영향에 쉽게 휩쓸린다는 차이가 있을 뿐이다. 맨리 P. 홀은 한 강의에서 이 개념을 아래와 같이 설명했다.

운명이란 노 하나를 들고 뗏목 위에 서 있는 사람에 비유할 수 있습니다. 어떤 사람은 물결이 거세도 열심히 노를 저어 강기슭을 향해 나아 갑니다. 조건과 상황에 따라 많은 시간이 걸릴 수도 있지만, 그가 포기하지 않는다면 언젠가 목표지에 도달할 가능성이 커집니다. 하지만 자포자기 상태로 뗏목 위에 누워있는 사람의 운명은 쉽게 점칠 수 있습니다. 그의 향방을 결정짓는 변수가 물결 하나뿐이기 때문입니다. 이런 사람의 경우, 출생 차트에 기록된 '예언'이 그대로 실현될 가능성이 매우 큽니다.

지금부터 설명하는 별자리의 특성은 이 '부추기는 힘'을 대략 요약한 것이다. 내가 어떤 별자리의 영향을 받고 태어났다고 해서 무조건 이러이러한 못돼먹은 성향을 지녔다는 의미가 아니다. 하지만 이 정보는 자기 성찰에 큰 도움이 될 수 있다. 나에게 해당하는 별자리의 좋은 점과 나쁜 점을 보고 내가 지금까지 살면서 극복한 단점들이 있는지, 제대로 활용하지 못하고 있는 장점들이 있는지, 앞으로 노력해서 개선해야 할 부분이 있는지를 점검해보는 것도 좋을 것 같다.

점성학은 고대의 과학이자 중요한 학문 분야 중 하나로, 타로를 이해하기 위해 필요한 일종의 언어이자 알파벳이라고 할 수 있다. 타로에 등장하는 점성학적 심볼의 의미를 이해하기 위해 출생 차트를 분석하고, 이를 기반으로 미래를 점치고, 상승점(Ascendant), 중천점(Midheaven), 어스펙트(Aspect) 등까지 속속들이 알 필요는 없다. 각 별자리의 대표적인 속성과, 특정 행성과의 조합(궁합)에 관한 기본적인 지식만 있어도 타로를 해석하는 데 큰 어려움은 없다. 지금부터 소개하는 내용은 점성학의 가장 기본인 태양 별자리[66]를 기준으로 각 별자리의 대표적인 속성을 나열한 것이다. 하지만 이 내용은 그야말로 빙산의 일각에 불과하므로 점성학에 관심이 있는 독자는 시중에서 괜찮은 관련 서적을 따로 구해서 공부해볼 것을 권하고 싶다.

I. 활성사인 - 양자리(불), 게자리(물), 천칭자리(공기), 염소자리(흙)

활성사인의 특성을 한마디로 설명하자면, 해당 원소가 화려하게 팡파르를 울리며 무대에 등장하는 순간을 상징한다고 볼 수 있다. 활성사인은 제목 그대로 활력이 넘친다. 인간에 비유하자면 혈기왕성하고 의욕이 넘치는 젊은이에 해당한다고 할 수 있다. 대학에 갓 입학한 겁(怯) 없는 신입생, 회사에 새로 입사한 패기 넘치는 신입사원, 이제 막 프로 선수로 데뷔한 신인과 비슷한 이들은 모든 이들이 자기를 주목해주기를 바란다. "나 왔어!" "나 좀 바라봐 줘!" 이들은 대체로 자기중심적이고 해당 원소의 초짜들이기 때문에 인생의 목표에 관해 혼란스러워하는 경우도 종종 있다.

하지만 이들은 집념이 강하다. 끈질기고 집요하다. 중간에 방법이 바뀌는 경우는 있어도 한번 세운 목표는 집요하게 물고 늘어지며, 용감하게 목표를 향해 정진한다. 일단 박치기부터 하고 보는 산양과 염소를 보라. 활성사인 태생은 자기만족을 위해 필사적으로 노력하다 보니 때에 따라 타인의 권리를 경시하는 경우도 있다. 하지만 이는 이들이 무자비한 사람이어서가 아니라, 자기중심적이라 기본적인 책임감과 사회에서의 관계를 가볍게 여기는 경향이 있어서 그렇게 보이는 것일 뿐이다.

활성사인 별자리는 다른 타입에 비해 목표 달성을 위해 더욱 헌신하는 경향이 있다. 이들은 리더십 역량을 갖추고 있으나 노력을 통해 높은 자리에 올라야 하며, 그 후에 큰일을 해낼 수 있다.

II. 고정사인 - 황소자리(흙), 사자자리(불), 전갈자리(물), 물병자리(공기)

고정사인이라는 제목에서 짐작할 수 있듯이, 이들은 해당 원소를 정의하고 집중하는 타입이다. 고정사인은 해당 원소의 속성을 확실하고 명확하게 드러내므로 타로를 비롯한 오컬트 분야뿐 아니라 여러 종교의 상징체계에서도 종종 활용된다. 라이더-웨이트-스미스 덱에서는 메이저 아르카나의 10번 '운명의 수레바퀴'와 21번 '세상' 카드에 고정사인 심볼들이 나타나고, 토트 덱에서는 5번 '법황'과 21번 '우주' 카드에 등장한다. 구약성경의 에스겔서에서는 선지자 에스겔이 비전을 통해 '네 생물'이 이끄는 전차를 보는 장면을 묘사하고 있다.

> (에스겔 1:4) 내가 보니 북방에서부터 폭풍과 큰 구름이 오는데 그 속에서 불이 번쩍번쩍하여 빛이 그 사면에 비취며 그 불 가운데 단 쇠 같은 것이 나타나 보이고
> (에스겔 1:5) 그 속에서 네 생물의 형상이 나타나는데 그 모양이 이러하니 사람의 형상이라
> (에스겔 1:6) 각각 네 얼굴과 네 날개가 있고
> (에스겔 1:7) 그 다리는 곧고 그 발바닥은 송아지 발바닥 같고 마광한 구리같이 빛나며

(에스겔 1:8) 그 사면 날개 밑에는 각각 사람의 손이 있더라 그 네 생물의 얼굴과 날개가 이러하니

(에스겔 1:9) 날개는 다 서로 연하였으며 행할 때에는 돌이키지 아니하고 일제히 앞으로 곧게 행하며

(에스겔 1:10) 그 얼굴들의 모양은 넷의 앞은 사람의 얼굴이요 넷의 우편은 사자의 얼굴이요 넷의 좌편은 소의 얼굴이요 넷의 뒤는 독수리의 얼굴이니

위 성경 구절에서 사람(물병자리), 사자(사자자리), 소(황소자리), 독수리(전갈자리)는 네 개의 고정사인 별자리를 가리키며, 토트 덱에서는 각 슈트의 왕자들이 해당 원소의 생물이 이끄는 전차에 올라탄 모습으로 그려진다. 에스겔서에 등장하는 네 생물은 세라핌(Seraphim; 스랍), 보좌(Thrones)와 더불어 최상위 등급의 천사인 케루빔(Cherubim; 그룹)이며, 이에 따라 고정사인을 '케루빅 사인(Cherubic signs)'으로 칭하기도 한다. 성경에서는 이 외에도 주관(Dominions), 정사(Principalities), 권세(Powers) 등, 다양한 등급/종류의 천사들을 언급하고 있다.

(골로새서 1:16) 만물이 그에게 창조되되 하늘과 땅에서 보이는 것들과 보이지 않는 것들과 혹은 보좌들이나 주관들이나 정사들이나 권세들이나 만물이 다 그로 말미암고 그를 위하여 창조되었고

기독교 상징체계에서는 또한 신약성경 4대 복음서의 저자로 알려진 마태(물병자리), 마가(사자자리), 누가(황소자리), 요한(전갈자리)을 네 개의 고정사인에 지정하며, 테트라모프(Tetramorph)라 불리는 체계에서는 손에

성서를 들고 있는 사람, 사자, 소, 독수리가 이들과 한 몸으로 결합한 이미지를 사용하고 있다.(라이더-웨이트-스미스 덱의 '운명의 수레바퀴' 카드에서도 책을 들고 있는 네 생물을 볼 수 있다).

제5 원소를 상징하는 예수를 둘러싸고 있는 네 고정사인 심볼과 네 명의 복음서 저자

고정사인이 타로 상징체계에서 차지하는 비중이 높아서 잠시 이야기가 빗나갔는데, 이제 이들의 기본 속성을 알아보도록 하자.

앞서 활성사인을 신인, 신입생, 신입사원, 젊은이 등에 비유했는데, 고정사인은 사회에서 어느 정도 자리를 잡은 중년, 말하자면 해당 원소를 대표하는 베테랑이라 할 수 있겠다. "에헴, 나 이런 사람이야!" "나 때는 말이야, 어?" 하지만 그렇기 때문에 '꼰대', '완장 찬 사람', '훈수 두는 사람'이라는 소리를 듣지 않도록 신중하게 행동해야 한다.

고정사인 별자리의 특성은 때로는 위대한 일을 성취하도록 부추기는 원동력으로 작용할 수도 있지만, 이런 별자리들의 영향을 받고 태어난 사람들은 고집불통, 아집 등으로 비치는 특이한 시각을 소유한 사람들인 경우가 많다. 이들의 속성을 제대로 이해하지 못하는 사람들은 이들에게 '황소고집', '독선적', '자기중심적' 등의 수식어를 갖다 붙이기도 하지만, 이들은 사실 사고가 유연하고, 실수에 관대하고, 타인에게 도움을 주기 위해 필사적으로 노력하는 사람들이다. 좋은 의도를 가지고 노력하지만, 특유의 기질로 인해 실패하는 경우도 많다. 이들의 기질 자체가 나빠서가 아니라, 너무 순진해서(외골수라서) 자신의 성공과 행복을 가로막는, 누가 봐도 자명한 요인들을 파악하지 못하기 때문이다. 고정된 사인이므로 한 번 형성된 성향은 좀처럼 내려놓지 않으려 하며, 따라서 자기의 잘못을 직시하지 못하고 남을 탓하는 경향도 지니고 있다. "있는 그대로의 내 모습을 받아들이든지 말든지!" 하는 식이다.

이들의 강력한 추진력이 제대로 방향을 잡으면 성공적인 커리어로 이어질 수 있다. 만능 재주꾼이기도 한 고정사인 별자리는 여러 가지를 시도하지만, 자기가 진짜 하고 싶은 일을 할 때 성공할 수 있다. 하기 싫은 일을 해야 하는 상황에 놓이면 감정적/정신적으로 괴로워한다. 이들은 유명한 장군, 독재자, 경영, 종교, 오컬트, 인도주의 등, 드라마틱한 부문에서 두각을 나타내는 경우가 많다.

역량과 투지에 대한 집착도 고정사인의 특징 중 하나다. 이들은 자신의 인격을 다듬고 다스려 남들이 두려워하는 사람이 아니라 사랑하는 사람, 남들이 질투하는 사람이 아니라 존경하는 사람이 되도록 노력해야 한다. 진정한 성공을 원한다면 수단과 방법을 가리지 않고 목표를 달성하겠다는 생각을 내려놓고, 집착을 헌신으로 탈바꿈시키고, 건설적이고 진보적인 일에 자신의 야망을 바쳐야 한다.

고정사인 별자리는 크든 작든, 상황을 지배하려는 성향도 가지고 있는데, 무언가를 성취하기 위한 투쟁은 반드시 긴장을 동반하게 되어있는 법이다. 지속적인 투쟁은 고통스럽고 파괴적이며, 건강과 세상을 바라보는 건전한 관점을 해칠 수도 있다. 이런 성향을 가진 고정사인 별자리라면 중간중간에 휴식을 취하는 방법을 익히고, 예술, 문학, 미학 등에 대한 관심을 기르는 것도 바람직하다. 일과 책임에 대한 걱정을 잠시 덜어내고, 유머 감각도 키울 것! 모든 일을 너무 심각하게 받아들이며 삶의 즐거움을 놓치는 일이 없도록 할 것!

III. 변동사인 – 쌍둥이자리(공기), 처녀자리(흙), 사수자리(불), 물고기자리(물)

변동사인은 활성/고정사인처럼 자신의 정체성을 확실하게 드러내지 않기 때문에 약하거나 우유부단하다는 인상을 줄 수 있으나, 사실은 약한 것이 아니라 제목처럼 유연하고 자기를 기꺼이 내어주는 스타일이다. 이들은 영원히 변화하는 우주에 잘 적응하며, 인생의 산전수전을 다 겪은 지혜로운 노인의 면모를 보인다. 뭐랄까, 이들은 "부드러움이 강한 것을 이긴다."는 노자(老子)의 가르침을 제대로 이해한 사람들이라고 할 수 있을 것 같다.

변동사인은 자신이 대표하는 원소의 속성을 미련하게 고집하지도, 남에게 강요하지도 않는다. 이들이 변동사인으로 불리는 이유는, 그때그때, 상황에 따라 팔색조처럼 변화하고 적응하는 능력이 뛰어나기 때문이다. 이들은 "이런들 또 어떠하며, 저런들 또 어떠하리.[67]"의 마인드로 삶에 임한다.

다재다능하고 융통성이 뛰어난 변동사인 별자리는 생존을 위해 기발한 재치와 지모를 발휘한다. 각 원소의 마지막에 해당하는 별자리여서인지, 이번 생에서 처리해야 할 카르마를 많이 짊어진 상태로 태어나는 경향도 있다. 자기만의 힘으로 통제할 수 없는 일들이 계속 발생하기 때문에 힘겨운 삶을 영위하며, 역경을 딛고 일어서야만 성공하는 사례가 많다. 어릴 때부터 독립심이 강한 이들은 어렵게 공부하고, 힘겹게 경제적 문제를 해결한다.

변동사인 별자리는 다른 유형과 비교해 무언가를 이루겠다는 이글거리는 야망과 지속성, 에너지, 활력은 덜한 편이다. 감성보다는 지적 역량이 발달했지만, 피상적인 것에 그 능력을 사용하는 경향이 있다. 그래서인지 세속적 관점에서 봤을 때 그다지 중요하지 않은 일에 종사하는 경우가 많다. 이들은 대체로 관대하고, 이타적이고, 남을 위해 자신을 희생까지 하는 사람들이다. 자기 삶이 고달프기 때문에 타인의 고통에 공감할 줄 알며, 그래서 남을 철석같이 믿었다가 사기를 당하는 경우도 있다.

변동사인 별자리의 영향을 받고 태어난 사람에게는 삶의 동반자가 필요하다. 이들은 아이들을 특히 사랑하는데, 너무 많은 사랑을 퍼부어 아이를 망칠 수도 있으니 주의해야 한다. 특유의 유연성은 삶을 헤쳐나가는 데 큰 도움이 되지만, 꾸준히 자신을 다스리고 통제하지 않으면 우유부단하게 살아가면서 아무것도 성취하지 못할 가능성이 높다. 다른 타입에 비해 자기를 잘 정리하지 못하는 경향도 있으니, 이런 점은 스스로 노력해서 극복해야 한다.

10분각(Decan)

열두 개의 별자리는 황도대의 360도 중 각각 30도씩을 지배하고, 타로에서는 각 별자리가 10도씩 또 셋으로 나뉘는데, 이를 '10분각(10分角; decan 또는 decanate)'이라 한다. 황도대의 360도를 10도로 나눌 때 생기는 36개의 10분각은 타로 마이너 아르카나에서 에이스를 제외한 36장의 스몰 카드(Small Cards)에 각각 상응한다.[68] 하나의 별자리에 속하는 세 개의 10분각은 순서에 따라 약간 다른 특징을 지니고 있다. 크로울리의 설명은 다음과 같다.

- 첫 번째 10분각(0~10도): 해당 별자리의 영향이 매우 빠르고 맹렬하게 작용한다.
- 두 번째 10분각(10~20도): 해당 별자리의 영향이 강력하고 균형 있게 작용한다.
- 세 번째 10분각(20~30도): 해당 별자리의 영향이 순화되고 흩어지는 낙엽처럼 작용한다.

크로울리의 설명을 보면 첫 번째 10분각은 활성사인, 두 번째 10분각은 고정사인, 그리고 세 번째 10분각은 변동사인의 속성을 각각 지닌 것을 알 수 있다. 같은 별자리 안에서도 이런 식으로 다양한 속성이 혼재하는 셈이다. 게다가 36장의 스몰 카드 외에 각 슈트의 코트 카드(Court Cards) 중 기사(왕), 여왕, 왕자도 황도대 상에서 세 개의 10분각에 걸쳐있는데, 하나의 별자리에 1:1로 상응하는 것이 아니라 한 별자리의 세 번째 10분각과 다음 별자리의 첫 번째와 두 번째 10분각을 아우르게 된다. 예를 들어, 지팡이 기사는 전갈자리(물)의 세 번째 10분각과 다음 별자리인 사수자리(불)의 첫 번째와 두 번째 10분각에 걸쳐있다. 지팡이는 불을 상징하는 슈트이지만, 물의 변동적인 속성과 불의 활성적이고 고정적인 속성이 한 데 섞여 있는 것이다. 제2장의 마지막에 수록한 도표를 보면 전체적인 그림을 이해할 수 있을 것이다.

에센셜 디그니티, 별자리와 행성의 상성(Essential Dignities)

우리 말로 번역하기 모호한 '에센셜 디그니티'는 별자리와 행성의 상성(相性)을 보여주는 중요한 지표로, 타로에서는 별자리와 행성 간의 궁합을 고려할 때 특히나 유용하다. 이번 섹션에서는 가장 중요한 네 개의 에센셜 디그니티를 살펴보자.

거주지(Domicile) 또는 지배(Rulership)

해당 별자리를 지배하는 행성을 의미하는 표현이다. 앞에서 지팡이 6번 카드를 구성하는 요소들을 사례로 들어 설명하면서 '태양은 사자자리를 지배한다.'고 말했었는데, 이는 태양이 사자자리의 지배 행성이라는 뜻이다. 행성이 자기가 지배하는 별자리에 오면 마치 내 집에 온 듯한 편안함을 느낀다. 남 앞에서 수줍음을 타며 노래하기를 꺼리는 사람도 자기 집에서는 아무의 눈치도 보지 않고 샤우팅 창법을 구사한다.(필자가 그렇다는 얘기는 아니다). 행성도 자기 집에 오면 자신의 에너지를 쉽게, 명확하고 직설적으로 표현한다. 천상 궁합이라고 할 수 있다. 물론 타로에는 이외의 재료들도 복합적으로 작용하므로 별자리와 행성의 궁합이 좋다고 해서 무조건 만사형통이라고 말할 수는 없지만, 그래도 이 조합은 꽤 강력한 영향을 발휘한다.

손상(Detriment) 또는 유배(Exile)

행성이 가선 안 될 곳에 간 형국이다. 아늑하고 편안한 집과는 거리가 먼, 가혹한 유배지나 다름없는 곳이다. 행성이 자신의 유배지에 해당하는 별자리에 오면 제 잠재력을 펼치지 못하고 평소와 다르게, 어색하게 행동한다. 예전에 어떤 연사가 얘기했듯이, 다리를 꼰 채로 코웃음 치는 시니컬하고 쿨한 중학교 2학년생들 앞에서 강의하는 듯한, 가시방석 위에 앉은 것 같은 느낌이 드는 곳이다. 유배지는 행성의 장점뿐 아니라 단점까지 드러내는 구실을 한다. 그런 면에서 꼭 나쁜 것만은 아니라고 생각한다.

특정 행성의 유배지는 황도대 상에서 거주지의 반대편에 위치한 별자리다. 거주지와 상극인 셈이다. 예를 들어, 황소자리를 거주지로 둔 금성의 유배지는 맞은편에 있는 전갈자리다. 타로에서는 컵 7번 카드에서 금성이 전갈자리에 들어오는데, 이 카드의 제목은 '타락'이다. 크로울리는 이 카드를 이렇게 평가했다. 유배지가 행성에 주는 영향을 잘 표현한 것 같다.

> 이 카드는 거의 컵 6번 카드의 사악한 버전이라 할 수 있다. 제아무리 신성한 성체라 해도 얼마나 쉽게 더럽혀지고 부패할 수 있는지를 상기시켜주는 카드다.

승격(Exaltation)

행성의 위상이 승격되는 별자리다. 자기 집은 아니지만, 행성이 이곳에 오면 VIP처럼 융숭한 대접을 받기 때문에 자유롭게 자신의 에너지를 표현하고 주인의 집에 영광을 더해줄 수 있다. 행성이 지배하는 별자리가 자기 집처럼 편하고 아늑한 곳이라면, 승격되는 별자리는 고급 호텔의 귀빈실과 비슷한 곳이다. 고급 호텔이니 역시 편하긴 하지만, 내 집은 아니므로 아무렇게나 행동하진 않고, 방의 격에 맞춰 행동하게 되는 곳이라고 할 수 있다.

태양은 양자리에서 승격된다. 지팡이 3번 카드가 이 조합을 나타내고 있는데, 봄의 시작을 알리는 양자리에 태양이 찾아와 겨우내 땅속에서 잠들어있던 씨앗에 강렬한 빛을 비추니 매우 상서로운 징조다. 게다가 '3'은 생명의 나무에서 모든 생명을 품고 낳는 위대한 어머니, 비나를 상징하는데, 태양이 그녀의 불을 지핀 격이니 결과가 좋을 수밖에 없다. 토트 타로에서는 이 카드에 '미덕'이라는 제목을 지정했다.

추락(Fall)

승격의 반대말은 추락이다. 추락에 해당하는 별자리는 승격되는 별자리의 맞은편에 있다. 예를 들어, 조금 전 언급한 태양은 양자리에서 승격되고, 양자리를 기준으로 황도대 상에서 180도 정 반대편에 있는 천칭자리에서 추락한다.

행성은 승격되는 별자리에서 귀빈 대우를 받지만, 추락하는 별자리에서는 불청객이 된다. 몸도, 마음도 편하지 않아 좌불안석에 안절부절 못하는 형국이다. 어려운 상황에서 자신을 표현하기 위해서는 창의력을 발휘해야 한다. 좌절하지 말고, 일종의 도전과제라 생각하면 좋을 것이다. 타로에서 행성이 추락의 별자리에 들어온 카드들은 나쁘지 않다. (디스크 2번, '변화'와 디스크 9번, '이득').

에센셜 디그니티 섹션을 정리하는 차원에서 크로울리가 황소자리의 속성을 사례로 들어 설명한 대목을 한 편 소개한다.

태양이 봄에 통과하는 세 개의 사인(양자리/황소자리/쌍둥이자리) 중 중간에 있는 황소자리는 흙의 속성을 지닌 사인이다. 소는 온순한 성정을 지녔기 때문에 고대인들은 비너스(금성)가 황소자리를 지배한다고 설명했다. 그들은 또한 우유를 생산하는 젖소를 위대한 어머니 여신으로 여겼고, 따라서 태양(하늘의 아버지)의 배필인 달(하늘의 어머니)과 결부시켰다. 고대인들은 이 개념을 "달은 황소자리에서 승격된다."는 말로 표현했다. 즉, 달이 황소자리에 진입했을 때 선한 영향력을 최대로 발휘한다고 생각한 것이다.

별자리	극성	원소	속성	지배	유배	승격	추락
양자리	양	불	활성	화성	금성	태양	토성
황소자리	음	흙	고정	금성	화성	달	-
쌍둥이자리	양	공기	변동	수성	목성	-	-
게자리	음	물	활성	달	토성	목성	화성
사자자리	양	불	고정	태양	토성	-	-
처녀자리	음	흙	변동	수성	목성	수성	금성
천칭자리	양	공기	활성	금성	화성	토성	태양
전갈자리	음	물	고정	화성	금성	-	달
사수자리	양	불	변동	목성	수성	-	-
염소자리	음	흙	활성	토성	달	화성	목성
물병자리	양	공기	고정	토성	태양	-	-
물고기자리	음	물	변동	목성	수성	금성	수성

표 III. 열두 별자리의 기본 속성과 에센셜 디그니티[69]

열두 별자리의 키워드

프톨레마이오스의 시스템에서 황도대에 위치한 열두 별자리는 우주의 영(spirit)을 상징하며, 히브리 알파벳의 열두 '단순 자음'에 해당한다. 이번 섹션에서는 열두 별자리의 기본 속성을 키워드 중심으로 살펴보도록 하자. 타로를 이해하기 위해 출생 차트를 해석하는 방법까지 익힐 필요는 없지만, 각 별자리가 어떤 성향과 특성을 내포하고 있는지에 관한 대략적 지식은 필요하다. 괜찮은 점성학 관련 서적을 정독해보는 것이 큰 도움이 된다는 점도 재차 강조하고 싶다. 각 별자리에 할당된 기간을 참조하여 나 자신은 물론이고, 가족, 친구, 지인의 별자리와 그들의 성향과 기질이 잘 들어맞는지 비교해보는 것도 재미있고 유용할 것이다. 별들은 부추기기는 하지만, 강제하지는 않는다는 사실을 염두에 두고 읽어보기 바란다. 아래 내용 중 '질병의 원인'은 타로 공부와 직접적인 연관은 없지만, 자기 성찰에 도움이 될 것 같아서 넣었다. 별자리, 행성, 원소의 키워드는 맨리 P. 홀의 여러 강의와 글 등을 참조한 것임을 밝혀둔다. 아울러 각 별자리에 상응하는 그리스/로마 신의 속성도 추가하였다. 이 내용은 필자가 예전에 『별자리 심리학』이라는 책을 번역하면서 역자 주석으로 넣은 것이다. 제3장부터 생명 나무의 세피라를 자세히 다루면서 신들과의 상응 관계가 수시로 언급될 것이므로 미리 공부해두면 좋을 것으로 생각된다. 에센셜 디그니티 관련 항목(지배, 유배, 승격, 추락)에는 괄호 안에 현대 점성학에서 지정한 행성 정보를 추가하였다. 예를 들어, 전통 점성학에서는 화성이 황소자리에서 유배되지만, 현대 점성학에서는 전통 점성학 체계에 포함되지 않은 명왕성이 유배된다. 타로와 카발라는 전통 점성학 체계를 따르고 있으며, 현대 점성학 관련 내용은 참고만 하기 바란다.

I. 양자리(Aries; 3월 21일~4월 19일[70])

심볼: ♈
극성: 양
원소: 불
속성: 활성
지배: 화성
유배: 금성
승격: 태양
추락: 토성
체질: 다혈체질
신: 아레스/마르스
타로: 황제(IV)
히브리 문자: צ (Tzaddi[71]: '낚싯바늘')

- **'감정' 키워드:** 용감함, 열렬함, 상상력, 에너지, 쉽게 흥분, 자부심, 충동적, 대담함, 활동적('가정적'의 반대 개념), 성급함, 퉁명스러움, 예리함, 열정적, 다혈질, 무절제, 폭력적.
- **'정신' 키워드:** 실행력, 기획력, 선구적, 자신감, 기발함, 과학적, 탐구적, 독립적, 편의주의, 정확성, 종교 관련 사안에 관한 진보성 또는 무관용, 공격적, 경쟁적, 독재적.
- **질병의 원인:** 감정의 과도한 폭발로 몸과 마음의 균형이 깨질 수 있음.

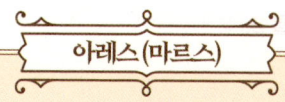

아레스(마르스)

고대 신화에 등장하는 '신'은 인간처럼 어떤 형체를 가진 '존재'가 아니라, 우주에 자연적으로 존재하는 법칙 또는 원칙을 상징하는 심볼이라고 한다. 예를 들어, '전쟁의 신'으로 알려진 아레스는 그를 떠받들고 숭배하는 군대의 승리를 보장해주는 실제 수호신이 아니라, 신념을 행동으로 옮길 수 있는 용기, 의지, 단호함 등을 의미하는 심볼이다. 하지만 인간이 이 행동의 원칙을 부정적으로 활용하면 호전적인 성향을 띠게 되며, 이유 없는 폭력을 행사하게 될 수도 있다. 현자들의 가르침을 제대로 이해하지 못한 사람들이 아레스의 부정적인 속성만 보고 수시로 전쟁을 일삼았기 때문에 오늘날 '전쟁의 신'으로 널리 알려지게 된 것이다.

아레스가 착용하고 있는 투구와 손에 쥔 창은 무고한 사람들을 핍박하는 용도로 사용될 수도 있고, 반드시 지켜야 할 것을 지키기 위한 정의의 도구로 쓰일 수도 있다. 다시 말해, 아레스가 상징하는 행동, 용기, 의지 등의 덕목들을 어떻게 활용하느냐는 인간에게 달린 것이다. 아레스의 긍정적인 측면을 활용하면 그리스 신화의 이아손과 아르고호 선원들처럼 황금 양피를 얻기 위한 위험천만한 여정에 오르는 용기를 낼 수 있고, 부정적인 측면에 집착하면 과도함의 화신인 루시퍼[72]가 되어 주변의 모든 것을 활활 불태워버릴 수도 있다. 고대인들은 이처럼 중립적인 속성을 지니고 있는 자연계의 원칙을 올바르게 활용하기 위해 연금술[73]이라는 학문을 발전시켰다. 자연계의 다른 모든 원칙과 마찬가지로 아레스의 경우에도 부정적인 속성을 긍정적인 속성으로 변환시켰을 때 영적 금, 즉, 현자의 돌이 만들어질 수 있다.

II. 황소자리(Taurus; 4월 20일~5월 20일)

심볼: ♉
극성: 음
원소: 흙
속성: 고정
지배: 금성
유배: 화성(명왕성*)
승격: 달
추락: 없음(천왕성*)
체질: 점액체질
신: 아프로디테/비너스
타로: 교황(V)
히브리 문자: ו (Vav: '못')

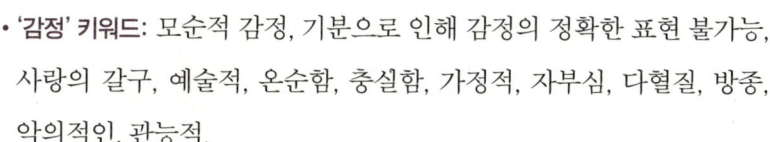

- **'감정' 키워드**: 모순적 감정, 기분으로 인해 감정의 정확한 표현 불가능, 사랑의 갈구, 예술적, 온순함, 충실함, 가정적, 자부심, 다혈질, 방종, 악의적인, 관능적.
- **'정신' 키워드**: 인내심, 집요한, 꼼꼼한, 변함없는, 보수적, 잊지 않는, 분별력, 단호한, 따지기 좋아하는, 고집스러운, 성급한 결단, 물질적, 감정이 생각을 지배하는 경향.
- **질병의 원인**: 음울함, 사치스러움, 다혈질적 기질로 인해 자산이 고갈될 수 있음.

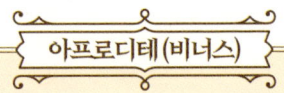

아프로디테(비너스)

남녀를 불문하고 모든 인간의 로망인 아프로디테는 일반적으로 사랑, 아름다움, 성의 여신으로 알려져 있다. 고대 신비주의 학교에서는 아프로디테가 상징하는 여러 요소 중에서도 아름다움을 으뜸으로 꼽았다. 하나됨(The One)-선(The Good)-아름다움(The Beautiful)의 삼위일체가 곧 신의 본질이라고 믿었기 때문이다. 신플라톤주의 철학자들은 '분리된 것들을 모아 비율과 조화, 질서를 부여하고 하나로 통합했을 때 아름다움이 탄생하며, 통합이 곧 선이자 신에 이르는 길'이라고 주장했다. 우주에는 선만 있을 뿐, 악은 존재하지 않는다[74]고 생각했던 고대 그리스인들은 모든 인간이 정신적, 감정적, 영적, 도덕적으로 조화와 아름다움을 추구하려는 본능을 갖고 있으며, 아프로디테로 대변되는 아름다움이라는 심볼을 통해서 구원, 갱생, 회복의 개념과 그 안에 내재한 힘의 실체를 이해할 수 있다고 보았다.

아름다움에는 놀라운 변환의 힘이 담겨있다. 아프로디테가 없어지면 올림포스산의 분위기가 어두워져 신들도 제 역할을 할 수 없다. 즉, 아름다움이 없는 상태에서는 진정한 정의도 구현될 수 없는 것이다. 따라서 인간은 아프로디테가 상징하는 아름다움의 힘을 이용하여 분열, 불화, 혼란, 죽음을 조화, 평화, 질서, 화합으로 변환시켜야 한다.

III. 쌍둥이자리 (Gemini; 5월 21일~6월 20일)

심볼: Ⅱ
극성: 양
원소: 공기
속성: 변동
지배: 수성
유배: 목성
승격: 없음(수성*)
추락: 없음(금성*)
체질: 우울체질
신: 헤르메스/머큐리
타로: 연인(VI)
히브리 문자: ז (Zayin: '검')

- **'감정' 키워드**: 집중력 부족, 예민한, 유창한, 인도주의적, 여행을 좋아함, 활동적, 좋은 친구, 변화가 가능한, 애정 부족, 인정은 없으나 다정함, 다혈질, 감사할 줄 모르는.
- **'정신' 키워드**: 탁월한 손짓, 창의적, 문학적 재능, 다재다능한, 뛰어난 적응력, 자기표현을 잘함, 민주적, 호기심 많은, 피상적인 사고; 고도로 진화한 영혼일 경우 분석적; 때로는 정신이 산만하고 교묘함.
- **질병의 원인**: 마음의 동요, 부정적 생각, 신경과민으로 인해 몸이 불필요하고 해로운 긴장 상태에 머무를 수 있음.

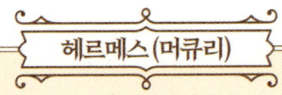

헤르메스(머큐리)

머리에는 날개 달린 모자를 쓰고 한 손에는 두 마리 뱀이 서로를 휘감아 올라가는 형상의 지팡이[75]를, 다른 한 손에는 크기가 자유자재로 변하는 요술 가방을 든 채 날개 달린 신발을 신고 올림포스와 하데스를 바삐 오가는 헤르메스는 신의 전령으로 일하는 올림포스의 날쌘돌이다. 신의 전령으로서 하늘과 땅 사이의 소통을 관장하는 그는 배움과 실천을 통해 운명을 개척하고자 하는 모든 구도자의 스승이자 멘토이기도 하다.

다섯 하늘(세계) 중 정신의 세계(Mental / Intellectual World)를 다스린다고 여겨진 헤르메스는 두 가지 모습으로 묘사된다. 새하얀 수염을 길게 늘어뜨리고 지팡이에 의존하는 백발의 헤르메스는 매우 지혜로운 스승이며, 날개 달린 모자와 샌들을 착용한 젊은 헤르메스는 뛰어난 지능의 소유자(잔머리의 제왕)다. 인간의 정신은 이처럼 이중적인 속성을 지니고 있다. 백발의 헤르메스는 아서 왕의 멘토였던 마법사 멀린(Merlin the Magician)과 고대 이집트의 현자 헤르메스 트리스메기스토스(Hermes Trismegistus) 같은 존재인 반면, 젊은 헤르메스는 좋은 머리를 이용하여 얻은 재물을 계속해서 가방에 주워 담는 상업의 신이자 도둑의 신이기도 하다. 지식과 지능을 어떻게 활용하느냐에 따라 현자가 될 수도 있고, 도둑이 될 수도 있는 것이다. 백발의 헤르메스는 지혜로운 인류의 스승이지만, 젊은 헤르메스는 자기 생각이 아니라 다른 신들의 가르침을 전파하는 심부름꾼이라는 사실을 기억해야 한다.

IV. 게자리 (Cancer; 6월 21일~7월 22일)

심볼: ♋
극성: 음
원소: 물
속성: 활성
지배: 달
유배: 토성
승격: 목성
추락: 화성
체질: 림프체질
신: 아르테미스/다이애나
타로: 전차(VII)
히브리 문자: ח (Cheth: '울타리')

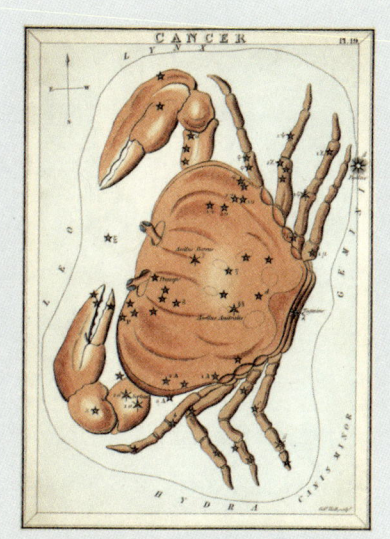

- **'감정' 키워드:** 예술적, 꿈을 꾸는 듯한, 모성애, 따스한 가슴, 낭만적, 가정적, 쉽게 영향을 받는(팔랑귀), 신통력, 상상력, 평온함, 직관적, 들썩임(동요), 실의에 빠진, 때로는 게으르고 자기 멋대로.

- **'정신' 키워드:** 다재다능한, 자기희생, 수용적, 혈통과 선례에 대한 존중, 꼼꼼함, 불굴의 의지, 신중한, 속마음을 드러내지 않는, 음울한, 다소 부정적인 기질.

- **질병의 원인:** 타인에 대한 불신과 적개심을 품는 성향으로 인해 활력이 고갈될 수 있음.

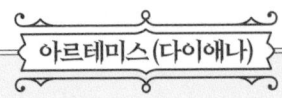

아르테미스(다이애나)

태양신 아폴로와 쌍둥이인 아르테미스는 달을 상징하는 여신이다. 그녀는 태양이 저문 어두컴컴한 밤에 활과 화살을 들고 숲속으로 나가 수사슴을 사냥한다. 모두가 잠든 깊은 밤, 정신없었던 하루를 마치고 내면으로 들어가 평온함에 잠길 수 있는 시간에 꿈을 통해 상상력을 펼치는 사냥꾼인 것이다. 아르테미스가 상징하는 상상력의 힘을 올바로 활용하면 인류 사회의 진보를 가져오는 도구가 될 수도 있다. 인간이 지금보다 나은 사람으로 발전할 수 있는 이유는 밝은 미래와 성숙한 자신의 모습을 떠올릴 수 있는 상상력이 있기 때문이다. 아르테미스의 사냥감인 수사슴 또는 유니콘은 직관을 상징한다. 상상력으로 직관을 포획함으로써 삶의 신비를 이해하고 자신도 알 수 있게 되는 것이다. 지금은 사라진 아르테미스 신전은 고대 세계 7대 불가사의 중 하나이기도 하다.

로마에서는 달의 여신을 다이애나라고 불렀다. 에페수스[76]의 다이애나는 자연의 모든 생명체에게 젖을 먹이는 다산의 여신으로 표현되며, 고대의 신비주의자들은 그녀를 모든 신의 어머니로 여겼다. 그녀는 만물의 어머니로서 자신이 낳은 모든 자식을 보호하고, 지혜의 어머니로서 세상과 인간의 혼을 감싸는 존재다. 다이애나는 여러 지역과 시대에 걸쳐 형성된 어머니 여신의 속성을 모두 통합한 원형이다. 이집트에서는 이시스(Isis)라는 이름으로 알려져 있으며, 지혜의 여신 팔라스 아테나(Pallas Athena)와 양육의 여신 코레(Kore)도 그녀의 한 단면이다. 두 팔을 벌리고 서 있는 다이애나의 형상은 자녀에 대한 무조건적 사랑을 상징한다. 그녀는 가출하여 방탕한 삶을 살아가는 자녀들이 잘못을 뉘우치고 자신의 품속으로 다시 돌아오는 날을 기다리며 영원히 인내하는 동정녀 어머니다.

V. 사자자리 (Leo; 7월 23일~8월 22일)

심볼: ♌
극성: 양
원소: 불
속성: 고정
지배: 태양
유배: 토성(천왕성*)
승격: 없음(해왕성*)
추락: 없음(명왕성*)
체질: 다혈체질
신: 디오니소스/아폴로
타로: 욕망(XI)
히브리 문자: ט (Teth: '뱀')

- **'감정' 키워드:** 충직한, 풍부한 감정적 삶, 애정 어린, 이상적, 자부심, 동정심, 자비로움, 용감한, 가정적, 쉽게 흥분, 선견지명, 허영심, 허상에 속는, 때로는 잔혹함.
- **'정신' 키워드:** 지도력, 관대함, 야망, 자기희생, 낙관적, 생각이 고정되어 있으나 도량이 넓음, 비밀을 싫어함, 적대감에 무감각함, 도전정신, 담대함, 군림하려 드는, 자기가 왕.
- **질병의 원인:** 충동적인 성향과 수단과 방법을 가리지 않고 목표를 달성하겠다는 마음으로 인해 힘이 고갈될 수 있음.

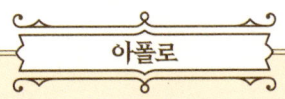

아폴로

달의 여신 아르테미스와 쌍둥이인 태양신 아폴로는 음악, 시, 예술, 신탁, 활쏘기, 전염병, 의학, 지식, 진리, 예언 등을 관장하는 올림포스의 재주꾼이다. 태양의 따뜻한 열기는 만물에 생명을 선사하며 밝은 빛은 인간의 무지를 환하게 밝혀 준다. 태양계의 중심인 태양(Sol, Sun)은 인간의 혼(Soul)과 신의 아들(Son)[77]을 상징하는 심볼이기도 하다. '태양 인간'을 의미하는 구약성경의 삼손(Samson)이나 자신이 지은 죄에 대한 대가를 치르기 위해 묵묵히 열두 가지 과업을 수행한 헤라클레스(Heracles) 같은 영웅들도 아폴로의 길을 따랐다. 오늘날에도 영어에서는 불가능해 보이는 일에 도전하는 행동을 가리켜 '헤라클레스 같은 노력을 기울인다(Make a Herculean effort).'라고 표현한다.

아폴로가 거대한 비단뱀(Python)을 죽인 장소인 델포이에는 그를 기리는 신전이 세워져 여사제 피티아(Pythia)가 미래를 점쳤고, 그의 아들 아스클레피오스는 아버지가 전수한 의학 지식을 인간에게 선물했다. 아폴로는 또한 자신이 거느리는 아홉 뮤즈를 통해 인간의 영적 성장에 꼭 필요한 음악과 문학, 예술, 영감을 선사했다. "내가 곧 길이요 진리요 생명이니, 나로 말미암지 않고는 아버지께로 올 자가 없느니라.[78]"는 성경 구절처럼, 아폴로의 빛이 비치는 길을 따라 진리를 향해 나아갔을 때 자신을 구하고 영원한 생명을 얻을 수 있다.

VI. 처녀자리(Virgo; 8월 23일~9월 22일)

심볼: ♍
극성: 음
원소: 흙
속성: 변동
지배: 수성
유배: 목성(해왕성*)
승격: 수성
추락: 금성
체질: 점액체질
신: 헤스티아/베스타
타로: 은둔자(IX)
히브리 문자: י (Yod: '손')

- **'감정' 키워드**: 따스함, 인도주의적, 헌신하고 인류를 섬기기 위해 사는 고도로 진화한 이타적인 영혼, 가정적, 우울감(멜랑콜리), 사소한 일에 대한 신뢰성 부족, 마음과 관련한 사안에서 다소 옹졸하고, 까다롭고, 피상적.
- **'정신' 키워드**: 기발함, 위트, 학구적, 솜씨 좋은, 다재다능한, 자기 성찰적인, 과학적, 방법론적, 회의적, 비판적, 질병과 가난에 대한 두려움, 숨은 속셈, 외모에 대한 무감각, 자기중심적, 모의하는.
- **질병의 원인**: 이기적 마음과 자기연민으로 인해 몸과 정신 둘 다 산성으로 변할 수 있음.

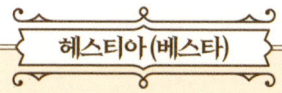

헤스티아 (베스타)

올림포스 신들의 맏이인 헤스티아는 순결과 금욕, 가정, 집안을 따뜻하게 데워주는 난로를 상징하는 여신이다. 고대 로마에는 '베스타의 처녀들(Vestal Virgins)'이라고 불리는 여사제들이 있었다. 이들은 평생 결혼하지 않은 채 베스타의 사원에 머무르며 세상을 밝히는 신성한 불꽃이 꺼지지 않도록 돌보았는데, 이들이 지킨 신성한 불꽃은 모든 인간의 내면에 들어있는 혼을 상징한다. 아르테미스, 아테나와 더불어 세 명의 동정녀 여신 중 하나인 헤스티아는 타락한 속세를 등지고 내면의 삶을 탐구하는 수도승 같은 존재로, 영적 순결뿐 아니라 모든 면에서의 순결을 상징한다.

고대 그리스인들은 이 세상에서 가장 깨끗한 것이 물질(substance)이라고 생각했다. 순수한 물질은 그 자체로서는 나쁜 마음을 품지도 않고, 음모를 꾸미지도 않으며 욕심을 부리지도 않기 때문이다. 이들은 물질이야말로 세상에서 가장 순수한 것이며, 인간의 손에 의해 더럽혀질 수도 없기 때문에 물욕과 집착으로 물질을 더럽히려고 하는 사람은 결국 자기 자신만 더럽히게 된다고 믿었다. 따라서 그리스인들은 물질을 표현할 때 '사방에서 공격과 괄시를 받으면서도 영원히 그 순결을 유지하는 동정녀'라고 했으며, 동정녀 여신 헤스티아를 순결의 심볼로 삼았다.

VII. 천칭자리 (Libra; 9월 23일~10월 22일)

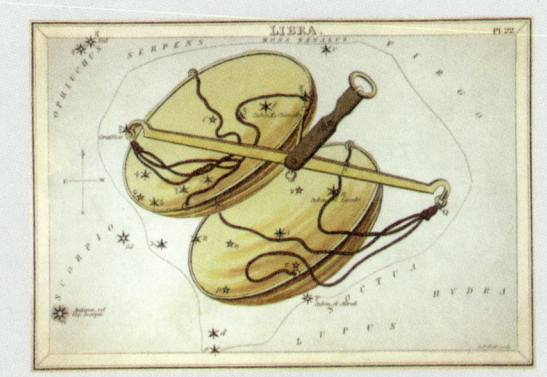

- 심볼: ♎
- 극성: 양
- 원소: 공기
- 속성: 활성
- 지배: 금성
- 유배: 화성
- 승격: 토성
- 추락: 태양
- 체질: 우울체질
- 신: 헤라/주노
- 타로: 조정(VIII)
- 히브리 문자: ל (Lamed: '소몰이용 막대')

- **'감정' 키워드**: 정중한, 심미적, 낭만적, 열렬한, 변화가 가능한, 예술적, 쉽게 감정의 균형이 무너짐, 마음과 관련한 사안에서 속을 드러내지 않음, 사랑을 갈구하나 변덕스러움.
- **'정신' 키워드**: 설득력 있는, 모방적인, 판단하려 드는, 요령 있는, 결단력 부족, 호사가 성향, 나를 드러내고 찬사를 받기 좋아함, 흥미로운, 교묘한 논리, 물질적, 쉽게 토라지고 학대를 은근히 즐기는 성향.
- **질병의 원인**: 우울감, 질투심, 독선으로 인해 신경계가 손상되어 노화가 빨리 찾아올 수 있음.

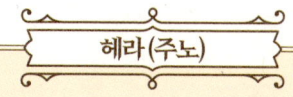

헤라 (주노)

남편 제우스와 함께 세상을 다스리는 올림포스의 여왕 헤라는 결혼, 여성, 출산, 가족을 관장하는 여신이다. 물질 세상의 왕인 제우스조차 유일하게 하지 못하는 일이 '자신을 아는 것'과 '헤라의 잔소리를 참아내는 것'이라는 말이 있을 정도로, 신화 속에서 그녀는 남편이 하는 일마다 참견하며 바가지를 긁는 악처로 묘사된다. 하지만 사실 헤라는 이성에만 의존하는 제우스가 중도에서 벗어날 때마다 그를 바로잡아주는 직관의 힘을 상징한다. 그녀는 또한 선과 정의의 수호자로, 도덕률을 어긴 자에게 그에 따른 대가를 요구하는 재판관이기도 하다. 그녀가 긁는 바가지에는 다 이유가 있는 것이다. 헤라는 고대 우주론에 등장하는 다섯 하늘[79] 중 영적 세계(The Spiritual World)를 다스리는 신으로, 힌두교의 보리심(菩提心), 순수하고 직관적인 깨달음, 선악에 대한 분별력, 영적 양심 등을 관장한다. 뛰어난 통찰력을 지닌 헤라 여신은 이성적 사고 없이도 무엇이든 즉각적으로 알 수 있는 능력의 소유자다. 의식의 균형을 이룬 인간이 되기 위해서는 남성성과 이성적 사고를 상징하는 제우스와 여성성과 직관적 사고를 상징하는 헤라의 원칙이 조화를 이루어야 한다.

VIII. 전갈자리(Scorpio; 10월 23일~11월 21일)

심볼: ♏
극성: 음
원소: 물
속성: 고정
지배: 화성(명왕성*)
유배: 금성
승격: 없음(천왕성*)
추락: 달
체질: 림프체질
신: 헤파이스토스/불카누스
타로: 죽음(XIII)
히브리 문자: נ (Nun: '물고기')

- **'감정' 키워드**: 극단적 감정; 고도로 진화한 영혼일 경우 사사로운 감정을 품지 않고, 이타적이며, 상상력이 풍부함, 진화가 덜 된 영혼일 경우 복수심에 불타고, 비밀이 많고, 다혈질이고, 자기 멋대로임; 활동적, 의심이 많은.
- **'정신' 키워드**: 과학적, 이타적, 실행력, 꿰뚫어 보는, 지적, 자연에 내재한 비밀스러운 힘을 연구하고 싶은 마음, 신경질적인, 무정부주의, 빈정대는, 앙심을 품는.
- **질병의 원인**: 파괴적이고 독재적인 성향에 음울함과 과거에 살려고 하는 마음이 더해져 말년에 건강이 나빠질 수 있음.

헤파이스토스(불카누스)

울퉁불퉁한 근육과 환상적인 S-라인을 자랑하는 여타 올림포스 신들과는 달리, 다리를 전다는 이유로 태어나자마자 어머니 헤라에게 버림받고 올림포스산 아래로 떨어진 헤파이스토스는 땅속의 불을 관장하는 대장장이 신이다. 뜨거운 대장간 안에서 열심히 자신의 약점을 감추고 방어해 줄 갑옷과 무기를 만드는 헤파이스토스는 심리적 콤플렉스, 불평불만, 신경증 등 감정이 균형을 잡지 못했을 때 밖으로 화산처럼 폭발하여 터져 나올 수 있는 잠재의식을 상징한다. '화산'을 의미하는 영어단어 '볼케이노(volcano)'도 헤파이스토스의 로마식 이름인 '불카누스(Vulcan)'에서 유래된 것이다.

땅속이라는 내면의 세상에 깊이 틀어박혀 있는 헤파이스토스는 그러나 세상에서 꼭 필요한 존재다. 헤르메스의 날개 달린 모자와 샌들, 제우스의 이지스(Aegis) 방패[80]를 비롯하여 아프로디테의 허리띠와 아가멤논[81]의 지팡이, 아킬레스[82]의 갑옷, 헤라클레스의 청동 클래퍼, 태양신 헬리오스[83]의 전차, 사랑의 신 에로스[84]의 활과 화살도 모두 그의 작품이다. 인간의 야망을 상징하는 불로 철(iron)을 담금질해서 허상을 박살 내는 강철(steel) 검을 만들어 낸 것도, 철을 이용해 타인을 해치는 무기 대신 만인에게 혜택을 주는 농기구를 최초로 만든 사람도 헤파이스토스다. 불의 신인 헤파이스토스가 물의 별자리인 전갈자리를 상징하는 이유는 인간이 헤파이스토스처럼 내면을 담금질하여 단계적으로 성장하면 전갈자리의 최고 심볼인 불사조의 경지에 이를 수 있기 때문이다.

IX. 사수자리(Sagittarius; 11월 22일~12월 21일)

심볼: ♐

극성: 양

원소: 불

속성: 변동

지배: 목성

유배: 수성

승격: 없음(금성*)

추락: 없음(수성*)

체질: 다혈체질

신: 제우스/주피터

타로: 연금술(XIV)

히브리 문자: ס (Samekh: '지지대')

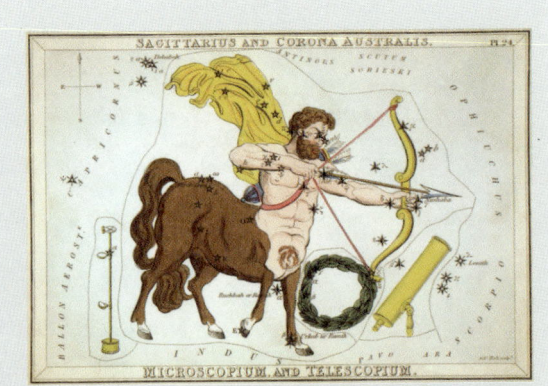

- **'감정' 키워드**: 사사로운 감정을 품지 않음, 자부심, 열성, 에너지 충만, (겉치레로) 지나치게 친절한, 자신감, 열린 마음, 정감 있는, 상냥한, 이상적, 진실한, 투기적, 대담한, 인내심 부족, 활동적, 자기 멋대로.
- **'정신' 키워드**: 쾌활한, 진보적, 철학적, 지적, 다방면에 걸친 수용, 솔직함, 정의로움, 성격 좋은, 용감무쌍한, 꼼꼼한, 말솜씨가 좋은, 예언 능력, 호기심, 이타적, 매우 강한 야망, 돈에 치우치는 경향.
- **질병의 원인**: 모험심이 강해 상처를 입거나 사고를 당할 가능성이 커짐; 마음의 동요로 신경계가 손상될 수 있음.

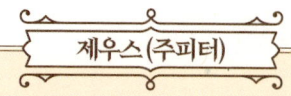
제우스 (주피터)

올림포스의 왕 제우스는 크로노스[85]와 레아[86] 사이에서 태어난 여섯 명의 자식 중 막내로, 천둥과 번개를 도구 삼아 우주의 법과 질서, 정의를 구현하는 하늘의 신이다. 태어나자마자 아버지에게 잡아먹힐 뻔한 위험해 처했으나, 자식들이 태어나는 족족 먹어 치우는 남편의 행동을 더는 참지 못한 어머니 레아의 도움을 받아 가까스로 목숨을 건졌다. 제우스는 그 후 아버지를 권좌에서 몰아내고, 그의 배 안에 갇혀 있었던 형제들을 해방한 후 올림포스의 왕이 되었다. 그가 '시간'의 심볼인 아버지 크로노스를 이길 수 있었던 이유는, 제우스가 모든 것을 소멸시키는 시간마저 초월하는 인간의 '의식'을 상징하는 심볼이기 때문이다. 고대인들에 따르면 모든 것이 하나(Allness/Oneness)였던 태초에는 시간도 존재하지 않았으나, 하나됨이 두 개, 세 개로 분리되면서 '존재'의 개념이 생겨났고, '시간'은 이 분리의 정도를 측정하는 기준이라고 한다. 따라서 시간의 제약을 극복한 제우스는 인간이 의식의 힘으로 분리와 죽음의 허상을 격파하는 가능성과 잠재력을 상징한다고도 할 수 있다. '쾌활한'을 의미하는 영어단어 'jovial'은 제우스의 또 다른 이름인 'Jove'에서 유래되었으며, 16세기에는 이 단어가 '목성의 영향을 받는'이라는 의미로도 쓰였다(유대교의 신 '여호와(Jehovah)' 역시 같은 단어에서 유래되었다는 설도 있다). 이름이 의미하는 바와 같이 제우스는 호탕하면서 동시에 너그럽고 관대한, 산타클로스 같은 신이다. 장점도 많고 단점도 많은 제우스는 인류의 현재 의식 수준을 상징하는 심볼이자, 인간이 도달하고 궁극적으로는 초월해야 할 존재다.

X. 염소자리 (Capricorn; 12월 22일~1월 19일)

심볼: ♑︎
극성: 음
원소: 흙
속성: 활성
지배: 토성
유배: 달
승격: 화성
추락: 목성
체질: 점액체질
신: 데메테르/케레스
타로: 악마(XV)
히브리 문자: ע (Ayin: '눈')

- **'감정' 키워드**: 감정 표현에 인색, 기분이 자기 자신을 향하여 자기연민에 빠지는 경우가 많음, 용서하지 못하는, 차가움, 쉽게 짜증을 내는, 행동에 있어 소심함, 정신이 가슴을 완전히 지배.
- **'정신' 키워드**: 강력함, 집중력, 근면하는, 강압적인, 신중한, 경제적, 보수적, 근검절약, 세심한, 신뢰할 수 있는, 세부적인 사안까지 생각하는, 운명론적인, 완고한, 지배하려 드는, 친구로서는 좋으나 적으로 두면 골치 아픔, 음울한, 독선적.
- **질병의 원인**: 삶을 바라보는 관점의 경직과 억눌림으로 몸과 마음, 정신 모두 말라버릴 수 있음.

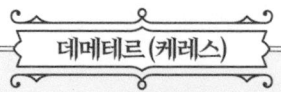
데메테르(케레스)

데메테르는 농업, 비옥함, 생식능력, 수확을 관장하는 여신으로, 올림포스에서 인간과 가장 친한 신이기도 하다. 말 그대로 인간들의 먹고 사는 일을 주관하는 신이었으니 그럴 만도 하다. 고대 서양의 가장 큰 축제는 올림포스의 왕인 제우스가 아니라 데메테르에게 감사를 표시하는 엘레우시스 제전이었다. 엘레우시스 신비주의 학교에 입문하고자 하는 사람들을 위한 과정(Lesser Mysteries)에서는 데메테르의 딸 페르세포네가 지하 세계의 왕 하데스에게 납치되는 장면이 묘사된다. 영적 존재인 인간이 돌아온 탕아(The Prodigal Son)[87]의 우화에서처럼 물질 세상(지하 세계)에 떨어진 후 다시 어머니(또는 아버지)의 품으로 돌아가기 위해 해야 할 일들을 가르치는 과정이다. 다시 말해 선량한 시민과 가족의 일원으로서 책임, 경제 문제의 관리, 나눔, 참여, 약자의 보호 등, 물질 세상에서 살아가는 동안 자신의 잠재력을 펼치는 방법을 배우는 것이다. 한편 고급 수행자들을 위한 과정(Greater Mysteries)에서는 데메테르가 올림포스에서 지상으로 내려와 9일 동안 밤낮으로 딸의 이름을 외치며 찾아 헤매고, 아르테미스와 헤르메스의 도움을 받아 딸과 어머니가 재회하는 장면이 묘사된다. 물질 세상의 덫에 걸려 허덕이다가 의식이 성장하면서 지식이 지혜로, 지능이 이해로 변환되는 체험을 하면서 자기 자신을 '구원'하는 우화라 할 수 있다. 데메테르 여신은 "콩 심은 데 콩 나고 팥 심은 데 팥 난다."는 인과관계의 법칙을 상징하기도 한다. 아름다움을 추구하고 싶다면 자신의 삶부터 아름답게 가꿔야 하고, 지혜를 구한다면 자신의 삶부터 지혜롭게 살아야 한다. 검과 불화로 평화를 정착시킬 수 없고, 가십과 비난으로 화합을 이룰 수 없다는 것이 데메테르의 가르침이다.

XI. 물병자리 (Aquarius; 1월 20일~2월 18일)

- 심볼: ♒
- 극성: 양
- 원소: 공기
- 속성: 고정
- 지배: 토성(천왕성*)
- 유배: 태양
- 승격: 없음(명왕성*)
- 추락: 없음(해왕성*)
- 체질: 우울체질
- 신: 아테나/미네르바
- 타로: 별(XVII)
- 히브리 문자: ה (He: '창문')

- '감정' 키워드: 감정이 매우 풍부하나, 네거티브 타입의 경우 그리 깊은 감정은 아님; 명랑한, 쉽게 흥분, 따스한 기질, 인기 있는, 온순함, 이타적, 가정적이나 변할 수 있음, 관습에 얽매이지 않는, 신경질적, 걱정이 많음.
- '정신' 키워드: 창의적, 지적, 문학과 과학을 사랑함, 외교적, 관대한, 합리적, 독립적, 조심스러운, 낙관적, 인도주의적, 고정된 생각, 선견지명 부족, 위기 상황에서 당황하는 경향, 피상적.
- 질병의 원인: 지나친 예민함과 우울감은 자기를 잊기 위해 가만히 있지 못하고 계속 움직이려 노력하는 결과로 나타날 수 있음.

어느 날 갑자기 갑옷과 투구를 착용하고 손에 창을 든 채 이미 다 자란 모습으로 제우스의 머리에서 튀어나온 아테나는 올림포스 신 중에서도 가장 신비롭고 이해하기 힘든 여신이다. 이성의 힘만으로는 성장에 한계를 느낀 제우스는 자신의 핸디캡을 극복하기 위해 정신의 힘으로 지혜의 여신 아테나를 탄생시켰다. 수많은 자식 중 제우스가 가장 신뢰하는 아테나는 아버지를 대신하여 지혜를 기반으로 세상에 질서를 구축하는 대리인이자 분신이며, 고대의 음유 시인들이 칭송했던 아름답고 순수한 동정녀이자 모든 인간의 궁극적이고 유일한 염원인 진리를 상징하는 여인이다.

아테나는 전쟁의 여신인 동시에 평화의 여신이기도 하다. 힌두교 경전 바가바드 기타[88]에 나오는 크리슈나[89]처럼 항상 선의 편에 서서 싸우는 용맹스러운 전사이자, 승리를 거둔 후에는 평화의 수호자로 변신하여 진리라는 태피스트리를 짜는 법을 가르치는 여신이다. 그녀는 하늘 높이 날아오르고자 하는 인간의 의지를 상징하는 페가수스[90]를 다스리고 탈 수 있는 유일한 신이며, 무지한 자들에게 살해된 오르페우스[91]의 머리(오르페우스의 가르침을 상징)를 구출함으로써 영원한 것을 보호하고 보존하는 진리의 수호자다. 신화 속의 아테나는 좀처럼 감정을 드러내지 않는 차가운 여신의 이미지를 가지고 있다. 하지만 그녀는 이 세상에서 가장 강력한 감정인 '헌신'은 충분히 소유하고 있다.

XII. 물고기자리 (Pisces; 2월 19일~3월 20일)

심볼: ♓
극성: 음
원소: 물
속성: 변동
지배: 목성(해왕성*)
유배: 수성
승격: 금성
추락: 수성
체질: 림프체질
신: 포세이돈/넵튠
타로: 달(XVIII)
히브리 문자: ק (Qoph: '뒤통수')

- **'감정' 키워드:** 감정 표현에 인색, 예민하고 쉽게 영향을 받는(팔랑귀), 신통력, 헌신하는 마음, 우울감(멜랑콜리), 환경의 영향에 저항하는 역량 부족, 비밀이 많음, 슬픈, 오해받는.
- **'정신' 키워드:** 추상적, 직관적, 연민의 감정, 자기 성찰적, 빠른 이해, 실행력, 철학적, 종교적, 초능력, 다재다능, 통합적, 말이 많은, 실용적이지 않은, 할 일을 미루는, 운명론적, 자신감 부족.
- **질병의 원인:** 예민함, 비밀스러움, 그리고 강력한 상상력은 삶에 대한 정신적, 감정적 반응의 균형을 깨트리는 경향이 있음.

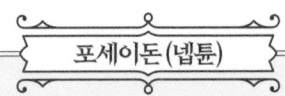

포세이돈(넵튠)

제우스가 아버지 크로노스를 왕좌에서 몰아내고 형제들을 해방한 뒤, 6남매 중 제우스, 포세이돈, 하데스[92]가 물질 세상을 셋으로 나누어 다스리게 되었다. 제우스에게는 하늘(Air), 포세이돈에게는 바다(Water), 그리고 하데스에게는 땅(Earth)이 할당되었다. 고대 그리스인들은 이 세 명의 신이 삼위일체를 이루는 하나의 존재라 여겼으며(The Three Parts of a Blessed God), 각각 제우스(Zeus), 제우스-포세이돈(Zeus-Poseidon), 제우스-하데스(Zeus-Hades)라 불렀다. 제우스는 인간의 의식과 영, 포세이돈은 인간의 심리와 혼, 그리고 하데스는 인간의 몸을 각각 상징한다.

육안으로는 바닷속의 상태를 알 수 없듯이, 인간의 심리와 감정 상태도 겉만 보고는 파악할 수 없는 경우가 많다. 그러나 깊은 해저에서 지진이 일어나면 바다가 격하게 출렁거리고 쓰나미가 발생하여 해안가와 땅을 덮칠 수도 있다. 마찬가지로 인간의 마음속에서도 지진이 일어나면 감정이 출렁거리고 몸(땅)을 망칠 수 있다. 하지만 파도가 치면 평소에는 볼 수 없었던 내면을 들여다볼 수 있다는 장점도 있다.

하늘(제우스)과 땅(하데스) 사이의 영역이라 할 수 있는 바다(포세이돈)는 영웅들이 거하는 곳이기도 하다. 트로이를 정복한 그리스 군대는 무사 귀환을 기원한다는 명목으로 말의 신이기도 한 포세이돈에게 거대한 목마를 만들어 바쳤고, 트로이 전쟁의 영웅 오디세우스[93]는 집으로 돌아가는 과정에서 포세이돈이 내린 열두 개의 시험을 가까스로 통과한 후 에고가 소멸하는 경험을 하게 된다. '영웅'은 '육

> 신에 매인 상태에서 의식이 상승하여 정신과 조화를 이루고, 그다음에는 정신의 허상과 싸워 원형으로 복귀하는 여정을 시작한 자'라고 한다. 다시 말해 '영웅의 길'은 특별한 사람들이 아니라 우리가 모두 가야 할 길이며, 포세이돈의 시험은 모두가 거쳐야 하는 일종의 통과의례다.

고대의 일곱 행성과 일곱 신

프톨레마이오스의 시스템에서 황도대(영; spirit)와 물질계(육; body)를 연결하는 일곱 행성은 우주의 혼(soul)을 상징하며, 히브리 알파벳의 일곱 '더블 자음'에 해당한다. 열두 별자리에 이어 이제 일곱 행성을 살펴볼 차례다. 엄밀히 말해 태양과 달은 행성이 아니지만, 프톨레마이오스의 세계관에서 보았듯이 둘 다 지구에 큰 영향을 주므로 편의상 '행성'으로 칭한다. 태양계에는 고대인이 인지한 일곱 행성 외에도 천왕성, 해왕성, (그리고 지금은 행성의 지위를 상실한) 명왕성도 있다. 현대 점성학에서는 이 세 행성도 중요한 요소로 취급하지만, 타로와 카발라에서는 전통적인 점성학의 체계에 따라 일곱 행성만 다룬다는 점을 다시 밝혀둔다.

일상에서 요일의 이름으로 쓰이기도 하는 일곱 행성은 고대 신화의 여러 신과도 관련이 있다. 간단하게 정리해보았다.

- 일요일(日曜日): 영어로는 'Sunday'. 태양(Sun)의 날(Day)이라는 뜻이다. 북유럽 신화에 등장하는 태양의 여신, 'Sól'의 또 다른 이름은 'Sunna'다. 즉, 일요일은 'Sunna's Day'다. 그리스/로마 신화에서는 아폴로 또는 디오니소스가 태양에 지정된다.
- 월요일(月曜日): 영어로는 'Monday'. 달(Moon)의 날이라는 뜻이다. 북유럽 신화에 등장하는 달의 신, 'Máni'에서 따온 말이다. 그리스/로마 신화에서는 아르테미스/다이애나가 달의 여신이다. 'Luna'라는 이름으로도 불린다.
- 화요일(火曜日): 영어로는 'Tuesday'. 북유럽 신화에 등장하는 전쟁의 신, 'Týr'에서 유래된 이름이다. 화성(火星)을 상징하는 그리스/로마의 신은 다혈질적인 전쟁의 신, 아레스/마르스다.
- 수요일(水曜日): 영어로는 'Wednesday'. 북유럽 신화에 등장하는 지혜의 신, 'Odin' 또는 'Woden'에서 유래된 이름이다. 수성(水星)을 상징하는 그리스/로마의 신은 지혜와 지식을 전파하는 역할을 맡은 헤르메스/머큐리다.
- 목요일(木曜日): 영어로는 'Thursday'. 북유럽 신화에 등장하는 천둥의 신, 'Thor'에서 유래되었다. 목성(木星)을 상징하는 그리스/로마의 신은 번개로 자신의 위엄을 과시하는 올림포스의 왕, 제우스/주피터다.
- 금요일(金曜日): 영어로는 'Friday'. 북유럽 신화에 등장하는 미의 여신, 'Freya'에서 유래되었다. 금성(金星)을 상징하는 그리스/로마의 신은 미의 여신, 아프로디테/비너스다.
- 토요일(土曜日): 영어로는 'Saturday'. 그리스/로마 신화에서 신들의 아버지로 불리며, 토성(土星)을 상징하는 크로노스/사투르누스에

서 유래되었다.

이 외에도 영문 위키피디아에서 'Names of the days of the week'로 검색해 보면 여러 문화권에서 사용했던 요일 이름의 역사를 확인할 수 있다. 그럼 이제부터 프톨레마이오스 체계에서 명시한 순서대로 각 행성의 속성을 알아보도록 하자.

I. 토성(Saturn)

심볼: ♄

생명의 나무 상의 위치/세피라: 3(비나)

성(性): 차갑고, 건조한 남성적 행성

지배: 염소자리, 물병자리

유배: 게자리, 사자자리

승격: 천칭자리

추락: 양자리

신: 크로노스/사투르누스

타로: 우주(XXI)

히브리 문자: ת (Tau: '십자가')

모든 여자아이는 아버지 시간(Father Time)이 빼앗아가기 전에 어머니 지구(Mother Earth)가 준 선물을 잘 활용해야 한다. _ 로렌스 J. 피터

차갑고 이성적인 힘; 자기 생각에서 나온 산물을 잡아먹는 자(자기 자식을 잡아먹는 크로노스); 불멸성 여부를 측정하는 궁극의 심판관인 시간; 큰 낫과 모래시계를 든 저승사자; 신중함과 경직성이 심해지면 모든 것을 꽁꽁 얼려버리는 사탄(Satan)으로 변할 수 있음.

- **기본 성향:** 경직된 관점; 관습과 관례에 대한 집요한 애착; 생각과 감정을 숨김; 꼼수를 써서 권력을 얻고, 권력자의 위치에 오르면 독재자처럼 행동하고 보수적인 성향을 보임; 충실한.
- **생각과 느낌:** 속마음을 잘 드러내지 않고 다소 자기를 억압하는 기질; 놀라울 정도의 자기통제와 정의감; 생각이 정돈되어 있고, 구체적이고 기술적으로 사고함; 사소한 것들을 강조하며 쉽게 기분이 상함; 인내심이 강하고 신중함.
- **정신적 속성:** 정신은 세부적인 것을 향함; 인내심과 과학적인 성향; 경험을 중시; 연구와 수학에 능함.

II. 목성(Jupiter)

심볼: ♃
생명의 나무 상의 위치/세피라: 4(헤세드)
성(性): 따뜻하고 다소 습하나,
　　　　남성적 행성
지배: 사수자리, 물고기자리

> 유배: 쌍둥이자리, 처녀자리
> 승격: 게자리
> 추락: 염소자리
> 신: 제우스/주피터
> 타로: 운명의 수레바퀴(X)
> 히브리 문자: כ (Kaph: '주먹')

한 번 잃은 기회는 주피터마저도 되살릴 수 없도다. _ 파이드로스

차가운 아버지 크로노스와 정반대로 따스한 성정의 소유자; 언제나 "호!호!호!" 웃는 산타클로스 같은 존재; 토성이 '아는 자'라면, 목성은 '믿는 자'; 시간을 극복하는 유일한 것인 '의식'을 상징(크로노스에게 잡아먹히지 않은 유일한 자식).

- **기본 성향**: 온화하고 관대함, 모든 문제를 지극히 일반적인 관점에서 바라봄; 평화를 사랑하고, 낙천적인 경향이 있으며, 견고하지만 사사로운 감정이 실리지 않은 논리로 반대를 물리침.
- **생각과 느낌**: 정신과 마음의 적절한 배합; 자기의 느낌이 옳다고 자기세뇌를 함; 자기 생각이 자비롭다고 느낌; 매우 드라마틱한 감성, 아름다운 것에 대한 사랑, 타인을 위해 봉사하겠다는 집착에 가까운 욕망.
- **정신적 속성**: 상식을 수용하는 정신; 열린 이성, 인도적인, 폭넓은 비전; 기본 키워드는 '확장'으로, 낙관주의와 이상으로 표현됨; 종교적 성향, 논리정연한 판단, 관대함.

III. 화성(Mars)

심볼: ♂

생명의 나무 상의 위치/세피라: 5(게부라)

성(性): 뜨겁고 건조한 남성적 행성

지배: 양자리, 전갈자리

유배: 황소자리, 천칭자리

승격: 염소자리

추락: 게자리

신: 아레스/마르스

타로: 탑(XVI)

히브리 문자: פ (Pe: '입')

전쟁의 신, 아레스는 결단을 내리지 못하고 머뭇거리는 자들을 미워한다. _ 에우리피데스

충동적인 힘, 성취하는 힘; 확신에 따른 용기; 전투적 본능; 지식을 섬기고, 진리를 보호하고, 신념을 지킨다; 인간에게 열정을 부여하는 힘; 다만 이 열정이 지나치면 주변의 모든 것을 불사르는 루시퍼(Lucifer)로 변할 수 있음.

• 기본 성향: 조바심, 무관용; 자기가 하는 일에 대한 간섭을 용인하지 않고, 자기 확신이 강하며, 타인의 권리를 무자비하게 짓밟음; 용감하고, 지배하려 들고, 에너지로 충만.

- **생각과 느낌**: 소유욕을 통해 자신을 표현; 자연스럽게 우러나오는 열정; 열렬한 애정과 의욕이 꺾여도 자기 주관을 밀어붙이는 저돌적 성향; 물질적인 성취에 관심이 많으며, 예민하고 매우 예리함.
- **정신적 속성**: 예리하고, 활동적이고, 역동적이고, 용감한 정신; 힘과 열정; 두려움 없이 위험한 일도 해내고 자기 확신이 요구되는 사업에서 두각을 나타냄.

IV. 태양(Sol)

심볼: ☉
생명의 나무 상의 위치/세피라: 6(티파레트)
성(性): 뜨겁고 건조한 남성적 행성
지배: 사자자리
유배: 물병자리
승격: 양자리
추락: 천칭자리
신: 디오니소스/아폴로
타로: 태양(XIX)
히브리 문자: ר (Resh; '머리')

나는 의학의 신 아폴로, 아스클레피오스, 히기에이아, 파나케이아, 그리고 그 이외의 모든 신을 증언자로 삼아 나의 능력과 판단에 따라 다음 선서와 서약을 충실하게 이행할 것임을 맹세한다. _ 히포크라테스 선서 중

활력의 원천; 감춰진 것을 드러내고 속박된 것을 해방하는 힘; 선을 지속하는 힘; 어두운 곳에 빛을 비추는 힘; 무지가 지배하는 곳에 지식을 가져다주는 힘; 타인에게 빛을 가져다주는 자가 곧 태양임.

- **기본 성향**: 무언가를 성취하겠다는 마음가짐; 속박된 상태에서는 동요함; 권력의 확보를 향한 충동을 표출할 수 있는 통로가 필요함.
- **생각과 느낌**: 정신보다는 감정; 권력이 주는 느낌에 반응하고 자기가 대접을 받을 때 역량을 발휘함; 자기를 표현하기 위해 남을 가르치려 듦; 지적이긴 하나, 지능을 활용하여 대접받는 위치에 오르지는 않음; 강력한 부성애 본능.
- **정신적 속성**: 실행력, 야망, 보기 드문 조직화의 힘이 깃든 정신; 진실하고 지혜로운 조언의 제공자; 강한 개성, 관대한 기질, 능수능란, 정직함, 창의적.

V. 금성(Venus)

심볼: ♀
생명의 나무 상의 위치/세피라: 7(넷자흐)
성(性): 따스하고 습한 여성적 행성
지배: 황소자리, 천칭자리
유배: 양자리, 전갈자리
승격: 물고기자리

> **추락:** 처녀자리
> **신:** 아프로디테/비너스
> **타로:** 여황제(III)
> **히브리 문자:** ﬢ (Daleth: '문')

비너스는 눈물로 가득 찬 집에서는 웃지 않는다. _ 윌리엄 셰익스피어

조화의 힘; 만물에서 아름다움의 본질을 발견하려는 힘; 조화, 리듬, 질서; 인간의 마음에 질서를 심어주기 위해 통제하고, 비율을 조정하고, 대칭 구조를 확립하고, 조정하는 힘; 예술의 원천; 잘못 사용될 경우 루시퍼처럼 '유혹하는 자(계명성)'로 변할 수 있음.

- **기본 성향:** 우아하지만, 종종 잘난 체하는 성정; 감정의 기복이 극단적이며 부정적 무드에 취약함; 자기연민과 우울감에 빠질 위험이 있음.
- **생각과 느낌:** 감각에 기반한 감정; 아름다운 사람, 예술, 장신구, 환경으로부터 자극을 받음; 분석적인 경우는 드물며, 타인의 감정에 매우 민감하게 반응함; 고도로 진화하지 않은 영혼인 경우, 육체적 사랑의 수준에 머무름.
- **정신적 속성:** 사회적 사안에 관심을 기울이는 정신; 강한 상상력; 비옥하고 수용적인 정신; 기억력은 뛰어나지 않음; 아름다움, 장신구, 사사로운 애착에 이끌리는 성향.

VI. 수성(Mercury)

심볼: ☿

생명의 나무 상의 위치/세피라: 8(호드)

성(性): 건조한 동시에 습한 양성적 행성

지배: 쌍둥이자리, 처녀자리

유배: 사수자리, 물고기자리

승격: 처녀자리

추락: 물고기자리

신: 헤르메스/머큐리

타로: 마법사(I)

히브리 문자: ב (Beth: '집')

> 머큐리는 세상의 영혼이다. 그는 신에서 나와 물질 안으로 들어간 후, 지금까지도 그 안에 감춰져 있다. _카를 구스타브 융

오감을 통해 세상을 경험하도록 해주는 힘; 인간과 우주를 연결하는 의사소통 시스템; 기록하고 증언한다, 관찰하고 비교한다, 분석하고 관계를 파악한다; 잘못 사용될 경우 속임수에 능한 사기꾼(trickster)으로 변할 수 있음.

- **기본 성향**: 습관적으로 생각의 순서를 거꾸로 하는 신경과민과 쉽게 흥분하는 기질; 뭐든지 너무 빠르게 결론을 내리고, 깊게 생각하지 않는 경향이 있음; 찬란하지만, 피상적인 정신세계를 만들어내어 그곳에서 삶.

- **생각과 느낌**: 지식 습득 자체를 좋아하는 분석적 사고의 소유자; 무엇이든 능숙하게 해내는 것을 통해 즐거움을 발견함; 직관적이고 솜씨가 좋을 수도 있음; 논쟁과 토론을 좋아함; 글을 쓸 때는 장황한 경향이 있음; 기술자.
- **정신적 속성**: 자기표현, 이성적 사고, 사려 깊음, 말재주, 좋은 기억력, 마음에 맞는, 서글서글한; 통계에 이끌리는 경향, 자기주장을 뒷받침하기 위한 근거 수집을 즐김.

VII. 달(Luna)

심볼: ☾

생명의 나무 상의 위치/세피라: 9(예소드)

성(性): 차갑고 습한 여성적 행성

지배: 게자리

유배: 염소자리

승격: 황소자리

추락: 전갈자리

신: 아르테미스/다이애나

타로: 여사제(II)

히브리 문자: ♪ (Gimel: '낙타')

저희가 이 말을 듣고 분이 가득하여 외쳐 가로되 크다 에베소 사람의 아데미여 하니 _사도행전 19:28

상상의 힘; 나의 소망, 나의 두려움과 관련된 이미지를 보여주는 역할; 상상력을 통해 창조의 과정을 개시하도록 도움; 밤마다 활과 화살을 들고 나가 이미지를 사냥하는 다이애나 여신.

- **기본 성향**: 수시로 변덕을 부리는 기질; 어느 순간에는 어둡고 비관적이었다가 곧바로 밝고 낙관적인 모습을 보임; 정신은 쉽게 영향을 받고, 집중하는 일에 어려움을 느낌; 상상력이 풍부함.
- **생각과 느낌**: 섹스와 직접 관련이 없는 감정; 따스함, 동정심, 겸손함, 노인과 아이를 위한 배려, 동물 사랑, 보호하려는 마음, 자기를 방어하지 못하는 사람을 위해 나서는 경향; 강력한 모성애 본능.
- **정신적 속성**: 본능적 정신; 상상력; 사람에 관한 생각, 가족 또는 가정을 향한 생각; 인도주의적 성향; 수용적, 직관적, 다재다능, 비옥함, 유연성.

4대 원소와 제5원소

프톨레마이오스의 시스템에서 물질계를 구성하는 원소들은 우주의 몸(body)을 상징하며, 히브리 알파벳의 '어머니 자음[94]'에 해당한다. 우주 만물의 형상은 네 원소의 조합으로 이루어져 있으며, 다섯 번째 원소가 이를 한데 붙잡아 둠으로써 형상을 유지하는 역할을 한다고 앞에서 이미 설명한 바 있다.

형상을 가진 생명체는 진화의 정도에 따라 크게 광물, 식물, 동물, 인간의 네 종류로 분류된다. 우리 눈에는 무생물처럼 보이는 광물은 주로 흙으로 구성되어 있다. 여기에 물이 더해지면 흙 속에 뿌리를 내리고 물을 흡수하며 성장하는 식물이 탄생한다. 흙과 물에 생명체에 운동 기능을 제공하는 불이 더해지면 동물이 탄생한다. 불의 기운을 받은 동물은 평생 같은 위치에 속박되어 움직일 수 없는 식물과 달리 자유로운 이동이 가능하나, 불의 파괴적인 속성으로 인해 상대적으로 수명은 짧다. 한 걸음 더 나아가 공기의 기운이 더해지면 지능을 가진 인간이 탄생한다. 여기에 다섯 번째 원소가 더해지면 소위 말하는 초인, 철학자, 깨달은 자가 탄생한다. 인간 이하의 생명체는 세 개 미만의 원소로만 구성되었다는 얘기는 아니다. 동물 중에도 지능이 뛰어난 종이 있고, 식물 중에도 파리지옥처럼 제한적이나마 몸을 움직일 수 있는 종이 있다. 다만 원소의 상대적 비율에 차이가 있을 뿐이다.

타로를 공부해 본 적이 있는 독자는 이미 알고 있겠지만, 마이너 아르카나의 네 슈트를 나누는 기준이 바로 4대 원소다. 그리고 각 슈트의 코트 카드들에도 원소의 속성이 부여된다. 그렇다면 다섯 번째 원소는? 뒤에서 더 자세히 보겠지만, 각 슈트의 2~10번 카드와 코트 카드들을 품고 있는 에이스가 바로 다섯 번째 원소를 상징한다. 그리고 더 넓은 관점에서 보면 마이너 아르카나가 4대 원소고, 메이저 아르카나가 제5 원소라고 할 수 있다.

그럼 이제부터 네 원소와 제5 원소의 속성을 알아보자.

I. 흙(Earth)

심볼: ▽

마이너 아르카나 슈트: 디스크

별자리: 염소자리, 황소자리, 처녀자리

엘리멘탈: 그놈

메이저 아르카나 카드: 우주(XXI)

히브리 문자: ת (Tau: '십자가')[95]

- **키워드**: 놀라운 회복력; 자원의 보존과 집중; 자기표현에 능숙하지 않으며, 이런 한계를 극복하고자 꾸준히 노력함; 내면의 잠재력이 폭발하면 흙의 속성을 훌륭하게 표현함; 능동적이기보다는 수동적; 우울감에 젖는 경향; 원소 중 가장 무겁고 고정적인 흙의 성향이 강한 사람은 실용적이고, 보수적이고, 물질을 사랑하는 면이 있음.

II. 물(Water)

심볼: ▽

마이너 아르카나 슈트: 컵

별자리: 게자리, 전갈자리, 물고기자리

엘리멘탈: 언딘

메이저 아르카나 카드: 거꾸로 매달린 자(XII)

히브리 문자: מ (Mem: '물')

- **키워드**: 변화 가능, 감성적, 환경의 피해자가 되는 경향; 이타적이고 심오한 정신, 신과 자연의 법칙에 대한 관심; 유동성의 특성을 가진 물의 성향이 강한 사람은 주변 환경으로부터 쉽게 영향을 받고, 감정의 기복이 심하며, 외부로부터 받은 인상과 오컬트의 힘에 민감하게 반응함.

III. 불(Fire)

심볼: △
마이너 아르카나 슈트: 지팡이
별자리: 양자리, 사자자리, 사수자리
엘리멘탈: 살라만더
메이저 아르카나 카드: 새 시대(XX)
히브리 문자: ש (Shin: '이빨')

- **키워드**: 고갈되지 않는 에너지와 활동의 지속; 불의 성향이 강한 사람은 충동적이고, 예리하고, 분석적이고, 혁신적임; 영리하고, 창의적이고, 과학과 철학 분야의 교사 소질이 있음; 역동적이고, 사람을 끌어당기고, 때로는 강압적인 기질; 끊임없이 찌꺼기를 불태우고 형상으로부터 영을 해방하는 불.

IV. 공기(Air)

> 심볼: △
> 마이너 아르카나 슈트: 검
> 별자리: 천칭자리, 물병자리, 쌍둥이자리
> 엘리멘탈: 실프
> 메이저 아르카나 카드: 광대(0)
> 히브리 문자: א (Aleph: '황소')

- **키워드**: 다재다능하고, 성격이 좋으며, 아이디어의 교환을 즐기고, 친구를 곁에 두고 싶어 함; 다소 피상적이고, 행성들의 영향에 따라 안정성과 지속성이 부족할 수 있음; 평화를 중시하고, 미래를 걱정하지 않는 경향이 있으며, 생존을 위해 타인에게 의지할 수도 있음; 원소 중 가장 안정성이 낮은 공기의 성향이 강한 사람은 실용성과 거리가 멀고, 일관성 없는 관점을 견지하며, 이에 따라 신뢰를 잃을 수 있음.

V. 영(Spirit)

> 심볼: ○
> 마이너 아르카나: 에이스
> 엘리멘탈: —
> 메이저 아르카나 카드: 새 시대(XX)

히브리 문자: שׁ (Shin: '이빨')

- 키워드: 영웅, 초인, 구세주; 초감각, 초능력, 오컬트의 영역; 직관, 영감; 우주; 4대 원소의 지배자; 우주를 보호하고 수호하는 비슈누와 그의 아바타.

엘리멘탈에 관하여 (The Elementals)

각 원소의 속성을 나열하면서 '엘리멘탈'을 언급하였다. 엘리멘탈은 네 원소 중 하나로만 구성된 전설상의 존재들이다.(실존한다고 주장하는 사람들도 있다). 다음은 필자가 예전에 맨리 P. 홀의 『별자리 심리학』이라는 책을 번역/출간하면서 파라켈수스[96]의 글을 읽고 부록으로 넣은 엘리멘탈 관련 섹션을 옮긴 것이다. 참고삼아 읽어보면 좋을 것 같다.

엘리멘탈과 엘리멘타리

파라켈수스는 '스위스의 헤르메스'라고 불리는 16세기 최고의 철학자이자 의사, 식물학자, 점성학자, 연금술사, 오컬티스트다. 스위스의 바젤 대학에서 의학을 공부하고 훗날 교수로 재직하기도 했던 파라켈수스는 기존 의학의 한계를 느끼고, 학교에서 책만 읽던 동료들과는 달리

유럽 방방곡곡을 돌며 신비스러운 전통요법과 고대로부터 전해져 내려오는 신화 및 민간전승을 연구하며 철학적인 관점에서 의학을 연구했다. 그는 오두막이나 토굴에 틀어박혀 수행에 정진하는 은둔자, 집시, 연금술사, 본초학자들을 찾아다녔고, 심지어 마법사나 흑마법사에 관한 전설에도 관심을 기울이며 인체의 신비를 탐구했다. 오늘날 현대 의학은 파라켈수스의 의학을 미신을 중시한 중세시대의 산물 정도로 취급하고 있지만, 독일의 철학자 고트홀트 에프라임 레싱[97]은 그의 저서를 섭렵한 뒤 다음과 같이 평가했다.

> 파라켈수스의 의학을 단순한 미신 정도로 여기는 사람들도 일단 그 원리를 이해하고 나면 그것이 현대 의학보다 훨씬 수준 높은 지식을 바탕으로 이루어져 있다는 사실을 알게 될 것이다. 현대 의학은 파라켈수스 의학을 초월하기는커녕, 열심히 노력하면 언젠가는 그 경지에 도달할 수 있으리라는 희망을 품어야 하는 수준인 것이다.

엘리멘탈(Elementals)

파라켈수스는 고대 지식을 연구하며 엘리멘탈(정령)의 종류와 속성을 집대성한 것으로도 유명하다. 고대 그리스의 님프(Nymph; 물의 요정)와 드라이어드(Dryad; 나무의 요정), 고대 드루이드교의 나무 정령, 게르만족의 니벨룽(Nibelungs; 땅속의 숨겨진 보물을 관리하는 그놈과 난쟁이족), 깊은 숲속에서 열심히 신발을 만드는 아일랜드의 레프리콘(Leprechaun), 셰익스피어의 『한여름 밤의 꿈』에 등장하는 요정 등을 단순한 동화나 미신의 주인공으로 치부하지 않고, 인간의 눈에 보이지 않는 차원의 세상에서 인간과 똑같이 활동하고 있는 존재들일 가능성을 열어두고 연구에 임했다. 누구보다 이성적인 사고방식의 소유자인 그리스의 소크라테스도 제자들을 가르칠 때 수업이 원활하게 진행될 수 있도록 정령들이 많이 모인 곳을 터로 잡았다고 하며, 신플라톤주의의 거장 이암블리코스[98]도 인간이 한평생 사는 동안 곁에서 그를 보좌해 주는 정령(수호천사)의 실체에 관해 언급한 바 있다.

파라켈수스에 따르면 이 세상에는 두 가지 유형의 물질 혹은 두 가지 유형의 육신이 있다고 한다. 첫 번째 유형은 아담에게서 비롯된 것이고, 두 번째 유형은 아담에게서 비롯되지 않은 육신이다. 아담에게서 비롯된 육신은 4대 원소로 구성된다. 인간은 광물의 속성을 지닌 흙, 식물의 속성을 지닌 물, 체온을 조절하고 신체의 동작을 가능하게 해주는 불, 그리고 지적 사고를 가능하게 해주는 공기로 구성된 복합 생명체다. 일부 카발라 학자들은 에덴동산으로부터 흘러나오는 네 개의 강이 바로 이 네 원소의 원천이라고 설명하고 있으며, 4대 원소는 전통적으로 네 개의 고정사인 별자리 심볼로 묘사되기도 한다.(흙: 황소자리, 물: 전갈자리, 불: 사자자리, 공기: 물병자리). 구약성경 에스겔서 1:10에서는 호위 천사, 그룹(Cherub)의 모습을 다음처럼 묘사하고 있다. "그 얼굴들의 모양은 넷의 앞은 사람의 얼굴이요 넷의 우편은 사자의 얼굴이요 넷의 좌편은 소의 얼굴이요 넷의 뒤는 독수리의 얼굴이니." 한편 신약성경 4대 복음서의 작가로 알려진 마태(인간), 마가(사자), 누가(황소), 요한(독수리)도 각각 고정사인 별자리로 묘사된다.

육신이 4대 원소로 구성된 인간은 4대 원소를 다스릴 수 있는 능력을 지니고 있으며, 제5원소를 통해 4대 원소를 하나로 통합하고 아우를 수 있다. 피타고라스학파와 파라켈수스는 이 다섯 번째 원소의 실체를 혼(soul)이라 규정했고, 아담의 후예들은 이 혼 덕분에 육체가 죽더라도 진정한 생명체로서 영생을 누릴 수 있다고 보았다.

한편 '아담에게서 비롯되지 않은 육신'을 가진 4대 원소의 정령들은 다섯 개의 원소로 구성된 인간과는 달리, 단일 원소로 구성된 생명체들이다. 이들은 다섯 번째 원소를 가지고 있지 않기 때문에 혼도 없다. 따라서 이들에게는 도덕이나 선과 악의 개념도 없으며, 신을 숭배하지도 않고, 두려움을 느끼지도 않는다. 4대 원소 간의 마찰과 갈등으로 인해 스트레스를 받는 복합 생명체와는 달리 이 정령들은 단일 원소로 구성되어 있기 때문에 수명이 매우 길며, 명이 다한 뒤에는 원래의 원소로 돌아간다. 정령들의 세상은 인간의 세상과 크게 다를 바 없다. 정령들은 인간과 같은 형상을 띠고 있으며, 인간처럼 살과 뼈, 그리고 피를 가지고 있다. 또한 인간처럼 먹고, 마시고, 대화도 나누고, 아이도 낳는다. 인간의 눈에는 영혼과 같은 존재처럼 보이지만, 이들은 불멸의 존재가 아니기 때문에 언젠가는 반드시 죽는다. 4대 정령들은 상호 교류하지 않으며, 혼을 가진 인간에게만 이끌린다. 가끔 인간 앞에 모습을 드러내는 경우도 있다. 신화에 종종 등장하는 아름다운 바다 요정들, 자기가 좋아하는 인간 친구에게 보물을 나눠주는 그놈들을 대표적인 사례로 떠올릴 수 있다.

파라켈수스는 대부분 인간이 객관적인 시각(눈에 보이는 세상)에 길들어 있기 때문에 삶의 주관적인 면(눈에 보이지 않는 세상)을 인지하지 못하며,

따라서 정령들의 모습을 볼 수도 없다고 생각했다. 하지만 합리성과 사회성에 아직 길들지 않은 어린아이들의 눈에는 이 정령들의 모습이 종종 보인다고 한다.

다음은 파라켈수스의 책 『님프, 실프, 피그미, 살라만더, 그리고 다른 정령들에 관하여(Book of Nymphs, Sylphs, Pygmies, and Salamanders, and Kindred Beings)』에 실린 4대 엘리멘탈에 관한 이야기를 요약한 것이다.

I. 흙의 정령, 그놈(Gnomes)

땅속에서 사는 그놈은 피그미(Pygmies), 실베스터(Sylvestres), 사티로스(Satyros), 판(Pans), 드라이어드(Dryads), 하마드리아데스(Hamadryads), 엘프(Elves), 브라우니(Brownies) 등 여러 이름을 갖고 있으며, '숲속의 작은 노인들'이라고 불리기도 한다. 인간과 물고기가 각각 공기와 물이라는 환경에서 자연스럽게 살아가듯이, 그놈은 흙을 자연환경으로 삼아 살아간다. 인간이 공기를 통해 자유롭게 움직일 수 있듯이, 그놈은 흙과 돌을 자유자재로 통과할 수 있다. 따라서 이들은 땅속에 살고 있음에도 불구하고 태양 빛은 물론이고, 달빛과 별빛도 받을 수 있다. 그놈은 가끔 인간과 교류하기도 하며, 선량한 인간들 앞에 나타나 자신들이 가진 땅속의 금은보화를 나눠주는 사례도 있는 것으로 알려져 있다. 물의 정령 언딘이나 공기의 정령 실프와는 달리 땅의 정령 그놈과 불의 정령 살라만더는 인간과 결합하는 경우가 거의 없다. 그놈은 마치 유령처럼 빠른 속도로 움직이며, 인간에게 다가오는 미래를 귀띔해주는 예언자 역할을 하기도 한다. 전설에 의하면 한때 아일랜드에 레프리콘이라는 그놈이 많이 살았으나, 인간이 정착한 후 깊은 숲속으로 숨어들었다고 한다. 그놈은 19세기부터는 고블린(Goblin)이라는 악동 괴물과 동일시되기도 했다.

흙의 정령, 그놈

II. 물의 정령, 언딘(Undines)

물의 정령 언딘은 님프(Nymph), 오레아스(Oreads), 네레이스(Nereids), 리모니아데스(Limoniades), 나이아스(Naiads), 물의 요정(Water sprites), 인어(Seamaid/Mermaid), 포타미드(Potamides)라는 이름으로도 불린다. 물속에 사는 물고기들이 질식하지 않듯이, 언딘도 물을 공기처럼 여기며 살아간

물의 정령, 언딘

다. 대부분의 언딘은 여성이며, 간혹 인간 남성과 사랑에 빠져 결혼하고 아이를 낳는 경우도 있다. 인간과 언딘 사이에서 태어난 아이는 아버지로부터 혼을 물려받기 때문에 인간처럼 영생의 존재가 될 수 있다. 언딘과 결혼한 남성은 부인을 바닷가나 물이 많은 곳으로 데려가면 안 된다. 물가에서 부부 싸움이라도 했다가는 상처받은 언딘이 물속으로 돌아가 다시는 나타나지 않기 때문이다. 하지만 언딘 부인이 떠났다고 해서 정식으로 이혼을 한 것은 아니므로 남자는 재혼을 할 수 없다. 재혼을 시도했다가는 반드시 죽게 되기 때문이다. 인간 남성과 결혼하여 자신에게 없는 혼을 얻고자 하는 언딘은 비너스버그(Venusberg)라는 곳에 삼삼오오 모여 남성들을 유혹한다고 한다. 파라켈수스에 따르면 언딘 중의 으뜸은 다름 아닌 사랑과 미의 여신, 비너스라고 한다.

III. 불의 정령, 살라만더(Salamanders)

불의 정령 살라만더는 '불카니(Vulcani)'라는 이름으로도 불린다. 고대 이집트, 칼데아, 페르시아인들은 살라만더가 발산하는 밝은 빛 때문에 이들을 신으로 착각하는 경우도 많았다고 한다. 다른 정령들과 마찬가지로 살라만더는 인간의 눈에 쉽게 띄지 않지만, 이들이 없으면 세상에 불이 존재할 수 없다. 성냥을 긋거나 돌이 마찰을 일으켜 불이 켜지는 순간에 살라만더가 잠시 나타났다가 순식간에 사라진다고 한다. 살라만더는 불이라는 특성상 인간이 쉽게 접근할 수 없는 존재로, 늪, 목초지, 들판 위에 떠다니는 형태로 가끔 보인다. 전설에 따르면 살라만더는 흑마법사나 마녀와 교류를 하는 경우도 있다고 한다. 땅속의 불(volcano)을 관장하는 살

불의 정령, 살라만더

라만더가 뜨거운 불로 금속을 달구면, 열이 식은 후에 그놈들이 나타나 금속을 담금질하고, 그다음에는 인간이 금과 은을 채취해간다고 한다. 살라만더는 준델(Zundel)이라는 괴물을 만들어내는 것으로도 알려져 있다. 준델이 인간의 눈에 띄면 그 지역에 조만간 재앙이 닥치거나 정부가 전복되는 것을 암시한다고 한다. 중세시대의 일부 학자들에 따르면 조로아스터교의 창시자인 조로아스터는 베스타(노아의 부인)와 오로마시스(Oromasis)라는 이름의 살라만더 사이에서 태어났다고 한다.

IV. 공기의 정령, 실프(Sylphs)

실프는 우리에게 '요정(Fairy)'이라는 이름으로 알려진 존재와 유사한 공기의 정령이다. 4대 원소 중 진동수가 가장 높은 공기를 관장하는 실프는 엘리멘탈 중에서도 으뜸으로 여겨지며, 천년 넘게 늙지 않으며 장수하는 것으로 알려져 있다. 일부 학자들은 시인, 음악가, 예술가, 그리고 몽상가에게 영감을 심어주는 그리스의 아홉 뮤즈가 실프였다고 주장하기도 한다. 실프들은 유쾌하고, 예측 불가능하고, 괴짜 같은 성격의 소유자들로 알려져 있다. 소위 '천재'라 불리는 사람들의 괴팍한 성격도 실프의 영향으로 인한 것이라고 한다.

공기의 정령, 실프

엘리멘타리(Elementaries)

파라켈수스에 따르면 엘리멘탈과는 별도로 엘리멘타리(Elementaries)라는 존재들도 있다고 한다. 우주의 섭리에 따라 창조된 존재인 엘리멘탈과 달리, 엘리멘타리는 인간의 생각과 감정에 의해 만들어진 인공적인 존재다. 파라켈수스는 인간의 생각과 감정이 균형에서 벗어나 극단으로 치우쳤을 때 엘리멘타리가 창조되며, 따라서 대부분의 엘리멘타리가 사악한 속성을 지니고 있다고 생각했다. 대표적인 예로 인큐버스(Incubus; 잠자는 여성을 덮쳐 성적 쾌락을 탐하는 사악한 악령)를 들 수 있다.

인간의 창조 활동은 종족 보존이라는 생리학적 창조에 국한되지 않는다. 인간은 상상력을 동원하여 예술, 과학, 철학 등의 분야에서 새로운 작품과 개념을 창조할 뿐 아니라, 생각과 감정을 통해 상념체(thought form)와 감정체(emotion form)를 만들어내기도 한다. 다시 말해, 인간의 생각과 감정이라는 것이 머리와 가슴속에서 한번 나타났다가 금세 사라지는 것이 아니라, 형체를 가진 생명체가 되어 세상에 남아있다는 것이다. 갓 태어난 상념체와 감정체는 갓난아기와 같아서 처음에는 '부모'의 지속적인 돌봄과 양식을 필요로 한다. 예를 들어, 인간의 부정적인 생각을 통해 탄생한 상념체는 부정적인 생각이라는 양식을 먹고 자라난다. 그리고 결국에는 자신의 창조주보다 몸집이 커져 주인의 건강을 해치고 행복을 앗아가는 악마로 둔갑하게 된다. 생각과 감정뿐 아니라, 인간의 입을 통해서 나오는 말도 우리 눈에는 보이지 않는 생명체가 되어 영향력을 행사한다고 한다.

부정적인 생각의 지속은 집착, 습관, 콤플렉스, 공포증으로 이어진다. 이런 증상은 어느 날 갑자기 나타나는 것이 아니라, 나쁜 생각과 감정을 장기간 품으면서 점차 수면 위로 드러나는 것이다. 파라켈수스는 집착(obsession)을 빙의(possession)와 같은 개념으로 여겼다. 나쁜 생각과 감정에서 탄생하는 엘리멘타리를 마치 흡혈귀 또는 기생충이 주인의 몸을 장악하는 것과 비슷한 현상으로 해석한 것이다. 파괴적인 집착에 한 번 빠진 사람의 증상은 날이 갈수록 심해진다. 이들은 자기에게 아무런 문제가 없다고 여기며, 병을 치료해야 한다는 진심 어린 조언에 극렬하게 반항한다. 병을 치료하기보다는 변호하려고 기를 쓰는 것이다. 이는 숙주를 장악한 엘리멘타리의 살아남기 위한 필사적 저항이라 할 수 있다.

엘리멘타리에 의해 발생하는 이와 같은 정신병은 심리적 종양에 비유할 수 있으며, 다른 사람들에게 쉽게 전염되어 집단 광기를 유발할 수도 있다. 새로운 숙주를 찾아 헤매는 바이러스처럼 전쟁, 범죄, 질병, 가난, 죽음 등에 대한 두려움이 빠른 속도로 퍼져나가는 것이다. 파라켈수스는 이를 집단 상념체(collective thought forms)라 칭했고, 이 현상이 심해지면 마치 공해로 대기가 오염되듯이, 지구의 감정적, 정신적 대기 상태가 오염되어 지구상의 모든 생명체가 영향을 받게 될 수 있다고 경고했다.

파라켈수스는 극단적인 감정에 쉽게 사로잡히고 파괴적인 행동에 중독된 사람일수록 엘리멘타리의 공격에 취약하며, 습관적으로 따스한 선행을 베풀고 실천하는 사람들은 엘리멘타리에 대한 면역력을 가지고 있다고 주장했다. 엘리멘타리는 인간의 상상력의 산물이다. 고독과 우울증에 빠져 자기 증오의 습관을 기른 사람들이 종국에는 피해자 의식에 사로잡힌 상태에서 엘리멘타리라는 심리적 존재들을 만들어내는 것이며, 이 질병을 치료하기 위해서는 신념, 우정, 사랑, 이해심, 관용, 유머를 동원하여 엘리멘타리를 질식사시켜야 한다고 한다.

파라켈수스는 엘리멘타리 이론을 바탕으로 육신의 거의 모든 질병이 잘못된 생각과 감정을 통해 탄생한 정신적 기생충 때문에 생긴다는 결론을 내렸다. 또한 자신의 비뚤어진 생각과 감정에서 탄생한 엘리멘타리, 악령, 흡혈귀 등은 숙주에 종속되어 있기 때문에 직접적인 방법으로 남을 해칠 수는 없고, 오로지 자신을 탄생시킨 주인의 에너지만 빨아먹으며 종국에는 숙주를 파멸로 이끈다고 한다. 결국 단순한 진리라 할 수 있다. 선을 베풀면 이에 상응하는 보상을 받고, 미워하는 마음을 품으면 이에 상응하는 벌을 받는 것이다.

파라켈수스는 지혜롭고 선한 사람만이 행복해지고 건강도 지킬 수 있다고 생각했다. 물론 집단 상념체로 인해 정신적, 감정적 대기가 오염되면 누구나 그 영향을 어느 정도 받을 수밖에 없지만, 올바른 생각과 행동을 습관화하면 면역력도 극대화되고 신체를 위협하는 위험으로부터 자신을 최대한 보호할 수 있다고 주장했다.

이상으로 타로와 카발라를 본격적으로 공부하기 전에 알아야 할 기초적인 지식을 수박 겉핥기식으로 살펴보았다. 이제 생명 나무의 전체적인 구조와 타로와의 상관관계를 자세히 알아보자.

제2장

생명의 나무

형성의 서(書), 세페르 예치라(Sepher Yetzirah)

세페르 예치라

신이 말씀의 힘으로 우주를 창조한 과정을 설명하는 카발라 경전, 『세페르 예치라』 제1장의 첫 문단을 다시 옮겨본다. 황금새벽회의 설립자 중 한 명인 윌리엄 윈 웨스트콧의 번역본을 인용하였다.

야(Jah), 만군의 여호와(Jehovah of hosts), 이스라엘의 신(God of Israel), 살아있는 엘로힘(Living Elohim), 모든 시대의 왕(King of Ages), 자비롭고 자애로운 신(The Merciful and Gracious God), 높으신 분(Exalted One), 영원에 거하는 자(Dweller in Eternity), 가장 높고 성스러운 그 분(Most High and Holy)은 세 세파림(Sepharim)-수(Numbers), 문자(Letters), 소리(Sounds)-을 통해 서른두 개의 신비로운 지혜의 길로 자신의 이름을 새기셨다.

열은 형언할 수 없는 세피로트다. 스물둘은 문자이자, 만물의 근본이다. 이 중 셋은 어머니 자음(Mother Letters)이고, 일곱은 더블 자음(Double Letters)이고, 열둘은 단순 자음(Simple Letters)이다.

히브리 알파벳에서는 개별 문자에 특정한 의미와 수가 지정된다. 또한 『세페르 예치라』에서는 문자마다 2차 의미를 지정하고 있다. 어머니 자음은 흙을 제외한 3대 원소(불, 물, 공기), 더블 자음[99]은 일곱 행성, 그리고 단순 자음은 열두 별자리에 각각 해당한다. 각 종류의 자음별로 의미를 정리해보았다.

어머니 자음(3개 원소)

타로[100]	히브리 문자	문자의 수	문자의 의미	2차 의미
(0) The Fool(공기)	א(Aleph; 알레프)	1	소(Ox)	공기(Air)
(12) The Hanged Man(물)	מ(Mem; 멤)	40, 600	물(Water)	물(Water)
(20) The Aeon(불)	ש(Shin; 쉰)	300	이빨(Tooth)	불(Fire)

표 IV. 어머니 자음의 속성

더블 자음(7개 행성)

타로	히브리 문자	문자의 수	문자의 의미	2차 의미
(1) The Magus(수성)	ב(Beth; 베트)	2	집(House)	삶-죽음 (Life-Death)
(2) The Priestess(달)	ג(Gimel; 기멜)	3	낙타(Camel)	평화-악 (Peace-Evil)
(3) The Empress(금성)	ד(Daleth; 달레트)	4	문(Door)	지혜-어리석음 (Wisdom-Foolishness)
(10) Fortune(목성)	כ(Kaph; 카프)	20, 500	주먹(Fist)	부-가난 (Wealth-Poverty)
(16) The Tower(화성)	פ(Pe; 페)	80, 800	입(Mouth)	비옥함-척박함 (Fruitfulness-Barrenness)
(19) The Sun(태양)	ר(Resh; 레쉬)	200	머리(Head)	우아함-추악함 (Grace-Ugliness)
(21) The Universe(토성)	ת(Tau; 타우)	400	십자가(Cross)	지배-노예 상태 (Dominion-Slavery)

표 V. 더블 자음의 속성

단순 자음(12개 별자리)

타로	히브리 문자	문자의 수	문자의 의미	2차 의미
(17) The Star(물병자리)	ה(He; 헤)	5	창문(Window)	시각(Sight)
(5) The Hierophant(황소자리)	ו(Vav; 바브)	6	못(Nail)	청각(Hearing)
(6) The Lovers(쌍둥이자리)	ז(Zayin; 자인)	7	검(Sword)	후각(Smell)
(7) The Chariot(게자리)	ח(Cheth; 헤트)	8	울타리(Fence)	말(Speech)
(11) Lust(사자자리)	ט(Teth; 테트)	9	뱀(Snake)	미각(Taste)
(9) The Hermit(처녀자리)	י(Yod; 요드)	10	손(Hand)	성적 사랑 (Sexual Love)
(8) Adjustment(천칭자리)	ל(Lamed; 라메드)	30	소몰이용 막대 (Ox goad)	일(Work)
(13) Death(전갈자리)	נ(Nun; 눈)	50, 700	물고기(Fish)	움직임(Movement)
(14) Art(사수자리)	ס(Samekh; 사멕)	60	지지대(Prop)	화(Anger)
(15) The Devil(염소자리)	ע(Ayin; 아인)	70	눈(Eye)	즐거움(Mirth)

| (4) The Emperor(양자리) | צ(Tzaddi; 짜디) | 90, 900 | 낚싯바늘
(Fish hook) | 상상력(Imagination) |
| (18) The Moon(물고기자리) | ק(Qoph; 코프) | 100 | 뒤통수
(Back of head) | 수면(Sleep) |

표 VI. 단순 자음의 속성

각 히브리 문자에 지정된 수를 참고하여 하나의 히브리어 단어를 구성하는 문자들의 수를 합하면 해당 단어도 어떤 수의 값을 지니게 된다. 누가 이런 복잡한 시스템을 만들어냈는지는 베일에 싸여있으나, 수비학적으로 같은 값을 가지는 단어 간에는 긴밀한 상관관계가 있다고 한다. 수와 문자를 연결하는 이 시스템은 수비학(數秘學; Numerology)의 일종인 '게마트리아(Gematria)'로 불린다. 다음은 크로울리가 『토트의 서』에서 예를 들어가며 이 개념을 설명한 대목이다. 지금 시점에서 아래 인용문의 내용을 다 이해하지 못해도 괜찮다. 나중에 조금씩 알게 될 것이다. 일단 히브리 문자와 단어, 숫자 간에 어떤 분명한 관계가 있다는 점만 알고 넘어가면 좋을 것 같다.

지금 시점에서 중요한 것은 히브리 언어의 각 문자와 단어에 특정 수를 지정하고, 수가 같거나 배수 관계에 있는 단어들끼리 상관관계를 갖게 된다고 하는 게마트리아(Gematria)의 과학이다. 예를 들어, '하나됨(Unity)'을 의미하는 단어, 'AChD'의 각 문자에 할당된 수를 더하면 1(Aleph)+8(Cheth)+4(Daleth) =13이 되고, '사랑(Love)'을 의미하는 'AHBH'도 1(Aleph)+5(He)+ 2(Beth)+5(He)=13의 값을 가진다. 수를 통해 맺어진 이 두 단어 간의 관계는 이런 식으로 표현할 수 있다. "하나됨의 본질은 사랑이다.(The nature of

Unity is Love)." 한편 '여호와(Jehovah)'를 의미하는 'IHVH'의 값은 10(Yod)+5(He)+6(Vav)+5(He)=26으로, 13의 2배다. 따라서 이는 "여호와는 하나됨이 이원성으로 구체화한 것이다.(Jehovah is Unity manifested in Duality)."의 의미로 해석할 수 있다. '타로(Tarot)'의 의미를 해석하는 또 하나의 중요한 방법은, 이 단어가 히브리 민족의 율법을 의미하는 'Torah'와 '관문(Gate)'을 의미하는 'ThROA'의 노타리콘 101이라는 점이다. 예치라의 속성(Yetziratic attributions)에 따라―뒤의 표 참조―이 단어는 '우주(Universe)'―새롭게 태어난 태양, 영(Zero)으로 읽힐 수도 있다. 이것이 바로 텔레마(Thelema)의 진정한 마법 교리(Magical Doctrine)다. 즉, 0과 2는 같다는 것.(0=2). 또한 게마트리아에 따르면 'ThROA'의 수는 671[102], 즉, 61x11이다. 61[103]은 AIN, 즉, 무(Nothing) 또는 영(Zero)을 의미하고 11은 마법적 확장(Magical Expansion)의 수다. 따라서 이런 관점에서 보면 'ThROA'도 같은 교리를 표현하고 있으며, 이는 우주, 우주의 기원, 형태, 존재의 목적에 관한 유일하게 만족스러운 철학적 설명이라고 할 수 있겠다. 단어와 숫자를 연결하여 의미를 파악하는 이 체계의 기원은 철저한 베일에 가려져 있다. 이를 만족스러운 수준으로 설명하는 모든 이론은 완전히 말도 안 되는 가정을 상정하고 있다. 이 체계를 온전하게 설명하려면 가늠조차 할 수 없는 아주 오랜 옛날에 놀라울 정도로 똑똑한 랍비들이 한자리에 모여 근엄한 표정으로 세상에 존재하는 모든 단어와 숫자의 조합과 관계를 일일이 다 계산하고, 지정하고, 이 방대한 데이터를 기반으로 히브리 언어를 창조했다는 가설을 설정해야 한다. 이는 물론 상식에 반할 뿐 아니라, 역사와 언어의 형성 과정에 관한 기존의 지식과도 전혀 부합하지 않는 설명이다. 하지만 단어와 숫자 사이에 형성된 이런 관계를 단순한 우연의 이론만으로는 설명할 수 없다. 우리가 무시할 수 없는 어떤 강력한 요인이 작용하여 이러한 관계를 만들어냈음을 입증하는 근거도 만만치 않다.

어머니 자음은 영적인 힘, 더블 자음은 물질계(흙)에 태어난 인간에게 영향을 주는 대조적인 극성, 그리고 단순 자음은 인간의 활동과 관련한 개념들이라고 할 수 있다. 22장의 메이저 아르카나 카드들은 포커판과 같은 세상에 와서 활동해야 하는 우리에게 주어진 패에 비유할 수 있다. 그 패를 어떻게 활용할지는 각자에게 달렸다. 인간의 성장에 관한 지침을 제시하는 메이저 아르카나 공부와 명상을 통해 단서를 얻을 수 있을 것이다.

『세페르 예치라』를 계속 읽어보자.

　　형언할 수 없는 세피로트의 수는 열이다. 아홉이 아닌 열이다. 열하나가 아닌 열이다. 이 지혜를 이해하고, 이를 이해함으로써 지혜로워져라.

세피로트가 열 개라는 사실을 유독 강조하는 점이 흥미롭다. 여담이지만, 인기 미국 드라마, 『슈퍼내추럴』의 시즌 9, 에피소드 22(에피소드 제목, 'Stairway to Heaven')의 초반에 어떤 여인이 아들과 함께 아이스크림 가게의 점원에게 이렇게 주문하는 장면이 나온다. "유제품이 아닌 저지방 바닐라로 한 숟갈 주세요. 무설탕 캐러멜 1/4 티스푼하고 블루베리 열 개 추가하고요. 아홉 개도 아니고, 열한 개도 아닌, 열 개여야 해요." 그리고 얼마 후 아이스크림 가게가 폭발하는 사고가 일어난다. 카발라에 관한 지식을 가진 사람이 대본을 쓴 것이 아닐까 하는 생각이 들었었다.

뒤이어 각 세피라를 통해 수가 탄생하고, 신이 문자(말씀)를 이용하여 세상을 창조하는 과정에 관한 대략적인 설명이 나온다.

> 형언할 수 없는 세피로트에서 열 개의 수가 탄생했다. 하나; 살아있는 생명의 신의 영; 시대의 살아있는 신에게 축복을, 축복 그 이상을. 음성(Voice), 영(Spirit), 그리고 말씀(Word)이 성령(Holy Spirit)이로다.
>
> 둘; 그는 영으로부터 공기(Air)를 생산하고, 그 안에서 스물두 개의 소리, 문자를 형성했다; 세 개는 어머니, 일곱 개는 더블, 열두 개는 단순 자음이다; 하지만 영이 으뜸이며 이보다 위에 있다. 셋; 그는 공기로 물을 형성했고, 무형상과 공으로 진창과 점토를 만들었고, 그 위에 표면을 설계했고, 그 안에 공간을 파내고, 견고한 물질의 기초를 형성했다. 넷; 그는 물로 불을 형성하고, 자신을 위한 영광의 보좌(Throne of Glory)를 만들고 오파님(Auphanim), 세라핌(Seraphim), 케루빔(Kerubim)을 호위 천사로 삼았다; 그리고 경전에 적힌 대로 셋과 함께 자신이 거주할 곳을 마련했다. "천사를 영으로 창조하고 호위관으로 삼는 자는 불타는 불이로다."
>
> 그는 단순 문자 중에서 셋을 택하여 봉인하고, 이를 위대한 이름 I H V로 형성하였으며, 이를 이용하여 우주를 여섯 방향으로 봉인하였다.
>
> 다섯; 그는 위를 보고 I H V로 높이(Height)를 봉인하였다.

여섯; 그를 아래를 보고 I V H로 깊이(Depth)를 봉인하였다.

일곱; 그는 앞을 보고 H I V로 동(East)을 봉인하였다.

여덟; 그는 뒤를 보고 H V I로 서(West)를 봉인하였다.

아홉; 그는 오른편을 보고 V I H로 남(South)을 봉인하였다.

열; 그는 왼편을 보고 V H I로 북(North)을 봉인하였다.

명심하라! 형언할 수 없는 열 개의 세피로트에서 살아있는 생명의 신의 유일한 영, 공기, 물, 불, 또한 높이, 깊이, 동, 서, 남, 북이 차례대로 탄생하였다.

카발라 학자들이 왜 히브리 문자를 다양한 방식으로 배열하고 재구성하여 어떤 의미를 찾아내려고 노력하는지 약간의 감을 잡았을 것으로 생각한다. 보다시피 신도 문자, 숫자, 소리 등을 이용하여 우주를 창조했다. 필자도 위 내용을 다 이해하지 못한다. 일단은 이런 방식으로 신으로부터 세피로트가 차례대로 발산되면서 우주가 창조되었다는 점을 인지하고 넘어가면 좋을 것 같다. 뒤에서 크로울리가 고안한 'The Naples Arrangement'를 통해 이와 유사한 개념을 다룰 것이다.

생명의 나무(The Tree of Life)

디온 포춘은 저서, 『미스티컬 카발라』에서 생명 나무의 개념을 다음과 같이 설명했다.

> 우리에게 '생명의 나무'라는 이름으로 알려진 흥미로운 상징체계는 구체화한 우주에 존재하는 모든 힘과 요소, 그리고 인간의 영혼을 도표의 형식으로 표현하기 위한 시도다. 각 요소의 상대적 위치를 확인하고, 각 요소 간의 관계를 추적하기 위해 모든 상관관계를 파악하여 마치 지도를 그리듯이 도표에 표시하는 것이다. 쉽게 말해, 생명의 나무는 과학, 심리학, 철학, 그리고 신학의 개요서라 할 수 있다.
>
> 각 세피라는 진화의 한 단계를 상징하며, 고대의 랍비들은 이를 '열 개의 신성한 발산(Ten Holy Emanations)'이라고 불렀다. 세피라를 연결하는 경로들은 주관적 의식의 여러 단계, 영혼이 우주의 비밀을 깨닫는 여정에서 걷는 길 또는 등급이라 할 수 있다. 다시 말해, 세피로트는 객관적이고, 경로들은 주관적인 속성을 지니고 있다.

여기서 "세피로트는 객관적 속성을 가지고 있다."는 말은 1번부터 10번까지 순차적으로 형성된 10개의 세피로트가 우주(대우주)라는 객관적인 실체의 탄생 원리를 설명하고 있다는 의미이며[104,] "경로들은 주관적 속성을 지녔다."는 말은 세피라를 연결하는 22개의 경로가 물질계에 거주하는 인간(소우주)이 자신의 본래 고향, 즉, 신으로 돌아가기 위해 걸어야 하는 여정을 제시하고 있다는 뜻이다. 이 경로들은 '내가 가야 할 길'

이기 때문에 주관적이다.

디온 포춘은 생명의 나무를 거대한 지도에 비유했는데, 아주 적절한 표현인 것 같다. 여기에 덧붙여 나는 생명의 나무를 '우주 만물을 표현할 수 있는 템플릿, 양식, 또는 프레임워크(틀)이자, 내가 지금까지 살면서 공부를 통해 얻은 지식을 체계적으로 분류하고 정리할 수 있도록 해주는 무한한 크기의 서류함'에 비유하고 싶다. 작년 연말에는 길거리를 수놓은 각양각색의 크리스마스트리를 보면서 생명의 나무가 '무수히 많은 장식물(살면서 배운/깨달은 것들)을 매달 수 있는 우주의 크리스마스트리'와 비슷하다는 생각도 했다.

제3장에서 각 세피라에 관한 내용을 세부적으로 공부하고 나면 독자들도 이 가상의 나무를 유용하게 활용할 수 있을 것이다. 디온 포춘의 말대로 생명의 나무는 다양한 요소들의 상응 관계를 보여준다. 헤르메스 철학의 기본 원리를 다룬 섹션에서 배운 내용을 적용할 수도 있을 것이다. 상응의 원칙을 참조하여 같거나 유사한 원리의 관계에 있는 것들은 생명의 나무 상에서 같은 위치에 장식물처럼 매달고, 인과관계의 원칙에서 짝을 이루는 원인과 결과를 각각 해당하는 영역에 붙이는 식으로, 마치 수많은 점을 이어 큰 그림을 완성하는 퍼즐 놀이를 하듯이 하면 재미있을 것이다. 점을 이으는 것은 새로운 신경회로(neural pathways)를 형성하는 것과 비슷하다. 연결이 이루어지기 전에는 두 요소 간의 관계를 몰랐지만, 연결이 형성되면 상호 간의 작용을 알게 되면서 이해가 깊어진다. 영어에 'connect the dots'라는 표현이 있다. 단편적 사실들을 연결하여 어떤 결론을 도출한다는 뜻이다. 생명의 나무는 이런 점들(단편적

사실들)을 연결함으로써 결론(해답)을 도출하기 위해 사용하는 만능 템플릿이다.

예를 하나 들어보자. 세상에는 모든 일에 관해 이성과 논리에 의존하는 사람이 있는가 하면, 감성과 직관을 특별히 중시하는 사람도 있다. 다소 이분법적 구분인지 몰라도 전자는 이과적 성향이, 후자는 문과적, 예술적 성향이 강한 사람이라고 할 수 있겠다. 생명의 나무에서는 비너스가 지배하는 7번 세피라가 감성과 직관, 예술적 소양, 신비주의, 우뇌적 사고 등을, 머큐리가 지배하는 8번 세피라는 이성과 논리, 과학과 오컬트, 좌뇌적 사고 등을 각각 상징한다. 7번 세피라는 생명 나무의 오른쪽에 있는 자비의 기둥, 그리고 8번 세피라는 왼쪽에 있는 가혹의 기둥 상에 위치한다. 이름만 보고 '가혹한 것보다는 자비로운 것이 당연히 더 좋지 않은가?'라는 생각을 할 수 있는데, 꼭 그렇지는 않다. 현실에 대한 감각 없이 직관에만 의지하며 오로지 이상을 추구하는 사람, 세상 물정도 모르면서 무작정 세상에 덤비는 사람은 낭패를 볼 가능성이 농후하다. 뜬구름만 잡으려고 하는 사람에게는 논리와 이성을 적용하여 제동을 걸어야 한다. 제동을 당하는 관점에서는 가혹하게 느껴질 수 있다. 하지만 추상적인 아이디어와 이상만으로는 아무것도 성취할 수 없다. 8번 세피라는 추상적인 무언가를 구체적인 것으로 변환하여 쓸모 있게 만들어 주는 역할을 한다.

이번엔 반대로 생각해 보자. 논리적이고, 이성적이고, 실용적인 사람이 기발하고 영리한 방법으로 법망을 요리조리 피해 나가면서, 선량한 사람들에게 피해를 주면서 큰돈을 버는 무자비하고 비도덕적인 아이디어를 떠올렸다고 가정해보자. 머큐리는 신의 말씀을 전파하는 지혜로운 신이지만, 그 똑똑한 머리로 꼼수를 부리며 사기를 치는 데도 능숙한 도둑의 신이기도 하다. 이런 사람에게는 인성은 물론이고, 비너스의 따뜻함과 감성, 사랑하는 마음, 아름다움을 전파하려는 의지 등이 필요하다. 차갑기만 한 이성도 대책 없는 이상만큼이나 불완전하다는 뜻이다.

7번과 8번 세피라 둘 다 중간 기둥, 즉, '중용(中庸)의 기둥(Pillar of Mildness)'이 아닌 곳에 자리하여 불안정하다. 말하자면 한쪽으로 치우친, 균형이 깨진 상태라고 할 수 있다. 이성이 결여된 감정, 감정이 결여된 이성 둘 다 파괴적이라는 공통점을 가지고 있다. 둘 다 우리에게 필요한 경험이긴 하지만, 아래에서 위로 생명의 나무를 오르며 성장하는 우리 입장에서는 궁극적으로 둘을 합쳐 중간 기둥에 있는 6번 세피라의 상태, 이성과 감정이 서로를 뒷받침하는 경지에 올라야 한다. 헤겔[105]의 변증법(Hegelian Dialectic)에서처럼 정(正; Thesis)이 있고 이에 반하는 반(反; Antithesis)이 있으면, 이 둘을 합(合; Synthesis)쳐 균형 잡힌 결론에 도달해야 한다. '극성의 원칙' 섹션에서 인용했던 크로울리의 말을 다시 한번 옮겨본다. 변증법의 또 다른 표현이라고 할 수 있다.

- 머릿속에 어떤 생각이 떠오르는 순간, 즉각적으로 반대 생각을 떠올림으로써 균형점을 찾아야 한다.
- 나의 모든 생각에 반대의 생각을 적용하여 균형점을 찾아야 한다. 두 생각이 마치 결혼하듯이 하나로 맺어져야 허상이 파괴된다.
- 반대편에 있는 모든 것은 우주에서 꼭 필요한 보완 작용이므로 이 사실을 기뻐해야 한다.

또 하나의 예를 들어보자. 마음씨가 따뜻한 사람 중에는 불우이웃의 처지를 도저히 외면하지 못하는 사람들이 있다. 타인의 고통이 곧 나의 고통이라고 여기는 이들은 이런 상황에서 꼭 무언가를 해야만 한다는 충동을 느끼며 불우한 이웃을 돕기 위해 흔쾌히 지갑을 연다. 이처럼 자비와 봉사를 생활신조로 삼으며 베푸는 사람이 세상에 많아지면 가까운 시일 내에 지상천국이 도래할 것이다. 이런 사람들은 4번 세피라('자비')를 지배하는 우주의 산타클로스, 주피터처럼 남을 위해 자기 것을 내주고 싶어 한다. 그런데 세상에는 착한 사람들의 고운 심성을 이용하려는 사람도 많다. 그들을 호구로 여기며 사기를 치고, 사기까지는 아니더라도 호의가 계속되면 권력인 줄 알며 더 많은 것을 내놓으라고 요구하는 뻔뻔한 자들도 있다. 무분별한 자선은 누구에게도 도움이 되지 않는다. "하늘은 스스로 돕는 자를 돕는다."는 말도 있듯이, 자기 힘으로 일어서려는 의지가 분명히 있으나 지금 당장은 누군가의 도움이 절실하게 필요한 사람에게 베푸는 자선만이 진정한 의미를 지닌다.

여기서 4번 세피라의 반대편 기둥에 있는 5번 세피라('힘')가 작용한다. 5번 세피라를 지배하는 마르스는 전쟁의 신으로, 주특기가 '파괴'다. 역시 가혹하다. 파괴는 나쁜 것 아니냐고? 세례 요한은 장차 세상에 출현할 구세주, 예수를 설명하면서 이렇게 말했다. "손에 키를 들고 자기의 타작마당을 정하게 하사, 알곡은 모아 곡간에 들이고 쭉정이는 꺼지지 않는 불에 태우시리라.[106]" 마르스 역시 알곡과 쭉정이를 구분하여 쓸모없는 것들을 태워버리는 신이다. 그렇게 함으로써 주피터의 무분별한 자비에 제동을 건다. 물론 마르스의 힘을 제대로 다루지 못하면 쓸모 있는 것들마저 태워버릴 위험이 있으므로 항상 조심해야 한다. 앞서 일곱 행성의 속성을 다룰 때 마르스를 루시퍼에 비유했던 이유다. 당하는 입장에서는 억울하고 가혹하게 느껴질지 모르겠지만, 마르스가 상징하는 신성한 파괴는 우주의 균형을 유지하기 위해 꼭 필요한 힘이다.

생명 나무 상의 세피라는 이처럼 우주에 존재하는 힘, 에너지, 원리를 상징한다. 이런 개념들을 우주(대우주)에 적용할 수도 있고, 인간(소우주)에 적용할 수도 있다. 생명의 나무를 공부함으로써 우주의 섭리를 깨우치고, 상응의 원칙에 따라 '작은 우주'인 인간의 본질도 이해할 수 있게 된다.

발산(Emanation)과 대우주의 창조(Involution)

이번 섹션에서는 생명의 나무가 만들어진 과정, 즉, 객관적인 대우주가 창조되는 과정에 관해 설명한다. 일상에서 보통 '퇴행'이라는 의미로 쓰이는 'involution'을 '창조'로 의역했는데, 여기서는 천지창조가 이루어진 후 생명이 진화(evolution)하는 과정, 원천으로 돌아가기 위해 상승하는 여정과 반대 방향의 하강 여정이라는 의미에서 그렇게 번역한 것이다.

디온 포춘은 창조의 메커니즘을 이렇게 설명했다.

> 카발라에서는 신이 창조의 매 단계에 직접 개입하여 우주를 창조한 것이 아니라, 거대한 못에 비유할 수 있는 하나의 세피라에 물이 차서

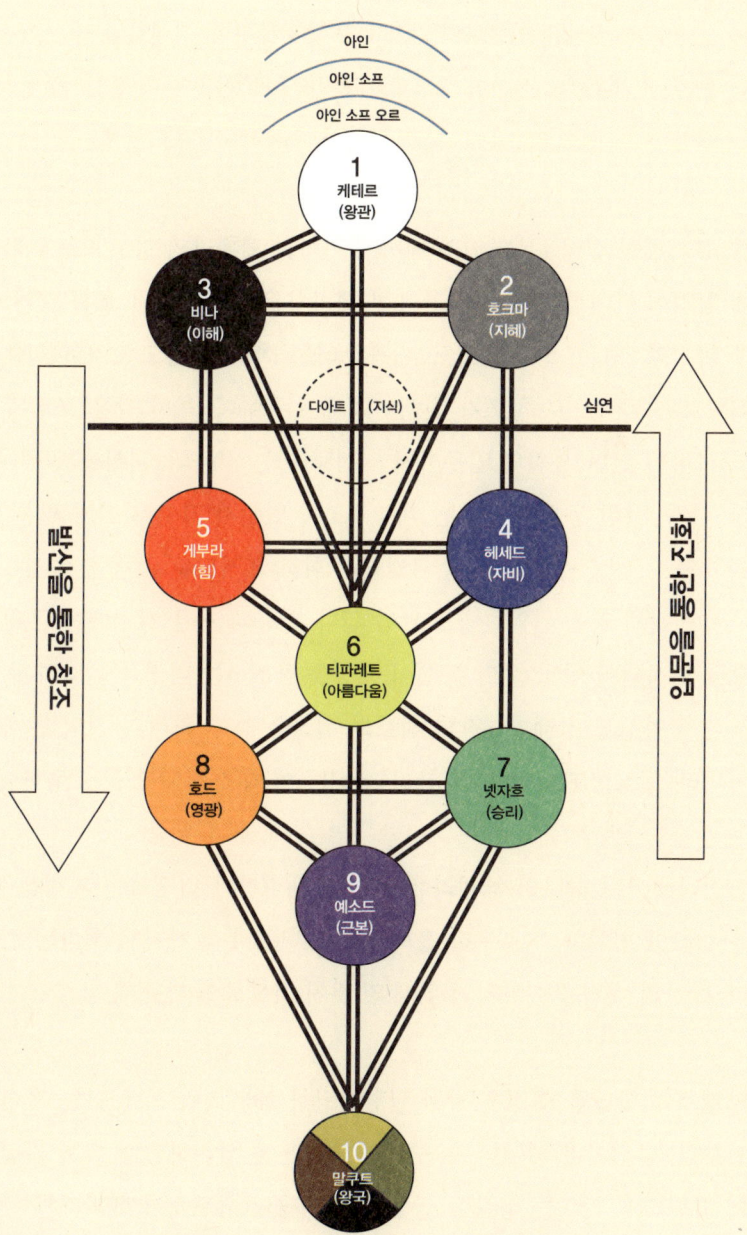

우주의 창조(involution)와 생명의 진화(evolution) 방향

넘치면 그 아래에 있는 세피라가 물로 채워지듯이, 구체화의 각 단계는 이전 단계에서 이루어진 구체화의 작용으로 인해 탄생했다고 설명한다.

즉, 불가해한 신이 1부터 10번에까지 이르는 세피라의 형성(우주의 창조)에 일일이 관여한 것이 아니라, 1번 세피라를 만듦으로써 소위 말해 창조 과정의 스타트를 끊었고, 그다음부터는 1이 2를 낳고, 2가 3을 낳는 식으로 순차적으로 창조가 진행되었다는 뜻이다. 회사 같은 조직에서도 사장이 말단 사원의 업무까지 직접 하지는 않는다. 회사에 임원, 부장, 과장, 사원 등으로 구성된 계층구조가 있어서 각자 자기가 맡은 일을 하듯이, 신도 우주 창조의 과정에서 휘하에 거느린 존재들(예: 대천사, 천군 등)에게 일을 위임한다고 보면 된다. 영문과 한글 성경에는 구체적으로 명시되어 있지 않으나, 신이 세상을 창조하는 과정을 간략하게 묘사한 구약성경 창세기 1장의 히브리 원전을 보면 하나의 신적 존재가 아니라 '엘로힘(Elohim)'이라 불리는 '신들'이 창조 작업[107]을 수행한다.

카발라에서는 하나의 세피라에서 다음 세피라가 탄생하는 과정을 '발산'이라고 칭한다. '~로부터 흘러나오다', '~로부터 태어나다'라는 뜻이다. 발산의 개념을 이해하기 위해 몇 가지 비유를 들어보자.

달팽이의 단단한 껍질은 사실 말랑말랑한 몸의 연장선에 있는 육신의 일부다. 달팽이가 태어난 후 꾸준히 영양분을 섭취하면 몸에서 껍질을 더 단단하게 만드는 성분이 생성된다. 생명의 나무에서 세피라가 발산되는 원리도 이와 비슷하다. 달팽이의 몸에서 껍질이 스며 나오듯이, 손으로 치약 통을 누르면 치약이 짜져 나오듯이, 한 세피라가 하위 세피라를 '낳는' 것이다. 하나님이 '그리스도를 낳은 것'도 비슷한 개념이다. 기독교의 기본 교리를 담은 『니케아 신경(The Nicene Creed)』에서는 그리스도의 실체를 다음과 같이 표현하고 있다.

> 그리고 또 오직 한분이신 주 예수 그리스도를,
> 모든 세대에 앞서 성부로부터 나신 하느님의 외아들이시며,
> 빛으로부터 나신 빛이시요,
> **참 하느님으로부터 나신 참 하느님으로서 창조되지 않고 나시어,**
> 성부와 일체이시며,
> 만물이 다 이분으로 말미암아 창조되었음을 믿나이다.

> and in one Lord Jesus Christ, the only-begotten Son of God,
> begotten of his Father before all worlds, God of God,
> Light of Light,
> **very God of very God, begotten, not made,**
> being of one substance with the Father,
> by whom all things were made;

그리스도가 '하느님의 아들'로 불리는 이유는, 신이 '창조한(made)' 피조물이 아니라 신이 '낳은(begotten)' 존재이기 때문이다. 윌리엄 워커 앳킨슨은 저서 『신비주의 기독교 - 오컬트 마스터, 예수의 비밀 생애와 가르침』에서 이 개념을 이렇게 설명했다.

그렇다면 예수의 동정녀 탄생과 관련한 오컬트 가르침, 비밀 교리의 실체는 무엇인가? 바로 이것이다. 예수의 영은 절대자에서 갓 나온, 다시 말해, '순결한 영의 탄생(Virgin Birth of Spirit)'이었다는 것. 예수의 영은 보통의 인간처럼 수많은 환생을 반복하며 느린 속도로 성장하는 고된 여정을 치르고 있는 영이 아니라, 절대 영(SPIRIT)이 낳은 순결한 영, 말 그대로 '아버지의 아들(Son of the Father)'이다.

세피로트의 발산을 '복사'의 개념에 비유할 수도 있다. 예를 들어, 어떤 문서가 있다고 가정해보자. 이 문서의 원본은 생명의 나무 맨 위에 있는 1번 세피라에 해당한다. 복사기로 원본을 복사하면 원본보다 약간 흐린 사본이 만들어진다. 2번 세피라는 1번의 복제본, 3번 세피라는 2번의 복제본, 이런 식으로 사본의 사본을 계속 만들면서 10번 세피라까지 내려간다. 마지막 사본은 문서에 적힌 내용을 제대로 읽기 어려울 정도로 품질이 조악할 것이다. 그런데 이것이 바로 우리가 사는 물질계다. 추상적인 것을 구체화하면 더욱 선명하게 보일 것 같으나, 건축가의 비유에서 설명했듯이 사실은 그 반대다. 물리적인 건물보다는 건물의 청사진, 건축가의 머릿속에서 그려진 건물의 아이디어(상념체), 더 나아가 건물의 원형(原型; Archetype)이 더 실제에 가깝다. 그래서 오컬트에서는 물질계가 허상이고, 물질의 원천에 근접할수록 실제와 가까워진다고 설명한다. 크로울리도 『토트의 서』에서 이 사실을 여러 차례 강조했다.

- '2'는 호크마와 관련이 있다. 하지만 이 단계에 이르면 이미 '불'이라는 단순한 관념은 사라진다. 관념이 작용하거나 구체화하는 순간, 더는 순수한 관념으로 불릴 수 없다.

- 구체화는 곧 허상을 의미한다.
- 그녀(메이저 아르카나 8번 카드의 주인공을 지칭)는 궁극의 허상, 즉, 구체화(manifestation)를 의미한다.

우리 눈에 선명하게 보이는 물질이 오히려 허상인 이유는, 인간은 본래 영적인 존재이나, 땅 위에 살면서 물질에 관한 경험을 쌓고 성장하기 위해 환생할 때마다 육신을 걸치게 되기 때문이다. 인간의 본질인 영혼도 육신이라는 물질 안에 갇혀 있고, 바깥세상의 사물도 물질 안에 갇혀 그 안의 본질을 제대로 보기가 어렵다. 성 바울은 코린트의 기독교 신자들에게 보낸 편지에서 물질로 인해 대상을 온전히 알 수 없는 답답함을 이렇게 표현했다.

> (고린도전서 13:12) 우리가 이제는 거울로 보는 것같이 희미하나 그 때에는 얼굴과 얼굴을 대하여 볼 것이요, 이제는 내가 부분적으로 아나 그 때에는 주께서 나를 아신 것같이 내가 온전히 알리라.

이번 섹션의 서두에서 'involution'을 '창조'로 번역한 이유를 간단하게 설명했는데, 원본이 아래로 내려오면서(여러 차례 복사의 과정을 거치면서) 흐릿해지는 현상을 떠올리면 이 단어를 '퇴행'의 의미로 이해해도 꼭 틀린 말은 아니다. 크로울리의 말대로 구체화는 곧 허상, 진짜가 아닌 것, 본질이 흐려진 것이기 때문이다. 하지만 그렇다고 물질이라는 허상이 중요하지 않다는 것은 아니다. 우리의 영혼을 가둔 육신은 비천한 고깃덩어리에 불과하다는 얘기도 아니다. 영혼이 육신을 걸치고 물질계에 태어나는 이유는 이곳에서 해야 할 일, 이곳에서만 배우고 경험할 수 있는 일이 분명히 있기 때문이다. 육신이 영혼을 가두고 있다는 말은 사실이지만, 육신은 영혼이 물질계를 탐사하기 위해 필요한 차량(vehicle)이기도 하다. 물질 세상에 왔으니 당연히 물질로 만들어진 육신이 필요하다. 그 육신이라는 차량의 주인은 차의 오너인 운전사, 즉, 영혼이다. 살과 뼈로 만들어진 이 차량은 영혼이 물질계에서 이동하고, 감각 기능을 이용하여 세상을 인지하고, 체험하고, 이해하기 위해 꼭 필요한 소중한 자산이다. 오컬티스트들은 육신을 '영의 사원(Temple of the Spirit)'이라 불렀고, 성 바울도 이렇게 말하며 육신의 중요성을 강조했다.

> (고린도전서 6:19) 너희 몸은 너희가 하나님께로부터 받은 바 너희 가운데 계신 성령의 전인 줄을 알지 못하느냐 너희는 너희의 것이 아니라
> (고린도전서 6:20) 값으로 산 것이 되었으니 그런즉 너희 몸으로 하나님께 영광을 돌리라

내 육신은 소중한 자산이고, 그 육신을 운전하는 실체는 나의 영혼이라는 점을 꼭 기억하자. 레오나르도 다빈치가 로마의 전설적인 건축가, 비트루비우스[108]의 저서를 읽고 감명을 받아 그린 『비트루비안 맨(Vitruvian Man)』이라는 작품은 두 팔과 다리를 쭉 뻗고 벌린 자세로 서 있는 인간을 형상화하고 있다.

인간의 머리와 두 팔, 두 다리는 다섯 개의 꼭짓점을 가진 오망성(五芒星; pentagram)을 형성하며, 여기서 사지(四肢)는 물질(육신)을 구성하는 네 원소, 그리고 머리는 다섯 번째 원소인 영을 상징한다. 육신의 주인인 머리가 위에서 차량의 바퀴에 해당하는 사지를 통제(운전)하고 있는 적절한

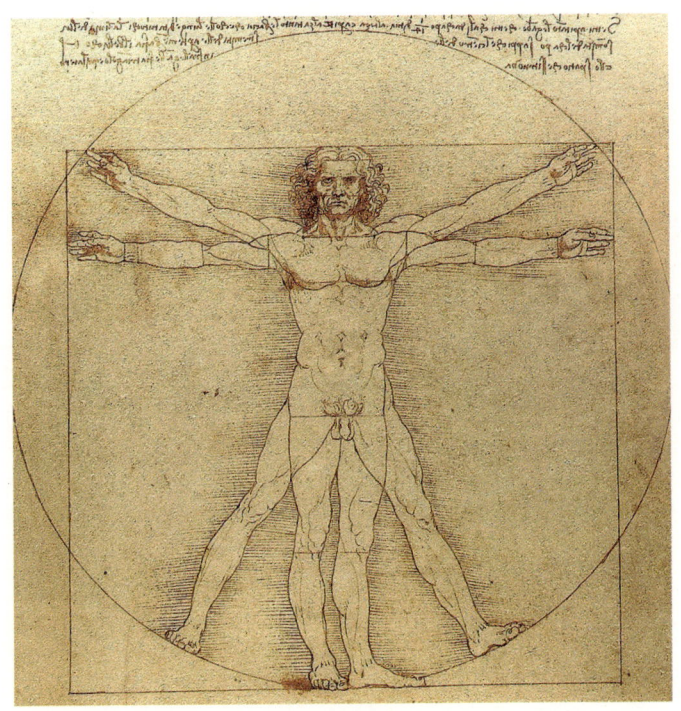

비트루비안 맨

심볼이다. 사탄교 같은 단체에서 이 별을 거꾸로 뒤집어 물질이 영을 억압하는 형상을 심볼로 사용하는 이유는, 이들은 영보다 물질을 훨씬 더 중시하기 때문이다. 영과 육신 둘 다 중요하지만, 영의 지휘하에 육신이 활동하는 것이 순리인데, 이 질서가 뒤바뀌면 올바른 행동보다는 육신의 욕구를 충족하는 일의 우선순위가 높아지고, 매사에 '나에게 유리하면 선, 나에게 불리하면 악'이라는 생각이 깊게 뿌리를 내리게 된다. 그리고 이런 사람들이 다수를 차지하면 세상이 지옥으로 변하게 된다. 지옥이란 땅속 깊은 지하 세계 어떤 곳에 죄인들을 삶기 위해 펄펄 끓는 가마솥이 비치된 곳이 아니라, 이기적인 사람, 나쁜(나뿐인) 사람이 득실거리는 세

물질이 영을 짓누르고 있는 형상의 역 오망성

상의 상태를 의미하는 단어다.

우주가 발산의 메커니즘을 통해 창조되는 과정의 개념을 설명했으니, 이제 그 결과로 물질계에 태어나 활동하고 성장하는 인간의 여정에 관해 얘기해 보자.

입문(Initiation)과 소우주의 진화(Evolution)

'입문(入門)'을 뜻하는 단어, 'initiation'에는 '시작하다'의 의미가 담겨있다. 전 섹션에서 살펴본 창조의 과정에 의해 물질계를 상징하는 생명 나무 맨 아래의 10번 세피라까지 만들어졌고, 그곳을 체험하면서 성장하는 인간이 다시 본래의 고향을 향해 상승하는 여정을 시작하는 것, 말하자면 야곱의 사다리, 천국에 이르는 계단의 첫 단계를 밟는 것이 바로 입문이다. 노자는 "천 리 길도 한 걸음부터."라고 말했다. 미야자키 하야오의 명작 애니메이션,『센과 치히로의 행방불명』의 주인공인 치히로는 우연히 영계에 입성한 후, 온천장의 가장 낮은 구역인 보일러실부터 시작해서 차근차근 위로 상승하면서 깨달음에 도달했다. 치히로의 여정이 곧 입문이다. 이 작품에 담긴 상징체계를 상세하게 해설한 마름돌 출판사의『센과

치히로의 신곡(神曲)-센과 치히로의 성장 오디세이!』에서 관련 대목을
인용해 보았다.

> 하쿠의 지침에 따라 치히로는 뒷문으로 빠져나가 계단 맨 아래에 있
> 는 보일러실로 향한다. 보일러실은 온천장에서 가장 낮은 곳이다. 학
> 교에 입학하기도 전인 어린이가 처음부터 대학 수업을 들을 수 없듯
> 이, 치히로의 성장도 가장 기초적인 단계부터 시작되어야 한다. 맥스
> 하인델의 설명을 들어보자.
>
> 고급 지식을 얻으려면 하위 지식부터 습득하는 것이 올바른 순서다.
> 육신과 물질 세상의 원리도 제대로 이해하지 못하면서 물질 너머의
> 영적 세상과 육신을 둘러싸고 있는 아우라에 관해 논한다는 것은 어
> 불성설이다. "너 자신을 알라."는 격언은 최고의 가르침이다. 영적 성
> 장의 사다리 끝에 안전하게 이르는 유일한 방법은 한 계단씩 오르는
> 것이다. 확실한 발판이 없는 상태에서 계단을 건너뛰려 하면 반드시
> 중심을 잃고 넘어지게 되어있다.
> _맥스 하인델의『절망 속에서 태어나는 용기』중에서

다음은 디온 포춘이『미스티컬 카발라』에서 이 개념을 설명한 대목이다.

> 입문의 길(Way of Initiation)은 생명의 나무를 휘감고 있는 지혜의 뱀
> 의 형상을 따른다; 하지만 깨달음의 길(Way of Illumination)은 약속
> 의 활, 퀘세트(Bow of Promise, Qesheth)가 위로 쏘아 올린 화살의 경로
> (Path of the Arrow), 예소드의 뒤에서 후광처럼 빛나는 아스트랄 색상

의 무지개를 따른다. 전자가 오컬티스트의 길이라면, 후자는 신비주의자의 길이라 할 수 있다. 신비주의의 길은 빠르고 직접적이며, 양쪽 기둥에서 만나게 되는, 균형이 무너진 힘의 유혹으로부터 안전하지만, 티파레트의 희생과 예소드의 싸이키즘(Psychism[109]) 외에는 마법의 힘을 부여하지 않는다.

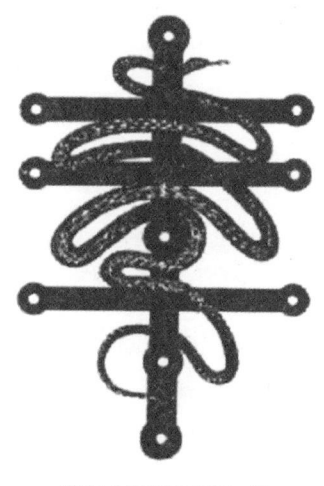

생명 나무를 타고 오르는 뱀
(앨리스터 크로울리의
『The Equinox, No. II』 중에서)

생명 나무를 소우주를 상징하는 심볼 또는 템플릿으로 보면 이 지혜의 뱀은 힌두교에서 말하는 쿤달리니[110]가 되고, 9번 세피라 예소드[111]에 똬리를 틀고 있던 뱀이 몸을 일으키면 그림에서처럼 생명의 나무를 오르게 된다.

구약성경 창세기에 따르면 신은 아담과 이브를 낙원에서 쫓아낸 후, 에덴동산의 동편에 케루빔(그룹)과 빠른 속도로 회전하는 화염검을 두어 생명의 나무에 이르는 길을 지키게 했다고 한다.

(창세기 3:24) 이같이 하나님이 그 사람을 쫓아내시고 에덴동산 동편에 그룹들과 두루 도는 화염검을 두어 생명 나무의 길을 지키게 하시니라

카발라에서는 신이 내리친 번개(Lightning Flash) 또는 화염검(Flaming

Sword)이 지그재그 모양으로 내려오면서 1번부터 10번까지의 세피라가 만들어졌다고 설명한다. 디온 포춘은 위 인용문에서 생명 나무라는 사다리를 타고 정상에 이르는 두 개의 길(오컬티스트의 길, 신비주의자의 길)이 있다고 말했는데, 길은 달라도 최종 목적지는 같다.

에덴동산에는 두 개의 유명한 나무가 있다. 아담과 이브가 낙원에서 쫓겨나는 계기가 된 지식의 나무(선악을 알게 하는 나무), 그리고 이 책에서 중점적으로 다루는 생명의 나무다.

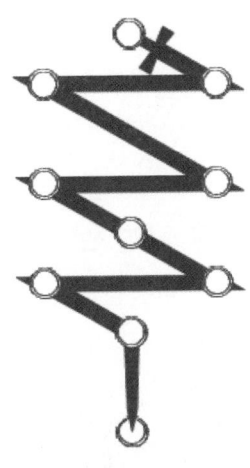

10개의 세피라를 관통하는
화염검의 경로
(앨리스터 크로울리의
『The Equinox, No. II』 중에서)

> (창세기 2:9) 여호와 하나님이 그 땅에서 보기에 아름답고 먹기에 좋은 나무가 나게 하시니 동산 가운데에는 생명나무와 선악을 알게 하는 나무도 있더라

맨리 P. 홀은 상응의 원칙에 따라 인체에도 이 두 나무가 있다고 설명했다. 우리 안에 있는 지식의 나무는 뇌를 뿌리로 삼고 신경 기관이 가지를 이루는 신경계이고, 생명의 나무는 심장을 뿌리로 삼고 혈관이 가지를 이루는 순환계다. 앞서 7번과 8번 세피라의 상관관계를 사례로 들어 살펴보았는데, 이성과 논리를 중시하는 뇌, 그리고 감성과 직관을 중시하는 가슴의 기관 또는 나무가 상응의 원칙에 따라 우리 몸 안에도 뿌리를 내린 것이다. 선악과를 따먹은 인류는 오랜 세월에 걸쳐 뇌의 기능을 계발하여 놀라운 수준의 최첨단 과학 문명을 일으켰지만, 가슴을 올바르게

사용하는 법과 공감, 연민, 사랑을 실천하는 방법은 아직 완전히 배우지 못했다. 정신과 가슴이 균형을 이루지 못하여 내면(소우주)에서 갈등이 멈추지 않고, 그런 인간들로 구성된 세상(대우주)도 혼란스럽다. 지식의 나무에 매달린 열매를 먹고 생각하는 두뇌, 분별하는 안목을 갖게 된 인간은 마음을 쓰는 법을 배우기 위해 물질 세상으로 내려오게 된 것이 아닐까? 마음을 정복하는 것, 이것이 바로 생명의 나무를 오르는 궁극적 목표가 아닐까 하는 생각이 든다.

구약성경에 따르면 아담과 이브는 지식의 나무에 달린 선악과를 따먹은 후, 갑자기 눈이 밝아져 자기들이 벌거벗은 줄 알게 되었다고 한다.

> (창세기 3:7) 이에 그들의 눈이 밝아 자기들의 몸이 벗은 줄을 알고 무화과나무 잎을 엮어 치마를 하였더라

성경, 특히 구약성경의 내용을 문자 그대로 해석하면 상식적으로 말이 안 되는 내용도 많을뿐더러, 그 안에 담긴 상징적 의미를 놓치게 될 가능성이 크다. 서문에서 언급했듯이, 예수도 대중에게 우화를 이용하여 가르침을 전했고, 제자들에게는 그 안에 담긴 상징적인 의미를 따로 해석해줬다고 기록되어 있다.

오컬트 전통에서는 아담과 이브가 눈을 뜨고 서로가 벌거벗은 모습을 보게 된 사건을 문자적으로 받아들이지 않고, 순수한 영이었던 인간이 물질계로 내려가기 위해 육신을 걸치게 된 것으로 해석한다. 이 사건은 또한 인간이 자아(에고)를 갖게 되었음을 의미한다. 분별의 능력을 제공

하는 선악과를 따먹은 후, '너'와 '나'를 구분할 수 있게 되어 '서로의 벌 거벗은 모습'을 인식하게 된 것이다. 육신을 걸치고 자아를 인식한 인간 은 이제 영적 세상을 상징하는 에덴동산에서 추방되어(출가하여) 아버지 의 재산을 들고 가출한 탕아처럼 쾌락의 늪에도 빠져보고, 인생의 쓴맛 도 보고, 지식의 나무에 달린 열매를 통해 배운 선과 악의 분별을 이론 상으로만이 아니라 실전을 통해 적용하는 실습을 하고, 선과 악의 갈림 길에서 옳거나 그릇된 선택을 했을 때 어떤 결과(카르마)가 뒤따르는지 몸소 체험하고, 영적 성장이 삶의 목표라는 사실을 깨달은 후 성장의 여 정을 개시(initiation)하고, 한 번만의 삶으로 모든 것을 다 배울 수 없으 니 수차례 환생을 반복하며 자기가 만들어낸 카르마의 빚을 조금씩 갚 아나가고, 궁극적으로 탕아처럼 다시 아버지가 계신 집으로 돌아가야 한다. 이것이 바로 성장과 입문의 개요이자 목표다. 앞서 예시로 든 탕 아의 우화 외에도 길을 잃었다가 다시 주인의 품으로 돌아간 양의 비유 [112], 아흔아홉의 의인보다 죄인 하나가 회개하는 것이 더 기쁘다는 예수 의 가르침, 숱한 고난과 역경을 헤치고 순수함의 힘으로 성창과 성배를 손에 넣게 되는 바보 기사, 파르지팔의 전설, 트로이 전쟁을 승리로 이 끌고 고향으로 돌아가던 중 자신의 에고와 허상을 상징하는 모든 병력 과 함선, 심지어 입고 있던 옷까지 모두 잃고 정화된 상태로 귀국한 영 웅 오디세우스의 전설 등도 다 같은 메시지를 전하고 있다.

맥스 하인델은 저서 『장미십자회의 우주 창조론(Rosicrucian Cosmo-Conception)』에서 최초의 인간이 지식의 나무에 달린 열매를 따 먹음으 로써 창조의 비밀, 보다 구체적으로 말하면 생식(生殖; reproduction)의 비 밀을 알게 되었고, 그런 이유로 모든 생명체의 짝짓기를 주관하던 여호

벌거숭이 신세가 된 오디세우스를 구출하는 나우시카

와가 그토록 분노했던 것이라고 설명한다. 달의 시대(The Moon Period; 달은 생식의 주기와 관련이 있는 행성이다)에 인간을 포함한 모든 지구 생명의 성장을 지휘하고 감독했던 여호와는 별자리와 행성들의 배열 등을 참조하여 천문학적으로 길일에 해당하는 날에 난소의 수정이 이루어지도록 짝짓기의 시점을 정했으나, 인간이 시도 때도 없이 짝짓기하고 여호와의 고유 권한인 생식의 기능을 자체적으로 행사하기 시작하면서 세상에 출산의 고통이 생겨났다는 것이 장미십자회 가르침의 주장이다.

> (창세기 3:16) 또 여자에게 이르시되 내가 네게 잉태하는 고통을 크게 더하리니 네가 수고하고 자식을 낳을 것이며

창세기에서 남녀가 아이를 낳기 위해 동침하는 행위를 영문 성경(킹제임스성경)에서는 'knew' 즉, '안다.'는 단어로 표현하고 있다는 점도 흥미롭다. '생식의 방법을 안다.'는 뜻이 아닐까?

> (창세기 4:1) 아담이 그 아내 하와와 동침하매 하와가 잉태하여 가인을 낳고
> (Genesis 4:1) And Adam knew Eve his wife; and she conceived, and bare Cain,
>
> (창세기 4:17) 아내와 동침하니 그가 잉태하여 에녹을 낳은지라
> (Genesis 4:17) And Cain knew his wife; and she conceived, and bare Enoch:
>
> (창세기 4:25) 아담이 다시 아내와 동침하매 그가 아들을 낳아 그 이름을 셋이라 하였으니
> (Genesis 4:25) And Adam knew his wife again; and she bare a son, and called his name Seth:

우여곡절 끝에 인류가 세상에 탄생한 경위를 간단하게 설명했다. 이제부터 인간이 해야 할 일은 동화, 『잭과 콩나무』의 주인공처럼 생명의 나무를 올라 다시 고향으로 돌아가는 것이다. 계속해서 이 나무의 구조를 살펴보자.

가혹의 기둥
(Pillar of Severity)

온화(중용)의 기둥
(Pillar of Mildness)

자비의 기둥
(Pillar of Mercy)

1 케테르
(왕관)

3 비나
(이해)

2 호크마
(지혜)

다아트
(지식)

5 게부라
(힘)

4 헤세드
(자비)

6 티파레트
(아름다움)

8 호드
(영광)

7 넷자흐
(승리)

9 예소드
(근본)

10 말쿠트
(왕국)

생명의 나무를 지탱하는 세 개의 기둥

세 개의 기둥

그림에서 보다시피, 생명의 나무는 세 개의 기둥으로 구성되어 있다. 왼쪽에는 음이자 여성적 속성을 지닌 가혹의 기둥, 오른쪽에는 양이자 남성적 속성을 지닌 자비의 기둥, 그리고 중간에는 '온화의 기둥'으로도 불리는 중용의 기둥이 있다.[113] 가혹의 기둥은 '형상의 기둥(Pillar of Form)', 자비의 기둥은 '힘의 기둥(Pillar of Force)'으로 불리기도 한다. 오른쪽 기둥에서 힘을 발휘하면 왼쪽 기둥이 여기에 제한을 가함으로써 쓸모있는 형상을 만들어낸다는 뜻이다.

생명 나무를 구성하는 세 개의 기둥은 고대의 3대 건축 양식인 도리아(Doric; 가혹의 기둥), 코린트(Corinthian; 자비의 기둥), 이오니아(Ionian; 중간 기둥)에 상응한다. 자비의 기둥과 가혹의 기둥은 또한 솔로몬의 성전 현관에 서 있던 두 기둥, 야킨(Jachin)과 보아즈(Boaz)에 각각 해당한다. 그렇다면 중간 기둥은? 야킨과 보아즈 사이에 서 있는 입문자가 바로 중간 기둥이다.

가혹의 기둥 최상단에는 위대한 어머니(Great Mother)를 상징하는 3번 세피라, 비나, 그리고 자비의 기둥

세 개의 기둥을 표현한 라이더-스미스-웨이트 덱의 '여사제' 카드

최상단에는 천상의 아버지(Supernal Father)를 상징하는 2번 세피라, 호크마가 있다. 1, 2, 3번 세피라를 선으로 연결하면 꼭짓점이 위를 향하는 삼각형이 만들어지는데, 이를 '천상의 삼각형(Supernal Triangle)'이라 부른다. 최초의 삼위일체라 할 수 있는 이곳은 보통의 인간이 인지할 수 없는, 지극히 추상적인 개념들과 본질적인 영이 존재하는 영역이다.

두 번째 삼위일체는 자비의 기둥 중간의 4번 세피라, 헤세드, 가혹의 기둥 중간의 5번 세피라, 게부라, 그리고 중간 기둥의 6번 세피라, 티파레트로 구성된다. 4, 5, 6번 세피라를 선으로 연결하여 만들어지는 역삼각형은 마치 1, 2, 3번 세피라로 구성된 천상의 삼각형이 물에 비쳐서 만들어진 상(像; reflection)처럼 보인다. 천상의 삼각형은 인간이 쉽게 접근할 수 없는 영역이나, 4번 세피라부터는 우리가 어느 정도 인식할 수 있는 개념들이 존재하는 영역이다.

'윤리적 삼각형(Ethical Triangle)' 또는 '추상적 삼각형(Abstract Triangle)'으로 불리는 두 번째 삼위일체와 천상의 삼각형 사이에는 그 깊이를 가늠할 수조차 없는 거대한 '심연(The Abyss)'이 놓여있다. 영적 성장의 과정에서 이 심연을 가로질러 천상의 삼각형 영역에 도달하기 위해서는 지금껏 나의 전부라고 여겼던 자아를 모두 벗어던지고 굉장한 용기를 발휘하여 도약해야 한다고 한다. 영화『다크 나이트 라이즈』에서 깊은 웅덩이 아래의 감옥에 갇힌 주인공 브루스 웨인이 줄도 없이 벽을 타고 올라가 맞은편에 있는 돌로 점프했던 장면, 기억나는가? 죽음에 대한 두려움마저 내려놓았기에 그는 무사히 감옥에서 탈출할 수 있었다. 이것이 바로 심연을 건너기 위해 필요한 용기다. 크로울리는 'Adeptus

Exemptus' 등급에 오른 오컬티스트는 심연을 건너기 전에 모든 것을 내려놔야 한다고 말했다. 지금까지 자신을 지도해주던 '신성한 수호천사(Holy Guardian Angel)', 즉, 진아마저 내려놓고 심연을 향해 뛰어야 한다는 것이다.

앞서 4번과 5번 세피라의 상호작용을 사례로 들어 설명한 바 있다. 4번에 해당하는 주피터는 건설하는 힘이자 법을 제정하는 자애로운 왕이고, 5번에 해당하는 마르스는 파괴하는 힘으로, 용맹한 전사이자 악을 섬멸하는 '워리어 킹'이다. 오른쪽 자비의 기둥은 건설하고, 가혹의 기둥은 파괴한다. 천상의 삼각형이 물에 비친 상이 4-5-6의 윤리적 삼각형이라고 말했는데, 이 관점에 따르면 생명의 나무 정 중앙에 있는 6번 세피라, 티파레트는 1번 세피라, 케테르의 상에 해당한다. 케테르는 신(아인 소프)의 첫 번째 구체화이며, 케테르의 상이자 그림자라 할 수 있는 티파레트는 '신의 아들'로 불린다. 태양이 지배하는 티파레트는 기독교의 예수뿐 아니라, 세계 주요 종교의 구세주들, 오시리스 시대의 태양신들이 거하는 곳이다. 그래서 예수는 "나와 아버지는 하나이니라.(I and [my] Father are one)."고 말했다.[114]

'정신의 세계(Mental World)'로도 불리는 윤리적 삼각형은 참나, 즉, 진아가 본부를 둔 곳이다. 기독교 용어로 표현하자면, '우리 안의 그리스도'가 바로 진아다. 성 바울은 "이 비밀은 너희 안에 계신 그리스도시니 곧 영광의 소망이니라.[115]"라는 말로 이 개념을 설명했다. 오컬트에서는 진아를 '신성한 수호천사'라 부르며, 6번 세피라의 경지에 이르면 '신성한 수호천사를 알고[116] 그와 대화(교감)를 트게 된다.'라고 표현한다. 윌리엄 워커 앳킨슨은 저서 『신비주의 기독교』에서 이 진아, '내면의 그리스도'의 개념을 다음과 같이 설명했다.

> 모든 인간의 영혼 안에는 '그리스도 원리(Christ Principle)'가 새겨져 있다. 이 내면의 그리스도는 인간이 자신의 참모습을 발견하고 깨달음에 이르도록 영원히 자극하고 돕는다. 이것이 바로 구원의 실체다. 뜨거운 지옥 불에 떨어진 인간을 꺼내주는 것이 아니라, 욕망의 불과 필멸의 허상에 사로잡힌 인간을 해방하는 것, 이것이 진짜 구원이다. 상상 속에서 만들어낸 죄로부터의 해방이 아니라, 물질이라는 진흙탕에서 해방되는 것이 구원이다. 우리 내면의 신, 우리 안의 그리스도는 돼지의 몸으로 들어간 후 자기가 신이라는 사실을 망각한 힌두 전설의 신과 비슷한 개념이다. 예수는 우리 영혼 안에 거하는 그리스도 원리가 되어 우리는 돼지가 아니라 신이라는 깨달음을 주기 위해 매 순간 노력하고 있다. 독자들은 진아가 속삭이는 소리를 들은 적이 없는가? 내 안의 그리스도 원리가 하는 말을 들은 적이 없는가? "어서 나오거라. 돼지 안에 계속 갇혀 있지 말고, 너는 본래 신이었다는 사실을 깨닫고 어서 나오거라!" '내 안의 신을 인식하고, 깨닫고, 해방하는 것'이 진짜 구원이다.

성장의 여정에서 티파레트의 경지에 이르러 신성한 수호천사를 영접하는 것이 곧 깨달음이자 구원이다. 하지만 깨달았다고 해서 여정이 끝나는 것은 아니다. 티파레트는 10번 세피라, 말쿠트에서 시작하여 케테르에 이르는 여정의 중간 지점에 불과하다는 사실을 기억하자.

그 다음 삼위일체는 '아스트랄 삼각형(Astral Triangle)'으로, 푸르른 자연, 감정, 감성, 직관의 입문을 관장하는 비너스가 지배하는 7번 세피라, 넷자흐, 지식, 지성, 구체적 사고의 입문을 관장하는 머큐리가 지배하는 8번 세피라, 호드, 그리고 신기루 같은 허상의 이미지로 가득한 아스트랄계를 관장하는 루나(달)가 지배하는 9번 세피라, 예소드로 구성된다. 앞선 사례에서 설명했듯이, 넷자흐는 직관, 본능 등을 통해 아이디어를 떠올리고, 호드는 추상적인 아이디어를 구체화하는 역할을 한다.

이 아스트랄 영역은 소설『오즈의 마법사』에서 주인공 도로시 일행이 최종 목적지인 에메랄드 시티에 도달하기 전에 통과해야만 했던, 사람의 감각과 이성을 마비시키고 취하게 만드는 마법의 꽃밭 같은 곳이다. 성배의 기사 파르지팔이 목적지에 이르는 여정에서 통과해야만 했던, 아름다운 여인들이 다가와 말을 건네며 유혹했던 황홀한 정원에도 비유할 수 있는 곳이다. 트로이 전쟁을 승리로 이끈 후 고향으로 돌아가던 오디세우스와 선원들을 아름다운 목소리로 유혹했던 바다 요정, 세이렌(Siren)의 이야기도 다 같은 맥락이다. 사람을 성적으로 흥분시키는 '최음제'를 영어로 'aphrodisiac'이라고 하는 데는 다 이유가 있다. 'Aphrodisiac'은 7번 세피라를 관장하는 비너스의 그리스식 이름인 '아프로디테(Aphrodite)'에서 유래되었다. '성병'을 의미하는 'venereal disease'도 비너스(Venus)에서 유래되었다. 아무 생각 없이 아스트랄 삼각형을 가로지르다간 파리지옥(venus flytrap)에 잡아먹히는 파리 신세가 될 수 있다.

8번 세피라의 문지기인 머큐리-헤르메스는 또 어떠한가? 그는 인류에

오디세우스와 선원들을 유혹하는 세이렌

게 지식과 지혜를 선사하는 위대한 현자이자 스승이지만, 동시에 도둑과 사기, 속임수의 신이기도 하다. 머큐리는 도둑질로 얻은 물건들을 담기 위해 크기가 자유자재로 변하는 요술 가방까지 들고 다닌다.(에르메스 가방과는 무관하다. 우연히 이름만 같을 뿐). 지적 허영심에 빠지거나 똑똑한 머리를 이기적인 목적으로만 사용하는 자는 '트릭스터[117]'라는 별명을 가진 머큐리의 꾀에 넘어간 것이다.

9번 세피라를 관장하는 달은 내가 처한 현실이 아니라 내가 원하는 모습을 보여주는, 말하자면 허상을 선사하는 존재다. 물론 상상력을 발휘하여 내가 바라는 결과의 이미지를 떠올리는 행위(심상화; visualization)는 그 목표를 달성하는 데 있어 큰 도움이 되며, 풍부한 상상력은 마법의 기초이기도 하다. 하지만 위에서 설명한 비너스, 머큐리와 마찬가지로, 이 힘 역시 오용하면 함정에 빠지게 된다. 서양에서는 보름달이 뜨는 날에는 사람이 늑대로 변하고(늑대인간의 전설), 정상적인 사람도 미친다고 생각했다. 모험심이 강한 독자는 유튜브에서 작곡가 아르놀트 쇤베르크[118]의 문제작, 『달에 홀린 피에로(Pierrot Lunaire)』를 검색해서 들어보기 권한다. 달에 취한다는 것이 무슨 의미인지 알게 될 것이다. '미치광이'를 의미하는 'lunatic'도 'Luna'에서 유래되었다. 영화 『해리 포터』에서 4차원 소녀의 전형을 보여준 캐릭터, 루나 러브굿(Luna Lovegood)의 이미지가 떠오른다. 그녀는 속된 말로 '똘끼 충만한' 학생이었지만, 이름에서 볼 수 있듯이 사랑(Love)과 선(Good)으로 가득한, 자기를 따돌리고 괴롭히는 교우들마저 사랑했던 아이였다.

생명 나무 중간 지점인 티파레트까지 오르기 위해 통과해야 하는 아스트랄 삼각형 곳곳에 함정이 도사리고 있음을 짐작할 수 있다. 아스트랄계의 위험성을 설명하느라 내용이 다소 길어졌는데, 오해는 없길 바란다. 비너스는 방탕한 여인이고, 머큐리는 사기꾼 도둑놈이고, 달의 여신들은 하나같이 우리에게 최면을 걸어 환상적인 이미지로 현혹하는 흑마술사라는 얘기가 아니다. 이들 모두 우리에게 꼭 필요한 역량과 가르침을 선사하는 소중한 존재들이다. 다만 이들이 상징하는 힘을 잘못 이해하고 올바르게 사용하지 않을 경우, 강력한 향기를 내뿜는 꽃밭에서 잠들었던 도로시 일행처럼 여정에 차질이 생길 수 있다는 뜻이다. 아스트랄계는 백마법 뿐 아니라 흑마법도 난무하는 곳이므로 속도를 위반하거나 지름길을 찾을 생각하지 말고 신중하게, 좌우/전후방을 예의주시하며 안전하게 통과해야 한다.

독자들이 지루하게 여길 수 있음에도 계속 다양한 비유를 제시하는 이유는, 생명의 나무라는 우주의 파일 서류함을 효과적으로 활용하는 방법을 보여주기 위함이다.[119] 카발라는 관계를 규명하는 과학이다. A와 B가 어떤 관계를 맺고 있다면, A를 집중적으로 공부하는 것만으로는 A를 온전하게 이해할 수 없다. B까지 알아야 A를 완전히 알 수 있고, A를 알아야 B도 알 수 있다. 디온 포춘도 이러한 이유로 "하나의 주제를 계속 깊게 파는 것은 의미가 없고, 겉핥기식이라도 같은 내용을 여러 번 훑어보는 것이 전체를 파악하는 데 도움이 된다."고 설명했다. 생명 나무에 달린 각 세피라를 본격적으로 다루는 제3장을 시작하기도 전에 산발적으로 여러 세피라의 속성을 언급하는 것도 같은 관점에서 바라보고 양해해 주면 좋겠다. 또한 10개의 세피로트는 타로의 마이너 아르카나에 해당한다는 사실도 염두에 두기 바란다. 타로에 익숙한 독자라면 케테르(1번 세피라)는 각 슈트의 에이스, 티파레트(6번 세피라)는 6번 카드를 가리킨다는 식으로 이해하고 카드 이미지를 떠올려보면 좋을 것이다.

디온 포춘에 따르면 중간 기둥에 있는 세피로트는 의식의 여러 단계와 그 의식이 작용하는 영역을 의미한다고 한다. 맨 아래의 10번 세피라, 말쿠트는 감각의 의식(sensory consciousness; 오감을 이용하여 외부 환경을 인지하는 의식, 눈으로 보고 손으로 만질 수 있는 사물을 인지하는 의식), 9번 예소드는 아스트랄 싸이키즘(astral psychism; 초자연적 인지 능력, 눈에 보이지 않는 것들을 인지하는 의식), 6번 티파레트는 깨달음의 의식(illuminated consciousness; 만물의 배후에서 작용하는 힘을 인지하는 의식)으로, 인격의 가

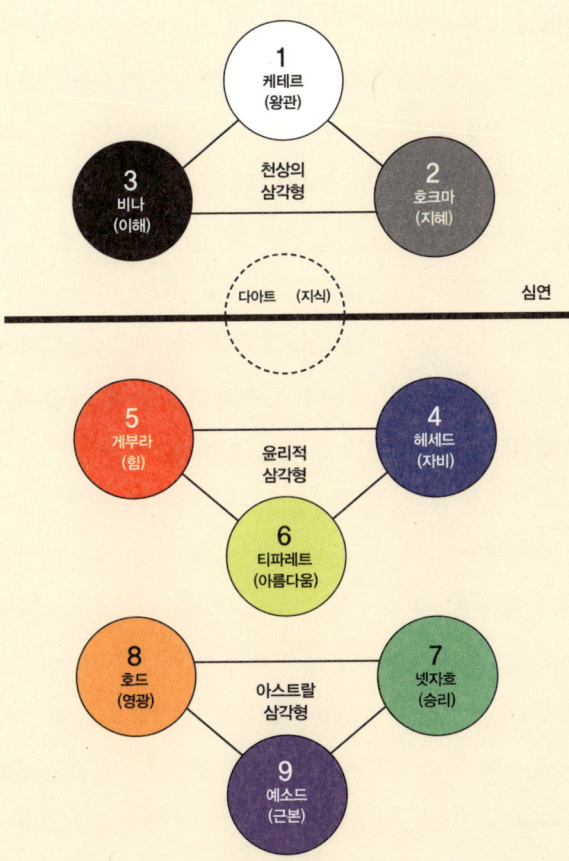

천상의 삼각형,
윤리적 삼각형,
아스트랄 삼각형,
그리고 말쿠트

장 높은 차원을 의미한다. 이 경지에 이르는 것이 곧 깨달음이고, 입문의 과정을 무사히 통과한 입문자가 되었음을 보여주는 징표다. 티파레트는 영혼이 성장하는 여정에서 중간에 있는 이정표다. 이곳에 이른 후부터는 크로울리의 말대로 진아마저 내려놓고 심연을 뛰어넘는 도약을 준비해야 한다.

이 시점에서 윌리엄 워커 앳킨슨이 『신비주의 기독교』에서 어느 종교 분야의 작가를 인용하였던 대목을 공유하고자 한다. 지금 하는 얘기를 더 깊게 이해하는 데 도움이 될 수 있을 것이다.

> 옛날에 성자가 되었다는 것은 교회가 소유한 비밀 지식을 받을 자격을 비로소 획득했음을 의미하는 것이었는데, 고대의 지식을 상실한 오늘날의 교회는 성자에게 그 이상 해줄 수 있는 것이 없다. 옛날 교회의 교육 커리큘럼은 크게 정화(Purification), 깨달음(Illumination), 완성(Perfection)의 세 단계로 분류되었는데, 오늘날의 교회는 신도가 정화 과정을 마친 것으로 만족하고 있다. 교회에서 나눠줄 깨달음이 없기 때문이다.

'정화'란 10번 세피라, 말쿠트에 머무르고 있는 인간이 진아의 실체를 인지하는 것을 의미한다. 오컬트에서는 입문의 과정을 개시한 구도자가 10번 세피라에서 진아의 비전(Vision of the Holy Guardian Angel)을 체험하게 된다고 한다. 물질(아스트랄계 포함)의 힘을 상징하는 10, 9, 8, 7번 세피라를 통과하여 6번, 티파레트에 이르면 앞서 얘기했듯이 진아를 영접하고 알게(Knowledge and Conversation of the Holy Guardian Angel) 된다. 이

것이 곧 '깨달음'이다. 하지만 깨달았다고 해서 성장의 여정이 끝나는 것은 아니다. 마지막 단계는 '완성'인데, 이는 카르마와 윤회의 굴레에서 해방되어 1번 세피라, 영혼의 원천, 즉, 케테르로 돌아가는 최후의 과정을 의미한다.

다음은 윌리엄 워커 앳킨슨이 같은 책에서 그리스도 원리(The Christ Principle)를 설명하는 장의 일부를 발췌한 것이다. 케테르에 이른다는 것은 신에게 흡수되는 것, 신과 완전히 하나가 되는 것을 의미한다.

> 예수가 자신의 인격(personality)을 구성하는 하급 의복을 모두 벗어던진 순간 요셉과 마리아의 아들, 예수는 이 세상에서 사라졌다. 하지만 그의 개성(individuality)은 사라지지 않았다. 즉, 이천 년 전에 살았던 인간 예수는 존재하지 않지만, 그의 진짜 본질인 그리스도 원리는 여전히 살아 우리 곁에 있다는 얘기다.
>
> 영혼이 유일한 영, 즉, 신에게 흡수되기 일보 직전의 상태까지 영적으로 진화하면 사람(person)은 사라지고 원리(principle)로서만 남게 된다. 하지만 이 원리는 '생명력이 없는 기계적 힘'이 아니라, 살아있고, 생각하고, 알고, 행동하는 생명의 원리다. 이 오컬트 가르침은 인간의 언어로 설명하기 어렵다. 이 개념을 제대로 설명할 수 있는 용어가 존재하지 않기 때문이다. 오컬트를 깊게 공부한 사람도 간접적으로나마, 어렴풋이 이해하면 다행이라 할 수 있다.

카발라의 가르침에 따르면 7~10번 세피라는 사람의 인격(personality)을 구성하고, 6번 세피라에 이르면 인격이 개성(individuality)과 하나가 된다고 한다. 우리말로 '인격'과 '개성'으로 번역한 이 두 단어는 비슷하다는 느낌이 들지만, 사실 다른 개념이다. 필자가 윌리엄 워커 앳킨슨의 『그대, 아직도 '나'를 찾고 있는가?』를 번역/출간하면서 삽입했던 주석 내용을 옮겨봤다.

> 'Person'이라는 단어는 본래 '마스크', '거짓 얼굴'이라는 의미를 지니고 있으며, '다른 사람 눈에 비치는 모습'을 의미하는 '페르소나(persona)'도 'person'에서 유래되었다. 여기서 '인격(personality)'은 이번 생에서 내게 주어진 여러 가지 특징, 즉, 나의 이름, 인종, 외모, 성별, 가문, 국적, 성장환경 등을 총칭하는 것으로, 이번 생에서만 의미를 지닌다. 반면 '개성(individuality)'은 우리가 여러 생을 거치면서도 변하지 않는 것으로, 나의 자아, 인품, 영혼에 가까운 개념이다.

사람의 아들(人子; Son of Man)인 예수는 인격이고, 신의 아들(Son of God)인 그리스도는 개성에 해당한다. 사람이 죽으면 그의 인격은 사라지지만, 불멸의 속성을 지닌 개성은 사라지지 않는다. 윌리엄 워커 앳킨슨은 그리스도 원리를 '신에 흡수되기 일보 직전의 상태'로 표현했는데, 이는 영혼이 심연을 훌쩍 뛰어넘어 케테르와 다시 하나가 되기 직전의 상태에 도달했다는 뜻이다.

중간 기둥에 관한 얘기를 계속해 보자. 6번 세피라, 티파레트 너머, 1번 세피라, 케테르에 이르기 전에는 '감춰진 세피라(hidden sephira)' 또는 '보이지 않는 세피라(invisible sephira)'라 불리는 '다아트'가 있다. 랍비들은 2번 세피라, 호크마와 3번 세피라, 비나의 결합으로 다아트가 태어났다고 설명하며, 크로울리는 다아트를 '다른 차원에 있는 세피라'로 묘사했다. 디온 포춘은 다아트를 '자각과 의식'으로 해석했다. '지식'을 의미하는 다아트는 지혜(호크마)와 이해(비나)의 자식이다. 지혜를 이해하고 내 것으로 만들어야 온전한 지식이 된다는 뜻이다. 또한 심연을 건너기 위해서는 용기뿐 아니라 지식도 필요하다는 의미도 지니고 있다.

하지만 『세페르 예치라』에서는 생명 나무에 아홉 개도 아니고, 열한 개도 아닌, 열 개의 세피로트가 달려있다고 분명하게 강조하고 있다. 그래서 다아트는 '거짓 세피라(false sephirah)'로 불리기도 한다. 지식을 너무 믿어서는 안 된다는 의미로 해석해도 좋을 것 같다. "모든 진리는 절반의 진리다."라고 선언한 『키발리온』의 문구도 기억하자.

중간 기둥의 맨 위에는 모든 존재의 뿌리이자 원천인 불가해한 케테르가 있다. 제3장에서 각 세피라를 살펴보면서 더 자세한 얘기를 하도록 하고, 이제 열 개의 세피라가 형성되는 과정을 설명한 크로울리의 해석, 'The Naples Arrangement[120]'를 살펴보자.

'The Naples Arrangement'

창조의 과정이 개시되기 전에는 뭐가 있었을까? 무(無; Nothing) 또는 영 (0)이 있었다. 그런데 이 무는 아무것도 존재하지 않는 상태의 무가 아니라 모든 것들이 잠재력의 상태로만 존재하는, 그 잠재력이 구체화하기 이전 상태의 무를 의미한다. 진정한 의미에서의 'Nothing'이 아니라 'No Thing', 다시 말해, 'Thing이라 부를만한 것이 아직 존재하지 않는 상태'를 말하는 것이다.

다음은 크로울리가 '무'에서 유가 창조되는 과정을 설명한 'The Naples Arrangement'의 구상이다.

61=0. → 아인(Ain); 무(Nothing)

61+146=0, 정의되지 않은(공간). → 아인 소프(Ain Soph); 무한한 (Without Limit)

61+146+207=0, 잠재적인 진동의 기반 → 아인 소프 오르(Ain Soph Aur); (무한한 빛(Limitless Light)

1. 점: 양, 하지만 아직 정의되지 않음 (케테르; Kether)
2. 점: 다른 하나의 점과 구분되는 점 (호크마; Chokmah)
3. 점: 두 점과의 관계를 통해 정의되는 점 (비나; Binah)

심연(The Abyss) - 이상(Ideal)과 실제(Actual) 사이에 위치

4. 점: 세 개의 좌표를 통해 정의됨: 물질(헤세드; Chesed)

5. 움직임 (시간) - 헤(Hé), 자궁; 움직임과 시간을 통해서만 사건이 일어날 수 있음(게부라; Geburah)

6. 점: 위에서 열거한 요인들로 자신을 정의할 수 있는 점의 자기의식 (티파레트; Tiphareth)

7. 점의 관점에서 본 지복(Bliss)의 관념 (아난다(Ananda), 넷자흐(Netzach))

8. 점의 관점에서 본 생각(Thought)의 관념 (칫(Chit), 호드(Hod))

9. 점의 관점에서 본 존재(Being)의 관념 (삿(Sat), 예소드(Yesod))

10. 7, 8, 9에 의해 점의 관점에서 본 자신에 대한 관념의 완성 (말쿠트; Malkuth)

크로울리는 『토트의 서』의 두 군데서 'The Naples Arrangement'를 자세히 설명했다. 다소 길지만 중요한 내용이므로 관련 대목을 한 문단씩 자세히 살펴보도록 하자. 크로울리의 설명부터 명시하고 필자의 해석을 추가했다.

카발리스트들은 이 '무(Nothing)'의 관념을 확장하여 '무한한(Without Limit)'을 의미하는 '아인 소프(Ain Soph)'라는 두 번째 종류의 'Nothing'을 고안했다. 이는 우주(Space)와 유사한 개념으로 생각된다. 그들은 또한 정의할 수단이 없음을 의미하는 이 상태를 해석하기 위해 '무한한 빛'을 의미하는 '아인 소프 오르(Ain Soph Aur)'의 개념을 상정해야만 했다. 아인 소프 오르는 빅토리아시대 후기의 과학자들이 '루미니페루스 에테르(Luminiferous Ether)'라고 불렀던 물질과 유사한 그 무언가를 표현하기 위한 시도였던 것 같다.(시공 연속체(Space-Time Continuum)를 표현하려던 것이었을까?)

세상이 구체화하기 이전(Unmanifest) 공(空)의 상태, 이른바 세 개의 베일(Three Veils of Negativity)에 관한 크로울리의 설명이다. 여기서 'Negativity'라는 단어가 쓰인 이유는, 아직은 어떠한 실체도 없는 음의 상태이기 때문이다. 빛이 존재하기 이전의 어둠, 경계선 없이 무한히 펼쳐지는 공간, 우주 만물의 씨앗이 될 태아(케테르)가 위대한 어머니의 자궁 안에 착상하기도 이전의 상태를 의미하는 것이다. 세 개의 베일 중 생명의 나무 꼭대기와 가장 가까운 아인 소프 오르에서 비로소 빛의 관념이 등장한다. 신비 체험 또는 임사체험(臨死體驗; Near-Death Experience)을 한 사람들의 공통적인 증언은 체험 중 말로 표현할 수 없을 정도로 강렬한 빛을 보았다는 것인데, 이 빛이 아인 소프 오르를 의미하는 것일 수도 있다. 하지만 그 빛이 너무 밝아서 그 뒤에 무엇이 있는지는 볼 수 없다. 이시스의 베일처럼, 빛 자체가 그 뒤에 있는 것을 가리는 베일의 역할을 하기 때문이다. 너무나도 추상적인 개념들이라 필자도 다 이해하지 못함을 인정한다.

이 모든 것에는 형상도, 공(空)도 없는 것으로 여겨진다; 지금까지 얘기한 것들은 양(陽)의 관념이 아니라 모두 추상적인 상태를 의미하는 것이다. 그다음에는 위치(Position)의 관념이 탄생해야 하며, 이를 위해 다음과 같은 논지를 상정해야 한다. Nothing 이외에 어떤 것이 존재하려면 한계가 없는 빛(Boundless Light) 안에서 존재해야만 한다. 이 무한한 공간, 가늠할 수 없는 무(Nothingness) 안에 존재해야만 한다. 이 무(Nothingness)는 실체가 없는 상태(Nothing-ness)로 존재할 수 없으며, 가상적인 두 개의 극성이 상호 파괴하여 만들어진 무(Nothingness)여야만 한다. 이를 통해 점(The Point)이 나타난다. 이 점은 무언가로 구성된 것도 아니고, 크기도 없으며, 오로지 위치만 지니고 있다.

'무'에서 '유(有)'가 최초로 탄생한 과정을 설명하고 있다. 무한한 빛(Boundless Light)으로 가득한 무한한 공간에서 태초에 점이 탄생했다. 구체화 이전의 신이 아주 작은, 엄밀히 말해 크기도 없는 씨앗의 형태로 구체화한 것이다. 빅뱅 이론에 비유하자면, '특이점(Singularity)'이 나타난 것이다. 이 점은 우리가 백지 위에 연필로 찍은 점과 다르다. 이 점은 눈으로도 볼 수 없다. 연필로 찍은 백지 상의 점은 사실 3차원의 물질이다. 면적도 있고 부피도 있는 점이기 때문이다.(연필심에서 묻어나온 흑연이 3차원 공간을 차지하고 있다).

가상적인 두 개의 극성이 만나 상호 파괴한다는 말은 음과 양이 합쳐져 서로를 상쇄했다는 뜻이다. +1과 -1을 더하면 0이 되는 것과 같은 이치다. 하지만 그 0은 아무것도 없는 0이 아니라 '+1과 -1로 구성된' 0이다. 이 둘의 결합으로 위치에 관한 정보만 지닌 점이 태어난다. 물과 불이 합쳐지면 물은 증발하고 불은 꺼지지만, 이 과정을 통해 제3의 무언가인 공기가 태어나는 것과 비슷한 개념이다. 이 점이 확장(빅뱅)하면서 우주가 탄생하게 된다. 이 점이 바로 생명 나무의 1번 세피라인 케테르다.

하지만 위치라는 것은 나와 다른 무언가, 나의 위치를 상대적으로 비교할 수 있는 다른 점이 있기 전에는 그 자체로서 아무런 의미를 지니지 못한다. 그 점을 묘사할 수 있어야 하는데, 그러기 위해서는 또 하나의 점이 필요하다. 따라서 '2'의 개념이 필요하며, 이를 통해 선(The Line)이 탄생하게 된다.

점이 첫 번째 확장을 시도함으로써 두 번째 점이 생겨났다. 두 개의 점을 연결하면 선이 만들어진다. 점은 0차원의 속성을 지니지만, 선이 만들어지면서 1차원의 개념(x축만 있는 상태)이 탄생한다. 또한 비교가 가능해지고, 이를 통해 이원성, 상대성 등의 개념도 함께 탄생한다.(생명 나무의 2번 세피라, 호크마.)

하지만 아직은 길이를 측정할 수 없으므로 이 선도 자체로서는 큰 의미를 지니지 않는다. 현재 상태에서 우리가 할 수 있는 것은, 고작 두 개의 무언가(things)가 있다고 묘사하는 것뿐이다. 하지만 이 두 무언가가 서로 가까이 있는지, 아니면 멀리 떨어져 있는지는 말할 수 없다. 단지 그 둘 사이에 간격이 있다고만 말할 수 있을 뿐이다. 이 둘을 어떤 식으로든 분별하기 위해서는 제3의 무언가가 있어야만 한다. 즉, 세 번째 점이 있어야 한다. 다시 말해, 면(Surface)과 삼각형(Triangle)의 개념을 발명해야 한다. 세 개의 점이 생기면서 평면기하학(Plane Geometry)이 탄생한다. 이제 "점 A는 점 C보다 점 B에 더 가깝다."는 표현을 쓸 수 있다.

세 번째 점이 만들어짐과 동시에 삼각형이 탄생했다. 그리고 삼각형은 평면을 형성하므로 2차원의 개념도 함께 만들어졌다. x축에 이어 y축까지 생긴 것이다. 점이 두 개만 있었을 때는 이 둘의 존재를 구분만 할 수 있었으나, 세 번째 점이 만들어지면서 이를 기준'점'으로 삼아 둘을 분석하고 평가할 수 있게 되었다. 그런데 아직은 2차원에 머물러있으므로 3차원 세상에 사는 우리는 이를 인지할 수 없다. 그래서 생명의 나무에서 1, 2, 3번 세피라로 구성된 천상의 삼각형은 심연 위에 있다고 설명한다. 지극히 추상적이어서 인간으로서는 인지할 수 없는 영역이다.(생명 나무의 3번 세피라, 비나.)

> 하지만 아직은 이런 관념이 실체를 지니는 것은 아니다. 세 개의 점이 만들어졌지만, 거리(Distance)와 간격(Between-ness), 그리고 각도의 측정(Angular Measurement) 정도 외에는 이렇다 할만한 관념이 없는 상태다. 따라서 현재 이론상으로만 존재하는 평면기하학은 완전히 초보적인 단계에 머무르고 있고 일관성도 갖추지 못한 상태다. 실제로 존재하는 무언가를 정의하기 위한 시도는 아직 없다. 지금까지는 순전히 이상적이고 상상 속에서만 존재하는 세상에서 몇 가지 개념을 정의했을 뿐이다.

뒤에서 더 자세히 설명하겠지만, 1-2-3번 세피라로 구성된 천상의 삼각형은 우리가 일반적으로 생각하는 '실체'를 가지지 않은 영역으로, 카발라 체계에서는 이를 첫 번째 세상, 또는 원형(原型)의 세상(The Archetypal World)인 '아칠루트(Atziluth)'라 칭한다.[121] 앞에서 추상적인 것이 구체적인 것보다 실제에 가깝다는 개념을 설명하기 위해 건물이 지어지는 과정을 예로 들었었는데, 이번에는 의자가 만들어지는 여러 단계를 생각해 보자. 나무, 철, 고무, 플라스틱, 천 등의 다양한 재료를 이용하여 만들어진 의자는 물질계에서 우리가 보고 만질 수 있는 최종 결과물이다. 카발라에서는 물질계를 말 그대로 물질의 세상(The Physical World), 또는 '아시아(Assiah)'라 칭한다. 물리적인 의자가 만들어지기 이전에는 의자의 청사진 또는 설계도가 있다. 의자를 만드는 데 사용될 재료의 규격, 재질, 구멍을 뚫고 나사를 조여야 할 위치 등이 명시된 데이터다. 카발라에서는 이 단계를 형성의 세상(The Formative World), 또는 '예치라(Yetzirah)122'라 칭한다. 의자를 구성하게 될 재료들을 이용하여 뚝딱뚝딱 망치질하는, 의자라는 사물을 실제로 형성하는 영역이다. 그 이전에는 의자라는 사물을 창조하기 위한 아이디어를 떠올리는 단계가 있다. 사람이 계속 서 있기만 하면 허리와 다리에 무리가 오고 건강이 상할 수 있으므로 어딘가에 앉아야 하며, 이를 위해 사람이 등을 댈 수 있는 등받이, 엉덩이를 댈 수 있는 평평한 받침대, 그리고 전체적인 구조물을 지탱하는 다리를 가진 '의자'라는 사물을 창조하겠다는 아이디어가 떠오르는 영역이다. 카발라에서는 이 단계에서 새로운 무언가의 창조가 이루어진다고 해서 이를 창조의 세상(The Creative World), 또는 '브리아(Briah)'라 칭한다. 그렇다면 그 전에 있는 원형의 세상은 어떤 곳일까? 그곳은 '휴식'의 개념이 있는 영역이다. 사람이 쉬지 않고 활동만 하면 안 되므로 주기적인 휴식이 필요하다는 관념이 태어나는 곳이다. 정리하자면, '휴식'이라는 원형에서 이를 실행으로 옮기기 위한 다양한 아이디어들이 태어나고, 이 아이디어들을 구체화하기 위한 여러 계획이 수립되고, 최종 결과로 의자, 소파, 침대, 해먹 등이 만들어지는 것이다.

그다음에는 심연(The Abyss)이 있다. 이제 더는 이상의 영역을 탐구할 수 없다. 다음 단계는 실질적(Actual)인 것, 또는 최소한 실질적인 것을 향해 다가가는 단계여야 한다. 현재까지 세 개의 이론적인 점이 만들어졌지만, 무한한 공간상에서 이 점들이 어디에 있는지는 알 수 없다. 따라서 네 번째 점이 필요하며, 이를 통해 물질(Matter)의 관념이 태어난다.

이상과 추상적 관념의 세상인 천상의 삼각형 다음에는 앞서 설명했던 심연이 나온다. 그리고 심연 아래에는 우리가 인지할 수 있는, '물질'이라 부를 수 있을 만한 것들이 나타나기 시작한다. 지금까지 세 개의 점으로 평면이 만들어지면서 2차원의 세상까지 만들어졌다. 이제 네 번째 점이 나타나야 할 시점이다.

점, 선, 면에 이어 이제 네 번째 점이 나타나고, 이 점이 세 점으로 형성된 평면상에 있지 않으면 입체(Solid)가 만들어진다. 특정 점의 정확한 위치를 알려면 세 개의 좌표가 있어야 한다. 예를 들어, 북쪽 벽으로부터 얼마, 동쪽 벽으로부터 얼마, 그리고 바닥에서 얼마 떨어진 지점에 있다는 식으로 표현할 수 있어야 한다.

네 번째 점과 함께 x, y축에 이은 z축이 나타나면서 이제 그 점들의 위치를 알 수 있게 된다. 그리고 수학 시간에 배웠듯이, 네 번째 점이 앞선 세 점이 형성하는 평면상에 있지 않으면 체적을 가진 입체가 만들어진다. 입체는 3차원 물질이므로 우리가 인지할 수 있다. 심연을 건너 이상에서 실제로 옮겨오면서 조금 더 구체적인 무언가가 만들어진 것이다.(생명 나무의 4번 세피라, 헤세드.)

무(Nothingness)에서 우리가 '존재한다.'라고 말할 수 있을 만한 무언가(Something)가 드디어 탄생하였다. 하나(One)였던 것으로부터 물질(Matter)이라는 관념이 탄생한 것이다. 하지만 이 '존재'도 아직은 매우 보잘것없다. 특정 점이 가진 유일한 속성은 다른 점을 기준으로 한 자신의 위치뿐이다. 변화도 있을 수 없고, 어떤 일이 일어날 수도 없는 상태다. 우리가 알고 있는 현실(Reality)을 분석했을 때, 이 시점에서 양의 속성을 지닌 다섯 번째 관념을 상정해야만 하며, 이는 다름 아닌 움직임(Motion)이다.

움직임은 곧 시간(Time)을 의미한다. 시간 안에서 움직임이 있어야만 어떤 일이든 일어날 수 있기 때문이다. 이와 같은 변화와 선후 관계가 없으면 감각으로 인지할 수 있는 대상도 있을 수 없다.('5'는 히브리 알파벳의 헤(He)에 해당함을 주목하라. 헤는 전통적으로 위대한 어머니(The Great Mother)에게 봉헌되는 문자다. 헤는 궁극의 점을 표현하고 위대한 아버지(The Great Father)를 상징하는 문자, 요드(Yod)가 움직임을 일으키면서 활성화된 존재를 수정하는 어머니의 자궁이다.)

4에 이르러 형체를 가지게 된 점들(입체)이 5에서 움직이기 시작한다. 움직임이 있기 전에는 시간의 개념도 없었다. 시간이 존재하기 위해서는 변화의 전과 후가 있어야 한다. 실제로 시간의 가장 기본 단위인 초(second)의 공식적인 정의는 '절대 영도에서 세슘-133 원자의 바닥 상태에 있는 두 개의 초미세구조 사이를 전자가 이동할 때 흡수 및 방출하는 빛이 9,192,631,770번 진동하는데 걸리는 시간'이다. 최초의 움직임이 발생한 순간은 최초의 점이 나타났을 때만큼이나 우주의 역사에서 중요한 사건이었을 것이다. 진동의 원칙을 다루는 섹션에서 우주 만물은 매 순간 진동하며, 아주 작은 물질일지라도 진동이 멈추면 우주의 구조가 붕괴한다고 말했다. 5는 그 최초의 진동이 시작되는 순간이다. 완전하게 정적인 상태에 머물러있던 것이 갑자기 움직이면 어떻게 될까? 난리가 난다. 예를 들어, 커피로 가득 차 있는 머그잔을 갑자기 움직이면 물결이 출렁이면서 커피가 다 쏟아진다. 5는 안정적이었던 것을 흔들어버리는 힘이다. 당하는 입장에서는 당혹스럽다. 그래서 5번 세피라에는 전쟁의 신, 파괴의 신, 마르스가 지정된다.

크로울리가 말한 요드와 헤의 관계도 흥미롭다. 요드와 헤는 발음할 수 없는 신의 이름, 요드-헤-바브-헤(יהוה)의 첫 두 문자[123]이자, 네 장의 코트 카드 중 기사(왕)와 여왕에 해당하는 문자다. 즉, 아버지와 어머니다. 요드(י)의 형상을 잘 보면 점처럼 생겼다. 히브리 알파벳의 모든 문자는 요드의 여러 조합으로 만들어졌다고 한다. 요드는 큰 (생명의) 나무(우주)를 품고 있는 씨앗이며, 우주를 창조하는 남성성의 정자라고도 할 수 있다. 이 정자가 위대한 어머니의 자궁으로 들어가 그녀가 임신하게 되고, 그 후에 새로운 생명이 꿈틀거리며 움직임이 시작되는 것이다. (생명 나무의 5번 세피라, 게부라).

이제 점의 구체적인 관념을 떠올릴 수 있게 되었다. 과거, 현재, 미래를 가지게 된 점은 비로소 자기를 의식할 수 있다. 이전의 관념을 기준으로 자신을 정의할 수 있게 되었다. 전체 시스템의 중심, 자기를 의식하고 체험을 할 수 있는 역량을 갖춘 6의 등장이다.

움직임을 통해 시간의 역사를 가지게 된 점은 이제 자기를 의식할 수 있다. '내가 전에는 저기 있었고, 현재는 여기에 있고, 앞으로 저기로 갈 것이다.'라는 식으로 자기의 위치를 알 수 있게 되었다. 생명의 나무 정중앙에 있는 6번 세피라는 1번 케테르의 상이자 그림자이며, 타로에서는 코트 카드 중 왕자이자 발음할 수 없는 신의 이름의 세 번째 문자인 '바브'에 해당한다. 앞서 6번 세피라는 신의 아들, 인류를 위해 자신을 희생한 구세주들이 있는 곳이라고 얘기했는데, 바브가 '못'을 의미한다는 점도 흥미롭다. 예수를 십자가에 매달 때 사용된 못을 의미하는 것이다. (생명 나무의 6번 세피라, 티파레트.)

이 시점에서 카발라의 상징체계에 한정된 얘기에서 잠시 벗어나야 할 것 같다. 다음 세 개의 수에 관한 교리가 명확하게 표현되지 않는다고 생각하는 사람들도 있는데, 7, 8, 9의 의미를 명확하게 해석하기 위해 베단타 체계(Vedanta System)로 눈을 돌리면 좋을 것 같다. 알고 보면 카발라의 사상과도 잘 상응하는 체계다. 존재에 관한 힌두교 사상의 분석에서 현자들은 세 가지 속성을 상정한다. 존재의 본질(Essence of Being)을 의미하는 삿(Sat), 생각(Thought) 또는 의식(Intellection)을 의미하는 칫(Chit), 그리고 존재가 여러 일을 겪으면서 경험하게 되는 즐거움을 의미하는 아난다(Ananda; 통상 '지복(志福; Bliss)'으로 번역), 이 기쁨, 이 환희가 존재를 움직이는 원동력이 되는 것으로 생각된다. 이를 통해 '완벽함(Perfection)'의 '완벽하지 않음(Imperfection)'을 설명할 수 있다. 이 원동력이 없으면 절대자(The Absolute)도 무의 상태(Nothingness)에 계속 머무를 것이다. 따라서 절대자가 자신의 잠재력을 의식하고 즐기기 위해서는 그 잠재력을 탐구해야 한다.

존재(Being), 생각(Thought), 지복(Bliss)은 점이 자신에 대한 진정한, 지각 가능한 경험을 하기 위해 필요한 최소한의 속성이며, 이 속성들은 각각 9, 8, 7에 해당한다. 따라서 정신이 알 수 있는 현실(Reality)의 첫 번째 관념은, 이 점을 제로에서 시작하여 아홉 단계를 거쳐 발전한 존재로 이해하는 것이다. 이렇게 해서 마지막으로 10이 등장한다.

인격의 형성과 관련이 있는, 7-8-9 세피라로 구성되는 아스트랄 삼각형을 설명하기 위해 크로울리는 힌두교 사상에서 존재의 삼위일체인 '삿-칫-아난다'를 비유의 대상으로 삼고 있다. 세 단어를 합쳐 '사치아난다(Sat-chit-ananda)'로도 불리는 이 삼위일체는 모든 의식과 완벽의 원천으로, 힌두교의 최고신 브라마와 동일시되기도 한다. 요가피디아[124] 웹 사이트에 따르면 삿은 '진리, 절대자 또는 절대적 존재 - 변하지 않으며 영원한 것', 칫은 '의식, 이해', 그리고 아난다는 '지복, 순수한 행복의 상태, 기쁨, 감각적 쾌락'을 각각 의미한다고 한다. 삿-칫-아난다는 깨달음보다도 더 높은 상태로, 역사적으로 봤을 때도 이 경지에 도달한 현자는 극소수라고 한다. 우리도 이 개념에 빗대어 7-8-9 세피라의 의미를 생각해 보자.(참고로 이스라엘 레가르디는 『석류의 정원』에서 삿-칫-아난다가 7-8-9가 아닌, 1-2-3에 상응한다고 설명했다).

태초의 점에서 탄생한 존재가 자기를 의식할 줄 아는 개체로 성장하여 장차 경험할 일들을 생각하며 큰 기쁨에 들떠 있다. 이 대목을 읽으면서 마치 난생처음 놀이공원 또는 사탕 가게 방문을 앞둔 순수한 어린아이의 모습이 떠올랐다. 이 아이는 자기가 곧 체험하게 될 일 때문에 지금 너무나 행복하다. 우리는 어떤가? 세상 경험을 하기 위해 태어났다는 점에 대해 기쁜 마음을 지니고 있나? 아니면 행복은 좋은 세상 경험이 주어질 때만 가능한 것으로 생각하고 있는가? 맥스 하인델은 『장미십자회의 우주 창조론』에서 이렇게 설명했다.

> 이런 질문들은 여러 오해에서 비롯된 것이다. 우선 삶의 목적은 '행복'이 아니라 '경험'이라는 사실을 확실하게 깨닫고 머릿속에 단단히 각인부터 시키자. 슬픔과 고통이야말로 세상에서 가장 자애로운 스승이고, 삶의 즐거움이란 그저 잠시 스쳐 지나가는 것에 불과하다.

'완벽함의 완벽하지 않음'은 또 무슨 말인가? 우리 관점에서 봤을 때 이미 무한토록 완벽한 신조차도 경험을 통해 전보다 더 완벽해질 수 있다는 뜻이다. 본래 무의 상태에 머물러있던 신에게서 나온 점은 수많은 개체로 분리되어 억겁에 이르는 세월 동안 세상을 체험하고, 언젠가는 다시 본래의 점, 본래의 무로 돌아가게 되어있다. 표면적으로는 최초의 점이 하나도 바뀌지 않은 상태로 다시 신에게 돌아가는 것처럼 보이지만, 이 점은 우주 여정을 시작한 후 엄청나게 많은 경험을 쌓고 데이터를 축적한 '성숙한' 점이 되어 자기가 그동안 배운 것을 신에게 '보고'한다. 자신의 대리인인 수많은 점을 통해 신은 크로울리의 말대로 자신의 잠재력을 탐구하면서 즐거움을 느낀다는 뜻이 아닐까?

수비학적 관점에서 봤을 때 '1'과 '10'은 같은 의미를 지닌다. 하지만 동시에 엄연히 다르다. 10은 1이 큰 원(0)을 그리며 한 바퀴 돌아 원위치로 돌아온 상태, 즉, 1+0을 의미한다. '1'을 가출 이전의 탕아, 성배를 구하는 여정에 오르기 전의 파르지팔에 비유한다면, '10'은 아버지에게 돌아온 탕아, 몬살바트를 다시 찾아내 성배를 구한 파르지팔에 해당한다고 할 수 있다. 즉, '10'은 '1'의 완성된 버전, 업그레이드된 버전이다. 그래서 카발라에서는 "가장 높은 케테르(Highest of the High)와 가장 낮은 말쿠트(Lowest of the Low)는 서로 통한다."고 설명한다.

우로보로스와 신지학회
(The Theosophical Society) 로고

가장 높은 것과 가장 낮은 것이 서로 통한다는 말을 음미하다 보면 몸을 둥글게 말은 상태로 자신의 꼬리를 물고 있는 뱀, 우로보로스(Ouroboros)의 형상이 떠오른다. 오컬트에서는 순환을 중시한다. 시간은 일직선으로 흐르며 시작과 끝이 있는 것이 아니라 무한토록 순환한다. 크로울리도 마이너 아르카나의 마지막 카드인 디스크 10번 카드를 설명하면서 "가장 낮은 곳에 도달하는 순간, 가장 높은 곳으로 다시 와 있다."고 말했다. 하지만 의미 없는, 단순 반복적인 순환은 아니다. 한 번의 순환을 마칠 때마다 더 많은 경험이 쌓이고, 더 많은 성장이 이루어진다. 순환의 원을 한 바퀴 빙 돌면 제자리로 돌아온 것 같지만, 사실 여정을 시작했던 지점보다 약간 더 높은 곳에 서 있다. 이 원은 2차원이 아니라 고대 바빌론의 지구라트처럼 스파이럴 형태로 위로 계속 올라가는 3차원의 원이기 때문이다.

하늘을 향해 스파이럴처럼 올라가는 바벨탑(Tower of Babel)

다시 말해, 지식(Knowledge)의 형태로 현실(Reality)을 묘사하기 위해서는 이 10개의 순차적인 관념을 상정해야 한다. 카발라에서는 이 10개의 관념을 '숫자(Numbers)'를 의미하는 '세피로트(Sephiroth)'라 부른다. 뒤에서 다시 보겠지만, 각각의 수는 그 자체로서 중요한 의미를 지닌다. 또한 생명의 나무가 우주의 지도 역할을 할 수 있도록 각각의 수는 우주의 모든 현상과 상응 관계로 맺어져 있다. 타로에서 이 10개의 수는 40개의 스몰 카드 형태로 나타난다.

크로울리의 'The Naples Arrangement'는 우주 만물의 탄생에 적용될 수 있다. 예를 들어, 1의 상태였던 점이 자아를 가진 10의 존재로 성장하는 과정을 보면 정자가 난자를 수정시켜 점처럼 작은 배아가 만들어지고, 엄마의 뱃속에서 시간이 흐르면서 배아가 태아가 되어 성장하고, 스스로 움직이기 시작하고, 감각을 통해 환경을 인지하고, 감정을 느끼고,

표현하고, 9~10개월 후에 세상에 태어나는 과정이 떠오른다. 머릿속에서 떠올렸던 작은 아이디어가 여러 단계를 거치면서 구체화하여 실체를 가진 무언가로 태어나는 과정에도 적용할 수 있다. 뜬구름 잡는, 원형의 상태로만 존재했던 아이디어가 구체화 과정을 거치며 조금씩 실체를 띠기 시작하고(0차원에서 3차원이 되고), 아이디어가 생명체가 되어 꿈틀꿈틀 움직이는 모습이 보이기 시작하고, 아이디어가 물질계에서 현실화하면서 느끼는 행복을 떠올릴 수 있다. 엄마의 자궁이 아닌 머릿속에서 태어나는 아이디어도 일종의 자식이라는 사실을 기억하자. 제우스의 분신 격인 아테나 여신은 제우스의 머리에서 튀어나왔다. 건축가가 상상으로 떠올린 건물이 구체화하는 과정, 휴식이라는 원형이 궁극적으로 의자라는 사물을 만들어내는 과정도 1이 발전하여 10으로 완성되는 여정으로 설명할 수 있다.

이제 크로울리가 'The Naples Arrangement'를 설명한 두 번째 대목의 내용을 살펴보자. 앞서 대략적인 의미를 자세히 살펴봤으므로 별도의 설명은 추가하지 않았다.

> 타로의 기반이 되는 체계 전체를 일목요연하게 보여주는 이 그림(생명의 나무 도안)을 자세히 공부해야 한다. 이 도안에 관한 완전한 설명을 제시하기란 불가능하다. 매우 보편적인 도안이기 때문이다. 따라서 사람마다 이 도안을 보고 이해하는 관점은 다를 수 있다. A라는 사람의 우주와 B라는 사람의 우주는 다를 수밖에 없다. A와 B가 식당에서 테이블을 가운데 두고 마주 보고 앉아있으면, A의 눈에는 랍스터의 오른쪽만, B의 눈에는 왼쪽만 보인다. 두 사람이 나란히 서서 같은

방향에 있는 별을 쳐다보더라도 각도 상의 차이가 있다. 물론 측정할 수 없을 정도로 작은 차이지만, 차이가 있다는 것은 부정할 수 없다. 과학적 사실관계 또는 공식이 언제나 변함없이 작용하는 것처럼, 타로도 사람이 바라보는 관점과 무관하게 항상 한결같다. 하지만 과학적 사실관계도 추상적인 관점에서는 보편적 진리이나, 현상은 관찰자마다 다르게 보일 수 있다는 점을 기억해야 한다. 두 사람이 같은 감각기관을 이용하여 같은 위치에서 같은 사물을 바라본다고 하더라도 정확히 같은 시점에 관찰이 이루어지기는 불가능하다. 몇백만 분의 1초에 해당하는 작은 시간적 차이라 하더라도 두 사람이 관찰하는 대상은 다르다. 그 짧은 순간도 사물과 관찰자 둘 다 움직이는 데 충분한 시간이기 때문이다.

이 사실을 계속 강조하는 이유는, 생명의 나무를 죽은, 고정된 공식으로 이해하면 안 되기 때문이다. 생명의 나무가 영원한 우주의 패턴을 상징할 수 있는 이유는, 우주처럼 무한한 확장성을 지니고 있기 때문이다. 우리는 생명의 나무를 자연과 그 안에 내재한 힘을 연구하는 도구로 활용할 수 있다. 하지만 교조주의(Dogmatism)의 명분이 되어서는 안 된다. 타로는 최대한 어린 나이부터 배우는 것이 바람직하다. 타로는 기억력의 지렛목이자 정신의 윤곽 구실을 할 수 있다. 매일 타로를 공부할 것을 권고하고 싶다. 타로는 보편적인 확장성을 지녔고, 활용하는 사람의 역량에 비례하여 확장한다는 특징을 지니고 있다. 타로는 존재의 전부를 인식하는 가장 기발하고 훌륭한 도구이다.

생명의 나무를 고안한 카발리스트들이 피타고라스의 영향을 받았거나, 카발리스트들과 피타고라스 둘 다 이보다 오래전부터 전해져 내려온 전통을 통해 이 지식을 확보했던 것 같다. 어떤 경우든, 두 학파 모두 '궁극의 현실(Ultimate Reality)을 묘사하는 가장 효과적인 수단은 수(Numbers)와 수 간의 상호작용이다.'라는 근본적인 공리에 동의하고 있다. 현대의 수리 물리학계도 드디어 이와 유사한 가정을 채택하고 있다는 점이 흥미롭다. 또한 하나의 명확한 용어로 현실(Reality)을 정의하려는 시도도 폐기되었다. 현대의 사상가들은 잠재력(Potential), 물질(Matter) 등, 10개의 관념으로 구성된 가상의 고리로 현실을 파악하고 있다. 이와 같은 용어들은 그 자체로서는 의미가 없고, 다른 용어들이 내포한 개념들을 통해서 이해될 수 있다. 앞서 설명했던 행성, 원소, 별자리들이 상호 의존적이고 서로를 구성하는 관계에 있는 것과 같은 개념이다.

현실을 설명하기 위한 지속적 시도 끝에 카발리스트들은 이처럼 모호하고 문자적인 관념들의 속성을 10진법의 수와 연계함으로써 통합하였다.

이 체제에서는 수가 현실에 가장 근접한 접근법이다. 예를 들어, '4'는 단순히 1+3, 2의 제곱, 8의 $\frac{1}{2}$이 아니다. '4' 자체가 하나의 개념으로, 다양한 도덕적, 실용적, 지성적 속성을 지니고 있다. '4'는 법(Law), 통제(Restraint), 권력(Power), 보호(Protection), 안정성(Stability) 등의 관념을 상징한다.

카발라 체계의 경우 최초의 관념은 영(Zero)이며, 이 영은 세 개의 형태로 나타난다. 중국의 철학에서 도(道; Tao)가 조금씩 구체화하면서 덕(悳; Teh)이 탄생하고, 힌두교 체계에서 파괴와 소멸의 신, 시바(Shiva)가 무한한 에너지(Infinite Energy)를 상징하는 샤크티(Sakti)를 통해 구체화하는 것과 같은 원리다. 카발라 체계는 무(Nothing)를 의미하는 아인(Ain), 무한(Without Limit)을 의미하는 아인 소프(Ain Soph), 그리고 무한한 빛(Limitless Light)을 의미하는 아인 소프 오르(Ain Soph Aur)에서 시작한다.

이제 이 '빛' 안에서 임의로 한 점을 상상으로 정하여 관찰을 시작한다. 관찰하는 행위 자체로 인해 이 점은 양(Positive)의 속성을 지니게 된다. 이렇게 해서 '1', 왕관(Crown)을 의미하는 케테르(Kether)가 탄생한다. 그리고 다음의 표와 같이 생각의 흐름에 따라 나머지 수도 차례대로 탄생한다.

61=0. → 아인(Ain); 무(Nothing)
61+146=0, 정의되지 않은 (공간). → 아인 소프(Ain Soph); 무한한 (Without Limit)
61+146+207=0, 잠재적인 진동의 기반 → 아인 소프 오르(Ain Soph Aur); (무한한 빛(Limitless Light)

1. 점: 양, 하지만 아직 정의되지 않음(케테르; Kether)
2. 점: 다른 하나의 점과 구분되는 점(호크마; Chokmah)
3. 점: 두 점과의 관계를 통해 정의되는 점(비나; Binah)

심연(The Abyss) - 이상(Ideal)과 실제(Actual) 사이에 위치

4. 점: 세 개의 좌표를 통해 정의됨: 물질(헤세드; Chesed)

5. 움직임(시간) - 헤(Hé), 자궁; 움직임과 시간을 통해서만 사건이 일어날 수 있음(게부라; Geburah)

6. 점: 위에서 열거한 요인들로 자신을 정의할 수 있는 점의 자기의식(티파레트; Tiphareth)

7. 점의 관점에서 본 지복(Bliss)의 관념(아난다(Ananda), 넷자흐(Netzach))

8. 점의 관점에서 본 생각(Thought)의 관념(칫(Chit), 호드(Hod))

9. 점의 관점에서 본 존재(Being)의 관념(삿(Sat), 예소드(Yesod))

10. 7, 8, 9에 의해 점의 관점에서 본 자신에 대한 관념의 완성(말쿠트; Malkuth)

위에서 볼 수 있듯이, 최소한 열 개의 수를 이용하여 특정 사물 또는 관념을 설명할 수 있다.

지금까지 한 얘기는 전부 엄격하고 수학적인 기반 위에 서 있으며, 철학적 색채는 거의 없다. 하지만 이 시점에서 생각(Thought)과 감각(Sense)의 대상을 묘사하기 위해 점성학자들의 도움을 받아야 한다. 우리가 직면한 문제는 바로 이것이다. 순수한 수(Pure Number)에 어떻게 도덕적 관념을 부여할 것인가? 이를 위해 부분적으로는 경험, 부분적으로는 역사를 통해 습득한 전통을 활용해야 한다. '전통'이라는 딱지가 붙은 것은 무조건 경멸하며 내다 버리는 행위는 바람직하지 않다. 모든 사고 활동은 정신을 관장하는 법칙의 지배를 받으며, 인간의 정신은 수천여 년에 걸친 진화와 조상들의 생각을 통해 천천히 형성되었다. 살아있는 두뇌의 모든 세포도 과거 위대한 사상가들의 자식들이나 다름없다.

오늘날 플라톤과 아리스토텔레스에 관해 아는 사람은 그리 많지 않다. 이들의 저서를 읽어본 사람의 비율은 천 명, 아니 만 명 중 한 명 정도일 것으로 추정된다. 하지만 그럼에도 이 두 철학자의 영향을 전혀 받지 않고, 완전히 독립적으로 사고하는 사람은 극히 드물다.

생명의 나무는 이상(Ideal)을 실제(Actual)와 연결하기 위한 첫 번째 시도다. 예를 들어, 카발리스트들은 '7'이라는 수에는 비너스, '8'에는 머큐리의 관념이 배어있으며, 1번과 6번 세피라를 연결하는 경로는 달, 3번과 6번 세피라를 연결하는 경로는 쌍둥이자리와 관련이 있다고 생각했다.

그렇다면 실제 세상에서 이 행성들과 별자리의 진정한 의미는 무엇인가? 이 질문에 대한 연구의 가능성이 무한하기 때문에 역시 명확하게 정의하긴 어렵다. 게다가 연구의 과정에서 하나의 관념이 다른 관념과 합쳐지면서 이미지의 정확한 정의를 시야에서 가리는 사례가 비일비재하다는 측면도 고려해야 한다. 하지만 진리에 이르는 길은 원래 그렇다. 전부 다 위대한 빛(Great Light)에 이르기 이전에 우리가 밟아야 할 눈먼 단계들이다. 그 단계에 도달하면 우주를 하나로 인식하게 되고, 우주를 구성하는 여러 부분이 전부 다 필요한 요소들이었다는 사실을 알게 될 것이다.

이 작업의 시작은 그리 어렵지 않다. 기초적 수준의 고전 지식만 가져도 충분하다. 고대 점성학에서 인간사에 영향을 준다고 생각한 행성들, 그리고 각 행성을 상징하는 신들의 속성부터 익히면 좋은 출발점이 될 것이다. 행성만큼 중요하진 않지만, 황도대를 두르는 열두 별자리의 속성도 알아두면 좋다. 별자리의 속성에 관한 정보가 아주 많지는 않지만, 어떤 행성이 어떤 별자리를 지배하고, 어떤 별자리에서 승격되는지 등을 알면 도움이 될 것이다. 별자리를 구성하는 개별 항성들(Fixed Stars)은 타로의 체제에 포함되지 않는다.

생명의 나무를 나누는 여러 기준

생명의 나무는 객관적인 대우주와 주관적인 소우주는 물론, 그 사이에 존재하는 무수히 많은 것들의 속성을 표현할 수 있는 도구이자, 양식이자, 틀이다. 생명의 나무는 또한 진짜 나무처럼 무한한 확장이 가능하다는 특징도 가지고 있다. 고무줄처럼 필요에 따라 이리 늘어나고 저리 늘어나는, 탄력성이 매우 뛰어난 나무다.

카발라에서는 우주 만물을 설명하기 위해 생명의 나무를 다양한 기준으로 나누고 분류한다. 생명의 나무를 구성하는 세 개의 기둥이 남성성과 여성성, 그리고 이 둘을 합쳤을 때 얻게 되는 균형(중용)의 상태를 상징한다는 점에 관해서는 이미 설명한 바 있다. 1-2-3, 4-5-6, 7-8-9 세 피로트가 형성하는 모양을 기준으로 천상의 삼각형, 윤리적 삼각형 또는 추상적 삼각형, 그리고 아스트랄 삼각형의 삼위일체를 정의했던 것도 기억할 것이다. 'The Naples Arrangement' 섹션을 다루면서 간단하게 언급한 네 세상 역시 생명의 나무를 나누는 중요한 기준 중 하나다. 이번 섹션에서는 생명의 나무를 나누는 여러 기준에 관해 살펴볼 것이다. 이 기준들은 나중에 타로와 카발라를 연계할 때 중요한 요인으로 작용하므로 잘 숙지하기 바란다.

네 개의 세상(Four Qabalistic Worlds)

디온 포춘은 『미스티컬 카발라』에서 사무엘 리델 맥그레거 매더스를 인용하면서 카발라의 네 세상을 다음과 같이 정의했다.

- 아칠루트(Atziluth): 원형의 세상(The Archetypal World) 또는 발산의 세상(The World of Emanations), 신의 세상(The Divine World).
- 브리아(Briah): 창조의 세상(The World of Creation), '코르시아(Khorsia)'로도 불림, 보좌의 세상(The World of Thrones).
- 예치라(Yetzirah): 형성의 세상(The World of Formation), 천사들의 세상(The World of Angels).
- 아시아(Assiah): 활동의 세상(The World of Action), 물질의 세상(The World of Matter).

'휴식'이라는 원형에서 '의자'라는 최종 물질적 결과물이 탄생하는 사례를 통해 각 세상의 특성에 관해 앞서 설명한 바 있는데, 이제 이 네 세상을 생명의 나무와 연동해야 한다. 작가마다 네 세상과 생명의 나무를 연결하는 방식은 조금씩 다르다.

① 크로울리의 분류 기준은 다음과 같다. 괄호 안의 숫자는 세피라 번호를 의미한다.

- 아칠루트: 원형의 세상, 케테르(1)와 케테르의 역동적 속성인 호크마(2)로 구성.
- 브리아: 위대한 어머니(비나, 3)의 잉태를 통해 위대한 아버지(호크마, 2)의 의지가 형상을 갖추는 창조의 세상, 비나(3)로 구성.
- 예치라: 아이디어가 인간이 인지할 수 있는 이미지(intelligible image)로 만들어지는 형성의 세상, 헤세드(4), 게부라(5), 티파레트(6), 넷자흐(7), 호드(8), 예소드(9)로 구성.
- 아시아: 머릿속에서 떠올린 이미지가 '실체'를 가지게 되는 곳, 물질의 세상, 말쿠트(10)로 구성.

② 디온 포춘의 분류 기준은 다음과 같다.

- 아칠루트: 천상의 세상, 원형의 세상, 케테르(1)로 구성.
- 브리아: 창조의 세상, 호크마(2)와 비나(3), 천상의 아바(Abba)와 아마(Ama), 아버지와 어머니로 구성.
- 예치라: 형성의 세상, 생명 나무의 중심을 이루는 여섯 세피라, 즉, 헤세드(4), 게부라(5), 티파레트(6), 넷자흐(7), 호드(8), 예소드(9)로 구성.
- 아시아: 물질의 세상, 말쿠트(10)로 구성.

'2'를 '1'의 한 측면으로 본 크로울리는 케테르(1)부터 호크마(2)까지 아칠루트의 일부분으로 해석하고, 호크마의 에너지를 받아 새로운 생명을 잉태하는 비나(3)를 브리아에 지정했다. 반면, 포춘은 천상의 남성성과 여성성을 상징하는 호크마(2)와 비나(3)를 한 그룹으로 묶어 브리아에 함께 지정했다. 사소한 차이가 있지만, 대체로 비슷한 기준으로 네 개의 세상을 생명의 나무와 연결하였음을 볼 수 있다.

③ 한편 『카발리스틱 타로(Qabalistic Tarot)』의 저자이자 이스라엘 레가르디의 지도하에 황금새벽회의 전통을 충실하게 재현한 『골든 던 타로(The Golden Dawn Tarot)』의 제작자, 로버트 왕(Robert Wang)은 네 세상을 세 개의 삼각형과 말쿠트에 일대일로 대응시켰다.

- 아칠루트: 원형의 세상, 순수한 영의 세상(World of Pure Spirit), 케테르(1)-호크마(2)-비나(3)로 구성, 천상의 삼각형.
- 브리아: 창조의 세상, 정신의 세상(Mental World), 헤세드(4)-게부라(5)-티파레트(6)로 구성, 윤리적 삼각형.
- 예치라: 형성의 세상, 아스트랄계(Astral World), 넷자흐(7)-호드(8)-예소드(9)로 구성, 아스트랄 삼각형.
- 아시아: 활동의 세상(Active World), 물질의 세상, 말쿠트(10)로 구성.

개인적으로는 디온 포춘의 기준이 가장 직관적이고 상응이 올바른 것으로 생각된다. 따라서 책에서도 차후 네 개의 세상이 언급될 때, 이를 기준으로 삼도록 하겠다.

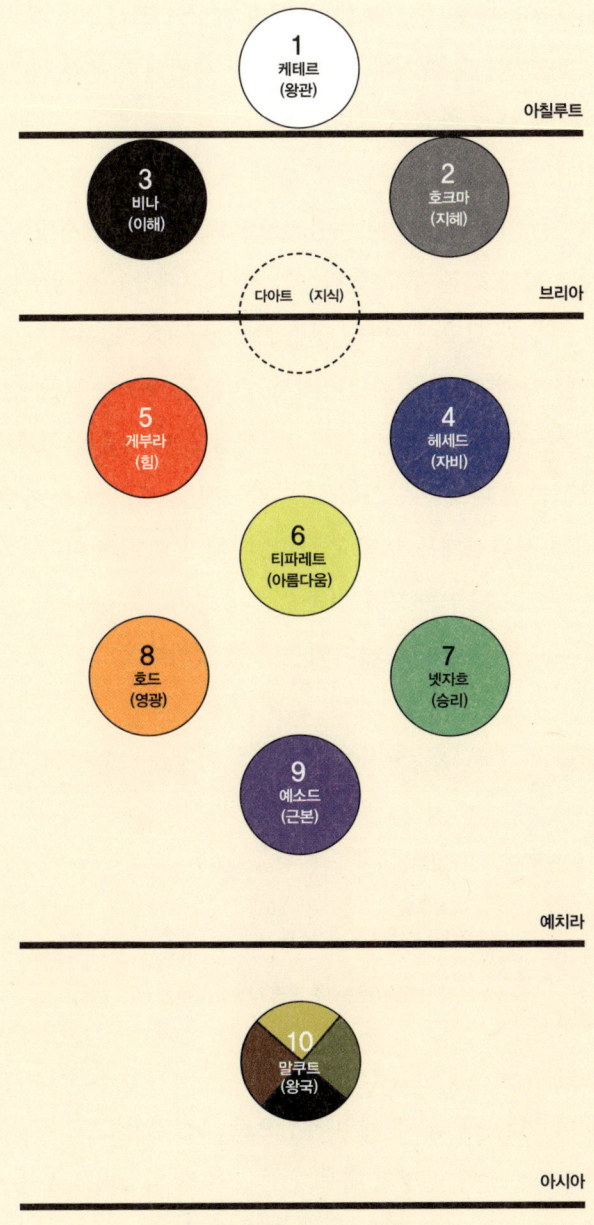

카발라의 네 세상(디온 포춘의 분류 기준)

제2장 생명의 나무

지금까지 생명의 나무 한 그루를 네 개의 세상으로 나누는 여러 기준을 작가별로 설명했는데, 여기서 끝이 아니다. 생명의 나무와 네 개의 세상을 연결하는 두 번째 방식이 있다.

하나의 세상은 하나의 우주나 다름없으므로, 세상마다 생명 나무를 하나씩 가지고 있다고 볼 수도 있다. 즉, 천상의 세상인 아칠루트를 설명하는 생명 나무가 있고, 그 뒤를 잇는 브리아, 예치라, 아시아도 각각의 생명 나무를 가지고 있다. 카발라에서는 네 문자(יהוה)로 구성된 신의 이름으로 많은 것을 넷으로 나누며, 네 세상도 이 기준을 따른다. 이 개념을 처음 접하면 다소 혼란스러울 수 있는데, 아래의 표를 이용하여 여러 요소 간의 상관관계를 보면 조금 더 이해가 쉬울 것이다. 그리고 신의 이름을 넷으로 나누는 분류 기준으로 삼는 새로운 요소를 설명할 때마다 아래의 표에 그 내용을 하나씩 추가할 것이다.

신의 이름	י (Yod, 요드)	ה (He, 헤)	ו (Vav, 바브)	ה (He, 헤)
네 개의 원소	불	물	공기	흙
네 개의 타로 슈트	지팡이	컵	검	디스크
네 개의 세상	아칠루트 (원형의 세상)	브리아 (창조의 세상)	예치라 (형성의 세상)	아시아 (활동의 세상)

표 VII. 신의 이름을 기준으로 생명 나무를 나누는 여러 기준

이 방식에 따르면 우주는 네 개의 세상으로 구성되어 있고, 각 세상에 열 개의 세피로트가 달린 생명의 나무가 한 그루씩 할당되므로, 총 네 그루의 생명 나무와 마흔 개의 세피로트가 있는 셈이다.(옆의 이미지 참조). 이 구조에서 하나의 생명 나무는 하나의 원소, 하나의 타로 슈트에 해당한다. 따라서 아칠루트를 설명하는 생명 나무의 열 세피로트에는 불을 상징하는 지팡이 슈트의 1~10번 카드가 배정되고, 같은 식으로 브리아, 예치라, 아시아를 설명하는 생명의 나무에는 물, 공기, 흙을 각각 상징하는 컵, 검, 디스크 슈트의 1~10번 카드가 배정된다. 각 세피라를 자세히 살펴보는 제3장에서도 이 방식을 따르고 있으니 잘 숙지하기 바란다.

우주의 창조는 아칠루트의 1번 세피라, 케테르부터 시작하여 10번 세피라, 말쿠트에 이르렀다가, 아칠루트의 말쿠트가 두 번째 세상인 브리아의 케테르를 낳으면서(발산하면서) 계속 진행된다. 이런 식으로 하나의 세상의 마지막 세피라인 말쿠트가 다음 세상의 케테르를 낳으면서 최종적으로 아시아의 말쿠트에 도달하고, 그다음에는 다시 처음(아칠루트)으로 돌아가 순환이 반복된다. 즉, 우주는 아칠루트-브리아-예치라-아시아의 순으로 창조된 것이다.

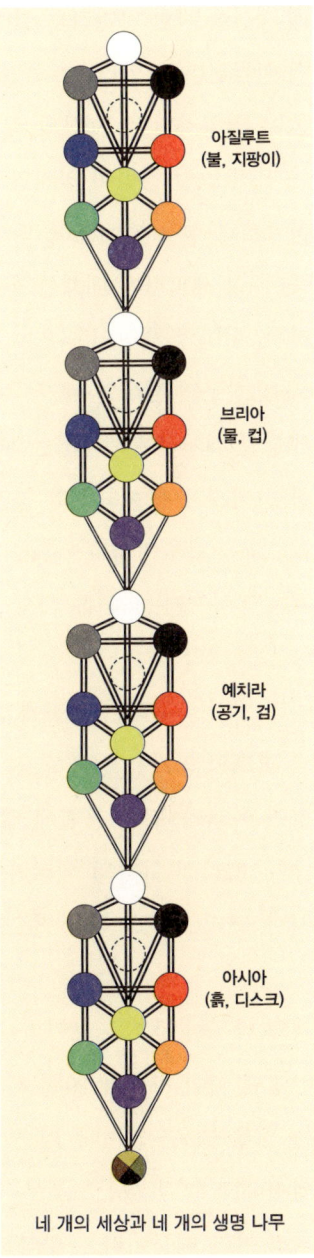

네 개의 세상과 네 개의 생명 나무

네 세상에 관한 카발라의 설명에는 각 세상을 관장하는 신, 보좌, 천사 등이 언급된다. 카발리스트들은 열 개의 세피로트와 네 세상을 연결해주는 존재, 말하자면 각 세상의 세피라마다 '담당자'가 있다고 생각했다. 필자는 아직 그런 경험이 없지만, 이 담당자들은 구도자가 생명의 나무를 대상으로 명상(Path Working)하거나 실천 마법(Practical Magic)을 수행할 때, 즉, 특정 세피라에 내재한 힘을 소환할 때 이름을 부르는 존재들(Powers)이다. 원형의 세상인 아칠루트에는 신의 신성한 이름(Ten Holy Names of God), 창조의 세상인 브리아에는 대천사들(Ten Mighty Archangels), 형성의 세상인 예치라에는 천군(天軍; Angelic Hosts or Choirs), 그리고 물질의 세상인 아시아에는 최초의 움직임 또는 소용돌이(Primum Mobile 또는 First Swirlings), 황도대(Sphere of the Zodiac), 일곱 행성, 그리고 원소로 구성되는 세속적 차크라(Mundane Chakra)[125]가 각각 지정된다.

여러 개의 아우라가 동시에 인간의 몸을 에워싸고 있듯이, 네 세상은 각각 별도의 공간을 점유하거나 어느 한 세상이 다른 세상보다 위에 있는 것이 아니라, 같은 공간에 겹겹이 중첩되어 공존하는 것으로 이해하면 좋다. 따라서 하나의 세피라는 이에 해당하는 세속적 차크라, 천군, 대천사, 그리고 신의 한 단면으로 구성되어 있다고 할 수 있다.

생명 나무의 구조를 보면 1~3, 4~6, 7~9번 세피라로 구성된 세 개의 삼각형에 이어 마지막 10번 세피라인 말쿠트만 혼자 꼬리처럼 매달려 있는 것을 볼 수 있는데, 이는 말쿠트가 낙원에서 살던 인류가 물질계로 떨어지고 영적 세상으로부터 분리되는 과정에서 만들어진 '추락한 세피라'이기 때문이라고 한다. 물질계이자 '왕국(Kingdom)'이라는 의미를 지닌 말쿠트는 자신의 영적 유산을 망각한 인간이 살아가는 곳이다. 물질만능주의들이 판을 치는 이곳은 신의 존재를 부정하는 무신론자, 물질의 축적을 위해 기꺼이 자신의 영혼을 파는 자(물론 이들은 영혼의 존재 자체를 부정하기 때문에 '영혼을 판다.'는 말에는 다소 어폐가 있다), 물질 확보 경쟁에서 앞서나가기 위해서라면 얼마든지 타인을 제물로 바칠 준비가 된 자들로 북적거린다. 성경에서는 '세상 임금(Prince of the World)'이 물질 세상을 지배한다고 설명한다.

- (요한복음 12:31) 이제 이 세상의 심판이 이르렀으니 이 세상 임금이 쫓겨나리라
- (요한복음 14:30) 이후에는 내가 너희와 말을 많이 하지 아니하리니 이 세상 임금이 오겠음이라 그러나 저는 내게 관계할 것이 없으니
- (요한복음 16:11) 심판에 대하여라 함은 이 세상 임금이 심판을 받았음이니라

세상 임금의 정체는 다름 아닌 물질계의 지배자, 마몬(Mammon)이다. (한글 성경에서는 '마몬'을 '재물'로 번역했다).

- (누가복음 16:13) 집 하인이 두 주인을 섬길 수 없나니 혹 이를 미워하고 저를 사랑하거나 혹 이를 중히 여기고 저를 경히 여길 것임이니라 너희가 하나님과 재물을 겸하여 섬길 수 없느니라
- (Luke 16:13) No servant can serve two masters: for either he will hate the one, and love the other; or else he will hold to the one, and despise the other. Ye cannot serve God and mammon.

'재물'을 의인화한 세상 임금, 마몬

타로와 생명 나무의 상응 관계에서 말쿠트는 코트 카드 중 공주가 위치한 곳이며, 그 공주는 다름 아닌 우리 인간을 상징한다. 『백설 공주』, 『잠자는 숲속의 공주』, 『신데렐라』, 『라푼젤126』, 『미녀와 야수』, 『큐피드와 프시케』 등, 우리에게 익숙한 유명 동화와 신화에는 자신이 물려받은 영적 유산을 망각한 채, 물질의 덫에 갇혀 의미 없는 나날들을 보내고 있는, 말하자면 '잠들어있는 공주'가 주인공으로 등장한다. 하지만 짚신도 짝이 있듯이, 이 세상의 모든 공주에게는 그녀를 완성할 소울메이트, 즉, 왕자님이 있다. 그 왕자님이란 다름 아닌 타로의 왕자, 6번 세피라를 권좌로 삼아 4~9번 세피라를 다스리는 우리 내면의 상위 자아, 진아, 성 바울이 언급했던 '내면의 그리스도'를 가리킨다.

동화 속의 공주는 왕자를 영접하고 그와 키스함으로써 자신이 미천한 존재가 아니라 공주라는 사실을 깨닫게 된다. 그래서 카발라에서는 10번 세피라, 말쿠트에서 우리가 통과해야 할 영적 체험을 '신성한 수호천사의 비전'이라는 말로 표현했다. 내 안에 있는 또 다른 나, 즉, 모든 인간이 언젠가는 영접해야 할 내면의 왕자가 있다는 사실을 인지하는 것이 10번 세피라에서 풀어야 할 중요한 과제인 것이다. 그리고 내면의 왕자를 알게 되고 그와 소통함으로써 인격과 개성이 하나가 되는 체험을 하게 되는 6번 세피라는 '신성한 수호천사에 관한 지식과 대화'라는 말로 표현한다.

'지구학교'라는 이름으로도 불리는 물질 세상은 인간이 영적 세상에서는 배울 수 없는 과목들을 배우고 나서 실기시험을 치르는 일종의 고사장이다. 그 시험이란 바로 선과 악을 분별하는 지식을 실전에서 적용하는 것이다. 이론적으로 아는 것으로는 부족하므로 실생활에서 다양한 상황을 체험하며 선택의 갈림길에서 자유의지를 발휘하여 올바른 선택을 내리는 법을 배우는 것이다. 지구학교에서의 승급은 만만치 않다. 이곳은 물질의 유혹이 너무나도 강한 곳이다. 이 학교의 교장은 세상 임금[127]이고, 신과 천사들이 관리 감독하는 상위 세상들과 달리 '클리포트[128]'라 불리는 사악한 카발라(Evil Qabalah)와 악령들도 존재하는 곳이다.

물질 세상을 너무 부정적인 시각으로만 바라보고 묘사한 것이 아닌가 하는 생각이 든다. 이곳이 곧 지옥이라고 생각하는 독자도 있을지 모르겠다. 하지만 물질도, 물질 세상도 사악한 것이 아니다. 물질에 대한 집착, 필요 이상으로 가지려는 욕심, 그 욕심을 채우기 위해 양심과 도의를 저버리는 인간의 행위가 나쁜 것이지, 물질 자체는 물질 세상에서 사는 우리에게 아주 중요하고 소중한 수단이라는 점을 잊지 말자. 물질을 이용하여 이 세상을 천국으로 만들지, 아니면 지옥으로 만들지는 어디까지나 우리에게 달려있다. 이 역시 인류라는 집단이 지구학교에서 수행해야 할 중요한 조별과제라 할 수 있겠다.

네 세상의 각 세피라에 할당되는 존재들의 이름은 제3장에서 개별 세피라를 살펴볼 때 언급하도록 하고 이번 섹션을 마친다.

인간의 혼을 구성하는 요소들

대우주를 구성하는 네 세상에 관한 전 섹션의 설명에 이어, 이번 섹션에서는 인간의 혼, 즉, 소우주와 생명 나무의 상응에 관해 살펴보도록 하자.

상응의 원칙을 설명하는 섹션에서 신이 자신의 형상에 따라 인간을 창조했다는 내용이 명시된 구약성경 창세기의 한 구절을 인용한 바 있다. 종교를 불문하고 옛 화가들은 신을 인간과 같은 모습으로 묘사했다. 그들에게 신은 세상에서 가장 나이가 많은 태초의 존재였고, 남자의 이미지를 가진 신들이 대접을 받았던 오시리스의 시대에 활동했던 기독교 화가들은 신을 권위 넘치고 동시에 지혜로워 보이는 할아버지의 형상으로 묘사했다.

하지만 이런 명화들은 어디까지나 우리가 신을 쉽고 직관적으로 이해할 수 있도록 의인화하여 표현한 것이고, 신이 자신의 형상을 본떠서 인

미켈란젤로의 '아담의 창조(The Creation of Adam)'

윌리엄 블레이크의 '옛적부터 항상 계신 이(Ancient of Days)'

간을 창조했다는 말은 신이 우리처럼 머리와 몸통, 팔다리를 가진 존재라는 말이 아니라, 인간의 영혼이 신을 닮았다는 뜻이다. 앞서 여러 차례 언급했듯이, 생명 나무는 우주, 신, 인간을 동시에 표현하는 보편적 도안이다. 카발라에서는 네 개의 세상이 있다고 설명하고 있으며, 따라서 이 네 세상에서 기능하고 활동하는 인간의 영혼도 네 개의 요소로 구성되어 있다.[129] 크로울리의 설명을 들어보자.

> 생명의 나무는 크게 네 개의 영역으로 나뉠 수 있다. 숫자 1은 불, 2와 3은 물, 4에서 9까지는 공기, 그리고 10은 흙에 해당한다. 이와 같은 분류는 인간의 분석과 상응한다. 숫자 1은 속성도 없고 측량할 수도 없는 인간의 영적 본질, 2와 3은 그의 창조력과 전파력, 그의 정력과 지성, 4에서 9는 그의 인격 안에 농축된 정신적, 도덕적 속성 (이 중에서도 6은 1이 구체화한 형태라고 할 수 있다.) 그리고 흙에 해당하는 10은 1~9를 담은 물리적 차량(physical vehicle), 즉, 육신이다. 인간의 혼을 구성하는 이 요소들의 명칭은 (1) 예히다[130], (2~3) 히아[131]와 네샤마[132], (4~9) 루아흐[133], 그리고 (10) 네페쉬[134]다.

1번 세피라, 케테르, 즉, 이원성의 개념이 태어나기 이전 상태에 상응하는 예히다는 '하나됨'을 의미하며, 소우주에서는 인간 안에 깃든 신성에 비유할 수 있다. 2번 세피라, 호크마(양, 남성성)에 상응하는 히아(생명)는 인간의 의지에 비유할 수 있으며, 3번 세피라, 비나(음, 여성성)에 상응하는 네샤마(숨결)는 인간의 직관에 해당한다. 숨결과 유사한 의미를 지닌 루아흐(바람)는 인간의 정신, 그리고 네페쉬(생명체)는 인간의 육신에 각각 해당한다.[135] 인간의 영혼을 구성하는 이 네 요소 또는 몸은 네 글자로 만들어진 신의 이름, 물질을 구성하는 네 개의 원소, 타로 마이너 아르카나의 네 슈트, 네 개의 세상과 상응 관계에 있다. 아래와 같이 표 VII에 이 항목을 추가하였다.

신의 이름	ʼ (Yod, 요드)	ה (He, 헤)	ו (Vav, 바브)	ה (He, 헤)
네 개의 원소	불	물	공기	흙
네 개의 타로 슈트	지팡이	컵	검	디스크
네 개의 세상	아칠루트 (원형의 세상)	브리아 (창조의 세상)	예치라 (형성의 세상)	아시아 (물질의 세상)
인간의 혼을 구성하는 네 요소[136]	예히다 (Yechidah, 1)	히아(Chiah, 2) 네샤마 (Neschamah, 3)	루아흐 (Ruach, 4~9)	네페쉬 (Nephesh, 10)

표 VIII. 신의 이름을 기준으로 생명 나무를 나누는 여러 기준 (계속)

매크로프로소포스, 마이크로프로소포스, 마이크로프로소포스의 신부

『세페르 예치라』와 더불어 카발라 교리가 담긴 대표적 경전, 『조하르 (Zo-har)』에서는 생명 나무를 '큰 얼굴'을 의미하는 '매크로프로소포스 (Macroprosopos 또는 Arik Anpin)', '작은 얼굴'을 의미하는 '마이크로프로소포스(Microprosopos 또는 Zeir Anpin)', 그리고 '마이크로프로소포스의 신부(Bride of Microprosopos)'로 또 나눈다. 디온 포츈의 설명을 들어보자.

카발라의 상징체계에서 생명 나무를 세 개로 나누는 또 하나의 중요한 기준이 있다. 이 체계에서는 케테르에 아릭 안핀(Arik Anpin), 즉, 큰 얼굴(Vast Countenance 또는 Macroprosopos)이라는 타이틀이 부여된다. 아릭 안핀은 삼위일체의 양과 음의 단면인 아바(Abba), 천상의 아버지(Supernal Father), 호크마와 아마(Ama), 천상의 어머니(Supernal Mother), 비나로 구체화한다. 매더스에 따르면 둘로 구체화한 양과 음이 하나로 합쳐지면 남성적 복수와 여성적 명사의 결합인 신성한 이름(Divine Name), 엘로힘(Elohim)이 만들어진다. 이 결합은 보이지 않는 세피라, 다아트에서 이루어진다.

다음 여섯 세피라는 제르 안핀(Zeir Anpin), 즉, 작은 얼굴(Lesser Countenance 또는 Microprosopos)을 구성하며, 이 중 티파레트가 특별한 지위를 차지한다. 마지막 세피라, 말쿠트는 마이크로프로소포스의 신부(Bride of Microprosopos)로 불린다.

마이크로프로소포스는 왕(King)으로 불리기도 하며, 이 경우 말쿠트는 여왕(Queen)으로 불리게 된다.[137] 이 여왕은 천상의 어머니인 비나와 구분하기 위해 작은 어머니(Lesser Mother) 또는 땅의 이브(Terrestrial Eve)로 불린다.

1-2-3번 세피라의 삼위일체, 즉, 천상의 삼각형에 해당하는 매크로프로소포스는 심연의 맞은편에 있는 신의 영역, 즉, 신성(Godhead)이다. 케테르가 신의 첫 번째 구체화이고, 호크마와 비나는 신이 양과 음의 속성을 가지게 되는 단계라고 할 수 있겠다. 1-2-3으로 구성된 천상의 삼각형이 물 위에 비치면 4-5-6으로 구성된 역삼각형이 만들어진다고 앞서 설명했는데, 이 경우 6은 1의 상이 된다. 즉, 6은 신인 1의 '아들'이다. 신의 아들은 6번 세피라를 권좌로 삼으면서 심연 아래의 여섯 세피라(4~9)를 다스린다. 그가

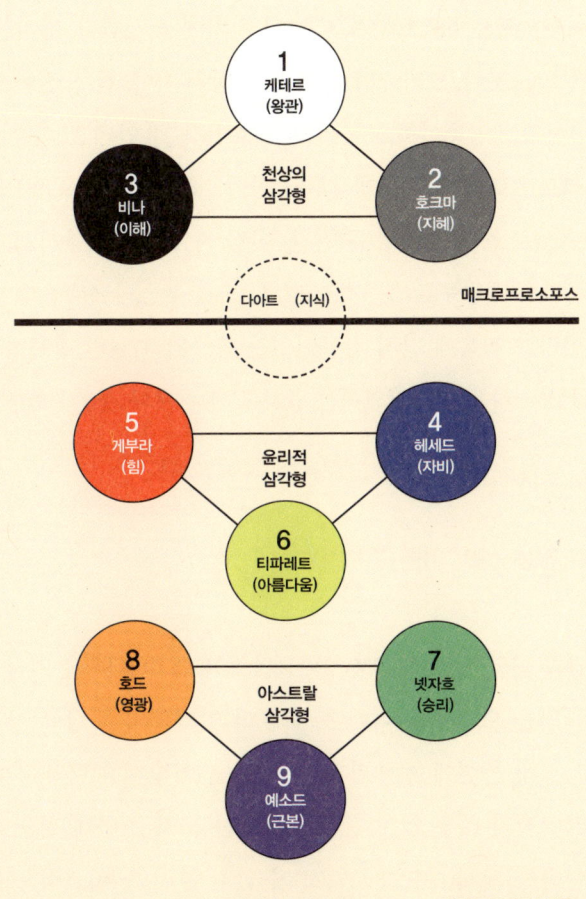

매크로프로소스, 마이크로프로소스, 그리고 신부

바로 마이크로프로소포스이며, 타로의 왕자에 해당한다. 왕자는 우리 내면의 그리스도, 붓다, 크리슈나, 다른 말로 상위 자아, 참나, 진아, 우리가 언젠가 영접하고 교감해야 하는 신성한 수호천사, 내 안의 또 다른 나를 의미한다. 매크로프로소포스는 '옛적부터 항상 계신 이(Ancient of Days)', 마이크로프로소포스는 우주처럼 큰 인간, '아담 카드몬'으로 불리기도 한다. 그리고 마지막으로 말쿠트에는 마이크로프로소포스의 신부, 즉, 인간이 있다. 물질이라는 감옥에 갇혀 잠들어있는 공주가 자신의 정체성을 깨닫고 장차 여왕으로 거듭나기 위해서는 왕자를 만나 그와 결혼(결합)해야 한다.

발음할 수 없는 신의 이름, יהוה(YHVH)

히브리 민족 신의 이름, יהוה(YHVH)의 올바른 발음[138]은 지금까지도 비밀로 취급되는 오컬트 지식이다. 히브리 알파벳의 특성상 정식 모음이 없으므로 고대 문헌에 기록된 신의 이름을 어떻게 발음해야 하는지 명확하게 알려지지 않은 것이다. 오늘날에는 문자 주변에 점을 찍어서 모음을 표현하는 체계(니쿠드; Niqqud)가 있긴 하지만, 비교적 근래인 중세시대에 만들어진 체계이기 때문에 오래된 문헌에는 적용될 수 없다. 영어로는 통상 신의 이름을 'YHVH', 'YHWH', 또는 'IHVH'로 표현하며, '여호와(Jehovah)' 또는 '야훼(Yahweh)'로 발음한다. 네 글자로 구성되었다고 하여 '테트라그라마톤(Tetragrammaton)'이라 칭하기도 한다.

카발라에서 יהוה는 네 개의 그룹으로 분류되는 모든 것에 적용되는 기준이며, 생명의 나무를 이렇게 나누고 저렇게 나누는 목적으로도 사용된다. 지금까지 살펴봤듯이, 이 네 문자는 카발라의 네 세상, 네 원소, 타로의 네 슈트, 인간의 영혼을 구성하는 네 요소에도 상응한다. 이 외에도 יהוה가 생명의 나무에 스며드는 방식 몇 가지를 더 소개한다.

① 케테르와 에이스

1번 세피라, 케테르와 이에 상응하는 타로의 에이스 카드는 생명 나무의 씨앗에 비유할 수 있다. 한 톨의 작은 씨앗 안에는 나무 한 그루가 통째로 들어있다. 이 씨앗이 발아하여 자라나면 나중에 큰 나무가 된다. 마찬가지로 케테르는 2~10번 세피라를, 그리고 에이스는 2~10번 카드를 품고 있다. 그래서 카발라에서는 케테르에 יהוה가 구체화 이전의 상태, 잠재력을 가진 상태로 존재한다고 설명한다.

② 말쿠트와 10

카발라의 중요한 교리 중 하나는 "가장 높은 케테르(Highest of the High)와 가장 낮은 말쿠트(Lowest of the Low)는 서로 통한다."는 점이다. 앞서 설명했듯이, 10은 1이 큰 원(0)을 그리며 한 바퀴 돌아 원위치로 돌아온 상태, 즉, 1+0을 의미한다. 무의 상태에 머무르던 신이 1로 구체화한 후 수많은 경험을 축적하고, 잠재력을 실현하고, 성장을 이룬 상태가 바로 10이다. 10번 세피라, 말쿠트 또는 타로의 10번 카드에서는 케테르와 에이스 카드에서 잠재력의 형태로만 존재했던 יהוה가 완전하게 구체화하여 생명의 나무가 완성된다. 그래서 생명의 나무에 색상까지 입힌 도안을 보면 단색으로 표현된 1~9번 세피라와는 달리, 말쿠트에는 네 개의 색상이 혼합된 것을 볼 수 있다.

① 케테르와 에이스

케테르/에이스 안에 씨앗의 형태로 들어있는 יהוה

② 말쿠트와 10

말쿠트에서 구체화한 יהוה

③ 코트 카드

타로의 에이스는 2~10번 카드뿐 아니라 마이너 아르카나를 구성하는 각 슈트의 네 코트 카드도 품고 있다. 네 코트 카드는 기사-여왕-왕자-공주의 순서대로 יהוה에 각각 상응한다. 그런데 יהוה는 또 불-물-공기-흙의 4대 원소와 상응하므로 코트 카드마다 원소의 속성을 띠게 된다. 즉, 슈트와 무관하게 모든 기사는 불, 여왕은 물, 왕자는 공기, 공주는 흙의 속성을 기본적으로 지닌다.

4대 원소는 물질을 상징하고, 물질 위에는 이를 다스리는 영이 있다고 했다. 기사(불), 여왕(물), 왕자(공기), 공주(흙)로 대변되는 4대 원소를 다스리는 영이 바로 에이스다. 신의 이름이자 4대 원소를 상징하는 יהוה의 중앙에 '불'과 '영'을 의미하는 히브리 문자 ש(쉰)을 삽입하면 יהשוה(Jeheshua; 예헤슈아), 즉, '예수'가 된다는 점도 흥미롭다. 이를 '다섯 개의 문자로 구성된 신의 이름'이라 하여 '펜타그라마톤(Pentagrammaton)'으로 부르기도 한다. 크로울리는 제5 원소인 영(spirit)이 불과 비슷한 속성을 지녔다고 보고 메이저 아르카나 중 '불'이자 ש에 해당하는 20번 카드, '새 시대'에 '영'의 속성을 추가했다.[139]

다시 정리하자. 하나의 코트 카드는 자신이 속한 슈트에 따라 해당 원소의 속성을 띠게 되는데, 여기에 신분에 따른 원소의 속성이 또 추가된다. 지팡이 여왕(Queen of Wands)을 예로 들어보자. 이 카드는 지팡이 슈트에 속했으므로 기본적으로 불의 성질을 가지지만, 여왕이기 때문에 물의 속성도 동시에 가진다. 그래서 '불의 물(Water of Fire)'로 불린다. 불은 불이되, 물의 속성이 더해진 불이라는 뜻이다. 이 책의 제2부에서 자세히 보겠지만, 코트 카드에 등장하는 인물들의 성향도 이와 같은 조합에 의해 정해진다. 코트 카드의 슈트 x 신분 매트릭스를 아래와 같이 정리해보았다.

구분	에이스 (해당 슈트의 영)	기사 (해당 슈트의 불)	여왕 (해당 슈트의 물)	왕자 (해당 슈트의 공기)	공주 (해당 슈트의 흙)
지팡이(불)	불의 영 (Spirit of Fire)	불의 불 (Fire of Fire)	불의 물 (Water of Fire)	불의 공기 (Air of Fire)	불의 흙 (Earth of Fire)
컵(물)	물의 영 (Spirit of Water)	물의 불 (Fire of Water)	물의 물 (Water of Water)	물의 공기 (Air of Water)	물의 흙 (Earth of Water)
검(공기)	공기의 영 (Spirit of Air)	공기의 불 (Fire of Air)	공기의 물 (Water of Air)	공기의 공기 (Air of Air)	공기의 흙 (Earth of Air)
디스크(흙)	흙의 영 (Spirit of Earth)	흙의 불 (Fire of Earth)	흙의 물 (Water of Earth)	흙의 공기 (Air of Earth)	흙의 흙 (Earth of Earth)

표 IX. 코트 카드와 4대 원소의 상관관계

신의 이름	י (Yod, 요드)	ה (He, 헤)	ו (Vav, 바브)	ה (He, 헤)
네 개의 원소	불	물	공기	흙
네 개의 타로 슈트	지팡이	컵	검	디스크
네 개의 세상	아칠루트 (원형의 세상)	브리아 (창조의 세상)	예치라 (형성의 세상)	아시아 (물질의 세상)
인간의 혼을 구성하는 네 요소	예히다 (Yechidah, 1)	히아(Chiah, 2) 네샤마(Neschamah, 3)	루아흐 (Ruach, 4~9)	네페쉬 (Nephesh, 10)
네 개의 코트 카드	기사(왕)140	여왕	왕자	공주

표 X. 신의 이름을 기준으로 생명 나무를 나누는 여러 기준 (계속)

다음은 코트 카드가 생명의 나무 상에서 차지하는 위치에 관해 얘기할 차례다. 마이너 아르카나의 1~10번 카드가 1~10번 세피라에 일대일로 상응한다는 것은 직관적으로 알 수 있는데, 기사-여왕-왕자-공주는 어디로 가야 할까?

③ 코트 카드

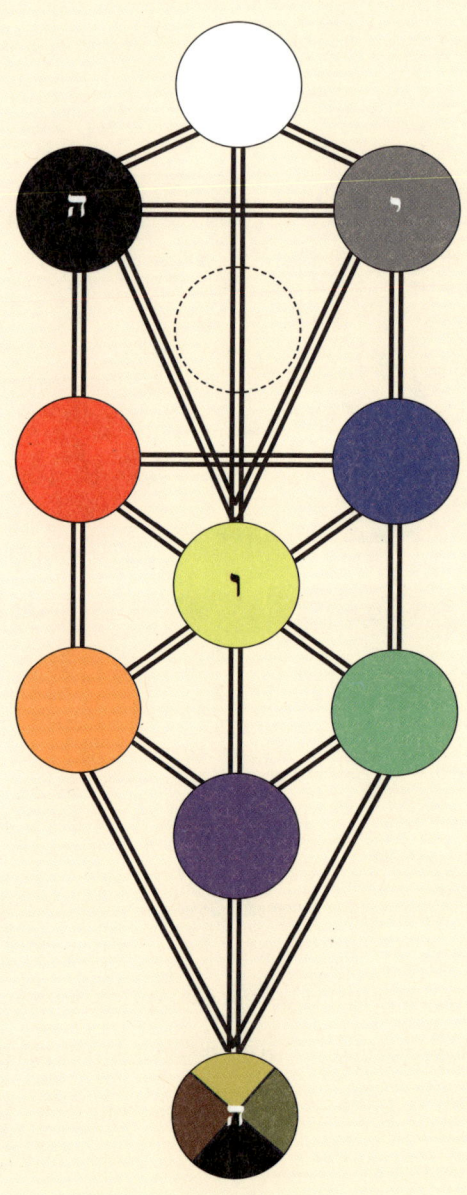

코트 카드가 생명 나무에서 차지하는 위치

기사(왕)와 여왕은 천상의 아버지와 어머니, 양과 음, 남성성과 여성성의 원리를 상징하므로 2번 세피라, 호크마와 3번 세피라, 비나에 각각 상응한다. 호크마와 비나는 최초의 이원성을 상징한다. 1번 세피라, 케테르에는 극성의 개념 자체가 존재하지 않는다. 따라서 양과 음, 성별의 구분도 없다. 하지만 우주의 창조 과정에서 양과 음이 탄생하고 대립과 화합이라는 상호작용이 시작되면서 이원성의 개념이 생겨났고, 타로의 기사와 여왕은 이 두 힘의 최상위 상태를 상징한다. 케테르와 케테르의 두 측면인 호크마/비나는 매크로프로소포스이자 신을 상징한다. 구약 성경 창세기에 등장하는 조물주, '엘로힘(Elohim)'도 '남성 및 여성 신들'을 의미하는 복수 명사라는 점을 상기하자.

기사와 여왕의 아들, 즉, 신의 아들인 왕자, 우리 내면의 그리스도, 부처, 크리슈나, 다른 말로 상위 자아, 참나, 진아는 마이크로프로소포스라 불리며, 6번 세피라를 권좌로 삼아 4~9번 세피라를 다스린다. 따라서 왕자의 위치는 6번 세피라, 티파레트다. 한편 마이크로프로소포스의 신부라 불리는, 물질에 갇혀 잠자고 있는 공주의 거주지는 10번 세피라, 말쿠트다.

④ 아스트랄계

다음은 아스트랄 삼각형을 구성하는 7-8-9번 세피라와 물질계를 상징하는 10번 세피라에 할당되는 신의 이름에 관해 얘기할 차례다. 제5 원소인 영은 물질을 구성하는 4대 원소를 다스린다고 여러 차례 설명한 바 있다. 생명의 나무 상에서 제5 원소를 상징하는 영(ש)이 6번 세피라에 있으므로 4대 원소는 그 아래에 있는 7-8-9-10번 세피라에 각각 상응한다. 10번 말쿠트는 흙, 9번 예소드는 공기, 8번 호드는 물, 그리고 7번 넷자흐는 불에 각각 해당한다.

예전에 다리오 살라스 소머[141]가 존 베인스(John Baines)라는 필명으로 헤르메스 철학의 가르침을 주제로 쓴 『The Stellar Man』이라는 책을 출간했는데, 이 책의 서문에는 '이시스의 메시지'라는 제목이 붙어 있다. 영적 성장의 길을 걷기 시작한 구도자들을 지도하는 이시스 여신이 마치 호그와트 마법학교의 신입생들을 맞이하는 미네르바 맥고나걸 교수처럼, 초보자들(Neophyte)을 상대로 연설하는 형식으로 된 서문이다. 서문의 내용 중 다음과 같이 구절이 있다.

> 나를 네 신부로 맞이하고 싶다면 입문 과정에서 죽음을 치를 각오로 임해야 한다. 자비심 없는 공포의 스핑크스가 너의 영적 용기와 본성을 가늠하기 위해 내는 시험을 통과해야 한다. 나는 십자가에 못 박히고 4대 원소의 공격을 이겨낸 자들에게만 나를 내어준다. 나는 쓰라림, 배신, 조롱, 박해, 중상모략, 명예훼손의 쓴 잔을 들이킨 자들만 사랑한다. 나는 짐승들이 지배하는 세상에서 고독함을 이겨내고 용기 하나로 고통을 감내한 입문자들을 사랑한다. 공기의 시험(중상모략과 명예훼손)을 치른 자들, 흙의 시험(폭력과 박해)을 치른 자들, 물의 시험(유혹과 악덕)을 치른 자들, 그리고 불의 시험(절제할 수 없는 야망)을 치르고 통과한 이들이여, 모두 내게 오라!

중상모략, 명예훼손, 폭력, 박해, 유혹, 악덕, 불같은 야망 등, 전부 다 물질 세상에서 공주가 치르고 통과해야 하는 전공필수 과목 시험들이다.

④ 아스트랄계

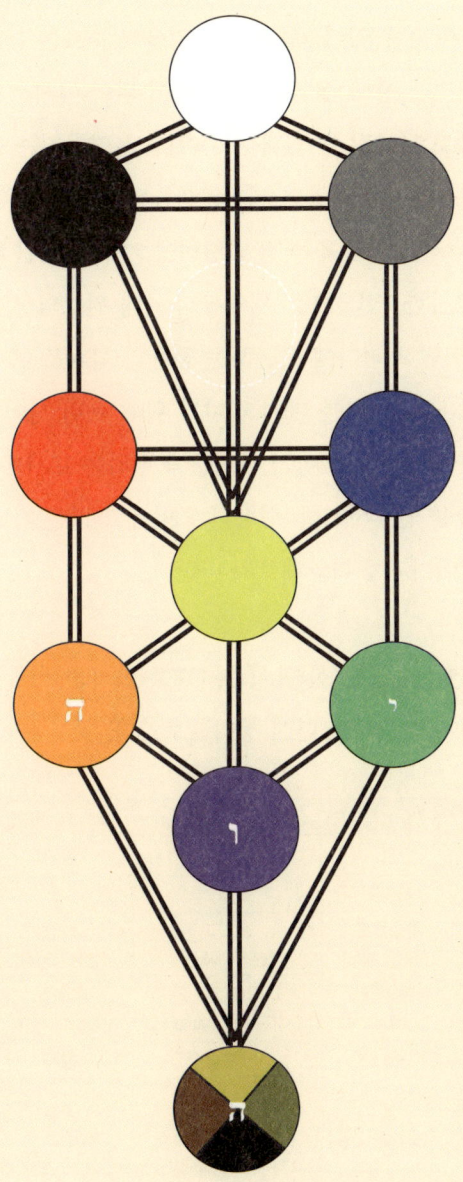

아스트랄계에서 יהוה가 차지하는 위치

7~10번 세피라가 상징하는 4대 원소의 시험을 무사히 통과해야 6번 세피라의 경지에 이를 수 있다. 즉, 물질이 영을 짓누르는 상태가 아니라 영이 물질을 다스리는 상태, 올곧게 선 인간이 되어 이시스 여신의 도움을 받아 다음 단계로 나아갈 수 있다는 뜻이다. 우연인지는 몰라도, 메이저 아르카나에서 생명 나무의 6번 세피라와 1번 세피라를 연결하는 카드, 다시 말해, 신과 신의 아들을 직접 연결하는 카드는 베일 뒤에 가려진 이시스 여신을 묘사한 2번 카드, '여사제'다. 4대 원소의 시험을 통과하여 왕자님이 있는 6번 세피라에 도달하는 공주의 힘겨운 여정은 왕자님 큐피드(Cupid 또는 Eros; 사랑)를 다시 만나기 위해 예비 시어머니 비너스가 출제하는, 실현 불가능해 보이는 과제를 수행하는 프시케(Psyche; 숨결, 생명, 영혼)의 모습을 연상시킨다. 굉장히 흥미롭고 많은 가르침이 담긴 우화이므로 전체 이야기를 확인해보기 바란다.

지금까지 발음할 수 없는 신의 이름, יהוה을 기준으로 생명의 나무를 나누는 여러 방식을 도표로 다시 정리해보았다.

신의 이름	י (Yod, 요드)	ה (He, 헤)	ו (Vav, 바브)	ה (He, 헤)
네 개의 원소	불	물	공기	흙
네 개의 타로 슈트	지팡이	컵	검	디스크
네 개의 세상	아칠루트 (원형의 세상)	브리아 (창조의 세상)	예치라 (형성의 세상)	아시아 (물질의 세상)
인간의 혼을 구성하는 네 요소	예히다 (Yechidah, 1)	히아(Chiah, 2) 네샤마(Neschamah, 3)	루아흐 (Ruach, 4~9)	네페쉬 (Nephesh, 10)
네 개의 코트 카드	기사(왕)	여왕	왕자	공주
아스트랄계를 구성하는 네 개의 세피라	불 (넷자흐, 7)	물 (호드, 8)	공기 (예소드, 9)	흙 (말쿠트, 10)

표 XI. 신의 이름을 기준으로 생명 나무를 나누는 여러 기준 (계속)

[도표] 황도대, 일곱 행성, 스몰 카드, 코트 카드, 에이스

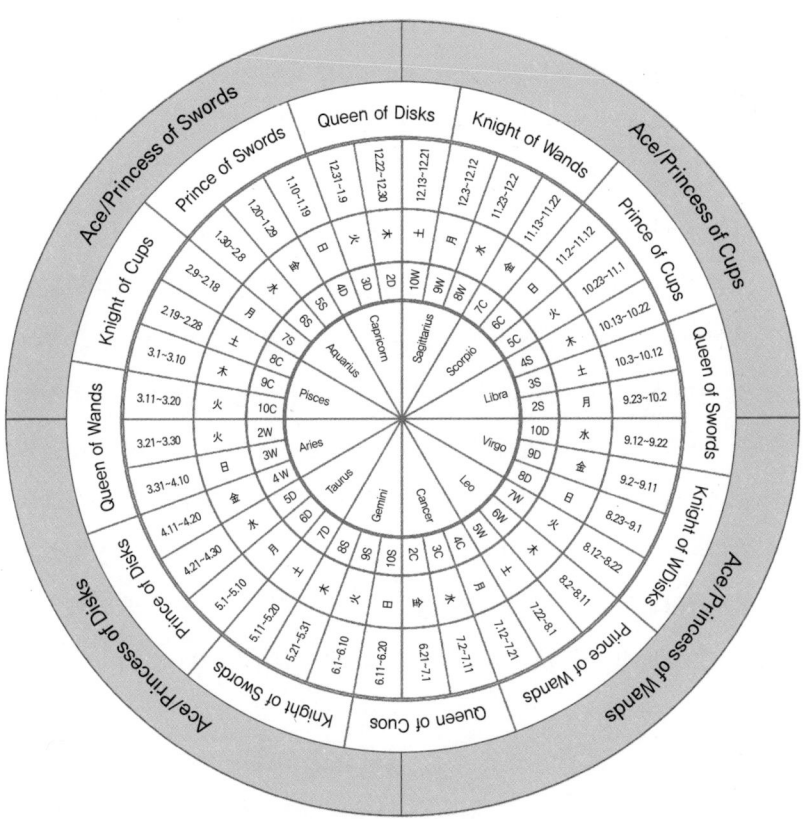

타로의 마이너 아르카나를 구성하는 36장의 스몰 카드(각 슈트의 2~10번 카드), 4장의 에이스, 16장의 코트 카드와 열두 별자리, 일곱 행성의 상응 관계를 종합적으로 보여주는 황금새벽회의 도면이다. 원의 중앙에서부터 하나씩 살펴보자.

① 우선 가상의 x축과 y축이 있다고 가정하고, 봄 또는 새해의 출범을 알리는 제3 사분면의 양자리부터 시작해서 반시계방향으로 열두 별자리의 제목이 순서대로 배열되어 있다. 각 별자리는 황도대의 30도를 아우른다.

② 다음 원에는 양자리부터 36장의 스몰 카드가 배정되며, 각 카드는 10분각, 즉, 황도대의 10도를 아우른다. 활성사인에는 2~4번, 고정사인에는 5~7번, 변동사인에는 8~10번이 배정되는 것이 규칙이다. 첫 번째 별자리는 불의 활성사인인 양자리이므로 불의 슈트인 지팡이 2~4번, 두 번째 별자리는 흙의 고정사인인 황소자리이므로 흙의 슈트인 디스크 5~7번, 세 번째 별자리는 공기의 변동사인인 쌍둥이자리이므로 공기의 슈트인 검 8~10번이 각각 배정된다. 이런 식으로 황도대 한 바퀴를 돌면서 총 36장의 스몰 카드가 차례로 배정된다. (W: Wand(지팡이); C: Cup(컵); S: Sword(검); D: Disk(디스크)).

③ 다음 원에는 10분각마다 일곱 행성이 순서대로 배정된다. 첫 번째 10분각에는 양자리를 지배하는 화성이 배정되고 태양-금성-수성-달-토성-목성 순으로 이어지는데, 다섯 번 돌고 나면(7x5=35이므로) 마지막 별자리인 물고기자리의 마지막 10분각이 하나 남는 문제가 생긴다. 크로울리에 따르면 힘겹고 매서웠던 겨울을 떠나보내고 새해를 힘차게 맞이하기 위해서는 평소보다 많은 에너지가 필요하므로 36번째 10분각에 화성이 한 번 더 등장하여 연료를 추가 공급한다고 한다.

④ 다음 원에는 각 10분각에 해당하는 기간이 명시되어 있다. 1년 365일을 36으로 나눴으므로 10분각마다 대략 10일 정도씩 배정된다. 이 체계에 따르면 모든 사람마다 두 장의 생일(양력) 카드가 있다.(스몰 카드 한 장, 코트 카드 한 장). 나의 생일 카드를 확인하여 카드에 담긴 의미가 와닿는지 생각해 보면 재미있을 것 같다.(예: 생일이 양력으로 2월 8일인 경우, 스몰 카드에는 검 6번, 코트 카드에는 검 왕자 카드가 각각 지정된다).

⑤ 다음 원에는 황도대의 30도를 아우르는 각 슈트의 기사, 여왕, 왕자가 배정된다.(공주는 포함되지 않음). 그런데 도면을 자세히 보면 코트 카드와 별자리가 일대일로 상응하지 않음을 알 수 있다. 예를 들어, 지팡이 기사는 전갈자리(물)의 세 번째 10분각과 사수자리(불)의 첫 번째와 두 번째 10분각에 걸쳐져 있다. 불의 속성을 가진 지팡이 슈트에 속해 있지만, 물의 영향이 약간 더해진 것이다. 독자들의 편의를 위해 아래와 같이 표로 작성해 보았다.¹⁴²

구분	기사	여왕	왕자
지팡이	♏♐♐	♓♈♈	♋♌♌
컵	♒♓♓	♊♋♋	♎♏♏
검	♉♊♊	♍♎♎	♑♒♒
디스크	♌♍♍	♐♑♑	♈♉♉

표 XII. 각 슈트의 기사, 여왕, 왕자 카드에 지정된 원소의 1:2 배합

⑥ 마지막 원에는 코트 카드 중 각 슈트의 공주와 에이스가 짝을 이루고 있다. 36장의 스몰 카드와 12장의 코트 카드(기사, 여왕, 왕자)는 시간과 관련이 있지만, 공주와 에이스는 공간과 관련이 있다. 카발라에

따르면 각 슈트에서 케테르에 해당하는 에이스(Highest of the High)는 공주(Lowest of the Low)를 권좌로 삼으며, 다음의 별자리와 지역을 다스린다고 한다.

- 지팡이 에이스/공주 – 게자리 / 사자자리 / 처녀자리와 아시아
- 컵 에이스/공주 – 천칭자리 / 전갈자리 / 사수자리와 태평양
- 검 에이스/공주 – 염소자리 / 물병자리 / 물고기자리와 아메리카
- 디스크 에이스/공주 – 양자리/황소자리/쌍둥이자리와 유럽/아프리카

이상으로 생명 나무의 전체적인 구조와 다양한 요소 간의 상응 관계에 관한 개요를 마친다. 이제 10개 세피로트의 속성과 각 세피라에 상응하는 타로 마이너 아르카나 카드들을 본격적으로 살펴보자.

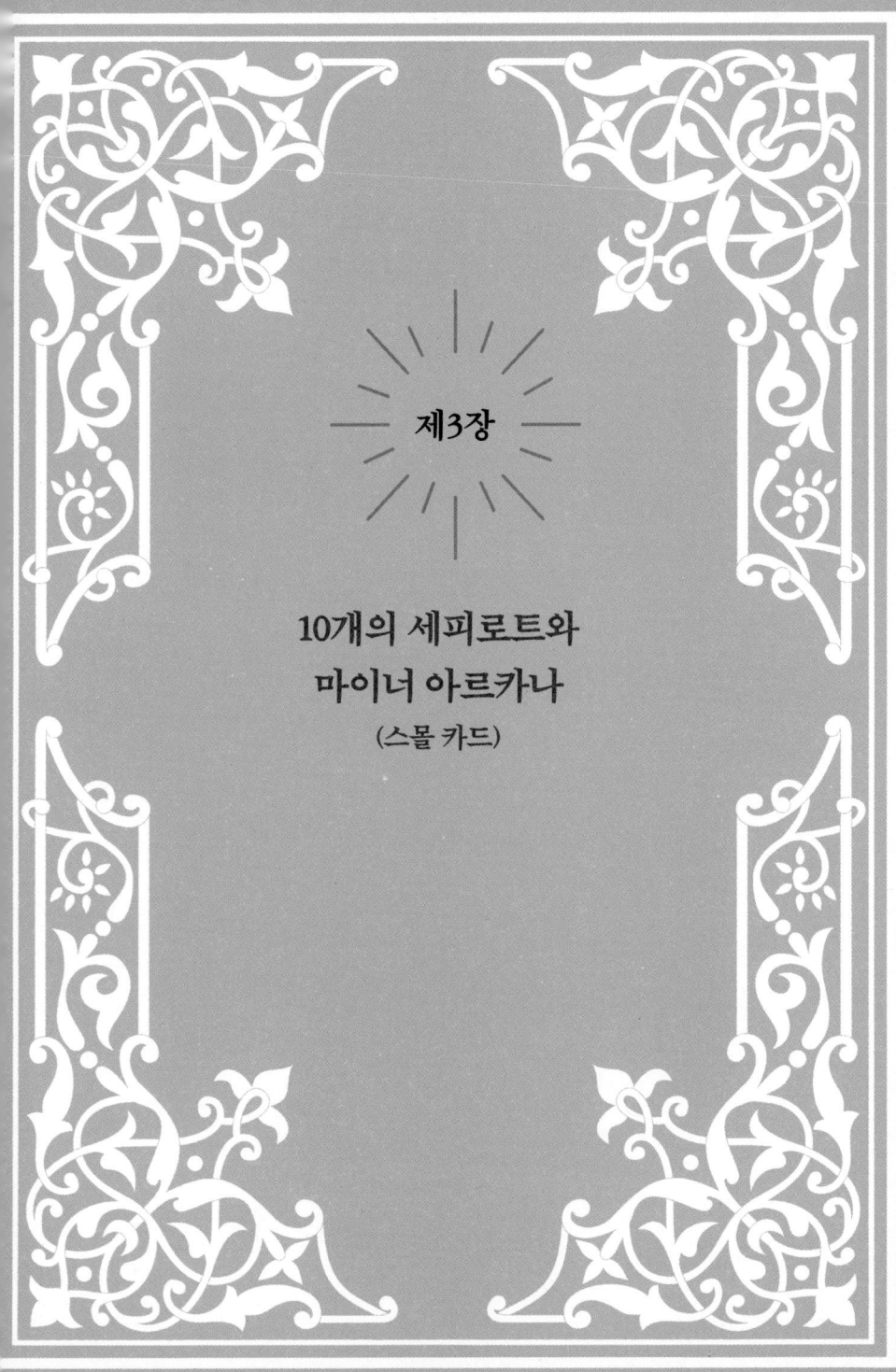

제3장

10개의 세피로트와 마이너 아르카나
(스몰 카드)

제3장에서는 지금까지 각종 개념 설명을 위해 필요할 때마다 산발적으로 언급했던 생명 나무의 세피로트와, 각 세피라에 상응하는 타로의 마이너 아르카나 카드들(코트 카드를 제외한 슈트별 1~10번 카드)을 체계적으로 다룬다. 카발라와 타로를 다시 읽는다는 마음으로 디온 포춘의 『미스티컬 카발라』와 앨리스터 크로울리의 『토트의 서』에서 많은 내용을 발췌하여 해설을 달고 필자의 의견도 함께 제시했다.

각 섹션의 서두에는 『미스티컬 카발라』의 형식에 맞춰 해당 세피라 관련 키워드를 요약한 내용을 상자 형태로 제공한다. 키워드 항목들은 다음과 같다.

① 타이틀(Title): 해당 세피라의 타이틀, 즉, 정식 제목.

② 마법 이미지(Magical Image): 해당 세피라와 관련된 마법 이미지 또는 심볼. 오랜 세월에 걸쳐 생명 나무를 대상으로 명상하고 마법을 수행하던 오컬티스트들이 해당 세피라를 표현하기 위해 만들어낸 상징체계. 많은 사람이 역량을 집중하여 만들어내는 이미지 또는 형상은 그 생명을 담을 수 있는 그릇이 된다. 강력한 힘을 발휘하는 오래된 전통과 유사한 개념으로 이해해도 좋을 것 같다.

③ 생명의 나무 상의 위치(Situation on the Tree): 해당 세피라가 생명의 나무 상에서 차지하는 위치.

④ 세페르 예치라 상의 설명(Yetziratic Text): 『세페르 예치라』에서 해당

세피라를 설명하는 구문. 난해하다는 단점이 있으나, 공부와 명상을 지속하면 어느 날 갑자기 영감을 줄 수도 있는 내용이라고 한다.

⑤ **별칭(Descriptive Titles)**: 해당 세피라를 묘사하는 여러 별칭. 역시 오랜 세월에 걸쳐 형성된 전통으로 이해하면 좋을 것 같다.

⑥ **지배자의 이름(Names of Powers)**: 해당 세피라에 배정된 신(아칠루트), 대천사(브리아), 천군(예치라), 세속적 차크라(아시아)의 이름. 생명의 나무를 대상으로 명상하거나 마법을 수행할 때 사용된다.

⑦ **영적 체험(Spiritual Experience)**: 해당 세피라가 상징하는 영적 체험.

⑧ **미덕과 악덕(Virtues and Vices)**: 해당 세피라의 경지에 도달하기 위해 성취/극복해야 할 속성. 힘(force)의 균형이 무너졌을 때 나타나는 형상(form). 3번 세피라에서 최초의 형상(형상의 관념)이 만들어지므로 1, 2번 세피라에는 악덕에 해당하는 요소가 지정되지 않는다. 연금술의 목표 중 하나는 일곱 가지 악덕 또는 죄악[143]을 일곱 가지 미덕[144]으로 변환하는 것이며, 고대인들을 이를 위해 일곱 가지 학문[145]을 연마했다.

⑨ **소우주와의 상응(Correspondence in Microcosm)**: 해당 세피라를 소우주에 적용했을 때 상응하는 요소로, 주로 신체 부위와 관련이 있다.

⑩ **심볼(Symbols)**: 해당 세피라를 상징하는 대표적 심볼.

⑪ **타로(Tarot Cards)**: 해당 세피라에 상응하는 타로 각 슈트의 카드.

⑫ **색상(Colours)**: 해당 세피라에 상응하는 각 세상의 상징적 색상. 고급 수준에 이른 학생들을 위한 정보로, 생명의 나무를 대상으로 명상하고 마법을 수행할 때 일종의 나침반 또는 이정표로 활용된다.

그럼 첫 번째 세피라, 케테르부터 시작하기 전에 우주의 구체화 이전 상태를 의미하는 아인 소프의 개념부터 살펴보자. 지금부터 소개할 본문에는 독자의 편의를 위해 『미스티컬 카발라』의 형식에 맞춰 각 문단에 번호를 지정할 것이다.

(0) 아인 소프(Ain Soph, אין סוף); 무한(Without Limit)

1. 윌리엄 워커 앳킨슨은 저서 『신비주의 기독교』에서 성령(聖靈)을 다음과 같이 정의했다. 내용이 다소 길지만, 아인 소프와 구체화 이전/이후(Unmanifest/Manifest)의 개념을 이해하는 데 참고가 될 것 같아서 전문을 옮겼다.

> 성령은 절대자(The Absolute)가 구체화(Manifestation)한 상태를 의미한다. 구체화 이전 존재(Unmanifest Being)로서의 신이 구체화한 것(Manifest Being)이 곧 성령이다. 창조 이전의 신(God Uncreate)이 아닌 창조 이후의 신(God Create), 절대적 존재로서의 신(The Absolute Being)

이 아닌 창조의 원리로서의 신(Creative Principle)이 바로 성령이다.

방금 기술한 성령의 정의를 이해하려면 일단 절대자는 두 가지 상태 (two phases)로 존재한다는 점부터 알아야 한다. 두 개의 별도 존재가 아니라, 한 존재가 두 가지 상태로 존재한다는 뜻이다. 절대자는 유일하다 – 하나일 수밖에 없다. 하지만 이 절대자는 두 가지 상태로 존재한다. 하나는 구체화 이전의 상태(Being Unmanifest)이고, 다른 하나는 구체화 이후의 상태(Being Manifest)다.

'구체화 이전의 상태'란 유일한 신의 절대적 상태, 개체화하지 않고(undifferentiated), 구체화하지 않고(unmanifested), 창조하지 않은(uncreated) 상태, 즉, 속성(attributes), 특성(qualities), 본성(natures)이 없는 상태를 의미한다.

인간의 정신이 '구체화 이전 상태의 절대자'의 개념을 파악하기란 불가능하다. 이 상태의 절대자는 어떤 '실체(Thing)'도 아니고, '어떠한 것(Something)'도 아니기 때문이다. 이것이 바로 유일한 존재로서의 절대자의 본질이다. 우리가 생각으로 떠올릴 수 있는 것이라면 '절대적인 것(Absolute)'일 수도 없고, '구체화 이전 상태의 것(Unmanifest)'일 수도 없다. 우리가 생각으로 떠올릴 수 있는 '것(Thing)'은 모두 '상대적인 것(Relative Thing)'이다. 즉, 우리는 '객관적 존재(objective being)의 형태로 구체화한 것'만 머릿속에서 떠올릴 수 있다.

하지만 우리가 이성을 동원하여 깊게 생각해 보면 구체화 이전의 절대자가 존재할 수밖에 없다는 결론에 도달하게 된다. 우리가 인식할 수 있는 모든 구체화한 것(The Manifest), 상대적 우주(Relative Universe), 그리고 생명(Life)은 어떤 근본적 현실(Fundamental Reality), 즉, '절대자'와 '구체화 이전의 것'에서 나왔어야만 하기 때문이다. 인간이 동원할 수 있는 최고 수준의 이성으로 상정한 이 절대자는 구체화 이전의 존재, 즉, '하나님 아버지'다. 인간의 감각을 통해서는 아버지를 알 수 없다. 오로지 순수한 이성 또는 우리 안에 거하는 영의 작용을 통해 그가 존재한다는 사실만을 알 수 있을 뿐이다. 이를 물질적 관점에서 설명하자면 '인간은 신을 알 수 없다.'고 말할 수 있다. 하지만 물질보다 높은 관점에서 설명하자면, '인간의 영은 신이 존재함을 알 수 있고, 가장 높은 차원의 이성을 통해 그의 존재를 입증할 수 있다.'고 말할 수 있다.

구체화 이전의 존재는 절대자의 실제이자 참 상태다. 객관적인 세상, 세상에 구체화한 모든 것, 가장 높은 수준까지 진화한 생명마저 모두 구체화 상태에서 구체화 이전 상태로 복귀한다면 무엇이 남게 될까? 오로지 구체화 이전의 절대자, 즉, 하나님 아버지만 남게 된다. 우주 만물이 절대자에게 흡수되고, 절대자 외에는 무(Nothing)만 있는 상태, 다시 말해, 구체화 이전의 상태만 남게 되는 것이다.

이 개념을 처음 접하는 독자들에게는 지금 하는 얘기가 너무 추상적이고 난해할 수 있다는 점을 인정한다. 마치 존재하지 않는 존재(Non-Being)의 존재함(Being)을 증명하는 것처럼 들릴 수도 있을 것이다. 하지만 서두르지 않고 차분하게, 깊게 사색해보면 이 설명에서 진리를 발견하고 확신할 수 있을 것이다. 그리고 절대자가 하나님 아버지(God, the Father), 그리고 성령(God, the Holy Ghost)의 두 가지 상태로 존재함을 이해할 수 있을 것이다.

2. 생명의 나무 상에서 성령이 차지하는 위치에 관한 카발라와 기독교 신비주의의 설명이 약간 다르긴 하지만, 신을 '구체화 이전'과 '구체화 이후'의 상태로 나누어 표현한 앳킨슨의 설명은 카발라의 아인 소프(0)와 케테르(1)의 관계에 그대로 적용될 수 있을 정도로 유사하다. 카발라에서는 인간이 관념적으로 인지할 수 있는 우주의 근원, 모든 창조의 출발점, 신의 실체를 '1', 점, 모나드 등의 심볼로 표현하고 이를 케테르라 부른다. 하지만 케테르 이전에도 무언가가 반드시 있을 수밖에 없으며, 인간의 지적 역량으로는 알 수 없는 그 무언가는 '네거티브 존재의 베일(Veils of Negative Existence)'에 가려져 있다고 표현한다. 이 베일은 세 개의 겹으로 구성되어 있으며, 각 베일의 이름은 다음과 같다.

- 아인(Ain) – 무(Nothing) 또는 네거티비티(Negativity)
- 아인 소프(Ain Soph) – 무한(Without Limit)
- 아인 소프 오르(Ain Soph Aur) – 무한한 빛(Limitless Light)

3. 아인을 설명할 때 '네거티브 존재(Negative Existence)'라는 표현을 사용하기도 하는데, 이를 그대로 직역하면 '존재하지 않는 존재'라는 모순적인 표현이 나온다. 여기서는 '분명히 존재하지만, 인간으로서는 그 존재가 어떠한지 알 수 없다.'는 의미로 이해하면 좋을 것 같다. '무한한 빛'을 의미하는 아인 소프 오르의 빛을 '네거티브 빛(Negative Light)'으로 칭

하는 경우도 있다. 이 역시 빛과 유사한 속성을 지니고는 있으나, 우리가 알고 있는 빛과는 엄연히 다른 형태의 빛, 구체화 이전의 빛을 의미하는 것이다.

4. 너무나 형이상학적이고 추상적인 이야기라 마음에 잘 와닿지 않을 수도 있다. 하지만 카발리스트들은 우주를 설명하기 위해 이 네거티브의 개념이 꼭 필요하다고 말한다. 어떤 현상 또는 상태는 그것만으로 설명할 수 없다. 그 상태를 만든, 그 현상을 유발한 원인에 대한 설명이 먼저 있어야만 한다. 비유를 들어보자. '윤민'이라는 사람(인격)이 세상에 존재하게 된 근본적인 경위를 설명하기 위해서는 그의 부모, 조부모를 거쳐 족보를 타고 위로 올라가야 한다. 계속 과거로 거슬러 올라가면 가문의 시조에 도달하게 되는데, 그도 나를 존재하게 한 원천은 아니다. 족보상에는 명시되어 있지 않아 누구인지는 모르겠지만, 그에게도 분명히 부모가 있다. 그렇다면 최초의 인간까지 올라가야 하나? 그는 누구인가? 아담과 이브? 루시? 오스트랄로피테쿠스? 수상생물? '최초'가 분명히 있었음은 부정할 수 없는 사실이지만, 그가(그것이) 누구였는지는 알 길이 없다. '윤민'이라는 이름과 육신을 가진 소우주의 탄생 배후에는 이처럼 미지의 원천이 있고, 이는 대우주도 마찬가지다. 케테르, 즉, '구체화 이후의 상태'인 신이 있기 전에는 '구체화 이전의 상태'인 신이 분명히 있었을 것이고, 카발라에서는 이 불가해한 네거티브 경지를 설명하기 위해 아인 / 아인 소프 / 아인 소프 오르라는 삼중 베일의 개념을 고안했다. 워낙 미지의 영역이라 그 실체를 알 수는 없지만, 존재한다는 것만은 확실하므로 대수학에서 사용하는 변수처럼 상정하는 것이다.

5. 또 하나의 비유를 해 보자. '네거티브 존재'라는 말을 듣고 고등학교 시절 수학 시간에 배웠던 복소수의 개념이 떠올랐다. 복소수는 실수와 허수의 합으로 이루어지는 수인데, 허수의 기본 단위인 'i'는 '-1의 제곱근(루트)'을 상징한다. 인간이 아는 한 -1의 제곱근은 존재할 수 없으나, 즉, 일종의 네거티브 존재이나, 수학에서는 이 가상의 값에 'i'라는 변수를 지정하여 유용하게 활용한다.

6. 디온 포춘은 『미스티컬 카발라』에서 이 개념을 부연 설명하기 위해 전기를 비유로 들었다. 우리는 전기가 왜 존재하는지 모른다. 하지만 인간이 전기의 정확한 실체를 이해하지 못하더라도 전기가 세상에 영향을 준다는 것은 확실한 사실이고, 우리는 지금 그 속성을 잘 활용하여 각종 문명의 혜택을 누리고 있다. 실체를 모른다 해서 전기의 존재를 부정할 수는 없는 것이다. 과학기술이 발달하고 인간의 정신이 진화하면서 전기에 관한 이해가 지금보다 깊어질 수 있듯이, 세월이 흘러 인류의 의식이 더욱 상승하면 미지의 것을 가리고 있는 네거티브 베일도 지금보다 조금 더 벗겨질 수 있을 것이다. '0'과 아인 소프도 같은 개념으로 이해하면 좋을 것 같다.

(1) 케테르(Kether, כתר); 왕관(The Crown)

① **타이틀**: 케테르, 왕관.

② **마법 이미지**: 긴 수염을 휘날리는 고대 왕의 옆모습.

③ **생명의 나무 상의 위치**: 천상의 삼각형 안, 균형(중용)의 기둥 꼭대기.

④ **세페르 예치라 상의 설명**: 첫 번째 경로는 시작이 없는 첫 번째 원칙(First Principle)을 이해하는 힘을 선사하는 빛이므로 감탄스러운 또는 감춰진 지성(Admirable or Hidden Intelligence)으로 불린다. 신에 의해 창조된 그 어떤 존재도 그 본질을 성취할 수 없으므로 태초의 영광(Primal Glory)으로 불리기도 한다.

(The First Path is called the Admirable or Hidden Intelligence because it is the Light giving the power of comprehension of the First Principle, which hath no beginning. And it is the Primal Glory, because no created being can attain to its essence.)

⑤ **별칭**: 존재 중의 존재(Existence of Existences), 감춰진 것 중의 감춰진 것(Concealed of the Concealed), 가장 오래전부터 계신 이(Ancient of Ancients), 옛적부터 항상 계신 이(Ancient of Days), 태고의 점(The Primordial Point), 원 안의 점(The Point within the Circle), 가장 높으신 이(The Most High), 큰 얼굴(The Vast Countenance), 백발 머리(The White Head), 존재하지 않는 머리(The Head which is not), 매크로프로소포스(Macroprosopos), 아멘(Amen), 감춰진 빛(Lux Occulta), 내면의 빛(Lux Interna), 그분(He), 불가해한 경지(The Inscrutable Height).

⑥ 지배자의 이름:

- 신의 이름 – 에흐예(Ehyeh).
- 대천사 – 메타트론(Metatron), 자기 앞의 사자[146](Angel of the Presence).
- 천군 – 거룩한 생물[147](Holy Living Creatures), 하요트 하 코데쉬(Chayyoth ha Qodesh[148]).
- 세속적 차크라 – 레쉬트 하 길굴림(Reshith ha-Gilgulim), 태초의 움직임(Primum Mobile), 최초의 소용돌이(First Swirlings).

⑦ 영적 체험: 신과 합일(Union with God).

⑧ 미덕: 성취(Attainment), 대업의 완성(Completion of the Great Work).
악덕: 없음.

⑨ 소우주와의 상응: 두개골, 사(The Sah; 눈부신, 빛나는, 명료한[149]), 예히다(Yechidah), 신성한 불꽃(The Divine Light), 천 개의 잎을 가진 연꽃(The Thousand-petalled Lotus; 사하스라라(Sahasrara; 크라운 차크라)).

⑩ 심볼: 점(The Point), 왕관(The Crown), 스와스티카(The Swastika).

⑪ 타로: 네 장의 에이스 카드.

- Ace of Wands – 불의 힘의 근원(The Root of the Powers of Fire).
- Ace of Cups – 물의 힘의 근원(The Root of the Powers of Water).
- Ace of Swords – 공기의 힘의 근원(The Root of the Powers of Air).
- Ace of Disks – 흙의 힘의 근원(The Root of the Powers of Earth).

⑫ 색상:

- 아칠루트 – 광채(Brilliance).

- 브리아 – 순백색 광채(Pure white brilliance).
- 예치라 – 순백색 광채(Pure white brilliance).
- 아시아 – 금빛 얼룩이 뿌려진 백색(White, flecked gold).

1. 생명 나무의 중간 기둥 맨 위, 세 겹의 베일로 가려진 무 바로 아래에 있는 케테르를 설명할 때 늘 동원되는 형용사는 '불가해한(inscrutable)', '형언할 수 없는(ineffable)' 등이다. 인간의 능력으로는 이해할 수도, 표현할 수도 없다는 뜻이다. 케테르는 곧 신이기 때문이다. 옛날 어느 현자가 이런 말을 했다. "신을 정의한다는 것은, 신을 더럽히는 것과 같다." '신은 A다.'라고 정의하는 순간, 신은 'A가 아닌 것'은 될 수 없다. 이는 무한의 특성을 가진 신을 제약하는 신성모독이라 할 수 있다. 그래서 '신을 더럽히는 것'이라는 표현을 쓴 것이다. 케테르는 우주 만물의 원천이자 우주를 존재하게 한 최초의 씨앗이다. 철학자 아리스토텔레스가 주장했던 첫 번째 원인[150]이자 부동의 동자[151]다. 따라서 세상의 모든 것(THE ALL)이 케테르에서 나왔다고 할 수 있다.

2. 황금새벽회를 이끌었던 맥그레거 매더스는 이렇게 말했다.

"케테르는 구체화 이전 상태의 말쿠트다."

카발라의 네 세상을 다룬 섹션에서 상위 세피라는 하위 세피라를 낳고, 상위 세상의 마지막 세피라인 말쿠트는 다음 세상의 첫 번째 세피라인 케테르를 낳는다(발산한다)고 설명했다. 예를 들어, 가장 높은 세상인 아칠루트의 말쿠트는 다음 세상인 브리아의 케테르를 낳는다. 위에 인용한 매더스의 말은 이 원리에 따라 베일 맞은편에 있는 구체화 이전 상태의 마지막인 아인 소프 오르의 말쿠트가 아칠루트의 케테르를 낳았다는 뜻이다. 우리가 이해할 수 없는, 베일 너머 세상을 묘사한 생명 나무의 마지막 세피라가 낳은 것이 바로 아칠루트의 케테르라는 것이다.

3. 매더스는 또 이런 말도 했다.

> "네거티브 빛으로 가득한 무한한 바다는 중심에서 나온 것이 아니라 (무한한 바다에는 중심이 없음) 무한의 어느 한 지점에 중심을 만들어낸다. 그 중심이 바로 처음으로 구체화한 세피라, 케테르, 왕관, 첫 번째 세피라다."

디온 포춘은 아인 소프 오르를 '모든 곳이 중심이고, 원주는 어디에서도 발견할 수 없는 원'이라고 표현했고, 크로울리는 이집트의 삼위일체 152인 어머니(누트; Nuit), 아버지(하디트; Hadit), 아들(라 후르 쿠트; Ra Hoor Khut)의 메시지를 3개의 장으로 구성한 계시록, 『법의 서』 제2장, 3~4절에서 다음과 같이 말하고 있다. (아버지인 하디트의 관점).

> 3. 우주 안에서 나는 어디에 있든 중심에 있으며, 경계선인 그녀는 어디에서도 발견할 수 없다.
> 4. 하지만 그녀는 알려지고, 나는 절대 알려지지 않을 것이다.

4. '모든 곳이 중심'이고 '원주(圓周) 또는 경계선을 발견할 수 없는 원'이란 이 원이 무한히 크다는 뜻이다. 크로울리는 이집트 신화에서 밤하늘을 상징하는 거대한 여신, 누트가 세상을 굽어보고 있는 형상을 묘사한 계시의 스텔레(Stele of Revealing)를 본 후 『법의 서』를 받았다고 하는데, 누트가 바로 이 무한한 원이자 무한한 빛인 아인 소프 오르를 상징한다. 스텔레의 이미지를 보면 누트가 감싸고 있는 우주 안에 날개가 달린 태양의 모습이 보이는데, 이 태양(점)은 그녀의 배필인 하디트이자 아인 소프 오르라는 우주의 거대한 밭에 심어진 최초의 씨앗, 신의 첫 번째 구체화 형태인 케테르에 상응한다. 위 인용문에서 하디트는 왜 "그녀는 알려지고, 나는 알려지지 않을 것이다."라고 말했을까? 무한한 공간은 측정할 수 없지만 존재한다는 사실은 인지할 수 있다. 하지만 0차원의 속성을 지닌 점은 무한한 공간 안에서 어디에 있는지 발견할 수 없기 때문에 그런 말을 한 것이 아닐까? 개인적으로 그렇게 해석했다.

5. '무'의 상태에서 '유'가 생겨나는, 즉, 아인 소프 오르에서 점이 태어나는 과정을 디온 포춘은 이렇게 비유했다.

큰 잔에 뜨거운 물을 붓고 설

계시의 스텔레 (Stele of Revealing)

탕을 타서 충분히 저은 후, 물이 식으면서 설탕 결정이 서서히 모습을 드러내는 광경을 본 적 있는가? 케테르가 탄생하는 과정도 이와 유사하다.

이 비유는 케테르 뿐만 아니라, 하나의 세피라가 다음 세피라를 발산하는 과정을 심상화할 때도 도움이 될 것이다.

6. 성경에는 누가 누구를 낳고 하는 식으로 기록된 족보가 여러 군데 등장하는데, 세피라의 탄생 과정도 이와 비슷하다. 부모가 자신의 속성을 자식에게 물려주고, 자식은 어떤 식으로든 부모의 영향을 받듯이, 하나의 세피라는 자신을 낳은 세피라의 특성을 갖게 되고, 동시에 자신이 낳은 세피라에 자신의 특성을 전수한다. 디온 포춘의 말을 또 빌리자면, 하나의 도토리 안에는 참나무가 들어있고, 그 참나무에 달린 수많은 도토리 안에도 도토리가 달린 참나무들이 들어있다.

7. 케테르는 '왕관'을 의미한다. 머리 자체가 아니라, 머리 위에 쓰는 왕관이다. 상대적인 세상, 이원성이 지배하는 세상에서 사는 인간은 모든 것을 비교하여 가치를 판단한다. "이것은 저것보다 크다", "이것은 저것보다 무겁다", "이것은 저것보다 뛰어나다." 뭐든지 다 상대평가다. 인간이 두 개의 눈을 가진 이유는, 두 가지를 보고 비교하기 위함이라는 말도 있다. 이것이 바로 머리, 즉, 정신의 한계다. 하지만 머리보다 위에 있는 왕관, 케테르에는 이런 한계가 없다. 케테르는 인간이 상상할 수 있는 가장 완벽하고, 순수하고, 때 묻지 않은 최상위 상태다. 케테르는 '1'이므로 여기에는 이원성, 복수(複數), 분열의 개념이 없다. 작용도 없고, 이에 따른

반작용도, 원인과 결과도 없다. 힘도, 형상도 존재하지 않는다. 첫 번째 구체화라고는 하지만, 매우 정적인 느낌을 준다. 그냥 존재한다는 것으로서의 의미만 지니는 것 같다. 발산의 과정을 통해 2번 세피라, 호크마를 낳을 때까지는 별다른 액션이 없다.

8. 케테르는 진정한 의미에서의 하나됨(Oneness)이다. 예전에 맨리 P. 홀이 신플라톤주의(Neoplatonism)의 사상을 주제로 한 어느 강연에서 '구도자의 여정은 외로운 상태(Loneliness)에서 홀로됨의 상태(Aloneness)로 나아가는 것'이라는 말을 한 적이 있다. 우주가 창조되는 과정에서 하나였던 것이 무수히 많은 개체로 분열되면서 우리는 고립되고 외로워졌다. 하지만 홀로됨의 상태는 외로운 것과는 다른 개념이다. 단어에서 볼 수 있듯이 'Alone'이란 'ALL'과 'ONE'을 합친 상태, 즉, 모든 개체가 다시 하나로 합쳐진 케테르의 경지로 돌아간다는 뜻이다.

9. 케테르에 해당하는 마법 이미지는 '긴 수염을 휘날리는 고대 왕의 옆모습'이다. 우리는 그의 옆모습만을 볼 수 있다. 얼굴의 한 면은 구체화 이후의 세상에, 한 면은 구체화 이전의 세상에 맞닿아 있기 때문이다. 지구에서 달의 뒷면을 볼 수 없는 것과 유사한 개념이다. 케테르의 여러 별칭에도 '으뜸', '최초', '나이 많은', '숨겨진'의 뉘앙스가 배어있다. 옛 화가들이 신의 모습을 나이 많고 근엄한 할아버지로 묘사한 것 역시 그가 세상에 존재하는 모든 것 중 가장 먼저 생겨났음을 표현하기 위함이었다.

10. 아인 소프[153]에 직접 맞닿아 있는 케테르는 우주에 존재하는 모든 에너지, 힘, 잠재력의 원천이다. 우주의 모든 것, 모든 현상의 배후에서

작용하는 보이지 않는 힘이며, 그 힘은 한계가 없는 무한한 크기의 에너지원인 아인 소프에서 끌어온 곳이다. 어린 시절, 동네마다 땅속의 지하수를 위로 퍼 올리는 우물 펌프가 하나씩 있었다. 지하수가 아인 소프라면, 펌프는 케테르에 비유할 수 있다. 펌프가 설치만 된 상태에서는 아무런 일이 일어나지 않지만, 누군가가 펌프의 손잡이를 열심히 움직여 펌프질을 시작하면 물이 콸콸 쏟아져나온다. 케테르라는 게이트웨이를 통해 아인 소프의 무한 에너지를 끌어다 쓰는 것이 바로 다음 섹션에서 다룰 호크마의 작용이다.

11. 케테르에 상응하는 타로의 슈트 별 에이스 카드의 정식 제목은 모두 'The Root of the Powers of 〈원소명〉'의 형식으로 되어있다. 예를 들어, 지팡이 에이스는 'The Root of the Powers of Fire'다. 따라서 이 카드는 불 자체가 아니라, 불의 원천(엄밀히 말하면 원천과 연결된 펌프)을 상징하는 것이다. 아인 소프를 이해할 수 없는 우리의 관점에서는 케테르가 곧 원천이라고 봐도 무방하다.

12. (카발라와 타로의 개요를 소개하는 이 책의 범위에서는 벗어나지만) 디온 포춘은 실천 마법을 수행할 때 견고한 토대를 기반으로 삼아야 한다는 점을 매번 강조하는데, 이 토대가 바로 케테르다. 생명의 나무는 아인 소프라는 비옥한 토양 위에 뿌려진 씨앗(케테르)이 발아하고 가지를 뻗으면서 자라난 나무다. (따라서 우리가 볼 때는 뿌리가 위에 있고 가지가 아래로 뻗는 형상이다). 뿌리 깊은 나무는 흔들리지 않지만, 모래로 지은 성은 반드시 무너지기 마련이다. 마법뿐 아니라 일상에서도 새겨들어야 할 가르침이다.

13. 케테르의 중요한 속성 중 하나를 설명하는 『미스티컬 카발라』의 한 대목이 있어서 옮겨본다. 마법에 관한 설명이긴 하지만, 어디에나 적용할 수 있는 원리다.

> 케테르를 대상으로 명상하다 보면 마법 수행의 결과는 전혀 중요하지 않다는 사실을 직관적으로 깨닫게 된다. (중략). 이 사실을 깨달은 후 비로소 아스트랄계의 이미지들을 내 의지대로 다룰 수 있게 된다.

14. 마법사든, 권력자든, 아니면 평범한 소시민이든, 그가 가진 힘과 능력은 그에게서 나온 것이 아니라 신에게서 나온 것이다. '나'는 신의 뜻, 하늘의 뜻이 땅에서 이루어질 수 있도록 매개 역할을 하는 존재, 말하자면 신의 일꾼이다. 그래서 옛날 사람들은 "헤르메스가 이 세상의 모든 책을 썼다."고 말했다. 세상에는 글을 쓰는 작가들이 많고도 많지만, 이들은 사실 글쓰기의 신인 헤르메스의 펜 역할을 한, 신의 도구로 쓰인 사람들이라는 사실을 알았기에 그런 표현을 쓴 것이다. 메이저 아르카나를 다루는 제2부에서 다시 보겠지만, 1번 카드의 마법사가 한 손으로 하늘을 가리키고 다른 손으로 땅을 가리키는 것 역시 하늘의 뜻을 받들어 땅에서 실현하겠다는 의지의 표현이다. 여기서 하늘은 케테르이고, 땅은 우리가 사는 물질계를 상징하는 10번 세피라, 말쿠트가 된다.

15. 『세페르 예치라』에서는 케테르를 설명하는 대목에서 "신에 의해 창조된 그 어떤 존재도 그 본질을 성취할 수 없다."고 선언한다. 이는 형상을 가진 피조물, 육신을 가진 존재의 상태로는 그 경지에 이를 수 없다는 뜻이다. 케테르의 영적 체험은 '신과 합일(合一)'이라고 하는데, 이

는 순간적으로, 일시적으로 신과 하나가 되는 신비스러운 체험을 말하는 것이 아니라 신에게 완전히 돌아가는 것, 신에게 흡수되는 것을 의미한다. 따라서 그 순간 나의 형상은 사라진다. 케테르에는 형상의 개념이 없기 때문이다. "신의 얼굴을 보고도 살아남을 수 있는 사람은 없다."는 말이 있다. 헤라 여신의 꾀임으로 연인 제우스의 참모습을 보겠다고 고집을 피웠던 세멜레154는 강력한 불길에 휩싸여 사망했고, 천사들의 경고를 무시하고 불타는 소돔의 모습을 바라봤던 롯155의 부인은 순식간에 소금기둥으로 변했다. 신의 얼굴을 보고 죽은 자들의 사례다. 구약성경에 등장하는 선지자 에녹과 엘리야는 육신의 죽음을 체험하지 않은 상태에서 승천한 후, 세상으로 다시는 돌아오지 않았다고 한다. 유대교 전설에 따르면 에녹과 엘리야는 훗날 대천사가 되었다고 하는데, 이들은 인간으로서의 여정을 마치고 케테르에 도달한 자들의 사례로 볼 수

승천하는 에녹

있을 것 같다.

> (창세기 5:24) 에녹이 하나님과 동행하더니 하나님이 그를 데려가시므로 세상에 있지 아니하였더라
> (열왕기하 2:11) 두 사람이 행하며 말하더니 홀연히 불수레와 불말들이 두 사람을 격하고 엘리야가 회리바람을 타고 승천하더라

케테르로 돌아갔다고 해서 '나'라는 존재가 완전히, 영원히 소멸하는 것은 아니다. 단지 우리가 지금 가지고 있는 육신을 더는 걸칠 필요가 없어질 뿐이며, 그 이후에는 새로운 차원, 새로운 존재로서의 삶을 이어가고, 새로운 과제를 맞게 될 것이다.

16. 디온 포춘의 말대로 케테르의 경지에 도달하여 '거룩한 생물'들과 어깨를 나란히 하는 것이 정확히 어떤 의미를 가지는 것인지, 그리고 그 다음에는 어떤 일들이 펼쳐질지는 알 수 없다. 신과 하나가 됨을 체험하고 나서 돌아와 무용담을 공유한 사람이 없기 때문이다. 하지만 오컬트 전통에서 몇 가지 실마리를 제공하고 있다.

17. 맥스 하인델은 『장미십자회의 우주 창조론』에서 현생 인류는 광물, 식물, 동물의 단계를 차례로 거치면서 오늘날 인간에 이르렀고, 여호와와 같은 '신들', 대천사, 천사 등도 한때는 우리와 같은 인간이었다가 그 다음 단계로 넘어간 존재들이라고 설명했다. 쉽게 말해, 신들과 천사들은 우리의 선배들이라는 얘기다. 하인델에 따르면 우리보다 앞서 성장의 여정을 걸어간 이 존재들은 지금, 이 순간에도 인류를 올바른 방향으

로 이끌어주기 위해 보이지 않는 곳에서 다양한 방식으로 도움을 주고 있으며, 우리도 나중에 인간의 삶을 졸업한 후 '후배들'을 이끌어주는 역할을 하게 될 것이라고 한다. 여담이지만, 프랑스 작가, 베르나르 베르베르의 3부작 소설 시리즈, 『타나토노트』-『천사들의 제국』-『신』에서 이 개념을 잘 표현하고 있다. 독자들에게도 일독을 권하고 싶다.

18. 디온 포춘은 오컬트 전통에서 깨달은 자, 높은 경지에 이른 자를 지칭하기 위해 사용하는 용어인 '마스터(Master)'와 '아뎁트(Adept)'를 구분하며 이렇게 말했다.

> '마스터'의 칭호는 탄생과 죽음의 수레바퀴에서 해방된 존재들에게만 부여하는 것이 마땅하다.

인간의 육신이라는 형상을 내려놓는다는 것은 환생의 굴레에서 해방된 상태를 의미하는 것이다. 생각의 위에 있는, 생각을 초월하는, 머리가 아닌 머리 위의 왕관을 성취하게 되면 성 바울의 말대로 '주께서 나를 아신 것같이 내가 온전히 알게 되는[156]' 경지에 이르게 될 것이다.

19. 카발라의 네 세상에서 각 세피라를 관장하는 지배자의 이름은 주로 마법에서 사용되지만, 해당 세피라의 속성을 이해하는 데도 큰 도움이 된다. 원형의 세상, 아칠루트의 케테르를 다스리는 신의 이름은 '에흐예'로, 영어로는 'I Am That I Am(Ehyeh Asher Ehyeh)', 그리고 한글판 성경에서는 '스스로 있는 자'로 번역되었다.

(출애굽기 3:13) 모세가 하나님께 고하되 내가 이스라엘 자손에게 가서 이르기를 너희 조상의 하나님이 나를 너희에게 보내셨다 하면 그들이 내게 묻기를 그의 이름이 무엇이냐 하리니 내가 무엇이라고 그들에게 말하리이까

(출애굽기 3:14) 하나님이 모세에게 이르시되 나는 스스로 있는 자니라 또 이르시되 너는 이스라엘 자손에게 이같이 이르기를 스스로 있는 자가 나를 너희에게 보내셨다 하라

(Exodus 3:13) And Moses said unto God, Behold, [when] I come unto the children of Israel, and shall say unto them, The God of your fathers hath sent me unto you; and they shall say to me, What is his name? what shall I say unto them?

(Exodus 3:14) And God said unto Moses, I AM THAT I AM: and he said, Thus shalt thou say unto the children of Israel, I AM hath sent me unto you.

20. "I Am That I Am"이라니? 이 표현을 영문으로 처음 접했을 때, 우리나라의 전설적인 코미디언, 故 이주일 선생이 자신의 정체를 묻는 상대방의 질문에 특유의 자신감 없는, 기어들어 가는 목소리로 "나는 나다."라고 답했던 장면이 떠올랐다. 디온 포춘은 이 표현을 '존재는 존재다(Existence is existence)', 또는 '나는 스스로 있는 그 자다(I Am Who He Is).'의 의미로 이해하는 것이 더 좋다고 부연 설명했다. 여전히 애매하다. 완벽하게 순수한 상태를 의미하는, 힘의 작용도, 형상의 개념도, 이원성의 개념도 없는 케테르는 그저 있는 그대로 존재할 뿐이라는 뜻인 것 같다. ('Am', 'Is' 등의 동사는 전부 '존재'를 의미하는 'Be'의 변형이다). 힌두교의 대표

적 경전, 『바가바드 기타』에도 이와 유사한 개념이 나온다. 신의 아바타인 크리슈나가 아르주나에게 건네는 말이다.

"나는 불멸이자 죽음이다; 그리고 아르주나여! 나는 존재하는 자(that which is)이자 존재하지 않는 자(that which is not)이기도 하다."
"I am Immortality and also Death; and I, O Arguna! am that which is and that which is not."

아르주나와 대화하는 크리슈나

21. 위 인용문에서 얼굴의 한 면은 구체화 이전의 상태(that which is not)에, 그리고 한 면은 구체화 이후의 상태(that which is)에 맞닿아 있는 케테르와 에흐예의 정체를 조금이나마 이해할 수 있다. 케테르와 아인 소프는 동전의 두 면과 같은 관계인데, 케테르는 '존재하는 측면(동전의 앞면)'이고 아인 소프는 '존재하지 않는 측면(동전의 뒷면)'에 비유할 수 있다. 그래서 케테르를 지배하는 '에흐예'는 존재하는 측면을 의미하는 'I Am That I Am'으로 불린다.

22. 창조의 세상, 브리아의 케테르를 다스리는 대천사의 이름은 '메타트론'이다. 트랜스포머 로봇의 이름처럼 들리는 메타트론의 기원에 관해서는 정확히 알려진 바가 없으나, '뒤에' 또는 '위에'를 의미하는 'meta'와 '왕좌'를 의미하는 'thronos'를 합친 단어라는 설이 가장 신빙성이 있는 것 같다. 왕좌 뒤에 있다는 것은 막강한 힘의 배후에 있다는 뜻이고(즉, 실세), 왕좌 위에 있다는 것은 '왕관'을 의미하는 케테르의 정의와 일맥상통한다. 어떤 경우든, 절대자(에흐예)의 최측근이라는 뉘앙스를 풍기는 이름이다. 유대교 전설에 따르면 지상에서 살던 당시 '하나님과 동행했던' 에녹이 승천한 후 메타트론이 되었다고 한다.

23. 형성의 세상, 예치라의 케테르를 다스리는 존재들은 '거룩한 생물'을 의미하는 '하요트 하 코데쉬'로 불리며, 성경에서 이들은 불타는 검을 들고 에덴동산의 정문을 지키는 문지기 천사, 하나님과 이스라엘 백성 간에 맺어진 약속을 상징하는 언약궤[157]를 보호하는 천사, 그리고 하나님의 왕좌를 보좌하는 천사들('그룹' 또는 '케루빔')로 묘사된다. 점성학의 네 고정사인[158]을 상징하기도 하는 이 '생물들'은 구약성경의 에스겔서에 구체적으로 묘사되어 있다. 다음은 하나님의 전차, 메르카바(Merkabah)를 보좌하는 그룹/케루빔을 설명한 에스겔서의 내용이다. 외계에서 지구를 방문한 UFO를 방불케 하는 묘사다. 흥미로운 내용이라 전문을 옮겼다.

   (에스겔 1:4) 내가 보니 북방에서부터 폭풍과 큰 구름이 오는데 그 속에서 불이 번쩍번쩍하여 빛이 그 사면에 비취며 그 불 가운데 단 쇠 같은 것이 나타나 보이고

(에스겔 1:5) 그 속에서 네 생물의 형상이 나타나는데 그 모양이 이러하니 사람의 형상이라

(에스겔 1:6) 각각 네 얼굴과 네 날개가 있고

(에스겔 1:7) 그 다리는 곧고 그 발바닥은 송아지 발바닥 같고 마광한 구리같이 빛나며

(에스겔 1:8) 그 사면 날개 밑에는 각각 사람의 손이 있더라 그 네 생물의 얼굴과 날개가 이러하니

(에스겔 1:9) 날개는 다 서로 연하였으며 행할 때에는 돌이키지 아니하고 일제히 앞으로 곧게 행하며

(에스겔 1:10) 그 얼굴들의 모양은 넷의 앞은 사람의 얼굴이요 넷의 우편은 사자의 얼굴이요 넷의 좌편은 소의 얼굴이요 넷의 뒤는 독수리의 얼굴이니

(에스겔 1:11) 그 얼굴은 이러하며 그 날개는 들어 펴서 각기 둘씩 서로 연하였고 또 둘은 몸을 가리웠으며

(에스겔 1:12) 신이 어느 편으로 가려면 그 생물들이 그대로 가되 돌이키지 아니하고 일제히 앞으로 곧게 행하며

(에스겔 1:13) 또 생물의 모양은 숯불과 횃불 모양 같은데 그 불이 그 생물 사이에서 오르락내리락 하며 그 불은 광채가 있고 그 가운데서는 번개가 나며

(에스겔 1:14) 그 생물의 왕래가 번개같이 빠르더라

(에스겔 1:15) 내가 그 생물을 본즉 그 생물 곁 땅 위에 바퀴가 있는데 그 네 얼굴을 따라 하나씩 있고

(에스겔 1:16) 그 바퀴의 형상과 그 구조는 넷이 한결 같은데 황옥 같고 그 형상과 구조는 바퀴 안에 바퀴가 있는 것 같으며

(에스겔 1:17) 행할 때에는 사방으로 향한 대로 돌이키지 않고 행하며

(에스겔 1:18) 그 둘레는 높고 무서우며 그 네 둘레로 돌아가면서 눈이 가득하며

(에스겔 1:19) 생물이 행할 때에 바퀴도 그 곁에서 행하고 생물이 땅에서 들릴 때에 바퀴도 들려서

(에스겔 1:20) 어디든지 신이 가려 하면 생물도 신의 가려 하는 곳으로 가고 바퀴도 그 곁에서 들리니 이는 생물의 신이 그 바퀴 가운데 있음이라

(에스겔 1:21) 저들이 행하면 이들도 행하고 저들이 그치면 이들도 그치고 저들이 땅에서 들릴 때에는 이들도 그 곁에서 들리니 이는 생물의 신이 그 바퀴 가운데 있음이더라

(에스겔 1:22) 그 생물의 머리 위에는 수정 같은 궁창의 형상이 펴 있어 보기에 심히 두려우며

(에스겔 1:23) 그 궁창 밑에 생물들의 날개가 서로 향하여 펴 있는데 이 생물은 두 날개로 몸을 가리웠고 저 생물도 두 날개로 몸을 가리웠으며

(에스겔 1:24) 생물들이 행할 때에 내가 그 날개 소리를 들은즉 많은 물 소리와도 같으며 전능자의 음성과도 같으며 떠드는 소리 곧 군대의 소리와도 같더니 그 생물이 설 때에 그 날개를 드리우더라

(에스겔 1:25) 그 머리 위에 있는 궁창 위에서부터 음성이 나더라 그 생물이 설 때에 그 날개를 드리우더라

(에스겔 1:26) 그 머리 위에 있는 궁창 위에 보좌의 형상이 있는데 그 모양이 남보석 같고 그 보좌의 형상 위에 한 형상이 있어 사람의 모양 같더라

(에스겔 1:27) 내가 본즉 그 허리 이상의 모양은 단 쇠 같아서 그 속과 주

위가 불 같고 그 허리 이하의 모양도 불 같아서 사면으로 광채가 나며
(에스겔 1:28) 그 사면 광채의 모양은 비 오는 날 구름에 있는 무지개
같으니 이는 여호와의 영광의 형상의 모양이라 내가 보고 곧 엎드리
어 그 말씀하시는 자의 음성을 들으니라

에스겔의 비전 - 신의 전차, 메르카바

24. 타로의 네 에이스 카드는 원소 자체가 아니라, 해당 원소의 원천을
상징한다고 말했었다. 불, 물, 공기, 흙은 모두 네 번째 세상인 아시아의
말쿠트에 존재하는 실제 물질이고, 그 배후에 있는 에이스는 네 생물에
상응한다고 이해하면 좋을 것 같다.

25. 물질의 세상, 아시아의 케테르에 할당된 이름은 '최초의 소용돌이'

를 의미하는 '라쉬트 하 길굴림'이다. 무엇의 소용돌이인가? 케테르를 상징하는 대표적 심볼은 점, 왕관, 그리고 스와스티카다. 점과 왕관의 의미는 이미 설명했고, 불교의 대표적 심볼이기도 한 스와스티카는 정지 상태로 존재만 했었던 점이 움직이기 시작하는(태초의 움직임; Primum Mobile), 회전 운동을 개시하는 모습을 묘사한 것이다. 스와스티카는 바람개비 형상이다. 우주 만물은 회전하면서 진동한다. 행성들은 태양 주위를 회전하고, 별들은 자기가 속한 은하계의 중심을 주위로 회전한다. 회전은 곧 자연의 리듬이자 심장박동이라 할 수 있는 순환이다. 케테르의 점은 무한한 우주의 씨앗이며, 이 씨앗이 회전하고 움직이기 시작하면서 궁극적으로 빅뱅이 일어나 우주가 본격적으로 창조된다.

26. 소우주 관점에서 케테르는 인간 안에 깃든 신성인 '예히다'에 해당한다. 디온 포춘에 따르면 '하나됨'을 의미하는 예히다의 경지에 도달하는 것, 신과 합일을 이루는 것이 모든 신비 체험의 궁극적 목표여야 하며, 이것 이외의 것에 눈길을 주는 행위는 허상의 세상에 집을 세우려는 것처럼 어리석은 짓이라고 한다. 케테르를 향해 나아가는 구도자의 길을 방해하는 것, 형상에 집착하도록 유혹하는 모든 것은 구속이며, 깨부숴야 할 악이나 다름없다고 말한다.

27. 하지만 그녀는 형상의 세상을 정복하지 못한 상태에서 구도의 여정을 시작하는 것 역시 위험한 짓이라고 경고한다. 그저 물질 세상이 싫다는 이유로, 직장 다니면서 열심히 일하는 생활이 싫어서, 어떻게 해서든 암울한 현실을 외면하고 싶어서 '영적인 것'을 추구하고 종교에 귀의하려는 도피 행위는 반드시 부작용을 불러오게 되어있고, 이런 도피자들은

결국엔 출발선으로 돌아가 처음부터 다시 시작해야 한다는 것이다. 앞서 소개했던 '이시스의 메시지' 기억하시는가? 구도자의 입문 교관인 이시스 여신은 공기의 시험(중상모략과 명예훼손), 흙의 시험(폭력과 박해), 물의 시험(유혹과 악덕), 불의 시험(절제할 수 없는 야망)을 치르고 통과한 이들에게만 자신을 내어준다고 선언했다. 시험을 통과하지 않고 함부로 이시스의 자태를 엿보려 했다간 낭패를 면하지 못한다.

28. 지금까지 설명한 내용을 통해 생명 나무의 첫 번째 세피라, 가장 순수한 존재, 순수한 상태를 상징하는 케테르에 관한 감을 어느 정도 잡았으리라 생각한다. 그럼 이제 케테르에 해당하는 네 카드를 간단히 살펴보자.

에이스 카드의 기본 속성

'하나됨'을 의미하는 에이스는 각 원소의 뿌리 또는 원천을 상징한다. 최초의 구체화, 최초의 점, 우주 만물의 씨앗인 케테르가 우주 전체를 품고 있듯이, 각 에이스는 해당 슈트의 스몰 카드들을 품고 있다. 하나의 도토리 안에 참나무가 들어있듯이, 에이스 카드를 확대해보면 그 안에 2~10번 카드가 들어있음을 알 수 있다.

각 슈트의 에이스는 또한 4대 원소에 상응하는 4장의 코트 카드도 품고 있다. 이상적인 인간의 모습을 오망성에 비유하면 위 꼭짓점에 있는 에이스(영을 상징)가 팔과 다리에 해당하는 코트 카드들(4대 원소를 상징)을 다스리는 형상을 얻게 된다.

일상에서 에이스는 어떤 분야에서 최고인 사람을 가리킨다. 야구팀의 제1 선발투수

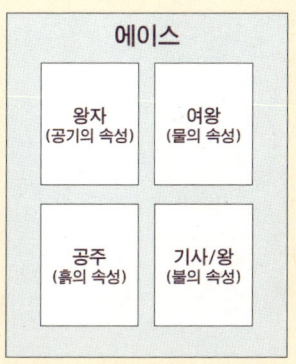

각 슈트의 스몰 카드와 4대 원소를 상징하는 네 코트 카드를 품은 에이스

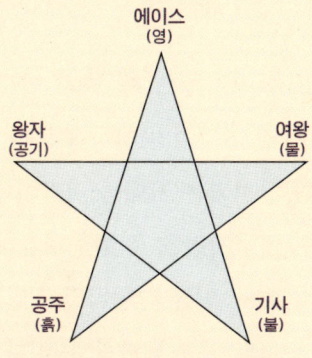

도 에이스, 우수한 역량을 가진 탑건 전투기 조종사도 에이스, 심지어 술집에서 가장 인기가 많은 종업원도 에이스로 불린다. 에이스는 으뜸, 첫 번째, 최고, 모든 것들의 배후에 있는 원형이자 실세라는 점을 염두에 두고 각 카드의 설명을 숙지하기 바란다. 앨리스터 크로울리가 제작한 토트 덱과 독자들에게 이미 친숙할 수도 있는 라이더-웨이트-스미스 덱의 이미지를 함께 수록하였다.

Ace of Wands – 불의 힘의 근원(The Root of the Powers of Fire)

카발라에 따르면 각 슈트에서 케테르에 해당하는 에이스(Highest of the High)는 말쿠트에 자리한 공주(Lowest of the Low)를 권좌로 삼으며, 특정 별자리와 지역을 다스린다고 한다. 지팡이 에이스는 지팡이 공주를 권좌로

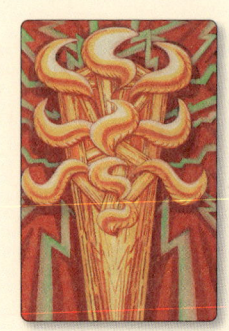 

카드의 의미
- 에너지. 힘. 활력.
- 남성성을 상징하는 태양 에너지의 폭발.
- 소환된 힘이 아니라, 자연적으로 발생하는 힘.

삼으며, 아시아에 해당하는 게자리-사자자리-처녀자리 영역을 다스린다.

카드 이미지를 보자. 마치 카드 전체가 강력한 불길에 휩싸여있는 듯한, 뜨겁고 강렬한 인상을 준다. 우주 전체에 에너지를 공급하는 발전기를 연상시키는 거대한 지팡이에서 사방으로 번개가 뻗어 나가고 있다. 무한 에너지원을 꿈꿨던 니콜라 테슬라의 '테슬라 코일' 이미지도 떠오른다. 성적 연금술의 비밀이 담겨있는 타로를 설명하다 보면 성적 개념과 용어의 사용을 피할 수 없다. 크로울리는 이 카드의 이미지를 'solar-phallic outburst of flame', 즉, '태양을 상징하는 남근에서 폭발적으로 뻗어 나가는 불길'이라고 표현했다. 즉, 창조의 씨앗인 남성성의 위력을 불방망이의 형상으로 묘사한 것이다.

지팡이 에이스는 태양과 남근(男根), 그리고 뒤이어 살펴볼 컵 에이스는 달과 여음(女陰)을 각각 상징한다. 이 두 카드는 로마 병사가 십자가에 매달린 예수의 옆구리를 찌르기 위해 사용했던 성창(聖槍; Holy Lance)과 그의 상처에서 흘러나온 피를 받기 위해 사용한 성배(聖杯; Holy Grail)를 각각 의미하기도 한다. 사방으로 에너지를 흩뿌리는 지팡이는 능동적인 힘이고, 이 무형의 에너지를 용기에 담아 쓸모 있는 형태로 변환하는 컵은 수동적인 힘이다. 『키발리온』에 명시된 일곱 가지 원칙을 다룰 때 봤던 성의 원칙에 따라 이와 같은 양과 음, 남성성과 여성성의 상호작용은 생명의 나무와 타로에서 반복적으로 등장한다. 모든 창조는 이 두 상반된 힘의 결합을 통해 이루어진다. 성의 원칙은 생물학적 속성인 남자와 여자에 한정되는 것이 아니라 이것보다 훨씬 큰 개념임을 기억해야 한다. 물질계에서는 신체를 기준으로 남녀가 구분되지만, 다른 영역, 다른 세상에서는 성의 극성이 뒤바뀌기도 한다. 이에 관해서는 하나됨의 상징인 케테르가 호크마(남성성)와 비나(여성성)라는 두 개의 극성으로 분리되는 과정을 설명할 때 더 자세히 다룰 예정이다.

지팡이에는 히브리 문자 요드(ʼ)의 형상을 띤 불꽃 10개가 생명의 나무

예수의 옆구리를 찌르는 로마 병사

형태로 배치되어 있다. 케테르 안에 우주가 들어있듯이, 타로의 첫 번째 카드라고 할 수 있는 지팡이 에이스에도 생명의 나무가 통째로 들어있음을 볼 수 있다. 히브리 알파벳의 모든 문자는 점 또는 쉼표처럼 생긴 요드를 다양한 방식으로 조합하여 만들어졌다고 하는데, 이는 요드가 일종의 씨앗임을 의미한다. 요드는 발음할 수 없는 신의 이름(יהוה)의 첫 번째 문자이기도 하며, 제2장에서 살펴봤듯이 이 네 문자는 생명의 나무를 여러 방식으로 나누는 기준이 된다. 이 기준에 따라 요드는 불이자 지팡이의 심볼이 되기도 한다. 지팡이 에이스의 이미지를 떠올리며 일상에 임하면 번뜩이는 아이디어와 불타는 의지, 추진력이 언제나 나와 함께할 것이다.

Ace of Cups - 물의 힘의 근원(The Root of the Powers of Water)

카드의 의미
- 생식능력. 생산성.
- 아름다움. 즐거움. 행복.

컵 에이스는 컵 공주를 권좌로 삼으며, 태평양에 해당하는 천칭자리-전갈자리-사수자리 영역을 다스린다.

4대 원소 중 물에 해당하는 컵에는 신의 이름 두 번째 문자인 헤(ה)가 지정된다. 전 섹션에서 설명했듯이, 컵 에이스는 지팡이 에이스의 배필이자, 달, 여음, 성배 등을 상징하는 물의 힘의 근원이다. 크로울리에 따르면 이 컵, 성배는 위대한 어머니를 상징하는 3번 세피라, 비나의 검은 바다에 핀 연꽃 위에 놓여있으며, 그 안에는 생명수가 담겨있다고 한다. 어머니는 우리에게 생명의 선물을 선사하는 존재가 아니던가? 성배 안에는 생명을 부여하는 물뿐 아니라, 생명을 거듭나게 해주는(구원해주는) 구세주의 보혈도 담겨있다. 진정한 생명수를 담은 최고의 성물이다.

토트 타로의 컵 에이스 카드에는 묘사되어 있지 않지만, 전통적으로 이 카드에는 컵 안으로 하강하고 있는 비둘기의 모습이 그려져 있다. 성찬식[159]용 빵을 입에 물고 있는 이 비둘기는 성령을 상징한다. (크로울리 본인도 『토트의 서』에서 컵으로 하강하는 성령의 비둘기를 언급했는데, 카드상에는 아무리 봐도 비둘기를 찾을 수 없다). 이 이미지는 예수가 성인이 되어 본격적인 사역 활동을 하기 직전, 세례 요한에게 세례를 받는 장면을 떠오르게 한다. 관련 성경 구절을 옮겨보았다. 예수의 세례 현장에서 있었던 일과 관련한 자세한 내용은 윌리엄 워커 앳킨슨의 『신비주의 기독교』를 참고하기 바란다.

> (마태복음 3:13) 이 때에 예수께서 갈릴리로서 요단 강에 이르러 요한에게 세례를 받으려 하신대
> (마태복음 3:14) 요한이 말려 가로되 내가 당신에게 세례를 받아야 할 터인데 당신이 내게로 오시나이까
> (마태복음 3:15) 예수께서 대답하여 가라사대 이제 허락하라 우리가

이와 같이 하여 모든 의를 이루는 것이 합당하니라 하신대 이에 요한이 허락하는지라

(마태복음 3:16) 예수께서 세례를 받으시고 곧 물에서 올라오실새 하늘이 열리고 하나님의 성령이 비둘기같이 내려 자기 위에 임하심을 보시더니

(마태복음 3:17) 하늘로서 소리가 있어 말씀하시되 이는 내 사랑하는

세례를 받는 예수와 그의 머리 위로 내려오는 비둘기

아들이요 내 기뻐하는 자라 하시니라

성령이 임하면서 인간 예수, 사람의 아들 예수는 그 안에 그리스도 영이 깃든 '예수 그리스도'가 되었다. '예수'와 '그리스도'는 다른 개념이다. 요셉과 마리아의 아들 예수는 약 2,000년 전에 오늘날의 중동 지역에서 살다가 십자가형을 받고 죽은 사람이고, 그리스도는 그 안에 거했던 신의 아들이자, 신의 전령이다. 타로에 비유하자면 그리스도는 에너지의 원천, 본질인 지팡이 에이스고, 예수는 그리스도 영을 담았던 일종의 그릇, 즉, 컵 에이스라고 할 수 있겠다.

예전에 인터넷에서 '예수 조폭설'이라는 유머 글을 본 기억이 있다. 신약성경의 여러 구절을 인용하면서 예수가 당대 최고의 무인이었음을 주장하는 글이었는데, 인간 예수는 실제로 강인한 육체와 완벽한 건강의 소유자였을 가능성이 높다. 영어권에서는 인간의 몸을 그릇, 용기, 통 등을 의미하는 단어 'vessel'에 자주 비유하는데, 그리스도처럼 비범하고 강력한 영을 수용하기 위해서는 매우 단단한 그릇이 필요했을 것이다.

성배와 비둘기의 이야기는 리하르트 바그너[160]가 악극으로 제작한 파르지팔(Parsifal)의 전설에도 등장한다. '정직한 바보(The Guileless Fool)'로 불렸던 기사 파르지팔은 흑마술사 클링조르가 설치한 수많은 유혹의 덫을 통과한 후 그를 물리치고 성창(지팡이 에이스)을 되찾으며, 그 이후 오랜 시간 숱한 시련을 겪다가 성배(컵 에이스)를 모시는 몬살바트[161] 성에 입성한다. 성에는 남을 치유하는 용도로만 사용해야 할 성창을 공격 목적으로 함부로 휘두르다가 되려 성창에 찔려 수십 년째 견디기 어려

성배를 든 파르지팔의 머리 위로 내려오는 비둘기

운 고통에 신음하는 성배의 왕, 암포르타스가 성배를 공개하는 의식의 집행을 거부하고 있다. 성배를 공개하는 순간 상처가 깊어지면서 피가 철철 흘러내리기 때문이다. 이때 파르지팔이 등장하여 "오로지 그대에게 상처를 준 창만이 그대를 치유할 수 있소."라고 말하며 암포르타스의 상처 부위에 성창을 대자 기적의 치유가 일어나고, 성에 감춰져 있던 성배가 드디어 공개된다. 성창과 재회한 성배는 밝은 빛을 발하고, 성창을 성배에 꽂는 파르지팔의 머리 위로 하얀 비둘기가 날아와 머무른다. 성창과 성배가 결합하면서 해피엔딩으로 끝나는 스토리다.

지팡이 에이스처럼 강력한 에너지의 파동을 사방으로 내뿜고 있는 컵의 이미지를 보자. 수면 위에는 초록빛을 띤 가리비 껍데기의 형상이 보이는데, 이는 타로에서 임신한 어머니를 상징하는 비너스(아프로디테)의

산드로 보티첼리의 '비너스의 탄생(The Birth of Venus)'

심볼이다. 타로의 메이저 아르카나를 다루는 제2부에서 그녀를 다시 만나게 될 것이다. 그리스 신화에 따르면 티탄의 왕, 크로노스는 큰 낫으로 아버지, 우라노스의 고환을 잘라 바다에 던져버린 후 하늘의 왕이 되었고, 우라노스의 고환이 떨어진 지점에서 거품이 보글보글 일며 아프로디테가 가리비 껍데기를 타고 올라왔다고 한다. 위대한 어머니가 검은 바다에서 솟아난 것이다. 가리비의 형상은 그녀의 딸인 컵 공주 카드에서 다시 모습을 드러낸다.

컵의 본체에는 3개의 원이 달린 지팡이가 그려져 있다. 메이저 아르카나의 5번 카드, '법황'에서 다시 보게 될 이 심볼의 세 원은 각각 이시스의 시대, 오시리스의 시대, 그리고 호루스의 시대를 상징한다. 컵은 고정된 형상을 갖지 않은 무언가를 담아 형상을 부여하는 역할을 하는데,

추상적으로만 존재했던 형이상학적인 개념들이 구체적인 형상을 갖춤으로써 우리가 인지하고 이해할 수 있는 여러 시대가 탄생했음을 의미하는 것이 아닐까 싶다.

특정 형태의 콘크리트 구조물을 만들 때 사용하는 틀을 '거푸집'이라고 하는데, 거푸집을 영어로 하면 '매트릭스(matrix)'가 된다는 점도 의미심장하다. 이 단어에는 '행렬'이라는 일반적인 의미 외에 '모체(母體)', 즉, 어머니의 몸이라는 뜻도 있기 때문이다. 매트릭스, 컵, 성배는 모든 것을 품고 아우르는, 두 팔을 벌리고 자녀들이 자기 품으로 돌아오길 기다리는 다이애나 여신처럼 만물의 어머니이자, 자녀들에게 형상(육신)을 제공하는 존재라고 할 수 있겠다.

Ace of Swords – 공기의 힘의 근원(The Root of the Powers of Air)

카드의 의미
- 소환된 힘.162
- 선 또는 악의 목적으로 활용될 수 있음.
- 정복. 소용돌이치는 힘. 활동성. 곤경에 처했을 때 발휘하는 힘.
- 신성한 권위를 상징하는 정의의 검.
- 하지만 분노. 형벌. 고통의 검이 될 수도 있음.

검 에이스는 검 공주를 권좌로 삼으며, 아메리카에 해당하는 염소자리-물병자리-물고기자리 영역을 다스린다.

4대 원소 중 공기에 해당하는 검에는 신의 이름 세 번째 문자인 바브(ㅣ)
가 지정된다. 타로의 왕(기사)과 여왕 사이에서 태어난 왕자 카드에 해
당하는 바브는 6번 세피라, 티파레트의 권좌에 앉아 4~9번 세피라를
다스리는 마이크로프로소포스를 상징하며, 소우주의 관점에서는 루아
흐를 의미한다. 불(아버지)과 물(어머니)이 결합하면 공기(아들)가 탄생한
다. 같은 남자임에도 불구하고 공기는 아버지인 불만큼 강렬하지 않다.
크로울리는 "검은 물과 결합하고자 하는 불의 집중력과 의지를 갖지 못
했고, 검 자체만 놓고 보면 거의 수동적인 속성을 지니고 있다."고 평가
했다. 하지만 아버지와 어머니의 힘이 그 안에 깃들어 작용하면 엄청난
위력을 갖게 된다고 한다.

이 말을 듣고 마스터 예수가 '아버지'를 언급하며 했던 말이 떠올랐다.

> (요한복음 5:26) 아버지께서 자기 속에 생명이 있음같이 아들에게도
> 생명을 주어 그 속에 있게 하셨고
> (요한복음 5:27) 또 인자됨을 인하여 심판하는 권세를 주셨느니라
> (요한복음 5:28) 이를 기이히 여기지 말라 무덤 속에 있는 자가 다 그의
> 음성을 들을 때가 오나니
> (요한복음 5:29) 선한 일을 행한 자는 생명의 부활로 악한 일을 행한 자
> 는 심판의 부활로 나오리라
> (요한복음 5:30) 내가 아무것도 스스로 할 수 없노라 듣는 대로 심판하
> 노니 나는 나의 원대로 하려 하지 않고 나를 보내신 이의 원대로 하려
> 는 고로 내 심판은 의로우니라

"내가 아무것도 스스로 할 수 없다."는 표현은 예수가 무능하다는 뜻이 아니라, 그의 모든 행동이 아버지와 어머니, 즉, 신에게서 나왔다는 것을 의미한다. 그 안에 신의 힘이 깃들었기 때문에 놀라운 역량을 발휘할 수 있다는 것이다.

티파레트에 앉아 루아흐를 다스리는 아들(왕자)의 위치를 자세히 살펴보자. 6번 세피라, 티파레트와 어머니에 해당하는 3번 세피라, 비나를 연결하는 경로에는 메이저 아르카나의 6번 카드('연인')와 '검'을 의미하는 히브리 문자 '자인'이 지정된다. 왕자는 이 경로를 통해 어머니로부터 네샤마의 속성과 직관의 힘을 받는다. 티파레트와 아버지에 해당하는 2번 세피라, 호크마를 연결하는 경로에는 17번 카드('별')가 지정된다. '별' 카드의 주인공은 다름 아닌 천하를 품은 어머니 여신, 누트다. 한편 티파레트를 아버지와 어머니의 배후, 즉, 신이 두 개의 성별로 나뉘기 이전 상태인 1번 세피라, 케테르와 연결하는 경로에는 2번 카드('여사제')가 지정된다. 여사제는 예수를 낳은 동정녀에 비유할 수 있다. 왕자는 그야말로 1, 2, 3번 세피라로 구성된 천상의 삼각형, 매크로프로소포스로부터 듬뿍 사랑을 받는 마이크로프로소포스다.

평화주의자로 알려진 신의 아들, 티파레트의 주인인 예수에게 '검'이라는 전투적인 도구가 지정된 사실이 의외로 여겨질 수 있는데, 성경에는 이런 구절이 있다. (앞서 언급한 '예수 조폭설' 글을 자꾸 떠올리게 하는 내용이다).

    (마태복음 10:34) 내가 세상에 화평을 주러 온 줄로 생각지 말라 화평
    이 아니요 검을 주러 왔노라

(마태복음 10:35) 내가 온 것은 사람이 그 아비와, 딸이 어미와, 며느리가 시어미와 불화하게 하려 함이니

(마태복음 10:36) 사람의 원수가 자기 집안 식구리라

(마태복음 10:37) 아비나 어미를 나보다 더 사랑하는 자는 내게 합당치 아니하고 아들이나 딸을 나보다 더 사랑하는 자도 내게 합당치 아니하고

(마태복음 10:38) 또 자기 십자가를 지고 나를 좇지 않는 자도 내게 합당치 아니하니라

(마태복음 10:39) 자기 목숨을 얻는 자는 잃을 것이요 나를 위하여 자기 목숨을 잃는 자는 얻으리라

여기서 예수가 언급한 검은 날카로운 지성, 즉, 루아흐를 상징하는 것이다. 진짜와 거짓, 현실과 허상, 중요한 것과 중요하지 않은 것을 분별하는 정신의 힘을 말하는 것이다. 이 검은 양날의 검이다. 검은 인간에게 고차원적 사고를 하는 능력을 선사하는 훌륭한 도구이면서 동시에 수많은, 불필요한 고통의 원천이기도 하다. 좋은 목적으로 사용할 수도 있고, 나쁜 목적으로도 사용할 수 있는 위험한 무기다.

이제 카드의 이미지를 살펴보자. 검의 끝에는 22개의 광선으로 구성된 왕관이 씌워져 있고, 날에는 그리스어로 '텔레마(Θελημα)'라는 단어가 새겨져 있다. '의지'라는 뜻이다. 검을 휘두르는 자의 의지를 말하는 것인데, 이 의지란 '나'의 의지가 아니라 '신'의 의지여야 한다. 그래야 검이 좋은 목적으로 사용될 수 있다. 이 검의 칼자루는 구리로, 그리고 칼날은 철로 만들어졌다고 한다. 연금술에서 구리는 금성(비너스), 철은 화성(마르스)을 각각 상징한다.[163] 이 검의 날은 무엇이든 자를 수 있을 정

도로 날카롭지만, 언제나 사랑의 힘으로 휘둘러야만 한다는 뜻이다. 그러지 않을 경우, 남을 해치기 위해 휘둘렀던 성창에 자기가 찔려 죽는 것보다 끔찍한 고통에 시달렸던 암포르타스처럼 성창도 잃고, 자신의 건강과 웰빙도 잃게 된다.

Ace of Disks - 흙의 힘의 근원(The Root of the Powers of Earth)

카드의 의미
- 물질주의의 모든 측면.
- 물질적 이득. 파워. 노동. 부. 만족감.
- 모든 면에서의 물질주의.

디스크 에이스는 디스크 공주를 권좌로 삼으며, 유럽과 아프리카에 해당하는 양자리-황소자리-쌍둥이자리 영역을 다스린다.

4대 원소 중 흙에 해당하는 디스크에는 신의 이름 네 번째 문자인 헤(ה)가 지정된다. 두 번째 문자이자 컵에 해당하는 '헤'와 구분하기 위해 '파이널 헤'로 불리기도 한다. 토트 타로의 디스크 에이스 카드는 덱을 제작한 크로울리의 인장(印章)이 새겨진 두 카드 중 하나이며, 크로울리는 『토트의 서』에서 이 카드를 설명하면서 기존의 덱과 다른 토트 덱의 차별점을 열정적으로 어필하고 있다.

크로울리에 따르면 4대 원소 중 흙을 수동적이고, 정적이고, 심지어 죽은 것, 사악한 것(돈)으로 간주한 구시대(오시리스의 시대)의 발상은 철폐되어야 한다고 한다. 크로울리가 주창하는 새로운 시대, 즉, 호루스의 시대에서는 이 카드를 지배하는 초록색의 의미도 미묘하게 달라진다. 구시대에는 초록색이 일반적인 초목을 상징했으나, 호루스의 시대에는 죽음을 맞은 후 호루스로 부활한(다시 태어난) 오시리스를 상징하는, 봄에 돋아나는 (스프링처럼 튀어 오르는) 역동적인 새싹을 의미한다. 따라서 동적인 속성, 움직임을 내포한 새 시대의 흙은 정적인 속성을 지닌 기존의 동전 또는 펜타클이 아니라, 눈으로 볼 수 없을 정도로 작은 원자부터 태양계와 은하계에 이르기까지, 우주 만물에 내재한 소용돌이, 회전 운동을 상징하는 디스크로 대체되었다. (점이 회전하여 바람개비 모양의 스와스티카가 만들어지는 케테르의 상징체계를 다시 떠올려보자).

카드 중앙의 원은 크로울리를 상징하는 인장으로, 그에게 악명의 영예를 안겨준 여러 상징체계를 내포하고 있다. 원의 가장자리에는 크로울리가 자신을 지칭할 때 사용한 문구, 'To Mega Therion(The Great Beast; 짐승)'이 그리스어로 적혀 있고, 중앙의 7각형

바발론 심볼

은 텔레마 체계에서 짐승의 배필인 '바발론(Babalon)'을 상징하는 심볼이다. 짐승과 바발론은 신약성경의 마지막 책, 요한계시록에 등장하는 '짐승(Beast)'과 '바벨론의 음녀(Whore of Babylon)'에 각각 상응하며, 7각형 안에는 짐승의 표식, '666'이 대놓고 표기되어 있다. 그림을 자세히 보면 컵 에이스처럼 세 개의 원이 그려져 있고, '666' 위에 '1'이 있는데, 이는 발기한

바벨론의 음녀

남성의 음경을 정면에서 바라보았을 때의 형상이다. 이건 그야말로 신성모독이자 사탄숭배 행위가 아닌가? 과연 그런 것인지 조금 더 자세히 살펴보자.

크로울리가 계시를 통해 받은 『법의 서』의 핵심 메시지는 다음과 같다. 크로울리는 이 내용을 토대로 텔레마 사상을 만들었다.

- 너의 의지대로 행하는 것이 법의 전부니라. (Do what thou wilt shall be the whole of the law.)
- 이 법의 본질은 사랑이니라. 의지가 뒷받침하는 사랑이니라. (Love is the law, love under will.)
- 모든 인간은 별이니라. (Every man and woman is a star.)

크로울리가 이 계시를 통해 전하는 메시지에 따르면, 새로운 시대(호루스의 시대)의 인간은 자신이 밤하늘의 별들처럼 자체적으로 발광할 수 있는 하나의 별이라는 사실을 깨닫게 된다고 한다. 구시대의 인간처럼 제약과 구속을 숭배하고, 신의 뜻을 헤아리고 따르기 위해 어설프게 행동하는 존재가 아니라, 자기 안의 신성(신성한 수호천사)을 발견하면서 자신의 의지를 신의 의지와 조화시키는, 주체성을 가진 태양과 같은 존재로 거듭난다는 것이다. 크로울리를 오해하는 사람들은 위에 적힌 첫 번째 계명을 '남이야 어찌 되든, 나는 내 의지대로 행동하겠다.'는 식의 극단적 이기주의로 해석하지만, 두 번째 계명에서 보다시피 이 의지는 '사랑'을 배경으로 한 의지를 의미한다. 게다가 여기서 말하는 '사랑'은 최고의 사랑인 '아가페', 즉, 신과 인간 간의 사랑을 지칭하는 것이다. 실제로 텔레마에서 신성시하는 숫자, '93'은 '의지'를 의미하는 '텔레마(Thelema; $\Theta\varepsilon\lambda\eta\mu\alpha = 9+5+30+8+40+1=93$)', '(최고의) 사랑'을 의미하는 '아가페(Agapé: $A\gamma\alpha\pi\eta = 1+3+1+80+8=93$)'와 같은 의미[164]를 지니며, "Love under Will"을 수식으로 표현하면 '93/93'이 된다. '93/93'은 사랑 위에 의지가 있는 형상(의지(93)/사랑(93))이며, 이 값은 1이므로 '하나됨(Unity)'을 뜻한다. 한편 "모든 인간은 별이다."라는 표현은, 모든 인간 안에 신성이 깃들었음을 의미한다.

그렇다면 크로울리는 왜 오해의 소지가 다분한 짐승, 바발론, 666 등의 개념들을 텔레마 사상에서 차용했을까? 그는 심지어 짐승과 음녀 바발론을 최상위 남성성/여성성을 상징하는 2번과 3번 세피라에 각각 지정하였다. 이는 부패하고 타락한 교회를 향한 크로울리 특유의 반항심 표출이기도 하고, 구시대의 퇴장과 새로운 시대의 도래를 강력한 어조로 표현한 측면도 있는 것 같다.

크로울리에 따르면 구시대(오시리스의 시대)의 선지자들은 다가오는 시대(호루스의 시대)의 비전을 본 후 큰 충격을 받았고, 자신이 체험한 비전을 요한계시록과 같은 예언서로 남겼다고 한다. 근엄하고, 보수적이고,

꽉 막힌 사회를 당연시하던 시대에 살던 사람들이 개인의 자유를 중요시하고 구속에서 해방된 인간들이 활보하는 세상의 모습을 보았으니, 어찌 보면 당연한 반응일 수도 있겠다. 오늘날의 소위 말하는 '쉰세대'들이 자유분방한 젊은 세대를 보고 "말세다, 말세…"라고 탄식하며 혀를 끌끌 차듯이, 오시리스 시대의 사제들도 먼 미래의 후손들이 맞게 될 새로운 시대를 보고 경악하며 이를 악의 시대로 규정하고 경고한 것이다. 크로울리의 말을 직접 들어보자.

> 오시리스 시대 초기의 선지자들은 우리가 현재 사는 시대를 내다보고 극심한 공포와 두려움에 사로잡혔다. 새로운 시대가 도래하는 개념을 이해하지 못했기에 모든 변화를 재앙으로 인식한 것이다. 이것이 바로 요한계시록의 13, 17, 18장에 등장하는 짐승과 음녀의 진정한 의미를 해석하기 위한 열쇠이며, 옛 선지자들이 이들을 비난했던 이유이기도 하다.

구시대에 정적인 속성을 지녔던 코인/펜타클이 호루스의 시대에 와서 소용돌이처럼 빠른 속도로 회전하는 역동적인 디스크로 대체된 것도 속박으로부터의 해방을 상징한다고 볼 수 있겠다. 전통적으로 돈을 상징했던 이 심볼에 동적인 속성이 더해졌다는 것은, 새로운 시대에는 옛날처럼 돈을 쌓아놓는 것이 만사가 아니라 돈을 적극적으로 활용함으로써, 돈에 담긴 에너지를 원활하게 순환시킴으로써 좋은 세상을 만들어야 한다는 의미가 숨어있다는 생각도 든다.

계속해서 카드를 살펴보자. 크로울리는 이 카드가 흙의 본질뿐 아니라 새로운 시대의 태양도 상징한다고 강조한다. 중앙에 '1'이 적힌 원은 태양을 상징하며, 바로 아래에는 작은 초승달이 보인다. 라이더-웨이트-스미스 덱의 컵 8번 카드에서 볼 수 있는 것처럼, 태양(양)과 달(음)이 결합한 형상이다. '666'이 적힌 아래의 두 원이 포개진 부분은 '베시카 파이시스(Vesica Piscis)' 심볼로, 여성의 음문(陰門)을 상징한다.[165]

중앙의 7각형(바빌론의 심볼)을 감싸는 두 개의 5각형이 하나의 10각형을 만들어내고 있는데, 여기서 '10'은 지구(Earth), 물질계에 해당하는 10번 세피라, 말쿠트를 상징한다. '6'은 태양(Sun; Sol), 아들(Son), 영혼(Soul)을 상징하는 6번 세피라, 티파레트를 의미한다. 정육면체를 해체하면 여섯 개의 정사각형으로 구성된 십자가가 만들어진다. 이를 전체적으로 종합하면 신의 아들(6; 왕자)이 인간(10; 공주)을 구원하기 위해 자기를 희생했음을(십자가에 못 박혔음을) 나타내는 심볼임을 알 수 있다.

카드 가장자리에는 천사의 것으로 보이는 여섯 쌍의 날개가 중앙의 원을 감싸고 있다.[166] 역시 태양을 상징하는 '6'이다. 전체적으로 봤을 때 정적인 상태, 수동적인 상태에 머무르던 흙(공주)이 태양(왕자)의 힘찬 에너지를 받아 회임한 듯한 인상을 준다.

(2) 호크마(Chokmah, חכמה); 지혜(Wisdom)

① **타이틀**: 호크마, 지혜.
② **마법 이미지**: 수염을 기른 남자.
③ **생명의 나무 상의 위치**: 천상의 삼각형 안, 자비의 기둥 꼭대기.
④ **세페르 예치라 상의 설명**: 두 번째 경로는 빛을 비추는 지성(Illuminating Intelligence)으로 불린다. 이 경로는 창조의 왕관(Crown of Creation)이자 하나됨의 장관(Splendour of Unity)과 대등하다. 카발리스트들은 모든 머리 위로 승격된(Exalted above every head) 이 경로를 두 번째 영광(Second Glory)이라 칭한다.

(The Second Path is called the Illuminating Intelligence. It is the Crown of Creation, the Splendour of Unity, equalling it. It is exalted above every head, and is named by Qabalists the Second Glory.)

⑤ **별칭**: 예치라의 힘(Power of Yetzirah), 아브(Av), 아바(Abba), 천상의 아버지(The Supernal Father), 테트라그라마톤(Tetragrammaton), 테트라그라마톤의 요드(Yod of Tetragrammaton).

⑥ **지배자의 이름**:
- 신의 이름 – 여호와(Jehovah).
- 대천사 – 라지엘(Raziel), 신의 비밀 또는 사자(Secret, or Herald of God).
- 천군 – 오파님[167](Ophannim), 바퀴(Wheels).
- 세속적 차크라 – 마잘로트[168](Mazzaloth), 황도대(The Zodiac).

⑦ **영적 체험**: 신과 대면(The Vision of God face to face).

⑧ **미덕**: 헌신(Devotion). **악덕**: 없음.

⑨ **소우주와의 상응**: 얼굴의 왼쪽 면.

⑩ **심볼**: 남근(The Lingam), 음경(The Phallus), 테트라그라마톤의 첫 번째 문자, 요드. 영광의 예복(내복; The Inner Robe of Glory), 선돌(The Standing stone), 탑(The Tower), 위로 치켜든 권능의 홀(The Uplifted Rod of Power), 직선(The Straight Line).

⑪ **타로**: 네 장의 2번 카드.
- 2 of Wands – 지배(Dominion).
- 2 of Cups – 사랑(Love).
- 2 of Swords – 회복된 평화(Peace Restored).
- 2 of Disks – 조화로운 변화(Harmonious Change).

⑫ **색상**:
- 아칠루트 – 순수하고 옅은 파란색(Pure soft blue).
- 브리아 – 회색(Grey).
- 예치라 – 진줏빛(옅은 파란색)을 띤 회색(Pearl-grey), 무지갯빛(Iridescent).
- 아시아 – 빨간색, 파란색, 노란색 얼룩이 뿌려진 흰색(White flecked with red, blue and yellow).

1. 가장 지고하고 순수하나 정적인 속성을 지녔던, 불가해하고 완벽한 존재로서의 의미를 지녔던 케테르에서 두 번째 세피라, 호크마가 탄생했다(발산되었다). 우주의 탄생 과정에서 드디어 '액션'이라고 부를만한 첫 번째

사건이 시작되는 순간이다. 디온 포춘은 호크마를 다루는 장의 서두에서 이렇게 말했다.

> 진화의 모든 단계는 힘이 불균형의 상태에서 평형 상태로 바뀌면서 개시된다. 평형 상태에 도달한 후에는 더 이상의 발전이 이루어질 수 없으며, 안정된 상태가 흔들리고 힘의 경합이 또 발생해야 다음 단계로 진화할 수 있다.

2. 헤겔의 변증법에서처럼 정(正; Thesis)이 등장하고, 이에 대항하는 반(反; Antithesis)이 제시되고, 이 둘이 충돌하면서 중간 지점을 찾아 합(合; Synthesis)에 도달하는 과정이 끊임없이 반복되어야 발전이 이루어질 수 있다는 얘기다. 예전에 비행기가 출발지에서 목적지까지 날아가는 시간 동안 약 97%는 비행경로에서 이탈해 있지만, 자동항법장치가 수시로 비행기의 항로를 수정해주기 때문에 결국에는 무사히 목적지에 도착한다는 얘기를 들은 적이 있다. 끊임없이 항로를 수정하여 정도(正道)로 돌아가는 것…. 카발라든, 비행기든, 또는 우리가 일상에서 행하는 무슨 일이든, 공통으로 적용할 수 있는 중요한 원리인 것 같다.

3. 케테르를 다루는 섹션에서 아인 소프를 지하수에, 케테르를 우물 펌프에 비유한 바 있다. 이번에는 이 개념을 댐에 비유해보자. 댐이 저장하고 있는 엄청난 양의 물이 아인 소프라면, 케테르는 댐의 표면에 나 있는, 보이지도 않을 정도로 작은 구멍이다. 이 구멍은 '0차원의 점'이라고 말할 수 있을 정도로 작기 때문에 물이 샐 가능성은 없다. 하지만 이 점이 확장하기 시작한다면? 잠재력의 형태로만 존재했던 댐 맞은편의

물이 콸콸 쏟아지기 시작할 것이다. 이것이 바로 호크마의 개념이다. 그래서 크로울리는 2번 세피라, 호크마를 '케테르의 역동적 측면'이라고 정의했다.

4. 석유가 매장된 지대를 시추했을 때 검은 원유가 분수를 뿜듯이 하늘로 솟구치는 광경도 좋은 비유다. 호크마는 안정적인 상태에 머물렀던 케테르의 고요함을 마구 뒤흔드는 힘으로, '우주의 자극제(Great Stimulator of the Universe)'로 불리기도 한다. 남근을 심볼로 삼고 있는 2번 세피라는 양, 남성성, 아버지를 상징하고, 중간 기둥 맞은편의 여음을 심볼로 삼고 있는 3번 세피라는 음, 여성성, 어머니를 상징한다는 점을 떠올리며 성적인 관점에서 상상의 나래를 펼쳐도 된다.

5. 순서상으로는 2번 다음에 3번이 오지만, 2번과 3번 세피라는 거의 동시에 탄생했다고 보아야 한다. 나무의 가지가 한 방향으로만 자라나면 균형이 무너져 나무가 쓰러질 것이다. 댐 맞은편의 물이 콸콸 쏟아지는 상태를 그대로 방치하면 마을이 떠내려가고 아수라장이 될 것이다. 땅에서 위로 솟구치는 검은 원유도 어디엔가 받아서 보관해야 쓸모가 있다. 오컬트에서는 균형이 깨진 상태를 악으로 여기며, 세피로트가 균형을 이루지 않은 상태에서 창조된 것들은 '클리포트'라 불리는 우주의 똥통에 버려진다고 설명한다. 성경에서는 이들을 '이스라엘 자손을 다스리는 왕이 있기 전에 에돔 땅을 다스렸던 왕들[169]'이라고 표현한다. 에돔은 이삭[170]의 장자이자 아브라함의 장손으로 태어났으나, 동생 야곱의 속임수에 넘어가 장자의 권리를 빼앗긴 에서[171]의 후손들이 살았던 지역이다. 성경에서는 신이 야곱을 사랑하였으나 에서는 미워했다고 기록하고 있는

데172, 딱히 지은 죄도 없는 에서의 입장에서는 억울하겠지만, 비유적인 관점에서는 야곱은 균형을, 에서는 불균형을 각각 상징한다고 볼 수 있겠다. 어쨌든, 중간 기둥을 중심으로 서로 반대편에 위치한 2번과 3번 세피라는 짝을 이루는 쌍이므로 함께 다루는 것이 바람직하다. 나중에 살펴볼 4번과 5번 세피라, 7번과 8번 세피라의 관계도 마찬가지다. 따라서 2번 세피라를 설명하는 이번 섹션에서 3번 세피라도 수시로 언급하게 될 것이라는 점을 이해해주기 바란다.

6. 생명 나무에 지정된 여러 속성을 처음 접했을 때 직관적으로 와닿지 않는 부분도 있을 수 있다. 양과 남성성의 속성을 지닌 자비의 기둥에 비너스(7번 세피라, 넷자흐)가, 음과 여성성의 속성을 지닌 가혹의 기둥에 크로노스(3번 세피라, 비나), 마르스(5번 세피라, 게부라), 머큐리(8번 세피라, 호드)가 지정된 것을 보며 상응 관계가 거꾸로 되었다는 느낌이 들 수 있다는 점은 이미 언급한 바 있고, '아빠(Abba)'가 지정된 2번 세피라를 필두로 한 기둥이 자비의 기둥이고, '엄마(Ama)'가 지정된 3번 세피라를 필두로 한 기둥이 가혹의 기둥으로 불린다는 점도 머리를 긁적이게 만든다. 회초리를 들고 자녀들을 훈육하는 엄한 이미지의 아빠에게 '가혹하다'는 수식어를 붙이고, 포옹과 키스로 자녀들을 감싸는 따뜻한 이미지의 엄마를 '자비롭다'고 부르는 것이 마땅하다는 생각이 들 것이다. 하지만 이들 세피라의 실제 속성을 자세히 들여다보면 왜 직관에 반하는 듯한 명칭이 지정되었는지 이해하게 될 것이다.

7. 앞에서 호크마는 '우주의 자극제'로 불린다고 설명했다. 역동적이고 능동적인 호크마는 아낌없이 에너지를 분출한다. 성에 비유하자면, 호

크마는 생명을 탄생시키는 씨앗을 우주 사방에 뿌려댄다. 한편 호크마의 짝인 비나는 형상이 없는 그 무한한 에너지, 그 씨앗을 그릇에 담아 쓸모있는 형상으로 변환한다. 앞에서 어머니는 형상을 만들어내는 틀 또는 거푸집과 모체를 의미하는 'matrix'라 불린다고 말했었다. 아기가 태어나는 과정을 생각해 보자. 남자와 여자가 결합할 때, 남자는 수억 개의 정자를 발사한다. 인색함이라고는 찾아볼 수 없는, 관대하고 자비로운 분량이다. 여자는 남자의 씨앗을 받아 난자를 수정시키고, 마치 조각가가 정성 들여 작품을 만들어내듯이, 약 9개월 동안 자기 몸속에서 태아를 키운다. 처음에는 두루뭉술한 형상을 가졌던 태아는 시간이 흐르면서 점차 사람의 모습을 띠기 시작하고, 예비 엄마는 때가 되면 뚜렷한 형상을 지닌 작품을 세상에 내놓는다. 여자가 생명 창조의 원동력인 남자의 씨앗을 받아 쓸모있는 형상을 만들어낸 것이다. 만약 이 씨앗을 받아서 담을 그릇(자궁)이 없었다면 남성적인 창조의 에너지는 의미 없이 낭비되었을 것이다. 땅에서 뿜어져 나오는 원유를 배럴에 담지 않고 그냥 버리는 격이다. 생명의 출생을 관장하는 구약성경의 신은 심지어 오난[173]이라는 이름의 남자가 부인과 동침하면서 자꾸 체외사정을 한다는 이유로 그에게 죽음의 형벌을 내렸다.

8. 그렇다면 엄마는 왜 '가혹하다'고 불리는 것일까? 형상을 가진 것, 즉, 물질[174]의 속성을 지닌 것은 소멸의 운명을 피할 수 없기 때문이다. 아기의 형상을 만들어내는 엄마는 그에게 생명을 선사하지만, 이와 동시에 죽음도 선사한다. 형상이 없는 우리의 영혼은 불멸의 속성을 지녔지만, 물질로 구성된 육신은 아무리 잘 관리해도 언젠가는 너무 낡아서 폐기해야 한다. 우주의 엄마에 해당하는 3번 세피라, 비나는 형상을 만들

어냄으로써 이런 식으로 수명에 제약을 가한다. 무한한 것을 유한하게 만들고, 불멸의 것을 필멸로 만든다. 그래서 '가혹하다'고 불리는 것이다. 뒤에서 자세히 보겠지만, 가혹의 기둥에 속한 5번과 8번 세피라에도 이처럼 무언가를 제한하는, 제약하는, 말하자면 '딴지를 거는' 속성이 내재해 있다. 그리스 신화에서 헤라 여신이 수시로 바람피우고 다니는 남편, 제우스의 일거수일투족을 감시하며 그의 계획에 훼방을 놓고 잔소리하는 것, 크로노스가 무분별하게 가이아와 결합하여 각종 괴물을 낳는 아버지 우라노스의 고환을 잘라버린 것 역시 같은 맥락에서 이해해야 한다. 이 이야기들은 다 '지나칠 정도로 자비로운' 창조 행위에 제약을 거는 사례들이다.

9. 제약을 거는 것이 나쁘다는 얘기는 아니다. 이번 섹션의 서두에서 언급했듯이, 양과 음의 상호작용은 지속적인 진화와 발전을 위해 꼭 필요한 요소다. 세상의 모든 창조는 양과 음의 '섹스'를 통해 이루어진다. 이 개념을 제대로 이해하지 못하고 문자적인 해석에만 치중하여 우주의 신성한 제약을 미워하고, 악마로 여기고, 물질을 비하하고, 이처럼 잘못된 생각이 꼬리에 꼬리를 물면서 여자를 천시하는 교리와 전통이 탄생하여 여태까지도 이어지고 있다는 사실도 부정할 수 없다. 남성우월주의가 지배했던 오시리스 시대에는 이와 같은 불균형의 상태가 극에 달했으나, "Every man and woman is a star."를 표어로 삼고 있는 호루스의 시대에 접어든 후, 이 문제도 과도기를 거치면서 점차 해소될 것이다.

10. 최초의 극성, 최초의 이원성을 형성하는 2번과 3번 세피라 간 상호작용의 배후에는 리듬의 원칙이 있다. 시대가 여성우위, 남성우위의 시

기를 거치며 바뀌듯이, 시계추가 좌우를 오가듯이, 모든 것은 리듬에 맞춰 두 극성 사이를 오가며 변화를 거듭한다. 그리고 그 변화를 통해 조금씩 더 높은 곳으로 나아간다. 민족, 국가, 기업, 그리고 개인도 이런 리듬을 타게 되어있다. 남자들은 마트에 가면 구매할 물품이 진열된 곳을 향해 최단 거리로 직진한다지만, 성장의 길은 매끄러운 일직선이 아니라 언제나 좌충우돌, 진퇴양난, 2보 전진을 위한 1보 후퇴의 연속이다. 이 글을 쓰는 시점 기준으로 바로 어제, 한때 미국 메이저리그에서 뛰었던 야구선수가 자신의 선수 생활을 회상하면서 했던 말이 떠오른다. "팬들은 젊은 선수의 기량이 나이에 비례하여 꾸준히 상승한다고 생각하는데, 사실 그렇지 않습니다. 계속 시행착오를 거치고, 몸도 다치고, 장기 슬럼프에도 빠지고…. 이런 일들을 통해 배우고 단점을 하나둘씩 극복하면서 좋은 선수가 되는 것입니다."

11. 환생의 이론에 따르면 우리는 계속 남자 또는 여자로만 태어나는 것이 아니라, 성별을 계속 번갈아 바꿔가면서 태어난다고 한다. 그래야만 남자로서든 여자로서든, 인간으로서 경험할 것과 배울 것을 두루 접할 수 있기 때문이다. 인간은 한 번의 생에서도 성의 변화를 겪는다. (생리학적인 변화, 성전환 수술을 말하는 것은 아니다). 남자는 나이가 들면서 대체로 여성성이 강해지고, 여자는 반대로 남성성이 강해지는 현상을 말하는 것이다. 남녀를 구분하는 성은 물질계에서는 신체적 특성으로 나타나지만, 물질계 위에 있는 상위 차원에서는 이 극성이 바뀐다고 한다. 디온 포춘이 이 문제와 관련하여 『미스티컬 카발라』에서 했던 말을 옮겨본다.

남자는 물질적 차원에서 여자를 자극하여 새로운 생명의 탄생에 기여하지만, 극성의 반전 법칙(Law of Reversed Polarity)에 따라 내적 차원에서는 음의 속성을 띠게 되며, 따라서 반대로 여자의 자극을 받아 감정적으로 완성에 이르러야 한다는 사실을 잘 모르고 있다는 것이 문제다. 바그너와 셸리[175]처럼 고차원의 창의력을 지녔던 위인들의 사례에서 볼 수 있듯이, 남자의 감정이 수정되려면 여자의 도움이 필요하다.

12. 약자이자 소수에 속한 특정 민족, 인종을 멸시하고 증오하는 인종차별주의자는 다음 생에서 자신이 그토록 미워했던 인종 또는 민족의 일원으로 태어나 억압을 받는 입장에서 인생을 경험하는 기회를 얻게 된다고 한다. 모든 생명은 본래 하나에서 나왔으며, 남이 아프면 곧 내가 아픈 것이라는 소중한 가르침을 배우도록 하기 위한 우주의 배려다. 성이라는 것도 이처럼 변화의 속성을 지니고 있다는 점을 염두에 두고 나와 반대의 성을 경시하는 일이 없도록 하자. 결국엔 다 제 살 깎아 먹기다.

13. 호크마의 마법 이미지는 '아버지'를 의미하는, 수염을 기른 남자다. 경험 없는 숫총각이 아니라 자신의 남성성을 입증한, 성숙한 중년의 남자, 즉, 왕자가 아닌 왕이다.[176] 남근, 음경, 선돌, 탑, 위로 치켜든 권능의 홀, 직선은 전부 호크마의 남성성, 남성적 에너지, 정력 등을 상징하는 적절한 심볼이다. 케테르를 상징하는 0차원의 점(point)이 한 방향으로 아주 조금이라도 확장하면 선(line)이 만들어지고 1차원의 개념이 탄생한다. 선과 더불어 꼭짓점이 위를 향하는 삼각형은 가장 원시적인 형태의 남성 심볼이다. 4대 원소 중 남성적인 속성을 지닌 불과 공기는 남근을 상징하는 삼각형(△, △), 그리고 여성적인 속성을 지닌 물과 흙은 자궁 모양의 역삼각형(▽, ▽)을 심볼로 삼는다. 양과 음이 결합하면 다윗

의 별(The Star of David) 또는 솔로몬의 인장(The Seal of Solomon)이라 불리는 육각별 심볼(✡; Hexagram)이 만들어진다. 아버지(2번 세피라, △)와 어머니(3번 세피라, ▽)가 결합했을 때 아들(6번 세피라, ✡)이 탄생함을 보여주는 또 하나의 단서다.

14. 피라미드, 스톤헨지, 오벨리스크, 워싱턴 기념탑 등도 같은 남성성의 상징이다. 워싱턴 기념탑은 버지니아주(Virginia=동정녀)와 메릴랜드주(Maryland=마리아의 땅)의 중간, 두 주의 경계선에 위치한 미국의 수도, 워싱턴 D.C.에 우뚝 서 있으며, 위에서 내려다보면 음문을 상징하는 베시카 파이시스 심볼의 정중앙에 박혀 있음을 볼 수 있다. 하지만 호크마를 단순한 섹스 심볼로 생각해서는 안 된다. 호크마는 역동적이고, 능동적이고, 남성적인 힘, 확장하는 힘의 원리를 의미하는 것이고, 성적인 측면은 그 원리의 일부일 뿐이라는 사실을 기억하자.

하늘에서 내려다본 워싱턴 기념탑

15. 디온 포춘은 호크마를 설명하면서 구약성경의 신이 행한 첫 번째 창조 행위, 즉, "빛이 있으라."[177]고 명한 대목을 언급한다. 아인 소프 오르의 무한한 빛, 네거티브 빛은 우리로서는 그 개념조차 파악할 수 없고, 케테르의 빛은 너무나도 순수하고 밝아서 우리 눈으로 볼 수 없지

만, 호크마의 빛은 그나마 우리가 인지할 수 있는, 우리의 관점에서는 최초의 빛이라고 말할 수 있다는 의미로 이해했다. 인간의 구성요소를 일곱 가지로 분류하여 설명하는 요기 철학의 가르침을 요약한 윌리엄 워커 앳킨슨의 『그대, 아직도 '나'를 찾고 있는가?』에서는 케테르의 빛을 다음과 같이 묘사하고 있다.

> 마지막으로, 우리가 배운 바에 따르면 인간의 일곱 번째 원리인 영이 발산하는 색상은 순수하게 하얗고 밝은 빛으로, 이를 인지한 인간은 아직 한 명도 없다고 한다.

16. 그래서 카발라에서는 케테르에 순수한 흰색, 호크마에 순수한 흰색보다 덜 밝은 회색, 그리고 영을 물질 속에 가두는 육신을 제공하는 3번 세피라 비나에는 검은색을 각각 지정한다. 호크마를 '빛을 비추는 지성'으로 표현한 『세페르 예치라』의 문구 역시 호크마와 빛의 관계를 뒷받침하고 있다. 양(陽)이라는 문자 자체도 '밝음'을, 그리고 음(陰)은 빛에 의해 생성된 검은색의 '그림자'를 의미하지 않는가?

17. 호크마의 빛은 구체화 이전 상태(0, 아인 소프)와 이후 상태(1, 케테르) 사이에 놓인 댐에 생긴 작은 구멍으로 새어 나온 한 줄기 빛과 같은 느낌을 준다. 말로 형용할 수 없는, 바라보는 순간 사람의 눈을 멀게 하는 이 휘황찬란한 빛은 단계적으로 발산의 과정을 거치면서 완벽함의 상태에서 조금씩 멀어지고, 그 덕분에 우리가 인지할 수 있게 된다.

18. 아칠루트의 호크마를 다스리는 신의 이름은 '여호와'로, 테트라그라

마톤의 네 글자(יהוה) 중 첫 번째인 요드('), 남성성, 아버지, 타로의 왕, 역동적 힘 등의 개념을 상징한다. 브라아의 호크마를 다스리는 대천사의 이름은 '라지엘'이며, 유대교 전통에서 그는 낙원에서 쫓겨난 인간이 영적으로 성장하여 고향으로 다시 돌아오는 방법(카발라의 가르침)을 최초의 인간에게 전수한 장본인으로 알려져 있다. 천군은 '바퀴'를 의미하는 '오파님', 그리고 세속적 차크라는 '별자리', '성좌' 등을 의미하는 '마잘로트'와 '황도대'다. 오파님은 케테르를 다룬 전 섹션에서 '거룩한 생물'을 설명하기 위해 인용한 에스겔서에 언급된 바퀴다. 우리의 관점에서 봤을 때 비너스의 허리띠처럼 지구를 둘러싸고 있는 황도대는 마치

인간에게 카발라를 전수한 대천사, 라지엘
(배경에 낙원에서 쫓겨나는 아담과 이브의 모습이 보인다)

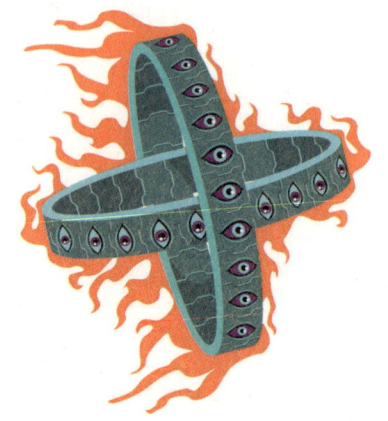

빙글빙글 도는 바퀴처럼 여겨진다. 물론 약 25,920년 만에 지구를 한 바퀴 돌 정도로 회전의 주기는 아주 길다.[178] 우주 만물은 돌면서 진동하고 있다. 오파님, 마잘로트, 황도대 모두 일종의 바퀴이며, 이 바퀴는 점이 회전 운동을 개시했음을 의미한다.

오파님

19. 다음 살펴볼 개념은 '영광의 예복(내복)'이다. 다음 섹션에서 다룰 3번 세피라, 비나는 이와 대조적으로 '은폐의 예복(외투)'으로 불리는데, 여기서 '내복'은 우리 안에 있는 것, 우리의 본질인 '영혼'을 의미하고, '외투'는 그 영혼에 형상을 입힌 것, 즉, 영혼을 은폐하는 '육신'을 의미한다. 점에 비유할 수 있는 작은 씨앗(정자)은 땅(난자)을 뚫고 들어가 그 안에서 죽고(터지고), 씨앗의 죽음으로 인해 새로운 싹이 돋아나 형상을 가진 나무로 성장한다. 남성적인 힘이 여성적인 잠재력을 자극함으로써 성장과 진화가 진행되는 것이다. 신이 흙(육신)으로 사람의 형상을 빚고, 그 후에 생기(영)를 불어넣자 생령(生靈)이 된 것[179]과 같은 이치다.

20. 『세페르 예치라』에서는 또한 호크마를 '창조의 왕관'이라 칭하고 있다. 영어권에서 'Crown of Creation'이라는 표현은 보통 '최고의 걸작', 즉, 신이 창조한 최고의 피조물인 '인간'을 지칭하는데, 여기서는 이보다는 호크마가 케테르(왕관)와 매우 밀접한 관계에 있음을 암시하고 있다. "하나됨의 장관과 대등하다."는 표현도 호크마가 비록 두 번째 세피

라이지만 '하나됨'을 상징하는 케테르와 매우 유사하다는 사실을 뒷받침하고 있다. 또한 창조의 배후에서 호크마가 상징하는 에너지가 작용하고 있음을 의미하기도 한다. 다시 얘기하지만, 그래서 크로울리는 호크마를 케테르의 역동적 측면으로 보았던 것 같다.

21. "모든 머리 위로 승격되었다."는 표현 역시 머리가 아니라 머리 위에 쓰는, 머리보다 높은 케테르의 왕관과 유사한 지고함의 개념을 암시하고 있다. 그런데『세페르 예치라』에서는 이 책의 마지막 섹션에서 살펴볼 10번 세피라, 말쿠트에 관한 설명에서도 똑같은 표현을 쓰고 있다.

> 열 번째 경로는 모든 머리 위로 승격되고 비나의 권좌에 앉아있으므로 빛나는 지성(Resplendent Intelligence)으로 불린다.

22. 왕을 상징하는 호크마는 테트라그라마톤(יהוה)의 첫 번째 문자(י)이고, 공주를 상징하는 말쿠트는 마지막 문자(ה; 헤-파이널)다. 왕(2)-여왕(3)-왕자(6)-공주(10)의 서열로 따졌을 때, 이 둘은 '가장 높은 것'과 '가장 낮은 것'에 각각 해당한다. 하지만 카발라에서는 "가장 높은 것과 가장 낮은 것은 서로 통한다."고 설명한다. 가장 높은 경지의 케테르부터 시작되어 생명의 나무 아래로 내려오는 발산 과정의 최후 결과물이자 가장 낮은 경지인 말쿠트에는 상위 세피라의 모든 것이 담겨있다. 따라서 말쿠트는 케테르만큼이나 신성하다. 가장 영적인 것과 가장 물질적인 것의 본질이 사실상 같다는 얘기다. "위에서와같이 아래에서도, 아래에서와같이 위에서도", "하늘에서 이루어진 것과 같이 땅에서도 이루어지이다."로 대변되는 상응의 원칙과 "양쪽 극단에 있는 것들은 서로 통

한다."는 극성의 원칙이 떠오르는 대목이다.

23. 우주에는 우리에게 익숙한 시작과 끝의 개념이 없다. 모든 것이 돌고, 돌면서 순환한다. 끝은 새로운 시작이고, 죽음은 새로운 탄생이다. 시작과 끝을 직선상에 두고 생각하면 이 두 지점은 양극에 있다고 볼 수 있지만, 자신의 꼬리를 물고 있는 뱀처럼 원의 개념으로 생각하면 시작과 끝이 같음을 알 수 있다. 가장 높은 것과 가장 낮은 것도 마찬가지로 같은 것이다. 크로울리는 자신의 꼬리를 물고 있는 뱀의 이미지가 담긴 디스크 2번 카드를 언급하면서 이 원리를 다음과 같이 설명했다.

> 흙의 속성을 가진 이 슈트(디스크)는 공주에 해당하며, 따라서 테트라그라마톤의 마지막 문자인 헤-파이널과도 연결된다. 흙(가장 낮은 것)은 영(가장 높은 것)의 권좌다. 맨 아래의 바닥에 닿는 순간, 즉시 맨 위로 다시 올라오게 된다. 따라서 이 카드는 시작과 끝이 없는 뱀의 상징체계를 표현한 것이라고 할 수 있다.

물질만 숭배하며 영의 존재를 부정하는 물질주의자나, 물질을 천시하고 영적인 것만 소중히 여기는 사람이나, 이 원리를 제대로 이해하지 못했다는 공통점을 가지고 있다.

24. 케테르의 영적 체험은 '신과 합일'이었고, 신과 하나가 되는 순간 우리에게 익숙한 '인간'은 사라지게 된다고 설명했었다. 케테르의 역동적 측면인 호크마의 영적 체험도 만만치 않다. 호크마의 영적 체험은 '신과 대면'이다. 인간이 신의 얼굴을 보면 어떻게 될까? 역시 죽는다.

(출애굽기 33:18) 모세가 가로되 원컨대 주의 영광을 내게 보이소서

(출애굽기 33:19) 여호와께서 가라사대 내가 나의 모든 선한 형상을 네 앞으로 지나게 하고 여호와의 이름을 네 앞에 반포하리라 나는 은혜 줄 자에게 은혜를 주고 긍휼히 여길 자에게 긍휼을 베푸느니라

(출애굽기 33:20) 또 가라사대 네가 내 얼굴을 보지 못하리니 나를 보고 살 자가 없음이니라

25. 모세는 이집트에서 노예로 살던 이스라엘 백성들을 구출하여 약속의 땅으로 인도한 장본인이지만, '여호와께서 대면하여 아시던 자'인 그는 '그 눈이 흐리지 아니하였고 기력이 쇠하지 아니하였음'에도 불구하고 그곳에 입성하지 못한 채로 죽음을 맞는다.

(신명기 34:1) 모세가 모압 평지에서 느보 산에 올라 여리고 맞은편 비스가 산 꼭대기에 이르매 여호와께서 길르앗 온 땅을 단까지 보이시고

(신명기 34:2) 또 온 납달리와 에브라임과 므낫세의 땅과 서해까지의 유다 온 땅과

(신명기 34:3) 남방과 종려의 성읍 여리고 골짜기 평지를 소알까지 보이시고

(신명기 34:4) 여호와께서 그에게 이르시되 이는 내가 아브라함과 이삭과 야곱에게 맹세하여 그 후손에게 주리라 한 땅이라 내가 네 눈으로 보게 하였거니와 너는 그리로 건너가지 못하리라 하시매

(신명기 34:5) 이에 여호와의 종 모세가 여호와의 말씀대로 모압 땅에서 죽어

(신명기 34:6) 벧브올 맞은편 모압 땅에 있는 골짜기에 장사되었고 오

늘까지 그 묘를 아는 자 없으니라

(신명기 34:7) 모세의 죽을 때 나이 일백이십 세나 그 눈이 흐리지 아니하였고 기력이 쇠하지 아니하였더라

(신명기 34:8) 이스라엘 자손이 모압 평지에서 애곡하는 기한이 맞도록 모세를 위하여 삼십 일을 애곡하니라

(신명기 34:9) 모세가 눈의 아들 여호수아에게 안수하였으므로 그에게 지혜의 신이 충만하니 이스라엘 자손이 여호와께서 모세에게 명하신 대로 여호수아의 말을 순종하였더라

(신명기 34:10) 그 후에는 이스라엘에 모세와 같은 선지자가 일어나지 못하였나니 모세는 여호와께서 대면하여 아시던 자요

(신명기 34:11) 여호와께서 그를 애굽 땅에 보내사 바로와 그 모든 신하와 그 온 땅에 모든 이적과 기사와

(신명기 34:12) 모든 큰 권능과 위엄을 행하게 하시매 온 이스라엘 목전에서 그것을 행한 자더라

26. 맨눈으로 태양을 바라보면 당연히 시력을 잃게 된다. 하지만 우리는 태양이 발하는 빛 덕분에 사물을 보고 인지할 수 있다. 태양 자체는 볼 수 없어도, 태양의 빛을 반사하는 달은 볼 수 있다. 케테르의 빛(1번 세피라, 신의 얼굴)을 보면 죽지만, 케테르가 하위 세상에 드리운 상인 티파레트(6번 세피라, 신의 아들)를 통해 신을 간접적으로 볼 수는 있다. 성 바울이 했던 말을 다시 읽어보자.

(고린도전서 13:12) 우리가 이제는 거울로 보는 것같이 희미하나 그 때에는 얼굴과 얼굴을 대하여 볼 것이요, 이제는 내가 부분적으로 아나

그 때에는 주께서 나를 아신 것같이 내가 온전히 알리라.

27. 그리스도는 아버지 안에 자기가 있고, 자기 안에 아버지가 있다고 말했다. 그리고 성 바울은 우리 안에 그리스도가 있다고 했다. 케테르는 모든 세피라를 품고 있고, 티파레트(아들)는 케테르(아버지)의 상이고, 가장 낮은 말쿠트에는 가장 높은 것이 들어있음을 이해하자. 인간은 신성으로부터 가장 멀리 떨어진 곳에 사는, 나약한 육신을 가진 보잘것없는 존재처럼 여겨질지 모르지만, 사실 우리 안에는 신이 깃들어있다는 얘기다. 6번 세피라의 권좌에 앉아서 심연 아래의 세상을 다스리는 신성한 수호천사, 마이크로프로소포스, 즉, 신의 아들을 알게 된 후에는(왕자를 영접한 후에는) 우리도 신을 대면하는 단서를 얻을 수 있을 것이다.

(요한복음 14:6) 예수께서 가라사대 내가 곧 길이요 진리요 생명이니 나로 말미암지 않고는 아버지께로 올 자가 없느니라
(요한복음 14:7) 너희가 나를 알았더면 내 아버지도 알았으리로다 이제부터는 너희가 그를 알았고 또 보았느니라
(요한복음 14:8) 빌립이 가로되 주여 아버지를 우리에게 보여 주옵소서 그리하면 족하겠나이다
(요한복음 14:9) 예수께서 가라사대 빌립아 내가 이렇게 오래 너희와 함께 있으되 네가 나를 알지 못하느냐 나를 본 자는 아버지를 보았거늘 어찌하여 아버지를 보이라 하느냐
(요한복음 14:10) 나는 아버지 안에 있고 아버지는 내 안에 계신 것을 네가 믿지 아니하느냐 내가 너희에게 이르는 말이 스스로 하는 것이 아니라 아버지께서 내 안에 계셔 그의 일을 하시는 것이라

(요한복음 14:11) 내가 아버지 안에 있고 아버지께서 내 안에 계심을 믿으라 그렇지 못하겠거든 행하는 그 일을 인하여 나를 믿으라

(요한복음 14:12) 내가 진실로 진실로 너희에게 이르노니 나를 믿는 자는 나의 하는 일을 저도 할 것이요 또한 이보다 큰 것도 하리니 이는 내가 아버지께로 감이니라

(골로새서 1:27) 하나님이 그들로 하여금 이 비밀의 영광이 이방인 가운데 어떻게 풍성한 것을 알게 하려 하심이라 이 비밀은 너희 안에 계신 그리스도시니 곧 영광의 소망이니라

28. 이상으로 두 번째 세피라, 정적인 속성을 지닌 케테르의 역동적 측면, 무한한 힘과 에너지의 원천과 연결을 맺는 수단을 제공하는 케테르를 통해 그 힘을 구체화하는 남성적, 능동적 힘, 우주의 자극제인 호크마에 관한 설명을 마친다. 이 섹션의 서두에 나왔던 관련 키워드들을 다시 음미해보면서 그 강력한 힘, 철철 넘쳐 흐를 정도로 퍼붓는 관대한 힘을 느껴보자. 그럼 이제 호크마에 해당하는 네 카드를 간단히 살펴보도록 하자.

2번 카드의 기본 속성

각 슈트의 2번 카드는 호크마의 힘을 상징한다. 크로울리에 따르면 우리의 관점에서 봤을 때 호크마는 케테르와 다름없다고 한다. 우리는 케테르를 이해할 수 없지만, 케테르와 여러모로 유사한 호크마를 통해 그 경지를 가늠할 수 있다. 2번 세피

라는 남성적인 힘과 에너지, 아버지, 양, 무한히 확장하려는 힘, 힘을 발휘하려는 의지(Will to force), 테트라그라마톤의 첫 번째 문자인 요드(따라서 4대 원소 중 '불'), 타로 코트 카드 중 왕(토트 타로의 경우 '기사')을 상징한다는 점을 염두에 두고 하나씩 카드를 살펴보자.

남성적 속성을 지닌 호크마는 오른쪽 기둥에 있으므로 2번 카드들은 균형이 무너졌을 것으로 생각하기 쉬운데, 보면 알겠지만 실제로는 그렇지 않다. 오히려 매우 견고하고 안정적인 카드들이다. 디온 포춘에 따르면 천상의 삼각형에 속한 호크마는 상위 차원에서 양의 속성을 띠지만, 차원에 따라 성의 속성이 반전되는 법칙에 따라 형상의 차원에서는 음의 속성을 띠게 되며, 호크마가 상징하는 역동적 힘이 음의 속성을 띠면 균형으로 나타난다고 한다. 즉, 역동적 힘이 약간 무뎌져 한쪽으로 기울어졌던 운동장이 평형 상태에 이르게 되는 것으로 이해하면 좋을 것 같다. 비록 완벽한 균형을 상징하는 중앙의 기둥에 있지는 않지만, 근원에서 가까운 천상의 삼각형에 속해 있으므로 안정적인 것으로 이해해도 좋다. 나중에 보겠지만, 근원(케테르)에서 멀어질수록 좌우 기둥에 속한 세피라와 카드들은 불균형에 따른 불안정한 면모를 드러내게 된다.

에이스를 제외한 36장의 스몰 카드(각 슈트의 2~10번 카드)에는 별자리와 행성이 지정된다. 따라서 이제부터는 제1장에서 다뤘던 일곱 행성과 열두 별자리의 속성과 의미, 그리고 행성과 별자리의 상생/상극 관계를 지칭하는 에센셜 디그니티도 함께 고려하여 카드의 전체적인 의미를 파악해야 한다. 오컬트 덱인 토트 타로는 카드상에 행성과 별자리 심볼이 그려져 있어서 해석에 도움이 된다는 장점이 있다. 또한

2, 3, 4번 카드에는 각 슈트(원소)에 해당하는 활성사인 별자리, 5, 6, 7번 카드에는 고정사인 별자리, 그리고 8, 9, 10번 카드에는 변동사인 별자리가 지정된다는 사실을 상기하자.

2 of Wands – 지배(Dominion)

(Mars in Aries) 0° to 10° Aries

3월 21일 ~ 3월 30일[180]

토트 타로의 제목 – 지배(Dominion)

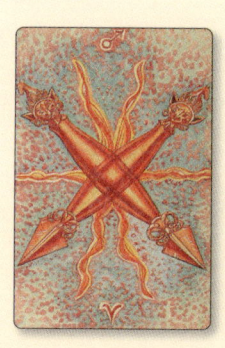 

카드의 의미

- 가장 높은 차원의 불. 힘의 흐름을 개시하는 에너지.
- 통치와 정의의 균형.
- 타인에 대한 영향력. 대담성. 용기. 맹렬함.
- 약화하는 영향을 받을 경우[181]: 가만히 있지 못하는(안절부절). 요동을 치는 고집스러움.

생동감 넘치는 봄의 시작을 알리는 춘분(春分)부터 3월 30일까지, 열흘간에 해당하는 불의 별자리, 양자리의 첫 번째 십분각(0°~10°)을 관장하는 카드다. 불의 활성사인, 불꽃이 튀는 스파크에 비유할 수 있는 양자리에 불의 행성인 화성이 들어왔다. 화성은 양자리의 지배 행성이므로 이곳에서 편안함을 느끼고, 자신의 역량을 유감없이 발휘한다. 마치 영화 『헬보이』의 주인공이 화염에 휩싸인 환경을 자기 집처럼 드나들며 자연스럽게 행동하는 것과 같은 형국이다. 영어에 'in one's element'라는 표현이 있는데, 이걸 문자 그대로 해석하면 '나에게 잘 어울리는 원소로 둘러싸인 환경(내 성향에 안성맞춤인 환경)에 온 것'이 된다. '물 만난 물고기'처럼 안락함을 느끼며 자유롭게 헤엄칠 수 있게 되는 것이다.

불과 불이 만났으니 이루지 못할 것이 없다. 크로울리는 이 카드를 '가장 높은 형태의 의지', '이상적인 의지'라고 표현했으며, 이런 말도 덧붙였다.

> 목표에 구애받지 않고, 결과에 연연하지 않는 순수한 의지는 모든 면에서 완벽하다.

X자 형태로 배치된, 한 지인의 말에 따르면 갑오징어처럼 생긴 두 지팡이는 '금강저(金剛杵; Vajra)'로도 불리는 티베트의 도제(Dorje) 지팡이로, 하늘을 다스리는 권능을 상징하는 번개의 심볼이다. 손으로 번갯불을 던져 적을 섬멸하는 그리스의 제우스도 티탄과의 전쟁에서 승리한 후, 형제들과 제비를 뽑아 하늘을 지배하는 역할을 맡게 되었다.(포세이돈과 하데스는 각각 바다와 지하 세계의 통치를 맡았으며, 지상은 일종의 공동경비구역이 되었다).

도제 지팡이와 번갯불은 무언가를 창조하기보다는 파괴하기 위해 사용되는 도구 또는 무기인데, 여기에서의 파괴는 난자를 수정시키기 위한 파괴를 의미한다. 시작과 끝, 높은 곳과 낮은 곳, 삶과 죽음은 정반대의 개념이 아니라 같은 것이듯이, 창조와 파괴도 사실상 같다고 볼 수 있다. 파괴가 있고 난 뒤에 새로운 창조가 있을 수 있고, 안정된 상태를 뒤

힌두교의 삼위일체, 브라마, 비슈누, 시바

흔들어 혼란을 유발해야만 작용/반작용에 의해 진화의 다음 단계가 진행될 수 있다. 땅속에 뿌려진 씨앗도 깨져야 싹을 틔울 수 있고, 우리가 섭취하는 음식도 몸속에서 파괴의 과정을 거쳐야 영양분을 제공하는 형태로 변환될 수 있다. 그래서 힌두교의 삼위일체는 창조를 담당하는 브라마, 세상을 유지하는 비슈누, 그리고 파괴를 담당하는 시바로 이루어져 있다. 파괴도 창조만큼이나 신성하며, 파괴가 있어야만 순환이 이루어질 수 있다는 뜻이다.

카드 중심에서는 여섯 개의 불길이 사방으로 치솟고 있는데, 이는 6번 세피라에 지정된, 양자리에서 승격되는 태양의 영향이 이 카드에 스며들어있음을 의미한다. 양자리에, 화성에, 태양까지, 그야말로 불같은 의지로 이글거리는 카드라고 할 수 있겠다. 이 카드에 지정된 '지배'라는 제목이 아주 잘 어울린다.

2 of Cups – 사랑(Love)

(Venus in Cancer) 0° to 10° Cancer
6월 21일 ~ 7월 1일
토트 타로의 제목 – 사랑(Love)

카드의 의미
- 넓은 차원에서의 남성성과 여성성의 조화.
- 기쁨과 황홀경의 에너지를 발산하는 완벽하고 차분한 조화.
- 즐거움. 따뜻한 우정. 유쾌함.
- 약화하는 영향을 받을 경우: 모순. 탕진. 낭비.

봄의 시작을 알렸던 지팡이 2번 카드에 이어 이번에는 여름을 시작하는 하지(夏至)부터 7월 1일까지 아우르는 물의 활성사인, 게자리의 첫 번째 십분각(0°~10°)을 관장하는 컵 2번 카드다. '엄마 별자리'로 알려진 게자리에 요염하고 섹시한 미와 사랑의 여신, 금성이 들어왔다. 게자리와 금성은 딱히 좋지도, 나쁘지도 않은 중립적인 조합이지만, 게자리의 지배 행성은 '엄마 행성'인 달이고, 행운을 가져다주는 목성(대길성)은 게자리에서 승격된다. 크로울리의 말대로 표면적으로는 가장 따뜻하고 다정한, 사랑스러운 행성들이 한데 모인 셈이다. 그래서 이 카드의 제목은 '사랑'이다.

크로울리는 이 카드가 '상호 파괴를 통해 하나됨을 회복하는 것'을 의미한다고 설명했다. 요즘에는 이 개념이 점차 희미해지고 있긴 하지만, 인간 사회에서 가장 일반적인 형태의 사랑은 남녀 간의 사랑, 즉, 양과 음의 사랑이다. 양(+)과 음(-)이 결합하면 어떻게 될까? 둘 다 사라진다. 크로울리에 따르면 우주의 무한한 에너지를 모두 합친 결과는 0(Zero)이라고 한다. 양과 음이 모두 상쇄되어 아인 소프(0)의 상태로 돌아간다는 의미다. 제로섬 게임(zero-sum-game)과 비슷한 개념이다. 따라서 우리가 '무(無)'라고 부르는 것은 사실 무한히 많은 양(+)과 무한히 많은 음(-)을 합친 것이라고 볼 수 있다.

요즘 건강 분야에서 유행하는 어싱(Earthing; 맨발 걷기)은 맨발로 땅을 밟아 땅속의 음전하(전자)를 체내로 흡수함으로써 몸속에 축적된 활성산소(free radicals; 양전하)를 상쇄하는 원리를 바탕으로 하고 있다. 암을 비롯한 만병의 원인인 염증을 유발하는 활성산소를 제거함으로써 건강을 되찾는다는 개념이다. 같은 원리로, 남녀가 사랑을 나누며 절정에 도달하는 순간에는 두 사람의 자아가 일시적으로 사라져 둘로 분리되었던 것이 하나가 되고, 더 나아가 무아지경(無我之境)에 이르게 된다. 일종의 신비 체험이다. '나'가 사라진 상태, 즉, 사랑에 빠진 상태에서는 해내지 못할 일이 없다.

사랑에도 여러 종류가 있다. 방금 언급한 남녀 간의 사랑 외에 신과 인간 간의 사랑, 최고의 사랑인 '아가페'도 있고, '플라토닉 러브'라는 것도 있다. 하지만 이처럼 고상한 형태의 사랑 말고도, 우리가 일상에서 접하는 사랑 중 최고는 아이를 향한 엄마의 사랑, 즉, 모성애가 아닐까 싶다. 자녀가 위기에 처했을 때, 엄마는 자신의 안위를 잊고(자아를 상실하고) 초능력을 발휘하는 원더우먼이 된다. 이것 역시 사랑의 강력한 힘이 물질 세상에서 구체화한 대표적인 형태다. 크로울리에 따르면 2번 카드는 언제나 '말씀(Word)'과 '의지(Will)'를 상징하며, '사랑'이라는 제목이 지정된 컵 2번 카드의 진짜 의미는 텔레마 사상의 핵심인 'Love under Will', 즉, '사랑이 뒷받침된 의지'라고 한다.

카드 이미지를 보자. 바다 위에 떠 있는 연꽃에서 흘러나온 물이 두 컵을 가득 채우고 있다. 2번 카드는 호크마, 즉, '역동적으로 흘러나오는 힘'을 상징한다는 점을 기억하자. 사랑의 힘, 사랑의 에너지는 이처럼 끊임없이 원천으로부터 흘러나오고 있음을 암시하는 듯하다. 헤르메스의 지팡이를 타고 올라가는 두 마리의 뱀처럼, 두 마리의 물고기는 대칭을 이루고 있다. 크로울리는 비단잉어처럼 보이는 이 두 물고기가 연금술에서 신성시되는 돌고래라고 얘기하지만, 자세한 설명은 제시하지 않는다. 최초의 생명은 물에서 탄생했다는 사실을 직관적으로 알았던 고대인들, 특히 그리스와 로마인들은 물고기를 비너스 숭배와 결부하며 신성시했고(비너스도 바다에서 태어났다), 오늘날의 첨단 과학기술이 존재하지 않던 그 시절에 인간의 정자가 물고기 형상을 닮았을 것으로 생각했다. 옛 이교도 문화권에는 또한 금요일에 물고기를 먹는 풍습이 있었고, 아름다움과 생식능력을 관장하는 여신들을 금요일에 기념했다. 그래서 금요일은 비너스(금성)의 날이자, 북유럽의 비너스인 프레야(Freya; 'Friday'는 'Freya의 날'이라는 뜻이다)의 날이기도 하다. 다음은 맨리 P. 홀이 『모든 시대의 비밀 가르침(The Secret Teachings of All Ages)』에서 인만 182을 인용하며 물고기의 상징적 의미를 설명한 대목이다.

히브리 단어 눈(Nun)은 '물고기'와 '성장'을 동시에 의미하며, 인만은 물고기의 상징체계를 다음과 같이 설명했다.

여호수아, 예수(구세주) 등의 이름으로도 불린 물고기의 아들(Son of the Fish)은 유대인들을 승리로 이끌었다. 오늘날에도 기독교의 열성적인 여성 신도는 'Nun[183]'으로 불린다. 초기 기독교인들은 물고기 세 마리의 형상으로 삼위일체를 표현했으며, 물고기는 붓다를 상징하는 여덟 개의 신성한 심볼[184] 중 하나이기도 하다. 돌고래가 아폴로(태양신 구세주)와 넵튠의 신성한 심볼이라는 점도 중요하다. 고대인들은 돌고래(Dolphin)들이 조난 당한 선원들을 등에 태워 천국으로 인도해 준다고 생각했다. 이교도들이 이 아름다운 동물을 인간의 친구이자 조력자로 여기는 것을 보고 초기 기독교인들은 돌고래를 그리스도의 심볼로 받아들였다. 프랑스의 황태자를 일컫는 '도프앙(Dauphin)'이라는 타이틀도 신성한 보존의 힘을 상징하는 이 고대 이교도 심볼에서 유래되었을 가능성이 있다. 초기 기독교인들은 기독교로 개종한 사람들을 물고기에 비유했으며, 세례를 받은 신도들이 "그리스도의 바다로 다시 돌아갔다"고 표현했다.

좌우 대칭의 구조를 이룬 카드 이미지를 보면 매우 안정적인 느낌이 든다. 크로울리는 이 카드를 '남성성과 여성성의 조화', '기쁨과 황홀경의 에너지를 발산하는 완벽하고 차분한 조화'라고도 묘사했다. 쓸데없는 잡념에서 해방된, 감정의 동요로부터 자유로운 상태에 도달한 사람의 내면을 그림으로 표현하면 이런 이미지가 나오지 않을까?

2 of Swords – 회복된 평화(Peace Restored)

(Moon in Libra) 0° to 10° Libra

9월 23일 ~ 10월 2일

토트 타로의 제목 – 평화(Peace)

카드의 의미
- 상호모순적인 속성의 혼재.
- 희생과 고생 이후에 얻는 힘.
- 분쟁 후의 화해(하지만 아직도 약간의 긴장감이 남아있음).
- 고통 후에 얻는 즐거움.
- 진실과 거짓. 우유부단.
- 때로는 이기적이고, 때로는 이타적인 행동.

추분(秋分)부터 10월 2일까지의 기간에 해당하는 공기의 활성사인, 천칭자리의 첫 번째 십분각(0°~10°)을 관장하는 카드다. 균형의 저울을 심볼로 삼는 공정, 정의의 상징인 천칭자리에 변화무쌍한 달이 들어왔다. 약 한 '달'을 주기로 초승달에서 보름달을 오가는 달은 변덕스러움과 불안정성의 상징이지만, 언제나 균형을 잡아주는 천칭자리의 영향으로 이 카드 역시 안정적으로 보인다. 검은 누군가에게 상해를 입히고 싸움을 걸기 위해 사용하는 무기지만, '평화'라는 제목에서 안정성을 느낄 수 있다. 하지만 칼로 흥한 자는 칼로 망하는 법. 검 에이스를 설명하면서 그 카드에 담긴 힘은 자연적으로 발생하는 것이 아니라 소환된 힘이라고 말했었다. 칼자루를 쥔 사람의 의도에 따라 선의 목적으로, 또는 악의 목적으로 쓰일 수 있다는 뜻이다.

공기를 상징하는 검 슈트는 소우주에서 인간의 정신 활동을 관장하는 루아흐에 상응한다. 인간의 정신, 고차원의 사고를 할 수 있는 지적 역량은 인간이 신으로부터 받은 최고의 선물이자 최악의 저주다. 인간이 정신의 힘으로 이룩한 눈부신 물질문명의 위대함은 굳이 설명하지 않아도 누구나 잘 알고 있을 것이다. 하지만 인간은 같은 힘을 활용하여 효율적으로 사람을 죽이는 대량파괴무기도 만들어냈다. 정신이 고도로 발달한 인간은 존재하지도 않는 두려움과 공포를 상상 속에서 생생하게 만들어내어 자기를 고문하기도 한다. 정신은 도덕, 윤리와는 관련이 없다. 뛰어난 정신의 힘을 소유한 사람 중에는 사기를 칠 목적으로 그 좋은 머리를 굴리는 사람도 많다. 이들은 범죄를 저지르고도 기름장어처럼 법망을 잘 빠져나가는 탁월한 능력까지 보유하고 있다. 인간의 정신을 왜 '양날의 검'이라 하는지, 왜 중세시대 서양 의학에서 4대 기질 중 우울체질(Melancholic Humor)을 공기와 결부시켰는지, 그리고 왜 타로에서 검이 정신을 상징하는지 이해하기 어렵지 않을 것이다.

다음은 윌리엄 워커 앳킨슨의 『그대, 아직도 '나'를 찾고 있는가?』에서 발췌한 내용이다. 검의 속성을 이해하는 데 도움이 될 것이다.

> 우선 지능적 정신이 깨어났다고 해서 영혼이 자동으로 전보다 나은 사람이 되는 것, 다시 말해, '선해지는 것'은 아니다. 인간이 성장하면서 상위 원리 또는 역량이 펼쳐지면 대체로 전보다 높은 이상을 추구하게 되는 것은 맞는 말이지만, 자기 안의 동물성에서 쉽게 헤어나오지 못해서, 물질을 향한 집착을 버리지 못해서 저속한 욕망을 채우기 위해 새롭게 얻은 지능의 힘을 오히려 남용하는 사람도 많다. 지능을

가진 인간은 본인이 원하면 동물보다도 더 동물적으로, 더 야만적으로 행동할 수 있다. 동물은 상상조차 하지 못할 끔찍한 만행까지 저지르며 바닥을 뚫고 더 아래로 추락할 수 있다.

동물은 순전히 본능에 의지하여 행동한다. 따라서 동물의 행동은 자연적이고 올바르며, 동물이 자연적 본능을 따르는 것을 비난할 수는 없다. 하지만 지능적 정신이 펼쳐진 인간은 자기가 동물처럼 행동하면 안 된다는 사실을 알고 있음에도 동물보다 더욱 야만적으로 행동할 수 있다. 그는 지능을 통해 얻게 된 교활함과 영리함으로 자신의 동물적 욕망에 불을 지피고, 전보다 확대된 자신의 저속한 욕망을 충족하기 위해 상위 원리를 오용하는 짓을 서슴지 않는다. 자신의 욕망을 오용하는 동물은 거의 없다. 그건 일부 인간들이나 하는 짓거리다. 인간의 지능적 정신이 펼쳐질수록 그가 채울 수 있는 저속한 동물적 욕정과 욕망의 범위도 전보다 넓어진다. 심지어 전에는 없던 새로운 동물적 욕망을 창조하고 체계까지 만들어낼 수 있다.

황금새벽회에서는 이 카드의 제목을 '회복된 평화'로 지었지만, 크로울리는 이를 '평화'로 줄였다. 천상의 삼각형에 속한 호크마는 매우 높은 경지이며, 이곳에서는 평화가 한시라도 깨졌던 적이 없으므로 평화를 '회복'한다는 표현에는 어폐가 있다는 것이 크로울리의 설명이다.

카드 이미지를 보자. X자로 배치된 두 개의 도제 지팡이가 힘의 균형을 표현한 지팡이 2번 카드와 마찬가지로 두 자루의 검이 X자를 형성하고 있고, 두 검 모두 파란색 장미를 관통하고 있다. 두 검이 힘을 겨루고 있는 와중에 여성성을 상징하는 장미가 개입하여 중재하고 있는 듯한 모습이다. 천칭자리를 지배하는 행성은 다름 아닌 금성(비너스)이며, 장미는 비너스의 심볼이기도 하다. 뭐랄까, 성경에 종종 등장하는 형제의 다툼(가인과 아벨, 에서와 야곱, 요셉과 형제들, 탕아와 그의 형 등)을 말리고 있는 엄마의 모습 같다고나 할까?

배경에는 검 슈트에서 일관되게 등장하는 바람개비 또는 날개의 모습이 보인다. 검에 상응하는 원소가 공기(바람)이기도 하고, 생각이라는 것도 바람처럼 왔다가 금세 또 사라지는, 참을 수 없는 가벼움의 속성을 지니고 있어서 이런 심볼을 채택한 것 같다. 하지만 이 카드에서는 정신도 안정 상태에 있어서인지, 바람개비들도 좌우, 상하 완벽한 대칭을 이루고 있다.

위험한 장난감과 다를 바 없는 검 슈트임에도 천상의 삼각형, 심연 위에 있는 카드들은 전부 신성하다. 하지만 검은 칼자루를 쥐고 있는 주인마저도 언제든 배신할 가능성을 품고 있다. 검은 기본적으로 싸우고, 베고, 찌르고, 죽이기 위한 용도로 사용되는 무기다. 인간이 성장의 과정에서 통과하기 가장 어려운 관문 중 하나가 정신, 루아흐를 극복하는 것이다. 정신은 자기가 뒷전으로 밀려나는 것을 두려워하기 때문에 수단과 방법을 가리지 않고 인간의 의식 상승을 방해한다. 제2부에서 살펴볼 검의 여왕처럼 정신을 쳐내거나, 메이저 아르카나의 '탑' 카드에서처럼 거짓 왕관이 벼락을 맞고 산산조각 해체되는 고통스러운 경험을 치르고 나서야 정신의 속박에서 해방될 수 있다. 지금(2번 카드)은 힘의 균형과 중재자의 역할 덕분에 그저 멋진 장식용 칼처럼 보이지만, 균형이 무너지는 순간 언제든 칼춤이 벌어질 수도 있다는 사실, 그것이 바로 정신의 기본 속성이라는 사실을 꼭 기억하자.

2 of Disks - 조화로운 변화(Harmonious Change)

> (Jupiter in Capricorn) 0° to 10° Libra
> 12월 22일 ~ 12월 30일
> 토트 타로의 제목 - 변화(Change)

카드의 의미
- 조화로운 변화.
- 득과 실. 약함과 강함. 행복과 우울함의 순환.
- 계속 변화하는 직업. 방랑. 친구 방문.
- 기분 좋은 변화.
- 근면하지만 신뢰할 수 없는 사람.

동지(冬至)부터 12월 30일까지의 기간에 해당하는 흙의 활성사인, 염소자리의 첫 번째 십분각(0°~10°)을 관장하는 카드다. 대중문화를 통해 우리에게 익숙해진, 머리에 뿔이 두 개 달리고 턱에는 염소수염(일명 'goatee')을 기른 사탄, 악마, 바포멧(Baphomet)의 전형적인 모습은 그리스 신화에서 야생, 목동, 양떼, 음악을 관장하고 정력이 좋기로도 소문난 염소 형상의 신, 판[185]에서 유래된 것이다. 그런데 염소자리는 태양신, 즉, 크리스마스에 태어나는 구세주의 별자리이기도 하다. 히브리어에서 '뱀'을 의미하는 'Nahash'와 '구세주'를 의미하는 'Messiah'에 게마트리아를 적용하면 둘 다 358로 변환된다. 염소와 마찬가지로 사탄을 상징하는 뱀, 그리고 이와 정반대에 있는 구세주가 서로 통한다는 얘기다. 이에 대한 자세한 내용은 제2부에서 다룰 예정이다.

동지는 영어로 'winter solstice'다. (하지는 'summer solstice'). 'Solstice'는 태양('Sol')이 일시적으로 정지('sistere')한다는 뜻이다. 1년 중 낮이 가장 긴 하지와 밤이 가장 긴 동지에는 해가 중천에 떴을 때, 약 3일간 같은 고도에 머무르는(정지한) 것처럼 보인다. 고대인들은 태양이 가을과 겨울을 통과하면서 힘이 점점 약해지다가 동짓날에 '죽고', 죽은 상태로 3일간 머물렀다가 크리스마스이브 무렵에 다시 태어난다고 생각했다.[186] 그래서 12월 25일을 만물에 빛과 열기를 제공하고, 육신을 가진 존재가 생명을 유지하기 위해 꼭 필요한 태양신, 구세주가 태어나는 날로 지정하고 기념했다. 크리스마스를 포함하는 염소자리가 '구세주의 별자리'로 불리는 이유다. 세계 주요 종교에서 구세주에 해당하는 캐릭터들이 생명의 나무에서 태양의 권좌인 6번 세피라, 티파레트에 지정된다는 사실도 흥미롭다.

연말에 발행되는 서양의 연하장을 보면 큰 낫과 모래시계를 든 할아버지[187]가 갓난아기에게 새해를 건네주고 무대 뒤로 퇴장하는 디자인이 종종 발견되는데, 이는 연말에 이르러 죽음을 앞둔 늙은 태양이 새로 태어날 아기 태양과 바통터치 하는 모습을 묘사한 것이다. 크리스마스에 새로 태어난 태양은 새해를 맞으며 쑥쑥 자라나며, 하지를 통과한 후 조금씩 힘을 잃으면서 동지에 다시 또 죽고 태어나는 윤회의 과정을 매년 거치게 된다.

늙은 태양과 아기 태양을 묘사한 서양의 연하장

디스크 2번은 4대 원소 중 가장 고정적이고 안정적인 흙의 카드인데, 제목은 '변화'다. 직관에 반하는 것 같지만, 제1장에서 진동의 원칙을 설명할 때 얘기했듯이, 변화는 안정과 질서를 보장한다. 우주 만물 중 단 하나라도, 잠시라도 변화를 멈추면 우주가 파괴된다. 우주 만물을 구성하는 원자와 전자들이 눈에 보이지 않을 정도의 빠른 속도로 매 순간 진동하고 있기 때문에 물질이 붕괴하지 않고 일정한 형상을 유지할 수 있는 것이다.

고집스러운 염소자리에서 추락하는 목성이 카드에 들어와 있다. 조화롭지 않은 콤비다. 그래서 디스크가 상징하는 실용적인(물질적인) 사안에 행운을 선사하는 목성의 역량이 이 카드에서는 제한된다고 한다. 목성 특유의 확장하는 힘, 부풀리는 힘이 여기서는 제대로 발휘되지 못한다는 얘기다. 하지만 타로에서 목성은 바퀴(메이저 아르카나의 10번 카드, '운명의 수레바퀴')를 지칭하기도 하며, 그 힘은 무한토록 순환하고 변화하며 우주의 동력을 공급하는 이 카드의 배후에서 작용하고 있다. 호크마에 지정된 천군이 '바퀴'를 의미하는 '오파님'임을 상기하자.

카드 이미지를 보면 자신의 꼬리를 물고 있는 뱀이 무한대 심볼과 같은 8자 모양을 형성하고 있고, 8자의 두 원 안에는 음양 심볼로 변한 디스크가 하나씩 들어있다. 위에 있는 음양 디스크에는 불과 물의 심볼이, 그리고 아래의 디스크에는 공기와 흙의 심볼이 새겨져 있다. 뱀은 '창조의 왕관'이라는 호크마의 별칭답게 왕관을 쓰고 있다. 그림은 정적인 속성을 가지고 있지만, 만약 이 카드의 힘이 작용하는 모습을 실시간 영상처럼 볼 수 있다면 디스크는 쉬지 않고 회전하고, 뱀도 8자 형태를 유지하며 계속 움직이고 있을 것이다. 4대 원소의 조화로운 상호작용으로 만들어진 모든 사물의 배후에 있는 변화와 진동의 원리를 표현한 그림 문자라고 할 수 있겠다.

크로울리는 8자 형상의 뱀이 텔레마의 공식, '0=2'를 상징한다고 말하는데, 이 부분에 관한 부연 설명을 해야 할 것 같다. 무한한 우주를 상징하는 누트 여신의 관점에서 쓰인 『법의 서』, 1:27~30의 내용은 다음과 같다.

> 27. 사제는 우주 여왕(Queen of Space)의 아름다운 눈썹에 키스하며 말했다. 그녀의 빛에서 발산된, 달콤한 땀내를 풍기는 이슬이 그의 전신을 촉촉하게 적시고 있었다: "오, 누트여, 천국에 끊김 없이 연속으로 존재하는 신이시여, 앞으로 인간들이 그대를 하나(One) 대신 무(None)로 칭할지어다; 그대는 연속적이므로 아예 그대의 이름을 입에 올리지도 않을지어다!"
> 28. 무(None)는 별의 희미한 빛을 들이마시며 말했다. "둘이로다.
> 29. 나는 사랑을 위해, 재결합의 기회를 위해 분리되었도다.

30. 이것이 바로 세상이 창조된 방식이니라. 분리에 따른 고통은 아무 것도 아니고, 소멸의 기쁨은 전부이니라."

여기서 무(None)는 지금까지 여러 차례 언급한 0의 상태, 카발라의 용어로 말하자면 아인 소프에 해당하는 개념으로, 창조 이전의 상태, 구체화 이전의 상태, 잠재력만 지닌 상태를 의미한다. '연속적'이라 함은 누트가 온 우주에 편재한다는 의미, 그녀가 존재하지 않는 곳이 없다는 뜻이다. 누트는 모든 곳에 있으므로 오히려 발견할 수 없다는 하디트의 말이 떠오르는 대목이다. 이처럼 무(Nothing)와 전체(Everything)는 미묘하게 통한다.

> 3. 우주 안에서 나는 어디에 있든 중심에 있으며, 그녀의 경계선은 어디에서도 발견할 수 없다.
> 4. 하지만 그녀는 알려지고, 나는 절대 알려지지 않을 것이다.

한편 무(Nothingness)도, 하나(Oneness)도 아닌 '2'는 '많음(Many-ness)'을 상징한다. 이원성이 지배하는, 우리에게 익숙한 현상계를 말하는 것이다. 크로울리는 저서 『거짓의 서(The Book of Lies)』에서 이렇게 말했다.

> 이 심연(Abyss)은 '지옥(Hell)'과 '많음(The Many)'으로도 불린다.
> 인간은 이를 '의식(Consciousness)', '우주(The Universe)'라 부른다.
> 하지만 침묵하지 않으면서 말도 하지 않는 그것(THAT)은 그 안에서 기뻐한다.

여기서 '그것(THAT)'은 무 또는 0을, 그리고 '많음(Many)'은 2의 세상,

이원성의 세상, 상대적 세상을 의미한다. 2의 세상을 '의식(Consciousness)'이라 부르는 이유는, 우리가 무언가를 의식하려면 나와 의식의 대상이 분리되어 있어야 하기 때문이다. '우주(The Universe)' 역시 우리를 둘러싸고 있는 환경, 즉, 나와 분리된 무언가를 의미한다. 크로울리가 이런 상태를 '지옥(Hell)'에 비유한 이유는, 하나가 여럿으로 분리된 상태, 상대적 평가를 통해 절대적 가치를 판단하는 세상은 모든 고통의 근원이기 때문이다. SNS만 해 봐도 '비교'가 고통을 유발함을 알 수 있지 않은가?

하지만 이원성이 있기에 우리는 사랑을 배울 수 있다. 사랑으로 인해 고통도 받고, 사랑으로 고통을 치유하는 경험도 할 수 있다. 누트는 사랑을 위해, 재결합의 기회를 위해 자신을 여러 개로 분리했다고 말했다. 그리고 재결합이 이루어지는 순간, 양과 음이 서로를 상쇄하는 순간, 2는 다시 0이 된다. 수많은 개체로 분리된 우주 만물이 다시 본래의 곳으로 돌아가면 디스크 2번 카드에 묘사된 우주의 바퀴도 동작을 멈출 것이다. 사람이 매일 밤 잠들고 다음 날 아침에 깨어서 다시 활동하듯이, 육신이 죽은 후에 영적 세상에 머무르다가 다시 환생하듯이, 우주도 모든 것이 무의 상태로 돌아간 후 한동안 휴식을 취하고(브라마의 밤; Night of Brahma), 잠에서 깨어난 후 다시 창조 활동을 개시할 것이다(브라마의 낮; Day of Brahma).

(3) 비나(Binah, בינה); 이해(Understanding)

① **타이틀:** 비나, 이해.

② **마법 이미지:** 성숙한 여인, 안주인.

③ **생명의 나무 상의 위치:** 천상의 삼각형 안, 가혹의 기둥 꼭대기.

④ **세페르 예치라 상의 설명:** 세 번째 지성은 축성의 지성(Sanctifying Intelligence), 태고의 지혜의 토대(Foundation of Primordial Wisdom)로 불린다; 비나는 또한 신념[188]의 창조자(Creator of Faith)로도 불리며, 아멘(Amen)에 뿌리를 두고 있다. 비나는 신념의 어머니이며, 여기에서 신념이 태어난다.

(The Third Intelligence is called the Sanctifying Intelligence, the Foundation of Primordial Wisdom; it is also called the Creator of Faith, and its roots are in Amen. It is the parent of faith, whence faith emanates.)

⑤ **별칭:** 어두운 불임의 어머니, 아마(Ama), 밝은 가임의 어머니, 아이마(Aima), 쿠르시야(Kursiya), 왕좌(Throne), 마라(Marah), 위대한 바다(Great Sea).

⑥ **지배자의 이름:**

- 신의 이름 – 여호와 엘로힘(Jehovah Elohim).

- 대천사 – 자프키엘(Tzaphkiel), 신의 관찰자 또는 눈(Beholder or Eye of God).

- 천군 – 엘렐림(Er'elim), 보좌(Thrones).

- 세속적 차크라 – 샤바타이(Shabbathai), 토성(Saturn).

⑦ **영적 체험:** 슬픔의 비전(Vision of Sorrow).

⑧ 미덕: 침묵(Silence). 악덕: 탐욕(Avarice).

⑨ 소우주와의 상응: 얼굴의 오른쪽 면.

⑩ 심볼: 여음(The Yoni), 크테이스(The Kteis; 음문), 베시카 파이시스(Vesica Piscis), 컵 또는 성배(The Cup or Chalice), 은폐의 예복(외투; The Outer Robe of Concealment).

⑪ 타로: 네 장의 3번 카드.

- 3 of Wands – 확립된 힘(Established Strength)
- 3 of Cups – 풍요(Abundance)
- 3 of Swords – 슬픔(Sorrow)
- 3 of Disks – 물질적 일(Material Works)

⑫ 색상:

- 아칠루트 – 진홍색(Crimson)
- 브리아 – 검은색(Black)
- 예치라 – 진한 갈색(Dark Brown)
- 아시아 – 핑크색 얼룩이 뿌려진 회색(Grey, flecked with pink)

1. 케테르의 역동성, 에너지의 분출, 능동적인 남성성이자 양을 상징하는 호크마와 짝을 이루는 비나는 생명 나무의 왼쪽에 있는 가혹의 기둥 최상단에 자리한 세피라로, 여성적인 속성을 지니고 있다. 케테르, 호크마에 이어 비나가 발산되면서 심연 위에 있는 천상의 삼각형, 최초의 삼위일체가 완성된다.

2. 전 섹션에서 우주의 진화는 정-반-합의 과정을 통해 이루어진다고 설명했다. 호크마가 케테르의 무한 에너지에 접근하여 이를 사방으로 뿌려댔으니, 이제 이에 따른 반작용으로 사태를 수습하는 힘이 작용해야 한다. 호크마의 자비로운 능동성에 비나의 수동성이 개입하여 "멈춰!"라고 소리치며 제약을 가하는 것이다. 호크마의 속성이 '힘을 발휘하려는 의지(Will to force)'라면, 비나의 속성은 '형상을 만들어내려는 의지(Will to form)'다. 형상을 갖지 않은, 정돈되지 않은, 무형에 가까운 고순도의 에너지를 다스려서 일정한 형태로 변환하는 것이 비나의 역할이다.[189] 그런데 형상을 갖춘다는 것은 사실 무시무시한 일이다. 왜 그런지 차근차근 생각해 보자.

3. 오컬트의 교리에 따르면 힘 또는 에너지는 일직선이 아니라 언제나 곡선의 형태로 뻗어 나간다. 조금 더 구체적으로 설명하자면, 스파이럴 형태로 나아가면서 조금씩 전진한다. 그래서 성장의 여정도 일직선이 아니라 마치 거대한 산의 둘레길을 돌듯이 천천히 정상을 향해 상승한다. 크리스마스트리에 거는 빤짝이나 라이트 장식물처럼, 나무를 타고 빙글빙글 돌며 정상을 향해 나아가는 것이다. 태양 주위를 도는 행성들(지구 포함)도 스파이럴 형태로 나아가고 있다. 우리가 학창시절 교과서에서 본 태양계의 모습은 2차원으로 표시되어 이 사실을 나타내지 못하지만, 태양계의 행성들이 태양 주위를 돌고 있는 중 태양 자체도 특정 방향으로 이동하고 있는 모습을 3차원으로 상상하면 행성들이 나선형으로 움직이고 있음을 알 수 있다. 유튜브에서 'helical motion' 또는 'helical model'로 검색하여 관련 영상을 시청해볼 것을 권한다.

4. 어쨌든, 모든 힘은 직선이 아니라 이처럼 곡선을 이루며 나아가기 때문에 결국에는 역선(力線)이 만나 힘이 충돌하게 되며, 같은 크기의 힘이 대립하는 지점에서 힘의 균형이 이루어지게 된다.190 계속 뻗어 나아가려는 힘을 저지함으로써 균형 상태를 만들어내는 힘이 바로 비나다. 그리고 힘이 균형 상태에 도달했을 때 형상이 만들어진다.

5. 우주상에 존재하는 모든 사물은 원자로 구성되어 있다. 원자 안의 전자들은 눈에 보이지 않을 정도의 빠른 속도로 움직이고 있지만, 서로 밀어내는 힘과 끌어당기는 힘의 크기가 같기 때문에 외부의 영향이 작용하지 않는 환경에서 매우 안정적이다. 그래서 형상을 가진 상태로 존재할 수 있는 것이다. 히브리 알파벳의 기초 문자인 요드가 다양한 방식으로 조합되어 다른 문자들을 만들어내듯이, 원자도 마치 레고 블록처럼 다양한 모양으로 결합하여 더욱 복잡한 구조(분자 등)를 만들어내고, 결과적으로 물질 세상이 탄생하게 되는 것이다.191 태양계의 행성들이 서로 충돌하지 않고 일정한 간격을 유지하며 사이좋게 지낼 수 있는 것도 같은 원리다. 외부에서 이 균형을 깨버릴 정도로 큰 힘이 개입하지 않는 한, 지구를 포함한 행성들은 앞으로도 수천만, 수억 년 동안 같은 궤도를 유지하며 존속할 것이다.

6. 그런데 비나는 이처럼 안정적인 상태를 만들어내기 위해 확장하려는 힘을 방해하는, 가로막는, 대항하는 구실을 하므로 '당하는 쪽'에서는 가혹하게 느껴질 수 있다. 그래서 가혹의 기둥 맨 위에 있는 것이다. 비나의 힘이 작용하는 현실적인 예를 몇 가지 들어보자. 남자든 여자든, 나는 매일 일터에서 고생하며 돈을 벌어오고 있는데, 사치스러운 배우

자가 매달 신용카드를 열심히 긁어대고 펑크를 메우려 사채에까지 손을 대고 있다고 가정해보자. 물건을 파는 상인들의 입장에서 이 배우자는 '자비롭고 관대한' 큰 손으로 여겨질 것이다. 그런데 가계부채 문제를 해소하기 위해 돈 벌어오는 가장이 배우자의 소비를 통제하기 시작한다면? 신용카드를 압수한다면 어떻게 될까? 당하는 입장에서는 억울하고 가혹한 처사로 느껴질 것이다.

7. 콸콸 흐르는 물과 같은, 무한 에너지처럼 넘쳐 흐르는 호크마가 자유분방하고 진보적인 성향을 띠고 있다면, 이와 반대로 비나는 매우 보수적이라고 할 수 있다. 창의력이 뛰어난 회사원이 어느 날 기발하고도 혁신적인 아이디어가 떠올라 이를 상부에 보고했는데, 보수적인 상사가 고개를 저으며 이렇게 말한다. "이건 전례가 없는 일이야. 이게 통한다면 벌써 누군가가 하고 있겠지. 너무 리스크가 큰 모험이라 승인할 수 없네!" 상사가 계속 이런 식으로 변화를 거부하고 개혁과 혁신을 방해한다면 회사는 크게 성장할 기회와 동력을 얻지 못할 것이다. 하지만 최소한 단기적으로는 현재의 안정적 상태를 유지할 수 있을 것이다. 이것도 비나의 힘이 작용하는 한 사례다.

8. 비나에 지정된 세속적 차크라는 토성(Saturn)이다. 그런데 시간, 죽음과 관련이 있는 토성은 사탄(Satan)과도 동일시된다. 'Saturn'이 'Satan'으로 변신한 것이다. 너무 억지스럽고 심한 비유일까? 조금 더 자세히 살펴보자.

9. 우리는 일반적으로 사탄이 통치하는 '지옥(Hell)'이라는 단어를 들으면

사방에서 불이 활활 타오르는 뜨거운 곳, 이승에서 나쁜 짓을 한 사람들이 가마솥 안에서 비명을 지르며 통째로 삶아지는 끔찍한 광경을 상상하는데, 사실 이건 단테의 『신곡』 같은 중세시대 작품들의 묘사를 기반으로 만들어진 할리우드 버전의 지옥이다. '헬(Hell)'은 본래 북유럽 신화에 등장하는 아홉 개의 세상 중 하나인 '헬하임(Hel-heim)'에서 유래되었다. 그런데 아래 그림에서 보듯이, 헬하임은 천국이자 빛의 원천인 아스가르드(Asgard)로부터 가장 멀리 떨어진 곳이다. 그래서 그곳은 많은 사람의 생각과 달리 뜨거운 곳이 아니라 매우 어둡고 추운 곳이다. 모든 것들을 태워버리는 곳이 아니라, 반대로 꽁꽁 얼려버리는 곳이다. 얼려버린다는 것은 움직임을 방해하는 것과 같은 개념이다. 우리도 추운 겨울에는 이불 밖으로

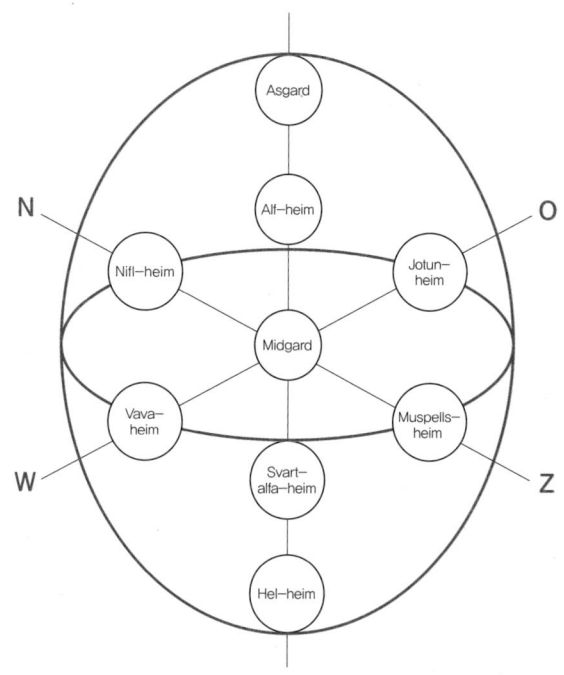

북유럽 신화에 등장하는 아홉 개의 세상

나와서 움직이려 하지 않는다. '사탄'이라는 단어 자체가 '적대자', '방해하는 자'를 의미한다. 행동을 방해하는 힘이라는 뜻이다. 좋게 얘기하면 '신중함'이고 '보수적'이다. 이 새턴 또는 사탄의 힘, 비나의 힘은 좋은 것도 아니고 나쁜 것도 아니다. 이 힘이 과하면 '해야만 할 일을 하지 못하게 방해하는 힘(예: 혁신적이고 획기적인 아이디어의 실행을 거부)'이 되고, 부족하면 '해서는 안 될 일을 방해하는 제 역할(예: 무분별한 소비를 통제하는 역할)'을 수행하지 못하게 되는 것이다. 즉, '신중함'이 너무 부족해도, 너무 과해도 문제가 되는 것이다. 그렇다면 우리에게 익숙한, 뜨거운 지옥을 지배하는 자는 누구일까? 그건 5번 세피라, 게부라를 다룰 때 자세히 설명할 예정이다.

10. 위대한 어머니 비나는 '위대한 바다(The Great Sea)'를 의미하는 '마라(Marah)'로도 불린다. 기독교의 구세주를 낳은 성모의 이름도 '마라'에서 파생된 '마리아'였다. 육신을 가진 모든 생명은 바다에 기원을 두고 있으니 아주 적절한 명칭이다. 이 바다는 위대한 어머니 자궁 속의 양수다. 이 바다는 우리에게 익숙한 물, 즉, H_2O에 국한되는 개념이 아니다. 우주도 바다다. 우주의 어머니, 누트 여신의 몸이 곧 우주다. 우주를 여행하는 탈것도 우주선(宇宙船)이라 부르고, 영어로도 'spaceship'이라 칭한다. 즉, '배'인 것이다. 타로에서는 코트 카드 중 여왕이 3번 세피라, 비나에 지정되고, 여왕은 컵 슈트와 4대 원소 중 물에 상응한다.

11. 우주의 어머니든, 아니면 우리를 낳아주신 어머니든, 어머니는 비나의 힘을 이용하여 자궁이라는 틀 또는 거푸집 안에서 장차 태어날 자식의 형상을 만들어낸다. 물질 세상을 경험하면서 새로운 교훈을 얻고, 영적으로 성장하고, 전생에서 진 카르마의 빚을 청산하고자 하는 영혼들

이 일정 기간 사용할 수 있는 육신이라는 형상/도구를 공급해준다. 육신의 생명이라는 선물을 주는 것이다. 하지만 그와 동시에 죽음도 선사한다. 육신을 갖게 되는 순간, 육신의 죽음이라는 경험도 해야만 한다. 토성과 비나를 지배하는 신인 크로노스의 또 다른 이름은 '아버지 시간(Father Time)'이다. 그는 언제나 한 손에는 모래시계를, 그리고 다른 손에는 큰 낫을 들고 있는 모습으로 묘사된다. 물질(육신 포함)은 시간 안에서 언젠가는 소멸하게 되어있기 때문이다. 그는 가을에 곡식을 추수하는 농부처럼, 큰 낫으로 죽은 것들을 수확하는 저승사자다.

12. 형상을 갖지 않은 영혼, 시공간의 제약을 받지 않는 자유로운 영혼은 비나가 선사하는 육신을 걸치는 순간 자유를 구속받게 된다. 육신을 '영혼의 감옥'으로 표현한 옛 현자들의 말은 틀린 말이 아니다. 신체적 장애를 안고 태어난 영혼은 문자 그대로 몸이 일종의 감옥이고, 건강한 몸을 가지고 태어나는 축복을 얻었다 하더라도 세월에 따른 노화와 죽음은 피할 수 없다. 육신을 가진 생명은 중력과 같은 자연의 법칙으로부터도 자유로울 수 없다. 그래서 위대한 어머니인 비나를 '가혹하다'고 표현하는 것이다. 하지만 비나의 힘이 존재하기 때문에 우주에 균형이 있을 수 있고, 발전도 있을 수 있다.

13. 세간에 "경제를 살리려면 우선 경제를 무너트려야 한다."는 우스갯소리가 있는데, 큰 관점에서 봤을 때 이게 완전히 틀린 말은 아니다. 진보와 혁신이 있으려면 그 전에 안정된 상태가 있어야 한다. 안정된 상태가 너무 오래가면 정체 상태가 되고, 정체가 길어지면 우주의 에너지가 작용하여 안정된 것이 무너지고 새로운 무언가가 탄생하는 것이 우주

의 법칙이다. 이건 인간사에서도 쉽게 볼 수 있는 현상이 아닌가? 영구적인 평화라는 개념은 없고, 아무리 거센 비도 언젠가는 그치게 되어있다. 모든 것은 순환한다는 리듬의 원칙과 새옹지마의 고사는 대우주와 소우주에 똑같이 적용된다.

14. 이 주고받는 원리, 우주의 밀당 현상을 이해하지 못한 무지한 자들은 확장하려는 힘에 제동을 걸고 제한하는 힘, 즉, 여성적인 힘을 악으로 여겼다. 이들은 비나에 지정된 토성을 사탄과 동일시하며 여자와 물질을 모든 악의 근원으로 규정하는 만행까지 저질렀고, 이러한 풍습은 현재까지도 일부 남아있다. 하지만 리듬의 원칙에 따라 한쪽 끝에 도달한 시계추는 다시 반대 방향으로 움직이게 마련이고, 새로운 시대로 접어들면서 오해에서 비롯된 불균형도 제자리를 찾아가게 될 것이다.

15. 호크마는 '지혜', 비나는 '이해'를 각각 의미한다. 지혜와 이해가 중간 기둥을 가운데 두고 서로를 마주 보며 극성을 이루고 있는데, 이는 남성성과 여성성처럼 둘의 결합이 이루어져야 쓸모있는 형상이 만들어질 수 있음을 의미한다. 둘의 상관관계를 생각하면서 지혜는 '점'이고, 이해는 '점을 연결하는 것'에 비유할 수 있겠다는 생각이 들었다. 지혜의 조각들은 이곳저곳에 널리 산재해 있지만, 이 단편적인 조각들을 서로 연결하여 큰 그림을 그렸을 때 온전히 이해가 되고, 지혜도 내 것이 될 수 있다. 주옥같은 지혜의 가르침이 많더라도 내가 관심을 기울이지 않으면 아무런 쓸모가 없다. 서점에 가면 인류 역사상 최고의 스승들이 남긴 작품들이 쌓여있지만, 내가 그 책을 읽고 이해하지 않으면 아무런 소용이 없다. 지혜에 이해가 더해졌을 때 '지혜로운 사람'이라는 쓸모있

는 무언가가, 구체적인 무언가가 탄생할 수 있는 것이다.

16. 케테르는 점(0차원), 케테르의 역동적 속성인 호크마는 점이 움직이면서, 즉, 두 번째 점이 생겨나면서 만들어진 선(1차원), 그리고 세 번째 세피라, 비나는 세 번째 점이 생겨나면서 만들어진 삼각형(2차원)에 비유할 수 있다. 점이 무한한 원천인 아인 소프와의 연결을 맺는 매개이자 온 우주를 품고 있는, 크기가 없는 최초의 씨앗이고, 점이 길게 확장된 선이 남성적인 힘, 에너지의 무한 분출을 상징한다면, 세 개의 점으로 구성된 삼각형은 울타리를 형성하며 무한을 유한으로 제한한다. 점과 선은 제약을 받지 않지만, 삼각형은 두 팔로 자녀를 감싸는 엄마처럼, 그 안에 있는 것이 밖으로 나갈 수 없도록 공간을 제한하여 안정적인 환경을 만들어낸다.

17. 『세페르 예치라』에서는 비나를 설명하면서 신념(faith)의 중요성을 강조하고 있다. 디온 포춘은 신념을 '인간이 초 의식적인 경험을 통해 얻은 의식적인 결과; 아직 뇌가 이해할 수 있는 형식으로(즉, 논리적으로 수긍할 수 있는 형식으로) 변환되지 않아 당사자가 직접적인 방식으로 인지하지는 못하지만, 그에게 강력하고 분명한 느낌을 전달하고, 해당 사안에 대한 그의 감정적 반응을 근본적으로, 영구적으로 개조하는 것'으로 정의하고 있다. 그러니까 말로, 언어로, 논리적으로 왜 그런지는 설명할 수 없지만, 어떤 놀라운 체험을 통해 직관적으로, 마음속으로 확신하게 된 그 무언가가 바로 신념 또는 믿음이라는 것이다. 예전에 맨리 P. 홀이 그리스 신화를 주제로 한 어떤 강의에서 올림포스의 여왕이자 제우스의 부인인 헤라 여신을 아래와 같이 묘사했는데, 호크마와 비나의 관계를 떠올리면 무슨 말인지 이해할 수 있을 것이다. 참고로 괄호 안의

'호크마'와 '비나'는 필자가 넣은 것이다.

> 헤라는 윤리적인 삶, 도덕적인 삶을 다스리고 보호하는 여신입니다. 제우스가 자신에게 내재한 창조의 힘을 발휘하는 행동을 할 때마다 그녀는 그와 다툽니다. 남편인 그는 계속 바람을 피우고, 그녀는 이를 계속 응징합니다. 헤라의 이런 행동은 '우주정신(Universal Mind; 호크마)의 작용과 절차에 대한 보리심의 직관(Buddhic Intuition; 비나)의 응징'이라고 할 수 있습니다. 성 바울은 이 현상을 '선을 행하기 원하는 나에게 악이 함께 있는 것이로다.[192]'라는 말로 표현했습니다. 제우스와 헤라 부부간의 갈등은 인간의 현실에 대한 직관(비나)과 창조에 대한 영원한 요구(호크마) 간의 충돌을 상징합니다. 하지만 헤라는 천국의 여왕입니다. 그녀는 순수한 보리심의 직관을 상징하므로 영적 영역의 지배자입니다. 헤라는 인류 역사 초기부터 여자들이 가지고 있던 역량, 즉, 사고하지 않고도 지각할 수 있는 능력을 상징합니다. 다시 말해, 그녀는 보리심의 원리에 따라 '어떻게 알게 되었는지는 모르나, 아는 자'입니다. 이성의 도움 없이도 알 수 있는 자입니다.

18. 이성적으로 뭔가를 알기 위해서는 길고 복잡한 절차를 거쳐야 한다. 마치 수학 시험에 종종 출제되는 문항처럼 어떤 공리를 증명하기 위해 몇 장에 걸쳐 수식을 나열하고 ∴, ∵ 표시를 적절하게 사용해서 당연한 것이 왜 당연한지 설을 풀어야 한다. 하지만 비나가 상징하는 직관은 '그냥 안다.' 말콤 글래드웰이 저서 『블링크』에서 설명한 것처럼, 어떤 사람과 대화를 나눠보지도 않고, 충분한 시간을 함께 보내보지 않고도 그가 어떤 사람인지, 만난 지 단 2초 만에, 눈 깜짝할 사이에 파악한

다. 이것이 바로 직관의 힘, 보리심의 힘이다. '보리심(菩提心)'을 의미하는 'Buddhi'는 '깨닫다', '이해하다', '알다'를 의미하는 'Budh'에서 파생되었다. 즉, 비나의 동의어다.

19. 맨리 P. 홀은 같은 강의에서 '토성은 아는 자, 목성은 믿는 자'이며, '믿음'은 '아는 것의 자녀'라는 말도 했다. 그리스 신화에서 제우스(목성)는 크로노스(토성)의 아들이며, 생명 나무에서는 각각 4번과 3번 세피라에 해당한다. 비나를 '신념의 어머니'로 묘사한 『세페르 예치라』의 문구가 토성과 목성의 관계를 설명하는 것 같다. 믿음 또는 신념의 뿌리는 비나, 즉, 이해에 있다는 뜻이다. 이 관계를 설명하기 위해 또 하나의 예를 들어보자.

20. 오컬트의 핵심 가르침 중 하나는 "인간의 영혼은 불멸의 속성을 지니고 있다."는 사실이다. 육신은 노화되어 언젠가 소멸하지만, 그 안에 거하는 우리의 실체인 영혼은 죽지 않는다는 것이다. 그런데 오컬트를 공부하는 사람은 영혼의 불멸성이라는 이 진리를 알고 있는 것일까? 아니면 믿는 것일까? 심지어 인류의 위대한 스승, 소크라테스도 확신하지 못했다. 그는 독배를 들이키기 전, 제자들과 작별하는 자리에서 육신의 죽음 후 자신에게 일어날 일을 궁금해하며 희망을 품었다. 소크라테스는 죽음이란 어떤 경우에도 궁극적으로는 선이라고 판단했다. 육신의 죽음 후 의식마저 사라진다면 마치 꿈도 없는, 깊은 잠을 자는 것이므로 좋은 것이고, 육신이 죽은 후에도 영혼 또는 의식이 남아 사후세계로 나아가게 되는 것이 사실이라면 죽음 후에도 진리를 탐구할 수 있으므로 역시 좋은 것이라는 결론을 내리고 편한 마음으로 죽음을 맞았다.

21. 잠시 죽었다가 기적적으로 다시 살아나는 임사체험을 하는 사람은 극소수다. 하지만 이런 희귀한 체험을 해 본 사람은 사후세계에 관한 없던 믿음도 확신으로 뒤바뀌고, 완전히 새로운 사람으로 개조된다. 천하에 둘도 없는 인간말종으로 평생을 살았던 미국의 대니언 브링클리[193]는 어느 날 벼락을 맞은 후 악행으로 점철된 자신의 지난 삶을 되돌아보고, 아름다운 사후세계를 잠시 엿보게 된다. 의학적으로 사망 선고가 내려졌음에도 20여 분 후 다시 살아난 그는 그 일이 있기 전의 이기적인 모습과는 전혀 어울리지 않는, 타인을 위해 봉사하는 삶에 자연스럽게 이끌리게 된다.[194] 사람이 근본적으로 개조되어 선행을 베풀지 않고는 배길 수 없는 상태가 된다. 이것이 단순한 믿음보다 위에 있는 확신과 앎의 힘이다.

22. 영혼의 불멸성에 관한 확신이 생기면 죽음에 대한 공포도 자연스럽게 사라진다. 죽음은 끝이 아니고 새로운 시작임을 알기에, 물질 세상에서의 삶은 지구학교의 하루 치 수업에 불과함을 알기에 물질에 목을 매고 집착하는 셀프 고문에서도 벗어날 수 있다. 예를 들어, 진짜 기독교인이라면 "보물을 좀과 동록이 해하며 도적이 구멍을 뚫고 도적질하는 땅에 쌓아두지 말고 하늘에 쌓아두라.[195]"는 그리스도의 가르침을 이해하고, 실천으로 옮기고, 때가 되어 주님 곁으로 가는 것을 두려워하지 않을 것이다.

23. 구도자들이 몸과 마음을 바쳐 열심히 수련하는 이유도 신념과 믿음을 확신으로 바꾸기 위함이다. 신플라톤주의 철학자들은 신과 하나가 되는 순간을 단 몇 초라도 체험하기 위해 일생을 바쳤고, 그 짧지만 강력한 체험을 기록으로 남겼다. 역사 속의 위대한 성자와 선지자들이 남긴 글에서

도 그들이 확신에 도달했던 순간의 흔적을 발견할 수 있다. 아시시의 성 프란체스코[196], 아빌라의 테레사[197] 같은 위인들의 증언은 물론이고, 앞서 언급한 대니언 브링클리, 아니타 무르자니[198] 등, 현대판 선지자들도 자신의 체험담을 생생하게 공유하고 있으니 참고해보면 좋을 것이다. 왜 아는 것이 믿는 것보다 위에 있는지, 그 이유를 이해할 수 있을 것이다.

24. 비나가 "아멘에 뿌리를 두고 있다."는 말은, 비나의 에너지가 케테르에 기반을 두고 있다는 뜻이다. ('아멘'은 케테르의 이름 중 하나다). 3번 세피라, 비나는 2번 세피라, 호크마에 의해 발산되었지만, 호크마가 케테르에서 발산되었으므로 에너지의 기원을 거슬러 올라가면 케테르에 이르게 되어있다.『세페르 예치라』에서는 다음 섹션에서 살펴볼 4번 세피라, 헤세드에 대해서도 "최상위의 왕관인 케테르에서 나왔다."고 설명하고 있다. 나 안에는 오늘의 나를 있게 한 모든 조상의 흔적이 담겨있는 것과 비슷한 개념으로 생각하면 되겠다. 모든 세피라는 상위 세피라(들)의 속성을 유산처럼 물려받고, 하위 세피라(들)에게 자신의 속성을 전수한다. 따라서 우주의 씨앗인 케테르는 우주의 모든 것을 품고 있고, 창조의 최종 결과물인 10번 세피라 말쿠트에는 1~9번 세피라의 영향이 전부 녹아들어 있다.

25.『세페르 예치라』에서는 또한 비나를 '축성의 지성'으로 표현하고 있다. '축성'은 '신성하게 만든다.'는 뜻이다. 디온 포춘은 '우주 만물을 낳으면서도 동정을 유지하는 위대한 어머니(성모)'를 언급하며 이 개념을 설명한다. 자신이 창조한 피조물 또는 자녀의 삶에 직접 개입하지 않고 케테르처럼 배후에서 작용하고 있기 때문에, 즉, 뒤에 서서 축성하고 있

기 때문에 '동정녀'로 불린다는 것이다. 이 설명이 처음에는 그리 와닿지 않았는데, 동정녀로 불리는 성모가 예수를 낳고, 첫날밤을 치르기도 전에 남편을 잃고 과부가 된 동정녀 이시스가 호루스를 낳고, 동정녀로 알려진 그리스의 아르테미스 여신이 에베소(Ephesus)에서는 수많은 젖가슴이 달린 어머니로 묘사된다는 사실이 떠오르면서 맨리 P. 홀이 했던 말이 생각났다.

> 예수의 어머니인 마리아, 붓다의 어머니인 마야도 같은 의미를 지니고 있다. 이들은 신비주의의 자궁(Womb of the Mysteries)을 상징하는 존재로, 빛의 아들, 구세주를 낳는 역할을 한다. 신비주의의 성전에 입장하여(즉, 신비주의에 입문하여) 신성한 지혜를 배우고 자신을 완성한 자(깨달은 자)는 성전의 정문에 세워진 두 기둥 사이를 통과하여 세상으로 다시 나온다. 즉, 어머니의 자궁을 통해 다시 태어나는 부활의 과정을 거치는 것이다.

26. 위 인용문에서 언급된 두 기둥은 솔로몬의 성전 현관에 서 있는 야킨과 보아즈, 생명 나무의 자비의 기둥과 가혹의 기둥, 그리고 위대한 어머니의 두 다리를 상징한다. 실제로 서양에서는 교회, 성당, 예배당을 성모에 비유하는데, 이 성모의 역할이란 무엇인가? 그리스도의 가르침을 배우고, 이해하고, 실천함으로써 세상을 밝히는 빛의 전사들, 세상의 소금 같은 존재들을 낳아주고 키워주는 양성소가 아니던가? 성모가 신비주의의 성전을 상징한다는 사실을 이해하면 수수께끼처럼 난해한 바리새인, 니고데모의 질문과 이에 대한 예수의 답변이 의미하는 바도 이해할 수 있다.

(요한복음 3:4) 니고데모가 가로되 사람이 늙으면 어떻게 날 수 있삽나 이까 두 번째 모태에 들어갔다가 날 수 있삽나이까
(요한복음 3:5) 예수께서 대답하시되 진실로 진실로 네게 이르노니 사람이 물과 성령으로 나지 아니하면 하나님 나라에 들어갈 수 없느니라
(요한복음 3:6) 육으로 난 것은 육이요 성령으로 난 것은 영이니
(요한복음 3:7) 내가 네게 거듭나야 하겠다 하는 말을 기이히 여기지 말라

27. 거듭남(부활)이란 다 큰 성인이 엄마의 뱃속으로 다시 들어갔다가 나오는 말도 안 되는 개념이 아니라, 위대한 어머니의 가르침을 받아 새로운 사람, 새롭게 개조된 빛의 전사로 다시 태어난다는 뜻이다. 이것이 바로 비나를 '축성의 지성'으로 묘사한 구문의 의미가 아닐까 싶다. 즉, 여기서 동정녀는 '숫처녀'가 아니라 '순수한, 신성한 가르침을 제공하는 성전'을 의미하고, 신성한 자녀들을 배출하는 성전은 어머니이기도 한 것이다.

28. 여기서 또 형상을 만들어내는 비나의 속성을 엿볼 수 있다. 성전은 형상을 가진 구조물이다. 성전에 (호크마의) 씨앗이 뿌려지면 그 안에서 수정이 이루어지고, 궁극적으로 어떤 결과물(빛의 전사, 신도, 그리스도의 일꾼)이 탄생한다. 호크마는 자극제, 비나는 그 자극을 받아 무언가를 생산하는 주체라는 사실을 항상 염두에 두자. 우주의 모든 창조, 우리가 일상에서 행하는 창조도 같은 방식을 따른다. 호크마는 에너지를 공급하고, 비나는 그 에너지를 활용하는 장비를 제공한다는 디온 포춘의 비유가 아주 적절한 것 같다.

29. 비나를 다스리는 신의 이름은 '여호와 엘로힘'이다. '엘로힘'은 남성과 여성의 의미를 함께 지닌 복수형 단어로, 우리 말로 '남성과 여성 신들(Gods and Goddesses)' 정도로 번역될 수 있다. 무한한 에너지가 있더라도 이를 담아서 활용할 그릇이 없으면 무용지물이고, 아무리 신성한 성배라도 그 안에 담을 물이 없으면 예쁜 장식품에 불과하듯이, 우주의 모든 작용은 양과 음이 결합해야만 이루어질 수 있다. 남성 신만 경배하는 종교는 무신론이나 다름없다는 디온 포춘의 말은 호크마와 비나, 양과 음을 함께 고려해야 균형을 이루는 온전한 종교가 될 수 있음을 의미한다. 이 책에서 계속 등장하는 성의 개념은 신체적인 성별에 국한되지 않는다는 점을 다시 한번 강조한다. 신체적 성별은 육신이 세상에 태어날 때 정해지지만, 물질계 위에 있는 세상에서는 둘의 극성이 번갈아 뒤바뀐다는 점도 기억하기 바란다.

30. 다음은 비나에게 부여된 '어두운 불임의 어머니'와 '밝은 가임의 어머니'라는 대조적인 두 얼굴의 의미에 관해 생각해 보자. 위대한 어머니는 육신의 탄생, 생명이라는 선물을 선사하지만, 육신이라는 형상은 태어나는 순간 죽음을 향한 초읽기에 들어간다는 사실은 앞에서 이미 언급했다. 즉, 이 어머니는 생명과 죽음을 함께 주며, 형상을 가진 것은 죽음의 운명을 피할 수 없다. 하지만 오컬트의 가르침에 따르면 우주 만물은 순환하며, 탄생 후에 죽음이 있듯이, 죽음 이후에는 새로운 탄생이 있다. 달이 28일을 주기로 찼다가 기울고, 기울었다가 다시 차는 것과 같은 이치다.

31. '밝은 가임의 어머니'는 육신을 가진 모든 생명의 원천인 위대한 바다, '마라(Marah)'로 불린다. 그런데 이 단어에는 '쓴맛'이라는 의미도 있

다. 인생은 쓰다는 뜻이다. 아기 예수가 태어나고 약 1년 후, 오랜 세월 동안 밤하늘을 면밀하게 관찰하며 구세주의 출현을 고대해왔던 아시아의 마법사('동방박사')들은 선물(황금, 유황, 몰약)을 들고 이스라엘에 도착했다. 이들이 아기 예수에게 전한 세 가지 선물 중 몰약(Myrrh)은 육신을 상징하며, 'Myrrh' 역시 '쓴맛'의 의미를 지니고 있다. 다음은 오컬트 마스터, 예수의 일생을 다룬 윌리엄 워커 앳킨슨의 『신비주의 기독교』에서 발췌한 내용으로, 비나가 왜 쓴맛, 쓰라림, 그리고 슬픔과 관련이 있는지에 대한 단서를 제공한다. 비나의 영적 체험은 '슬픔의 비전'이고, 검 3번 카드의 제목도 '슬픔'이라는 사실도 기억하자.

마법사들은 아기를 위해 준비한 신비스럽고 상징적인 공물을 바쳤다 - 황금, 유황, 그리고 몰약. 첫 번째 상징물인 황금은 지도자에게 바치는 공물을 의미한다. 두 번째 상징물인 유황은 오컬트와 신비주의 형제단에서 우주의 지존을 대상으로 명상하고 사색할 때 사용하는 세상에서 가장 순수하고 희귀한 향료로, 경배를 의미한다. 마지막으로 몰약은 육신을 가진 생명의 쓰라림을 상징하는 오컬트와 신비주의의 심볼이다. 톡 쏘는 듯하지만 강렬하고, 찌르는 듯하지만 동시에 보존의 속성을 가진 몰약…. 비록 신성의 화신이지만, 육신을 갖게 되었기에 이 아기도 모든 인간이 겪는 삶의 고통과 아픔의 경험을 피할 수 없음을 의미하는 것이다. 보존의 힘을 지니고 부패를 막는 구실을 하지만, 영원히 따끔거리고, 날카롭고, 톡 쏘는 몰약은 필사의 속성을 가진 육신의 삶을 상징하는 매우 적절한 심볼이다. 이 마법사들은 과연 현자들이었다! 황금, 유황, 몰약은 순수한 영을 간직한 사람의 아들(人子; Son of Man)이 맞게 될 삶의 예언, 심볼, 그리고 계시를 상징하는 공물이다.

32. 한편 비나에 지정된 토성은 '어두운 불임의 어머니'로서의 측면을 상징한다. 앞서 사탄과 비교되었던 새턴은 점성학에서 대흉성(大凶星; The Greater Malefic)으로 불린다. 큰 행운을 가져다주는 대길성인 목성과 상극인 셈이다. 그도 그럴 것이, 토성과 목성을 각각 상징하는 크로노스와 제우스, 새턴과 주피터는 패륜 관계에 있는 부자지간이다. 무슨 얘기인지, 신화의 내용을 간단하게 살펴보자.

33. 하늘의 왕 우라노스(Uranus; 천왕성)와 땅의 여왕 가이아(Gaia) 사이에서 태어난 열두 티탄 중 막내인 크로노스는 가이아와의 끊임없는 결합을 통해 무차별적으로 자식을 낳는 우라노스를 저지하기 위해 어머니가 만들어준 낫으로 아버지의 고환을 절단하여 바다에 던진다. (여기서 확장하는 힘, 창조하는 힘, 호크마의 원리를 상징하는 우라노스의 행동을 제지하는 비나의 속성을 또 엿볼 수 있다). 그 후 고자가 된(창조의 힘을 상실한) 우라노스가 우주의 무대 뒤로 퇴장하면서 크로노스가 뒤이어 하늘의 왕이 되는데, 그

큰 돌을 포대기에 싸서 크로노스에게 주는 레아

는 자기가 아버지에게 저질렀던 짓을 똑같이 당하게 될 것이라는 예언이 실현되지 않도록 자식을 낳는 족족 잡아먹기 시작한다. 비나의 저지하는 힘은 우주의 균형을 위해 꼭 필요한 요소이지만, 이 힘이 과도하면 새턴이 사탄으로 둔갑한다고 했다. 무분별하게 창조하는 우라노스와 반대로 자신의 창조물을 계속 파괴해버리는 크로노스의 만행을 참다못한 그의 부인 레아는 여섯 번째 자식 제우스를 낳은 후, 큰 돌을 포대기에 싸서 방금 태어난 아기라고 속이며 그에게 건넨다. 레아의 계략으로 살아남은 제우스는 장성하여 크로노스의 뱃속에 갇혔던 형제들을 해방하고, 티탄과의 전쟁을 승리로 이끌고 새로운 올림포스의 시대를 연다.

34. 신화는 단순히 무지몽매했던 고대인들이 허접한 상상력으로 만들어낸 유치한 이야기들의 모음이 아니라, 옛 현자들이 우주의 섭리를 대중에게 쉽게 풀어 설명하기 위해 고안한 장치라고 한다. 우라노스-크로노스-제우스로 이어지는 3대의 이야기에는 양(우라노스)이 득세했다가 음(크로노스)에 의해 제지당하고, 음이 만들어낸 안정적 상태가 지나치게 오래 유지되어 고인 물이 썩기 시작하면서 다시 양(제우스)이 힘을 발휘하는 우주의 리듬과 성의 원칙이 작용하는 방식이 고스란히 담겨있다.

35. 비나를 지배하는 대천사의 이름은 '자프키엘'이며, 그는 '보좌'라 불리는 천사들의 으뜸이다. 보좌는 전 섹션에서 살펴본 호크마를 지배하는 천군, 신의 전차를 지탱하는 바퀴인 오파님(수레바퀴)과 동일시되기도 하는데, 이를 묘사한 에스겔서 1장의 내용을 보면 이 바퀴의 둘레에는 '눈이 가득하다.[199]'고 한다. 그래서 자프키엘은 '신의 관찰자' 또는 '눈'으로 불린다. 눈으로 가득한 바퀴의 이미지를 보면 약간 섬뜩한데,

대천사 자프키엘

마치 자기가 개입해야 할 일(딴지를 걸만한 일)이 있지 않은지 매의 눈으로 감시하고 있는 것만 같은 기분이 든다.

36. 『세페르 예치라』에서는 "말쿠트가 비나의 권좌(보좌)에 앉는다."고 표현하는데, 이는 위대한 어머니 비나(상위 차원의 어머니; Superior Mother)와 그녀의 딸 말쿠트(하위 차원의 어머니; Inferior Mother)의 모녀 관계뿐 아니라, 말쿠트에 해당하는 공주가 왕자를 만나 결합한 후 본인도 여왕이 되리라는 운명을 암시하고 있다. 황금새벽회 전통의 오컬트 타로 덱에서는 코트 카드 중 여왕만이 안정성을 상징하는 권좌에 앉은 모습으로 묘사된다는

점도 의미심장하다.200 비나에 지정된 세속적 차크라의 이름인 '샤바타이'는 '휴식'이라는 뜻으로, 안정을 지향하는 비나의 힘으로 인해 활동이 잠시 멈추었음을 암시하고 있다. 유대인들의 안식일인 'Sabbath'도 여기에서 유래되었다. 유대인들은 안식일에 일하는 행위를 죄악으로 여길 정도로 엄격하게 규정했고, 율법의 문자 하나하나를 숭배하는, '흑화한 비나의 전사들'이라 할 수 있는 바리새인들은 안식일에 병자를 치유했다는 이유로 예수를 고발하고 핍박했다.

37. 제1장의 '에센셜 디그니티' 섹션에서 간단하게 다뤘듯이, 점성학에서 행성은 별자리와의 조합에 따라 좋은 면(미덕)을 드러낼 수도 있고, 나쁜 면(악덕)을 드러낼 수도 있다. 이에 따라 처음으로 세속적 차크라에 행성이 지정된 3번 세피라부터는 미덕뿐 아니라 악덕의 속성도 지니게 된다. 미덕 또는 선은 균형을 갖춘 것, 악덕은 균형이 무너져 극단으로 치우친 것으로 이해하면 된다. 예를 들어, '사랑'의 개념을 생각해 보자. 사랑은 감정의 균형을 이룬 상태이고, 사랑이 너무 과하거나 부족한 것이 극단으로 치우친 상태인 것이다. 사랑이 과도하면 '집착'이 되고, 이 증상이 심해지면 무지성으로 사이비 교주의 개소리를 맹신하는 광신도가 탄생한다. 더는 사랑으로 불릴 수 없는 상태에 이르는 것이다. 반대로 사랑이 부족하면 '무관심'이 되고, 무관심이 극에 이르면 피도 눈물도 없는 냉혈한이 탄생한다.

38. 비나의 미덕은 '침묵'이고, 악덕은 '탐욕'이다. "침묵은 금이다."라는 격언도 있듯이, 내 생각을 남에게 강요하고 말하는 것보다는, 입을 다물고 상대의 말을 경청할 때 흡수하고 배울 수 있다. 영국의 보수적인 빅

토리아시대의 흔적이 남아있던 시절에 태어나 성장한 디온 포춘은 『미스티컬 카발라』에서 심지어 침묵이 '여자의 미덕'이며, '여자의 입은 그녀가 소유한 가장 위험한 무기'라는 말도 한다.

39. 그렇다면 왜 비나의 악덕은 탐욕일까? 침묵이 과하면 왜 탐욕이 될까? 생각해 보자. 침묵은 곧 수용이다. 뭐든지 받아들이겠다는 자세다. 하지만 이런 자세가 과도하면 에너지의 흐름이 막히게 된다. 받아들이기만 하고, 구두쇠처럼 쌓아두기만 하면 썩은 냄새가 진동한다. 몸에 안 좋은 가공식품을 탐하면 트랜스 지방으로 인해 혈관이 막히고, 순환이 정상적으로 이루어지지 않아 몸에 병이 난다. 자식을 낳는 족족 꾸역꾸역 입에 쳐넣는 크로노스처럼 되는 것이다. 제우스가 크로노스에게 몰래 구토제를 먹여 그의 뱃속에 갇혔던 형제들을 토해내도록 유도했듯이, 이런 정체 상황이 오면 필연적으로 새로운 힘(4번 세피라, 헤세드)이 등장하여 지나치게 평온한 상태를 흔들고 교란한다.

40. 호크마의 상징물인 '영광의 예복(내복)'과 대조적으로 비나의 상징물은 '은폐의 예복(외투)'이다. 이 외투는 우리가 걸치고 있는 형상, 즉, 육신을 의미한다. 우리가 걸친 육신은 우리 안에 있는 실체, 본질, 다시 말해 영혼을 은폐하고 있는, 내면의 빛과 영광을 가리고 있는 껍질이라고 할 수 있다. 르네상스 시대의 전설적인 조각가, 미켈란젤로는 이렇게 말했다.

> 대리석 덩어리 안에는 이미 완성된 조각품이 들어있다. 내가 하는 일이란 그저 끌을 이용하여 조각품의 일부가 아닌 부분을 떼어내는 것뿐이다.

내 안에 이미 완성된 조각품이 들어있다는 사실, 그 완벽한 조각품이 나의 실체라는 사실을 깨닫는 것이 인간의 책무다. 거칠고 울퉁불퉁한 마름돌을 다듬어서 매끈하고 완벽한 마름돌로 만들면 신의 성전을 쌓는 데 필요한 자재로 쓰일 수 있다.

3번 카드의 기본 속성

비나에 상응하는 3번 카드들의 기본 키워드는 '이해'와 '확립'이다. 2번 세피라, 호크마에서 탄생한 아이디어, 생명의 씨앗이 수정되어 구체적인 형상(의 관념)을 갖추게 되는 단계다. 제약의 영향력을 발휘하는 비나 덕분에 무형의 힘이 유형의 무언가로 정착되고, 안정화되고, 추상적이었던 것이 구체성을 띠게 된다.

3번 세피라가 발산되면서 첫 번째 삼위일체와 천상의 삼각형이 완성된다. 매크로프로소포스(큰 얼굴)로도 불리는 천상의 삼각형은 인간이 보통의 의식으로 인지할 수 없는 추상적인 영역, 신이 거하는 영역이다. 미국의 1달러 지폐 뒷면을 보면 꼭대기 부분이 잘려나간 피라미드의 이미지가 나온다. 그 위에 전시안(全視眼; All-Seeing Eye)이 들어있는 갓돌(capstone)이 둥둥 떠 있는데, 이 갓돌을 천상의 삼각형에 비유할 수 있다. 천상의 삼각형과 생명 나무의 나머지 부분(4~10번 세피라)은 거대한 심연으로 분리되어 있다. 신의 세상과 인간의 세상을 구분하는 경계선이라고 할 수 있겠다. 그만큼 천상의 삼각형에 속한 세 개의 세피라와 이에 상응하는 카드들은 지극히 신성하다는 사실을 염두에 두고 3번 카드들을 하나씩 살펴보자.

3 of Wands - 확립된 힘(Established Strength)

(Sol in Aries) 10° to 20° Aries

3월 31일 ~ 4월 10일

토트 타로의 제목 - 미덕(Virtue)

카드의 의미
- 확립된 힘. 투쟁 후에 얻은 성공.
- 자부심. 거만함.
- 소망의 실현. 고상함.
- 약화하는 영향을 받을 경우: 자만심.

3번 카드는 해당 원소의 활성사인 중 두 번째 십분각에 해당한다. 따라서 불을 상징하는 지팡이 3번 카드는 불의 활성사인인 양자리의 두 번째 십분각에 해당하는 3월 31일부터 4월 10일까지의 기간을 다스린다.

크로울리는 이 카드의 제목을 '미덕'으로 지정했는데, 이는 의지(지팡이 에이스)와 지배(지팡이 2번)의 관념이 성격 또는 성정으로 구체화했음을 의미한다. 의지라는 씨앗이 위대한 어머니의 자궁에 심어졌을 때 미덕이 탄생한다는 그의 설명은 '사랑으로 뒷받침된 의지(Love under Will)'라는 텔레마의 사상을 상징하는 듯하다. 사랑을 배경으로 발휘하는 의지는 언제나 옳다는 텔레마의 사상은 이 카드의 제목인 '미덕'과 잘 어울리는 것 같다.

무한한 에너지로 이글거리던 불이 컵과 물의 속성을 지닌 3번 세피라에 오면 불길이 통제 가능한 수준으로 안정화된다.201 화산의 봉우리를 뚫고 솟아오르는 불길은 엄청난 에너지를 내포하고 있지만, 이 에너지를 유용하게 활용하려면 내가 취급할 수 있는 수준으로 힘을 약화해야(제한해야) 한다. 다스릴 수 없는 거센 불길은 주변의 모든 것을 태워버리지만, 적당한 불은 어둠을 몰아내고 따뜻한 어머니처럼 차가운 곳에 온기를 제공함으로써 생명을 부양한다.

세 개의 연꽃 지팡이가 교차하고 있는 단순한 카드 이미지를 보면 양자리에서 승격되는 태양이 들어와 있음을 알 수 있다. 크로울리에 따르면 봄의 시작을 알리는 이 조화로운 카드는 태양이 위대한 어머니에게 따스한 빛을 비추고 있는 모습을 표현하고 있다고 한다. 봄은 씨앗을 뿌리는 계절이다. 우리가 밟고 사는 땅은 지구 어머니의 몸이며, 그 안에 심어진 씨앗은 태양의 따뜻한 기운에 힘입어 싹을 틔우고 풍성한 수확을 가져올 것이다.

예전에 몇몇 지인들을 대상으로 영화 『스타워즈』에 담긴 상징체계를 주제로 강의를 진행한 적이 있었다. 당시 나는 아나킨 스카이워커의 부인이자 나부 행성의 여왕/국회의원인 파드메 아미달라(Padme Amidala; 나탈리 포트만 役)를 타로의 여왕에 비유했다.202 불교에서 사용하는 유명한 주문인 '옴 마니 파드메 훔(Om Mani Padme Hum)'에도 등장하는 '파드메'는 '연꽃'이라는 뜻이며, '아미달라(Amidala)'는 인간의 뇌에서 기억, 의사결정, 감정의 반응 등을 관장하는 '편도체(Amygdala)'를 상징하는 이름이라고 개인적으로 해석했다. 어머니를 의미하는 연꽃과 감정을 주관하는 뇌의 기관인 편도체 둘 다 여성적인 속성과 일맥상통하기 때문이다. 마치 물을 뿜는 샤워기처럼 생긴 암술을 가진 연꽃은 컵 슈트에 단골로 등장한다.

3 of Cups - 풍요(Abundance)

(Mercury in Cancer) 10° to 20° Cancer

7월 2일 ~ 7월 11일

토트 타로의 제목 - 풍요(Abundance)

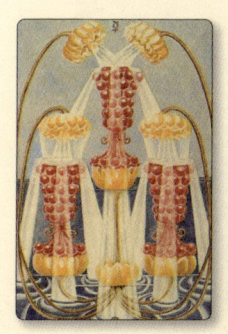

카드의 의미
- 비옥함의 영적 근원.
- 풍족. 환대. 즐거움. 관능. 수동적 성공.
- 사랑. 친절. 풍부함.
- 삶의 달콤함이 주어졌을 때 즐기되, 어디까지나 일시적인 달콤함이므로 영구적일 것이라 믿어선 안 된다.

여성적인 3번 세피라에 여성적인 컵 슈트가 와서 전반적으로 매우 여성스러운 분위기를 풍기는 카드다. 크로울리는 이 카드를 데메테르[203] 또는 페르세포네[204] 여신의 카드라 칭하고 있고, 디온 포춘 역시 이 카드가 비나의 생식능력을 상징하는 케레스[205] 여신의 측면을 표현하고 있다고 설명한다. 어느 봄날 하데스에게 납치되어 그가 통치하는 지하 세계로 끌려간 페르세포네는 그곳에 머무는 동안 석류 씨앗 몇 알을 먹었다는 이유로 1년 중 일정 기간은 지하 세계의 여왕 노릇을 해야 하는 운명을 맞게 된다. 페르세포네의 이야기는 계절의 변화, 삶과 죽음의 순환, 그리고 씨앗(호크마)이 땅(비나)에 뿌려진 후 새로운 생명이 탄생하는 원리를 설명하는 우화다.

지팡이 2번 카드의 의지와 지배의 관념은 3번 카드에 이르러 '미덕'이

손에 풍요의 뿔을 들고 있는 아분단티아

라는 결과를 낳았고, 컵 2번 카드의 의지와 사랑은 3번 카드에 이르러 '풍요'를 낳았다. 수많은 씨앗을 안에 품고 있는 석류는 다산(多産)의 상징이며, 그 씨앗은 여자가 태어날 때부터 몸 안에 지니고 있다는 수많은 난자(卵子)에 비유할 수 있다. 카드 이미지를 보면 비나를 상징하는 위대한 바다 위에 석류 씨앗으로 만들어진 세 개의 탐스러운 잔이 놓여있고, 연꽃에서 흘러나오는 물이 잔을 가득 채우고 있다. 맨 위의 잔에서 흘러넘친 물이 그 아래에 있는 잔을 가득 채우는 모습에서는 마치 비싼 술을 바닥에 흘리든 말든, 일단 흥청망청 마시고 보겠다는 의지가 엿보인다. 그야말로 풍요를 상징하는 광경이다. 이미 언급한 데메테르, 풍요와 번영의 여신 아분단티아[206], 행운의 여신 포르투나[207] 등, 풍성한 수확과 행운을 가져다주는 여신들의 대표적인 상징물인 풍요의 뿔(Cornucopia)도 떠오른다.

물의 활성사인이자 열두 별자리 중 '어머니'로 불리는 게자리에 수성이 들어왔다. 이 둘은 딱히 좋지도, 나쁘지도 않은 중립적인 관계에 있다. 수성이 누구인가? 수성은 신의 메시지를 전달하는 전령, 머큐리다. 데메테르의 딸을 지하 세계에서 데려온 장본인도 머큐리였다. 신의 전령이라는 것은 머큐리가 곧 '신의 말씀', 즉, 로고스(Logos)와 같은 개념임을 암시한다. 신화에서 머큐리가 온 우주를 바삐 오가는 것은, 신의 말씀, 신의 의지가 빠른 속도로 우주 곳곳에 전파됨을 의미한다. 연금술에서도 수은(머큐리)은 양의 속성을 지닌 유황과 음의 속성을 지닌 소금의 중간에서 매개 역할을 한다. 금속이지만 실온에서 액체 형태를 띠는 수은은 마치 전기 신호처럼, 인터넷망을 오가는 데이터 패킷처럼 '흐르는' 속성을 지니고 있다. 제2부에서 자세히 다룰 메이저 아르카나의 '마법사'도 머큐리다. 마법사는 신과 인간을 연결해주는 존재, 하늘의 뜻이 땅에서도 이루어지도록 매개 역할을 하는 존재다. 신약성경의 4대 복음서 중 가장 신비주의적인 면모를 드러내고 있는 요한복음의 제1장 초반은 머큐리(말씀)의 속성을 묘사하고 있다. 신의 말씀을 널리 전파하는 스승 역할을 맡은 캐릭터들(예수, 붓다 등)은 모두 머큐리의 한 유형이라고 할 수 있다.

> (요한복음 1:1) 태초에 말씀이 계시니라 이 말씀이 하나님과 함께 계셨으니 이 말씀은 곧 하나님이시니라
> (요한복음 1:2) 그가 태초에 하나님과 함께 계셨고
> (요한복음 1:3) 만물이 그로 말미암아 지은 바 되었으니 지은 것이 하나도 그가 없이는 된 것이 없느니라
> (요한복음 1:4) 그 안에 생명이 있었으니 이 생명은 사람들의 빛이라
> (요한복음 1:5) 빛이 어두움에 비춰되 어두움이 깨닫지 못하더라

제1장에서 언급했던, 카를 융의 명언도 떠오른다.

> 머큐리는 세상의 영혼이다. 그는 신에서 나와 물질 안으로 들어간 후, 지금까지도 그 안에 감춰져 있다. _카를 구스타브 융

생각이 꼬리에 꼬리를 물다 보면 신의 의지, 신의 말씀이 곧 머큐리이고, 머큐리는 신의 말씀을 온 우주에 씨앗처럼 퍼트리는 존재이고, 창조의 위력을 지닌 이 씨앗은 신의 정자(精子)에 비유할 수 있다는 결론에 도달하게 된다.[208] 수용성이 강한 엄마 별자리, 게자리에 신의 정자

인 수성이 들어왔으니 그 결과는 풍요로움이다. 우주의 원리를 설명하기 위해 자꾸 성적인 비유를 들어서 불쾌할 독자도 있을지 모르겠는데, 우주에서 발생하는 일뿐 아니라 우리 일상에서 일어나는 모든 일도 양과 음의 상호작용을 통해 일어난다는 사실을 이해하기 바란다. 무엇이든 구체적으로 표현되려면 양과 음이 결합해야 하며, 이 원리를 쉽게 설명하는 데 성적 비유를 활용하는 것이 가장 효율적인 것으로 판단되었으므로 사용한 것이다. 우주 자체가 성의 원리로 돌아간다. 디온 포춘도 그런 이유로 "남성적인 신만 경배하는 종교는 무신론이나 다름없다."고 말했던 것이다.

생명을 선사하는 위대한 어머니이자 죽음을 선사하는 토성이기도 한 비나, 어두운 불임의 어머니이자 밝은 가임의 어머니이기도 한 비나는 28일을 주기로 차고 기울기를 반복하는 변덕스러운 행성, 달과도 관련이 있으며, 달은 게자리의 지배 행성이다. 초승달은 동정녀이지만, 보름달은 만삭의 어머니다. 서양의 대표적 종교인 기독교에서 매년 기념하는 성탄절은 양력(태양)을 따르지만, 부활절은 음력(달)을 따르고 있다. 부활절은 '춘분이 지난 후, 첫 보름달이 뜨는 주의 일요일'이다. 달이 만삭이 된 후에야 구세주가 다시 태어날 수 있기 때문이다. 안정적인 세피라인 비나에 달의 변동성과 꿈쩍 않는 토성의 고집스러움이 더해진, 독특하면서도 아름다운 카드다. 하지만 크로울리는 석류 씨앗을 먹고 나서 지하 세계에 코가 꿰인 페르세포네의 운명을 언급하면서 이렇게 경고한다. "삶이 선사하는 달콤함을 즐기되, 너무 믿어서는 안 된다." 모든 것이 그러하듯이, 풍요에도 대가가 따른다는 뜻이다. 이는 컵 슈트를 관통하는 기본 법칙 중 하나다.

3 of Swords – 슬픔(Sorrow)

(Saturn in Libra) 10° to 20° Libra
10월 3일 ~ 10월 12일
토트 타로의 제목 – 슬픔(Sorrow)

 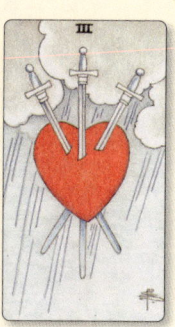

카드의 의미

- 우울감. 불행. 눈물.
- 교란. 불화와 갈등의 씨앗. 지연.
- 부재. 분리. 금지된 쾌락의 즐거움. 기만.
- 강화하는 영향을 받을 경우: 노래. 충실한 약속 이행. 정직한 금전거래.

인간에게만 유별난 고통을 선사하는 정신, 생각, 사고 등을 상징하는 검 슈트, 3번 카드의 제목은 비나의 영적 체험, '슬픔의 비전'과 제목이 같은 '슬픔'이다. 크로울리는 검이 상징하는 분리(검은 무언가를 여럿으로 나누기 위해 사용하는 도구다), 변동성, 공기의 속성이 이 카드에서 슬픔이라는 결과로 나타났다고 설명한다. 하지만 이곳은 인간의 인지 범위를 훨쩍 벗어나는 천상의 삼각형이다. 낙원에 비유할 수 있는 이곳에도 과연 슬픔이 있을까? 있다. 하지만 내가 산 주식이 폭락했을 때, 사랑하는 연인과 이별했을 때, 인간관계에서 실망을 느꼈을 때 찾아오는 그런 슬픔보다 훨씬 높은 차원의 슬픔이다. 크로울리는 이 카드가 상징하는 슬픔을 벨트슈메르츠(Weltschmerz), 즉, 염세적이고 비관적인 세계관(Universal Sorrow)으로 정의했다. 육신을 가진 존재, 인간적인 감정과 사고력을 가진 존재로 태어난 이상 피할 수 없는 고통에 대한 슬픔을 의미하는 것이 아닐까?

우중충하고 우울한 카드 이미지를 살펴보자. 공기의 활성사인인 천칭자리에 비나의 따뜻하고 밝은 주인이 아니라 차갑고 어두운 주인, 시인 존 키츠[209]가 『하이페리온(Hyperion)』에서 '돌덩이처럼 침묵하면서 권좌에 앉은, 머리가 허옇게 센 새턴'으로 묘사했던 토성이 들어왔다. (토성은 천칭자리에서 승격된다). 왠지 거미줄로 뒤덮여있을 것만 같은 권좌에 미동도 하지 않고 외로이 앉아있는 새턴의 모습은 판타지 드라마 『왕좌의 게임』에 나오는 세 눈 박이 까마귀(Three-Eyed Raven)를 연상시킨다. 칠흑 같은 어둠 속에서, 높은 산의 정상에 홀로 서서 램프를 들고 구도자들에게 빛을 나눠주는 메이저 아르카나의 '은둔자'의 이미지도 떠오른다. 카드의 어두운 배경은 비나의 '위대한 바다'를 상징하는데, 마치 슬픔에 겨워 시커멓게 타들어 간 속의 모습을 보여주고 있는 듯하다. 크로울리는 이 어둡고 무거운 카드를 '카오스의 자궁(The Womb of Chaos)'이라 칭하며 "창조를 향한 강렬한 열정이 엿보이나, 태어난 자식들은 전부 다 괴물이다."는 수수께끼 같은 말을 한다. 그러면서 '자연의 섭리를 초월하는 것', '비밀스러움(secrecy)', '왜곡(perversion)'이라는 표현까지 덧붙였다. 이에 대한 개인적인 해석은 다음과 같다.

대지의 여신, 가이아는 자신과 결합하여 헤카톤케이레스[210], 키클로페스[211] 같은 괴물들을 낳은 후, 이들을 지하 세계보다도 아래에 있는, 한 줄기 빛조차 새어들지 않는 암흑의 타르타로스[212]에 봉인한 남편, 우라노스에게 원한을 품는다. 가이아는 만행을 종식하기 위해 그를 거세할 계획을 세우고, 아들 크로노스를 통해 그 계획을 실행으로 옮긴다. 그리고 앞서 설명했듯이, 새로운 왕이 된 크로노스는 자신도 아버지와 똑같은 운명을 맞지 않기 위해 자식을 낳을 때마다 먹어치운다. 신화에서는 인격체인 신들이 결합하여 아들과 딸을 낳는 것으로 묘사하지만, 호크마와 비나의 결합으로 탄생하는 산출물은 자식에게만 국한되지 않는다. 머릿속에서 떠오른 아이디어가 구체화의 과정을 거치면서 세상에 모습을 드러내는 것도 새로운 생명의 탄생이라고 할 수 있다.

맨리 P. 홀은 크로노스를 '영원하지 않은 것에 관해 영원히 생각하고, 자기 생각에서 나온 산물을 잡아먹는 자'라고 평가했다. 크로노스는 자기가 낳은 자식들을(아이디어에서 탄생한 결과물을) 괴물로 여겼던 것은 아니었을까? 그래서 우라노스가 괴물 자식들을 타르타로스에 봉인했듯이, 어두컴컴한 자신의 내면에 자식들을 가둔 것이 아니었을까?

하지만 이는 자연의 섭리를 거스르는, 자연을 이기려는 무모한 짓이다. 막으려는 힘, 제지하려는 비나의 힘이 극단으로 치달으면 억지로 만든 안정 상태가 다시 흔들리게 되어있고, 그 결과 제우스가 크로노스의 마수에서 벗어나 형제들을 해방하고 왕위에 오르게 된다. 비나의 과한 힘으로 인해 형성된 고인 물 상태가 무너지고 우주가 다시 활력을 되찾는 모습은 네 번째 세피라, 헤세드를 설명하는 다음 섹션에서 다룰 예정이다.

두 개의 검이 파란색 장미를 관통하는 이미지의 2번 카드에서는 자칫 칼싸움으로 이어질 수도 있는 일촉즉발의 상황에서 장미가 중재자 역할을 하며 평화를 유지하는 형국이었는데, 3번 카드에서는 세 개의 검이 장미를 파괴하여 꽃잎이 떨어지고 있다. 날이 휘어진 두 개의 검이 장미를 떠

받들고 있었는데, 에이스 카드에서 보았던 것과 비슷하게 생긴 큰 검이 등장하여 적막을 깬 듯하다. 예수가 "내가 세상에 화평을 주러 온 줄로 생각지 말라. 화평이 아니요, 검을 주러 왔노라."라고 말했던 구절이 다시금 떠오르는 장면이다.

황금새벽회의 전통에 따라 '골든 던 타로' 덱을 제작한 로버트 왕은 이 카드를 지배하는 토성의 영향을 이렇게 해석했다. 이 카드의 의미를 아주 잘 표현한 것 같다.

> 토성은 때로는 '위대한 파괴자(The Great Destroyer)', 때로는 '위대한 개시자(The Great Initiator)'로 불리는 강력한 행성이다. 토성의 존재는 보통 고통과 시련을 의미하지만, 이를 사악한 것으로 여겨서는 안 된다. 우리는 고통을 통해, 그리고 어두운 불임의 어머니를 통해 인생에서 가장 값진 교훈을 얻을 수 있다. 이 카드에서 토성은 더욱 나은 균형의 상태를 확립하기 위해 천칭자리의 저울을 걷어차고 있다.

마지막으로, 예전에 마름돌 출판사에서 전자책으로 출간한 안나 로버트슨 브라운 린지의 『진짜로 중요한 것은 무엇인가?』에서 한 대목을 발췌해보았다. 우리가 슬픔을 간직해야 할 이유를 설명한 글이다.

> 슬픔도 간직합시다. 슬픔을 두려워하지 맙시다. 슬픔도 쐐기풀을 쥐듯이 꽉 잡으면 아프지 않습니다. 슬픔이 뭔지 모르고, 슬픔을 가슴에 새겨본 적이 없는 사람의 인생은 거칠고 미숙합니다. 슬픔을 모르는 사람은 남을 도울 수도, 가르침을 전할 수도 없습니다. 본인이 배운 적이

없기 때문입니다. 슬픔이 주는 가르침을 외면하거나 올바르게 이해하지 못한 사람의 인생은 차갑고 무딥니다. 하지만 슬픔을 통해 규율을 배운 사람의 인생에는 용기가 깃들어있고, 성스럽고 부드러운 사랑으로 충만합니다. 슬픔이 없는 삶에는 빛만 있습니다. 중간 색조도 없고 자비의 그림자도 없는 삶입니다. 삶에서 실망을 느끼는 것은 피할 수 없습니다. 고통은 모든 인간에게 주어진 운명입니다. 살다 보면 누구에게나 큰 슬픔이 찾아오기 마련입니다. 하지만 이 슬픔은 다른 방법으로는 배울 수 없는 소중한 교훈을 전달하는 부드러운 스승입니다.

슬픔도 언젠간 지나갑니다. 어떤 지혜로운 사람이 예전에 이런 말을 했습니다. "작은 슬픔이든 큰 슬픔이든, 우리의 삶에 남기는 흉터의 크기는 아주 작다." 슬픔이 우리에게 미치는 영향을 무시해도 된다는 말이 아닙니다. 삶이 슬픔보다 훨씬 크기 때문에 슬픔에 지배당할 필요가 없다는 뜻입니다. 에머슨은 이렇게 말했습니다. "모든 손실, 모든 이득은 일시적인 것들이다. 유한한 것만 상실과 고통을 겪는다. 끝없이 펼쳐져 있는 무한은 언제나 미소를 지으며 쉬고 있다."

세상에 새로운 슬픔이라는 것은 없습니다. 우리가 삶에서 겪는 슬픔은 누군가 예전에 한 번쯤은 다 경험하고 이겨낸 것들입니다. 이런 말을 들으니 주체할 수 없는 불안감이 누그러지지 않습니까? 나만큼 감성적이고, 진실되고, 사랑스러운 수많은 영혼이 나와 같은 삶의 짐에 짓눌려 같은 슬픔을 겪었고, 이에 당당하게 맞서 승리했는데, 나만 힘들다고 불평하며 투덜댈 수 있을까요? 그보다는 나보다 앞서 삶의 시험을 치른 사람들보다 더욱 용감하게 십자가를 짊어지고, 나 이후에

고난을 겪으며 힘들어할 후손들에게 모범을 보여주고 영감을 주는 것이 훨씬 더 바람직하지 않을까요?

슬픔에 맞닥트릴수록 우리의 삶은 더욱 풍족해집니다. 내 뺨을 타고 흐르는 눈물 한 방울, 한 방울은 타인의 슬픔을 어루만져줄 수 있는 인자한 얼굴, 따스한 손길, 지혜의 말을 조각해줍니다. 슬픔은 우리더러 슬퍼하라고 주어지는 것이 아닙니다. 슬픔을 느끼고, 고통을 맛보고, 실컷 운 후에 이해하고, 사랑하고, 축복하라고 주어지는 것입니다.

3 of Disks - 물질적 일(Material Works)

(Mars in Capricorn) 10° to 20° Capricorn

12월 31일 ~ 1월 9일

토트 타로의 제목 - 일(Works)

카드의 의미

- 사업. 취업. 상업적인 거래.
- 건설적인 힘의 작용. 물질의 확대. 성장. 훗날 이득을 가져다주는 사업의 개시.
- 약화하는 영향을 받을 경우: 이기심. 편협. 편견. 불가능한 것을 바라는 탐욕스러운 사람.

추상적이고 뜬구름 잡는 무언가를 구체적이고 단단한 형상으로 빚어내는 힘을 상징하는 비나와 4대 원소 중 가장 고정적이고 단단한, 물질을 상징하는 흙의 슈트가 만났다. 크로울리는 이 카드가 우주의 관념이 물질적 형태로 확립되는, 장차 창조될 우주의 기본적 모습을 보여주고 있다고 설명한다. 물질을 구성하는 가장 기본적인 단위란 무엇인가? 한때는 닐스 보어가 주장했던, 태양 주위를 도는 행성들처럼 전자들이 핵 주위를 도는 구조의 원자였고, 그 후 원자, 전자보다도 작은 쿼크(quark)가 발견되었고, 그보다도 후에 등장한 초끈이론(Superstring Theory)에 따르면 입자가 아닌 파동의 속성을 지닌, 쿼크보다도 작은 정상파(standing wave)가 물질의 기본 단위라고 하는데, 앞으로 또 어떤 새롭고 놀라운 이론이 나올진 모르겠지만, 이 카드에 물질을 구성하는 기본 단위의 원리가 다 포함되어 있지 않을까 싶다.

카드 이미지를 살펴보자. 염소자리에서 승격되는 화성이 들어왔다. 따라서 보통 파괴와 결부되는 화성이 여기서는 건설적인 에너지, 크로울리의 말을 빌리자면 건축가 또는 토목기사처럼 무언가를 건설하는 역량을 발휘한다고 한다. 중앙의 삼각형은 정사면체 피라미드를 위에서 내려본 모습이며, 세 꼭짓점에는 불교의 상징체계에서 종종 볼 수 있는 바퀴 심볼이 그려져 있다. 마치 사막 한가운데에 설치된 거대한 발전기에서 에너지가 모든 방향으로 발산되어 모래에 물결 모양의 패턴을 만들어낸 것 같다. (크로울리의 설명에 따르면 사막이 아니라 비나의 바다가 고체화한 상태라고 한다). 바퀴 중앙에는 연금술의 기본 요소인 수은(맨 위의 바퀴), 소금(아래 왼쪽 바퀴), 유황(아래 오른쪽 바퀴)의 심볼이 그려져 있다. 이 세 요소의 상응 관계는 다음과 같다.

연금술	힌두교(구나)	히브리 문자	원소	타로[213]
수은(Mercury)	사트바(Sattvas)	알레프(א)	공기	마법사
유황(Sulphur)	라자스(Rajas)	쉰(ש)	불	황제
소금(Salt)	타마스(Tamas)	멤(מ)	물	여황제

표 XIII. 연금술 3대 심볼의 상응 관계

제1장에서 언급했듯이, 토트 타로에는 연금술의 원리가 곳곳에 배어있다. 연금술의 3대 요소 중 불의 씨앗을 품고 있는 유황은 불을 의미하고 생김새도 불꽃을 닮은 히브리 문자 쉰(ש)에 상응한다. 타로에서는 불같은 화성이 지배하는 양자리가 지정된 메이저 아르카나의 4번 카드, '황제'에 해당하며, 힌두교에서는 이를 세 구나[214] 중 하나인 '라자스'라 부른다. 라자스는 '열정', '활동성', '움직임'을 상징한다. 즉, 양, 남성성, 호크마의 속성을 가진 개념이다.

유황의 반대편에 있는 소금은 물을 의미하며 히브리 문자 멤(מ)에 상응한다. 타로에서는 '황제'의 짝인 메이저 아르카나 3번 카드, '여황제'에 해당하며 힌두교에서는 이를 '타마스'라 부른다. 타마스는 '무지', '타성', '게으름'을 상징한다. 오해는 없기 바란다. 음과 여성성을 상징하는 타마스는 무식하고, 무기력하고, 게으르다는 얘기가 아니라, 호크마의 자극을 받기 이전의 비나처럼 수동적인 속성을 지니고 있다는 뜻이다. 호크마와 비나를 다루며 여러 차례 강조했듯이, 능동적인 호크마와 수동적인 비나는 그 자체로서는 쓸모있는 무언가를 창조하지 못한다. 자위행위를 통해 버려지는 정자와 수정이 이루어지지 않아 매월 버려지는 난자는 아기를 만들어내지 못하는 것과 같은 이치다. 하지만 '우주의 자극제'라 불리는 호크마가 '위대한 바다'인 비나를 자극하면 불꽃이 튀면서 합이 이루어지고, 이를 통해 무언가가 태어날 수 있다.

세 번째 요소인 수은은 불과 물이 만났을 때 탄생하는 공기를 의미하며 히브리 문자 알레프(א)에 상응한다. 타로에서는 하늘과 땅, 신과 인간을 연결해주는 역할을 하는 메이저 아르카나의 1번 카드, '마법사'에 해당하며 힌두교에서는 이를 '사트바'라 부른다. 사트바는 '선량함', '평온', '조화로움'을 의미한다. 흐르는 속성을 지닌 수은은 유황과 소금 사이에서 중재자 역할, 윤활유 역할을 하면서 균형과 조화를 유지하는 요소임을 알 수 있다. 이 카드는 디스크 2번에서 제시되었던 음과 양의 상호작용, 그리고 이를 통해 변화가 일어나고, 변화가 곧 안정을 가져다준다는 개념을 한층 더 강화하는 이미지라고 할 수 있다.

카드 속의 피라미드는 아무리 강한 힘을 가해도 꿈쩍도 하지 않을 견고한 구조물처럼 보이지만, 그 안을 들여다보면 이처럼 세 개의 힘이 조화를 이루면서 상호작용하고 있기 때문에 고정된 형상을 유지할 수 있는 것이다. 원자를 구성하는 핵과 전자들 사이에는 아주 큰 공간이 있지만, 전자들이 핵의 영향권 안에서 매우 빠른 속도로 움직이고 있어서 단단한 형상을 유지할 수 있는 것과 같은 원리다. 이 세 가지 힘, 세 개의 구나가 힘겨루기를 하면서 우주의 안정성을 보장하는 원리는 메이저 아르카나의 10번 카드, '운명의 수레바퀴'에서 더욱 구체적으로 표현된다.

(4) 헤세드(Chesed, חסד); 자비(Mercy)

① **타이틀:** 헤세드, 자비.
② **마법 이미지:** 왕관을 쓰고 권좌에 앉은 강력한 왕.
③ **생명의 나무 상의 위치:** 자비의 기둥 중앙.
④ **세페르 예치라 상의 설명:** 네 번째 경로는 모든 신성한 힘(Holy Powers)을 품고 있으므로 화합의 지성(Cohesive Intelligence) 또는 수용의 지성(Receptive Intelligence)으로 불리며, 여기에서 지고의 본질을 간직한 영적 미덕이 발산된다. 태고의 발산(Primordial Emanation)이자 가장 높으신 왕관(The Highest Crown)인 케테르에서 하나씩, 순차적으로 발산된다.

(The Fourth Path is called the Cohesive or Receptive Intelligence because it contains all the Holy Powers, and from it emanate all the spiritual virtues with the most exalted essences. They emanate one from another by virtue of the Primordial Emanation, the Highest Crown, Kether.)

⑤ **별칭:** 게둘라(Gedulah), 사랑(Love), 장엄(Majesty).
⑥ **지배자의 이름:**
- 신의 이름 – 엘(El).
- 대천사 – 자드키엘(Tzadkiel), 신의 자비(Benevolence of God).
- 천군 – 하스말림(Chasmallim), 빛나는 자들(Brilliant Ones).
- 세속적 차크라 – 제덱(Tzedek), 목성(Jupiter).

⑦ **영적 체험:** 사랑의 비전(Vision of Love).
⑧ **미덕:** 순종(Obedience). **악덕:** 편견(Bigotry), 위선(Hypocrisy), 폭식

(Gluttony). 독재(Tyranny).

⑨ 소우주와의 상응: 왼팔.

⑩ 심볼: 입체 도형(The Solid Figure), 정사면체(Tetrahedron), 피라미드(Pyramid), 팔 길이가 같은 십자가(Equal-Armed Cross), 보주(寶珠; Orb), 지팡이(Wand), 홀(笏; Sceptre). 끝이 굽은 목양(牧羊) 지팡이(Crook).

⑪ 타로: 네 장의 4번 카드.

- 4 of Wands – 완성된 일(Perfected Work).
- 4 of Cups – 즐거움/쾌락(Pleasure).
- 4 of Swords – 갈등 후의 휴식(Rest From Strife).
- 4 of Disks – 세속적 파워(Earthly Power).

⑫ 색상:

- 아칠루트 – 짙은 보라색(Deep Violet).
- 브리아 – 파란색(Blue).
- 예치라 – 짙은 자주색(Deep Purple).
- 아시아 – 노란색 얼룩이 뿌려진 하늘색(Deep azure, flecked yellow).

1. 케테르(1), 호크마(2), 비나(3)로 구성된 천상의 삼각형에 관한 설명에 이어 이번 섹션부터는 천상의 삼각형이 심연 아래에 비춘 상, 즉, 헤세드(4), 게부라(5), 티파레트(6)로 구성된 생명 나무의 두 번째 삼위일체, 윤리적 삼각형 또는 추상적 삼각형에 관한 설명을 시작한다. 1-2-3번 세피라를 꼭짓점으로 하는 삼각형을 물 위에 비추면 4-5-6번 세피라를 꼭

꼭짓점으로 하는 역삼각형이 만들어지며, 4번은 2번, 5번은 3번, 그리고 6번은 1번 세피라의 상이 된다. 매우 추상적인, 이상의 최고봉이라 할 수 있는 천상의 삼각형을 구성했던 세 세피라가 상징하는 개념들이 윤리적 삼각형에서는 조금 덜 추상적이고, 더 구체적이고, 우리에게 조금 더 와 닿는, 조금 더 실용적인 형태로 바뀐다고 이해하면 좋을 것 같다.

2. 비나를 다룬 전 섹션에서 천상의 삼각형(1~3)을 전시안이 들어있는 피라미드의 갓돌, 그리고 나머지 세피로트(4~10)를 피라미드의 몸통에 비유했는데, 천상의 삼각형은 그만큼 생명의 나무에서 특별한 지위를 지니고 있다. 그래서 카발라에서는 케테르(1)와 케테르의 두 단면인 호크마(2)와 비나(3)를 '큰 얼굴' 또는 '매크로프로소포스', 케테르의 아들 격인 티파레트(6)와 이를 둘러싼 다섯 세피라(헤세드(4), 게부라(5), 넷자흐(7), 호드(8), 예소드(9))를 '작은 얼굴', '마이크로프로소포스', 또는 '아담 카드몬', 그리고 맨 아래에 홀로 떨어진 마지막 세피라, 말쿠트(10)를 '마이크로프로소포스의 신부'라 칭하며 별도로 분류한다. 타로에서는 케테르의 두 단면인 양과 음, 남성성과 여성성, 능동적 에너지와 수동적 에너지를 상징하는 호크마와 비나가 왕(기사)과 여왕, 마이크로프로소포스의 권좌인 티파레트가 왕자, 그리고 마이크로프로소포스의 신부인 말쿠트가 공주에 각각 해당한다.

3. 매크로프로소포스는 '잠재적인 것'이고, 마이크로프로소포스는 '실질적인 것'이다. 이는 물론 물질 세상에서 사는, 성 바울의 말대로 허상에 둘러싸여 마치 거울로 보는 것처럼 희미하게 볼 수밖에 없는, 부분적으로밖에 알 수 없는 우리의 시각에서 그렇다는 얘기다. 큰 관점, 즉, 신의

관점에서 봤을 때는 매크로프로소포스가 실제고 마이크로프로소포스는 그림자에 불과하다. 하지만 물질 세상인 말쿠트에서 육신을 가진 존재로 활동하는 인간의 능력으로는 매크로프로소포스를 일반적인 방법으로 인지할 수 없고 마이크로프로소포스가 실제로 여겨진다.

4. 비유를 들어보자. '툼 레이더'라는 비디오게임 속의 주인공, 라라 크로프트는 게임 내의 환경, 적군, 몬스터 등을 실제 상황으로 느끼고 게임 안에서 피를 흘리고 죽을 수도 있지만, 그 게임을 하는 플레이어의 존재는 인지하지 못한다. 자기가 누군가에 의해 조종당하고 있다는 사실도 모른다. 하지만 게임을 하는 플레이어의 입장에서 게임은 프로그래머들이 그럴듯하게 만들어낸 가짜, 가상의 세상에 불과하다. 소설 속의 주인공도 마찬가지다. 주인공을 비롯한 인물들, 환경, 상황, 플롯 등은 전부 작가의 머릿속에서 나와 글로 옮겨지고, 때에 따라서는 소설의 내용이 영화 또는 드라마로 제작되면서 더욱 실감이 나는 형태로 변신하지만, 그 세상은 어디까지나 작가가 만들어낸 상상의 산물이고, 캐릭터들은 작가의 존재를 알 수 없다. 이 비유에서 게임과 소설 속의 세상이 마이크로프로소포스이고, 게임 제작자/플레이어와 소설가가 매크로프로소포스라고 할 수 있다. 그 정도로 두 세상 간에는 아주 큰 간격이 있고, 카발라에서는 '심연'이 두 영역을 갈라놓고 있다고 표현한다.

5. 케테르의 점(0차원), 두 개의 점으로 만들어지는 호크마의 선(1차원), 세 개의 점으로 만들어지는 비나의 삼각형(2차원)에 이어 헤세드에서는 비나의 삼각형을 이루는 평면에 속하지 않은 네 번째 점이 등장하며 사면체, 즉, 체적을 가진 입체가 생겨난다. 처음으로 우리가 제대로 인지

할 수 있는, 3차원의 단단한 '물질'의 관념이 탄생한 것이다. 이것이 바로 '잠재적인 것'에서 '실질적인 것'으로의 전환이다.

6. 호크마를 이해하려면 생명의 나무 맞은편에 있는 비나를 이해해야 하고, 비나를 이해하려면 호크마를 이해해야 하듯이, 짝을 이루는 4번 세피라, 헤세드와 5번 세피라, 게부라도 함께 공부해야 그 개념을 온전하게 파악할 수 있다. 헤세드와 게부라는 각각 자비의 기둥과 가혹의 기둥 중간에, 심연 너머에 있는 호크마와 비나보다 한 단계 아래의 위치에 자리해 있다. 따라서 헤세드/게부라는 양과 음, 확장과 제한의 속성을 지닌 호크마/비나 쌍의 조금 더 구체적인, 조금 더 현실적인 버전이라고 할 수 있다.

7. 디온 포춘은 호크마를 '만물을 낳은 아버지(The All-Begetter)'로 표현했고, 크로울리 역시 이와 같은 개념인 '우주 만물의 아버지(All-Father)'라 칭했다. 아버지는 씨앗을 제공하는 역할을 하고, 그 씨앗을 발아시키고 형상을 만들어내기 위해 용기(容器)를 제공하는 비나의 역할도 필수적이다. 한편 4번 세피라, 헤세드는 아버지가(어머니와 함께) 낳은 것을 조직화하고 보존하며, 5번 세피라, 게부라는 불필요한 것들을 정리하고 파괴한다. 카발라에서 헤세드는 권좌에 앉아 세상을 다스리는 왕으로, 게부라는 전차를 타고 군대를 이끄는 왕으로 묘사된다. 질서와 규율을 중요시하는 헤세드의 왕은 세상을 다스리기 위해 법을 제정하고, 호전적인 게부라의 왕은 손에 든 무기로 격퇴해야 마땅한 것을 격퇴한다.

8. 창조하는 호크마/비나, 보존하는 헤세드, 파괴하는 게부라의 관계는

힌두교의 삼위일체인 브라마-비슈누-시바와 같은 개념이다. 브라마는 세상을 창조하고, 비슈누는 세상을 보존하고, 시바는 세상을 파괴함으로써 우주의 순환을 보장한다. 신도의 몸 위에서 기괴한 춤을 추는 파괴의 화신 시바와 한 손에는 잘려나간 머리[216], 한 손에는 피가 뚝뚝 떨어지는 칼을 든 채 시바를 밟고 춤을 추는 그의 부인 칼리[217]를 두려워하는 사람도 많지만, 이것 역시 우주의 균형을 유지하기 위해 꼭 필요한 신성한 힘이다.

남편(시바) 위에서 춤을 추는 칼리

9. 생명 나무의 오른쪽과 왼쪽에 있는 두 기둥의 이름인 '자비'와 '가혹'도 4번과 5번 세피라의 제목에서 나왔다. 아낌없이 베풀며 확장하고 에너지를 발산하는 호크마와 이를 제지하고 제한함으로써 형상을 만들어내는 비나의 힘이 맞물렸을 때 쓸모있는 무언가가 탄생하고 안정과 균형이 이루어지듯이, 헤세드와 게부라도 천상의 삼각형보다 한 단계 낮은 차원에서 서로 견제하고 영향을 주고받으면서 새로운 것을 창조한다. 헤세드는 호크마와 비나가 낳은 것을 키우는 힘이고, 게부라는 이를 무너트리는 힘이다. 디온 포춘은 우리 몸 안에서 매 순간 일어나고 있는 신진대사의 작용을 예로 들면서 이 개념을 설명한다.

10. 신진대사는 우리가 음식물을 섭취하고 소화하는 과정에서 영양분을 흡수하고, 이를 이용하여 체내 조직을 만드는 동화작용(同化作用; anabolism), 그리고 우리가 몸을 움직일 때 파괴되는 조직과 독성 노폐물을 체외로 배출하는 이화작용(異化作用; catabolism)으로 구성된다. 동화작용이 없으면 우리 몸은 영양분을 얻지 못하여 생존할 수 없을 것이고, 이화작용을 통해 적시에 노폐물을 배출하지 않으면 독소가 체내에 퍼져 육신이 죽을 것이다. 내가 지금 가진 것으로 만족하지 못하고 남의 것까지 탐하다가 결국 나의 것마저 모두 잃는 것, 조직(기업, 국가, 문명 등)이 한도 끝도 없이 필요 이상으로 세력을 확장하다가 결국엔 철퇴를 맞고 몰락하는 것, 보다 피부에 와닿는 예로, 주량을 초과하는 양의 술을 실컷 퍼마셨다가 구토와 설사로 배출하는 것도 헤세드와 게부라의 작용이라고 할 수 있다. 하늘 높은 줄 모르고 쌓았다가 무너진 바벨탑, 연일 상한가를 기록하다가 거품이 터지면서 폭락한 주식 등도 "마이 무따 아이가. 고마해라."를 발동하는 게부라의 작용이다.

11. 왕이 전쟁터에 있지 않고 권좌 위에 앉아있다는 것은 평화적인 시기라는 뜻이며, 이런 시기에는 국가가 성장(확장)을 목표로 삼는다. 유능한 왕 또는 지도자에게 요구되는 중요한 덕목은 미래에 대한 비전이다. 헤세드는 천상의 삼각형에서 구상된 원형, 아이디어, 추상적인 것들을 구체화하고 실현하는 작업을 개시하는 단계라고 할 수 있다. 제1장에서 건축물이 세워지는 과정을 예로 들며 유심론의 원칙을 설명했었는데, 헤세드의 왕은 실제 건물이 세워지기 전에, 건축 자재와 인력을 확보하기 전에 자신의 머릿속에서 완공된 건물의 전체적인 그림을 그려보는 능력을 소유한 자다. 그는 신(천상의 삼각형)으로부터 영감을 얻어 건물의 콘셉트를 구상하는 프로젝트 매니저다. 헤세드의 왕은 '사방의 태평을 얻고, 대적도 없고, 재앙도 없는' 시절에 두로의 왕, 히람[218]과 함께 성전 신축 프로젝트를 개시하고 진두지휘한 솔로몬[219]을 떠오르게 한다.

(열왕기상 5:1) 솔로몬이 기름 부음을 받고 그 부친을 이어 왕이 되었다 함을 두로 왕 히람이 듣고 그 신복을 솔로몬에게 보내었으니 이는 히람이 평일에 다윗을 사랑하였음이라
(열왕기상 5:2) 이에 솔로몬이 히람에게 기별하여 가로되
(열왕기상 5:3) 당신도 알거니와 내 부친 다윗이 사방의 전쟁으로 인하여 그 하나님 여호와의 이름을 위하여 전을 건축하지 못하고 여호와께서 그 원수들을 그 발바닥 밑에 두시기를 기다렸나이다
(열왕기상 5:4) 이제 내 하나님 여호와께서 내게 사방의 태평을 주시매 대적도 없고 재앙도 없도다
(열왕기상 5:5) 여호와께서 내 부친 다윗에게 하신 말씀에 내가 너를 이어 네 위에 오르게 할 네 아들 그가 내 이름을 위하여 전을 건축하

리라 하신 대로 내가 내 하나님 여호와의 이름을 위하여 전을 건축하려 하오니

(열왕기상 5:6) 당신은 영을 내려 나를 위하여 레바논에서 백향목을 베어 내게 하소서 나의 종과 당신의 종이 함께할 것이요 또 내가 당신의 모든 말씀대로 당신의 종의 삯을 당신에게 붙이리이다 당신도 알거니와 우리 중에는 시돈 사람처럼 벌목을 잘하는 자가 없나이다

(열왕기상 5:7) 히람이 솔로몬의 말을 듣고 크게 기뻐하여 가로되 오늘날 여호와를 찬양할지로다 저가 다윗에게 지혜로운 아들을 주사 그 많은 백성을 다스리게 하셨도다 하고

(열왕기상 5:8) 이에 솔로몬에게 기별하여 가로되 당신의 기별하신 말씀을 내가 듣고 내 백향목 재목과 잣나무 재목에 대하여는 당신의 바라시는 대로 할지라

솔로몬에게 선물을 보낸 두로의 왕, 히람

12. 마이크로프로소포스를 구성하는 세피라 중 가장 높은 경지인 헤세드에 접근할 수 있는 사람은 이처럼 상상력을 동원하여 미래를 내다볼 수 있다. 말쿠트의 수준에 머물러있는 대부분 사람은 성전이 완공된 후에야 성전의 존재를 인지하지만, 이보다 조금 높은 경지에 도달한 사람은 청사진을 보고 장차 어떤 모양의 성전이 신축될 것인지 예측하고, 헤세드에 도달한 사람, 신의 계획과 구상을 헤아리고 있는 사람, 그야말로 왕이라 불릴만한 사람은 머릿속에서 청사진을 그려내고 공사를 수행할 인력을 부린다. 대형 공사의 한 부분을 맡은 일꾼과 십장(什長)들은 자기가 담당하는 부분만 이해하는 전문가, 즉, 스페셜리스트(specialist)들이고, 공사 전체를 총괄 지휘하며 최종 결과물의 이미지를 머릿속에 간직하고 있는 건축가는 제네럴리스트(generalist)다. 미국 육군에서 우리나라의 상병 정도에 해당하는 계급을 '스페셜리스트'라 부르고, 장군을 '제네럴'이라 부른다는 점도 흥미롭다. 성전을 짓는 대규모 사업뿐 아니라, 일상에서도 헤세드의 수준에서 먼 미래를 내다보며 일을 진행하는 사람과 말쿠트의 관점으로 눈앞에 주어진 일만 수동적으로 처리하는 사람의 성과가 얼마나 다르게 나타날지는 자명하다.

13. 디온 포춘은 『미스티컬 카발라』에서 헤세드의 경지[220]에 입문하지 못한 오컬티스트들에 대한 경고도 하고 있다. 말쿠트보다 바로 한 단계 위에 있는, 하위 아스트랄계를 상징하는 9번 세피라, 예소드는 휘황찬란한 허상이 지배하는 영역이다. 예소드를 다스리는 행성은 달이며, 달은 물과 연관이 있다. 이곳에서는 달빛에 비친 물 위의 다양한 이미지를 볼 수 있는데, 깨닫지 못한 자는 연못에 비친 자신의 모습을 보고 넋이 나간 나르키소스[221]처럼 이미지를 실제인 것으로 착각하게 된다. 달의 조수작

용으로 인해 아스트랄계의 수면은 수시로 요동을 치는데, 고르지도 않고 흔들리는 수면에 적힌 글귀 또는 이미지를 정확하게 읽어내기란 매우 어려운 일이다. 이승 너머의 세상과 접촉하여 아카식 레코드를 읽는다고 주장하는 수준 낮은 영매들이 활동하는 영역이 바로 이곳이다. 이들의 예언이 수시로 빗나가고, 상담자에게 잘못된 정보를 제공하는 것도 바로 이러한 이유 때문이다. 하위 아스트랄계가 제공하는 이미지는 불안정하고 부정확할 뿐 아니라, 하급 영혼들이 퍼트리는 역정보가 판을 치는 곳이기도 하다. 다음은 윌리엄 워커 앳킨슨의 『그대, 아직도 '나'를 찾고 있는가?』에서 발췌한 내용이다. 하위 아스트랄계에 거주하는 영적 사기꾼들의 속성을 아주 잘 표현한 것 같다.

아스트랄계의 하위 차원들은 물질에 대한 집착을 내려놓지 못한, 성장 수준이 낮은 영혼들로 채워져 있으며, 이들은 아스트랄계에서도 지구에서 살았던 시절과 거의 유사한 방식의 삶을 산다. 실제로 이들은 물질계와 여전히 긴밀하게 연결되어 있고, 이승에 대한 애착이 워낙 강해서 아스트랄계에 있으면서도 사실상 물질계에 사는 것이나 다름없다고 말할 수 있다. 하위 아스트랄계와 물질계를 분리하는 얇은 베일만이 이승으로 돌아가서 활동하고파 하는 이들을 막고 있을 뿐이다. 이런 영혼들은 생전에 자주 다니던 저질스러운 장소 주변을 서성거리며 대부분 시간을 보내고, 술에 취해 인사불성이 되었거나 이와 유사하게 외부 영향에 무방비로 노출된 사람들을 상대로 영향력을 행사한다.

이들은 이런 식으로 과거의 퇴폐적 삶을 반복적으로 재생하며, 자기와 별 상관도 없는 사람들에게 부정적인 영향을 주고 그들의 삶에 민

폐를 끼침으로써 상황을 더욱 우울하게 만들고 악화한다. 아스트랄계에는 상위 차원들뿐 아니라 이런 하위 차원들도 많으며, 각 차원에는 그 수준에 걸맞은 영혼들이 거주하고 있다. 물질계와 긴밀하게 접촉하고 있는 하위 아스트랄계의 주민들은 낮은 수준의 영매들이 주관하고 비슷한 부류의 참가자들이 모인 교령회에 종종 이끌린다. 이들은 교령회에 참석한 사람들의 지인, 가족 등을 사칭하고, 때로는 역사적으로 유명한 위인의 정령이라고 주장하면서 순진한 사람들을 속인다. 그리고 교령회에서 종종 볼 수 있는 유치한 장난 따위나 치고, 허락되는 범위 내에서 '악마 놀이'를 하며 즐거워한다. 상위 차원에 거주하는 영혼이라면 이런 영혼들은 이승에서나 저승에서나 될 수 있으면 피하는 것이 상책이다.

14. 예소드의 허상에 속아 넘어간 오컬티스트, 가짜를 진짜로 오해하는 수준 낮은 오컬티스트는 자신이 깨달음을 얻었다고 착각하며 사람을 잡는 선무당이 된다. 증상이 심한 자들은 아스트랄계를 경험하면서 얻은 약간의 능력으로 선량한 사람들을 현혹하고, 자기를 따르고 떠받들어야 구원을 받을 수 있다는 식으로 사기를 치고 다니는 사이비 교주가 된다. 이들이 어떤 실질적인 능력(사기 치는 능력)을 소유하고 있음은 확실하다. 실제로 이들을 따르며 목숨까지 버릴 각오가 되어있는 신도들의 규모만 봐도 쉽게 알 수 있지 않은가? 이 주제에 관한 자세한 내용은 윌리엄 워커 앳킨슨의 『그대, 아직도 '나'를 찾고 있는가?』, 제9장, '초자연적 영향력'을 참조하기 바란다.

15. 영화 『스타워즈』에서는 이처럼 약간의 오컬트 지식을 가지고 자기

잘난 맛에 우주를 지배하려는 자들을 '다크 사이드에 가담한 자'로 표현하며, 오컬트에서는 '흑마술사'라고 부른다. 제2장에서 잠시 언급했던 존 베인스의 책, 『The Stellar Man』의 서문에서는 이들을 '한 번 반 태어난 자'로 부르고 있다. 모든 인간은 엄마의 자궁을 통해 세상에 한 번 태어나고, 이후 영적 성장을 거치면서 깨달음을 얻은 자로 거듭나는 두 번째 탄생을 맞아야 하는데, 이 흑마술사들은 이 두 번째 탄생의 과정을 끝마치지 못하고 중간에 중단하는 바람에 '영적 낙태'를 당한 상태에 이른 괴물들이라는 뜻이다.

16. 신약성경에 기록된 예수의 행적을 보면, 그가 성인이 된 후 처음 등장하는 대목은 요단강에서 세례 요한에게 세례를 받는 장면이다. 세례를 받던 중 성령을 상징하는 비둘기가 자신의 머리 위로 하강하는 신비스러운 체험[222]을 한 후, 그는 곧바로 광야로 향했다. 성경의 기록에 따르면 그는 그곳에서 40일 동안 머무르며 단식했고, 생명의 흔적조차 발견할 수 없는 황무지에 갑자기 나타난 악마로부터 여러 차례에 걸쳐 시험을 받는다. 윌리엄 워커 앳킨슨은 저서 『신비주의 기독교』에서 당시의 상황을 다음과 같이 설명하고 있다.[223]

> 이승 저편에서 들려오는 듯한 정체불명의 메시지를 접한 예수는 깜짝 놀랐고, 이날 있었던 일들을 되돌아보며 명상에 잠길 조용한 장소가 필요하다는 듯이, 앞으로 자기가 해야 할 일에 관한 감이라도 잡았다는 듯이 군중 속에서 빠져나와 광야를 향해 발걸음을 옮겼다.

신약성경을 공부하는 대부분 크리스천은 예수가 광야에서 체험했던 일을 크게 주목하지 않고 별다른 감흥을 느끼지 못한 채, 그저 사역 초기 시절에 있었던 일 중 하나로 취급하며 지나치는 경향이 있다. 하지만 신비주의와 오컬트 단체에서는 이 사건을 매우 중요시한다. 예수는 광야에서 그의 힘을 더욱 계발하고 인내력을 측정하기 위해 가장 힘든 오컬트 시험을 치렀다. 진짜 오컬트 단체의 모든 고급 단원들이 잘 알고 있듯이, '광야의 시련(The Ordeal of the Wilderness)'이라는 제목이 붙여진 오컬트 등급은 예수가 광야에서 체험한 신비스러운 사건을 재현한다는 취지에서 만들어졌다.

광야에서 악마에게 시험을 받는 예수

17. 예수가 시험을 치렀던 광야가 바로 예소드, 하위 아스트랄계다. 그는 이 척박한 곳에서 허상에 둘러싸여 악마의 유혹을 받았고, 모든 유혹을 물리치고 시험을 통과한 후에 하산하여 본격적인 사역을 시작한다. 이 시험을 통해 예수는 자신의 내면을 들여다보고 "나는 누구인가?"라는 물음에 대한 해답을 얻는다. 자신의 뛰어난 능력을 활용하여 세상을 지배하는 세속적 왕이 될 것인지, 아니면 인류를 위해 무거운 짐을 짊어지는 살신성인의 길을 택할지에 관한 결단을 내린다.

18. 대중문화에도 하위 아스트랄계를 상징하는 광야의 개념이 등장한다. 케이팝 그룹, 에스파의 세계관에 나오는 광야의 모습을 보면 주변 환경이 마치 영화 『닥터 스트레인지』에서 묘사된 것처럼 수시로 바뀐다. 이 세계관에 따르면 광야는 누구나 길을 잃고 헤매기 쉬운 곳이라고 한다. 광야에 진입한 에스파의 멤버들은 자신의 내면에 감춰진 두려움, 수치심 등을 자극하는 이미지에 사로잡혀 괴로워하다가 이 모든 것이 허상임을 깨닫고 자기 스스로 만들어낸 유리 감옥에서 탈출한다. 감각을 자극하는 황홀한 광경과 향기, 그리고 다양한 형태의 도깨비들이 공존하는 예소드의 모습을 시각적으로 아주 잘 묘사한 작품이라고 생각한다.

19. 디온 포춘은 헤세드에 이르지 못하고 6번 세피라, 티파레트에 머무르는 것에 대해서도 경고한다. 진아가 있는 곳, 신성한 수호천사를 만날 수 있는 곳인 티파레트에 도달한 사람은 예소드의 허상과 유혹은 물리쳤으나, 티파레트도 성장의 여정에서 중간 단계에 불과하다는 사실을 모른 채, 이곳에서 체험한 것이 전부라고 착각할 수 있다는 것이다. 티파레트의 경지에 이르렀다는 것은 깨달음을 얻었다는 뜻인데, 깨달음

을 얻으면 성장의 여정도 끝난다고 생각하는 사람이 많다. 그런데 생명나무를 봐도 알 수 있듯이, 티파레트는 말쿠트에서 케테르까지 가는 여정의 중간에 있다. 이 문제와 관련하여 제2장에서 인용했던 『신비주의 기독교』의 한 대목을 다시 읽어보자.

> 초기 기독교의 가르침이 얼마나 많이 유실되었는지 보여주는 또 하나의 사례가 있다. 오늘날의 교회는 선량한 시민을 배출하는 데만 전념하고 있고, 성자가 탄생하는 것을 최대의 업적으로 삼고 있다. 하지만 옛날 교회는 이보다 훨씬 큰 역할을 했다. 성자의 탄생은 시작에 불과한 것이었다. 옛날에 성자가 되었다는 것은 교회가 소유한 비밀 지식을 받을 자격을 비로소 획득했음을 의미하는 것이었는데, 고대의 지식을 상실한 오늘날의 교회는 성자에게 그 이상 해줄 수 있는 것이 없다. 옛날 교회의 교육 커리큘럼은 크게 정화(Purification), 깨달음(Illumination), 완성(Perfection)의 세 단계로 분류되었는데, 오늘날의 교회는 신도가 정화 과정을 마친 것으로 만족하고 있다. 교회에서 나눠줄 깨달음이 없기 때문이다.

위 인용문에서 '정화'란 말쿠트에서 신성한 수호천사의 비전을 보는 것, 즉, 물질 세상이 다가 아니라는 사실을 깨달음으로써 영적 성장의 여정에 오르는 것, '깨달음'이란 티파레트에 이르러 신성한 수호천사를 알게 되고 그와 대화를 트게 되는 것, 그리고 '완성'은 여정의 종착지인 케테르의 경지에 도달하는 것을 의미한다.

20. 디온 포춘에 따르면 티파레트의 함정에 빠진 오컬티스트는 나사렛

예수를 신으로 여기며 숭배하고, 그 안에 있는 실체인 그리스도 의식은 보지 못한다고 한다. 사람의 아들(Son of Man; 나사렛 예수)과 신의 아들(Son of God; 그리스도 의식)을 구분하지 못하고 우상숭배나 다름없는, 사람을 숭배하게 된다는 것이다. 당나라의 선승, 임제선사[224]는 제자들에게 이렇게 가르쳤다. "길을 걷다가 부처를 만나거든, 그를 죽여라." 이는 물론 살생을 하라는 얘기가 아니라, 사람을 숭배하지 말고 그의 가르침을 받들고 실천하라는 뜻이다.

21. 디온 포춘은 헤세드에서 활동하는 존재들을 설명하기 위해 오컬트 관련 문헌에서 종종 혼용되는 '마스터'와 '아뎁트'의 차이점을 제시하고 있다. '~를 통달하다'는 의미의 마스터와 '~에 능숙하다'는 의미의 아뎁트 둘 다 오컬트의 높은 경지에 오른 사람을 지칭하나, 탄생과 죽음의 수레바퀴에서 해방된 자, 즉, 육신을 가진 존재로서 경험하고 배워야 할 것을 다 배우고, 물질 세상에 살면서 발생한 카르마의 채무 관계를 다 청산하여 더는 인간으로 환생할 필요가 없는 사람만이 진정한 의미에서의 마스터로 불릴 수 있다는 것이 그녀의 생각이다. 황금새벽회를 비롯한 서양 오컬트 전통에서는 헤세드에 '(환생의 의무가) 면제된 아뎁트'라는 의미의 'Adeptus Exemptus(7°=4□)' 등급을 지정하고 있는데, 바로 이곳이 육신이라는 거죽을 떨쳐낸 진짜 마스터들이 거하면서 중대한 임무를 수행하는 곳이다.

22. 유심론의 원칙과 카발라의 네 세상을 다룰 때 설명했듯이, 모든 창조는 생각에서 출발한다. 원형의 세상(아칠루트)에서 휴식의 개념이 정립되고, 창조의 세상(브리아)에서 인간이 휴식을 취하기 위해 사용할 수

있는 의자라는 도구를 발명하겠다는 아이디어가 탄생하고, 형성의 세상(예치라)에서 의자를 제작하기 위한 청사진이 그려지고, 물질의 세상(아시아)에서 실물 의자가 만들어지는 사례를 앞서 다뤘던 기억이 날 것이다. 우주도 같은 방식으로 신의 생각을 통해, 신성한 정신이 구상한 추상적 원형에서 출발하여 여러 단계를 거치면서 단계적으로 창조된 것이다. 최상위 차원에 있는 신성한 정신이 원형을 구상하면 하위 차원에 있는 존재들이 이 지극히 추상적인 개념을 넘겨받아 이해할 수 있는 형태로 해석하고, 이를 단계적으로 구체화하는 작업을 수행하여 최종 결과물이 탄생하는 Top-Down 구조의 창조 방식이다.

23. 일반 기업체가 일하는 방식과 여러모로 비슷한 개념이다. 경영진이 미래 사업에 관한 비전을 확립하고 이를 기업의 목표로 천명하면 임원진이 이 추상적인 비전을 실현하는(구체화하는) 방안을 강구하고, 실무 부서의 장들과 직원들이 일사불란하게 움직이며 일을 추진하여 새로운 것들을 창조하는 것이다. 디온 포춘에 따르면 한때 육신을 걸친 인간으로 살면서 경험할 것을 다 경험하고 배워야 할 것을 다 배운 마스터들, 형상을 다루는 법과 물질 세상이 돌아가는 이치를 정복한 마스터들은 헤세드에 거하면서 신의 뜻을 정확하게 읽어내고, 이를 구체적인 이미지로 변환하여 하위 세상으로 전달하는 중대한 임무를 수행한다고 한다. 그리고 아직 육신을 걸치고 있는 지상의 아뎁트들은 명상을 통해 헤세드에 접근한 후, 텔레파시로 마스터들과 소통하며 그들로부터 영감을 받는다고 한다. 채널링을 통해 3일에 걸쳐 '아이와스(Aiwass)'라 불리는 비밀 마스터로부터 『법의 서』를 받았다는 크로울리의 이야기도 이와 일맥상통하는 것으로 보인다.

24. 자비의 기둥 중간에 위치한 헤세드에 거하는 마스터들은 일종의 중간 관리자처럼 상부에서 받은 추상적 원형을 정리하고 이를 기반으로 새로운 것을 건설하는 헤세드 특유의 임무를 수행하고, 반대편 가혹의 기둥 중간에 위치한 게부라에는 이에 대응하는 파괴 작업을 주관하는 '다크 마스터(Dark Masters)'들이 있다고 한다. (여기서 '다크'는 사악하다는 뜻이 아니라, 건설하는 속성을 지닌 헤세드와 반대로 파괴하는 작업을 한다는 의미에서 붙여진 제목이다).

25. 뜻이 하늘에서와 같이 땅에서도 이루어질 수 있도록 신의 의중을 파악하여 중간 관리자 업무를 수행하는 마스터와 아뎁트들의 역할을 보면서 이들은 브리아(창조의 세상)와 예치라(형성의 세상)를 지배하는 대천사와 천군과 비슷한 존재들이 아닌가 하는 생각이 들었다. 맨리 P. 홀의 『열두 명의 스승(Twelve World Teachers)225』과 도린 버추의 『대천사들과 상승 마스터(Archangels & Ascended Masters)』에 수록된 인류의 스승들, 구세주들, 신격화된 현자들, 우리가 '대천사'라는 이름으로만 어렴풋이 알고 있는 존재들이 헤세드의 마스터 역할을 하는 것으로 보인다.

26. 전차에 올라 군대를 지휘하는 게부라의 왕과 대조적으로 위엄을 풍기며 권좌에 앉아있는 헤세드의 왕은 질서와 규율로 안정을 추구한다고 앞서 설명한 바 있다. 그는 솔로몬처럼 강력한 통치력과 공정한 법의 집행으로 자신의 왕국을 안정화한 후 성장을 도모한다. 헤세드를 상징하는 정사면체도 이 안정성을 상징하는 심볼이다. 그는 철권으로 백성을 핍박하며 자신의 의지를 관철하는 독재자가 아니라, 세피라의 제목처럼 무엇보다 자비로운 왕이다. 백성이 두려워하는 왕이 아니라, 백성

이 사랑하는 왕이다. 헤세드를 지배하는 대천사의 이름은 '신의 자비'를 의미하는 '자드키엘'이고, '빛나는 자들'이라는 의미의 천군, '하스말림' 역시 사랑의 힘을 상징한다. (헤세드의 또 다른 이름은 '사랑'을 의미하는 '게둘라'다). 한편 헤세드에 지정된 세속적 차크라는 점성학에서 '대길성'으로 불리는 목성이다.

27. 헤세드의 이미지는 엄하고 강한 모습의 아버지라기보다는, 퇴근 후 새끼들을 찾으며 얼굴을 부비부비 대는, 곰돌이 같은 인상의 관대하고 자비로운 아버지다. 여기서 또 극성의 변화를 감지할 수 있다. 천상의 삼각형에 속한 호크마와 비나는 양과 음, 남성성과 여성성의 원형이라 할 수 있는 개념인데, 호크마 아래에 있는 헤세드는 아버지이면서도 여성 특유의 따뜻하고 뭐든지 감싸려 하는 면모를 보인다. 반면 다음 섹션에서 살펴볼 전사, 게부라는 여성적 속성을 지닌 가혹의 기둥에 있으면서도 매우 남성적인 면모를 보인다. 또한 안정성과 견고함을 중시하는 헤세드는 보수적인 느낌을, 그리고 낡아서 더는 유효하지 않은 것을 심판하고 파괴하는 게부라는 개혁적이고 진보적인 느낌을 준다. 역시 극성이 뒤바뀐 것 같은 인상을 준다. 디온 포츈은 각 세피라의 성적 속성을 다음과 같이 묘사했다.

> 예를 들어, 호크마는 양의 성향을 띤 양이고, 비나는 양의 성향을 띤 음이다. 헤세드는 음의 성향을 띤 양이고, 게부라는 음의 성향을 띤 음이다. 넷자흐(금성)와 호드(수성)는 양성(Hermaphroditic, 즉, Hermes + Aphrodite), 예소드(달)는 양의 성향을 띤 음, 그리고 말쿠트(지구)는 음의 성향을 띤 음이다. 케테르와 티파레트는 양과 음, 어느 쪽으로도 치

우치지 않는다. 케테르에는 두 극성이 잠재해 있으나 아직 구체화하지 않은 상태이고, 티파레트에서는 두 극성이 완벽한 균형을 이루고 있다.

28. 양이라고 해서 다 같은 양이 아니고, 음이라고 해서 다 같은 음이 아니라는 얘기다. 헤세드는 기본적으로 양(아버지)이지만 음의 속성을 띠었기 때문에 따뜻하고 사랑과 자비로 넘치고, 게부라에서는 음의 기운이 배가되어 어머니임에도 매우 가혹한 성향을 보이는 것이다. 디온 포춘의 설명을 계속 들어보자.

> 천상의 삼각형에 속한 호크마의 힘은 추상적인 차원에서는 양이지만, 형상의 차원에서는 음으로 작용한다. 역동적 힘(양)의 음의 측면은 극성의 균형으로 나타난다. 한편 음의 힘의 음의 측면은 파괴의 형태로 나타난다. 몸에 해골바가지를 주렁주렁 걸친 채, 남편 시바의 몸 위에서 춤을 추는 칼리의 기괴한 모습에서 그 파괴적인 힘의 속성을 엿볼 수 있다.

29. 헤세드에 지정된 미덕은 '순종'이다. 여기에서의 순종은 권위에 무조건 복종하는 굴욕적인 무언가가 아니라, 헤세드가 상징하는 자비와 사랑의 힘에 자신을 내맡긴다는 뜻이다. 사랑이 뒷받침하는 의지의 발휘는 언제나 옳다는 텔레마 사상의 교리가 다시금 떠오르는 대목이다. 디온 포춘은 또한 이와 관련하여 희생의 중요성도 강조한다. 따스하고 자비롭지만, 동시에 질서와 규율을 중시하는 헤세드 왕의 통치에 협력하기 위해서는 개인의 희생이 요구된다는 의미다. 물론 이런 순종과 희생이 성립하기 위해서는 왕이 진정으로 백성을 사랑하는 지혜로운 사람이어야

한다. 참으로 아슬아슬한 외줄 타기다. 우유부단하거나 독재자의 성정을 가진 자가 왕이 되면 균형이 무너지고 곧이어 게부라의 응징이 시작된다. 자비롭고 현명한 헤세드의 왕은 플라톤이 주창했던 철인정치를 하는 '철인왕(Philosopher King)'을 의미한다. 헤세드에 지정된 악덕은 '편견', '위선', '폭식', '독재'로, 철인왕이 아닌 탐욕스러운 소인배가 왕이 되었을 때 벌어지는 현상을 가리킨다.

30. 다음은 헤세드에 지정된 심볼들을 살펴보자. 네 팔의 길이가 같은 십자가는 물질을 구성하는 네 원소가 균형을 이루고 있음을 나타낸다. 헤세드에 지정된 수, '4'는 네 개의 점과 이로 만들어지는 사면체(입체)를 의미하며, 견고하고 단단한, 안정적인 3차원의 물질을 상징한다고 앞서 설명한 바 있다. 헤세드의 왕은 물질을 구성하는 네 원소가 견고한 결합 상태를 유지하도록 배후에서 작용하는 힘, 말하자면 제5의 원소라고 할 수 있다. 그래서 『세페르 예치라』에서도 헤세드를 '화합의 지성(Cohesive Intelligence)'이라 부르고 있다. 'Cohesive'에는 '결합'의 의미도 담겨있다. 메이저 아르카나의 4번 카드에 '황제'가 지정된 것도 우연이 아니다.

31. 보주, 지팡이, 홀, 끝이 굽은 목양 지팡이 등은 전부 왕의 권위를 상징하는 물건들이다. 이집트의 위대한 현자, 헤르메스 트리스메기스토스는 '인간을 돌보는 목자(The Shepherd of Men)', 예수는 '선한 목자(The Good Shepherd)'라 불렸고, 이집트의 오시리스가 손에 들고 있는 목양 지팡이 역시 파라오의 권위를 상징한다. 목자는 양의 무리처럼 스스로 생각할 줄 모르고 누군가를 따라가기 좋아하는 무지한 대다수 백성을 올바른 길로 지도하는 선량한 왕이다.

4번 카드의 기본 속성

'3'과 '4'는 한 끗 차이지만, 둘 사이에는 깊고 넓은 심연이 가로놓여 있다는 사실을 기억하자. 1-2-3번 세피라로 구성된 천상의 삼각형은 매우 추상적이지만, 심연 아래에 있는 4번 세피라부터는 우리에게도 와닿는 구체화가 시작된다. '4'는 물질화(물질 자체가 아니라, 물질의 관념), 현실화, 법의 작용을 의미한다. 질서, 규율 등도 '4'의 키워드다. 헤세드는 건설하는 힘이자 동화작용이다. 헤세드는 사랑이자 자비다. 그럼 지금까지 다룬 헤세드의 여러 속성을 염두에 두고 마이너 아르카나의 4번 카드들을 살펴보자.

4 of Wands - 완성된 일(Perfected Works)

(Venus in Aries) 20° to 30° Aries

4월 11일 ~ 4월 20일

토트 타로의 제목 - 완성(Completion)

카드의 의미

- 완성된 일. 정착. 고된 노동을 통해 이룬 완성.
- 휴식. 미묘함. 영리함. 이미 소유한 지식을 통해 내린 결론.
- 약화하는 영향을 받을 경우: 지나치게 불안하고 다급한 행동에 따른 불안정.

크로울리는 이 카드의 제목을 '완성'으로 살짝 바꿨다. 천상의 삼각형 아래에 있는 첫 번째 카드로, 우리가 인지할 수 있는, 구체화한 모든 힘의 최고봉이다. 2번 카드에서 보았던 '지배'의 의지가 3번 카드의 '미덕' 또는 '확립된 힘'을 거치면서 4번 카드에서 '완성'에 이르렀다. 추상적인 관념이 구체적인 관념으로 완성되었음을 의미한다.

지팡이 자체가 왕권의 상징물 중 하나인데, 이 카드에서는 네 개의 지팡이가 크로스 형태로 배열되어 수레바퀴의 살을 이루고 있다. 지팡이의 끝부분이 형성한 원은 일종의 경계선이다. 법과 질서를 중시하는 헤세드의 왕이 무한 확장하려는 불을 통제하기 위해 만들어낸 안전장치다. 제약 없이 타오르는 불은 그 강력한 에너지로 주변의 모든 것을 초토화할 가능성이 있지만, 통제된 불은 만인에게 널리, 이롭게 작용한다. 에너지에 제약을 가하는 것은 비나의 전매특허인데, 자비의 기둥에 있음에도 음의 성향을 지닌 양인 헤세드가 이를 따라 하고 있다.

법이란 것이 무엇인가? 무언가를 제약하는 것이다. 법전을 보면 '~하지 말라'는 글귀로 가득하다. 십계명과 함무라비 법전도 마찬가지다. '우리가 해도 되는 일'은 무수히 많으므로 이를 기준으로 법을 제정하는 것은 불가능하다. 따라서 법전에서는 '우리가 해서는 안 될 일'을 명시함으로써 인간의 행동을 제한할 수밖에 없다. 호크마의 역동적인 힘에 제한을 가하는 비나의 관념이 4번 세피라, 헤세드에 이르러 구체적인 법의 제정으로 자리매김한 것을 볼 수 있고, 카드에서도 이를 '완성'으로 표현한 것이다. 카드 중앙의 불길은 마치 음식점에서 고기를 굽거나 탕을 끓일 때 사용하는 가스레인지처럼, 적당한 화력으로 주변을 데우고 있다. 지팡이의 한쪽 끝은 양의 머리, 반대편 끝은 비둘기로 장식되어 있다. 양은 양자리, 그리고 비둘기는 금성을 상징한다. 양자리의 지배 행성은 화성이니, 화성과 금성의 영향이 이 카드에서 또 만났다고 볼 수도 있겠다.[226] 이 커플은 검 에이스 카드에서도 등장했었다. 이 카드에 등장하는 검의 날은 화성을 상징하는 철, 칼자루는 금성을 상징하는 구리로 만들어졌다. 검의 날은 화성의 강력함과 날카로움을 지녔지만, 언제나 사랑을 기반으로 검을 휘둘러야 한다는 의미다. ("Love under Will"). 헤세드의 왕도 사랑으로 자신의 왕국을 다스려야 그가 추구하는 안정과 성장을 얻을 수 있을 것이다. 사랑이 부족하면 헤세드의 악덕인 편견, 위선, 폭식, 독재가 판을 치고, 사랑이 지나치면 질서와 규율이 사라져 왕국이 엉망진창이 될 것이다.

인간이 지적 역량으로 상상할 수 있는 최고의 경지인 헤세드를 지배하는 자는 보통의 인간이 떠올릴 수 있는 신에 대한 최고의 관념, 최고의 신들이 자리한 곳이다. 철학에서는 이 최고신을 '데미우르고스(Demiurge)'라 부르며, 물질 우주를 창조하는 조물주, 건축가 또는 조각가로 표현한다. 유대교의 여호와, 그리스의 제우스, 로마의 주피터 등이 데미우르고스에 상응한다. 영화 『매트릭스』에서 가상의 세계를 창조하고 관리하는 백인 할아버지로 묘사된 건축가(The Architect)도 데미우르고스에 비유할 수 있는 존재다. 이에 대응하는 흑인 할머니로 묘사된 오라클(The Oracle), 즉, '아는 자'는 '검은 어머니'인 비나에 해당하고, 3편 마지막에서 매트릭스를 파괴하는 역할을 담당한 데우스 엑스 마키나(Deus Ex Machina)는 다음 섹션에서 살펴볼 파괴의 화신, 게부라에 상응한다.

크로울리는 질서정연한 지팡이 4번 카드의 이미지를 두고 의미심장한 말을 남긴다.

지팡이의 끝이 원에 닿아있고, 이는 처음에 추진했던 일이 완성에 이르러 적절하게 제한되었음을 의미한다. 불꽃은 원 안에서만 안정적으로 타오르면서 에너지를 발산하고 있으며, 본래의 의지를 강화하겠다는 의도는 보이지 않는다. 하지만 이와 같은 제한은 이미 무질서의 씨앗을 품고 있다.

비나의 보수적인 힘, 제한하는 힘, 자녀를 먹어치우는 크로노스의 행태가 너무 오래가면 고인 물이 썩으므로 결국엔 균형을 깨트려야만 하듯이, 헤세드가 이룩한 견고한 안정성과 질서도 때가 되면 깨져야 한다는 얘기다. 열심히 먹어대기만 하고 배출하는 것이 없으면 병이 난다는 사실, 꼭 기억하자. 크로울리가 위에서 말한 무질서의 씨앗은 5번 세피라, 게부라에 의해 발아하면서 싹을 틔우게 될 것이다.

4 of Cups - 즐거움/쾌락(Pleasure)

(Moon in Cancer) 20° to 30° Cancer
7월 12일 ~ 7월 21일
토트 타로의 제목 - 사치(Luxury)

여성적인 행성인 달이 여성적인 컵(물) 슈트에서 여성적인 별자리인 게자리에 들어왔다. 게자리의 지배 행성이기도 한 달은 여성의 생리 주기를 관장하며, 게자리는 열두 별자리 중 엄마 역할을 한다. 크로울리는

카드의 의미

- 나약함. 욕망에 굴복. 불안감이 뒤섞인 즐거움.
- 성공과 즐거움이 막바지에 이름.
- 불의. 즐거움의 열매 속에 숨어있는 부패의 씨앗.

이 카드의 제목을 '사치'로 바꿨다. 3번의 '풍요'가 차고 넘쳐 급기야 '사치'에 이른 것이다. 이게 좋은 것일까, 아니면 나쁜 것일까? 크로울리의 말을 들어보자.

> 불의 남성적인 속성은 지팡이 4번 카드에 강력한 양의 속성과 명쾌한 개념을 더해주지만, 컵 4번 카드에서는 물 특유의 나약함이 순수함을 위협하고 있다. 자기 자신을 올바르게 통제할 힘이 부족한 상태다. 따라서 이 카드는 다소 불안정하다. 자기만족을 성취하는 과정에서 순수함을 잃은 것이다.

크로울리가 물을 '나약하다'고 표현한 것은 물의 수동적인 속성, 양의 자극을 받기 전까지는 움직이려 하지 않는 음의 성향을 지적한 것이다. 풍요는 좋은 것이지만, 적절한 견제와 균형 없이 뱃가죽을 두들기며 영원토록 누리려고만 하면 탈이 나게 되어있다. 우리가 타로를 통해 배울 수 있는 인생 최고의 교훈 중 하나는 다름 아닌 '새옹지마'라고 생각한다. 좋은 일도, 나쁜 일도 영원하지 않다는 것. 작용이 있으면 반작용(때로는 부작용)이 있다는 것. 이 카드에는 물이 너무 많다. 아주아주 푹신푹신하고 부드러운 감촉의 벨벳 방석들로 가득한 하렘에 온종일 누워 하루하루를 보내는 여인, 애니메이션 영화 『센과 치히로의 행방불명』에서 엄마가 만들어준 아늑한 방에서 뒹굴뒹굴하며 살만 뒤룩뒤룩 찐 철없는 아기, 보의 모습을 떠올리게 하는 카드다.

참 역설적이다. 헤세드가 상징하는 자비와 사랑에 행성과 별자리의 기막힌 궁합까지 더해져서 즐거움과 쾌락의 극치인 '사치'에 이르렀는데, 이게 꼭 좋은 것만은 아니라는 뜻이기 때문이다. 지금 당장은, 아니 앞으로도 한동안은 여태 그래왔던 것처럼 흥청망청 마시며 놀 수 있을지 모르겠지만, 이 상황이 영원히 지속할 것으로 착각하는 것은 매우 어리석은 발상이다. 주식 투자에 성공하려면 무릎에서 사서 어깨에서 팔아야 한다는 말이 있다. 현명한 사람은 풍요가 어깨 위로 넘어갈 때 경보 사이렌의 소리를 인지하고 정신을 차린다. 이 카드가 바로 그 경고의 메시지다. 제목에 '사치'라고 적혀있다는 이유로 마냥 즐거워할 일이 아니다.

카드의 이미지를 보자. 네 개의 컵은 맨 위의 연꽃에서 흘러나오는 물로 가득 차 있다. 위에 있는 두 컵은 물로 가득 차서 받침으로 사용되는 연꽃을 깔아뭉갰다. 룸살롱에 가면 술을 이렇게 마시려나? 그런데 배경의 바다에 슬슬 물결이 일기 시작한다. 2번과 3번 카드에서는 바다가 잔잔했지만, 4번 카드에서는 지진이 일어나기 전에 하늘에 나타난다는 지진운처럼 바다의 물결이 일정한 패턴을 만들어내고 있다. 즐거움도, 쾌락도, 사치도 조만간 끝날 것을 암시하는 일종의 오멘이다. 콸콸 흐르던 술이 떨어질 날이 얼마 남지 않았다.

크로울리는 달이 자신의 집인 게자리에 와서 너무 편하지만, 게자리가 워낙 얌전하고 수동적이어서 욕망에 굴복하는 모습을 보여주는 카드라고 설명한다. 지나치게 안락한 상황에서는 채찍과 같은 자극이 필요한데, 그냥 오냐오냐하면서 다 받아주니까 널브러지게 된다는 뜻이다. "There can be too much of a good thing." 과유불급(過猶不及)이라는 뜻이다. 이것 역시 인생의 소중한 교훈이다. 지금, 이 순간에 행복이 찾아왔다면 이를 즐기되, 이것 역시 지나가리라는 자세로 임하면 탈도 나지 않을 것이다.

4 of Swords - 갈등 후의 휴식(Rest From Strife)

(Jupiter in Libra) 20° to 30° Libra

10월 13일 ~ 10월 22일

토트 타로의 제목 - 휴전(Truce)

카드의 의미

- 슬픔을 겪은 후 취하는 휴식. 전쟁 이후의 평화. 불안감 이후의 휴식. 정신적 혼란으로부터의 도피. 질병으로부터의 회복.
- 투쟁 이후 긍정적인 방향으로의 변화. 지적 분야에서의 권위.
- 관례. 관습의 정착. 교리의 확립.

3번 카드에서 '슬픔'을 체험한 후 맞는 휴식 시간이다. 크로울리는 이 카드의 제목을 '휴전'으로 바꿨다. 무슨 전쟁을 치렀길래 휴전을 선언한 것일까? 검이 상징하는 정신, 루아흐, 즉, 자기 자신과의 싸움이 아니었을까? 부정적인 생각들이 꼬리에 꼬리를 물면서 나 자신을 상대로 치열한 전쟁을 치렀다가 제풀에 지쳐 휴식 시간이 찾아온 것이 아닐까? 경위야 어찌 되었든, 심신이 지쳤을 때 취하는 휴식만큼 달콤한 것은 세상에 그리 많지 않을 것이다.

크로울리는 이 카드를 보고 '힘센 사내가 무장한 채 보초를 서며 가정의 평화를 지키는 모습'이라고 평했다. 평화를 보장하기 위해 긴장하는, 다소 역설적인 상황이다. 휴전이라는 것이 본래 그런 것이다. 엄밀히 말해 지금도 전쟁 중이긴 하지만, 서로 진이 빠졌으니 잠시 좀 쉬었다가 전쟁을 재개하자는 의도가 숨어있는 것이 아닌가? 이렇게 쓰고 보니 참으로 한심하다는 생각이 든다. 지금까지 너 죽고 나 죽자는 식으로 싸웠는데, 지금 상처가 너무 심하니 상처가 충분히 아문 후에 다시 또 너 죽고 나 죽는 싸움을 하자는 얘기다.

이처럼 살벌한 검 슈트지만, 공정하고 균형을 추구하는 천칭자리와 자비로운 헤세드의 지배자인 목성이 만나서 싸움이 일시적으로나마 중단된 상태다. 적이 없는 천칭자리와 목성이야말로 어느 한쪽의 편도 들지 않고 싸움을 말릴 수 있는 중재자의 위치에 있기 때문이다. 헤세드의 왕인 목성은 이 카드에서 정의의 저울(천칭자리)을 한 손에 든 채 전쟁 당사자들에게 휴전의 규칙을 선포하고 있다. 서로의 목을 향해 검을 휘둘렀던 전쟁 당사자들은 목성의 권위에 복종하며 칼끝을 거대한 장미 형상의 칼집에 임시로 넣어둔 상태다. 크로울리에 따르면 X자 모양의 세인트 앤드루 십자가(St. Andrew's Cross)는 고정과 강직을 의미하며, 49(7x7)개의 이파리를 가진 장미는 사회적 조화를 상징한다고 한다.

크로울리는 전쟁 당사자들이 타협점을 중심으로 휴전에 동의한 이 카드의 상황에 관해 이렇게 말한다. 헤세드의 왕은 무지한 백성을 올바른 길로 인도하는 선한 목자라는 말이 떠오르는 대목이다.

> 너무 게으르고 비겁하여 자기 힘으로 당면한 문제를 해결하지 못하는 자들은 두 손 들고 이와 같은 유화정책을 반긴다.

지도자와 지도자를 따르는 자들의 차이점은 무엇일까? 윌리엄 워커 앳킨슨의 『그대, 아직도 '나'를 찾고 있는가?』에서 관련 내용을 발췌해보았다.

> 그 후 많은 세월이 흘러 인류가 탄생한 뒤에도 똑같은 현상이 나타났다. 인간의 무리 중에서도 두각을 나타내는 자들이 지도자가 되었고, 나머지는 지도자에게 복종하며 따랐다. 그리고 인류의 역사가 시작된 이래, 이와 같은 상하 관계는 지금까지도 이어지고 있다. 소수가 이끌고, 다수는 따르는 시스템. 인간은 순종적이고 모방하기 좋아하는 동물이다. 대부분 인간은 양과 크게 다르지 않다. 우두머리에게 방울을 달아주면 나머지는 방울 소리를 듣고 기꺼이 그를 따라간다.
>
> 하지만 중요한 점은 바로 이것이다. '지적 성취'와 교육수준이 가장 높은 사람, 또는 '책을 제일 많이 읽고 배운 사람'이 꼭 지도자가 되는 것은 아니라는 점이다. 오히려 이런 사람들은 지도자를 따르는 추종자

인 경우가 많다. 그럼 집단을 이끄는 지도자는 어떤 사람인가? 자기 내면에 있는 힘을 느끼는 사람, 자기 안에 있는 힘의 진짜 원천이라 할 수 있는 그 무언가를 의식하는 자가 사람을 이끄는 지도자가 되는 것이다. 그의 지능적 정신은 이 '힘에 대한 의식'을 인지하지도, 이해하지도 못할 수 있지만, 지도자의 자질을 갖춘 사람은 자기에게 어떤 특별한 힘이 있다는 사실, 또는 자기가 언제든 사용할 수 있는 내면의 힘에 접근할 수 있다는 강한 느낌을 받는다.

일단은 헤세드의 강력한 의지와 권위로 불안하나마 일시적인 평화 상태를 얻었다. 하지만 검이란 기본적으로 무기이며, 어리석은 자의 손에 쥐어지면 언젠가는 선수를 치면서 모처럼 얻은 화평의 조약을 깨려 들 것이다. 이 점을 염두에 두고 컵 4번 카드처럼 경고의 메시지를 전하는 이 카드의 진정한 의미를 음미해보자.

4 of Disks - 세속적 파워(Earthly Power)

> (Sol in Capricorn) 20° to 30° Capricorn
> 1월 10일 ~ 1월 19일
> 토트 타로의 제목 - 파워(Power)

난공불락의 요새를 연상시키는, 엄청 견고해 보이는 성벽으로 둘러싸인 구조물이 떡하니 버티고 서 있는, 문자 그대로 '파워'의 카드다. 헤세드는 물질적 질서와 안정을 좋아하고, 흙과 물질을 상징하는 디스크는 안정성의 대명사다. 크로울리의 말을 들어보자.

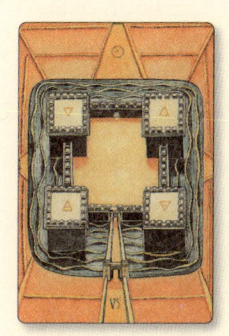

카드의 의미

- 법과 질서. 돈과 영향력의 획득. 물질적 권력(하지만 그 이상은 아님).
- 성공. 지위. 지배력. 물리적 힘을 다루는 역량.
- 약화하는 영향을 받을 경우: 편견. 탐욕. 의심. 독창성 부족.

디스크 4번 카드의 경우, 상징체계가 워낙 육중하여 흙의 나약함을 충분히 상쇄하고도 남는다. 이 카드의 제목은 '파워(Power)'다. 모든 것들을 지배하고 안정화하는 파워지만, 자신의 권위를 내세우기보다는 협상과 같은 평화적인 방법으로 목적을 달성하는 파워다.

예전에 인터넷에서 이종격투기 챔피언, 표도르 예멜리야넨코가 길거리에서 행인과 시비가 붙었을 때 어떻게 행동하는지에 대한 기자의 질문을 받고 이렇게 대답하는 장면을 본 적이 있다. "길거리에서 시비가 붙더라도 저는 조용한 성격이라 대화로 해결하려고 합니다." 전설적인 레슬러, 알렉산드르 카렐린 선수도 같은 질문을 받고 이렇게 대답했다. "저는 상당히 조용한 편입니다. 길거리에서 시비가 붙더라도 그냥 맞는 편입니다. 사실, 맞는다기보다는 대화로 해결하는 편이죠. 제가 대화를 시도하면 상대방이 먼저 물러나더군요." 검 4번 카드에서 헤세드의 왕이 막강한 힘을 바탕으로 한 중재력으로 휴전 상태를 유도했듯이, 이번 카드에서도 그런 힘을 느낄 수 있다. 태산처럼 버티고 서 있는 표도르에게 시비를 걸 수 있는 사람이 과연 몇이나 될까?

타로를 공부하다 보면 'power'와 'strength', 우리 말로는 다 '힘'으로 번역되는 단어들이 나오는데, 이 둘은 같은 의미일까? 아니면 미묘한 차이가 있는 개념일까? 결론적으로 말하자면, 'power'는 'strength'보다 강한 것이다. 둘 다 '힘'이지만, 'power'에는 속도의 개념이 추가된다. 운동을 예로 들자면, 100kg을 들 수 있는 능력은 'strength'고, 100kg을 빠른 속도로 여러 번 들었다 내리는 능력은 'power'에 해당한다.

태양이 염소자리에 들어왔다. 앞서 설명했듯이, 염소자리는 매년 태양이 새롭게 태어나는 별자리다. 고대인들은 태양이 겨울에 접어들면서 기력을 잃다가 염소자리에서 다시 위로 힘차게 솟구치면서 죽음을 정복하는 위대한 힘(파워)을 과시한다고 생각했다. 지팡이 4번 카드와 마찬가지로 이 카드에 그려진 철옹성 같은 요새는 제한, 즉, 법과 질서를 상징한다. 다른 카드에서는 둥그런 원으로 표현되는 디스크가 4번 카드에서만큼은 '4'의 힘을 상징하기 위해 정사각형으로 그려졌다. 디스크에 그려진 원소 심볼은 3번 카드에서 제시되었던 세 가지 추상적인 원리('구나')가 4번 카드에서 네 원소로 구체화했음을 보여주고 있다. 크로울리에 따르면 이 카드의 디스크는 정사각형임에도 불구하고 회전한다고 한다.

디스크 자체는 정사각형의 형태를 띠고 있다. 이 카드는 회전의 개념과 상극이다. 디스크에는 4대 원소의 심볼이 그려져 있다. 그런데도 디스크는 회전한다. 방어가 효과를 발휘하려면 맹렬하게 활동적인 방어여야만 한다.

마치 정사각형 모양의 바퀴를 가진 비현실적이고 비효율적인 차량이 공회전하면서 시커먼 매연을 내뿜으며 스팀펑크의 위압감을 풍기는 인상을 주는 묘사다.

크로울리에 따르면 태양이 염소자리에 들어온 형국인 이 카드는 역경(易經: I-Ching)의 두 번째 괘, 음의 원리를 상징하는 '곤(坤)' 괘에 상응하며, 곤은 영어의 'Queen', 앵글로 색슨의 'Cwen', 옛 메르시아(Mercia)의 'Kwoen', 아이슬란드의 'Kvan', 고딕(Gothic)의 'Kwens', 인도-게르만의 'G(w)eni', 산스크리트어의 어원 'GwEN' 등, '여왕'과 '여자'를 지칭하는 단어들과 언어학적으로도, 의미상으로도 통한다고 한다. 크로울리는 또한 '물이 흐르는 험하고 깊은 골짜기'를 의미하는 'Cwm', 'Coombe' 등을 언급하며, 이 골짜기가 자궁을 의미할 수도 있다고 말했다. 못으로 둘러싸인 안전한 요새 또는 성의 이미지도 마치 엄마의 뱃속에서 편히 쉬고 있는 것 같은 안락한 느낌을 전해준다.

(5) 게부라(Geburah, גבורה); 힘, 가혹(Strength, Severity)

① **타이틀:** 게부라, 힘, 가혹.

② **마법 이미지:** 전차에 올라탄 전사 왕.

③ **생명의 나무 상의 위치:** 가혹의 기둥 중앙.

④ **세페르 예치라 상의 설명:** 다섯 번째 경로는 호크마(지혜)의 깊은 곳으로부터 발산된 비나(이해)와 하나로 결합한다는 면에서 하나됨(Unity)을 닮았기 때문에 급진적 지성(Radical Intelligence)으로 불린다.

(The Fifth Path is called the Radical Intelligence because it resembles Unity, uniting itself to Binah, Understanding, which emanates from the primordial depths of Chokmah, Wisdom.)

⑤ **별칭:** 딘(Din; 정의), 파하드(Pachad; 두려움).

⑥ **지배자의 이름:**

- 신의 이름 – 엘로힘 기보르(Elohim Gibor).
- 대천사 – 카마엘(Khamael), 신의 불(Burner of God).
- 천군 – 세라핌(Seraphim), 불뱀(Fiery Serpents).
- 세속적 차크라 – 마딤(Madim), 화성(Mars).

⑦ **영적 체험:** 파워의 비전(Vision of Power).

⑧ **미덕:** 에너지(Energy), 용기(Courage).

악덕: 잔인함(Cruelty). 파괴(Destruction).

⑨ **소우주와의 상응:** 오른팔.

⑩ **심볼:** 오각형(The Pentagon), 다섯 이파리가 달린 튜더 장미(The

Five-petalled Tudor Rose), 검(The Sword), 박차(The Spur), 채찍(The Scourge), 사슬(The Chain).

⑪ **타로:** 네 장의 5번 카드.
- 5 of Wands – 갈등(Strife).
- 5 of Cups – 즐거움의 상실(Loss In Pleasure).
- 5 of Swords – 패배(Defeat).
- 5 of Disks – 세속적 문제(Earthly Trouble).

⑫ **색상:**
- 아칠루트 – 오렌지색(Orange).
- 브리아 – 진홍색(Scarlet Red).
- 예치라 – 밝은 진홍색(Bright Scarlet).
- 아시아 – 검은색 얼룩이 뿌려진 빨간색(Red, flecked with black).

1. 카발라 공부를 깊게 해 보지 않았더라도 타로를 다뤄 본 경험이 있는 독자라면 마이너 아르카나의 5번 카드들이 대체로 나쁜 인상을 준다는 사실을 이미 잘 알고 있을 것이다. 카드들의 제목만 봐도 '갈등', '상실', '패배', '문제' 등 부정적인 뉘앙스가 느껴진다. 인류는 게부라가 상징하는 교정의 힘, 응징의 힘, 정의의 힘을 오랜 세월 동안 사악한 것으로 간주하고 악마로 묘사하며 터부시해왔다. 점성학에서는 3번 세피라를 지배하는 토성과 더불어 5번 세피라를 지배하는 화성을 흉성(凶星; Infortune)이라 칭하며 재수 없게 여긴다. 토성을 의미하는 'Saturn'은 'Satan'으로 둔갑했고, 붉으락푸르락, 다혈질적이고 언제나 화난 듯한

인상을 풍기는 화성에는 '루시퍼'라는 별명이 붙여졌다. 이번 섹션에서는 우주의 법칙을 올바르게 이해하지 못한 인간의 무지로 인해 지금까지도 억울한 누명을 쓰고 있는 5번 세피라, 게부라에 관해 알아보자.

2. 헤세드가 자비이자 온화함이라면, 게부라는 이와 대조적으로 가혹함이자 힘이다. 헤세드는 자식이 어떤 어리광을 부려도, 하라는 공부는 안 하고 매일 놀기만 해도 다 받아주는 곰돌이 아빠처럼 따스하지만, 게부라는 과제 수행 여부는 물론, 자와 회초리를 들고 머리카락과 치마 길이까지 일일이 확인하는 학생주임처럼 엄하다. 게부라의 또 다른 이름은 '정의'와 '두려움'이다. 우리는 사회의 부조리를 보며 정의의 구현을 외치지만, 속으로는 정의를 두려워하는 것은 아닐까? 남이 저지른 불법은 처벌받아 마땅하지만, 나에게만큼은 법이 조금 느슨하고 부드럽게 적용되었으면 하는 마음을 품고 있는 것은 아닐까?

3. 권선징악을 주제로 하는 대다수 액션 영화의 줄거리는 뻔하다. 그런데 이런 영화들을 보면 악당들은 언제나 무질서하고, 부패하고, 혼란스러운 사회를 좋아한다는 공통점을 가지고 있다. 마치 질서정연하고 깨끗한 세상에 대한 알레르기라도 있는 듯한 모습이다. 이건 누가 봐도 자명한, 얼굴에 '악당'이라고 쓰여있는 명백한 범죄자들에게만 해당하는 얘기가 아니다. 겉으로 보기에는 멀쩡하고 깔끔한, 모범 시민처럼 생긴 사람 중에도 깨끗한 세상보다는 좀 더러운 세상, 돈으로 법과 정의를 살 수 있는 세상을 선호하는 사람들이 많다. 원래 그런 뜻이 아닌데, '물이 너무 맑으면 고기가 없다.'는 논리로 부패한 세상을 정당화하는 사람도 있다. 왜 그럴까?

4. 영화 『스타워즈』의 다섯 번째 에피소드, 『제국의 역습』에는 주인공 루크 스카이워커가 마스터 요다에게 훈련을 받는 장면이 나온다. 루크가 제다이(백마법)와 다크 사이드(흑마법)의 차이점에 관해 묻자 요다는 이렇게 대답한다. "다크 사이드는 제다이의 길보다 훨씬 쉽고, 빠르고, 매력적인 길이지." 깨끗하고 공정한 사회에서는 누구나 노력한 만큼 결실을 얻는다. 빽도 안 통하고, 법조인을 매수할 수도 없고, 아무리 끗발이 좋은 사람이라도 법을 어기면 실제로 처벌을 받는다. 이런 환경에서 성공하려면 성실하고 정직해야 한다. 노력도 안 들이고 무임승차로 성공하고자 하는 도둑놈 심보를 가진 사람의 입장에서는 '어렵고, 느리고, 매력적이지 않은 길'이다. 그래서 이들은 깨끗하고 공정한 세상보다는 더럽고 불공정한 세상을 원한다. 그래야 쉽고, 빠르고, 매력적인 방법으로 자기가 원하는 것을 손에 넣을 수 있다고 생각하기 때문이다. 자기가 불공정한 세상의 억울한 피해자가 될 가능성에는 생각이 미치지 않는다. 게부라가 바로 이 공정한 세상을 정착하는 힘이다.

5. 디온 포춘은 "평화로운 시기에 자비로운 마음으로 왕국을 통치하는 헤세드의 왕은 백성의 사랑을 받지만, 백성을 위해 갑옷을 입고 전쟁터로 뛰어나가는 게부라의 왕은 백성의 존경을 얻는다."고 말했다. 헤세드의 왕이 덕장(德將)이라면, 게부라의 왕은 용장(勇將)이다. 게부라의 교훈은 압도적이고 파괴적이지만, 쓸모없고, 바람직하지 않고, 오래된 것을 씻어냄으로써 삶에서 바꿔야 할 것을 바로잡는 기회를 제공하기도 한다. 종종 사악한 것으로 오해받기도 하지만, 균형을 이루기 위해 때로는 고통을 가하는, 우주에서 꼭 필요한 신성한 힘이다.

6. 게부라는 우주가 요구하는 긍정적인 규율의 힘으로, 그 가치를 인정하는 자들에게는 도움을 준다. 올바른 판단을 내릴 수 있는 능력과 타인으로부터 기꺼이 심판을 받을 수 있다는 마음가짐, '관찰자를 관찰하고, 검사관을 검사하고, 재판관을 심판한다.'는 헤르메스 철학의 공리를 상징하는 힘이다. 존재할 자격이 없는 것들은 진실의 불길 속에 던져져 불태워지고 사라진다. 게부라는 가혹한 적막을 동반하는 자기평가를 요구한다. 게부라의 규율을 정복해야 온전한 인간을 상징하는 오망성이 똑바로 설 수 있다.

7. 이전 섹션에서 헤세드는 동화작용을, 그리고 게부라는 이화작용을 상징한다고 설명한 바 있다. 음식을 섭취하고 영양분을 흡수하여 피와 살로 변환하는 동화작용은 물론이고, 많이 먹은 만큼 많이 생성된 독소를 배출하는 것도 아주 중요하다. 이는 생리학적 신진대사 작용에만 해당하는 것이 아니라, 모든 분야에 적용되는 보편적 원리다. 그런데 인간은 자기가 가진 것을 절대 내놓으려 하지 않고, 뭐든 꽉 움켜쥐고 있으려는 성향이 강하다. 심지어 나를 속에서 갉아먹고 있는 맹독이라 할지라도 절대로 빼앗기지 않으려 한다. 그래서 게부라의 파괴 작용을 미워한다. 디온 포춘은 '건설적인 것은 선이고, 파괴적인 것은 악이다.'는 착각의 모순을 지적하며 암과 살균제를 예로 든다. 암은 키워서는 안 되는 것이고, 살균제는 병균을 죽임으로써 몸을 살려낸다. 우리 몸을 이롭게 하는 활생균은 영어로 'probiotics', 즉, '생명을 위한다.'는 뜻이고, 병원균을 죽임으로써 몸을 보호하는 항생제는 'antibiotics', 즉, '생명에 반한다.'는 의미를 지니고 있다. 똑같은 힘이라도 언제, 어떻게, 무엇을 대상으로 적용하느냐에 따라 좋을 수도, 나쁠 수도 있는 것이다.

8. 영어에서 '죄'를 의미하는 단어, 'sin'은 '과녁을 맞히지 못했다.'는 의미의 그리스어 'hamartia'에서 유래되었다고 하는데, 디온 포춘에 따르면 '악'이라는 것도 '힘을 잘못 사용한 것'에 불과하다고 한다. 때와 장소에 맞지 않게 힘을 오용했을 때 벌어지는 일을 악으로 여기게 된다는 것이다. 시대를 너무 앞서나가면 미친놈, 너무 뒤처지면 꼰대가 되고, 같은 행동이라도 적절하지 않은 곳에서 하면 눈치 없는 사람이 되는 법이다.

9. 대부분 사람은 자기에게 유리한 것, 이득이 되는 것을 선으로 여기고, 자기에게 불리한 것, 손실을 가져다주는 것을 악으로 여기며 매사에 일희일비하지만, 이것은 내로남불과 다르지 않은 발상이다. 선과 악에 관한 얘기가 나오니 예전에 맨리 P. 홀이 했던 말이 떠오른다. 그에 따르면 '우주의 법칙이 실현되는 것'이 곧 선이라고 한다. 따라서 열심히 공부하여 시험에서 좋은 성적을 받는 것도 선이고, 놀기만 하다가 낙제점을 받는 것도 선이다. 규칙적으로 운동하고 식단을 조절하여 몸이 건강해진 것도 선이고, 담배와 술을 입에 달고 살며 기름진 음식만 골라 먹다가 건강을 해치는 것도 선이다. 선과 악을 구분할 때는 이처럼 '나'가 아니라, '우주'가 기준이 되어야 한다. 내가 무언가를 잘못하여 대가를 치르는 것은 지극히 당연한 일이며, 따라서 이를 억울해할 필요는 없다. 디온 포춘은 게부라를 '천상의 집도의(Celestial Surgeon)'라는 말로 표현했는데, 아주 적절한 비유인 것 같다. 메스로 환부를 도려내면 고통스럽지만, 그렇게라도 해서 고름을 짜내야만 병든 몸을 정상상태로 되돌릴 수 있다.

10. 헤세드가 상징하는 자비, 사랑, 온화함, 너그러움, 자선, 인내심 등은 따스한 세상의 기반이 되는 필수 요소들이지만, 이에 상응하는 게부라

의 강한 힘, 반작용의 힘, 때로는 잘못된 것을 바로잡기 위해 뒤집어엎고 후려치는 힘도 세상의 균형을 유지하기 위해 요구되는 것들이다. 디온 포춘의 말대로 과도한 자선은 내가 바보, 호구임을 인증하는 것이고, 인내심이 지나치다는 것은 "NO!"라고 당당하게 말하지 못하는 겁쟁이라는 뜻이다.

11. 필자가 예전에 어떤 나라에 수개월 머무른 적이 있는데, 그 나라 국민들은 대체로 굉장히 온순하다는 인상을 받았다. 독재자 일당이 모든 이권을 챙겨도, 빈부격차가 심해도, 불평등이 만연해도 정부에 대한 일체의 불만이 없는 것으로 보였다. 그 나라의 지도자가 헤세드의 왕처럼 자비롭고 국민을 사랑해서 그토록 나라가 평온한 것일까? 그건 아닌 것 같았다. 게부라의 힘이 부재한 그 나라의 국민은 거세라도 당한 것 같았다. 정부가 요구하면 아무리 부당한 처사라 하더라도 뭐든 다 수용할 것만 같았다. 그보다는 다소 시끄럽더라도, 조금 불편하더라도 필요하면 국민이 밖으로 뛰쳐나와 시위하는 문화가 훨씬 낫다. 잘못된 작용을 바로잡기 위한 반작용이 없으면 사회가 건강할 수 없다. 언제나 균형이 중요하다.

12. 디온 포춘은 게부라를 '희생 제례를 주관하는 신비주의 사제'라고도 표현했다. 대부분 사람은 희생도 '개인적인 손실'과 같은 악으로 간주하며 피하려고만 하는데, 이는 게부라가 주관하는, 건강 유지를 위해 필수적인 이화작용에 대한 저항이라고 할 수 있다. 희생을 두려워할 필요는 없다. 디온 포춘에 따르면 희생이란 '덜 나은 것을 버리고 더 나은 것을 의도적으로, 자발적으로 선택하는 것'이다. 즉, 희생은 일종의 업그레이드다. 그런데 무언가를 희생할 때는 확실하고 단호해야 한다. 내려놓기

싫어서 우물쭈물, 우유부단했다가는 이도 아니고 저도 아닌, 최악의 상태에 이르게 된다. 게부라에 상응하는 힌두교 여신 칼리처럼, 황금새벽회 전통의 검 여왕처럼, 단칼에, 확실하게 목을 베어야 한다. 중요한 내용이라 『미스티컬 카발라』의 관련 대목을 직접 옮겨봤다. (의미를 명확하게 하기 위해 의역하였다).

> 하지만 내가 희생해야 할 그 무언가를 희생의 제단에 올리지 않고, 자발적으로 공물로 바치지 않고 그저 억제하려고만 든다면 버릴 것도 버리지 못하고 얻을 것도 얻지 못하는 최악의 상황에 빠지게 된다. 이처럼 우리가 쉽게 결단을 내리지 못하는 상황에서는 게부라가 희생 제례를 주관하는 사제처럼 등장하여 빠르고, 깔끔하고, 자비로운 칼질로 제물을 죽이고 신에게 공물로 바쳐야 한다. 그 제물이 나의 소중한 장자라고 하더라도 말이다. 소우주, 즉, 인간의 영혼에서 게부라는 자기연민이라는 오명으로부터 우리를 해방하는 용기와 결의다.

13. 장자의 권리를 빼앗기 위해 형을 속인 야곱과 형의 사망 후 장자 노릇을 하기 위해 형수와 결혼해야만 했던 오난의 이야기에서도 볼 수 있듯이, 유대 전통에서는 장자를 통해 가문의 대를 잇는 것을 매우 중요시한다. 유대인 남성의 가장 막중한 첫 번째 책무는 빨리 결혼하여 아들을 낳는 것이라고 말할 수 있을 정도다. 유대 열두 부족의 시조인 아브라함은 백 살이 되던 해에 신의 은총으로 정실이 낳은 첫아들, 이삭을 얻었다. 진정으로 자신의 대를 이을 소중한 장자를 기적적으로 얻었으니, 얼마나 이뻤겠는가? 하지만 신은 그의 믿음을 시험하기 위해 이삭을 제물로 자기에게 바칠 것을 요구한다. 그러자 아브라함은 군말 없이 어린 아

들을 데리고 산으로 올라가 그를 바위에 결박하고, 칼로 내리칠 준비를 한다. 그리고 바로 그 순간, 신이 보낸 천사가 개입하여 그를 말리고, 갑자기 나타난 양이 대신 제물로 바쳐진다.

(창세기 22:1) 그 일 후에 하나님이 아브라함을 시험하시려고 그를 부르시되 아브라함아 하시니 그가 가로되 내가 여기 있나이다

(창세기 22:2) 여호와께서 가라사대 네 아들 네 사랑하는 독자 이삭을 데리고 모리아 땅으로 가서 내가 네게 지시하는 한 산 거기서 그를 번제로 드리라

(창세기 22:3) 아브라함이 아침에 일찌기 일어나 나귀에 안장을 지우고 두 사환과 그 아들 이삭을 데리고 번제에 쓸 나무를 쪼개어 가지고 떠나 하나님의 자기에게 지시하시는 곳으로 가더니

(창세기 22:4) 제 삼 일에 아브라함이 눈을 들어 그 곳을 멀리 바라본지라

(창세기 22:5) 이에 아브라함이 사환에게 이르되 너희는 나귀와 함께 여기서 기다리라 내가 아이와 함께 저기 가서 경배하고 너희에게로 돌아오리라 하고

(창세기 22:6) 아브라함이 이에 번제 나무를 취하여 그 아들 이삭에게 지우고 자기는 불과 칼을 손에 들고 두 사람이 동행하더니

(창세기 22:7) 이삭이 그 아비 아브라함에게 말하여 가로되 내 아버지여 하니 그가 가로되 내 아들아 내가 여기 있노라 이삭이 가로되 불과 나무는 있거니와 번제할 어린 양은 어디 있나이까

(창세기 22:8) 아브라함이 가로되 아들아 번제할 어린 양은 하나님이 자기를 위하여 친히 준비하시리라 하고 두 사람이 함께 나아가서

(창세기 22:9) 하나님이 그에게 지시하신 곳에 이른지라 이에 아브라함이 그 곳에 단을 쌓고 나무를 벌여 놓고 그 아들 이삭을 결박하여 단 나무 위에 놓고

(창세기 22:10) 손을 내밀어 칼을 잡고 그 아들을 잡으려 하더니

(창세기 22:11) 여호와의 사자가 하늘에서부터 그를 불러 가라사대 아

아들 이삭을 제물로 바치려는 아브라함을 말리는 천사

브라함아 아브라함아 하시는지라 아브라함이 가로되 내가 여기 있나이다 하매

(창세기 22:12) 사자가 가라사대 그 아이에게 네 손을 대지 말라 아무 일도 그에게 하지 말라 네가 네 아들 네 독자라도 내게 아끼지 아니하였으니 내가 이제야 네가 하나님을 경외하는 줄을 아노라

(창세기 22:13) 아브라함이 눈을 들어 살펴본즉 한 숫양이 뒤에 있는데 뿔이 수풀에 걸렸는지라 아브라함이 가서 그 숫양을 가져다가 아들을 대신하여 번제로 드렸더라

대천사 자드키엘

14. 이 대목은 일각에서 유대교의 민족 신인 여호와의 사이코패스적 성향을 보여주는 대표적 사례 중 하나로 지목되기도 하지만, 성경, 특히 구약성경에 묘사된 이런 이야기들은 실제 역사라기보다는 일종의 우화로 해석하는 것이 옳다고 생각한다. 이삭은 아브라함의 관점에서 '나에게 가장 소중한 것'을 상징한다. 위의 이야기는 믿음과 희생의 중요성을 강조한 우화다. 때에 따라 더 나은 것을 위해 지금 가장 소중한 것도 제물로 바칠 필요가 있음을, 아브라함처럼 한 치의 망설임도 없이 버릴 줄도 알아야 함을 보여주는 우화다. 참고로 유대교 전통에 따르면 아들을 죽이려던 아브라함을 말린 '여호와의 사자'는 '신의 자비'라는 의미를 지닌 헤세드의 대천사, '자드키엘'이었다고 한다.

15. 세상이든 인간이든, 이처럼 헤세드와 게부라의 힘이 적절하게 배합되어야 건강을 유지할 수 있다. 3번 세피라, 비나를 다루는 섹션에서 비나의 속성 중 하나인 '신중함'이 과해지면 모든 것들을 꽁꽁 얼려버리는, 발을 묶어버리는 사탄으로 변신한다고 설명한 바 있다. 게부라의 파괴적인 힘도 마찬가지다. 게부라의 파괴적인 힘, 교정하는 힘이 과해지면 멀쩡한 것들, 보존해야 할 것들마저 활활 태워버리는 루시퍼로 둔갑할 수 있다. 게부라의 힘은 마땅히 해야 할 일을 하도록 자극하는 힘이지만, 이 힘이 과해지면 해서는 안 될 일까지 저지르도록 부추기는 힘이 될 수도 있다는 뜻이다. 비나의 힘이 극단으로 치우쳤을 때 나타나는 사탄은 해야 할 일을 하지 못하도록 방해하므로 적대자(The Adversary)로 불리고, 게부라의 힘이 극단으로 치우쳤을 때 나타나는 루시퍼는 하면 안 될 일을 하도록 부추기므로 유혹자(The Tempter 또는 Temptress)로 불린다.

16. 인간이 건설한 문명과 아름답지만 가혹한 자연을 각각 헤세드와 게부라에 비유한 디온 포춘의 표현도 아주 적절하다. 우주의 섭리를 이해하지 못한 원시 인류는 자연을 두려워했고, 그 이후 문명을 건설하면서 자연을 정복하려 했다. 그리고 게부라의 힘을 상징하는 자연은 그럴 때마다(헤세드의 힘이 과해질 때마다) 반격하며 깨진 균형을 회복했다. 맥스 하인델은 『절망 속에서 태어나는 용기』에서 인류는 조만간 여섯 번째 시대[227]를 맞게 될 것이라고 말했고, 영화 『매트릭스』의 건축가는 지금의 매트릭스가 여섯 번째 버전이라고 네오에게 설명했다. 성경의 요한계시록에 기록된 아마겟돈(Armageddon), 북유럽 신화의 라그나뢰크(Ragnarök)와 신들의 황혼, 이집트 신화에서 등장하는 호루스와 세트의 대결 등은 전부 게부라의 파괴 작용을 통해 균형을 찾아가는 사례들이라고 할 수 있다.

> 쓸모를 다한 것은 게부라의 칼을 맞고 제거된다; 이기심은 게부라의 창을 맞고 분쇄된다; 약자를 향해 폭력을 행사하거나 무자비하게 힘을 휘두르는 현장을 효과적으로 진압하려면 헤세드의 보주 대신 게부라의 검이 필요하다; 게으름과 거짓이 만연한 곳에는 게부라의 신성한 채찍이 필요하다; 그리고 이웃을 보호하기 위해 설치된 옛 지계석이 옮겨졌을 경우[228], 게부라의 사슬이 그 역할을 대신할 것이다. (디온 포춘의 『미스티컬 카발라』 중에서)

17. 예수가 성전 앞에서 돈놀이하는 환전상들을 쫓아내기 위해 들었던 채찍, 자기보다 뒤에 오는 이(예수)는 쭉정이를 솎아내어 불에 태울 것이라고 말했던 세례 요한의 예언 등도 게부라의 작용을 가리킨다.

(요한복음 2:13) 유대인의 유월절이 가까운지라 예수께서 예루살렘으로 올라가셨더니

(요한복음 2:14) 성전 안에서 소와 양과 비둘기 파는 사람들과 돈 바꾸는 사람들의 앉은 것을 보시고

(요한복음 2:15) 노끈으로 채찍을 만드사 양이나 소를 다 성전에서 내어쫓으시고 돈 바꾸는 사람들의 돈을 쏟으시며 상을 엎으시고

성전 앞에서 돈놀이하는 환전상들을 채찍으로 후려치는 예수

(요한복음 2:16) 비둘기 파는 사람들에게 이르시되 이것을 여기서 가져가라 내 아버지의 집으로 장사하는 집을 만들지 말라 하시니

(마태복음 3:11) 나는 너희로 회개케 하기 위하여 물로 세례를 주거니와 내 뒤에 오시는 이는 나보다 능력이 많으시니 나는 그의 신을 들기도 감당치 못하겠노라 그는 성령과 불로 너희에게 세례를 주실 것이요 (마태복음 3:12) 손에 키를 들고 자기의 타작 마당을 정하게 하사 알곡은 모아 곡간에 들이고 쭉정이는 꺼지지 않는 불에 태우시리라

18. 괴테의 명작, 『파우스트』에 등장하는 악마, 메피스토펠레스는 다음과 같이 자신을 파우스트 박사에게 소개한다. 그는 악마이지만, 진정한 의미에서의 필요악이라고 할 수 있는 존재인 것이다.

항상 악을 꾸미는 부정의 영이자,
항상 선을 위해 일하는 힘의 일부분이지요.

19. 제2장에서 다뤘던 크로울리의 'The Naples Arrangement'에 따르면 게부라는 '움직임'이며, 그 움직임으로 인해 시간의 개념이 탄생한다. 움직임은 곧 변화고, 변화는 곧 안정이다. 변화가 있어야만 우주가 안정된 상태를 유지할 수 있다. 이 변화, 움직임은 리듬의 속성을 지니고 있다. 제1장에서 설명했듯이, 이 리듬은 시계추의 움직임을 내포하고 있다. 두 발 자전거를 타는 것처럼, 어느 한쪽으로 기울지 않고 계속 움직여야 균형을 유지할 수 있다. 물이 들어올 때가 있으면, 물이 빠질 때도 있다. 이 원리를 이해하는 현명한 사람은 물이 들어올 때 승기를 잡은

지휘관처럼 군대에 박차를 가하고, 물이 빠지는 시기에는 잠시 쉬면서 낚싯대를 드리운 강태공처럼, 바람의 방향이 바뀌는 시기를 점치는 제갈량처럼 때를 기다린다.

20. 무지한 사람은 시계추가 반대편으로 넘어갈 때 극단적으로 반응하고, 새옹지마의 교훈을 이해하는 오컬티스트는 추가 어느 쪽으로 움직이더라도 당황하지 않는다. 중요한 얘기이므로 디온 포춘의 말을 그대로 옮겨보자.

> 세상은 리듬에 맞춰 한 상태에서 다음 상태로 번갈아 가며 바뀌게 되어 있다는 사실을 이해하는 입문자는 어떤 상황이 닥쳐도 너무 심각하게 여기지 않으며, 지금 상황이 안 좋다고 해서 곧 종말이 올 것이라는 망상에 빠지지도 않는다. 그는 이러한 변화가 초기에는 기존의 잘못된 것들을 바로잡고 교정하는 중요한 구실을 하지만, 결국엔 이 긍정적 변화마저 극단으로 치닫게 되리라는 사실을 잘 알고 있다. 하지만 사회의 국민 중 깨달은 사람들의 비전과 의식이 충분한 수준이라면 그 사회가 완전히 멸망하는 일은 없을 것이다. 시계추가 극에 도달하면 보통 반대 방향으로 다시 움직이면서 안정적인 상태인 중간을 향해 나아갈 것이기 때문이다. 사회 전체가 비전을 상실한 경우에만 추가 시계에서 떨어져 나가 파멸에 이르게 된다. 로마가 그랬고, 카르타고가 그랬고, 근래에는 러시아가 그랬다. 하지만 사회 조직이 붕괴하고 추가 떨어져 나가더라도 리듬의 원칙은 언제 어디서나 존재하고, 폐허더미 속에서 어떤 식으로든 질서가 다시 형성되면 그 안에서 새로이 작용을 개시한다.

21. 사회에 깨달은 사람들의 수가 어느 정도만 되어도, 그들의 의식이 일정 수준만 되어도 그 사회가 멸망하는 일은 없다는 얘기를 듣고 소돔과 고모라의 이야기가 생각났다. 아브라함은 도덕적으로 타락한 두 도

재앙을 피해 달아나는 롯과 그의 가족

시, 소돔과 고모라의 멸망을 구상하던 여호와에게 나아가 간청했다. "이 곳에 사는 의인까지 함께 죽이는 것은 합당치 않습니다. 의인 50명이 있어도 죽이시겠습니까?" 아브라함과 여호와는 도시 멸망 여부의 기준이 될 의인의 수를 두고 주거니 받거니 협상 끝에 결국 10명으로 합의를 보았으나, 아쉽게도 구제할만한 사람은 아브라함의 조카인 롯과 그의 가족 외에는 단 한 명도 없었다.[229] 당시 소돔과 고모라는 특히 성적으로 문란했고, 여호와는 생명의 탄생, 즉, 생식을 주관하는 신이었기에 멸망이라는 극약처방을 내린 것으로 보인다.

22. 디온 포춘은 또한 기독교 교리의 최대 약점은 우주의 리듬을 무시하고 있다는 사실임을 지적한다. 두 극성의 상호작용을 통해 균형 지점을 찾아가려 하는 것이 아니라, 대결 구도로만 몰아가고 있다는 것이다. 어린 시절부터 교회를 다녔던 입장에서 동의하는 바이다. 교회에서 설명하는 기독교 교리와 성경의 해석에 대해 고개가 갸우뚱해지는 점이 한둘이 아니었지만, 전지전능하다는 신이 사탄 하나쯤을 처치하지 못한다는 점, 사탄이 자유롭게 활개를 치도록 내버려 두고 그의 유혹에 넘어간 사람들은 가혹하게 처벌한다는 점, 무엇보다 사랑과 형제애를 중요시한다는 종교에서 왜 그리도 증오가 만연해있는지, 왜 그리 배타적인지 이해할 수 없었다. 그러다가 『욥기(The Book of Job)』에 대한 신비주의 기독교의 해석을 보고 왜 신이 악마가 존재하도록 놔두는지 이해하게 되었다. 악마도 신의 피조물이고, 존재할 필요가 있어서 신이 창조한 것이지만, 교회에서 이를 증오의 대상, 죽여야 할 대상으로 규정하는 바람에 기독교의 본래 교리가 왜곡되어 오늘에 이르고 있다는 생각이 들었다.

23. 악마가 신의 피조물이 아니라면, 그 신은 진정한 신으로 볼 수 없다. 진짜 신은 'THE ALL'이므로 우주에 존재하는 모든 것, 우리가 보기에 사악하고 추악한 것마저 신의 일부이자 신의 피조물이어야만 하기 때문이다. 따라서 사람을 유혹하는 악마도 신이 창조했고, 필요에 의해 창조된 것이다. 악마는 왜 필요한 존재일까? 왜 필요악이 존재해야만 하는 것일까? 맨리 P. 홀이 『천사가 된 악마』라는 책에서 한 말을 통해 이 의문에 대한 해답의 실마리를 얻을 수 있다. 다음은 홀이 "인간이 잘못을 저질렀을 때 곧바로 신이 벌을 가하면 우리가 만들어내는 카르마도 줄어들지 않을까요?"라는 어느 독자의 질문에 답한 내용이다.

> 신은 인간 부모가 잘못을 저지른 자녀를 벌하듯이, 인류를 감시하고 나쁜 사람들을 솎아내어 형벌을 내리는 '인격체'가 아닙니다. 어떤 신적 존재가 우주를 독재자처럼 통치하고, 모든 생명의 행동을 감찰하며 필요할 때마다 개입한다면 성장의 가장 큰 목표가 무력화됩니다. 인간은 삶을 통해서 선과 악을 발견하고 체험할 수 있도록 창조된 생명체입니다. 성장이라는 교과목에서 아주 중요한 요소 중 하나는 '자발적인 선택'입니다. 내가 옳다고 생각하는 신념에 맞춰 행동을 변화하겠다는 결심이 내면에서 이루어져야 합니다.

24. 우리가 '악마'라고 여기는 것은 사실 우리가 인생의 중요한 갈림길에 섰을 때 시험을 내리는 존재라 할 수 있다. 사탄은 우리가 해야 할 일을 하지 못하게 방해하면서 우리를 시험하고, 루시퍼는 우리가 해선 안 될 일을 하도록 부추기면서 우리를 시험한다. 그리고 이런 상황에서 자발적으로 올바른 선택을 내릴 때 진정한 성장이 이루어질 수 있다. 잘

못된 선택을 내리면 내게 즉각적인 불이익이 닥친다는 이유만으로 올바른 선택을 내리는 것은 큰 의미가 없다. 이건 마치 CCTV가 나의 일거수일투족을 지켜보고 있으니까, 걸릴 것이 분명하니까 도둑질을 하지 않겠다는 얘기와 같다. 하지만 만약 CCTV가 없다면? 내가 죄를 저질렀을 때 나를 처벌할 수 있는 법조계 인사들이 하나같이 다 내 편이라면? 완벽한 범죄를 저지를 수 있는 조건들이 100% 갖춰진 상황이라면? 내가 속한 조직에서 잘나가는 누군가가, 나의 미래를 좌지우지할 수 있는 상사가 부정을 저지르고 있고, 이로 인해 피해를 보는 선량한 사람들도 많은데, 이런 상황에서 나는 과연 어떻게 할 것인가? 고개 돌리고 눈 감을 것인가? 아니면 개인적인 불이익을 감수하더라도 잘못을 바로잡기 위해 어떤 행동을 취할 것인가?

25. 나에게도 이런 상황이 닥치면 어떻게 할지, 나라면 과연 올바른 선택을 내릴지 자신 있게 말할 수 없다. 일제강점기에 독립운동에 가담했던 영웅들은 비참한 최후를 맞거나 거지 신세가 되어 후손들에게까지 가난을 물려주었지만, 친일파와 매국노의 후손들은 지금까지도 떵떵거리며 잘 먹으며 잘살고 있다. 물질이 세상 전부라고 확신하는 사람이라면 친일파들의 행적이 현명하다고 생각할지 모르겠지만, 내세를 믿는 사람이라면, 주말마다 예배당에 가서 기도하는 진정한 종교인이라면 어떤 선택이 올바른 것인지 굳이 설명하지 않아도 잘 알 것이다. 진정한 크리스천이라면 마스터가 산상수훈에서 했던 말을 100% 믿고 이에 따라 행동해야 할 것이다.

(마태복음 6:19) 너희를 위하여 보물을 땅에 쌓아 두지 말라 거기는 좀

과 동록이 해하며 도적이 구멍을 뚫고 도적질하느니라

(마태복음 6:20) 오직 너희를 위하여 보물을 하늘에 쌓아 두라 거기는 좀이나 동록이 해하지 못하며 도적이 구멍을 뚫지도 못하고 도적질도 못하느니라

(마태복음 6:21) 네 보물 있는 그 곳에는 네 마음도 있느니라

26. 맨리 P. 홀은 또 『환생, 카르마 그리고 죽음 이후의 삶』에서 이렇게 말했다. 역시 수많은 유혹으로 가득한 세상에서 우리가 어떻게 행동해야 하는지를 제시하는 또 하나의 지침이라고 할 수 있다.

우리가 다음 세상에 가져가야 할 진짜 중요한 것은 이번 생에서 쌓은 경력이 상세히 적혀있는 자기소개서입니다. 우주로부터 인정을 받을 수 있는 경력이란 과연 무엇일까요? 지난 생에서 사회를 위해 내가 행한 건설적인 일들, 삶을 경험하면서 계발한 진정성과 가치관, 시련을 겪으면서 얻은 교훈, 종교적 삶을 실천하면서 배운 도덕 관념 같은 것들입니다. 세상을 바라보는 안목과 통찰력을 확장하고, 선을 행하고 영혼의 진정성을 회복하도록 도움을 주고, 신에게 자랑스럽게 내세울 만한 것들이 바로 우리의 경력입니다.

27. 잠시 이야기가 빗나갔다. 어쨌든, 종교계에서 비나와 더불어 악마화되고 있는 게부라의 힘은 사악한 것, 격퇴해야 할 힘이 아니라, 균형을 위해 꼭 필요한 힘, 방해와 유혹으로 인간을 더욱 강하게 만들어주는 힘이라는 사실을 이해해야 한다. 이쯤 하면 헤세드와 짝을 이루는 게부라의 속성을 대략 파악했으리라 생각한다.

28. 『미스티컬 카발라』에서 인상적으로 읽었던 구절 몇 개 더 살펴보자.

> 정의를 구현할 때도 자비를 베풀 필요가 있듯이, 게둘라(헤세드)의 이
> 상주의도 게부라의 현실주의로 균형을 잡아줘야 한다.

현실과 이상의 조화가 필요하다는 말은 많이들 들어봤을 것이다. 영성, 오컬트 분야를 공부하는 사람이 특히나 새겨들어야 할 내용이다. 고고하고, 이상적이고, '순수'한 공부 한답시고 형이하학적이고, 현실적이고, '더러운 물질 따위'를 멸시하는 사람은 영의 실체를 부정하고 물질이 전부라는 착각에 빠져있는 물질주의자와 하나도 다를 바 없다. 물질로 만들어진 육신은 더러운 것이니 학대해도 마땅하다는 생각으로 자기 몸에 채찍질하는 수도자나, 뜬구름 잡는 형이상학, 철학, 영성이 밥 먹여주냐고 욕하며 돈을 위해서라면 언제든 영혼을 팔 준비가 되어있는 자나, 균형을 찾지 못했다는 점에서는 다름이 없다는 뜻이다.

29. 손에 검을 쥔 전사도 사랑할 줄 알아야 한다.

> 게부라는 장애물을 뚫고 지나가거나 뛰어넘는 삶의 역동적 요소다.
> "수고하고 무거운 짐진 자들아 다 내게로 오라 내가 너희를 쉬게 하리
> 라.²³⁰"라고 말하며 시원한 물을 건네는 신성한 사랑뿐 아니라, 갑옷
> 을 착용하고 손에 검을 쥔 전사도 사랑하고 믿는 법을 배워야 한다.

세 마리의 원숭이가 있다. 한 마리는 두 손으로 자기 눈을 가리고 있고, 한 마리는 자기 귀를 막고 있고, 한 마리는 자기 입을 막고 있다. '지혜로

운 세 원숭이(Three Wise Monkeys)'라는 제목이 붙은 일본의 이미지로, '악을 보지도 않고, 듣지도 않고, 말하지도 않는다.'는 문구가 항상 따라붙는다. 악을 멀리한다는 취지에서 나온 말이라지만, 게부라의 전사는 아마도 이에 동의하지 않을 것이다. 악을 보고 들어야 그 실체[231]를 확인하여 적절한 조처를 할 수 있을 것이고, 때로는 사람들이 듣기 싫은 말을 할 필요도 있을 것이다. "It's a dirty job, but someone has to do it." 모두가 하기 싫어하는 더러운 일이지만, 누군가는 해야만 하는 일이라는 뜻이다. 꼭 해야 할 일이라면 게부라의 전사는 욕을 먹더라도, 손해를 보더라도, 두 팔을 걷고 기꺼이 해낼 것이다. 그리고 '나만 아니면 돼.'라는 생각으로 조마조마 눈치만 보던 주변 사람들은 겉으로는 그를 손가락질하고 욕하면서도, 속으로는 그에게 감사하는 마음을 품을 것이다.

30. 고통도 껴안을 수 있어야 한다.

> 전사가 손에 든 채찍에 키스하고 삶의 쓰라린 경험이 제공하는 가치를 깨닫게 될 때 우리는 게부라 입문을 향한 첫 발걸음을 떼게 된다. 그리고 내 삶의 의미를 찾기 위해 삶을 내려놓아야 함을 배웠을 때, 두 번째 발걸음을 떼게 된다.

비나를 다루는 섹션에서 슬픔의 중요성에 관해 언급했는데, 게부라가 선사하는 고통, 쓰라림, 응징, 그리고 희생 역시 없어서는 안 될 우리의 스승임을 강조하고 있는 내용이다. 희생이란 새롭고 더 나은 것을 위해 지금 가진 것을 완전하게 내려놓는 것이라고 이미 설명했다. 내 삶을 찾기 위해서는 오히려 삶을 내려놓아야 하고, 새 술로 잔을 채우기 위해서는 잔에 남아있는 술을 다 마셔 없애거나 버려야 한다. 디온 포춘은 게부라의 힘을 경시하는 기독교 교리의 나약함을 지적하지만, 사실 예수 본인은 자기가 "화평이 아니라 검을 주러 왔노라."고 선언했을 뿐 아니라 채찍으로 성전 앞의 환전상들을 혼내주는 게부라 전사의 전형적인 모습도 보여줬다. 그리고 이런 말도 했다.

> (요한복음 12:24) 내가 진실로 진실로 너희에게 이르노니 한 알의 밀이 땅에 떨어져 죽지 아니하면 한 알 그대로 있고 죽으면 많은 열매를 맺느니라
> (요한복음 12:25) 자기 생명을 사랑하는 자는 잃어버릴 것이요 이 세상에서 자기 생명을 미워하는 자는 영생하도록 보존하리라

필사적으로 얻으려 하면 되레 잃고, 잃어도 괜찮다는 마음으로 임하면 오히려 얻는다는 게부라의 교훈이다. 게부라는 이화작용임을 다시 상기하자. 독소를 체내에서 배출해야 또 새로운 음식을 섭취할 수 있는 법이다.

31. 게부라의 파괴 작용에 감사해야 한다.

> 영원의 종인 게부라는 세속적인 것들만 파괴한다. 게부라의 산화작용으로 영구적이지 않은 것이 전부 부식되면 영원하고 형상을 갖지 않은 실제만 남아 찬란한 빛을 발할 것이다.

환경미화원은 우리 사회의 대표적인 기피 업종 중 하나다. 쓰레기를 다

루는 더러운 일로 여기며 다들 하길 꺼린다. 게부라는 우주의 환경미화원이다. 때로는 악역도 떠맡는다. 하지만 게부라의 전사가 영원하지 않은 것, 즉, 쓰레기를 말끔히 수거한 후에는 쓰레기더미 속에 묻혔던 보물이 모습을 드러낸다. 그는 돌 안에 숨겨진 조각품을 끄집어내기 위해 돌에서 조각이 아닌 부분만을 끌로 떼어내는 조각가와 같은 존재다.

32. 게부라는 정의의 친구다.

> 정직한 사람에게 있어 게부라는 최고의 친구다. 진실한 사람은 게부라의 작용을 두려워할 이유가 없다. 사실 게부라는 진실하지 않은 사람으로부터 나를 보호하는 최고의 힘이다. 거짓된 사람과 관점을 박살 내는 면에서 게부라보다 강한 힘은 없다.

세상에는 법을 두려워하지 않는 두 부류의 인간이 있다. 첫 번째는 공권력과 법조계를 장악하고 있는 사람이고, 두 번째는 법 없이도 살 수 있는 군자 같은 사람이다. 둘 중 하나는 게부라에 의해 필연적으로 응징당할 운명을 지닌 부류고, 하나는 게부라를 절친한 친구로 삼고 있는 부류다.

33. 『세페르 예치라』에서는 게부라가 "하나됨을 닮았다는 점에서 급진적 지성으로 불린다."고 설명하고 있는데, 하나됨은 케테르를 의미하므로 게부라도 케테르의 하위 버전이라고 말할 수 있다. 앞서 케테르를 무한한 원천에 연결된 우물 펌프에 비유한 바 있는데, 케테르가 이 펌프를 통해 아인 소프의 에너지를 끌어올려 나머지 세피로트를 에너지로 가득 채우고 활력을 제공하듯이, 게부라는 비교적 평온하고 고요한 상황

에 역동적으로 판을 뒤흔드는 개시자의 역할을 하므로 케테르를 닮았다고 표현한 것 같다.

34. 게부라가 비나와 하나로 결합한다는 표현은 비나와 게부라의 긴밀한 관계를 나타낸다. 일단 게부라는 비나 바로 아래에 위치했다는 면에서 비나의 하위 버전이라 할 수 있고, 둘 다 사탄과 루시퍼로 불리며 대중의 미움을 받고 있으며, 두 세피라를 지배하는 토성과 화성은 점성학에서 대흉성과 소흉성으로 지정되어 다소 재수 없다는 인식이 있다는 공통점이 있다. 게다가 둘 다 죽음과 관련이 있다.

35. 비나는 우리에게 형상, 즉, 육신을 제공함으로써 생명을 부여하지만, 동시에 육신의 죽음도 선사한다. 시공간의 제약을 받지 않았던 힘, 에너지를 형상화함으로써 영혼을 물질 안에 가둔다. 고대 그리스인들은 인간이 이승에서 죽으면 하데스(지하 세계)로 가게 된다고 믿었지만, 플라톤은 이와 반대로 "인간은 세상에 태어날 때 하데스에 오고, 죽을 때 하데스를 떠난다."는 수수께끼 같은 말을 했다. 흙을 상징하는 하데스는 인간의 육신에 상응한다. 우리가 물질 세상에 태어날 때 영혼이 육신 안에 갇히고, 물질 세상을 떠날 때 영혼이 육신의 속박에서 해방된다는 사실을 고려하면 사실 플라톤의 말이 옳다고 볼 수 있다. 비나가 우리에게 선사하는 것이 바로 하데스인 셈이다.

36. 반면 게부라는 자칫 딱딱하게 굳어버릴 수도 있는, 사용하지 않아 퇴화할 수도 있는 형상을 자극하고, 용도가 다하면 깨부수는 힘이다. 역시 파괴를 통해 죽음을 가져오는 신이다. 디온 포춘은 비나와 게부라의

관계를 이렇게 표현했다.

게부라는 비나를 교정하는 자다. 게부라의 작용이 없으면 창조된 모든 것은 비나의 힘으로 인해 단단하게 굳어버릴 것이다.

37. 다음은 맨리 P. 홀이 이 두 힘(비나와 게부라)의 관계를 설명한 대목이다.

사탄은 '조심성'과 '신중함'을 상징하는 힘이며, 이 힘이 왜곡되면 '부정(Negation)'의 요인으로 작용하게 된다. 사탄의 문 앞에는 '누락'의 죄악이 놓여있다. 인간은 '해야 할 일을 하지 않은 것'에 대해서도 책임을 져야 한다는 사실을 모르는 사람들이 많다. 이것도 자연의 법칙 중 하나다. 옳은 일을 하지 않는 것은 나쁜 일을 저지르는 것만큼이나 나쁜 것이다. 사탄은 인간의 행동하려는 의지를 억제하고 방해하는 차가운 힘이다. 사탄은 움직임을 방해하기 위해 뭐든지 단단하게 굳어버리게 만든다. 그가 세상을 완전히 지배하면 모든 것이 정지하게 된다. 사탄은 대우주로서의 인간을 상징하는 인간의 뼈와 행성들을 관장하기 때문에 해골 형상의 저승사자로 묘사된다. 사탄은 인간의 혈관을 통해 흐르는 영혼을 꽁꽁 얼려버리고, 이루어지지 않은 꿈의 묘지를 지키는 차가운 악마다. 자신의 신비스러운 띠(토성의 띠)로부터 탄생한 모든 것을 궁극적으로 거두어들이는 힘이 바로 사탄이다.

반면 한 손에 뱀의 지팡이를 들고 자신의 영역을 관장하는 루시퍼는 '지나침'을 상징하는 힘으로, 불처럼 활활 타오르는 경솔함의 아들이자 육체적 쾌락의 지배자이다. 루시퍼의 힘에 굴복하는 자들은 루시퍼의 의지에 의해서가 아니라 자기 내면에 간직한 이 에너지를 스스로 왜곡함으로써 폭력을 행사한다. 루시퍼는 빛을 가져오는 자(Light Bringer)다. 그리고 인간은 루시퍼의 힘을 왜곡하여 전쟁과 증오의 목적으로 활용한다. 이상을 추구하기 위한 용도로 이 힘을 활용할 수도 있건만, 자신의 욕망을 채우고 열정을 충족하기 위해 이 힘을 오용한다. 이 힘을 다스리지 못하는 인간은 결국엔 자기 자신을 파괴하게 된다. 루시퍼는 새턴의 차가운 가슴에 안겨 옴짝달싹 못 하는 인간의 혼을 빼앗으려 하는 힘으로, 사탄과 대치 관계에 있다. 루시퍼는 인간의 혼을 배양하는 열기다. 하지만 인간은 루시퍼를 불꽃으로 활용하여 이성을 태워버린다.

비나와 게부라 둘 다 유용하지만 다루기 어려운, 잘못하면 오용할 수 있는 강력한 힘이라는 사실을 알 수 있다. 이 강력한 힘을 어떤 목적으로 사용하느냐에 따라 백마법과 흑마법이 구분되는 것이다.

38. 헤세드의 영적 체험은 '사랑의 비전'이었고, 게부라의 영적 체험은 '파워의 비전'이다. 위 인용문에서 설명한 그 막강한 힘을 다룰 줄 알아야 게부라의 경지에 입문했다고 볼 수 있다. 디온 포춘의 설명을 들어보자.

게부라 입문에 따른 영적 체험은 '파워의 비전'이다. 이 체험을 통과해야 'Adeptus Major'의 등급(6°=5□)에 오를 수 있다. 이 힘의 활용을 평가하는 시험이야말로 인간에게 주어질 수 있는 최고의 시험이다. 지금까지 입문자는 여러 등급을 오르면서 규율, 통제, 안정 등, 니체가 '노예의 도덕(slave morality)'이라 칭했던 역량들의 교훈을 얻기 위해 노력했다. 자만에 빠져 우쭐대려는 본성을 바로잡기 위해 꼭 필요한 덕목들이다. 하지만 Adeptus Major 등급에 오르기 위해서는 초인(Superman)의 덕목을 획득하고, 이 힘 앞에서 순종하는 대신, 다스리는 법을 배워야 한다. 하지만 이 힘을 다스리는 역량을 얻었다고 해서 무소불위의 권력을 손에 쥐게 되는 것은 아니다. 자신의 목적을 위해 그 힘을 사용하는 것이 아니라, 자기가 다스리는 그 힘의 종이 되어 그 힘의 뜻이 실현되도록 쓰이는 것이 그의 역할이다. 이 경지에 오른 자는 동포에 대한 책무로부터 자유로워지나 하늘과 땅을 창조한 분을 향한 책무로부터는 자유롭지 않으며, 인류를 이끄는 리더의 역할을 충실히 수행했음을 그 앞에서 입증해야 한다. 이 경지에 오른 자에게는 굉장한 자유가 주어지지만, 동시에 이에 상응하는 무거운 짐도 함께 주어진다. 그는 단어의 힘으로 바람을 자기 의지대로 소환할 수 있지만, 자기가 소환한 회오리바람에 휩쓸려갈 각오도 해야 한다. 아마추어 마법사들이 종종 망각하는 사실이다.

10번 세피라부터 시작하여 성장의 사다리, 즉, 생명의 나무를 오르면서 입문자는 다양한 역량을 익히고 정복하게 되는데, 자기희생, 깨달음, 거듭남을 상징하는 6번 세피라 입문을 통과한 후에는 힘을 실제로 사용하는 방법을 익히게 된다는 것이다.

39. 인터넷에서 '맨리 피 홀'을 검색해 보면 그의 대표작 중 하나인 『프리메이슨의 사라진 열쇠(The Lost Keys of Freemasonry)』에 나오는 다음 구절을 인용하며 그를 사악한 악마숭배자로 매도하는 글들이 심심찮게 보인다.

그다음에는 Fellow Craftsman(프리메이슨의 두 번째 등급)이 지금까지 습득한 지식을 이해하고 활용해야 하는 시점이 찾아온다. Fellowcraft 등급의 사라진 열쇠는 우주의 에너지를 좌지우지할 수 있을 정도로 강력한 감정의 조절이다. 이처럼 강력한 힘은 이를 건설적이고 이타적인 목적으로 활용할 수 있음을 입증한 자에게만 부여될 수 있다. 살아 있는 동적인 힘을 적절하게 활용하는 것이 이 등급의 열쇠임을 이해한 메이슨은 이 단계의 비밀을 이해한 사람이다. 이 등급에 이른 메이슨의 손에는 이글거리는 루시퍼의 에너지가 쥐어지며, 다음 단계로 나아가기 위해서는 이 에너지를 적절하게 적용할 수 있음을 입증해야 한다. 전쟁의 신의 힘을 빌려 전쟁의 도구인 검을 담금질하여 쟁기를 만들어 낸 그의 조상, 두발가인232의 모범을 따라야 한다.

40. '루시퍼의 에너지'라는 구절 때문에 악마와 루시퍼를 동일시하는 기독교 교리를 근거로 맨리 P. 홀을 악마숭배자로 규정한 것이다. 하지만 이는 앞뒤가 삭제된 위 본문의 진짜 의미와 루시퍼와 프리메이슨 사상을 잘못 이해한 것에 따른 오해다. 위 문단 뒤에 나오는 다음 문단을 살펴보자.

Fellowcraft 등급의 핵심은 변환(Transmutation)이다. 자신의 내면을 펼치면서 꾸준히 성장하기 위해서는 자기 생각, 행동, 그리고 욕망을 끊임없이 알아차리고 경계해야 한다. 손으로는 타인을 쓰러트리는 대신 쓰러진 자를 일으켜 세워야 하고, 입으로는 욕설을 내뱉는 대신 기도를 드리는 법을 배워야 한다. 나와 형제의 관계를 더 깊고 완전하게 이해하고, 타인을 증오하는 마음을 연민의 감정으로 변환시켜야 한다. 단호하고 동시에 따스한 영혼의 손으로 솟구쳐 오르는 감정의 불길을 다스려야 한다. 이와 같은 원칙을 이해하고 적용하는 것이 바로 Fellowcraft 등급의 핵심이다.

41. 여기서 '변환'은 연금술에 등장하는 개념으로, 한 속성의 극성을 반대 방향으로 변환시킴으로써 영적 성장을 이뤄내는 작업을 의미한다. 제1장에서 다뤘던 극성의 원칙과 일맥상통하는 개념이다. 맨리 P. 홀은 위 문단에서 타인을 쓰러트리려는 손을 쓰러진 자를 일으켜 세우는 손으로, 욕설을 남발하는 입을 기도를 드리는 입으로, 증오하는 마음을 연민의 감정을 느끼는 마음으로 변환시키는 것이 곧 Fellowcraft 등급의 과제이며, 거센 불길처럼 이글거리는 루시퍼의 힘(불타오르는 감정의 상징)을 제대로 다스리지 못하면 이 단계를 통과할 수 없음을 경고하고 있다. 디온 포춘의 말처럼 일정 수준에 오른 입문자가 얻게 되는 위력적인 힘을 올바르게 다스려야 함을 강조하는 것이지, 만화나 영화에서나 나올법한 우스꽝스러운 모습의 사탄이나 루시퍼를 숭배하는 행위와는 아무런 관련이 없는 내용이다.

42. 힘의 올바른 사용에 관한 이야기는 파르지팔의 전설에도 나온다. 다음은 맥스 하인델의 『절망 속에서 태어나는 용기』에서 발췌한 내용으로, 자신의 힘을 이타적인 목적으로만 사용한 순수한 성배의 기사, 파르지팔에 관한 이야기다.

첫 만남에서 같은 질문을 받았던 파르지팔은 "모르겠습니다."라고 대답했었다. 하지만 이번에는 전혀 다른 답변을 내놓는다. "구하기 위해 고통받으면서 이곳까지 오게 되었습니다." 파르지팔의 첫 몬살바트 입성은 인간이 우연히 영적 세상을 엿보게 되는 사건을 상징한다. 하지만 두 번째 방문은 영적으로 성장하겠다는 의식적인 노력의 결과로 얻어진 것이다. 세상의 슬픔과 고통을 두루 경험하고 감내하면서 맺은 정당한 결실이다. 파르지팔은 그곳에 이르는 고단한 여정에서 겪은 무용담을 늘어놓는다. 그는 길에서 수많은 적을 만났고, 그때마다 성창으로 그들을 물리치고 위험으로부터 자신을 구하고 싶은 마음이 굴뚝같았지만, 성창은 남을 해치기 위해서가 아니라 치유하는 용도로 쓰인다는 사실을 알았기 때문에 참았다고 말한다. 성창은 순수한 마음으로 삶에 임하는 영혼에게 주어지는 영적 힘을 상징한다. 하지만 이 창은 오로지 이타적인 목적으로만 사용되어야 한다. 불순한 야망으로 함부로 성창을 휘두르면 암포르타스처럼 반드시 잃게 된다. 성창을 소유한 사람은 그 힘으로 배를 주리는 오천 명의 백성을 먹일 수 있지만, 자신의 허기를 달래기 위해 작은 돌멩이 하나를 빵으로 만드는 것은 허용되지 않는다. 귀가 잘려나간 적의 얼굴에서 흐르는 피가 멈추도록 성창을 귀에 댈 수는 있지만, 자신의 옆구리에서 쏟아지는 생명수를 틀어막기 위해 사용해서는 안 된다. 그리스도도 자신을 위해서 그 힘을 쓰지 않았다고 성경에 기록되어 있다. "저가 남은 구원하였으되 자기는 구원할 수 없도다."

파르지팔과 구르네만츠는 몬살바트의 성으로 들어간다. 기사들이 암포르타스에게 성배 예식의 집전을 요구하고 있으나, 왕은 성배를 공개할 때마다 찾아오는 끔찍한 고통이 두려워 그들의 청을 거부하고 있다. 그는 추종자들에게 맨 가슴을 내민 채 차라리 자기를 죽여달라고 호소한다. 이때 파르지팔이 왕에게 나아가 옆구리에 성창을 대자 기적처럼 상처가 사라지고 치유된다. 파르지팔은 암포르타스를 퇴위시키고 자신이 앞으로 성배와 성창을 보호하겠노라고 선언한다. 오로지 완벽하게 이타적이고 선악을 분별할 수 있는 자만이 성창이 상징하는 영적 힘을 소유할 수 있다. 암포르타스는 적을 공격하고 해치기 위해 성창을 사용했다. 하지만 파르지팔은 자기방어의 목적으로도 성창을 사용하지 않았다. 암포르타스는 클링조르를 징벌하기 위해 팠던 무덤에 자기가 빠졌지만, 파르지팔은 성창으로 남을 치유하는 능력을 갖추게 되었다.

가지려 들면 잃고, 내려놓으면 오히려 얻게 되는 원리가 여기서도 나타난다. 오컬트의 힘은 나를 위해 쓰라고 주어지는 것이 아니다. 이 사실을 이해하고 실천하는 자가 바로 『스타워즈』에 나오는 제다이단과 백마법사들이고, 자기를 위해 그 힘을 쓰는 자가 다크 사이드와 흑마법사들이다.

43. 게부라에 지정된 여러 타이틀도 의미심장하다. 힘, 가혹, 정의, 두려움…. 게부라의 힘은 정의를 구현하지만, 사람에 따라 그 힘이 가혹하게, 두렵게 느껴질 수도 있다. 그리고 이 위력적이지만 동시에 위험한 힘을 마구잡이로 휘두르다가 균형이 무너지면 실제로 가혹하고 무서운 공포의 대상이 될 수도 있다.

44. 게부라에 지정된 심볼들은 숫자 '5', 그리고 전사의 무기와 관련이 있다. '오각형'을 의미하는 '펜타곤'은 미국 국방성 청사의 이름이기도

하다. 게부라를 관장하는 전쟁의 신, 마르스(Mars)와 잘 어울리는 건물이라고 할 수 있다. 'Martial arts(무술)', 'martial law(계엄령)' 등도 마르스에서 유래되었고, 황금새벽회는 1년 365일 중 봄의 시작을 알리는 춘분 전후의 두 십분각, 마이너 아르카나 스몰 카드의 마지막인 컵 10번(Mars in Pisces, 3.11~3.20일)과 첫 번째인 지팡이 2번(Mars in Aries, 3.21~3.30일) 카드에 화성을 지정하였다. 겨우내 눈에 덮여 죽은 것으로 보였던 식물이 힘차게 다시 솟아오르는 3월, 'March[233]'도 마르스에서 유래되었기 때문이다.

45. 다섯 개의 이파리가 달린 튜더 장미도 게부라의 심볼이다. 튜더 장미는 1485년부터 1603년까지 영국을 지배했던 튜더 가문의 문장(紋章)으로, 공교롭게도 이 가문은 다섯 명의 국왕을 배출하고 영국의 황실 역사에서 사라졌다. 보수적인 신성로마제국이 유럽을 지배하던 시절에 교회에 반기를 들며 영국 국교회를 설립하고 여섯 번 결혼한 헨리 8세[234], 가톨릭의 부활을 위해 개신교를 탄압한 것으로 유명한 일명 '피의 메리(Bloody Mary)', 메리 1세[235], 그리고 영국을 강대국으로 만드는 초석을 다진 것으로 평가받는 엘리자베스 1세[236]가 튜더 가문의 대표적인 국왕들이다. 장미처럼 여성적인 심볼이 가혹의 기둥에, 그것도 상당히 남성적인 게부라에 지정된 것이 의아할 수도 있을 것이다. 뒤에서 다시 보겠지만, 게부라는 6번 세피라, 티파레트를 중심으로 두고 반대편에 있는 7번 세피라, 넷자흐와 각별한 관계에 있다. 장미는 넷자흐를 지배하는 금성(비너스)의 대표적인 심볼 중 하나이며, 신화에서 비너스와 마르스는 연인 사이다. 검, 박차, 채찍, 사슬 등은 모두 게부라 전사가 사용하는 무기 또는 도구로 별도의 설명은 필요 없을 것 같다.

46. 게부라를 지배하는 신의 이름은 헤세드의 '엘'에 여성적인 속성이 더해진 '엘로힘 기보르'이며, 히브리어 '기보르'는 '강한 자'라는 뜻이다. '신의 불', '신의 분노' 등의 의미를 지닌 '카마엘'은 힘, 용기, 전쟁을 상징하는 대천사다. 전통에 따르면 그는 불타는 검을 손에 들고 아담과 이브를 낙원에서 내쫓는 악역을 맡은 천사였다고 한다. '불타다.'를 의미하는 'saraph'에서 유래된 '세라핌' 역시 성경에 등장하는 천사 계급으로, '불뱀'으로 불리기도 한다. 이사야서 6장에 묘사된 이들(스랍)의 모습에서 불과의 연관성을 확인할 수 있다.

(이사야 6:1) 웃시야 왕의 죽던 해에 내가 본즉 주께서 높이 들린 보좌에 앉으셨는데 그 옷자락은 성전에 가득하였고
(이사야 6:2) 스랍들은 모셔 섰는데 각기 여섯 날개가 있어 그 둘로는 그 얼굴을 가리었고 그 둘로는 그 발을 가리었고 그 둘로는 날며
(이사야 6:3) 서로 창화하여 가로되 거룩하다 거룩하다 거룩하다 만군의 여호와여 그 영광이 온 땅에 충만하도다
(이사야 6:4) 이같이 창화하는 자의 소리로 인하여 문지방의 터가 요동하며 집에 연기가 충만한지라
(이사야 6:5) 그 때에 내가 말하되 화로다 나여 망하게 되었도다 나는 입술이 부정한 사람이요 입술이 부정한 백성 중에 거하면서 만군의 여호와이신 왕을 뵈었음이로다
(이사야 6:6) 때에 그 스랍의 하나가 화저로 단에서 취한 바 핀 숯을 손에 가지고 내게로 날아와서
(이사야 6:7) 그것을 내 입에 대며 가로되 보라 이것이 네 입에 닿았으니 네 악이 제하여졌고 네 죄가 사하여졌느니라 하더라

대천사 카마엘

(이사야 6:8) 내가 또 주의 목소리를 들은즉 이르시되 내가 누구를 보내며 누가 우리를 위하여 갈꼬 그 때에 내가 가로되 내가 여기 있나이다 나를 보내소서

47. 게부라는 두려움의 대상도 아니고, 게부라에 입문한 자라고 해서 마르스처럼 항상 심각하고 툭하면 화를 내는 다혈질 기질의 소유자인 것도 아니다. 게부라 입문자는 마르스의 부정적인 속성을 정복한 자다. 디온 포춘의 설명으로 이번 장을 마친다.

    게부라에 입문한 자는 매우 역동적이고 단호한 기질의 소유자이지만, 동시에 자기를 통제할 줄 아는 사람이다. 공격을 받았을 때 차분함을 유지하고 인내심을 발휘하는 것이 그의 미덕이다. 마르스의 입문자는 티파레트의 단계를 통과하고 균형 상태에 이른 행복한 전사(Happy Warrior)라고 할 수 있다.

    그는 싸울 때도 악의를 품지 않는다. 그는 약하고 상처 입은 자들에게 자비를 베푼다. 그는 법과 질서를 파괴하는 자가 아니라, 법의 올바른 집행을 위해 싸우는 자다. 그는 기울어진 저울을 바로잡는 자이며, 언제나 억압당하는 약자의 보호자를 자처한다.

    영혼이 직접적인 경험을 통해서만 필요한 교훈을 얻을 수 있는 지경에 이르렀을 때 (즉, 말귀를 못 알아들어서 직접 당해보는 것 외에는 달리 방법이 없을 때), 게부라는 아낌없이 그에게 절실한 교훈을 선사한다. 게부라는 오만과 방자라는 질병에 시달리는 환자들을 단번에 치유해 주는 위대한 입문 교관이다.

5번 카드의 기본 속성

게부라는 새롭고 나은 질서를 확립하기 위해 기존의 낡은 질서를 파괴한다. 4번 세피라, 헤세드까지는 비교적 평온하고 안정적인 상황이 지속하였지만, 게부라에 이르러 거센 움직임이 가미되면서 잘 차려진 밥상이 엎어진다. 고요했던 바다에 폭풍이 들이닥친 형국이다. 5번 카드들은 대체로 사악한 것으로 알려져 있으나, 지금까지 진행한 설명을 제대로 숙지했다면 "타로에는 좋은 카드와 나쁜 카드가 따로 없다."는 말의 진정한 의미를 이해했을 것으로 생각한다.

크로울리는 5번 카드들을 총평하면서 "세상에서 일어나는 모든 현상은 축복이다."라고 말했다. 세상에 존재하는 것은 전부 신의 피조물이므로 예외 없이 아름답다는 말과 같은 개념이다. 심지어 악마조차도 신의 피조물이며, 쓸모가 있어서 창조된 것이다. 성경에는 수록되지 않은, 이슬람 전통에 기록된 예수에 관한 일화 하나를 소개한다.

어느 날 예수는 제자들과 함께 길을 걷다 심하게 부패하여 악취를 풍기는 개의 사체를 보게 된다. 제자들은 코를 틀어막고 고개를 돌리며 인상을 찡그렸지만, 예수는 사체에 다가가 사랑스러운 눈빛으로 바라보며 말했다. "신에게 경배를! 너희는 이렇게 아름다운 이빨을 본 적이 있느냐?"

5번 카드들이 보여주는 이미지는 우리가 보고 싶지 않지만 언젠가는 봐야 하는, 어찌 보면 지금껏 꽁꽁 감춰온 우리의 내면을 적나라하게 보여주는 이미지들이라고 할 수도 있다. 우리에게 큰 가르침을 주는 스승이라는 관점에서 살펴보도록 하자.

5 of Wands - 갈등(Strife)

(Saturn in Leo) 0° to 10° Leo

7월 22일 ~ 8월 1일

토트 타로의 제목 - 갈등(Strife)

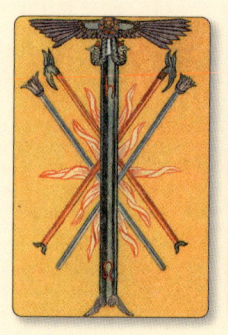 

카드의 의미
- 언쟁. 다툼. 경쟁. 가혹함. 폭력.
- 성욕과 욕망.
- 주변 카드의 영향에 따라 방탕 또는 너그러움.

게부라 자체가 불같은 화성의 기운을 안고 있는데, 거기에 불의 슈트인 지팡이의 힘이 더해졌다. 게다가 태양이 지배하는 사자자리에 토성이 들어온 형국이다. 태양은 강력한 불의 기운을 잘 다스려 균형을 유지하지만, 유배지에 들어온 토성은 그 육중한 무게로 불의 기운을 억누르려 한다. 헤비급 챔피언 간의 승부라 할 수 있겠다. 크로울리는 "화산과도 같은 에너지에는 한계가 없다."며 이 카드를 평가했다. 땅속에서는 불길이 위로 치솟으려 부글부글 끓어오르고 있는데, 그 위에 버티고 있는 산이 솟아오르려는 힘을 아래로 누르고 있는 셈이다. 그야말로 일촉즉발의, 엄청난 잠재적 에너지를 품고 있는 활화산을 묘사한 듯한 카드다. 호크마의 기운을 지닌 불은 확장하려 하고, 비나를 지배하는 토성은 확장을 제한하려고 한다. 그래서 이 카드의 제목은 '갈등'이다. 힘의 아슬

아슬한 균형이 무너지는 순간, 어떤 식으로든 대폭발이 일어날 것이다.

카드 이미지를 보자. 지팡이 3번 카드에서 보았던 두 개의 연꽃 지팡이 (Lotus Wand; Third 또는 Minor Adept의 지팡이)와 이번에 처음 선보이는 두 개의 피닉스(불사조) 지팡이(Phoenix Wand; Second 또는 Major Adept의 지팡이)가 X자를 형성하고 있고, 이집트에서 왕권을 상징하는 우라에우스(Uraeus)가 달린 수석 아뎁트의 지팡이(Chief Adept's Wand; Ur-uatchti)가 하급 지팡이들을 통제하고 있는 모습이다. 이 지팡이 상단에는 디스크 에이스 카드에서 보았던 칠각성(바발론의 별)과 짐승의 표식도 보인다.

약 600년을 살다가 온몸이 불타서 죽은 후, 잿더미 속에서 다시 태어난다는 불사조는 영원불멸의 속성을 지닌 영혼의 심볼이다. 요단강에서 신도들에게 물로 세례를 주던 세례 요한은 "나보다 뒤에 오시는 분(예수)은 너희에게 불로 세례를 줄 것이다."라고 예언했는데, 이는 불사조처럼 죽었다가 다시 살아나는 경험을 통해 구원을 받고 거듭나게 됨을 의미한다. 한편 어머니의 부드러운 힘을 상징하는 연꽃 지팡이는 거센 불길을 통제하는 역할을 한다. 게부라는 파괴적이고 때로는 폭력적이지만, 여성성을 상징하는 가혹의 기둥에 자리 잡고 있다는 사실을 기억하자.

크로울리는 이 카드와 관련하여 이집트의 사자 여신 파케트[237], 사자를 타고 다니는 힌두교의 바바니[238]와 칼리 여신, 시바와 샤크티[239]의 성교 장면 등을 언급하면서 "가장 신성한 것 안에는 성적 가혹함이 내재해 있다."고 말했다. 표면을 뚫고 폭발하려는 불과 이를 억누르려는 산의 이미지, 성교를 통해 생명이 탄생하지만(생명을 선사하는 자, 바바니) 동시에 필연적인 죽음(죽음을 선사하는 자, 칼리)도 함께 태어난다는 점이 이 가혹함을 잘 표현하고 있는 것 같다.

5 of Cups – 즐거움의 상실(Loss in Pleasure)

(Mars in Scorpio) 0° to 10° Scorpio

10월 23일 ~ 11월 1일

토트 타로의 제목 – 실망(Disappointment)

카드의 의미

- 즐거움의 종식. 예기치 못한 실망. 불행. 사랑에 대한 실망.
- 나를 냉대하는 친구들. 우정의 상실. 배신. 악의. 슬픔. 부질없는 후회.

화성이 자신의 집인 전갈자리에 들어왔다. 게다가 게부라는 화성이 지배하는 세피라이고, 전갈자리는 컵과 잘 어울리는 물의 별자리다. 최고의 조합인데, 즐거움의 상실이라니? 실망이라니? 이게 어찌 된 영문일까?

화성은 전갈자리뿐 아니라 양자리도 지배한다. (지팡이 2번 카드 참조). 불같은 양자리는 화성의 역동적이고 뜨거운 입김을 상대할 수 있었지만, 비밀스럽고 수줍음을 잘 타는 전갈자리는 게부라의 기운까지 받고 자기 집으로 온 화성을 과연 감당할 수 있을까? 한마디로 이 카드에서는 화성의 기운이 너무 강하다. 론 마일로 듀켓의 표현을 빌리자면, 이 카드의 화성은 너무나 흥분한 나머지, 전희의 과정을 모두 생략하고 급한 용무부터 해결하고 봐야겠다는 심산으로 전갈자리를 덮쳤다. 그야말로 속전속결. 환희를 전혀 느끼지 못하고 유린당한 전갈자리는 눈물을 흑흑 떨구고 있고, 3분 만에 일을 끝낸 화성은 담배를 태우면서 현자 타임을 갖고 있다. 그러니 결과는 당연히 '실망'이다. 둘이 페이스를 맞춰가며 마치 모닥불 때듯이 천천히 달아올랐다면 함께 절정에 도달했을 텐데….

보통 불과 물이 만나면 불이 꺼지기 마련인데, 이 카드에서는 불의 기운이 너무 강해서 물이 다 증발해버렸다. 시뻘건 배경은 루시퍼가 지배하는 불지옥을 연상시키고, 메마른 바다는 한때 기름지고 비옥했던 지역이 사막화로 인해 황무지로 변한 듯한 인상을 준다. 샤워기처럼 물을 뿌리던 연꽃도 열기를 감당할 수 없었는지 축 늘어져 이파리를 떨구고 있고, 컵에 들어있어야 할 물도 이미 증발한 상태다. 다섯 개의 컵은 물질이 영혼을 정복했음을 의미하는 역 오망성 형태로 배치되어 있다.

크로울리는 '사치'라는 제목을 가진 컵 4번 카드를 설명하면서 '조만간 좋은 시절이 끝날 것이니 마음의 준비를 해라.'는 식으로 경고했었다. 사랑(2번 카드)은 풍요(3번 카드)를 가져다주지만 이를 방치하면 사치(4번 카드)가 되고, 사치에 빠지면 그게 다 그거 같고, 모든 게 따분하고 짜증나서 결국에는 실망(5번 카드)하게 된다.

5 of Swords - 패배(Defeat)

(Venus in Aquarius) 0° to 10° Aquarius

1월 20일 ~ 1월 29일

토트 타로의 제목 - 패배(Defeat)

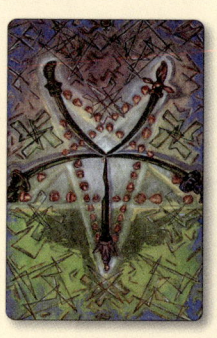

카드의 의미
- 손실. 악의. 적의.
- 나약함. 중상모략. 실패. 불안감.
- 가난. 불명예. 곤경. 고통 이후의 비통함.
- 속박. 이간질. 참견. 잔인하면서 비겁함. 험담.

'갈등', '실망'에 이은 '패배' 카드다. 지팡이 5번 카드는 확장하려는 사자자리/태양의 힘과 억누르려는 토성의 힘이 팽팽하게 맞서는 '갈등'을 표현했고, 컵 5번 카드에서는 화성의 강력한 불기운이 너무 진도를 빨리 뽑는 바람에 모든 당사자가 '실망'할 수밖에 없었는데, 이번에는 착하고 연약한 물병자리와 금성이 카발라의 우범지대라 할 수 있는 게부라에 발을 디디는 바람에 '패배'를 면할 수 없게 되었다. 크로울리는 이 카드의 나약함을 이렇게 설명했다.

늘 그렇듯이, 게부라는 혼란을 유발하는 영향을 발휘한다. 하지만 금성이 물병자리에 들어온 이 카드의 경우, 과도한 힘보다는 나약함으로 인해 재앙이 발생한다. 감상(금성)에 젖어 지적 능력(물병자리)이 무력화된 형국이다. 말하자면 평화주의로 인해 패배한 셈이다. 배신의 징후마저 보인다.

물병자리처럼 4대 원소 중 공기에 상응하는 별자리의 강점은 뛰어난 지적 능력이고, 게부라처럼 위험한 곳에서 탈 없이 그녀와 데이트를 즐기고 놀다 가려면 그 능력으로 재치를 발휘해야 하는데, 비너스의 아름다움과 감수성에 넋이 빠져 정신을 차리지 못하는 상황이다. 크로울리가 말하는 '배신의 징후'는 무슨 의미일까? 우물쭈물하다간 게부라의 우락부락한 깡패들, '나쁜 남자들'에게 애인마저 빼앗길 수도 있다는 뜻이 아닐까? 게부라의 주인인 마르스가 자기 구역에서 샌님 물병자리와 데이트 중인 비너스를 목격하고 친히 손을 봐준 것이 아닐까?

이번 카드에는 다섯 검의 자루가 역 오망성을 형성하도록 배치되어 있다. 물병자리의 날카롭고 예리한 지능을 상징하는 검들의 상태는 심각하다. 날카롭기는커녕, 녹슬고 무딘 데다 아예 날이 깨진 검도 보인다. 금성을 상징하는 장미는 완전하게 해체되었고, 뒤집어진 별 형상은 악마의 얼굴처럼 보인다. 배경에 등장하는 바람개비 중 일부는 스와스티카처럼 생겼다. 토트 타로는 세계 2차대전 기간 중 제작되었는데, 당시 크로울리가 영국 정보부의 첩자로 활동했다는 소문도 있었다. 그야말로 '오컬트 전쟁'이라 불릴 수 있는 2차대전 당시 영국 해군의 정보장교로 활동하던 친구, 이안 플레밍[240]의 요청으로 크로울리는 제3제국[241] 지도자들의 오컬트적 사고, 미신, 신념에 관한 통찰을 영국 정부에 제공했고, 나치의 흑마법에 대항하기 위해 영국을 이끌던 총리[242]가 공공장소에서 승리(Victory)를 의미하는 손가락 제스처(V자)를 취한 자세로 사진을 많이

찍을 것을 조언했다고 한다. '패배'라는 제목의 카드 배경에 나치를 상징하는 스와스티카를 그려 넣은 것 역시 나치의 패망을 기원하는 마법 의식으로 보인다.

5 of Disks – 세속적 문제(Earthly Trouble)

(Mercury in Taurus) 0° to 10° Taurus

4월 21일 ~ 4월 30일

토트 타로의 제목 – 고민(Worry)

카드의 의미
- 행동은 없고 강력한 압박이 가해지는 상황.
- 금전적 손실. 실직. 돈과 관련한 불안감. 가난.
- 강화하는 영향을 받을 경우: 노동. 토지의 경작. 건설. 지능적 노동.

묵직하고 진지한, 보수적이면서도 소신이 강한 황소자리에 이와 대조적으로 한 곳에서 가만히 있지 못하는, 자유롭게 여기저기 날아다니며 촐싹대는 날쌘돌이 수성이 들어온 것이 마치 지팡이 5번에서 봤던 사자자리와 토성의 갈등과 약간 비슷하다는 느낌을 준다. 상반되는 성향을 가진 별자리와 행성의 만남이라는 얘기다. 다만 이 카드의 경우, 가벼운 수성이 고집불통 황소자리를 얼마나 움직일 수 있을지는 의문이다.

이 카드의 본래 제목은 '세속적 문제'이고 크로울리는 이를 '고민'으로 바꿨는데, 보나 마나 돈 문제를 말하는 것 같다. 황소자리는 돈을 관리하는 별자리이고, 수성을 상징하는 재주꾼인 머큐리의 특기 중 하나는 도둑질이다. 사적인 이익을 위해 좋은 머리를 굴려 도둑질을 일삼으면 훔친 물건을 주워 요술 가방에 담는 도둑의 신, 젊은 머큐리가 되고, 지혜와 가르침을 전파하는 목적으로 사용하면 백발의 헤르메스 같은 위대한 현자가 된다. 수성을 의미하는 'Mercury'에서 파생된 영어단어 'mercurial'은 '변덕스럽다'는 뜻으로, 어디로 튈지 몰라 도무지 믿을 수 없는, 종잡을 수 없는 사람을 묘사할 때 쓰는 단어인데, 인간의 지능, 정신, 생각, 즉, 신뢰할 수 없는 루아흐의 속성을 적절하게 표현한 단어인 것 같다.

이번 카드에서도 사악한 역 오망성의 형상이 나타났다. 견고하고 든든했던 3번('일'), 4번('파워') 카드에 이어 안정성이 흔들리는 5번 게부라에 왔는데, 분열하기 일보 직전인 거대한 검은색 원들을 다섯 개의 못으로 임시 고정한 듯한 느낌을 주는 카드다. 마치 부실 공사로 균열이 가기 시작한 건물의 외벽 또는 언제 무너질지 모르는 교량에 급히 콘크리트를 처바른 듯한 인상이다. 검은색 원은 거대한 기계의 톱니바퀴를 연상시킨다. 그런데 역 오망성으로 못질을 해놓는 바람에 바퀴가 돌 수 없는 상황이다. 어느 관점에서 바라보든, 무척 답답한 느낌을 전해주는 카드다. 크로울리는 이 카드가 물질의 근본을 뒤흔드는 지진의 효과를 상징하고 있으며, 배경의 붉은색과 노란색의 조합을 '분노로 가득한, 추악한 색'이라고 평했다. 이 말을 들으니 진짜 땅이 갈라진 틈 사이로 보이는 용암의 색 같다는 느낌도 든다.

3번 카드의 세 구나, 4번 카드의 네 원소에 이어, 5번 카드의 역 오망성을 구성하는 다섯 디스크에는 다섯 원소를 상징하는 힌두교의 타트바(Tattvas) 심볼이 새겨져 있다. 각 심볼의 명칭과 의미는 다음과 같다.

- 아카샤(Akasha): 검은 달걀 모양의 심볼, 제5 원소인 영(Spirit)을 상징.
- 바유(Vayu): 파란 원 모양의 심볼, 공기(Air)를 상징.
- 테하스(Tejas): 빨간 삼각형 모양의 심볼, 불(Fire)을 상징.
- 아파스(Apas): 은색 초승달 모양의 심볼, 물(Water)을 상징.
- 프리트비(Prithvi): 노란 정사각형 모양의 심볼, 흙(Earth)을 상징.

황금새벽회에서는 아스트랄계에서 활용하는 감각을 기르기 위해 타트바 심볼들을 다양한 방식으로 조합하고 이를 대상으로 명상하는 '타트바 비전(Tattva Vision)'이라는 기법을 수련했다고 한다. 이 카드에서는 영을 상징하는 심볼이 맨 아래로 내려와 물질이 영을 정복했음을 보여주고 있다.

(6) 티파레트(Tiphareth, תפארת); 아름다움(Beauty)

① **타이틀**: 티파레트, 아름다움.

② **마법 이미지**: 위풍당당한 왕. 아이. 제물로 바쳐진 신.

③ **생명의 나무 상의 위치**: 균형(중용)의 기둥 중앙.

④ **세페르 예치라 상의 설명**: 여섯 번째 경로는 이곳에서 발산(Emanations)의 유입이 배가되고, 자신과 연결된 축복의 저수지로 그 영향이 흘러가도록 유도하므로 중재의 지성(Mediating Intelligence)으로 불린다.

(The Sixth Path is called the Mediating Intelligence, because in it are multiplied the influxes of the Emanations; for it causes that influence to flow into all the reservoirs of the blessings with which they themselves are united.)

⑤ **별칭**: 제르 안핀(Zeir Anpin). 작은 얼굴(The Lesser Countenance). 멜렉(Melech). 왕(The King). 아담(Adam). 신의 아들(The Son). 인간(The Man).

⑥ **지배자의 이름**:

- 신의 이름 – 테트라그라마톤 알로아 바 다아트(Tetragrammaton Aloah Va Daath).
- 대천사 – 라파엘(Raphael). 신의 치유(Healing of God).
- 천군 – 멜라힘(Melachim). 왕들(Kings).
- 세속적 차크라 – 세메쉬(Shemesh). 태양(The Sun).

⑦ **영적 체험**: 사물의 조화에 관한 비전(Vision of the Harmony of Things).

십자가형의 신비(Mysteries of the Crucifixion).

⑧ 미덕: 대업을 위한 헌신(Devotion to the Great Work)

  악덕: 자만(Pride).

⑨ 소우주와의 상응: 가슴.

⑩ 심볼: 라멘(Lamen), 장미 십자가(The Rosy Cross), 갈보리 십자가(The Calvary Cross), 갓돌이 잘려나간 피라미드(The Truncated Pyramid), 정육면체(The Cube).

⑪ 타로: 네 장의 6번 카드.

- 6 of Wands – 승리(Victory).
- 6 of Cups – 기쁨(Joy).
- 6 of Swords – 성취한 성공(Earned Success).
- 6 of Disks – 물질적 성공(Material Success).

⑫ 색상:

- 아칠루트 – 투명한 장밋빛(Clear Rose-Pink).
- 브리아 – 노란색(Yellow).
- 예치라 – 진한 살구색(Rich Salmon-Pink).
- 아시아 – 황금 호박색(Golden Amber).

1. 생명 나무에 달린 10개의 세피로트를 차례대로 다루는 제3장의 집필을 시작하면서 절반 지점이라 할 수 있는 5번 세피라, 게부라까지는 비교적 순탄하게, 막힘 없이 술술 써 내려가다가 6번, 티파레트에 이르러 벽에 부딪혀 한동안 방황했던 기억이 떠오른다. 그도 그럴 것이, 생명

나무의 정중앙에 위치한 티파레트부터 힘이 형상으로 변환되고, 대우주의 관점, 추상적이고 형이상학적인 관점에서 바라봤던 생명 나무를 소우주의 관점, 구체적인 관점에서 조명해야 하는 일대 전환이 일어나기 때문이다. 진아, 상위 자아, 신성한 수호천사, 우리를 깊은 잠에서 깨워줄 왕자님이 거하는 티파레트는 10번 세피라에서 출발하여 영적 성장의 여정을 시작하는 인간의 입장에서 가장 중요한 이정표라고 할 수 있다. 그럼 이제 이 중요하고도 다양한 의미를 지닌 세피라, 티파레트의 속성을 하나씩 살펴보자.

2. 방금 언급했듯이, 티파레트는 생명 나무의 거의 정중앙에 위치한다. 생명 나무 도안을 보면 동그란 모양의 세피로트와 이를 연결하는 경로들이 지하철 노선도를 연상시키는데, 티파레트는 10번, 말쿠트를 제외한 모든 세피로트와 직접 연결되어 있다. 상위 세피로트에서 발산하는 에너지를 전부 받고 통합하여 하위 세피로트로 전달/분배해주는 중계자, 버스 터미널, 대운하, 고속도로 요금소와 비슷한 역할을 하는 세피라. '모든 에너지는 티파레트로 통한다.'는 말로 표현해도 무방할 것 같다. 그래서 『세페르 예치라』에서도 "여섯 번째 경로는 이곳에서 발산의 유입이 배가되고, 자신과 연결된 축복의 저수지로 그 영향이 흘러가도록 유도하므로 중재의 지성이라 불린다."고 묘사하고 있다. 우리 눈에 보이지 않는 빛이 프리즘을 통과하면 일곱 빛깔로 분리되듯이, 추상적인 속성을 지닌 상위 세피로트의 힘이 티파레트를 통과하고 변환의 과정을 거치면 우리가 인지할 수 있는 다양한 형상으로 모습을 드러내게 된다.

3. 생명 나무의 중앙 기둥을 보면 티파레트는 케테르보다 아래에, 그리고 9번 세피라, 예소드보다 위에 있는 것을 알 수 있다. 따라서 티파레트는 케테르의 하위 호환이자, 예소드의 상위 호환이라고 할 수 있다. 1, 2, 3번 세피라로 구성된 천상의 삼각형을 물 위에 비치면 4, 5, 6번으로 구성된 역삼각형 모양의 윤리적 삼각형이 만들어지며, 티파레트는 물에 비친 케테르의 상임을 알 수 있다. 그래서 케테르는 아버지(聖父), 티파레트는 아버지의 분신인 아들(聖子), 그리고 티파레트 아래에 있는 예소드는 성령(聖靈)으로 불리기도 한다. 한편 물질 세상을 상징하는 10번 세피라, 말쿠트는 인간이 거하는 영역이다. 디온 포춘은 이 관계를 다음과 같이 설명했다.

> 케테르의 관점에서 봤을 때 티파레트는 자녀다; 말쿠트의 관점에서 본 티파레트는 왕이다; 그리고 힘의 변환(Transmutation of Force)이라는 관점에서 보면 제물로 바쳐진 신이다.

4. 티파레트는 물에 비친 케테르의 이미지이므로 아들이고, 말쿠트, 즉, 육신을 걸친 우리의 관점에서 봤을 때는 내면의 진아, 신성한 수호천사, 우리가 신랑으로 받아들여야 할 왕자님이자 장차 왕위에 올라야 할 자므로 왕이다. 그럼 '제물로 바쳐지는 신'의 개념은 어떻게 이해해야 할까? 게부라를 다루는 전 섹션에서 보았듯이, 희생이란 '변환'을 의미한다. 생명 나무 위에서 봤을 때 티파레트는 힘이 형상으로 변환하는 지점이고, 아래에서 봤을 때는 형상이 힘으로 변환하는 곳이다. 티파레트는 추상적인 것과 구체적인 것, 영적인 것과 물질적인 것, 신성과 인간이 공존하는 경계 구역이라고 할 수 있다.

5. 희생이란 장차 더 나은 것을 얻기 위해 지금 가진 덜 나은 것을 완전히 내려놓는 것이라고 했다. 말로 하긴 쉽지만, 실천하기란 참 어려운 일이다. 미래에 큰 부를 얻기 위해 지금 가진 돈을 아낌없이 다 쓰고 남에게 나눠주라고 한다면, 가진 것을 모조리 다 비우라고 한다면 그걸 쉽게 실행에 옮길 수 있겠는가? 신은 공중을 나는 새, 들판에 핀 백합 한 송이도 일일이 다 신경을 쓰며 보살피는데, 하물며 인간을 챙기지 않겠느냐는 산상수훈의 가르침은 불안한 마음을 따뜻하게 위로해주지만, 이 말을 100% 믿고 걱정을 내려놓기란 쉽지 않다. 괜히 가진 것만 다 잃고, 새로 얻는 것은 하나도 없을까 봐 불안할 수밖에 없다.

(마태복음 6:19) 너희를 위하여 보물을 땅에 쌓아 두지 말라 거기는 좀과 동록이 해하며 도적이 구멍을 뚫고 도적질하느니라

(마태복음 6:20) 오직 너희를 위하여 보물을 하늘에 쌓아 두라 거기는 좀이나 동록이 해하지 못하며 도적이 구멍을 뚫지도 못하고 도적질도 못하느니라

(마태복음 6:21) 네 보물 있는 그 곳에는 네 마음도 있느니라

(마태복음 6:22) 눈은 몸의 등불이니 그러므로 네 눈이 성하면 온 몸이 밝을 것이요

(마태복음 6:23) 눈이 나쁘면 온 몸이 어두울 것이니 그러므로 네게 있는 빛이 어두우면 그 어두움이 얼마나 하겠느뇨

(마태복음 6:24) 한 사람이 두 주인을 섬기지 못할 것이니 혹 이를 미워하며 저를 사랑하거나 혹 이를 중히 여기며 저를 경히 여김이라 너희가 하나님과 재물을 겸하여 섬기지 못하느니라

(마태복음 6:25) 그러므로 내가 너희에게 이르노니 목숨을 위하여 무

엇을 먹을까 무엇을 마실까 몸을 위하여 무엇을 입을까 염려하지 말라 목숨이 음식보다 중하지 아니하며 몸이 의복보다 중하지 아니하냐
(마태복음 6:26) 공중의 새를 보라 심지도 않고 거두지도 않고 창고에 모아 들이지도 아니하되 너희 천부께서 기르시나니 너희는 이것들보다 귀하지 아니하냐
(마태복음 6:27) 너희 중에 누가 염려함으로 그 키를 한 자나 더할 수 있느냐
(마태복음 6:28) 또 너희가 어찌 의복을 위하여 염려하느냐 들의 백합화가 어떻게 자라는가 생각하여 보라 수고도 아니하고 길쌈도 아니하느니라
(마태복음 6:29) 그러나 내가 너희에게 말하노니 솔로몬의 모든 영광으로도 입은 것이 이 꽃 하나만 같지 못하였느니라
(마태복음 6:30) 오늘 있다가 내일 아궁이에 던지우는 들풀도 하나님이 이렇게 입히시거든 하물며 너희일까보냐 믿음이 적은 자들아
(마태복음 6:31) 그러므로 염려하여 이르기를 무엇을 먹을까 무엇을 마실까 무엇을 입을까 하지 말라
(마태복음 6:32) 이는 다 이방인들이 구하는 것이라 너희 천부께서 이 모든 것이 너희에게 있어야 할 줄을 아시느니라
(마태복음 6:33) 너희는 먼저 그의 나라와 그의 의를 구하라 그리하면 이 모든 것을 너희에게 더하시리라
(마태복음 6:34) 그러므로 내일 일을 위하여 염려하지 말라 내일 일은 내일 염려할 것이요 한 날 괴로움은 그날에 족하니라

6. 윌리엄 워커 앳킨슨은 『신비주의 기독교』에서 이 구절을 언급하며

다음과 같이 설명했다. 이번 섹션에서 다루는 주제와 무관하게 중요한 내용이라 생각되어 전문을 옮겨본다.

신약성경에 등장하는 가장 놀라운 구절이자, 나사렛 예수가 우리에게 전한 가장 위대한 가르침이다. 이 구절 안에는 올바른 삶을 영위하는 방법에 관한 오컬트 가르침 전부가 함축되어 있다. 단 몇 줄 안에 요기 철학의 핵심 중 하나인 카르마 요가(Karma Yoga)의 교리 전부가 요약되어 있다. 또한 오늘날 다양한 단체와 학파에서 가르치고 설파하는 신사고(New Thought) 사상의 핵심도 담겨있다. 산상수훈의 중심을 이루고 있는 이 구절을 열심히 읽고, 내용에 대해 사색하고, 공부하고, 실천으로 옮기면 최근 각지에서 설립되어 대중적 인기를 누리고 있는 수많은 형이상학 단체들의 사상도 굳이 따로 공부할 필요가 없다. 이 구절의 문장 하나하나가 최고 수준의 신비주의와 오컬트 철학을 표현하고 있는 주옥같은 명문이다. 이 구절만으로 수십, 수백 권의 책이 쓰일 수 있을 것이고, 그것으로도 여기에 담긴 모든 가르침을 설명하진 못할 것이다. 이 구절에서는 우리가 영을 대할 때, 영과 관련한 것을 다룰 때 정신을 집중하는 일의 중요성과 물질을 향한 집착의 어리석음을 지적하고 있다. 그 어떤 것에도 집착하면 안 된다는 점도 강조하고 있다. 하지만 무엇보다도 중요한 것은 신념의 힘에 관한 가르침이다. 신념이야말로 모든 오컬트 가르침의 가장 중요한 비밀이자 내적 미스터리의 문을 여는 열쇠다. 신념은 굳게 잠긴 성공의 모든 문을 여는 마스터키다. 이번 강의 시리즈를 공부하는 모든 학생과 독자들에게 산상수훈의 꽃이라 할 수 있는 이 구절을 암기할 것을 권하고 싶다. 달달 외워서 나의 일부, 내 인생의 일부로 만들자. 나의 모든 행동과 삶을 지배하는 제1의 규칙으로 삼자. 이 구절에 담긴 올바른 삶의 가르침은 영의 진정한 삶이 무엇인지 우리에게 전해주고 있다. 모든 신비주의자와 오컬티스트가 걸어야 할 길을 밝게 비춰주는 진정한 등대라 할 수 있다!

7. 구약성경 창세기에 보면 신이 가인(Cain)의 공물은 받기를 거부하고, 그의 동생, 아벨(Abel)의 공물은 받는 장면이 나온다. 이에 분개한 가인은 질투심에 사로잡혀 동생을 죽이고, 인류 역사상 최초의 살인자라는 오명을 남긴다.

>(창세기 4:1) 아담이 그 아내 하와와 동침하매 하와가 잉태하여 가인을 낳고 이르되 내가 여호와로 말미암아 득남하였다 하니라
>(창세기 4:2) 그가 또 가인의 아우 아벨을 낳았는데 아벨은 양 치는 자이었고 가인은 농사하는 자이었더라
>(창세기 4:3) 세월이 지난 후에 가인은 땅의 소산으로 제물을 삼아 여호와께 드렸고
>(창세기 4:4) 아벨은 자기도 양의 첫 새끼와 그 기름으로 드렸더니 여호와께서 아벨과 그 제물은 열납하셨으나
>(창세기 4:5) 가인과 그 제물은 열납하지 아니하신지라 가인이 심히 분하여 안색이 변하니
>(창세기 4:6) 여호와께서 가인에게 이르시되 네가 분하여 함은 어쩜이며 안색이 변함은 어쩜이뇨
>(창세기 4:7) 네가 선을 행하면 어찌 낯을 들지 못하겠느냐 선을 행치 아니하면 죄가 문에 엎드리느니라 죄의 소원은 네게 있으나 너는 죄

동생 아벨을 죽이는 인류 최초의 살인자, 가인

를 다스릴지니라

(창세기 4:8) 가인이 그 아우 아벨에게 고하니라 그 후 그들이 들에 있

을 때에 가인이 그 아우 아벨을 쳐죽이니라

8. 교회 다니던 시절부터 이해하지 못했던 대목이다. 신이 채소는 싫어하고 고기만 좋아해서 아벨은 이뻐하고 가인은 푸대접했단 말인가? 신

이 사람과 똑같은 음식을 먹는 존재란 말인가? 이런 걸 기준으로 자신의 호불호를 드러내는 유치한 존재가 어떻게 신으로 불릴 수 있단 말인가? 그러다 성인이 되어 이 문제에 관한 맨리 P. 홀의 해석을 듣고 뒤통수를 맞은 듯한 기분이 들었다. 희생의 본질을 잘 보여주는 설명이다.

> 가인은 자기가 가진 것, 즉, 노동을 통해 얻은 수확물 일부를 제물로 바쳤고, 아벨은 자기가 치던 양, 즉, 자기 자신의 동물적 속성을 제물로 바쳤습니다. 그래서 신이 아벨의 공물은 받고, 가인의 공물은 거절한 것입니다. 가인은 자기가 가진 무언가를 바쳤고, 아벨은 자기 자신을 바쳤습니다. (Cain gave what he has, Abel gave what he is.)

9. 티파레트를 중심으로 하는 여섯 세피라(4~9번 세피라)는 '원형적 인간(Archetypal Man)'을 의미하는 '아담 카드몬'으로도 불린다. 디온 포춘은 "이 여섯 개의 세피라는 진정한 형상(물질)의 왕국인 말쿠트의 배후에 있는 원형적 왕국을 구성하며, 수동적 속성을 지닌 물질에 절대적인 영향을 주면서 지배한다."라고 설명한다. 이게 무슨 의미일까? 원인의 영역과 결과의 영역, 즉, 인과관계의 원칙을 말하는 것이다.

10. 물질은 고정적이고 변하기 어려운 속성을 지니고 있다. 액체 상태의 물이 온도에 따라 고체(얼음) 또는 기체(증기)로 바뀌는 변화는 비교적 쉬운 편에 속하지만, 물질의 속성(분자의 구조 등)을 바꾸려면 엄청난 양의 에너지를 가해야 할 수도 있다. 물질 세상은 결과의 영역, 즉, 그 배후에서 작용하고 있는 모든 힘이 더해져 만들어낸 최종 결과물이다. 생명나무 도안을 봐도 맨 아래에 달린 말쿠트(물질 세상)는 1~9번 세피라의

영향을 다 받아들이는, 매우 수용적인 세피라임을 알 수 있다. 타로에서 말쿠트는 우리, 즉, 인간을 상징하는 공주(라이더-웨이트-스미스를 비롯한 대중적 덱에서는 '시종' 또는 '견습생'으로 불린다)에 해당한다.

11. 한편 물질계 바로 이면에는 통상 '아스트랄계(astral plane)'라고 총칭하는 영역이 있다. 카발라에서는 7, 8, 9번 세피라로 구성되는 세 번째 삼위일체, 세 번째 삼각형을 아스트랄 삼각형으로 칭한다. 형성의 세상(4~9번 세피라로 구성된 '예치라')의 일부인 이 영역은 단단한 물질로 구성된 말쿠트와 달리 아직은 형상이 고정되지 않은, 형상의 청사진들이 존재하는 곳으로, '원인의 영역'으로 불릴 수 있다. 인과관계의 원칙에 따르면 모든 원인은 어떤 결과로 이어지고, 모든 결과는 어떤 원인에서 비롯된 것이다. 따라서 결과를 바꾸기 위해서는, 즉, 기존과 다른 결과를 얻기 위해서는 원인을 바꿔야 하며, 원인을 바꾸려면 결과의 영역인 물질계가 아니라 그 이면에 있는 원인의 영역에서 변화를 일으켜야 한다. 물질계에서 결과를 바꾸기란 어렵지만, 그 결과를 낳은 원인을 바꾸는 것은 상대적으로 쉽다. 예를 들어, 인간의 루아흐, 즉, 지적/정신적 활동, 생각 등이 작용하는 영역에서 변화를 일으키면(다시 말해, 생각을 바꾸면), 이에 따른 물질적 결과도 자연스럽게 바뀌게 된다. 어떤 물건을 제작하기 위해 그린 청사진에 오류가 있으면 하자가 있는 물건이 생산되지만, 오류를 수정하고 정확한 청사진을 이용하여 제작하면 정상적인 결과가 나오는 것과 같은 이치다. 내가 원하는 결과를 얻으려면 그 결과를 가져온 원인을 바꿔야 하고, 원인의 영역을 지배/총괄하는 것은 티파레트라는 사실을 기억하자.

12. 생명의 나무를 좌우, 상하로 나눴을 때 중앙에 자리한 티파레트는 '작은 얼굴'이자 원인의 영역을 다스리는 왕자로, 이 영역을 구성하는 세피로트가 균형을 유지하도록 영향력을 발휘한다. 고대 점성학에서는 태양과 달을 포함한 일곱 개의 천체가 지구를 둘러싸고 있다고 생각했고, 언제나 달-수성-금성-태양-화성-목성-토성 순으로 이 일곱 천체를 나열했다. 고대인들은 일곱 천체 중 태양이 중심에 있고, 이보다 낮은 곳에 있는 세 행성(달, 수성, 금성)은 인간의 하위 자아, 그리고 높은 곳에 있는 세 행성(화성, 목성, 토성)은 상위 자아를 상징한다고 여겼다. 생명의 나무도 이 개념과 유사한 방식으로 배치되어 있음을 볼 수 있다. 태양(6) 아래에 달(9), 수성(8), 금성(7)이 있고, 태양 위에는 화성(5)과 목성(4)이 있는 모습이, 마치 이 천체들이 태양 주위를 돌고 있는 듯하다. 신들의 아버지이자 가장 나이 많은 행성, 올림포스 시대 이전에 우주를 다스렸다가 신세대 신들에게 자리를 내어주고 무대 뒤로 물러나 '아버지 시간(Father Time)'이 된 토성(3)만 심연 건너편 천상의 삼각형에 속해 있다는 차이점만 있다.

13. 맨리 P. 홀은 『세상을 덮치고 있는 일곱 가지 문제(Seven Problems That Are Plaguing the World)』라는 제목의 강연[243]에서 일곱 천체를 인간 생애의 여러 단계에 비유했다. 마름돌 출판사에서는 이를 응용하여 맨리 P. 홀의 환생 강의록, 『환생, 카르마 그리고 죽음 이후의 삶』의 부록에서 시기별 특징과 자기성찰을 위해 던져볼 만한 일곱 개의 질문을 제시했다. 잠시 쉬어가는 차원에서 읽어보자.

> **나에게 묻는다**(자기성찰을 위한 자서전 쓰기)

다음은 맨리 P. 홀의 강연, 『세상을 덮치고 있는 일곱 가지 문제(Seven Problems that are Plaguing the World)』 중에서 인생을 일곱 단계로 나눠 설명하는 대목을 참고하여 만든 것입니다. 본문에 나오는 내용처럼, 지금까지의 삶을 종합하고 점검하여 카르마의 채무 관계를 적어보면 내가 잘한 일, 못한 일, 앞으로 해야 할 일과 중단해야 할 일이 무엇인지 구체적으로 알 수 있습니다. 연령대별로 구분한 것에 구애받지 마시고 자기를 성찰하는 시간을 가져 보시기 바랍니다.

I. 0~10세(☾ ; 달의 지도를 받는 시기)

키워드: 어머니, 배려, 사랑, 인식, 가정 교육, 도덕 관념, 가치관, 언어, 아르테미스/다이애나.

태어나서부터 10살까지는 엄마가 스승이다. 달이 지배하는 게자리는 점성학에서 '엄마의 별자리'로 알려져 있으며, 아이에게 사랑을 퍼붓는 역할을 한다. 엄마의 가르침이 곧 가정 교육이고, 아이는 이를 통해 말, 배려, 사랑, 도덕을 배우며 가치관을 형성한다.

1. 내가 떠올릴 수 있는 최초의 기억은?
2. 어린 시절 가장 행복했던 기억은?
3. 가장 슬펐던 일은?

4. 나를 위해 아낌없이 베풀었던 사람은 누구였나?
5. 나의 부모는 어떤 사람이었나?
6. 제일 친했던 친구는?
7. 제일 미웠던 사람은?

II. 11~20세(☿ ; 수성의 지도를 받는 시기)

키워드: 교육, 신념, 미래 설계, 선량한 인간이 되기 위한 발판, 교양, 예의범절, 에고, 자아, 헤르메스/머큐리, 지학(志學; 15세, 학문에 뜻을 두는 나이), 약관(弱冠; 20세, 갓을 쓰기 시작하는 나이).

"공부도 다 때가 있다."는 말이 있다. 개인적으로는 이 말에 100% 동의하지는 않는다. 10대 때는 기억력이 좋아서 방대한 지식을 머리에 잔뜩 담을 수 있다는 장점이 있지만, 이해력은 오히려 나이가 들면서 더 좋아지기 때문이다. 하지만 어쨌든, 머리가 팽팽 돌아가는 10대 때 최대한 많고 광범위한 분야를 공부해보는 것은 아주 중요하며, 이 시기에 우리를 지도해 줄 스승으로 지식의 신인 헤르메스/머큐리(수성)만큼 적임자는 없을 것이다. 헤르메스를 통해 단순 지식뿐 아니라 신념, 교양, 예의범절, 인성의 중요성도 배우게 되고, 10대에 이르러 자아의식도 형성하게 된다. 이 시기를 어떻게 보내느냐에 따라 나밖에 모르는, '나뿐인' 사람(='나쁜' 사람)이 될지, 아니면 이타주의를 실천하는 사람, 세상이 꼭 필요로 하는 소금 같은 사람이 될지 정해진다.

8. 어린 시절의 꿈은?

9. 처음으로 보람을 느꼈던 일은?

10. 부모 또는 선생님에게 혼났던 기억은?

11. 가장 존경했던 위인은?

12. 가장 힘들었던 일은?

13. 나에게 큰 영향을 준 책은?

14. 다시 만나고 싶은 사람은?

III. 21~30세(♀; 금성의 지도를 받는 시기)

키워드: 가정, 배우자, 사랑, 사회생활, 이타주의, 협력, 부모, 출생, 책임감, 인간관계, 기초, 아프로디테/비너스, 이립(而立; 30세, 뜻을 세우는 나이).

20대는 사랑을 관장하는 여신의 지도를 받아 배우자를 찾고 가정을 꾸리기에 이상적인 시기다. 이 시기에는 내가 엄마 또는 아빠가 되면서 사랑에 관한 이해도 더욱 깊어지고 생명에 대한 책임감도 강해진다.

15. 나의 첫사랑은?

16. 남을 위해 베풀었던 기억은?

17. 나의 가장 큰 실수는?

18. 제일 갖고 싶은 것은?

19. 내가 질투하는 사람은?

20. 남이 모르는 나의 재능은?

21. 내가 하고 싶은 일은?

IV. 31~40세(⊙ ; 태양의 지도를 받는 시기)

키워드: 직업, 잠재력 발휘, 베풂, 봉사, 희생, 자녀 교육, 생산, 정직, 자립, 노동, 아폴로, 불혹(不惑; 40세, 미혹되지 않는 나이).

30대는 한참 일하면서, 태양처럼 사방으로 에너지를 발산하면서 주변에 많이 베푸는 시기다. 내가 무언가를 열심히 하면 나와 가족은 물론이고, 나로 인해 이득을 보는 사람들이 생긴다. 내가 회사에서 열심히 일하면 회사에도 도움이 되고, 회사가 제공하는 상품 또는 서비스를 이용하는 고객들도 도움을 받는다. 일한 대가로 월급을 받고, 이를 통해 (내 옆에 있는) 배우자, (내 아래 있는) 자녀들, (내 위에 있는) 부모님도 혜택을 본다. 10대~20대에는 활력이 넘치지만 지혜는 부족하고, 40대~50대를 넘어가면 지혜가 생기지만 체력은 조금씩 떨어지기 시작한다. 하지만 인생의 중간이라 할 수 있는 30대는 모든 것을 적당히, 두루 갖춘 전성기라고 할 수 있다. 티파레트하고 잘 어울리는 시기라고 말할 수 있을 것 같다.

22. 인생에서 가장 힘들었던 결정은?

23. 나를 즐겁게 하는 것은?
24. 내가 가졌으면 하는 능력은?
25. 나의 인생 목표는?
26. 나를 기쁘게 하는 것은?
27. 나의 인생 모토는?
28. 나에게 가장 소중한 것은?

V. 41~50세(♂ ; 화성의 지도를 받는 시기)

키워드: 회고, 성찰, 자기 검열, 자책, 회개, 응징, 회한, 위기, 건강, 갱년기, 심판, 변화, 아레스/마르스, 지천명(知天命; 50세, 하늘의 명을 알게 되는 나이).

냉혹한 자기평가의 시기다. 아직 살날이 많이 남았지만, 지금까지 내가 올바른 방향으로 걸어왔는지 성찰하고, 회개하고, 자책하고, 후회하면서 눈물을 흘리게 될 수도 있다. 이전 섹션에서 설명한 게부라의 채찍을 맞게 되는 시기다. 지금까지 몸을 막 굴리면서 살아왔다면 이 시점부터 건강상의 적신호가 나타나기 시작할 수도 있다. 하지만 이 뼈아픈 시기를 잘 통과하면 변화할 수도 있다. 지천명이라는 말대로, 하늘의 뜻을 제대로 파악했다면 내가 왜 세상에 태어났는지, 내가 세상에서 해야 할 일이 무엇인지 알게 되고, 이에 따라 방향을 수정하는 기회가 주어질 수도 있다.

29. 인생에서 가장 후회되는 일은?

30. 나를 화나게 하는 것은?

31. 양심을 속인 적은?

32. 내가 용서해야 할 사람은?

33. 가장 두려운 것은?

34. 고쳐야 할 나의 나쁜 습관은?

35. 버리고 싶은 것은?

VI. 51~60세(의 ; 목성의 지도를 받는 시기)

키워드: 돈, 나눔, 의미, 내면의 삶, 철학, 사색, 종교, 영혼의 집, 안락함, 관대함, 재교육, 결단, 제우스/주피터, 이순(耳順; 60세, 귀가 순해지는 나이).

40대에 냉혹한 자기성찰의 과정을 제대로 통과했으면 50대에 이르러 통 큰 제우스/주피터처럼 마음의 여유가 생긴다. 날카롭고 모났던 부분들이 둥글둥글 부드러워지고, 타인을 대하는 마음가짐도 관대해진다. 철학자의 별자리인 사수자리를 지배하는 목성을 스승으로 모시면서 내면의 삶을 대상으로 명상하고 사색하게 되는 시기다. 하늘의 뜻을 아는 것(지천명)보다 더 어려운, 귀가 순해지는 나이다.

36. 뭐든지 다 줄 수 있는 친구는?

37. 위급한 순간에 기댈 수 있는 사람은?

38. 지금 전화하고 싶은 사람은?

39. 나의 가장 큰 걱정거리는?

40. 나만 아는 나의 비밀은?

41. 잊고 싶은 기억은?

42. 복권에 당첨되면 가장 먼저 하고 싶은 것은?

VII. 61~70세(♄ ; 토성의 지도를 받는 시기)

키워드: 존엄, 추억, 경륜, 영혼의 예금 계좌, 철학, 예술, 도덕, 원로, 홍보 대사, 자유, 크로노스/사투르누스, 종심(從心; 70세, 뜻대로 행하여도 도리에 어긋나지 않는 나이).

백발이 성성한 토성이 다스리는 노년의 시기다. 맨리 P. 홀은 사람이 "태어났을 때보다 조금이라도 더 나은 사람이 되어 이승을 떠난다면 성공적인 삶이다."라고 말했다. 나이가 들면 사람이 더 지혜로워진다는데, 나도 그런 케이스에 속하는지, 태어났을 때보다 영혼의 예금 계좌의 잔액이 늘어났는지 점검해봐야 할 시기다. 토성이 지배하는 염소자리는 한 해의 끝과 새해의 시작을 알리는 기간이다. 앞에서 서양 연하장에 그려진 이미지를 예로 들어 설명했듯이, 지는 해를 상징하는 토성은 자상한 할아버지처럼 새로 떠오르는 아기 태양을 일으켜 세우는 역할을 한다. 진정한 시작과 진정한 끝은 없음을, 만물은 순환함을 보여주는 적절한 심볼이다.

43. 나의 소원은?

44. 나에게 필요한 것은?

45. 내가 끝내지 못한 일은?

46. 내가 꼭 해야 할 일은?

47. 가장 힘들었던 인간관계는?

48. 100년을 더 살 수 있다면 하고 싶은 일은?

49. 내 인생을 한마디로 표현한다면?

14. 다시 티파레트에 관한 설명으로 돌아가자. (조금 전 했던 얘기와 비슷한 내용이지만) 디온 포춘에 따르면, 소우주 관점에서 볼 때 티파레트보다 아래에 있는 네 개의 세피로트(7~10)는 사람의 인격 또는 하위 자아, 위에 있는 네 개의 세피로트(2~5)는 그의 개성 또는 상위 자아, 그리고 케테르(1)는 신성의 불꽃에 해당한다고 한다. 티파레트의 아래 영역에 머무르는 사람은 자신의 인격이 곧 '나'라고 착각하며 이승에 집착하는 삶을 살고, 티파레트의 경지에 도달한 사람, 즉, 내면의 진아와 신성한 수호천사를 만난 사람은 '인격'이란 이번 생에서 임시로 걸친 육신과 비슷한 개념이고, 자신의 진짜 본질은 '개성', 즉, 영혼에 있음을 깨달은 사람이다. 티파레트는 언제나 변환의 지점, 희생의 제물을 바치는 제단이 된다. 디온 포춘의 설명을 들어보자.

티파레트에서는 원형적 이상(Archtypal Ideals)이 구체화하면서 원형적 발상(Archetypal Ideas)으로 변환된다. 이곳은 탄생의 장소(Place of Incarnation)라고 할 수 있다. 이러한 이유로 티파레트를 아이(Child)라 부르기도 한다. 신성의 이상(God-Ideal)이 형상으로 탄생하려면 제물로 바쳐져 죽어야 하므로(Sacrificial Discarnation) 티파레트에는 십자가형의 신비가 지정되며, 여러 종교와 신화에서 제물로 바쳐지는 신들은 모두 티파레트에 위치하게 된다. 따라서 아버지(성부)는 케테르에, 그리고 아들(성자)은 티파레트에 지정된다.

15. 영성계에서는 "죽음이란 상태의 변환에 불과하다."는 말을 종종 한다. 맞는 말이다. 이승에서의 '죽음'이란 사람이 '육신을 가진 상태'에서 '육신을 벗어던진 상태'로 변하는 것을 의미한다. 이 과정에서 나의 인격은 사라지지만 나의 개성(영혼)은 단절 없이 계속 존재를 이어간다. 인격은 육신과 관련이 있지만, 개성은 육신과 무관하기 때문이다. 그런데 이와 같은 상태의 변환은 이승에서 저승으로 갈 때뿐만 아니라, 반대로 저승에서 이승으로 올 때도 적용된다. 이승에서 죽는 것은 저승에서 다시 태어나는 것이고, 이승에서 태어나는 것은 저승에서 죽음을 맞았음을 뜻한다. 이것이 바로 "탄생과 죽음은 같은 것이다."라는 말의 의미다. 자기의 꼬리를 물고 있는 뱀의 이미지를 다시 떠올려보자. 머리와 꼬리가 연결되어 있다는 것은 시작과 끝, 탄생과 죽음이 사실상 같은 것임을 나타내고 있다. 그래서 '우로보로스'라 불리는 이 뱀은 '영원'을 상징하는 심볼로 알려져 있다. 그리고 이 상태의 변환 역시 티파레트에서 일어난다.

16. 다음은 디온 포춘의 인용문에 나오는 '제물'의 개념을 조금 더 자세히 살펴보자. 나무는 열매를 맺고, 열매 안에는 씨앗이 들어있다. 이 씨앗이 새로운 생명으로 탄생하기 위해서는 일단 땅속에 묻혀 죽어야 한다. 땅속의 씨앗이 터져야만(죽어야만) 그 안에서 싹이 돋아날 수 있다. 씨앗이 자신을 제물로 바침으로써 새싹으로 거듭나는(부활하는) 것이다. 마스터 예수가 설파한 거듭남도 과거의 나를 제물로 바치고, 새로운 사람으로 태어나는 것을 의미한다. 이처럼 상태의 변환에는 제물이 필요하다. 고대 그리스인들은 망자가 스틱스강을 건너 저승으로 갈 때 뱃사공 카론에게 동전 한 잎을 뱃삯으로 지급해야 한다고 생각했고, 이런 이유로 시신을 매장할 때 입에 동전을 물렸다고 한다. 이것도 일종의 제물이라고 볼 수 있지 않을까?

스틱스강을 건너는 배를 젓는 뱃사공 카론

17. 영적 존재가 육신을 가진 존재로 태어나는 것도 희생을 동반하는 상태의 변환이다. 인간의 환생을 예로 들어보자. 육신을 가진 인간으로 태어나는 순간 그는 온갖 고통에 시달리고, 궁극적으로는 육신의 죽음이라는 체험을 해야 하는 운명을 맞게 된다. 이제부터는 물질 세상에서 활동해야 하므로 자연법칙의 지배를 받게 되고, 시도 때도 없이 무언가를 달라고 생떼를 부리는 육신의 요구(식욕, 성욕, 물욕 등)에 휘둘리게 될 가능성도 높다. 물질 세상을 경험하면서 더 큰 폭으로 성장하는 기회를 얻기 위해 필요한 희생이다.

18. 티파레트를 설명할 때 예수의 십자가형이라는 희생 의식이 종종 언급되는데, 사실 인간 예수(사람의 아들; 인격)가 십자가형을 통해 육신의 죽음이라는 고통을 맛본 것보다 더 큰 희생은 그리스도(신의 아들; 개성)가 인간이 되기로 한 일이다. 이 희생이 어떤 의미를 지니는지, 윌리엄 워커 앳킨슨의 『신비주의 기독교』에서 관련 내용을 발췌해보았다. 아래 인용문에서 저자는 '예수'와 '그리스도'를 따로 구분하지 않고 있는데, 여기서 '예수'는 '예수라는 인격을 걸친 그리스도'로 이해하기 바란다. 다소 길고 종교적 색채가 강한 인용문이지만, 티파레트를 이해하는 데 도움이 되는 내용이므로 꼭 읽어보기 바란다.

> 광야에서 예수가 자기의 신적 지위를 포기하고 인류를 위해 희생을 감수하겠다고 결심한 순간, 그는 곧바로 인류의 카르마에 동참하고 인류 고유의 몫인 고통, 슬픔, 유혹, 한계 앞에 벌거벗겨진 사람처럼 노출되었다. 물론 그의 힘이 사라진 것은 아니었지만, 그 시점부터 예수는 밖에서 안을 들여다보는 신이 아니라, 인류와 같이 물질 세

상에 갇힌 신이 되었다. 이제부터 그는 세상 안에서 자신의 힘을 발휘하여 인류를 위해 노력하되, 다른 인간처럼 카르마 법칙의 영향을 받아야 한다. 이전까지는 그의 털끝 하나 건드리지 못한 각종 영향에도 노출되었다. 예를 들어, 그가 광야에서 개인적 야망이라는 악마(Devil of Personal Attainment)로부터 속세의 영광과 명예를 추구하라는 유혹을 받았던 일화를 생각해 보자. 그에게 갑자기 이런 유혹이 찾아온 이유는, 그가 광야에 머무르는 동안 세상의 카르마를 받아들이고 카르마 법칙의 적용을 받는 인간이 되겠다는 선택을 내렸기 때문이다. 그가 순수한 신(신의 아들)이었던 상태에서는 이러한 유혹이 아무런 의미를 지니지 못했다. 지렁이 세상의 모든 영광과 명예를 주겠다고 유혹한다 한들, 인간이 흔들릴 이유는 없지 않은가? 하지만 인류가 오랜 세월 동안 쌓아온 카르마를 공유하게 된 인간 예수(사람의 아들)는 인류의 욕망과 야망을 느끼지 않을 수 없었다. 게다가 정신의 힘이 발달할수록 자기를 높이고자 하는 유혹도 강해진다는 법칙에 따라(정신의 힘이 강할수록 자기를 높이는 기회를 더 많이 포착할 수 있기 때문) 예수는 보통 인간은 절대로 감당할 수 없는 큰 시험을 받았다.

예수는 자기가 원하기만 하면 세상의 모든 것을 취할 수 있었다. 단순히 유대의 왕이 아니라 인류의 왕이 되어 영원히 권세를 누릴 수도 있었고, 자기에게 그럴 능력이 있다는 것도 잘 알고 있었다. 광야에서 명상하던 중 예수는 두 개의 이미지를 보았다. 하나는 갈보리의 언덕에서 비참한 최후를 맞는 모습이었고, 하나는 이와 정반대로 세상을 호령하며 사는 찬란하고 화려한 자신의 모습이었다. 인류의 카르마를 함께 짊어지기로 결단을 내린 순간, 인간이 오랜 역사 동안 축적해 온 모든 야망과 욕망이 일시에 그를 덮쳤다. 평범한 인간과는 달리, 예수에게는 인간의 모든 야망과 욕망을 실현하고 누릴 힘도 있었다. 이런 유혹을 이겨내기 위해 얼마나 굉장한 힘이 필요했을지 상상해보라. 보통 사람은 개인적인 야망 앞에서 유혹을 이기지 못하고 무릎을 꿇는다. 그런데 예수에게는 한 개인의 야망이 아니라 지구상 모든 인간의 야망, 다시 말해, 전 인류의 모든 욕망과 야망이 거대한 파도처럼 동시에 밀려왔다. 인류가 역사적으로 품었던 모든 욕망과 야망이 초인적인 능력을 소유한 예수라는 인간을 통해 실현되고자 한꺼번에 몰려온 것이다! 그뿐 아니라 세상의 모든 죄악도 동시에 그를 짓눌렀다. 예수는 자기가 인간이 되겠다는 선택을 내리면서 이런 시련이 닥쳐올 것을 알고 있었고, 인간 중의 인간답게 당당하게 시련에 맞섰다.

예수는 자신의 진아(眞我; His Real Self), 즉, 자신의 영에 정신력을 집중하고 그 상태를 유지함으로써 유혹에 맞서 싸우고 끝내 적을 정복했다. 진리를 직시했던 그는 속세가 제공하는 모든 것에 내재한 허상을 알아챘고, 내면의 강력한 의지를 전면에 내세워 유혹자를 자신의 머릿속에서 몰아냈다. 자신의 영, 진아를 온전하게 인지했기에 예수는 유혹자를 향해 자신 있게 말하며 꾸짖을 수 있었다. "너의 하나님을 시험치 말라!" 예수 본인은 물론, 모든 인간의 내면에 거하는 신에게 의지하며 세상의 모든 것, 즉, 인류를 시험하며 고통을 선사하는 허상을 물리쳤다.

예수가 세상의 카르마를 짊어지기로 한 후 인간의 나약함은 수시로 그를 공격하며 괴롭혔다. 그는 이제 육신의 고통이라는 대가도 느껴야 했다. 다른 모든 인간과 마찬가지로 육신을 가진 존재로서 살고, 고통받고, 죽어야만 했다. 그는 자기가 맞게 될 고통스러운 운명을 분명하게 알면서도 최후의 순간을 향해 거침없이, 주저하지 않고 나아갔다. 신이 인류의 구원자이자 구세주라는 역할을 떠맡기 위해 인간의 모든 약점을 껴안고 받아들인 것이다.

그렇게 그는 우리처럼 살고, 고통받고, 죽었다. 그는 잔에 담긴 쓰디쓴 고통의 물을 한 방울도 남기지 않고 다 삼켰다. 사람들은 그가 십자가에 매달려 마지막 숨을 내뱉은 순간 그의 고통도 끝났다고 말한다. 천만에! 예수의 고통은 그때부터 시작되었다!

예수 그리스도는 지금, 이 순간에도 우리와 더불어 살면서 날마다, 매시간 인류의 고통을 느끼며 형벌을 받고 있다. 지금까지 세상에 태어나 존재했던 모든 인간, 인류 역사상 가장 악랄했던 인간마저 수많은 생을 통해 자기가 저지른 모든 죄를 뉘우치고 카르마의 속박에서 완전히 해방되어 구원을 받는 그 날까지 고통과 형벌을 감내해야 한다. 그것이 그리스도의 운명이다. 모든 인간의 영혼 안에는 '그리스도 원리(Christ Principle)'가 새겨져 있다. 이 내면의 그리스도는 인간이 자신의 참모습을 발견하고 깨달음에 이르도록 영원히 자극하고 돕는다. 이것이 바로 구원의 실체다. 뜨거운 지옥 불에 떨어진 인간을 꺼내주는 것이 아니라, 욕망의 불과 필멸의 허상에 사로잡힌 인간을 해방하는 것, 이것이 진짜 구원이다. 상상 속에서 만들어낸 죄로부터의 해방이 아니라, 물질이라는 진흙탕에서 해방되는 것이 구원이다. 우리 내면의 신, 우리 안의 그리스도는 돼지의 몸으로 들어간 후 자기가 신이라는 사실을 망각한 힌두 전설의 신과 비슷한 개념이다. 예수는 우리 영혼 안에 거하는 그리스도 원리가 되어 우리는 돼지가 아니라 신이라는 깨달음을 주기 위해 매 순간 노력하고 있다. 독자들은 진아가 속삭이는 소리를 들은 적이 없는가? 내 안의 그리스도 원리가 하는 말을 들은 적이 없는가? "어서 나오거라. 돼지 안에 계속 갇혀 있지 말고, 너는 본래 신이었다는 사실을 깨닫고 어서 나오거라!" '내 안의 신을 인식하고, 깨닫고, 해방하는 것'이 진짜 구원이다.

디온 포춘의 설명을 계속 들어보자.

티파레트에 이르러 신은 형상을 갖추게 되어 우리와 함께하게 된다. 즉, 인간이 인지할 수 있는 영역 안으로 들어오는 것이다. 우리는 아들인 티파레트를 통해 아버지인 케테르를 볼 수 있다.

19. 인간은 신을 알 수도, 볼 수도 없다. 신의 얼굴을 보고도 살아남을 수 있는 인간은 없다. 인간이 꾸준한 성장으로 케테르의 경지에 이르면 신과 하나가 되어 인간은 사라진다. 하지만 인간은 육신을 가진 동안에도 신의 아들을 통해 신을 간접적으로 볼 수 있고, 신의 존재를 확인할 수 있다. 이 개념을 설명하는 비유를 들어보자. 중천에 뜬 태양을 맨눈으로 바라보면 얼마 가지 않아 시신경을 잃게 된다. 신의 얼굴을 보려 했다가 죽는 것과 비슷한 개념이다. 하지만 우리는 태양이 발산하는 빛과 열, 우리에게 생명을 부여하는 그 에너지를 통해 태양이 존재한다는 사실을 확인할 수 있다. 태양 자체가 신이라면, 태양이 발산하는 빛, 열, 에너지는 신의 아들인 셈이다. 예수의 말을 다시 들어보자.

(요한복음 14:10) 나는 아버지 안에 있고 아버지는 내 안에 계신 것을 네가 믿지 아니하느냐 내가 너희에게 이르는 말이 스스로 하는 것이 아니라 아버지께서 내 안에 계셔 그의 일을 하시는 것이라

(요한복음 14:11) 내가 아버지 안에 있고 아버지께서 내 안에 계심을 믿으라 그렇지 못하겠거든 행하는 그 일을 인하여 나를 믿으라

(요한복음 14:12) 내가 진실로 진실로 너희에게 이르노니 나를 믿는 자는 나의 하는 일을 저도 할 것이요 또한 이보다 큰 것도 하리니 이는 내가 아버지께로 감이니라

20. 힘이 형상으로 변환되려면 그 형상을 구성하는 여러 힘이 균형 상태에 도달해야 한다. 비나를 다루는 섹션에서 설명했듯이, 서로 밀고 당기는 힘끼리 균형점을 찾아야 안정된 형상이 만들어질 수 있다. 비유하자면, 원심력과 구심력의 강도가 같아져야, 중력과 중력에서 벗어나려는 힘이 같아져야 안정적인 궤도를 찾게 되는 것이다. 티파레트는 생명 나무의 중앙에서 여러 힘이 균형을 이루도록 중재하는 역할을 하므로 '중재자'로도 불린다. 이 내용을 음미하면서 머릿속에서 십자가에 못 박힌 예수, 생명 나무에 매달린 아담 카드몬의 모습이 떠올랐다. 이들이 우주의 중심에서 팔과 다리를 뻗어 완력으로 힘의 균형을 유지하고 있다는 생각이 들었다. 이 힘의 균형에 관한 디온 포춘의 설명은 다음과 같다. 아주 흥미로운 내용이다.

신성(Godhead) 자체가 형상으로 구체화한다면, 그 형상은 완벽한 균형을 이루어야만 한다. 이와 반대로, 어떤 형상을 만들어내는 힘이 완벽한 균형을 이룬다면, 그 형상 안에 신성 자체가 깃들어있다고 말할

수도 있다. 신이 구체화할 수 있는 조건이 만들어지면 신이 우리와 함께할 수 있는 것이다.

21. 이런 이유로 고대 그리스인들은 아름다움(티파레트)을 숭배했다. 우주 만물은 비율의 지배를 받으며, 질서와 조화에 본능적으로 이끌린다고 생각했던 이들은 하나됨(The One)-선(The Good)-아름다움(The Beautiful)의 삼위일체가 곧 신이라고 믿었다. 사람이 빚은 조각상이 살아나 아름다운 여인으로 변신하는 이야기를 다룬 '피그말리온(Pygmalion)' 신화도 아름다움을 숭배하는 고대인들의 사상에서 비롯되었을 것이다.

자신이 조각한 아름다운 여인상에 키스하는 피그말리온

22. 지금까지 배운 내용을 가지고 연상 놀이를 한번 해 보자. 인간은 (신의) 아들을 통해 아버지, 즉, 신을 알 수 있다고 했다. 티파레트에 거하면서 4~9번 세피라(마이크로프로소포스)를 다스리는 이 아들은 아담 카드몬에 비유할 수 있고, 아담 카드몬은 곧 우주라고 할 수 있다. '우주'를 의미하는 영어단어 'cosmos'는 '질서, 질서가 잘 잡힌 것, 잘 배열된 것'을 의미하는 그리스어 'kosmos'에서 유래되었다. 즉, 우주는 '질서와 조화가 있는, 아름다운 것'이다. 예전에 어떤 철학자가 이런 말을 한 적이 있다. "신이 자신의 존재를 입증하기 위해 따로 기적을 행할 필요는 없다. 사방에 이미 기적의 흔적이 널려 있지 않은가?" 우주가 존재한다는 것 자체가 신의 존재를 입증하고도 남는다는 뜻이다. 이 개념을 통해 "신은 우주 만물에 깃들었다."는 말의 참 의미도 이해할 수 있을 것이다. 내 안에도, 내 삶에도 언제나 신이 있다는 사실을 기억하도록 하자.

23. 카발라에 따르면 본래 영적 존재였던 인간은 낙원(천상의 삼각형)에서 살다가 '죄'를 짓고 심연 아래의 세상으로 떨어졌다고 한다. 생명의 나무에서는 심연이 천상의 삼각형과 심연 아래의 세상을 구분하고 있으며, 티파레트에 거주하는 신의 아들이자 구세주는 십자가에 매달려 마이크로프로소포스의 균형을 유지할 뿐만 아니라, 심연 아래로 떨어진 영역을 천상의 삼각형과 다시 연결하기 위해 매 순간 노력하고 있다. 티파레트의 상징물 중 하나인 '갓돌이 떨어져 나간 피라미드'의 형상도 이 개념을 잘 표현하고 있다. 떨어져 나간 갓돌이 바로 천상의 삼각형이고, 윌리엄 워커 앳킨슨의 말대로 구세주는 모든 인간이 심연을 건너 케테르에 도달할 때까지 영원히 우리 안에 거하면서 돕는 조력자(내면의 그리스도)다.

24. '깨달음'의 경지인 티파레트보다 위에 있는, 추상적인 1~5번 세피라를 설명하기 위해 지금까지 우리는 최초의 원리를 기반으로 한 연역적 추론[244]에 의존해야만 했으나, 추상적인 것들이 본격적으로 구체화하는 (힘이 형상으로 변환되는) 티파레트부터는 귀납적 추론[245] 기반의 과학적 접근법을 활용해야 한다. 디온 포춘에 따르면 생명 나무의 중간 기둥은 의식의 수준을 상징하며, 인간이 다양한 형태의 신비 체험에서 보게 되는 비전의 유형을 통해 그의 의식 수준을 가늠할 수 있다고 한다.

- 말쿠트(10번 세피라) - 뇌 의식(Brain consciousness)
- 예소드(9번 세피라) - 싸이킥 의식(Psychic consciousness[246])
- 티파레트(6번 세피라) - 상위 싸이키즘(Higher psychism), 깨달음의 의식(True illuminated vision)
- 케테르(1번 세피라) - 신과 하나가 되는(흡수되는) 경지(Union with God)

25. 의식 수준을 상징하는 중간 기둥의 세피라와 각각에 상응하는 신비 체험의 속성에 관한 디온 포춘의 설명을 들어보자.

눈부시게 밝은 빛으로 끝나는 비전을 동반하는 모든 형태의 신비 체험은 티파레트에 지정된다. 엄청난 힘이 유입되고 형상이 점차 희미해지는 티파레트는 의식의 전환이 일어나는 생명의 나무 상의 지점이기 때문이다. 명확한 형상을 동반하는 비전은 예소드 의식의 특징이다. 한편 플로티누스[247]가 묘사한 것과 같은, 형상을 동반하지 않는 깨달음은 케테르에 근접했음을 나타낸다.

26. 필자는 이러한 종류의 '신비 체험'을 해 본 적이 없어서 더 자세히 설명하지는 못하겠지만, 참고하면 좋을 것 같다. 내가 진짜 플로티누스처럼 잠시나마 신과 하나가 되는, 말로 설명할 수 없는 궁극의 체험(케테르 의식)을 한 것인지, 엄청난 섬광을 목격하며 깨달음의 체험을 한 것인지(티파레트 의식), 아니면 자각몽과 같은 환상 비전(예소드 의식)을 본 것인지 구분할 수 있을 것이다.

27. 티파레트는 제물로 바쳐지는 신(Sacrificed God)이 거하는 곳이자 구도자를 취하게 만드는, 다시 말해, 깨달음을 주는 신(Inebriating God, Giver of Illumination)이 거하는 곳이기도 하다. 여기서 '취한다.'는 것은 구도자가 깨달음을 얻는 순간에 체험하는 신성한 엑스터시(divine ecstasy), 변성의식상태(altered state of consciousness), 황홀경(rapture), 삼매경(三昧境; Samadhi), 종교적 희열(religious ecstasy) 등을 상징하는 개념으로, 아빌라의 성녀 테레사, 리마의 로사[248], 시에나의 카타리나[249]와 같은 성녀들의 체험을 대표적 사례로 들 수 있다. 1559년경부터 약 2년간 예수 그리스도가 육신을 지닌 형태로 자신 앞에 나타났다고 확신한 성녀 테레사는 당시의 체험을 글로 남겼으며, 조각가 베르니니[250]는 세라프 천사가 큰 황금 창으로 자신의 가슴을 계속 찔렀다는 그녀의 생생한 증언[251]을 토대로 『성 테레사의 황홀경(Ecstasy of Saint Teresa)』이라는 명작을 남기기도 했다. 테레사 성녀가 체험한 황홀경과 성적 오르가슴에 도달한 사람이 느끼는 쾌감은 본질적으로 같다고 얘기하는 사람도 많은데, 세라프의 창에 찔리는 체험을 묘사한 그녀의 증언을 읽어보자.

그의 손에는 황금으로 만든 긴 창이 들려 있었고, 창끝은 불꽃처럼 이글거렸다. 그가 그 창으로 내 심장을, 내 내장을 찌르는 것 같았다. 그가 창을 거둬들일 때 내 장기까지 함께 몸 밖으로 딸려 나가는 것 같은 느낌이었고, 그 순간 나는 신을 향한 사랑으로 불타올랐다. 그 고통이 너무 심해 입에서 신음이 터져 나왔다. 하지만 이 엄청난 고통이 너무나도 달콤하여 멈추지 않길 바랐다.

28. 인도의 영적 교사, 메허 바바[252]는 '신에게 취한 자들(Intoxicated with God)'이라는 의미를 지닌 수피교[253]의 '마스트-알라(Mast-Allah)'에 관해 이렇게 설명했다.

> 마스트는 신과 필사적인 사랑에 빠진, 말하자면 신에 대한 사랑에 중독된 자들이다. 이들은 정신 질환을 앓고 있는 병자들이라기보다는, 자신이 감당할 수 없을 정도로 강력한 영적 에너지로 채워져 일상적인 삶을 영위하기가 불가능한 사람들이다. 이들은 신을 향한, 너무나도 강력하고 고통스러운 사랑에 겨워 황홀경에 빠진 상태로 매일을 사는 사람들이라고 할 수 있다.

29. 고대 그리스인들은 올림포스의 최고신 제우스와 인간 여성 세멜레 사이에서 태어난 반신반인(半神半人), 우리에게는 와인의 신으로 잘 알려진 디오니소스(또는 바쿠스)를 제물로 바쳐진 구세주로 여겼고, 그가 하사하는 와인을 마시면 황홀경에 빠져 깨달음을 얻을 수 있다고 생각했다. 다음은 필자가 몇몇 기존 저서에서 디오니소스를 언급한 대목을 발췌한 것이다. 기독교의 구세주인 그리스도와 비교하면서 읽어보면 흥미로운 유사점들이 많음을 느끼게 될 것이다.

디오니소스 신화에도 변신 이야기가 나온다. 어느 날 올림포스의 왕 제우스와 인간 여인 세멜레 사이에서 태어난 아기 디오니소스가 천국에서 장난감을 가지고 놀고 있었다. 올림포스 신들과의 전쟁에서 패한 티탄들은 복수하기 위해 디오니소스를 납치하기로 한다. 그들은 아기 디오니소스 앞에 큰 거울을 놓았고, 거울에 비친 아기의 모습에 흥미를 느낀 디오니소스는 그를 향해 아장아장 기어간다. 아기를 올림포스 밖으로 유인하는 데 성공한 티탄들은 그를 잡아먹기 위해 달려든다. 당황한 디오니소스는 다양한 동물로 형상을 바꾸며 도망치지만, 티탄들은 그가 황소로 변한 순간에 잡아 소고기 파티를 벌인다. 아들의 살이 구워지는 냄새는 올림포스까지 피어올랐고, 뒤늦게 상황을 파악한 제우스는 분노하며 번개로 티탄들을 내려친다. 제우스는 아테나 여신을 급파하여 디오니소스의 유해를 수습하라고 지시하지만, 몸 일부가 이미 먹힌 터라 디오니소스를 부활시키는 데 실패한다. 아무래도 전지전능한 신은 아니었던 것 같다.

티탄들에게 끔찍한 죽임을 당한 디오니소스는 페르세포네의 집(하데스)에서 3일간 머문 후 부활하며 '두 번 태어난 자'로 불리게 된다. 한편 아기 디오니소스의 피로 물든 땅에서는 포도나무가 자라났고, 그 후부터 신의 피가 담긴 포도로 만든 포도주를 마시는 종교의식이 생겨났다. 디오니소스는 물을 포도주로 변환하는 기적도 행했다. 서기 692년에 거행된 퀴니섹스툼 공의회(Quinisext Council)에서는 포도주를 만들기 위해 발로 포도를 밟으며 바쿠스(디오니소스의 또 다른 이름)의 이름을 외치는 행위를 불법으로 규정했다. 하지만 그 후에도 이 풍습은 사라지지 않았다.

아테나 여신은 디오니소스의 피와 티탄의 잔해가 섞인 재료를 활용하여 프로메테우스와 함께 인간을 창조한다. 그 결과, 인간은 티탄이 상징하는 열두 가지의 비이성적이고 원초적인 에너지와 죽어가는 신의 보혈을 동시에 지닌 존재가 되었다. 그래서 인간은 동물적 본능에 가까운 티탄 에너지의 지배를 받지만, 그 안에 흐르는 신(디오니소스)의 피로 자기를 다스리고 구원할 수 있는 능력도 지니게 되었다고 한다.

_ 윤민의 『아주 오래된 노래』 중에서

기독교 상징체계에 종종 등장하는 성합 위의 문구, 'IHS'의 의미에 관해서는 여러 설이 있다. '예수'의 그리스어 표현인 'IHΣOYΣ (IHSOUS)'의 약자라는 설, '인류의 구원자, 예수(Iesus Hominum Salvator)'의 약자라는 설, 심지어 신의 육신을 먹고 피를 마시는 성체성사(聖體聖事; Eucharist) 의식은 이교도 전통에서 유래되었으므로 이교도 신인 Isis(이시스), Horus(호루스), Seb(게브)를 상징한다는 설도 있다. 한편 미국의 신비주의 철학자 맨리 P. 홀에 따르면 'IHS'는 'ΥHΣ'로 표현되는 그리스 신화의 구세주, 바쿠스(Bacchus)의 이름으로, 이교도와 기독교 전통을 연결하는 또 하나의 고리라고 한다.

_ 윤민의 『아주 오래된 노래』 중에서

30. 그렇다면 부흥회, 기도회와 같은 일부 종교단체 행사에서 종종 볼 수 있는, 관점에 따라 기괴하고 실성한 사람들이 발광하는 것처럼 보일 수도 있는 현상의 실체는 무엇일까? 예배 도중 목사가 쏜 '장풍'을 맞은 신도들이 기절하며 뒤로 쓰러지고, '성령이 임하여' 자기 몸을 가누지 못한 채 바닥 위에서 데굴데굴 나뒹구는 신도들, 갑자기 방언이 터져서

속사포 외계어를 내뱉거나 과장된 웃음을 참지 못하는 집단광기[254]는 어떻게 설명해야 할까? 이것도 일종의 신비 체험일까? 아니면 사이비 종교에 빠진 사람들이 집단 최면에 걸린 결과물일까? 진짜 체험과 사이비를 어떻게 분별해야 할까?

31. 심지어 종교계 내에서도 이런 체험과 현상이 진짜 신으로부터 받은 영감에서 비롯되었는지, 아니면 종교를 조롱하는 악마의 장난인지에 관해 논란이 있다. 이 문제와 관련하여 조나단 에드워즈[255]는 저서 『신앙감정론(Religious Affections)』에서 이렇게 말했다. "종교적 희열은 자기 자신, 악마 또는 신에게서 비롯된다. 그 희열이 진정 신에게서 나온 것인지 확인하려면, 그 체험을 통해 맺은 열매, 즉, 체험 후 그의 생각과 행동이 어떻게 바뀌었는지를 보면 된다." 아주 적절한 설명이자 진짜와 사이비를 분간하는 좋은 기준인 것 같다. 맨리 P. 홀도 한 강의에서 이와 비슷한 말을 했었다. "어떤 가르침, 철학, 종교, 또는 사상이 유효한지를 확인하는 좋은 방법이 있습니다. 이를 접한 후에 내가 전보다 나은 사람이 되었는지, 더 관대하고 따뜻한 사람이 되었는지, 이해심이 깊어지고 사랑으로 충만한 사람이 되었는지 보면 됩니다."

32. 어느 날 벼락을 맞고 임사체험을 한 후 대책 없는 인간쓰레기에서 매 순간 남을 도울 방법을 궁리하는 현대판 성자로 180도 사람이 바뀐 대니언 브링클리, 살인을 일삼다가 스승을 통해 깨달음을 얻은 후 성자가 된 앙굴리말라[256]와 밀라레파[257], 기독교를 탄압하다가 갑작스러운 깨달음을 얻고 예수의 뒤를 이어 복음을 전파한 사도 바울[258]과 유대 백성의 피를 빨아먹다가 예수의 제자가 된 세리(稅吏), 성 마태[259] 등, 완전히 새로

운 모습으로 탈바꿈한 사람들을 대표적인 사례로 들 수 있다. 이들처럼 극적인 변화까지는 아니더라도, 맨리 P. 홀의 말대로 최소한 전보다 나은 사람으로 성장하는 계기가 되었다면 의미 있는 체험이었다고 볼 수 있을 것 같다. 체험 당시의 강렬한 감정은 시간이 지나면서 희미해진다. 실제 있었던 일이 아니라 꿈이었을지도 모르겠다는 생각이 들 수도 있고, 때로는 과거의 나로 회귀한 것 같다는 느낌이 들기도 하지만, 그 체험은 내 안에 영구적인 흔적을 남기게 된다.

33. 디온 포춘은 티파레트를 설명하면서 '해석'이라는 용어를 종종 사용한다. 몇 가지 사례를 보자.

- 티파레트에서는 또한 넷자흐(7번 세피라)의 자연 마법과 호드(8번 세피라)의 헤르메틱 마법의 작용이 취합되고 해석된다.

- 예소드(9번 세피라)에서 체험한 아스트랄 비전도 티파레트의 신비 체험을 통해 형이상학의 용어로 변환/해석되어야 한다. 이와 같은 해석이 이루어지지 않으면 망상에 빠질 수 있다. (티파레트를 통한 정확한 해석이 이루어지지 않으면) 잠재의식이라는 거울에 비친 상을 뇌 의식으로(말쿠트의 언어로) 해석하여 상징물에 불과한 것을 실제로 착각하게 될 수 있기 때문이다.

- 깨달음(illumination)이란 우리의 정신이 감각적 경험(말쿠트의 경험)을 통해 얻는 것보다 높은 차원의 의식에 노출되는 것을 의미한다. 말하자면, 깨달음을 얻는 순간 정신의 기어가 한 단계 높아지는 것

이다. 하지만 새롭게 접한 상위 차원의 의식을 기존의 용어로, 유한한 정신의 힘이 이해할 수 있는 용어로 연결하고 해석하지 못하면 이 체험은 그저 눈부실 정도로 밝은 섬광, 그 이상도, 그 이하도 아닌 신기한 경험으로만 남게 된다. 우리가 눈으로 사물을 볼 수 있는 이유는 빛이 우리에게 비춰서가 아니라, 사물에 비친 빛이 반사되어 우리의 시야에 들어왔기 때문이다. (같은 원리로) 상위 차원의 의식을 접하는 체험을 하더라도 그 빛을 비춰서 윤곽을 드러낼 만한 아이디어가 내 머릿속에 이미 들어있지 않으면 큰 의미 없는, 그저 정신이 일시적으로 압도되는 사건으로 끝나고 만다. 그리고 체험 후 더 많은 것을 알게 되기는커녕, 어둠만 더욱 짙어지는 결과를 맞게 된다.

34. '깨달음'을 의미하는 영어단어 'illumination'은 '빛에 노출하다', '밝게 비추다', '빛으로 밝힌다.'를 의미하는 라틴어 'illuminare'에서 유래되었다. 옛날 만화를 보면 주인공이 기발한 아이디어를 떠올렸을 때 그의 머리 위에 전구가 '뿅!' 나타나면서 켜진다. 어두운 곳에 빛을 비춤으로써 전에 몰랐던 무언가를 알게 되었다는 의미다. 빛은 지식, 지혜, 깨달음을 상징하는 심볼이며, 빛의 여러 심볼 중에서도 으뜸은 티파레트에 지정된 태양이다. 그런데 아이디어를 떠올린다는 것은 무에서 유를 창조한다는 의미가 아니다. 아이디어가 떠올랐다는 것은 아직 구체적이지는 않고 추상적인 관념, 일종의 원형으로만 가지고 있던 것에 빛을 비춤으로써 이 관념이 전보다 더 선명해졌다는 뜻이다. 디온 포춘은 이를 '원형적 이상(Archetypal Ideals)이 원형적 발상(Archetypal Ideas)으로 구체화하고 변환하는 것'이라 표현했다. '정신'이라는 방에 빛을 비추기 전에는 너무 어두워서 그 안을 제대로 들여다볼 수 없었지만, 빛을 비춘 후 방 안에 숨

겨져 있던 것들을 볼 수 있게 된 것이다. "아, 그게 그런 뜻이었구나!" 하지만 애초에 머릿속에 아무것도 없었다면? 그 어두운 방이 텅 비어있었다면? 어둡고 텅 빈 방에 빛을 비추면 "아, 밝다!"고 느낄 뿐, 이를 통해 어떤 깨달음을 얻지는 못한다는 것이 위에서 인용한 내용의 의미다.

35. 다음 섹션부터 다룰 7, 8, 9번 세피라에서 한 체험도 의미를 가지기 위해서는 티파레트의 빛을 비춰야 한다. 즉, 내가 이해할 수 있는 형태로 해석해야 온전히 내 것이 된다. 위에 명시한 두 번째 인용문을 보면 '상징물에 불과한 것을 실제인 것으로 착각할 가능성'에 대해 경고하고 있는데, 이 역시 아주 중요한 내용이다. 티파레트의 빛이 없으면 각종 신화, 동화, 우화, 종교 경전 등에 나오는 상징적 이야기들을 문자 그대로 이해하는(말쿠트의 뇌 의식으로 이해하는) 문자적 해석의 오류에 빠지며, 그 안에 담긴 실제 메시지 또는 가르침을 파악하지 못하게 된다는 뜻이다. 이처럼 티파레트는 다양한 '해석'이 일어나고, 이를 통해 '깨달음'을 얻는 곳이다.

36. 헤세드(4)와 게부라(5)의 상호작용으로 티파레트(6)가 탄생하면서 두 번째 삼각형 또는 삼위일체가 완성된다. 이 영역은 수많은 생을 거치면서 조금씩 성장하는 우리의 개성 또는 영혼이 거주하는 곳이다. 우리의 육신이 일백 번 고쳐 죽더라도 아무런 영향을 받지 않는 영혼은 이곳을 본부로 삼아 환생하면서 이승과 저승을 오간다. 영혼이 육신을 걸친 상태에서만 얻을 수 있는 새로운 가르침, 새로운 경험을 위해 물질 세상에 태어나면 7~10번 세피라로 구성된 인격을 갖게 되며, 그렇게 한평생을 살면서 얻은 경험을 안고 영혼만 지닌 상태로 다시 본부로 복귀한다. 그리고 다음에 또 육신을 가진 존재로 환생할 때는 전보다 더 많은

경험으로 무장한 상태로 세상에 태어난다. 따라서 "인생은 공수래공수거(空手來空手去)"라는 표현은 엄밀히 말해 사실이 아니다. 물질의 관점에서는 맞지만, 영혼의 관점에서는 틀린 말이다. 우리는 지금까지 수차례 환생하면서 배운 것들, 체험한 것들, 그리고 이를 통해 만들어진 개성을 지닌 상태로 세상에 태어났고, 이번 생에서 새로 배운 것들, 새로 획득한 체험을 안고 이승을 다시 떠나 순수한 영혼의 상태로 돌아간다. 이 영혼이 바로 에머슨[260]이 말했던 대령(大靈; Oversoul)이자, 상위 자아, 내 안의 신성한 수호천사, 내 안의 그리스도, 타로의 왕자님인 것이다.

37. 카발라에서는 인간이 말쿠트에서 '신성한 수호천사의 비전'이라는 체험을 한 후 성장의 여정에 오르며, 깨달음의 경지인 티파레트에 이르러 '신성한 수호천사에 관한 지식과 대화'를 체험하게 된다고 설명한다. 타로의 공주에 비유할 수 있는 인간은 말쿠트의 세상, 다시 말해, 물질로 둘러싸인 물질 세상에서 물질이 전부라고 생각하는 무지 상태, 잠든 상태로 살다가 어느 날 우연히 (타로의) 왕자님을 보거나 잠시 만나게 된다. 계모 아래서 궂은 집안일을 도맡아 하다가 우연한 기회에 연회장에서 왕자님과 춤을 췄던 신데렐라, 마녀(계모)가 준 독 사과를 먹고 잠들었다가 왕자님의 도움으로 깨어난 백설 공주, 사악한 요정의 저주를 받고 잠들었다가 왕자님의 키스를 받고 깨어나는 잠자는 숲속의 공주, 우리나라 어린이들에게도 익숙한 콩쥐의 이야기 등, 전부 말쿠트에서 육신을 걸친 존재로 살아가는 인간(공주)이 신성한 수호천사(왕자)의 비전을 체험하고, 인간은 단순히 육신만을 가진 생명체가 아니라 육신을 걸친 영적 존재라는 사실을 깨달으면서 티파레트를 향해 생명의 나무를 오르기 시작하는 여정을 보여주는 우화들이다. 그런데 신성한 수호천

사로 불리기도 하는 이 왕자님은 사실 내 밖에 있는 존재 또는 스승이 아니라, 나의 상위 자아를 의미한다. 그렇다면 내 안의 왕자님을 제대로 알아보는 방법은 무엇일까? 디온 포춘의 설명을 들어보자.

> 카발라의 용어에 익숙한 독자들은 구도자가 통과해야 하는 첫 번째 중요한 입문 과정이 신성한 수호천사에 관한 지식과 대화를 누리는 것임을 잘 알고 있을 것이다. 이 신성한 수호천사라는 것은 사실 내 안의 상위 자아라는 사실을 기억해야 한다. 이처럼 높은 정신적 차원의 가장 두드러진 점은, 음성이나 비전이 아닌, 순수한 의식만으로 구성된다는 점이다. 이 경지에 이르면 주변을 인식하는 의식(awareness)이 예리해지고, 정신의 힘이 강해지면서 사물을 꿰뚫어 보는 통찰력과 '매우 발달한' 직관의 힘을 얻게 된다. 고차원의 의식은 언제나 직관적이다. (예소드의) 싸이키즘과 무관하며, 감각을 통해 인지하는 이미지를 동반하지 않는다. 경험이 많은 입문자는 감각으로 인지하는 이미지의 부재를 통해 자신이 상위 의식에 이르렀음을 확인한다.

38. 눈으로 보고 귀로 들을 수 있는 것은 신성한 수호천사의 모습과 음성이 아니라는 얘기다. 물리적, 신체적 감각기관으로 인지할 수 있는 것은 말쿠트 또는 예소드, 즉, 아스트랄계의 이미지와 소리이고, 신성한 수호천사는 언제나 직관으로 인지하게 된다는 뜻이다. 적절한 비유인지는 모르겠지만, 어떤 이미지를 보거나 소리를 듣고 그 내용을 전달하는 하급 무당 또는 영매는 아스트랄계(예소드)에 비친 이미지를 읽고 해석한 것이고, 상급 무당과 영매, 신의 계시를 받은 선지자는 티파레트에 접근한 것으로 볼 수 있을 것 같다.

39. 태양이 지배하는 티파레트에는 여러 전통의 태양신들이 지정되며, 만물에 생명을 부여하는 태양의 신들은 치유를 담당하는 신들이기도 하다. 그리스와 로마의 태양신 아폴로[261]는 의학의 신이기도 하며, 티파레트에 지정된 대천사 '라파엘'도 치유의 천사다. 티파레트에 지정되는 종교 지도자들(예수, 부처, 크리슈나 등) 역시 인간의 마음을 치유해주는 구세주들이다. 티파레트에 지정된 구세주들은 신(케테르)의 아들이고, 공교롭게도 아들(Son)과 태양(Sun)의 영어 발음은 같다. 케테르와 성부는 우주의 영(spirit), 티파레트와 성자는 우주의 혼(soul), 그리고 예소드/말쿠트와 성령은 우주의 몸(body)에 각각 상응하는데, 이때 혼(soul)과 태양(Sol)의 발음이 같은 것도 흥미롭다. 구약성경에 등장하는 천하장사 삼손(Samson)의 이름도 '태양(Sun)'을 의미하며, 오컬트 전통에서는 신으로부터 받은 뛰어난 지혜를 활용하여 공정한(균형을 이룬) 판결을 내린 현자로 잘 알려진 솔로몬(Solomon) 대왕의 이름이 태양(Sol)과 달(Mon), 즉, 양과 음의 완벽한 결합을 상징한다고 설명한다.

40. 태양계에 속한 모든 생명은 태양에 의존한다. 인간이든, 동물이든, 식물이든, 태양은 신진대사 작용에도 중대한 역할을 하는데, 신진대사라는 것이 무엇인가? 음식물을 섭취하여 그 안에 든 영양분을 추출하고, 육체적 활동에 필요한 에너지로 변환시키는 것, 즉, 우리 몸 안에서 매 순간 일어나는 연금술이 아니던가? 여기서도 티파레트의 중요한 역할 중 하나인 변환의 작용을 볼 수 있다. 음식이라는 형상을 무형의 에너지로 변환시키고, 에너지를 소진하면서 발생한 노폐물을 배출하는 것, 헤세드와 게부라를 다룰 때 설명한 동화작용과 이화작용이 여기서 또 등장한 것이다.

41. 연금술에서 태양에 해당하는 금속은 인류가 역사 초기부터 매우 소중하게 여겨온 금이다. 연금술의 최종 목표는 어떤 비금속도 금으로 변환하는 성질을 지닌 철학자의 돌(The Philosopher's Stone)과 마신 자에게 영생을 제공하는 불로장생의 약(The Elixir of Life)을 만들어내는 것인데, 영적 연금술에서 금은 완성된 인간의 영혼을 의미한다. 큰 돌에서 조각품에 해당하지 않는 부분들을 깎아내어 그 안에 숨어있던 걸작을 끄집어내는 작업이 조각가의 역할이듯이, 거친 마름돌을 다듬어 성전의 신축에 사용할 수 있는 매끈매끈한 마름돌을 만들어내는 것이 석공의 역할이듯이, 진짜 연금술사는 마법을 이용하여 도시를 함락시키기보다도 어렵다는 대업, 즉, 인간(자신)을 다듬어 변환하는 작업을 수행하는 사람이다. 다음은 필자가 예전에 출간한 포크 음악 에세이, 『아주 오래된 노래』에서 이 개념을 설명한 대목을 발췌한 것이다. 다소 긴 내용이지만, 황금의 상징적 의미를 이해하는 데 도움이 될 것 같아서 옮겨본다.

이 이야기는 『잭과 콩나무』, 『골디락스와 곰 세 마리』, 『아기 돼지 삼형제』 등, 영국의 유명한 동화를 대중화시킨 죠셉 제이콥스가 1893년에 출간한 『More English Fairy Tales』에도 등장한다. 다음은 이 책에 등장하는 『황금 볼』의 대략적인 줄거리다.

어느 날 두 자매와 엄마가 사는 집에 잘 생기고 젊은 남자가 찾아왔다. 황금으로 만든 모자, 반지, 목걸이, 시계를 찬 청년은 두 자매에게 황금 공을 하나씩 주며 말했다. "이 공을 잃어버리면 교수형에 처할 것이오." 동생은 공원에서 공을 가지고 놀다 잃어버렸다. 하늘 높이 던진 공이 옆집 울타리를 넘어 사라진 것이다. 그녀는 젊은이의 경고대로 교수형에 처하는 운명에 놓이게 되었다.

하지만 그녀의 애인은 공을 찾아내기로 한다. 그가 공이 떨어진 집의 울타리를 넘자 노파가 나타나 말한다. "황금 공을 찾고 싶다면 이 집에서 3일 동안 머물러야 한다." 그는 귀신과 도깨비로 가득한 집에 3일간 머무르면서 자기를 해치려던 거인과 괴물을 모두 물리치고 황금 공을 찾아내는 데 성공한다.

한편 그녀는 교수대에 올라 최후의 순간을 기다린다. 형 집행인이 그녀에게 말한다. "아가씨, 이제 이 줄에 목을 매달아야 합니다." 그러자 그녀가 울먹이며 말한다.

"잠시만요! 잠시만요! 저기 제 어머니가 오고 있어요!
어머니, 제 황금 공을 찾아오셨나요?
저를 구하기 위해 오셨나요?"

"황금 공을 가져온 것도 아니고
너를 구하기 위해 온 것도 아니란다.
네가 죽는 것을 보기 위해 왔단다."

집행인이 말했다. "이제 죽어야 하니 어서 마지막 기도를 올리시오." 그러자 그녀가 다시 소리쳤다.

"잠시만요! 잠시만요! 저기 제 아버지가 오고 있어요!

아버지, 제 황금 공을 찾아오셨나요?
저를 구하기 위해 오셨나요?"
"황금 공을 가져온 것도 아니고
너를 구하기 위해 온 것도 아니란다.
네가 죽는 것을 보기 위해 왔단다."

집행인이 말했다. "기도는 끝났소? 자, 그럼 밧줄을 목에 맵니다." 그러자 그녀가 다시 소리쳤다.

"잠시만요! 잠시만요! 저기 제 오라버니가 오고 있어요!
오라버니, 제 황금 공을 찾아오셨나요?
저를 구하기 위해 오셨나요?"

"황금 공을 가져온 것도 아니고
너를 구하기 위해 온 것도 아니란다.
네가 죽는 것을 보기 위해 왔단다."

이런 식으로 그녀의 삼촌, 고모, 사촌까지 차례대로 찾아왔지만, 황금 공을 가지고 온 이는 한 명도 없었다. 화가 난 집행인이 말했다. "더는 지체할 수 없소! 지금 나랑 장난하는 게요? 곧바로 형을 집행하겠소!" 바로 그때 군중 속에서 그녀의 연인이 황금 공을 들고 달려오는 모습이 보였다.

"잠시만요! 잠시만요! 저기 제 연인이 오고 있어요!

그대여, 제 황금 공을 찾아오셨나요?
저를 구하기 위해 오셨나요?"

"그렇소, 황금 공을 가져왔소.
그대를 구하기 위해 달려왔소.
그대가 죽는 것을 보기 위해 온 것이 아니요."

연금술에서 황금은 '완성된 인간의 영혼'을 상징한다. 굳이 연금술까지 가지 않더라도 황금이 '소중한 것', '귀한 것', '완벽한 것'을 의미한다는 것은 누구나 다 알고 있는 사실이다. 황금 공을 찾아와서 주인공을 구한 연인은 그녀의 소울메이트, 즉, 상위 자아다. 그가 지옥 같은 폐가에 3일간 머물렀다가 빠져나온 것도 의미심장하다. (예수는 십자가에 못 박혀 죽은 후 3일 만에 부활했고, 디오니소스도 죽은 후 지하 세계에 3일간 머물렀다가 다시 태어났다).

영화 『해리 포터』에는 호그와트 마법학교의 학생들이 즐기는 '퀴디치'라는 스포츠가 나온다. 주인공 해리 포터는 그리핀도르 팀의 'Seeker'로, 엄청나게 빠른 속도 날아다니는 작은 황금 공, 'Snitch'를 잡는 역할을 맡는다. 즉, 해리 포터는 황금 공을 구하기 위해 자기의 모든 것을 바치는 구도자(Seeker)다.

이솝 우화에는 아버지로부터 나무로 만든 우상을 유산으로 물려받은 가난한 남자의 이야기가 나온다. 남자는 행운을 얻게 해 달라고 매일 아침 우상 앞에서 기도했다. 하지만 아무리 열심히 기도해도 삶의 변화가 없자 그는 분노하며 우상을 박살 낸다. 그러자 그 안에서 엄청나게 많은 금화가 쏟아져 나왔다. 에크하르트 톨레의 『지금 이 순간을 살아라』에도 비슷한 일화가 나온다.

30년 동안 길바닥에 앉아 구걸하던 거지가 있었다. 어느 날 그는 자기 앞을 지나가는 사람에게 습관적으로 모자를 내밀며 말했다. "한 푼 줍쇼." 행인은 가진 돈이 없다고 얘기하며, 거지가 깔고 앉은 나무 상자에 관해 물었다. 거지가 대답했다. "그냥 오래된 상자입니다. 오래전부터 이 상자에 앉아서 구걸했습니다." 그 안에 무엇이 있는지 확인해 본 적이 있느냐고 행인이 묻자 거지가 대답했다. "그게 뭔 의미가 있나요? 보나 마나 텅 비었을 텐데." 하지만 행인은 상자를 열어보라고 계속 재촉했고, 거지는 마지못해 상자를 뜯었다. 놀랍게도 상자는 금으로 가득 차 있었다.

우리는 모두 소중한 황금 공을 하나씩 내면에 간직하고 있다. 하지만 동화의 내용처럼 황금 공을 잃어버리는 일은 없다. 황금 공의 실체를 명확하게 인지하고 아끼는 사람과 그렇지 않은 사람이 있을 뿐이다.

42. 금은 지구상에 존재하는 모든 물질 중 아무리 시간이 흘러도 부패하거나 변색하지 않는, 다시 말해, 영구적인 속성을 지닌 거의 유일한 물질 중 하나다. 오천 년 전에 땅속에 묻혔거나 바다에 가라앉았던 금덩이를 추출하여 표면에 묻은 오물을 제거하면 오천 년의 전의 찬란한 그 모습 그대로 복원할 수 있다. 영원의 속성을 지닌 영혼을 상징하는 아주 적절한 심볼이라고 할 수 있겠다. 금은 또한 오래전부터 인간의 경제 활

동을 뒷받침하는 화폐의 기능을 수행했다. 돈은 '인간의 노동'이라는 에너지의 흐름을 지원하는 매개체다. 인간은 노동력을 제공한 대가로 돈을 받고, 그 돈으로 자기에게 필요한 물건과 서비스를 구매한다. 즉, 돈은 티파레트처럼 에너지라는 무형의 힘을 물건과 서비스라는 유형의 자산으로 변환하는 역할을 하는 도구다.

43. 다음은 태양의 치유 기능에 관해 얘기해보자. 영어로 질병을 의미하는 단어, 'disease'를 해부해보면 '부정'을 의미하는 'dis'와 '편함'을 의미하는 'ease'를 합친 것임을 알 수 있다. 즉, 질병이란 '편하지 않은 상태', 우리 말로는 '편찮은 상태'가 된다. 한편 'disease'와 같은 뜻을 지닌 'illness'에는 '도덕적으로 사악하다', '모욕적인', '불쾌한, 무례한'을 의미하는 'ill'이 들어있다. 그리고 앞서 언급했듯이, '죄악'을 의미하는 'sin'은 '과녁을 맞히지 못하다.'를 의미하는 그리스어 'hamartia'에서 유래되었다. 따라서 병이란 편하지 않은 '사악한' 상태이고, 악이란 과녁을 맞히지 못하는 것, 다시 말해, 정도에서 벗어나 어느 한쪽으로 치우친 상태라고 할 수 있다. 티파레트는 무엇인가? 생명 나무의 중심에서 무너진 균형을 다시 잡아주는 역할을 하는 세피라다. 균형이 잡히면 몸도 마음도 편해지고, 불균형으로 인해 발생했던 병도 사라진다는 뜻이다. 그래서 티파레트에는 치유의 의미도 담겨있다.

44. 오컬트 해부학에서는 우리말로 '명치'라 부르는 태양 신경총(solar plexus)의 기능을 매우 중요시한다. 태양 신경총은 우리가 태양으로부터 받는 생명의 에너지를 저장하는 연료 탱크다. 윌리엄 워커 앳킨슨이 저서 『그대, 아직도 '나'를 찾고 있는가?』에서 태양 신경총의 기능에 관해

설명한 대목을 옮겨본다. 이곳에 저장된 에너지가 고갈되면 병을 피할 수 없을 것이다.

서양 과학에서는 깊게 설명하지 않는 요기 가르침의 중요한 영역 중 하나가 바로 신경계와 관련한 내용이다. 특히 서양 과학에서 '태양 신경총'이라 부르는 '명치(solar plexus)'의 기능이 아주 중요하다. 서양에서는 태양 신경총을 그저 신경절이 몸 곳곳에 연결된 여러 교감 신경망 중 하나 정도로 취급하고 있다. 반면 요기 과학에서는 태양 신경총이 신경계에서 매우 중요한 부분이며, 인체에서 핵심 역할을 하는 제2의 뇌라고 가르친다.

최근 들어 서양 과학계에서도 동양의 요기들이 수백 년 동안 상식으로 알고 있었던 이 사실을 서서히 인지하기 시작한 것 같다. 심지어 이 부위에 '복부 뇌'라는 명칭을 부여한 작가도 있다. 태양 신경총은 명치 바로 뒤, 척추 양쪽의 상복부에 위치하며, 뇌처럼 백질과 회백질로 구성되어 있다. 태양 신경총은 인체의 주요 내부 장기를 통제하며, 우리가 아는 것 이상으로 매우 중요한 역할을 한다. 이 책에서 태양 신경총에 관한 요기의 이론을 자세히 설명하지는 않겠지만, 일단 체내의 프라나를 저장하는 창고라는 점 정도로만 기억하기 바란다. 결투 도중 태양 신경총을 강타당하여 즉사한 사람들도 있으며, 이 약점을 잘 알고 있는 프로 권투선수들도 상대방을 일시적으로 마비시키기 위해 종종 명치 부위를 가격한다.

일종의 '뇌'인 태양 신경총에 'solar'라는 단어가 들어간 것은 매우 적절하다. 이곳에서 몸 전체에 힘과 에너지를 공급하고, 심지어 두개골 안의 뇌도 태양 신경총을 프라나의 저장소로 활용하기 때문이다. 언젠가는 서양 과학계도 태양 신경총의 진짜 기능을 이해하고 오늘날의 교과서와 강의에서 다루는 수준보다 훨씬 큰 중요성을 부여하게 될 것이다.

45. 디온 포춘에 따르면 인간은 태양 신경총을 통해 태양이 발산하는 에너지의 미묘한 측면(영적인 측면)을 흡수하며, 이 에너지의 흐름이 막히면 몸과 마음이 병든다고 한다. 자연의 영적 측면과의 연결을 단절함으로써 에너지의 정상적인 흐름을 끊어버리는 요인은 다름 아닌 인간의 정신적 태도, 즉, 생각이라고 한다. 그녀의 설명을 들어보자.

> 자연에서 우리가 하는 역할, 그리고 자연이 우리 안에서 하는 역할을 인정하지 않으면 부분(인간)과 전체(자연) 간에 자유롭게 흐르는 생명 부여의 마그네티즘을 억제하게 되고, 이에 따라 영의 기능에 필수적인 일부 요소들이 결여되어 정신적 건강을 유지하기가 불가능해진다.

그리고 에너지의 자유로운 흐름을 억제하는 인간의 잘못된 생각이란 다름 아닌 '거짓 영성'이라고 한다.

> …정신분석가들은 정신병의 뿌리가 거짓 영성, 겉으로만 그럴싸한 세련됨과 이상주의, 그리고 이로 인한 인간과 인간에게 생명을 부여하는 자(Giver of Life) 간 교감, 인식, 감사의 단절에 있다는 사실을 이해하지 못했다. 이는 자연의 원초적인 면을 하찮고 열등한 것으로 여기는 영적 허영심에서 비롯된 것이다.

이처럼 겉만 번지르르한 이상과 거짓 가치관으로 인해 우리 사회에 정신병이 만연해있는 것이다. 우리가 프리아포스262와 클로아키나263를 멸시하고 신으로 대우하지 않았기 때문에 태양신의 따뜻한 영향으로부터 멀어진 것이다. 태양신의 하위 측면을 모욕한다는 것은 그를

원초적인 생식능력과 비옥함을 상징하는 그리스 신, 프리아포스

모욕한 것과 다름없기 때문이다.

46. 개의 사체를 보고 반짝반짝 빛나는 아름다운 이빨을 칭송했던 예수의 일화와 같은 맥락의 내용이다. 신은 'THE ALL'이므로 우주에 신이 창조하지 않은 것, 신이 아닌 것, 신의 일부가 아닌 것은 존재할 수 없다. 진정으로 신을 사랑한다는 것은 우주 만물을 사랑한다는 뜻이다. 나는 '영성인'이라는 이유로 물질을 등한시하고 더럽게 여기는 것이 영적 허영심이고, 이런 허영심이 정신병의 근본적인 원인이라는 것이다.

47. 소우주의 관점에서 봤을 때 티파레트는 인간의 가슴에 해당하며, 가슴에는 태양 신경총 말고도 폐와 심장이라는 중요한 장기들이 들어있다. 폐와 심장은 대우주인 '바깥세상'과 소우주인 '인간'을 연결하는 중요한 역할을 한다. 우리 육신이 물질 세상에서 기능하기 위해 내부에서 어떤 작용을 하는지 간단하게 살펴보자.

48. 우리는 음식을 통해 영양분을 섭취하고, 심장의 박동에 의해 전신에 흐르는 혈액은 이 영양분을 몸 구석구석 전달한다. 혈액은 또한 체내의 노폐물을 수거하여 폐로 전달하고, 폐에 도달한 노폐물은 우리가 호흡을 통해 들이마신 산소에 의해 연소하여 날숨과 함께 몸 밖으로 배출된다. 심장과 폐가 아주 중요한 변환 작업을 수행하고 있음을 볼 수 있다.

49. 숨은 육신의 생명뿐 아니라 영, 혼과도 관련이 있다. '영(靈)'을 의미하는 영어단어 'spirit' 자체가 '숨결' 또는 '숨을 쉰다.'를 의미하는 라틴어 'spiritus'에서 유래되었다. '영감(靈感)'을 의미하는 'inspiration'은 '신

또는 영이 들어왔다.'는 뜻이 된다. '열망(熱望)'을 의미하는 'aspiration' 은 '영을 불어넣는다.'라는 뜻이다. 훌륭한 일을 해내기 위해서는 영감을 받아 계획을 구상하고 목표를 달성하려는 열망이 있어야 하는데, 보다시피 둘 다 신 또는 영의 도움을 받아야 하는 일이다.

50. 성경에는 신이 흙(4대 원소)으로 사람의 형상을 빚고 나서 코를 통해 생기(生氣)를 불어넣자 사람이 생령(生靈)이 되었다고 기록되어 있다.[264] 4대 원소로 빚은 형상은 고깃덩어리에 불과했지만, 여기에 제5 원소에 상응하는 영, 즉, 티파레트가 상징하는 신의 숨결이 더해지면서 진정한 의미의 인간이 탄생한 것이다. 생명을 부여하는 티파레트의 역할을 볼 수 있는 또 하나의 좋은 사례다.

51. 티파레트는 '아름다움'을 의미하며, 아름다움은 비율, 조화, 질서, 균형에서 나온다고 앞서 설명했다. 생명 나무의 중앙에서 상위 세상의 영향을 수용하고 변환하여 하위 세상으로 전달하는 중재자 역할을 하는 티파레트에 여러 가지 별칭과 속성이 부여된 이유를 디온 포춘은 이렇게 설명한다.

> 『세페르 예치라』는 티파레트에 관해 "여섯 번째 경로는 중재의 지성(Mediating Intelligence)으로 불린다."고 설명한다. 중재자란 어떤 연결 링크, 중개인 등을 의미한다. 따라서 생명 나무의 중앙에 자리한 티파레트는 일종의 스위치로, 『세페르 예치라』에서 묘사한 것처럼 '(상위 세상에서) 유입된 발산'을 수용하고, '그 영향이 축복의 저수지로 흘러 들어가도록 유도'하는 두 가지 관점에서 봐야 한다. 티파레트는 상대

적으로 상위에 있는 다섯 세피로트(1~5)가 구체화한 형태라고도 할 수 있고, 하위에 있는 네 세피로트(7~10)의 배후에서 작용하는 영적 원리라고도 할 수 있다. 형상의 관점(7~10)에서 보면 힘이고, 힘의 관점(1~5)에서 보면 형상인 것이다. 티파레트는 다섯 개의 상위 세피로트가 상징하는 위대한 원리들이 개념으로 형성되는 원형적 세피라다. 『세페르 예치라』의 표현대로 '유입된 발산(Emanations)이 배가되는 곳'이다.

52. 같은 사물을 바라보더라도 보는 관점에 따라 해석은 달라질 수 있다. 맹인모상(盲人摸象). 장님이 코끼리를 만진다는 뜻으로, 불교 경전 『열반경(涅槃經)』에 나오는 이야기다. 여섯 명의 맹인이 각각 코끼리의 이빨, 귀, 다리, 등, 배, 꼬리를 만져보고 저마다 다른 결론을 내렸다는 얘기다. 크로울리는 식탁에 놓인 가재 요리도 사람마다 다르게 보인다고 했다. 한 사람에게는 가재의 왼쪽 면만 보이고, 맞은편에 앉은 사람에게는 오른쪽 면만 보인다는 것이다. 나중에 살펴볼 검 6번 카드에는 여섯 개의 검이 중앙의 장미 십자가를 가리키는 이미지가 그려져 있는데, 크로울리는 이 카드에 '성공의 성취'라는 황금새벽회 전통의 제목 대신 '과학'이라는 제목을 지정했다. 어떤 사물 또는 현상을 관찰할 때, 다각도에서 바라보고 해석해야 한쪽으로 치우치지 않고 진정으로 '과학적인' 결론을 도출할 수 있다는 사실을 강조하기 위해 그렇게 제목을 지은 것 같다.

53. 같은 원리로, 아버지(케테르) 또는 매크로프로소포스의 관점에서 바라본 티파레트는 아들(아이)이자 마이크로프로소포스지만, 마이크로프

로소포스의 신부인 공주(말쿠트)의 관점에서 바라본 티파레트는 왕자님이자, 신성한 신랑이자, 아담 카드몬이다. 티파레트는 대우주와 소우주를 연결해주는 중재자이기도 하다. 예수가 제자들에게 전수한 『주기도문』에는 상응의 원칙("위에서와같이 아래에서도, 아래에서와같이 위에서도")이 "뜻이 하늘(대우주)에서 이루어진 것처럼 땅(소우주)에서도 이루어지이다."라는 구절로 표현되어 있다. 구약성경 창세기에서 신이 인간을 창조하는 대목도 대우주와 소우주의 관계를 보여주고 있다.

> (창세기 1:27) 하나님이 자기 형상 곧 하나님의 형상대로 사람을 창조하시되 남자와 여자를 창조하시고

54. 대우주와 소우주의 관계는 홀로그램에 비유할 수 있다. 홀로그램은 빛의 회절 특성을 이용하여 3차원 이미지를 기록한 매체인데, 원본 홀로그램을 아무리 작은 단위로 잘라내도 작은 홀로그램 안에는 본래의 이미지가 그대로 보존된다. 이미지의 크기가 홀로그램의 크기에 비례하여 작아질 뿐, 그 안에 담긴 형상은 원본과 같게 유지되는 것이다. 그래서 인간은 작은 우주고, 우주는 큰 인간이라고 표현하는 것이다. "나(소우주)를 알면 우주와 신(대우주)도 알 수 있다."는 델포이 신전의 문구도 같은 의미다. '나'는 우주와 신보다 규모상으로는 훨씬 작지만, 이 원칙에 따라 본질적으로 같으므로 '나'를 알면 '전부'를 아는 것이 된다. 그래서 옛 현자들은 나를 아는 것이 모든 공부의 으뜸이라고 여겼다.

55. 지금까지 설명한 내용을 토대로 왜 티파레트에 세 개의 마법 이미지, 즉, '위풍당당한 왕', '아이', 그리고 '제물로 바쳐진 신'이 지정되었는

지 감을 잡았으리라 생각한다. 케테르(아버지)의 관점에서 봤을 때 티파레트는 아이(아들)지만, 말쿠트(신부 또는 공주)의 관점에서는 신랑이자 위풍당당한 왕이다. 그리고 변환이 이루어지는 영역, 신과 인간을 연결해주는 매개 역할을 한다는 관점에서는 자신을 제물로 바치는 신이 된다. 희생은 손실이 아니라 변환을 의미한다는 사실은 앞에서 이미 설명한 바 있다. 디온 포춘의 부연 설명을 들어보자. 괄호 안의 내용은 필자가 넣은 것이다.

> 희생이란 힘이 한 형태에서 다른 형태로 변환함을 의미한다. 힘이 완전하게 파괴되는 경우는 없다. 표면적으로는 내 시야에서 힘이 사라진 것으로 보일 수 있지만, 우주를 지탱하는 기본 법칙인 에너지 보존의 법칙에 따라 다른 형태로 존속하게 되어있다. 에너지는 형상 안에 봉인된 형태, 따라서 정적인 상태(위치에너지)로 머무르거나, 형상에 봉인된 상태에서 해방되어 자유롭게 흐르는 동적 상태(운동에너지)로 존재할 수 있다. 어떤 식으로든 '희생한다.'는 것은 에너지가 형상 안에 봉인된 정적인 상태를 깸으로써 그 에너지가 우주를 관통하며 흐를 수 있는 상태로 변환한다는 뜻이다. 따라서 우리가 희생한 에너지는 다른 형태로 어딘가에서 나타나게 되어있다.

56. 티파레트에 지정된 신의 이름은 다소 긴 '테트라그라마톤 알로아 바 다아트'다. '테트라그라마톤'은 네 문자로 구성된 신의 이름, 즉, 'יהוה'를 의미하고, '알로아'는 신의 여성형 명사(남성형은 '테'), 그리고 '다아트'는 천상의 삼각형과 생명 나무의 나머지 부분을 가르는 심연 한 가운데에 위치한, 일반적으로 생명의 나무 상에 그려지지 않는 '거짓 세

피라', '보이지 않는 세피라'를 지칭한다. 『세페르 예치라』에서도 생명의 나무는 열 개의 세피라로트 구성되어 있다고 분명하게 강조하고 있다. 다아트의 개념은 이 책의 범위를 벗어난다고 판단되어 지금까지 자세히 언급하지 않았으나, 얘기가 나온 김에 간단하게 설명하고 넘어가야 할 것 같다.

57. '지식(knowledge)'을 의미하는 다아트는 2번 세피라, 호크마('지혜')와 3번 세피라, 비나('이해')의 결합으로 탄생한 결과물로, 중간 기둥의 케테르(아버지)와 티파레트(아들) 사이에 자리하고 있다. 크로울리는 다아트가 '다른 차원에 속한 세피라'라고 설명했으며, 디온 포춘은 '각성(realization)'과 '의식(consciousness)'을 상징한다고 말했다. 지혜와 이해가 결합하여 탄생한 지식이란 과연 무엇을 의미하는 것일까? 우리가 학교에서 배운 것, 공부와 책을 통해 배운 것을 말하는 것은 아니다. 여기서 말하는 지식은 '앎', 즉, '그노시스(Gnosis; 靈知)'를 의미한다. 이는 디온 포춘이 설명한 '각성'과 가까운 개념으로, '믿음', '신념'보다 위에 있는 경지다. 스위스의 저명한 정신과 의사이자 심리학자였던 카를 구스타프 융[265]은 사망하기 2년 전인 1959년, BBC에서 진행한 인터뷰에서 "당신은 신의 존재를 믿습니까?"라는 사회자의 질문에 이렇게 대답했다. "저는 신의 존재를 알고 있으므로, 그 사실을 믿을 필요가 없습니다." 신이 존재한다는 사실을 알고 있으므로, 즉, 신의 존재에 관한 절대적 확신이 있으므로 믿을 필요가 없다는 뜻이다. "2 더하기 2는 4다."라는 말을 믿을 필요가 없는 것과 마찬가지다. 앞서 이미 여러 차례 언급한 산상수훈에는 오늘은 뭘 먹고 살지 걱정하지 말라는 예수의 가르침이 나온다. 진정한 신도는 이 말을 믿는 것에 그치지 않고, 이 말이 사실

임을 아는 상태로 살아간다. 이것이 다아트가 상징하는 앎의 경지다.

58. 구약성경 창세기에 따르면 최초의 인류가 살았던 에덴동산에는 두 개의 유명한 나무가 있었다고 한다. 이 두 나무는 우리가 지금 공부하고 있는 생명의 나무와 선악과 이야기로 유명한 지식의 나무다. 생명의 나무와 지식의 나무는 같은 뿌리에서 자라 나왔다고 하며, 생명의 나무에 걸쳐있는 다아트는 지식의 나무를 상징한다. 지식의 으뜸은 '선과 악에 관한 지식'이며, 보다 구체적으로 말하자면 모든 힘의 근본인 '성적 힘의 올바른 활용과 관련한 지식'이다. 앞서 장미십자회의 가르침을 인용하며 생식을 상징하는 달의 시대에 인류를 지도하고 생명체의 짝짓기를 주관했던 여호와가 지식의 나무 열매(선악과)를 따 먹은 아담과 이브, 그리고 상습적으로 체외사정을 하는 오난에 대해 분노하며 형벌을 내린 이유에 관해서도 설명한 바 있다. 여호와는 성적으로 타락한 두 도시, 소돔과 고모라도 주저하지 않고 파괴하였다. 전부 다 성적 힘을 오용한 행위에 따른 대가를 치르는 이야기들이다.

59. 하지만 이 힘을 올바르게 활용하면 인류의 고향인 에덴동산으로 돌아갈 수 있다. 생명의 나무에서 1, 2, 3번 세피라로 구성된 천상의 삼각형, 심연 너머, 마이크로프로소포스와 분리된 그 상위 영역이 바로 에덴동산이다. 창세기에 따르면 신은 아담과 이브를 낙원에서 추방한 후, 문 앞에 케루빔과 사방으로 움직이는 불타는 검을 세워두었다고 한다.

> (창세기 3:24) 이같이 하나님이 그 사람을 쫓아내시고 에덴 동산 동편에 그룹들과 두루 도는 화염검을 두어 생명나무의 길을 지키게 하시니라

다아트는 에덴동산에 입장하기 위해, 고향으로 돌아가기 위해 우리가 통과해야 하는 문이다. 그리고 다아트에 이르기 위해서는 예소드에 똬리를 틀고 있는 뱀, 쿤달리니를 올바르게 일으켜 세워, 즉, 성적 힘을 올바른 방향으로 활용하여 그 문을 두드려야 한다. 정상적인 방법으로 문 앞에 이르러 두드리면 열릴 것이다.

> (마태복음 7:7) 구하라 그러면 너희에게 주실 것이요 찾으라 그러면 찾을 것이요 문을 두드리라 그러면 너희에게 열릴 것이니
>
> (마태복음 7:8) 구하는 이마다 얻을 것이요 찾는 이가 찾을 것이요 두드리는 이에게 열릴 것이니라

60. 앞서 설명했듯이, 우리 안에도 이 두 나무가 있다고 한다. 우리 안의 생명 나무는 심장을 뿌리로 삼고 혈관으로 구성된 순환계이며, 지식의 나무는 뇌를 뿌리로 삼고 신경세포로 구성된 신경계다. 심장은 육신에 생명을 부여하는 혈액을 순환시키는 엔진이고, 뇌는 신경망을 통해 세상을 인지하고 지적 활동을 가능케 하는 도구이니 아주 적절한 비유라고 할 수 있겠다.

61. 티파레트를 지배하는 대천사는 치유의 천사인 '라파엘'이며, 천군은 '멜라힘' 또는 '왕'이다. 여기서 왕이란 제1장에서 살펴본 엘리멘탈의 왕들을 의미한다. 엘리멘탈 왕은 4대 원소, 즉, 자연의 힘에 담긴 영적 원칙을 상징하며, 똑바로 서 있는 오망성은 인간의 영혼이 4대 원소를 지배하는(다스리는) 모습을 나타낸다고 설명한 바 있다. 다시 말해, 4대 원소가 상징하는 힘을 다스리려면 티파레트의 경지에 이르러야 한다. 4대 원

대천사 라파엘과 토비아스 (『토비트서[266](Book of Tobit)』 중에서)

소는 다음 장부터 살펴볼 7~10번 세피라에 지정된다.

- 7번 세피라, 넷자흐 – 불

- 8번 세피라, 호드 - 물
- 9번 세피라, 예소 - 공기
- 10번 세피라, 말쿠트 - 흙

62. 4대 원소를 다스린다는 것은 정확히 무슨 의미일까? 디온 포춘에 따르면 '전투적 본능, 생식의 본능(성욕), 자기비하, 자만심 등과 같은 강력한 감정을 다스리는 것'이라고 한다. 제2장에서 인용했던 '이시스의 메시지'를 다시 한번 읽어보면 이 말의 의미가 더욱 명확하게 다가올 것이다. 다음은 입문교사 이시스가 입문자들에게 전하는 메시지 중에서 관련 내용을 다시 발췌한 것이다.

> 나를 네 신부로 맞이하고 싶다면 입문 과정에서 죽음을 치를 각오로 임해야 한다. 자비심 없는 공포의 스핑크스가 너의 영적 용기와 본성을 가늠하기 위해 내는 시험을 통과해야 한다. 나는 십자가에 못 박히고 4대 원소의 공격을 이겨낸 자들에게만 나를 내어준다. 나는 쓰라림, 배신, 조롱, 박해, 중상모략, 명예훼손의 쓴 잔을 들이킨 자들만 사랑한다. 나는 짐승들이 지배하는 세상에서 고독함을 이겨내고 용기 하나로 고통을 감내한 입문자들을 사랑한다. 공기의 시험(중상모략과 명예훼손)을 치른 자들, 흙의 시험(폭력과 박해)을 치른 자들, 물의 시험(유혹과 악덕)을 치른 자들, 그리고 불의 시험(절제할 수 없는 야망)을 치르고 통과한 이들이여, 모두 내게 오라!

63. 이시스는 불, 물, 공기, 흙의 쓰라린 시험을 통과하며 고통을 받은 자, 자기를 제물로 바친 자만 받아준다고 말한다. 티파레트 하위에 있는 영

역을 정복했을 뿐만 아니라, 티파레트가 상징하는 희생을 치를 준비가 된 사람만 그녀의 지도를 받아 다음 단계로 넘어갈 수 있다는 뜻이다. 이와 반대로 위에서 언급한 감정의 지배를 받아 이리저리 휘둘리는 사람은 거꾸로 뒤집어진 오망성과 같은 상태, 즉, 물질이 영혼을 억누르며 그 위에서 군림하는 상태에 있는 사람이라고 할 수 있다. 『오멘』, 『엑소시스트』, 『컨저링』 같은 공포 영화를 보면 악마가 등장하기 전에 벽에 걸려있던 십자가가 갑자기 거꾸로 뒤집어지는 장면이 나온다. 거의 진부하다고 말할 수 있을 정도로 자주 나오는 테마다. 이 역시 오망성이 뒤집어진 것과 마찬가지로 물질이 영혼 위에 선 상태를 상징하는 것이다.

64. 한때 사탄교(Church of Satan)에서 서품까지 받은 신부로 활동하다가 지금은 탈퇴하여 진리를 전파하는 일에 투신한 미국의 오컬티스트, 마크 패시오에 따르면 사탄교의 핵심 교리는 '이기주의'이며, 물질적/개인적 이득을 최고의 선으로 삼는다고 한다. 다음은 패시오가 전하는 사탄교의 4대 교리다.

  1. **자기 생존** : 무엇보다 중요한 것은 나, 개인의 생존이다. 나의 생존을 위해서라면 남이야 어찌 되든, 짓밟아도 된다.
  2. **도덕적 상대주의** : 내게 득이 되는 것이 선이고, 내게 실이 되는 것이 악이다.
  3. **사회다윈주의**: 더 강하고, 잘나고, 뛰어난 사람에게는 그렇지 않은 사람 위에 군림할 수 있는 권리가 있다.
  4. **우생학**: 우월한 사람은 열등한 사람의 생살여탈권을 쥐고 있다.

65. 우리 주변에 머리에 뿔 달린 사탄을 실제로 숭배하거나 사탄교 신도로 활동하는 사람은 아마 없을 것이다. 하지만 세상에는 위에 열거한 사탄교의 교리를 따르며 사는 사람이 많다. 내 주변에도 있을 가능성이 높고, TV 뉴스에는 이런 사람들이 매일 나온다. 이들은 사탄교 신도 등록증은 소지하고 있지 않지만, 심지어 주말마다 예배당에 가서 기도하고 헌금도 내는, 겉으로는 멀쩡하게 보이는 사람들이지만, 사실은 사탄의 가르침을 실천하며 널리 전파하는 실질적인 악의 하수인들이다. 티파레트의 경지에 이르기 전까지는, 물질(마몬)의 유혹을 통과하여 내 안의 진아를 만나기 전까지는 우리도 명예 사탄교 신도로 암약하게 될 수 있다는 사실을 언제나 기억하자.

66. 카발라 전통에 따르면, 인간이 낙원에서 추방될 때, 4대 원소에 상응하는 하위 네 세피로트가 티파레트로부터 분리되어 우주의 변소인 클리포트와 하나가 되었다고 한다. 말하자면 영혼과 몸이 분리되어 따로 놀게 된 셈이다. 그 결과, 인류는 모든 사물의 배후에 있는 영적 원리 (엘리멘탈 왕)를 망각하고, 물질주의와 무신론의 늪에 빠져 허덕이는 신세가 되었다고 한다.

67. 이미 대략 설명한 내용이지만, 티파레트의 두 가지 영적 체험에 관해 간단히 살펴보고 넘어가자. 첫 번째는 '사물의 조화에 관한 비전'이다. 사물은 단순한 물질이 아니다. 그 이면에는 영적인 측면, 즉, 엘리멘탈의 왕인 멜라힘이 있다. 디온 포춘은 이를 "자연(물질)은 영의 밀도가 높은 상태다."라는 말로 표현했다. 제1장에서 살펴봤던 극성의 원칙에 따르면 영은 물질의 진동수가 아주 높은(밀도가 아주 낮은) 상태이고,

물질은 영의 진동수가 아주 낮은(밀도가 아주 높은) 상태를 의미한다. 무지개의 일곱 빛깔이 주파수에 따라 가시광선 스펙트럼 상에 빨주노초파남보 순으로 배열되듯이, 우리에게 익숙한 물질과 영도 진동수가 달라 스펙트럼의 양 끝에 위치할 뿐, 본질은 같다고 할 수 있다. 2번 세피라의 심볼인 '영광의 예복'은 인간의 영혼을, 그리고 3번 세피라의 심볼인 '은폐의 예복'은 인간의 육신을 각각 상징한다고 설명했었는데, 이것도 사실 본질적으로 같다고 볼 수 있다. 은폐의 예복은 달팽이의 단단한 껍질, 그리고 영광의 예복은 달팽이의 말랑말랑한 몸에 비유할 수 있다. 하지만 달팽이의 껍질도 몸에서 나온 것이다. 즉, 몸의 일부인 것이다. 물질과 영의 관계도 이렇게 이해하면 될 것 같다.

68. 티파레트의 영적 체험 중 두 번째는 '십자가형의 신비'로, 희생, 그리고 이를 통한 변환과 관련이 있는 개념이다. 대우주의 관점에서는 전 세계 주요 종교들의 구세주들, 인류를 위해 자신을 제물로 바친 위인들과 반신반인들의 신화를 통해 이 개념을 이해할 수 있다. 신과 인간의 결합으로 태어난 티파레트의 구세주들은 힘(신)과 형상(인간)이 만나 태어난 아이를 상징한다. 십자가에 못 박혀 있는 구세주의 모습을 생명 나무에 매달린 아담 카드몬의 이미지에 대입하면 마치 생명 나무를 구성하는 세피라들이 이탈하지 못하도록 구세주를 못으로 고정한 듯한 느낌이 든다. 생명 나무의 균형을 유지하기 위해, 좌우와 상하 완벽한 대칭 구조를 보존하기 위해 자신을 생명 나무에 못 박은 것이다.

69. 소우주의 관점에서는 십자가형의 의미, 희생에 담긴 힘을 이해함으로써 의식을 상승시키는 작업을 의미한다. 감각기관을 통해 물질 환경

을 인식하는 말쿠트의 뇌 의식과 예소드의 하위 싸이킥 의식을 거쳐 티파레트의 상위 싸이키즘, 즉, 깨달음의 의식에 도달하고, 이를 발판으로 다아트가 상징하는 앎의 경지, 그리고 궁극적으로 신과 하나가 되는 케테르의 경지에 이르는 작업을 말하는 것이다. 이것이 바로 연금술의 최종 목표인 '대업(Great Work)'의 완성이다.

70. 티파레트에 지정된 미덕과 악덕은 '대업을 위한 헌신'과 '자만'이다. 우선 헌신에 관한 디온 포춘의 설명을 들어보자.

> 헌신이란 '나'를 초월하는 무언가를 향한 사랑이다. 헌신은 내 안의 이상주의를 자극하고 일깨운다. 그 무언가에 이를 수 없다는 사실에 때로는 절망하게 되기도 하지만, 동시에 그 무언가를 향해 전진하겠다는 열망을 불어넣는다. (중략). 헌신에 더욱 강력한 감정이 더해져 경배(adoration)로 변환되면 형상의 세상과 무형의 세상 사이에 놓인 심연을 뛰어넘어 눈으로 볼 수 없는 것과 귀로 들을 수 없는 것을 인지할 수 있게 된다. 이처럼 대업을 향한 헌신이 경배로 변환할 때 비로소 십자가형의 신비에 입문하게 된다.

71. '헌신(獻身)'을 풀어보면 '몸(身)을 바친다(獻).'는 뜻이 되며, 이는 희생을 골자로 하는 티파레트의 개념과 잘 맞아떨어진다. 헌신이 한 단계 업그레이드되면 '경배(敬拜)'가 된다. '공경(敬)하는 마음으로 절한다(拜).'는 뜻이다. 예전에 국내의 모 드라마에서 여주인공이 "사랑으론 부족하니 나를 추앙해줘."라고 말하는 대사가 인기를 끌었었는데, 경배는 '높이 받들어 우러러본다.'는 의미의 추앙과 같은 개념이다. 대업을 완

성하겠다는 열망이 헌신을 거쳐 경배의 수준에 이르러야, 완성을 향한 여정이 나의 종교가 되어야 목적지에 도달할 수 있다는 뜻이다. 맥스 하인델의 『장미십자회의 우주 창조론』 서문에 담긴 일화를 통해 헌신의 개념을 보다 확실하게 이해할 수 있을 것이다.

어느 날 한 젊은이가 현자를 찾아가 물었다. "스승이시여, 어떻게 해야 지혜를 얻을 수 있습니까?" 현자는 아무런 대답도 하지 않았다. 젊은이가 같은 질문을 반복해도 대답이 없자 그는 일단 자리에서 물러나고, 다음날 또 찾아와 같은 질문을 올렸다. 둘째 날에도 상황은 달라지지 않았다. 셋째 날에도 젊은이는 현자에게 물었다. "스승이시여, 어떻게 해야 지혜를 얻을 수 있습니까?"

드디어 현자는 고개를 돌리더니 근처에 있는 강을 향해 걸어갔다. 물속으로 들어가며 현자는 젊은이에게 따라오라고 손짓했다. 수심이 어느 정도 깊은 곳에 다다르자 현자는 젊은이의 어깨를 잡더니 그의 머리를 물속에 처박았고, 젊은이는 수면 위로 올라오기 위해 몸부림쳤다. 시간이 흐른 후 손에서 힘을 푼 현자는 숨을 몰아쉬느라 헐떡이고 있는 젊은이에게 물었다.

"물속에 있었을 때 네가 가장 절실히 바랐던 것은 무엇이냐?"

젊은이는 망설임 없이 대답했다. "공기! 공기! 공기를 바랐습니다!"

현자가 다시 물었다. "부, 쾌락, 권력, 사랑은? 이런 것들은 바라지 않았더냐?"

젊은이가 대답했다. "아닙니다! 저는 오로지 공기, 공기만을 바랐습니다!" 현자가 말했다. "지혜를 얻기 원한다면 네가 물속에서 공기를 바랐던 심정으로 지혜를 갈구하면 된다. 삶의 다른 모든 목표를 제쳐두고 지혜를 구하기 위해 투쟁해야 한다. 매일, 낮과 밤을 불문하고 너의 유일한 열망이 되어야 한다. 이런 자세로 지혜를 구하면 반드시 얻을 수 있을 것이다."

이것이 바로 오컬트 지식을 얻고자 하는 모든 구도자가 유념해야 할 첫 번째이자 가장 중요한 요구사항이다. 지혜를 구하고 말겠다는 흔들리지 않는 마음, 지식을 향한 마르지 않는 갈증, 어떤 장애물에도 굴하지 않는 열정이 있어야 한다. 무엇보다 오컬트 지식을 얻고자 하는 근본 동기는 인류에게 혜택이 돌아가도록 헌신하겠다는 마음에서 우러나와야 하며, 타인을 위해서라면 얼마든지 나를 희생하겠다는 굳은 각오도 있어야 한다. 이처럼 확고한 목적의식 없이 습득한 오컬트 지식은 지극히 위험하다.

72. 반면 '자만심'은 티파레트에서 우리가 경계해야 할 악덕이다. 점성학에서도 태양을 지배하는 사자자리 태생은 자만심을 경계해야 한다고 강조한다. 태양은 자기가 세상의 중심인 줄 알며, 행성들이 자기를 중심으로 도는 것을 당연하게 여긴다. 동화에도 동물의 왕인 사자는 자기가 모든 동물의 경배를 받는 것을 당연시한다. 하지만 태양은 태양계라는 작은 왕국의 왕에 불과하며, 동화 속의 사자는 자기보다 약한 동물들의 꾀

에 종종 넘어간다. 구도자의 최종 목표는 신과 하나가 되는 것인데, 자기중심적인 사람은 신은 고사하고 자기라는 작은 경계선조차 초월하지 못한다. 디온 포춘의 설명을 들어보자.

자만심은 에고이즘에 뿌리를 두고 있으며, 자기중심적인 성향을 버리지 못하면 만물과 하나가 될 수 없다. 자기를 내려놓은 영혼은 '나'라는 경계선을 뛰어넘어 무한한 공감과 완벽한 사랑으로 만물에 흡수된다. 하지만 자만하는 영혼은 만물을 자기 손에 넣기 위해 '나'의 경계선을 확장한다. 무언가를 소유하는 것과 무언가와 하나가 되는 것은 완전히 다른 개념이다. 무언가와 하나가 되면 내가 대상을 소유하고, 대상도 나를 소유하는 완벽한 호혜성(Perfect Reciprocity)의 관계가 형성된다. 티파레트에 도달한 아뎁트가 경계해야 할 것은 일방적으로 소유하려는 마음이다. 받은 만큼 내어주고, 십자가형이라는 희생을 통해 신과 하나가 되기 위해 주저하지 않고 자신을 바칠 수 있어야 한다. "너희 중에 큰 자는 너희를 섬기는 자가 되어야 하리라."는 주님의 말씀267을 실천으로 옮길 수 있어야 한다.

73. 맨리 P. 홀은 '하나됨(Oneness)에 이르는 마법의 계단'이라는 개념을 '다름(Otherness)을 단계적으로 제거하는 과정'으로 표현했다. 하나됨에 이르는 일곱 계단은 다음과 같다.

- 1단계: 자기 보존. '나'밖에 모르는 자기중심적 단계. '나'뿐인 사람. 사탄교의 첫 번째 계명.
- 2단계: 혈연관계의 인식. 나와 피를 나눈 혈육을 '나'와 동일시하는

단계.

- 3단계: 우정, 동료의식, 민족주의, 애국심. 친구, 동료, 동포 등을 '나'와 동일시하는 단계.
- 4단계: 인종, 성별. 나와 피부색이 같은 사람, 성별이 같은 사람 등을 '나'와 동일시하는 단계. 보편적 인류애의 태동.
- 5단계: 다른 생명에 대한 인식. 인간 이외의 생명, 즉, 동물, 식물 등을 '나'와 동일시하는 단계.
- 6단계: 우주 시민. 지구를 초월하여 미지의 외계 생명체까지 '나'와 동일시하는 단계.
- 7단계: The ALL, The Monad의 발견. 신과 하나가 되는 최후의 상태.

맨리 P. 홀에 따르면 인간이 4단계를 통과하기란 매우 어렵다고 한다. 4단계를 넘어서면 미워해야 할 사람이 남지 않기 때문이라는 것이다. 슬픈 이야기다.

74. 이제 티파레트에 지정된 심볼들을 하나씩 살펴보자. 라멘은 소우주 관점에서 티파레트에 상응하는 가슴에 착용하는 심볼로, 티파레트의 아뎁트가 소유한 태양의 힘을 상징한다. 황금새벽회에서 사용하는 화려한 장미 십자가, 고대 유대교의 대제사장이 착용했던, 열두 개의 보석이 박힌 흉갑(Priestly Breastplate) 등을 라멘의 대표적인 예로 들 수 있다.

유대교 대제세장의 흉갑

75. 티파레트의 키워드인 '희생' 하면 대번 떠오르는 심볼은 십자가다. 정육면체를 펼치면 여섯 개의 정사각형으로 구성된 십자가가 만들어진다. 하나의 팔이 다른 세 팔보다 긴, 예수가 십자가형을 받았던 '갈보리 십자가'다. 론 마일로 듀켓은 아주 작은, 최초의 점에 비유할 수 있는 이 정육면체가 마치 우주 팝콘처럼 터지면서 우주 창조가 개시되었다고 설명했

장미 십자가 라멘

다. 정육면체는 3차원(x축, y축, z축)의 물질이며, 이에 따라 상/하, 좌/우, 앞/뒤, 그리고 중심 지점을 포함한 총 일곱 개의 위치 또는 방향이 정의된다. 여기에 정육면체의 열두 변을 고려하면 총 22개의 히브리 문자와 22장의 메이저 아르카나 카드가 만들어진다. 제2장에서 설명했듯이, 3은 세 개의 어머니 자음과 원소 카드(불, 물, 공기), 7은 일곱 개의 더블 자음과 행성 카드, 그리고 12는 열두 개의 단순 자음과 별자리 카드에 상응한다. 이와 같은 일련의 과정을 거쳐 22개의 이파리가 달린 장미가 탄생하고, 이 장미가 십자가에 못 박히면 장미 십자가가 탄생한다.

76. 적십자 심볼처럼 네 팔의 길이가 같은 십자가는 힘의 균형을 상징하며, '자연의 십자가(Cross of Nature)'로 불리기도 한다. 중앙에 원이 있는 십자가도 있다. 이 원은 티파레트의 행성인 태양을 상징하기도 하고, 입으로 자신을 꼬리를 물고 있는 우로보로스처럼 영원과 지혜를 의미하기도 한다.

77. 마지막으로, 갓돌이 잘려나간 피라미드도 티파레트를 상징한다. 피라미드 본체로부터 분리된 갓돌, 심연 맞은편에 섬처럼 둥둥 떠 있는 갓돌은 우리가 돌아가야 할 에덴동산이고, 심연 아랫부분은 티파레트를 중심으로 한 마이크로프로소포스, 아담 카드몬을 상징한다. 내 안의 피라미드가 다시 하나로 합쳐질 때 인간은 완성된다.

78. 이상으로 생명 나무 상의 두 번째 삼위일체인 윤리적(추상적) 삼각형의 마지막 세피라, 티파레트에 관한 설명을 마친다. 중요하고도 심오한 개념을 많이 내포한, 추상적인 영역에서 구체적인 영역으로 넘어가는 분

기점에 해당하는 세피라인지라 분량이 다소 길어졌다. 이제 간단히 티파레트에 해당하는 네 장의 6번 카드를 살펴보자. 균형과 안정성을 중시하는 세피라의 속성이 카드에 그대로 반영된 것을 느낄 수 있을 것이다.

6번 카드의 기본 속성

생명 나무의 중앙에 위치한 티파레트는 심연 아래의 세피라 중 케테르와 직접 연결된 유일한 세피라이며, 2~5번 세피라와도 직접 소통을 통해 그 영향을 흡수한다. 상위 세피라의 힘을 받아 형상으로 변환하는 전략적 요충지에 위치한 티파레트는 상하, 좌우 완벽한 대칭 구조를 지탱하면서 생명 나무의 균형을 유지한다. 티파레트는 아버지인 케테르가 심연 아래에 비춘 아들이자, 태양계의 중심에 있는 태양이다.

크로울리에 따르면 인간의 영혼을 구성하는 요소 중 정신에 해당하는 루아흐는 티파레트가 확장한 것이며, 티파레트는 인간의 의식이 가장 조화롭고 균형을 이룬 상태를 상징한다고 한다. 인간은 신을 알 수 없지만, 루아흐, 즉, 지적 능력을 활용하여 아들을 통해 신을 간접적으로 알 수 있다. 인간의 능력으로는 케테르를 파악할 수 없지만, 티파레트를 통해 케테르의 존재를 알 수 있다. 이 사실을 염두에 두고 6번 카드들을 차례대로 살펴보자.

6 of Wands – 승리(Victory)

(Jupiter in Leo) 10° to 20° Leo

8월 2일 ~ 8월 11일

토트 타로의 제목 – 승리(Victory)

카드의 의미

- 균형을 이룬 상태로 현실화한 에너지. 사랑. 이득과 성공.
- 갈등 이후의 승리.
- 약화하는 영향을 받을 경우: 오만. 자만.

제1장의 '다채로운 재료로 만들어진 한 장의 카드' 섹션에서 사례로 살펴봤던 카드다. 당시에 나열했던 이 카드의 여러 속성을 다시 한번 읽어보자.

- 지팡이. 마이너 아르카나의 네 슈트 중 지팡이는 '불'을 상징한다.
- 목성과 사자자리의 심볼. 목성이 사자자리에 진입했음을 의미한다. 사람 간에 궁합이 있듯이, 행성과 별자리 간에도 좋은 궁합과 나쁜 궁합이 있다.
- '6'은 생명 나무의 중간 기둥에 있는, 태양이 지배하는 6번 세피라, 티파레트를 의미한다. 위와 아래, 좌와 우 기준으로 생명 나무의 정중앙에 위치한 티파레트는 매우 안정적인 세피라다.

- 태양은 사자자리를 지배한다. 태양이 자신의 집(사자자리)에 와서 아주 편하게, 자신의 역량을 마음껏 발휘할 수 있다는 뜻이다.
- 동물의 왕인 사자를 심볼로 삼는 사자자리는 '용기'를 의미하는데, 여기에 올림포스의 왕인 목성(제우스/주피터)의 기운까지 더해졌다. 점성학에서 목성은 행운(대길성; 大吉星; The Greater Benefic)을 상징한다.

좋다고 할만한 요소들이 한데 다 모였다. 강력한 에너지를 내뿜는 불, 동물의 왕 사자, 행운을 가져다주는 올림포스의 왕 목성(제우스/주피터)이 생명의 나무 중앙에 위치한 견고한 왕좌에 앉은 형국이다. 이보다 더 좋을 수는 없다. 한때 그리스, 올림피아의 제우스 신전 안에 있었다는 거대한 제우스 조각상[268]을 상징적으로 표현하면 지팡이 6번 카드처럼 생기지 않았을까? 한 전설에 따르면 당시 그리스를 정복한 페르시아의 왕이 그리스인들의 사기를 떨어트리기 위해 제우스 신전의 파괴를 명했으나, 늠름한 모습으로 권좌에 앉은 제우스의 모습을 실제로 보고 난 후 자기도 모르게 다리의 힘이 풀리며 그 앞에 무릎을 꿇었다고 한다. 그리고 병사들에게 철수하라고 지시하며 신전을 파괴하라는 본래 명령을 취소했다고 한다.[269]

카드 이미지를 살펴보자. 지팡이 5번 카드에서 봤던, 아뎁트들이 사용하는 세 종류의 지팡이가 두 개씩 짝을 이루어 크로스 형태로 배치되어 완벽한 조화를 이루고 있다. 그리고 여섯 지팡이가 만나는 아홉 지점에서는 촛불 같은 불이 은은하게 피어오르고 있다. 태양은 연료를 태우면서 빛과 에너지를 사방으로 발산하는 능동적 핵융합 반응과, 엄청난 중

올림피아의 제우스 상

력으로 모든 것들을 끌어당기는 수동적 힘이 완벽한 균형과 조화를 이루고 있기 때문에 안정된 상태를 유지하며 우리에게 생명을 제공한다. 이 카드의 불은 고대인들이 신성시했던 영원히 꺼지지 않는 불, 배화교270와 베스타의 사제들이 꺼지지 않도록 1년 내내 보살핀 불을 연상시킨다. 티파레트의 미덕인 '헌신'을 상징하는 심볼처럼 여겨진다.

고대의 7대 불가사의와 일곱 행성(천체) 간의 상응 관계[271]

1. 알렉산드리아의 파로스 등대(Lighthouse of Alexandria: 토성/크로노스)
2. 올림피아의 제우스상(Statue of Zeus at Olympia: 목성/제우스)
3. 할리카르나소스의 마우솔로스 능묘(Mausoleum at Halicarnassus: 화성/아레스)
4. 로도스의 대거상(大巨像)(Colossus[272] of Rhodes: 태양/아폴로)
5. 바빌론의 공중정원(Hanging Gardens of Babylon: 금성/아프로디테)
6. 기자의 대피라미드(Great Pyramid of Giza: 수성/헤르메스)
7. 에페소스의 아르테미스 신전(Temple of Artemis at Ephesus: 달/아르테미스)

아홉 개의 불꽃은 태양의 짝이자 배필인 달의 세피라, 예소드(9번 세피라)를 상징한다. 중앙 기둥의 최상단에 있는 케테르는 인간의 능력으로 인지할 수 없고, 중앙에 있는 케테르의 아들, 티파레트는 우리가 인지할 수는 있지만, 여전히 너무 밝아서 쉽게 다가갈 수 없다. 반면 태양의 빛을 반사하는 달은 우리의 상상력을 자극하며 간접적으로 태양에 접근하게 해준다. 신화에서는 해와 달이 남매로 묘사되는 경우가 많다. 그리스 신화의 헬리오스[273]와 셀레네[274], 아폴로와 아르테미스, 북유럽의 솔[275]과 마니[276], 심지어 우리나라의 전래동화에도 해님과 달님의 이야기[277]가 나온다. 달에 관한 이야기는 예소드를 다루는 섹션에서 더 자세히 할 예정이다.

6 of Cups - 기쁨(Joy)

(Sol in Scorpio) 10° to 20° Scorpio

11월 2일 ~ 11월 12일

토트 타로의 제목 - 즐거움(Pleasure)

카드의 의미

- 웰빙. 노력 또는 억지 없이 자연의 힘이 조화를 이룬 상태. 편안함. 만족함.
- 행복. 성공. 성적 의지의 충족. 꾸준한 확장의 시작.
- 약화하는 영향을 받을 경우: 허영심. 건방짐. 감사할 줄 모름.

기쁨과 즐거움. 대부분 사람이 인생에서 바라는 것이 바로 이것 아닐까? 크로울리는 '풍요', '사치' 등, 지금까지 다룬 컵 슈트의 여러 카드가 보여주는 좋은 이미지를 언급하면서 그 이면에 대가가 도사리고 있음을 경고해왔는데, 6번 카드에 관해서는 '완벽한 조화를 이룬 즐거움', '비옥함이 배어나는 타로 최고의 카드'라고 말하며 매우 긍정적으로 평했다.

물의 고정사인인 전갈자리에 태양이 들어왔다. 알다시피 태양은 티파레트의 행성이다. 역시 지팡이 6번 카드처럼 모든 것들이 잘 맞아떨어지는 환상 궁합이다. 크로울리는 이 카드를 '비옥하다.'고 표현했는데, 연금술에서 전갈자리는 '부패(Putrefaction)'의 단계, 즉, 철학자의 돌(완성된 영혼)이 탄생하기 이전에 모든 것들을 분해하고 정화하는 단계를 상징한다. 말하자면 곡식이 쑥쑥 자라나도록 밭을 가는 단계라고 할 수 있다. 충분한 물이 공급되는 토양에 태양이 내리쬐고 있으니 땅이 비옥할 수밖에 없다.

여섯 개의 컵 중 네 개는 기울어져 있으나, 컵을 지탱하는 구조물의 절묘한 균형 때문인지 물이 쏟아지지 않는다. 컵 안의 물은 너무 많지도, 너무 적지도 않은, 딱 적당한 양이다. 크로울리의 설명을 들어보자.

> 이 카드의 제목이기도 한 '즐거움'은 가장 높은 차원의 즐거움으로 이해해야 한다. 여기서 말하는 즐거움이란 웰빙의 상태, 노력 또는 억지 없이 자연의 힘이 조화를 이룬 상태, 편안함, 만족함을 의미한다. 자연적이든 인위적이든, 욕망을 충족한다는 뉘앙스는 없다. 이 카드에 상응하는 세피라(티파레트), 행성(태양), 원소(물), 별자리(전갈자리)에서 볼 수 있듯이, 성적 의지(Sexual Will)가 분명히 충족되었음을 알 수 있다.

5번 카드에서는 성질 급한, 이글이글 타오르는 불덩이 화성이 앞뒤 안 보고 관능적인 전갈자리를 덮치는 바람에 컵 안의 물이 다 증발하는 '실망'으로 이어졌지만, 적당한 것이 무엇보다 최선이고 지속력도 강하다는 사실을 아는 6번 카드의 태양은 마치 아궁이에 군불 때듯이, 천천히, 적당한 세기로 전갈자리의 물을 끓이고 있다. 그러니 그 결과는 '즐거움'일 수밖에 없다. 이것이 바로 크로울리가 말한 '성적 의지의 충족'을 의미하는 것이 아닌가 싶다.

6 of Swords - 성취한 성공(Earned Success)

(Mercury in Aquarius) 10° to 20° Aquarius

1월 30일 ~ 2월 8일

토트 타로의 제목 - 과학(Science)

카드의 의미
- 목표를 달성한 지성.
- 노동. 일. 불안감 이후에 찾아오는 성공. 어려운 시기의 통과. 물을 경유한 여행.
- 약화하는 영향을 받을 경우: 이기심. 자만심. 지적 자만심.

티파레트는 4~9번 세피라로 구성된 마이크로프로소포스의 중심이자 정신의 힘을 의미하는 루아흐의 지배자이기도 하다. 검 슈트는 인간의 정신을 상징하는데, 여기에서는 지적인 별자리인 물병자리에 지적인 행성인 수성이 들어왔다. 황금새벽회에서 지정한 '성취한 성공'이라는 제목을 '과학'으로 바꾼 크로울리는 이 카드를 다음과 같이 평가했다.

> 수성이 이 카드를 지배하고 있으며, 이는 성공의 요소에서 분열과 다툼이 제거되었음을 의미한다. 지성이 궁극적인 목표를 달성한 형국이다.

세상에는 성공하기 위해 잔머리를 이리저리 굴리며 타인을 이간질하고 갈등을 조장하는 사람이 많다. 소위 말하는 '분할정복(divide & conquer)'

은 본래 전쟁에서 적들끼리 싸움을 붙인 후, 양쪽 다 전력을 소진했을 때 참전하여 쉽게 어부지리(漁父之利)를 취하는 군사 전략 용어인데, 요즘에는 정치인들이 국고를 털어먹는 동안 국민이 이 사실을 눈치채지 못하도록 그들끼리 싸움을 붙이는 용도(일명 '갈라치기'), 국민의 관심을 다른 곳으로 돌리는 목적으로 즐겨 사용되고 있다. 오랜 세월에 걸쳐 확실하게 검증된 방법인 지역감정 조장과 사상, 이념논쟁에 이어 요즘에는 세대, 성별, 소득수준, PC(Political Correctness; 정치적 올바름) 등, 틈이 보이는 곳이라면 어디라도 파고들어 국민의 의지를 분열시키려고 혈안이 되어있다. 영어로는 이와 같은 이간질, 틈새에 쐐기를 박는 행위를 'drive a wedge between~'이라고 표현하는데, 여기에서 파생된 'wedgie'라는 비속어가 있다. 우리말로 의역하면 '똥침'이라는 뜻이다. 즉, 갈라치기는 권력자들이 국민을 상대로 똥침을 놓는 행위인 것이다. 이간질을 통한 분할정복은 내가 원하는 목적을 달성하기 위해, 나의 이득을 취하기 위해 사용할 수 있는 쉽고, 빠르고, 매력적인 방법이지만, 지능의 올바른 활용과는 거리가 먼 꼼수에 불과하다.

수성의 영향으로 분열과 다툼이 제거되었다는 크로울리의 말은 무슨 의미일까? 수성은 곧 수은이며, 수은은 연금술에서 황과 소금, 양과 음, 영과 육을 연결해주는 요소다. 신화에서 머큐리/헤르메스는 천국(올림포스)과 땅, 그리고 지하 세계(하데스)를 자유롭게 넘나들며 신의 말씀을 전파하는 신의 전령이자 말씀(로고스) 그 자체이며, 태양계에서도 수성은 태양에서 가장 가까운 궤도에서 공전하며 태양을 보좌하는 최측근이다. 마찰이 있는 곳에 기름을 칠하면 삐걱거리는 소리가 사라지고 움직임이 원활해지듯이, 수성/수은/머큐리는 분열된 것, 멀어진 것을 다시 합쳐주는 작용을 한다. 분열이 아니라 화합을 위해 지성을 활용하는 것이 정신의 올바른 사용 목적이라는 뜻이다.

카드 이미지를 살펴보자. 다른 6번 카드들과 마찬가지로 이 카드에도 여섯 자루의 검이 균형을 이룬 대칭 구조를 보여주고 있다. 인간의 정신, 생각을 상징하는 검이 어느 한쪽으로 치우치지 않고, 즉, 편견과 선입견에 지배되지 않고 균형 잡힌 시각에서 사물과 상황을 바라보고 있다는 뜻이다. 랍스터를 테이블 가운데 두고 앉아있는 한 사람의 눈에 보이는 랍스터의 모습과 테이블 맞은편에 앉은 사람의 눈에 들어온 랍스터의 모습은 다를 수밖에 없다. 하지만 카드 이미지에서 보는 것처럼 여섯 개의 검을 동원하여 분석과 분별의 힘을 집중하고 다양한 관점에서 사물을 바라보면 폭넓은 시각으로 대상에 관한 종합적인, 과학적인 결론을 내릴 수 있다. 그리고 그 대상이란 티파레트의 정신을 상징하는 카드 중앙의 장미 십자가다.

검이 정신을 상징하는 이유는, 인간의 정신은 검처럼 유용하면서도 동시에 매우 위험한 도구이기 때문이다. 대다수 인간은 아직 루아흐를 올바르게 다스리는 법을 정복하지 못했다. 그래서 성창은 남을 해치기 위한 용도가 아니라 치유 목적으로만 사용되어야 한다는 사실을 깨달은 파르지팔과 달리, 검을 함부로 휘두르며 타인을 해치는 것은 물론, 그 검으로 자기 자신을 찌르고 괴로워한다. 실재하지도 않는 미래의 걱정거리와 이미 지나간 과거의 흑역사 등, 부정적인 생각을 머릿속에서 자꾸 생산/재생산해내며 자해하고 부정적인 기운을 주변 사람들에게 전파하는 것도 건강에 해롭지만, 눈을 감고, 귀를 막고, 입을 닫으면 세상의 나쁜 것들이다 사라질 것이라고 착각하는 순진한 '정신승리'도 바람직하지 않다. 이건 정신승리가 아니라 '정신패배'다. 다 편협한 사고에서 비롯되는 불행한 결과들이다. 이보다는 나에게 주어진 안 좋은 상황을 한 관점에서만 바라보지 않고 다른 각도에서도 관찰하면서 좋은 면을 발견해내려고 노력하는 '원영적 사고[278]'가 훨씬 바람직하다.

마이너 아르카나의 스폴 카드들을 상징적인 이미지로 표현한 토트 타로와 달리, 라이더-웨이트-스미스 타로의 검 6번 카드에는 배를 타고 물을 건너는 사람의 이미지가 그려져 있다. 인간의 정신은 물 위의 뗏목과도 같아서, 물의 흐름(여론, 분위기, 환경)에 따라 수시로 이리저리 휘둘린다. 하지만 카드의 이미지처럼 뱃사공이 명확한 목적의식과 방향성을 가지고 노를 저으며 나아가면 흔들리지 않고 평온한 마음으로 물을 건널 수 있다.

6 of Disks - 물질적 성공(Material Success)

> (Moon in Taurus) 10° to 20° Taurus
> 5월 1일 ~ 5월 10일
> 토트 타로의 제목 - 성공(Success)

황소자리에서 승격되는 달이 들어왔다. 달은 변덕이 심한 행성이라 이 환상적인 관계가 얼마나 오래 유지될지 알 수 없으나, 이곳은 안정적인 티파레트라는 점을 기억해야 한다. 게다가 보수적인 황소자리는 변화보다는 현상 유지를 선호한다. 둘의 허니문은 생각보다 길어질 수 있다.

카드의 의미

- 물질적 성공과 이득. 파워. 영향력. 고상함.
- 자선활동. 다소 꿈결 같은 일시적인 상황.
- 약화하는 영향을 받을 경우: 오만. 부에 대한 자만심. 방탕.

크로울리의 설명을 들어보자.

이 카드는 '정착'을 상징한다. 아주 무겁고, 상상력은 전혀 엿볼 수 없고, 꿈에 빠져있는 듯한 인상을 준다. 곧 변화가 찾아올 것이다. 육중한 흙이 궁극적으로 에너지를 아래로 끌어당겨 물질적인 목표의 실현에 불과한 결과를 맞게 될 것이다. 하지만 달은 황소자리에서 승격되므로 달의 좋은 측면이 드러날 것이고, 게다가 이 카드는 6번이므로 태양 에너지가 달을 수정시켜 당분간은 균형이 유지될 것이다. 따라서 이 카드에는 '성공'이라는 제목을 충분히 지정할만하다. 단, 모든 형태의 성공은 일시적이라는 사실을 기억하라. 성공이란 노동의 여정에서 잠시 찾아오는 휴식 시간에 불과하다는 사실을 잊어선 안 된다.

크로울리의 설명을 듣고 나니 이 카드는 지금까지 열심히 일한 것에 대한 일종의 포상휴가라는 생각이 든다. 하지만 종착지는 아니다. 이 상태에서 영원히 머무를 수도 없고, 머물러서도 안 된다. 기나긴 여정에서 숨을 돌리는, 장거리 여행 중 고속도로 휴게소에 잠시 들른 것에 비유할 수 있다. 크로울리가 말한 '노동의 여정'은 물론 대업의 완성을 향해 나아가는 여정을 의미한다. '태양이 달을 수정시켰다.'는 표현에서는 지팡이 6번 카드에서 설명했던 것처럼 태양과 달의 각별한 관계를 다시금 엿볼 수 있다.

카드 이미지를 보자. 태양을 제외한 여섯 행성의 심볼이 새겨진 여섯 개의 디스크가 육각형을 이루고 있고, 한가운데에는 태양을 상징하는 장미가 있다.(검 6번 카드에서 나왔던 장미 십자가 참조). 여섯 행성은 태양의 빛을 받아 덩달아 밝게 빛나고 있다. 육각형 하면 오늘날 이스라엘 국기에도 그려진 솔로몬의 인장이 떠오른다. 앞서 설명했듯이, 이 심볼(✡)은 양(△)과 음(▽)이 결합하여 균형을 이룬 상태를 나타내며, 솔로몬(Solomon)이라는 이름도 해부해보면 태양(Sol)과 달(Mon)의 결합임을 알 수 있다. 중앙의 장미를 둘러싼 세 개의 원은 티파레트의 색상인 노란색(브리아), 진한 살구색(예치라), 황금 호박색(아시아)을 띠고 있으며, 이는 티파레트의 영향이 땅에도 적용되었음을 의미한다.

안정적인 세피라, 고정적이고 보수적이고 물질적인 별자리에 귀빈이 찾아온 형국으로, 전체적으로 아주 견고한 느낌을 주는 카드다. 보통 수준의 에너지 가지고는 구조를 건드릴 수 없는, 강력한 공유 결합이 이루어진 화학 분자를 보는 것 같은 기분이다. 하지만 크로울리의 말대로 영원한 것은 아니고 일시적인 휴식이니, 소중하게 여기면서 즐기면 좋을 것 같다.

티파레트 아래의 하위 세피라

1. 전 섹션에서 설명했듯이, 티파레트 아래에 있는 세피라부터는 추상적이었던 것들이 구체적인 것으로 변환되고 힘이 형상으로 바뀌기 시작한다. 지금까지 다룬 상위 여섯 세피라의 속성을 간략하게 요약해보자.

천상의 삼각형

- 케테르(1) - 순수한 존재의 상태(Pure Being)
- 호크마(2) - 능동성의 원리(Activity)
- 비나(3) - 수동성의 원리(Passivity)

추상적 삼각형

- 헤세드(4) - 동화작용의 원리(Anabolism)
- 게부라(5) - 이화작용의 원리(Catabolism)
- 티파레트(6) - 균형의 원리(Equilibrium)

2. 생명 나무 위로 올라갈수록 원형, 원리, 힘, 추상적인 속성이 강해지고, 아래로 내려올수록 실물, 형상, 구체적인 속성이 강해진다. 원리를 깨우치면 같은 유형의 문제는 다 풀 수 있는 법이다. 예를 들어, 근의 공식을 알면 모든 2차 방정식을 풀 수 있다. 우주 만물도 다를 바 없다. 빛이 프리즘을 통과하면 수많은 색으로 나뉘듯이, 하나의 원리가 물질 세상에서는 매우 다양하고 수많은 형태로 구체화한다. 제2장에서 카발라의 네 세상을 설명하면서 의자가 만들어지는 과정을 하나의 사례로 제시한 바 있다. 우리가 사는 이 세상에는 수많은 종류와 형태의 의자가

존재하지만, 의자가 탄생하게 된 역사를 추적하면 누군가의 머릿속에서 떠오른 '휴식'의 개념까지 거슬러 올라가게 된다. 아주 오랜 옛날에 누군가가 인간에게는 휴식이 필요하고, 그러기 위해서는 '엉덩이를 대고 등을 받칠 수 있는 도구'를 발명해야 한다는 아이디어를 떠올렸기 때문에 의자가 탄생하게 된 것이다. 하나의 원형 또는 아이디어에서 수백, 수천 종류의 의자가 고안되고 만들어진 것이다. 우리가 지금부터 다룰 영역은 이런 형상들, 사물이 실제로 설계되고 만들어지는 영역이다. 디온 포춘의 표현을 빌리자면, '자유롭게 유영하던 힘이 형상이라는 틀 안에 갇히는' 영역이라고 할 수 있다.

3. 우리 인간도 마찬가지다. 에덴동산에서 자유롭게 노닐던 시절의 인간은 순수한 영이었다. 아담과 이브가 선악과를 따먹은 후 자신이 벌거벗었다는 사실을 깨닫고 '나뭇잎으로 몸을 가렸다.'는 이야기는 영 위에 육신을 걸치게 되었다는 뜻이다. 그래서 플라톤은 인간은 세상에 태어날 때 육신 안에 갇히고, 죽을 때 육신에서 해방된다고 말했다. 카발리스트들은 인간이 선악과를 따먹고 에덴동산에서 추방되면서 생명 나무 하단의 네 세피로트(7~10)도 영향을 받았다고 설명한다. 상위 여섯 세피로트는 순수함을 유지했지만, 하위 네 세피로트는 힘을 형상 안에 가두는 감옥과도 같은 세상을 구성하게 되었다.

4. 하위 네 세피라의 속성을 한마디로 요약하자면 다음과 같다.

아스트랄 삼각형

- 넷자흐(7) - 아카샤의 힘 측면(Force aspect of Akasha)

- 호드(8) - 아카샤의 형상 측면(Form aspect of Akasha)
- 예소드(9) - 형상의 틀(Mould of all forms)

물질 세상
- 말쿠트(10) - 구체화한 최종 결과물(Manifestation)

5. 케테르가 상징하는 하나(Oneness)에서 출발한 창조(involution)의 과정은 말쿠트에 이르러 인간을 비롯한 무수히 많은 개체(Many-ness)를 만들어내고, 인간은 이곳에서 성장(evolution)하겠다는 마음을 품으며 하나됨을 향해 생명의 나무를 오른다.

6. 디온 포춘은 이 대목에서 '신들(gods)'의 정체에 관한 질문을 독자들에게 던진다.(대문자 'G'로 시작하는 '유일신'이 아니라, 소문자 'g'로 시작하는 '신들'임을 주목하라). 이 '신들'은 7번 세피라, 넷자흐의 천군에 지정된 존재들로, 인격화된 신들, 우리에게 익숙한 이름을 가진 신화 및 종교계의 신들을 의미한다. 하위 세피로트와 아스트랄계를 이해하는 데 도움이 되는 중요한 내용이므로 관련 내용을 그대로 옮겨보았다.

…보이지 않는 세상으로 진입하려는 구도자는 이 시점에서 마치 스핑크스가 출제하는 수수께끼의 해답을 맞추듯이, 그의 운명을 좌우하게 될 질문에 답해야 한다. 그 질문이란 바로 이것이다. "그대는 신들의 존재를 믿는가?" 만약 이 질문에 "예"라고 대답하면 그는 허상의 영역을 방랑해야 한다. 신들이란 우리에게 익숙한 인격체가 아니기 때문이다. 반대로 "아니요"라고 대답하면 그는 관문을 통과하지 못하고 되

돌아가야 한다. 신들은 허상도 아니기 때문이다. 그렇다면 도대체 뭐가 정답이란 말인가?

7. 필자가 비슷한 질문을 하나 더 해 보겠다. 우리가 사는 이 세상은 실재하는 곳인가? 아니면 허상인가? 정답은 '이 세상은 실재하고, 동시에 허상이기도 하다.'다. 우주적 관점에서 봤을 때, 케테르를 지배하는 신이자 모든 것의 원천이라 할 수 있는 에흐예의 관점에서 봤을 때, 우리가 사는 세상은 분명 허상이다. 왜냐하면 케테르 이하의 세상은 에흐예의 머릿속에서 만들어진 생각의 산물, 즉, 일종의 상념체이자 가상세계이기 때문이다. 우리가 상상 또는 공상을 통해 머릿속에서 창조한 세상, 꿈에서 보는 세상, 작가가 쓴 소설 속의 세상, 애니메이터가 제작한 영상 속의 세상, 『툼 레이더』 같은 게임 속의 세상이 전부 다 허상인 것과 마찬가지다. 우리가 사는 세상, 우리가 인지하는 우주 역시 신(God)이 명상을 통해 만들어낸 결과물이다. 그렇다면 우리가 사는 이 세상은 아무런 의미가 없다는 말인가? 어차피 진짜도 아닌 가짜인데, 중요성을 부여할 이유가 있을까? 그렇지 않다. 신의 관점에서는 허상일 수 있어도, 그 안에 있는 우리의 관점에서는 실재하는 세상이기 때문이다. 당연한 얘기다. 우리 주변의 것들은 다 우리가 보고 만질 수 있는, 분명히 실재하는 것들이다. 따라서 우리 관점에서 본 물질 세상은 실재한다. 이 세상은 실재하며, 동시에 허상이기도 한 것이다.

8. 신의 관점에서 봤을 때 허상이라고 해서 의미 없는 세상인 것은 아니다. 우리가 허상이라 부르는 세상, 영화 『매트릭스』와 『쥬만지』에서 묘사한 것과 비슷한 가상현실의 세상에 태어난 데는 다 이유가 있다. 이곳

에서 배워야 할 일이 있어서 이곳에 태어난 것이다. '하나됨'이 아닌 '많음'의 세상에서 다른 사람들과 부대끼며 관계를 맺고, 그 관계를 통해 사랑과 형제애 같은 소중한 교훈을 얻고, 물질의 유혹이 난무하는 환경에서 옳은 것과 그른 것을 분별하고, 배운 것을 실천으로 옮겼을 때 얻는 결과를 확인해볼 필요가 있기 때문에 이곳에 태어난 것이다. 그렇다면 디온 포춘이 말하는 '신들'의 정체는 무엇인가? 그녀의 말을 직접 들어보자.

> 신들(The gods)은 신(God)의 피조물인 인간이 창조한 피조물이다. 즉, 인간의 경배를 통해 만들어진 산물이다. 이 신들은 우주를 창조한 조물주가 아니다. 우주의 창조는 섭리에 따라 다양한 역할을 하는 자연의 힘의 작용으로 창조되었고, 신들은 우주 창조의 과정이 끝난 후에 등장했다.
>
> 신들은 인류의 집단 지성이 발산한 결과물(즉, 상념체)이다. 유일하고 영원한 에흐예(즉, God)에 의해 발산된 것이 아니다. 하지만 이 신들은 경배하는 자들에게 영향력을 행사함으로써 대우주와 소우주를 연결하는 구실을 하는, 매우 강력한 힘을 지니고 있다. 예를 들어, 인간의 영혼은 아폴로가 상징하는 이상적인 아름다움을 대상으로 명상함으로써 아름다움의 개념을 인지하고 포용하게 된다.

9. 종교와 신화에 등장하는, 이름도 있고 형상과 인격도 가진 신들은 인간이 만들어낸 개념들이라는 얘기다. 예를 들어, 그리스 신화에 등장하는 신들(gods)은 당시의 인간이 상상한 신(God)의 한 측면을 보여주는

심볼들이다. 신은 당연히 아름다워야 하므로 그리스인들은 그 위대한 아름다움을 표현하기 위해 아폴로 같은 미소년과 아프로디테 같은 미녀 여신을 만들어냈다. 신은 용맹스러우므로 아레스/마르스 같은 전쟁의 신이 군대를 이끌어야 했고, 신은 뭐든지 다 아는 존재이므로 헤르메스/머큐리가 모든 책의 저자여야 했고, 신은 위엄과 권위를 지니고 있으므로 제우스/주피터를 만들어 올림포스의 왕좌에 앉혔다. 신이 자신의 모습을 본떠서 인간을 창조했듯이, 인간도 자신의 모습을 투영하여 신들을 창조한 것이다.

10. 인류 역사 초기, 우리의 조상들이 미개했던 시절에는 신들도 미개하고 야만적이었다. 인간이 자신의 의식을 초월하는 것을 창조할 수는 없으니 당연한 결과였다. 당시 신들의 최고 덕목은 적을 쉽게 무찌르는 무력과 용기였다. 그러다 인류의 의식이 꾸준히 상승하면서 신들도 이에 발맞춰 세련된 모습으로 진화했다. 성경만 봐도 구약의 신은 매우 호전적이고, 쉽게 삐지고, 배알이 꼬이면 인간에게 복수하는 치졸한 면모를 보일 때도 많지만, 신약의 신은 인간사에 깊숙이 관여하지 않고 존재감도 드러내지 않으면서 아들을 통해 사랑과 형제애의 중요성을 전파하는, 관대하고 마음이 넓은 신으로 묘사된다.

11. 하지만 인간이 상상력을 동원하여 만들어낸 신이라고 해서 존재하지 않는 것은 아니다. 인간이 머릿속에서 만들어낸 신의 관념은 상념체가 되어 아스트랄계에서 활동하며, 신도들이 오랜 세월에 걸쳐 그 신을 경배하면 실제로 생명체와 크게 다를 바 없는 존재가 되어 도리어 인간에게 영향을 줄 수 있다. 이 '신들'은 사람들이 신비 체험이나 임사체험

을 할 때, 깊은 명상 상태에 빠져있을 때, 또는 아스트랄계를 유영하거나 꿈을 꿀 때 모습을 드러낸다. 신이 인간을 창조하고, 신이 창조한 인간이 자신의 모습을 본떠서 신들을 창조하여 경배하고, 그 신들이 다시 인간에게 영향을 주는 피드백 루프와 같은 상황이다.

12. 위에서 아스트랄 삼각형을 구성하는 세피로트의 속성을 나열하면서 '아카샤'라는 용어를 쓰고 넘어갔는데, 이번에는 이 개념에 관해 알아보자. 아카샤는 힌두교의 베단타 철학에서 '우주에 편재하는 유체와 같은 물질'을 의미하는 개념으로, 물질 세상에 존재하는 모든 사물의 근본이자 본질이라고 한다. 고대 그리스에서는 최초의 원리, 원리 중의 원리(Principle of Principles)가 태초에 에테르(Aether)와 카오스(Chaos)로 분리되어 이원성의 개념이 탄생했으며, 에테르라는 입자가 무한한 카오스를 가득 채웠다고 설명했다. 음유 시인 오르페우스는 에테르를 '에로스(Eros)', 즉, '사랑'이라고 칭했다. 아카샤, 에테르, 프라나(Prana) 모두 우리 눈에는 보이지 않고 과학계에서 아직 존재를 입증하지 못했으나, 오컬트 전통에서는 오래전부터 우주를(아스트랄계를) 채우고 있는 물질로 규정해 왔다는 공통점이 있다.

13. 물질을 구성하는 최소 단위가 원자이고(또는 쿼크, 초끈 이론의 정상파 등), 우주 전역에 널리 퍼져있는 이 원자들이 만나 다양한 조합을 이루며 독특한 형상들을 만들어내듯이, 아카샤는 일종의 '정신 입자(mind-stuff)'로, 인간이 아스트랄계에서 생각의 힘으로 무언가를 창조하기 위해 형상의 틀을 만들어낼 때 사용되는 기본 요소 또는 재료라고 할 수 있다. 그리고 아카샤로 만들어낸 형상의 틀에 4대 원소로 구성된 '물질'

이라는 옷을 입히면 사물이 탄생하게 된다. 비유하자면, 아스트랄계에서 아카샤를 이용하여 붕어빵 틀을 만들고, 이 틀 안에 식자재(4대 원소)를 넣고 구우면 붕어빵이라는 최종 결과물이 물질 세상에서 만들어지는 것이다. 다만 아스트랄계의 물질은 유체와 같아서 마치 손으로 부드러운 반죽을 주무르듯이, 붕어빵 틀의 모양을 내 마음대로 쉽게 변형할 수 있다는 차이점이 있다. 영화『매트릭스』3편의 후반부에서 벌떼처럼 날아다니는 작은 로봇들이 거대한 얼굴 형상, '데우스 엑스 마키나'를 만들어내는 광경 기억하시는가? 아카샤를 이용하여 형상의 틀을 만드는 것도 이와 비슷하다고 보면 좋을 것 같다.

14. '신들'도 인간의 상상과 아카샤를 통해 아스트랄계에서 만들어진 형상의 틀이다. 인간은 생각의 힘으로 신들을 만들어냈고, 이 신들을 사랑하고 경배하면서 그 안에 생명을 불어넣었다. 그리고 존재한다고 볼 수도, 존재하지 않는다고 볼 수도 있는 이 신들은 지금까지 그 명맥을 유지하며 인간에게 좋은 식으로든, 나쁜 식으로든 영향력을 행사하고 있다. 그래서 내가 어떤 생각을 하면서 사느냐가 중요한 것이다. 내가 하는 생각이 곧 창조 행위이며, 내가 창조한 피조물이 나에게 영향을 줄 수도 있다는 사실을 언제나 기억해야 한다. 그럼 지금까지 개략적으로 설명한 아스트랄계의 특성[279]을 염두에 두고 아스트랄 삼각형의 첫 번째 세피라, 넷자흐를 살펴보도록 하자.

(7) 넷자흐(Netzach, נצח); 승리(Victory)

① **타이틀**: 넷자흐, 승리.
② **마법 이미지**: 아름다운 나신의 여인.
③ **생명의 나무 상의 위치**: 자비의 기둥 바닥.
④ **세페르 예치라 상의 설명**: 일곱 번째 경로는 지성의 눈과 신념의 사유로 인지한 지성의 미덕이 내뿜는 찬란한 광채를 의미하므로 오컬트 지성(Occult Intelligence)으로 불린다.
(The Seventh Path is called the Occult Intelligence because it is the refulgent splendour of the intellectual virtues which are perceived by the eyes of the intellect and the contemplations of faith.)
⑤ **별칭**: 확고부동함(Firmness).
⑥ **지배자의 이름**:
   - 신의 이름 – 여호와 쩨바오트(Jehovah Tseva'oth), 만군의 군주(Lord of Hosts).
   - 대천사 – 하니엘(Haniel), 신의 은총(Grace of God).
   - 천군 – 엘로힘(Elohim), 신들(gods).
   - 세속적 차크라 – 노가(Nogah), 금성(Venus).
⑦ **영적 체험**: 승리를 거둔 아름다움의 비전(Vision of Beauty Triumphant).
⑧ **미덕**: 이타심(Unselfishness), **악덕**: 음란함(Unchastity), 성욕(Lust).
⑨ **소우주와의 상응**: 둔부, 엉덩이 및 다리.
⑩ **심볼**: 램프와 허리띠(Lamp and Girdle), 장미(The Rose).

⑪ 타로: 네 장의 7번 카드.

- 7 of Wands – 용기(Valour).
- 7 of Cups – 성공의 허상(Illusory Success).
- 7 of Swords – 불안정한 노력(Unstable Effort).
- 7 of Disks – 실현되지 못한 성공(Success Unfulfilled).

⑫ 색상:

- 아칠루트 – 호박색(Amber).
- 브리아 – 에메랄드색(Emerald).
- 예치라 – 밝은 황녹색(Bright yellowish green).
- 아시아 – 금빛 얼룩이 뿌려진 올리브색(Olive, flecked with gold).

1. 7번 세피라, 넷자흐와 8번 세피라, 호드는 생명의 나무 상에서 짝을 이루는 마지막 쌍이다. 2번과 3번 쌍은 힘을 발휘하려는 의지와 형상을 만들어내려는 의지, 4번과 5번 쌍은 건설하려는 의지(동화작용)와 파괴하려는 의지(이화작용)를 각각 상징했고, 이와 같은 대조와 극성은 7번과 8번 쌍에서도 계속 이어진다.

2. 넷자흐는 본능과 이를 통해 발생하는 감정, 그리고 호드는 이와 대조적으로 구체적 사고 또는 정신을 각각 상징한다. 6번 세피라, 티파레트를 거치면서 힘이 형상으로 변환되고 7번 세피라부터는 본격적으로 형상의 영역이 시작된다고는 하지만, 비너스가 지배하는 7번까지는 이 형상이 아직 명확하게 드러나지는 않고, 머큐리가 지배하는 8번에서 이

감정을 해석함으로써 형상이라고 부를만한 것이 나타나게 된다. 감정처럼 말로 설명하기 어려운, 정의하기 어려운 무언가는 뚜렷한 형상을 지니고 있지 않지만, 지능을 동원하여 이를 분석하고, 해석하고, 분류하고, 정의하면 구체성을 띠게 된다. 이 역시 추상적인 것을 구체적인 것으로 변환함으로써 틀에 가두는 작용이라고 볼 수 있겠다.

3. 7번과 8번 세피라는 집단정신(group mind)이 개별정신(individual mind)으로 변환하는 지점이기도 하다. 본능에 주로 의지하는 동물과 식물은 집단 에고의 지배를 받으며 행동하지만, 생명체가 인간 수준까지 진화하고 뇌의 기능과 성능이 큰 폭으로 발달하여 사고하는 능력이 강화되면 점차 자아를 인지하기 시작한다. 윌리엄 워커 앳킨슨은 『그대, 아직도 '나'를 찾고 있는가?』에서 이 개념을 다음과 같이 설명했다.

> 이미 설명했듯이, 성장의 여정을 시작한 지 얼마 되지 않은 초기 형태의 생명에는 본능적 정신만 작용하며, 식물처럼 지능적 정신을 전혀 의식하지 못하고 영향도 받지 않는다. 지능적 정신이 아직 펼쳐지거나 계발되기 이전의 상태이기 때문이다. 진화의 과정이 지속하면서 동물들은 조금씩 의식을 가지게 되었고, 주변 환경을 '인식'하면서 초보적인 수준의 사유를 하기 시작했다. 천적으로부터 자신을 보호하기 위해 동물은 자기 안에서 조금씩 펼쳐지기 시작한 기초적인 의식에 의존하기 시작했고, 이 과정에서 본능적 정신은 그 의식을 구체화하는 역할을 했다. 같은 종의 동물 중에서도 어떤 개체는 상대적으로 빠르게 성장했고, 자연스럽게 자신의 우월성과 힘을 내세우며 무리를 대표하여 생각하는 지위에 오르게 되었다. 이들은 집단이 위험에 처했을 때, 먹

이가 줄어들었을 때 모든 구성원이 기댈 수 있는 리더 역할을 하게 되었고, 집단의 구성원들은 대체로 리더의 권위를 인정하고 따랐다.

그런데 교과서의 설명과는 달리 짐승 무리의 리더는 단순히 힘이 세다는 이유만으로 그 자리에 오를 수 있는 것이 아니라, '교활함', '영리함'이라는 단어로 표현할 수 있는 우월한 지능도 겸비해야 했다. 교활한 동물일수록 위험을 빠르게 감지하고 상황을 잽싸게 피해 나가는 능력이 탁월했다. 또한 먹이를 확보하는 새로운 수단과 천적과 사냥감을 이기는 방법을 빠르게 찾아냈다. 가축 떼를 돌보며 오래 생활했거나 야생 동물들이 무리를 지어 행동하는 양식을 연구해본 사람이라면 우리가 지금 하는 말의 의미를 잘 이해할 것이다. 소수가 이끌고, 지시하고, 다수는 맹목적으로 따르고 이끌리는 체제를 말하는 것이다.

그 후 많은 세월이 흘러 인류가 탄생한 뒤에도 똑같은 현상이 나타났다. 인간의 무리 중에서도 두각을 나타내는 자들이 지도자가 되었고, 나머지는 지도자에게 복종하며 따랐다. 그리고 인류의 역사가 시작된 이래, 이와 같은 상하 관계는 지금까지도 이어지고 있다. 소수가 이끌고, 다수는 따르는 시스템. 인간은 순종적이고 모방하기 좋아하는 동물이다. 대부분 인간은 양과 크게 다르지 않다. 우두머리에게 방울을 달아주면 나머지는 방울 소리를 듣고 기꺼이 그를 따라간다.

4. 전 섹션에서 티파레트는 '하나됨'을 '많음'으로 변환하는 역할을 한다고 설명했다. 이러한 변환 작용을 통해 하나였던 힘이 여러 종류의 힘으로 나뉘고, 하나였던 생명에서 여러 생명이 출현하여 우리가 인지할 수

있는, 다채로운 것들로 가득한 우주가 탄생하게 된다. 그리고 이 과정에서 '신들'도 창조된다. 넷자흐를 지배하는 천군의 이름, '엘로힘'은 아칠루트에 해당하는 신의 이름이 아니라 인간이 창조한 '신들', 즉, '신의 복수형'을 의미하는 일반 명사로 쓰였다. 디온 포춘의 설명에 따르면 넷자흐의 엘로힘은 지성체라기보다는 관념을 담는 용기, 즉, 무형의 관념에 형상을 씌운 것이라고 한다. 신을 이해하지 못하는 인간이 그 추상적인 개념에 옷을 입혀 자기가 이해할 수 있는 형상으로 만들어낸 것, 의인화한 것이 바로 엘로힘이다. 세계 각국의 신화에 등장하는 신들을 엘로힘의 대표적 예로 들 수 있다.

5. 인간이 상상의 힘으로 만들어낸 이 신들, 아스트랄계에서 형상을 지닌 상태로 살아가는 이 상념체들은 오랜 세월 인간의 숭배와 경배를 받으면서 더욱 강력해지고 사실상 생명체나 다름없는 존재로 거듭났으며, 인간은 도리어 자기가 만들어낸 신들의 영향을 받게 되었다. 인간은 미의 여신 아프로디테를 숭배하면서 아름다움의 가치를 발견하고, 자기의 삶에도 이 아름다움이 깃들 수 있도록 자신을 가꾸었다. 지혜의 신 헤르메스를 경배하면서 철학적이고 형이상학적인 개념들에 대해 사유하고, 자기 생각을 글로 표현하고 남들과 공유했다. 하지만 이 '신들'은 우주의 어떤 힘, 원리를 내포하고 있는 형상, 즉, 상징물에 불과하다는 점을 잊어선 안 된다. 신비 체험의 종류를 언급했던 디온 포춘의 설명을 다시 읽어보자.

> 눈부시게 밝은 빛으로 끝나는 비전을 동반하는 모든 형태의 신비 체험은 티파레트에 지정된다. 엄청난 힘이 유입되고 형상이 점차 희미해지는 티파레트는 의식의 전환이 일어나는 생명의 나무 상의 지점이

기 때문이다. 명확한 형상을 동반하는 비전은 예소드 의식의 특징이다. 한편 플로티누스가 묘사한 것과 같은, 형상을 동반하지 않는 깨달음은 케테르에 근접했음을 나타낸다.

6. 명확한 형상을 동반하는 예소드(아스트랄계) 의식의 비전과 체험은 의미가 없다는 얘기는 아니지만, 이곳에서는 형상을 본질로 착각하는 일이 없도록 경계해야 한다. 또한 아스트랄계는 '신들'뿐 아니라 양의 탈을 쓴 '악마들'도 출몰하는 구역이므로 분별력도 중요하다. 이들도 물론 인간이 만들어낸 상념체들이다. 아스트랄계를 가득 채운 다양한 이미지를 떠올리면서 "우상 또는 형상을 만들어 섬기지 말라."는 구약성경의 계명이 바로 이것을 의미하는 것이 아닐까 하는 생각이 들었다. 아스트랄계의 이미지를 실질적인 것, 본질적인 것으로 착각하며 숭배하지 말라는 뜻이다.

7. 넷자흐와 호드 둘 다 아스트랄계를 구성하는 세피라이나, 앞서 언급했듯이 몇 가지 중요한 차이점이 있다. 본능, 감정 등을 기반으로 하는 넷자흐는 소우주의 관점에서 봤을 때 직관적인 우뇌의 기능과 비슷하고, 정신, 지성 등을 중시하는 호드는 논리적인 좌뇌와 비슷하다. 따라서 넷자흐에 거하는 신들과 소통할 때도 이를 염두에 두어야 한다. 디온 포춘의 설명을 들어보자.

> 넷자흐에 거하는 신들에 대한 숭배는 철학이 아닌 예술을 통해 이루어진다. (중략). 철학적인 관념, 이미지를 떠올리는 싸이키즘이 아니라, '함께 느낌으로써' 넷자흐의 신들과 소통할 수 있다. (중략). 넷자

흐의 천사들과 접촉하고 그들을 소환하는 수단은 춤, 소리, 색이다. 넷자흐의 신을 숭배하는 신도는 예술이라는 매개를 통해 경배의 대상과 교감한다. 특정 예술 분야에서 통달한 수준과 비례하여 그 신을 상징적으로 표현할 수 있고, 이를 통해 그 신과 접촉하고 그 신의 본질을 자신에게 끌어당길 수 있다. 리듬, 동작, 색상을 내포한 모든 예식은 넷자흐의 영역에서 이루어진다.

8. 맨리 P. 홀에 따르면 우리가 미개하다고 여기는 아프리카 또는 인디언 부족이 종교의식을 거행할 때 사제들이 다양한 모양의 마스크를 쓴 채 강하고 빠른 북소리에 맞춰 춤추는 모습을 종종 볼 수 있는데, 이들이 신의 얼굴이 그려진 마스크를 쓰는 이유는, 그 순간에는 신이 자기 안에 들어온다고 믿기 때문이라고 한다. 행사에 참여하는 마을 주민들도 의식이 치러지는 동안에는 마스크 쓴 사제들을 신으로 여기며 소원을 빌고 경배를 드린다. 화려한 형형색색의 예복을 걸치고 격렬한 리듬에 맞춰 신나게 춤추는 이들의 행동이 바로 넷자흐에 거하는 신들과 소통하는 방식이 아닐까 하는 생각이 든다.

9. 디온 포춘에 따르면 티파레트라는 프리즘을 통과한 빛은 무지개처럼 다채로운 색, 『세페르 예치라』의 표현을 빌리자면 '찬란한 광채'를 발산하게 되고, 소우주의 관점에서 봤을 때 고유의 색을 지닌 각각의 광선은 인간의 본능을 상징한다고 하는데, 이는 인간의 감정 상태에 따라 다양한 색으로 나타나는 오라(aura)와 비슷한 개념을 지칭하는 것으로 보인다. 윌리엄 워커 앳킨슨의 『그대, 아직도 '나'를 찾고 있는가?』에서 오라를 다루는 장의 한 대목을 발췌해보았다.

오라의 색은 이를 발산하는 사람의 정신 상태에 따라 달라진다. 우리의 모든 생각, 감정 또는 기분은 이에 상응하는 오라의 색을 만들어낸다. 초자연적 시각을 가진 사람은 인간이 발산하는 여러 오라의 색을 볼 수 있으며, 그 색을 통해 세 가지 정신 중 어떤 정신이 어떤 생각, 감정, 기분을 만들어냈는지까지도 파악할 수 있다. 다시 말해, 초자연적 역량이 발달한 사람, 높은 경지에 이른 오컬티스트들은 펼쳐진 책을 읽듯이 사람의 오라를 읽고 그의 생각까지 알아낼 수 있다는 얘기다. 물론 오라의 색이 의미하는 바를 모르고 우연히 오라를 엿보게 된 보통 사람의 눈에는 그저 형형색색의 빛을 발하는 구름 모양의 형상만 보일 뿐이다.

오라의 색과 의미

- 검정: 증오심, 적개심, 복수심 등.
- 회색(밝은 톤): 이기심.
- 회색(시신을 연상시키는 색): 두려움, 공포.
- 회색(어두운 톤): 우울감, 비애.
- 초록(지저분한 톤): 질투심. 질투심에 분노가 더해지면 초록색 배경 위에 빨간빛이 번쩍이는 것처럼 보인다.
- 초록(슬레이트를 연상시키는 톤): 저질 속임수.
- 초록(밝은 톤): 타인의 의견과 신념에 대한 관용, 변화하는 환경에 쉽게 적응하는 능력, 융통성, 요령, 공손함, 세상의 지혜 등을 상징하며, 일부 사람들이 '세련된 속임수'라 부르는 속성도 포함된다.

- 빨강(불타는 건물에서 연기와 함께 뿜어나오는 칙칙한 톤): 관능과 동물적 본능.
- 빨강(전광석화를 연상시키는 밝은 톤): 분노. 증오심 또는 적개심에서 분노가 솟아날 때는 검은색 배경 위로 빨간빛이 보이며, 질투심에서 비롯되는 분노일 때는 배경의 색이 초록빛을 띤다. 분개 또는 '정의'를 변호하는 분노에는 이런 배경색이 없으며, 배경과 무관하게 빨간 섬광의 형태로 나타난다.
- 진홍: 사랑. 사랑의 속성에 따라 톤이 조금씩 다르게 나타난다. 육체적인 사랑의 경우 칙칙하고 진한 진홍이며, 상위 차원의 감정이 곁들여졌을 때는 보기 좋은 옅은 진홍색으로 나타난다. 최상의 사랑인 경우에는 아름다운 장밋빛에 가까운 색상을 띤다.
- 갈색(붉은 톤): 탐욕과 욕망.
- 오렌지색(밝은 톤): 자부심과 야망.
- 노랑(다양한 톤): 지적 역량. 저속한 목적으로 지능을 활용하는 것에 만족하면 어둡고 칙칙한 노란색을 띠고, 상위 차원의 것을 추구하면 색이 밝고 맑아져 위대한 지적 성취, 폭넓고 천재적인 이성 등을 상징하는 아름다운 황금빛을 띠게 된다.
- 파랑(어두운 톤): 종교적 사유, 감정, 느낌. 하지만 이 색상은 당사자의 종교적 관념에 담긴 이타주의의 수준에 따라 선명함이 달라진다. 톤과 선명도는 칙칙한 남색(인디고)에서 아름답고 풍성한 보라색(바이올렛)에 이르기까지 다양한 스펙트럼을 드러낸다. 종교적 관념의 수준이 높을수록 후자에 가까운 색을 띤다.

> ● 파랑(밝은 톤): 선명하고 빛나는 톤은 영성을 상징한다. 영적 성장의 수준이 높은 일부 사람들은 겨울밤의 맑은 하늘에서 반짝반짝 빛나는 별처럼 밝고 푸른 빛의 오라를 발산한다.

아스트랄 시각이 발달한 사람의 눈에는 인간이 매 순간 발산하는 오라의 색이 보인다고 하는데, 아스트랄 삼각형의 첫 번째 세피라인 넷자흐에서 본능과 이를 기반으로 한 감정이 오라의 형태로 개체화한 것으로 이해하면 좋을 것 같다.

10. 그럼 이제 소우주 관점에서 넷자흐를 살펴보자. 생명 나무의 상위 1~5번 세피라는 상위 자아 또는 개성, 하위 7~10번 세피라는 인격을 구성하고, 6번 세피라, 티파레트는 중간에서 위와 아래를 연결하는 매개 역할을 한다고 이미 설명한 바 있다. 카발라의 전통에 따르면 인간이 낙원에서 쫓겨난 순간, 즉, 육신을 걸친 존재로 태어난 순간, 7~10번 세피라는 생명 나무에서 분리되었으며, 6번 세피라에 거하는 구세주는 티파레트에 이르기 위해 생명 나무를 오르는 구도자들에게 도움의 손길을 건넨다고 한다. ("신은 스스로 돕는 자를 돕는다"). 생명 나무의 맨 아래에 있는 10번 세피라, 말쿠트에 거주하는 우리(인격)의 관점에서 봤을 때 티파레트는 나를 구원해줄 구세주, 왕자님, 즉, 내 안의 상위 의식이다. 이 왕자님은 물질의 감옥에 갇혀 매일을 사는 말쿠트의 공주와 달리 물질 너머에 영적 세상이 있음을, 인격 위에 개성이 있음을 알고 있는 우리의 영혼이다.

11. 넷자흐를 이해하려면 이 세피라를 관장하는 신인 비너스 또는 아프로디테와 사랑과 성(性)의 진정한 의미부터 이해해야 한다. 알다시피 아프로디테는 아름다움과 사랑의 여신이다. 여기서 말하는 사랑은 단순한 남녀 간의 사랑, 육체적인 사랑에 국한되지 않는 매우 포괄적인 개념이다. 아프로디테가 관장하는 사랑은 육체적인 결합뿐 아니라 두 극성 간의 교감, 즉, 감정, 정신, 영혼 간의 에너지 흐름과 교환, 자극과 이에 따른 반응, 작용과 반작용을 두루 아우르는 개념이다. 인간 사회의 남녀 간 결합도 마찬가지다. 속궁합(육체적 결합)도 물론 중요하지만, 두 사람 간에 대화도 통하고 마음, 가치관 등이 맞아야 관계가 장기간 지속할 수 있지 않은가?

12. 지금까지 생명 나무를 다루면서 우리는 성의 원칙이 작용하는 사례를 여러 차례 봐 왔다. 자비의 기둥과 가혹의 기둥 상에 위치한 세피라 쌍 간의 작용에는 언제나 성의 원칙이 내재해 있다. 힘을 발휘하려는 의지(호크마)와 여기에 제동을 걸어 형상을 만들어내려는 의지(비나), 건설하려는 힘(헤세드)과 이를 파괴하려는 힘(게부라), 그리고 지금 다루고 있는 본능(넷자흐)과 지성(호드)의 관계 역시 양과 음이 서로 영향과 에너지를 주고받는 상호작용의 관계이다. 이와 같은 상호작용을 통해서만 안정적인 균형의 상태에 이를 수 있다.

13. 부부 또는 연인 관계가 실패로 이어지는 경우가 많은 이유는, 당사자들이 성의 여러 측면을 보지 못하고 겉으로 쉽게 드러나는 부분에만 치중하기 때문이다. 사람을 판단할 때 외모, 집안, 학력, 지위, 재산 등, 외적 조건부터 보듯이, 우리는 배필을 구할 때도 외모와 속궁합에 집착하는 경향이 있다. 사람을 포함하여, 물질 세상에서는 모든 것이 물질이

라는 껍질에 가려져 있기 때문에 껍질 안에 숨겨진 것을 파악하는 데 어려움을 느끼는 것이다.

14. 성의 원칙은 또 하나의 우주 법칙인 극성의 원칙과도 깊은 연관이 있다. 디온 포춘의 설명을 들어보자.

> 극성(polarity)이란 압력이 높은 영역(세피라)에서 낮은 영역으로 힘이 흐르는 것을 의미한다. 여기서 높고 낮음은 언제나 상대적인 개념이다. 어느 영역이든, 상대적으로 압력이 높은 곳으로부터 흘러나오는 에너지의 자극을 받아야 하고, 상대적으로 압력이 낮은 곳으로 배출해야 한다. 모든 에너지의 근원은 아인 소프(The Great Unmanifest)이며, 여기서 흘러나온 에너지는 말쿠트에 이르러 접지(earthed)된다. 모든 개인의 삶, 모든 형태의 활동, 모든 유형의 조직에서도 에너지는 전기회로의 전류처럼 흐르고 있다. 소우주인 우리 안에서도 이런 식으로 에너지가 의식의 여러 단계를 관통하며 흐르고 있다. 영은 정신에 영감을 주고, 정신은 감정의 방향성을 조종하고, 감정은 유체 또는 에테르체의 틀을 형성하고, 유체는 이 상징적인 전기회로의 접지 부분에 해당하는 육신을 만들어낸다.

쉽게 얘기해, 우리 안의 생명 나무, 우리 안의 에너지 센터 간에도 극성에 따라 에너지가 계속 흐르고 있다는 얘기다. 전압이 높은 곳에서 낮은 곳으로 전류가 흐르듯이, 위에 있는 것은 중력으로 인해 아래로 떨어지게 되어있듯이, 우리 안에서도 에너지는 전위가 높은 곳에서 낮은 곳으로 흐르게 되어있다.

15. 물질 또는 육신의 관점에서 봤을 때 남자는 양, 여자는 음에 해당한다. 양은 음을 자극하고, 자극을 받은 음은 이에 반응한다. 따라서 물질적 영역에서는 남자가 자극의 주체이고, 여자는 자극을 받는 쪽이다. 하지만 이건 남녀 간의 에너지 교환 작용 중 육신의 영역에 해당하는 말이고, 인간을 구성하는 다른 차원에서는 극성이 뒤바뀌어 여자가 양, 남자가 음의 역할을 하게 된다. 호크마를 다룬 섹션에서 인용했던 디온 포춘의 설명을 다시 읽어보자.

- 남자는 물질적 차원에서 여자를 자극하여 새로운 생명의 탄생에 기여하지만, 극성의 반전 법칙(Law of Reversed Polarity)에 따라 내적 차원에서는 음의 속성을 띠게 되며, 따라서 반대로 여자의 자극을 받아 감정적으로 완성에 이르러야 한다는 사실을 잘 모르고 있다는 것이 문제다. 바그너와 셸리처럼 고차원의 창의력을 지녔던 위인들의 사례에서 볼 수 있듯이, 남자의 감정이 수정되려면 여자의 도움이 필요하다.

- 물질 영역에서 양이었던 것이 아스트랄 영역에서는 음으로 바뀐다는 사실을 기억해야 한다. 서로 몸을 칭칭 감으며 머큐리의 카두케우스 지팡이를 타고 오르는 검은 뱀과 흰 뱀처럼, 정신의 영역에서는 또 양으로 바뀌고, 영의 영역에서는 다시 음으로 바뀐다.

진정한 사랑, 진정한 성은 육신의 차원뿐 아니라 모든 차원에서 극성의 조화와 균형이 이루어질 때 완성되며, 이처럼 양과 음 간의 균형이 이루어졌을 때 새롭고 쓸모있는 무언가가 탄생할 수 있는 것이다.

16. 이 에너지의 흐름은 우리 몸 안에서 흐르는 혈액에 비유할 수 있다. 생명 나무를 우리 몸에 대입하면 각 세피라는 에너지 센터, 차크라 포인트, 오장육부라 할 수 있고, 세피라를 연결하는 22개의 경로는 혈관에 상응한다. 당연한 이야기이지만, 몸이 건강하기 위해서는 혈액이 혈관을 통해 몸의 모든 부위에 골고루 전달되어야 한다. 혈액은 심장의 펌프 작용으로 동맥을 거쳐 모세혈관을 통해 몸 구석구석까지 전달되어 생기를 불어넣고, 영양분을 공급하고, 몸의 각 장기와 부위를 강화한다. 그다음에는 모세혈관을 거쳐 (동맥과 다른 경로인) 정맥을 통해 심장으로 복귀하여 폐로 돌아간다. 혈액은 붉고, 진하고, 생명력을 부여하는 속성으로 충만한 상태에서 동맥을 통과하는 여정을 시작한다. 그리고 체내의 노폐물을 일괄 수거한 후 푸르고 칙칙한 색을 띠는 정맥을 통해 심장으로 복귀한다. 말하자면 산꼭대기에서 흘러나오는 신선한 물처럼 몸속 전체를 적셨다가 쓰레기를 모은 하수가 되어 원천으로 되돌아가는 것이다. 심장으로 돌아온 더러운 혈액은 폐로 보내지며, 우리가 호흡을 통해 흡수한 산소의 연소 작용으로 정화되어 깨끗한 혈액으로 거듭난다. 자연이 모든 것들을 재생하고 재활용하듯이 우리 몸 안의 혈액도 이와 같은 방식으로 매 순간 재생되고 있으며, 우리 안의 생명 나무도 꾸준히 에너지를 공급해야 건강을 유지할 수 있다. 디온 포춘의 설명을 들어보자.

우리가 음식과 수분을 섭취함으로써 육신에 영양분을 공급하고 몸 안에 쌓인 노폐물을 적절하게 배설함으로써 건강을 유지할 수 있듯이 (말쿠트에서 일어나는 작용), 영혼에 건강을 가져다주는, '구세주의 영역(Sphere of the Redeemer)'으로 불리기도 하는 티파레트에서 적절한 작용이 일어나야 영혼에 활력이 공급될 수 있다. 오컬트 입문을 통해 상위 싸이키즘 역량(티파레트의 의식)을 계발하고 영적 진리를 깨우칠 수 있다는 사실은 누구나 다 알고 있지만, 인간의 계발이 골고루, 완전하게 이루어지기 위해서는 넷자흐가 상징하는 자연의 에너지에 접근하는 역량도 키워야 한다는 사실을 잘 모르는 사람이 많다.

17. 여기서 말하는 '자연의 에너지'는 '영적 에너지'의 반대편에 있는, 현상계를 지배하는 에너지를 의미하는 것으로, 디온 포춘은 이 대목에서 영적인 것만 중시하고 물질적/자연적인 것을 경시하는 일부 구도자들의 행태를 꼬집고 있다. 이는 성장의 과정에서 영적으로 편식하는 행위나 다름없다는 얘기다. 생명 나무를 오르기 위해 의식의 변환/상승이 이루어지는 중간 기둥 상의 세피라만 신경 쓰지 말고 에너지(힘)의 변환이 이루어지는 자비의 기둥과 형상의 변환이 이루어지는 가혹의 기둥 상의 세피라도 두루 체험하는 것이 균형 잡힌 건전한 식단처럼 영적 성장에 도움이 된다는 것이 디온 포춘의 주장이다.

18. 넷자흐의 개념을 대우주와 소우주 관점에서 대략 훑어봤으니 이제 이 세피라에 지정된 상징체계를 살펴보자. 넷자흐는 두 개의 대조적인 상징체계를 지니고 있다. 넷자흐의 영적 체험은 '승리를 거둔 아름다움의 비전'으로, 다소 호전적인 느낌을 주는, 금성보다는 화성의 상징으로 적합할 법한 '승리'와, 금성의 여성스러움을 표현한 '아름다움'이 공존하고 있다. 신화에서 화성(마르스)과 금성(비너스)은 연인 관계이며, 생명의 나무 상에서 이 둘(게부라와 넷자흐)은 티파레트를 가운데 두고 서로를 마주 보고 있다. 메이저 아르카나를 다룰 때 더 자세히 보겠지만, 3번 카드 여황제에는 일곱 행성 중 금성이, 4번 카드 황제에는 열두 별자리

중 화성이 지배하는 양자리가 지정되어 있다. 역시 두 행성 또는 신 간의 긴밀한 관계를 나타내는 조합이다.

19. 화성이 지배하는 게부라는 여성적인 가혹의 기둥에 자리 잡고 있으며, 다섯 이파리가 달린 튜더 장미(금성의 심볼)를 심볼로 삼고 있다. 한편 금성이 지배하는 넷자흐는 반대로 남성적인 자비의 기둥에 자리 잡고 있으며, 조금 전 언급했듯이 '승리', '확고부동함' 등, 남성적인 키워드가 지정되어 있다. 하지만 이와 동시에 전통적으로 비너스를 상징하는 허리띠와 장미를 심볼로 삼고 있기도 하다. 앞서 극성의 개념을 다루면서 진정한 사랑이란 모든 차원에서 양과 음이 적절하게 뒤섞인 상태를 의미하는 것이라고 설명했는데, 여성적인 속성을 지닌 게부라와 남성적인 속성을 지닌 넷자흐가 이를 잘 표현하고 있는 것 같다.

20. 넷자흐에 지정된 신의 이름은 '만군의 군주'를 의미하는 '여호와 쩨바오트'로, 그가 넷자흐에 거하는 '신들'의 지배자임을 나타내고 있다. 대천사의 이름은 '신의 은총'을 의미하는 '하니엘'이다. 금성을 상징하는 하니엘은 보통 여성으로 묘사되며, 유대교 전통과 천사학에서 중요한 대천사 중 하나로 알려져 있다. 마지막으로, 넷자흐에 지정된 천군의 이름은 '신들'을 의미하는 '엘로힘'이다.

21. 넷자흐의 마법 이미지는 비너스를 상징하는 '아름다운 나신의 여인'이다. 예전에 그리스에 프리네[280]라는 이름의 고급 창부가 있었다. 당시 그리스의 창부는 단순히 남자들에게 몸만 파는 여자가 아니라, 이번 섹션에서 설명한 것처럼 모든 차원에서 손님을 채워주는 역할을 하는 사

대천사 하니엘

람들이었다. 이들은 아프로디테의 사원에서 손님을 접대하는 법을 체계적으로 배웠고, 유명 인사들도 이들을 찾아와 예술과 철학을 논했다. 어느 날, 에우티아스(Euthias)라는 인사가 자신의 청혼을 받아주지 않는 프리네에게 신성모독 혐의를 뒤집어씌우고 고소하는 사건이 벌어졌다. 전설에 따르면 당시 법정에서 프리네의 변호를 맡았던 히페레이데스 [281]는 재판관들 앞에 선 그녀의 가운을 벗기며 결백을 주장했다고 한다. 후대에 각색된 측면도 물론 있겠지만, 원고와 마찬가지로 프리네의 연인 중 하나였던 히페레이데스는 그녀의 나신을 가리키며 "이처럼 아름다운 여인에게 죄를 묻는다는 것은 아프로디테에 대한 모독이요!"라고 말했고, 조각품처럼 아름다운 그녀의 모습에 감복한 재판관들은 무죄

판결을 내렸다고 한다. 프리네는 『크니도스의 아프로디테(Aphrodite of Knidos)』라는 조각상의 실제 모델로도 알려져 있다. 고대 그리스인들은 신은 아름답고, 상응의 원칙에 따라 아름다운 것 안에는 신이 깃들어 있다고 생각했다는데, 이들은 실제로 제우스의 조각상과 조각상처럼 아름다운 프리네 안에 신이 거한다고 믿었던 것 같다.

22. 넷자흐의 미덕은 '이타심', 그리고 악덕은 '음란함'과 '성욕'이다. 넷자흐의 미덕이 이타심이라는 말은, 극성의 균형을 위해 자기를 내어준다는 의미다. 뭐든지 가지려고 하는 사랑이 아니라, 사랑을 위해 뭐든지 내어주려는 마음이라고 표현하면 너무 닭살일까? 음란함과 성욕은 사랑을 오용했을 때 나타나는 현상이다. 여기서 말하는 성욕은 물론 욕망이 필요 이상으로 강한 상태를 의미한다. 인간에게 성욕이 없었다면 우리는 태어나지도 못했을 것이다. 하지만 뭐든지 그러하듯이, 과하면 악덕이 된다.

프리네의 재판

23. 과도한 성욕은 균형이 무너졌을 때 나타나는 현상이다. 다음은 윌리엄 워커 앳킨슨의 『그대, 아직도 '나'를 찾고 있는가?』의 부록 1. '힌두 요기 호흡의 과학'에 수록된 내용으로, 성 기능의 건강에 관한 중요한 단서를 제시하고 있다. '변태'와 '호색한'의 의미가 새롭게 다가올 것이다.

생식기관이 전반적인 건강에 주는 영향은 워낙 잘 알려진 사안이라 여기서 길게 설명할 필요는 없을 것 같다. 한마디로 말해, 생식기관이 약해지면 몸 전체가 이에 반사적으로 작용하며 함께 고통받게 된다. 하지만 완전 호흡을 일상화하면 자연이 의도했던 대로 생식기관을 정상적이고 건강한 상태로 유지하는 리듬이 생성되며, 생식 기능이 강화되고 활력을 되찾으면 이에 대한 반사작용으로 몸 전체에 생기가 돌기 시작한다.

생식기관의 건강을 되찾은 후 저속한 성적 충동이 전보다 강해진다는 의미는 전혀 아니다. 요기들은 기본적으로 금욕과 순결을 옹호하며, 동물적 충동과 욕망을 다스리는 법을 익힌 사람들이다. 성적 욕망을 다스린다는 것은 성적 힘이 약하다는 뜻이 아니다. 요기 가르침에 따르면 생식기관이 정상적이고 건강하면 자기를 다스리고자 하는 의지도 그만큼 강해진다고 한다. 요기들은 몸의 전반적인 건강 상태가 정상에서 벗어났을 때 신체의 놀랍고 중요한 기능 중 하나인 성 기능이 왜곡된다고 믿는다. 즉, 생식기관이 정상이 아니라 병든 상태에 있기 때문에 변태 행위에 집착하게 된다는 것이다. 이 문제에 관해 조금만 깊게 생각해 보면 요기의 가르침이 옳다는 사실을 확신할 수 있을 것이다.

이 책에서 이 주제를 완전하게 논하기는 어렵지만, 요기들은 무지한 사람들처럼 비자연적인 방법으로 성 에너지를 무분별하고 과도하게 낭비하는 대신, 성 에너지를 보존하여 몸과 정신을 계발하는 목적으로 활용할 수 있다는 사실을 잘 알고 있다. 특별 요청에 따라 뒤에서 요기들이 성 에너지를 바람직한 방향으로 활용하기 위해 수행하는 기법 하나를 소개할 것이다. 금욕과 청결한 삶에 관한 요기 이론을 수용하든 거부하든 간에, 완전 호흡을 꾸준히 수행하다 보면 세상에 존재하는 그 어떤 기법보다도 생식기관의 건강을 회복하는 최고의 비법이 바로 완전 호흡이라는 사실을 알게 될 것이다. 지금 설명하는 내용은 생식기관의 건강을 정상 수준으로 회복하는 것이지, 보통 수준보다 훨씬 강력하게 만들어준다는 의미가 아니다. 호색한에게 있어 생식기관의 건강을 정상 수준으로 회복한다는 것은 과도한 성욕이 줄어든다는 의미고, 성적 기능이 약한 사람의 경우에는 성적 활력을 회복하고 지금까지 그를 억눌렀던 나약함에서 해방되어 전반적인 건강까지 되찾는다는 것을 의미한다. 이 주제에 관한 우리의 입장에 오해가 없었으면 좋겠다. 요기는 자기를 다스릴 수 있는 수준으로 계발된 의지와 높은 이상으로 몸을 통제하고 움직임으로써 신체의 모든 부위가 튼튼하고 건강하게 유지되는 상태를 이상적인 목표로 삼는다.

24. 소우주에서 넷자흐는 둔부, 엉덩이, 다리에 상응한다. 이 신체 부위들은 생식기 자체가 아니라 생식기의 주변 환경에 해당하며, 따라서 사랑의 여신은 단순한 육체적인 성보다 큰 개념임을 보여주고 있다.

25. 생명의 나무 하위 네 세피라는 소우주의 관점에서는 인격, 대우주의

관점에서는 넓은 의미에서의 물질 세상(아스트랄계 포함)을 상징한다. 그리고 제2장에서 다뤘듯이, 이 네 세피라에는 네 원소가 각각 지정된다. 기억을 되살리는 차원에서 도표를 다시 살펴보자.

신의 이름	י (Yod, 요드)	ה (He, 헤)	ו (Vav, 바브)	ה (He, 헤)
네 개의 원소	불	물	공기	흙
네 개의 타로 슈트	지팡이	컵	검	디스크
네 개의 세상	아칠루트 (원형의 세상)	브리아 (창조의 세상)	예치라 (형성의 세상)	아시아 (물질의 세상)
인간의 혼을 구성하는 네 요소	예히다 (Yechidah, 1)	히아(Chiah, 2) 네샤마(Neschamah, 3)	루아흐 (Ruach, 4~9)	네페쉬 (Nephesh, 10)
네 개의 코트 카드	기사(왕)	여왕	왕자	공주
아스트랄계를 구성하는 네 개의 세피라	불 (넷자흐, 7)	물 (호드, 8)	공기 (예소드, 9)	흙 (말쿠트, 10)

표 XIV. 신의 이름을 기준으로 생명 나무를 나누는 여러 기준 (표 XI.와 동일)

넷자흐에는 4대 원소 중 으뜸인 불이 지정되며, 따라서 넷자흐의 심볼 중 하나는 불을 상징하는 램프다. (불은 금성의 연인인 화성의 심볼이기도 하다). 국가와 국민의 영혼을 상징하는 신성한 불이 절대로 꺼지는 일이 없도록 평생을 바쳐 곁에서 지켰다는 고대 로마의 베스타 여사제들이 떠오른다. 불은 생명력의 심볼이다. 일상에서는 생명의 불이 꺼지면 육신이 죽는다고 말하고, 운동선수들은 불꽃 튀는 치열한 경쟁에서 불꽃 투혼을 발휘한다. 불은 이글거리는 성 에너지의 심볼이기도 하다. 화성(마르스)과 금성(비너스)은 불같은 사랑을 나누는 불장난을 쳤다. 남녀 간 애정의 역학관계를 다룬 존 그레이의 베스트셀러 제목은 『화성에서 온 남자, 금성에서 온 여자』다. 성 에너지는 활력의 원천이자 동력을 제공하는 연료와도 같다. 맨리 P. 홀이 어떤 강의에서 이런 말을 한 적이 있다. "동물의 경우, 생식의 능력을 상실하는 시점부터 죽음의 과정이 시작된다." 사람도 나이 들어 성 기능이 약해지면서 본격적인 노화가 시작된다. 남자의 경우 발기불능 상태를 영어로 '임포텐스(impotence)'라 칭하는데, 이는 문자 그대로 '힘(potency)이 빠졌다'는 뜻이다.

26. 불은 우리의 인격을 구성하는 요소 중 힘 또는 에너지에 해당하는 원소이자 형상의 이면에서 작용하는 무형의 동력이다. 다시 한번 강조하지만, 7~10번 세피라는 티파레트 아래에 있는, 신성(케테르)으로부터 멀리 떨어진 영역이다. 네 세피라 중에서도 넷자흐와 호드는 극성의 관계에 있기 때문에 균형을 이루는 것이 그 어느 때보다도 중요하다. 실제로 크로울리는 타로 마이너 아르카나의 7번 카드들에 대해 '중간 기둥에서 벗어난 데다가 생명 나무 하단에 위치해서 이중으로 균형이 무너진 상태'라고 평했다. 티파레트 위의 호크마/비나와 헤세드/게부라는 우주의 법칙, 극성의 관념에 가까운 추상적 개념이지만, 인격을 구성하는 하위 세피로트에서 극성을 이루는 넷자흐/호드 쌍은 우리 피부에 직접 와닿는 영역이다. 쉽게 말해, 우주의 균형은 일시적으로 깨져도 금세 알아서 제자리를 찾아가지만, 인간의 균형은 쉽게 깨질 수 있고, 불균형 상태가 장기간 지속할 수도 있고, 그 결과 당사자에게 고통을 안겨줄 가능성도 높다는 얘기다. 디온 포춘도 극성과 균형의 문제를 특히나 강조하고 있다.

> 소우주의 관점에서 봤을 때 넷자흐는 우리의 본능과 감정의 측면을, 그리고 호드는 지성의 측면을 각각 상징한다. 말하자면 넷자흐는 우리 안의 예술가, 호드는 우리 안의 과학자라고 할 수 있다. 우리의 기분이 그때그때 자제력과 활력 사이를 오가면서 내 영혼의 현재 극성

상태가 정해진다. 역동적 요소를 제공하는 넷자흐의 영향이 부재하면 호드가 영혼을 지배하여 실천은 없고 이론에만 치중하는 함정에 빠지게 된다. 넷자흐의 영향이 정상적으로 기능하지 않는 자는 마법도 행할 수 없다. 뭐든지 의심하기 좋아하는 호드가 전면에 나서서 마법 이미지가 형성되기도 전에 죽여버릴 것이기 때문이다. 자연의 모든 것이 그러하듯, 반대 극성에 있는 넷자흐의 작용을 통해 수정되지 않은 호드는 불임 상태에 머무를 수밖에 없다. 실용적인 작업을 수행하고자 하는 오컬티스트라면, 자기 안에 예술가의 기질이 어느 정도 있어야 한다. 아무리 강력하더라도 지성만으로는 능력을 얻을 수 없다. 자연의 힘(Elemental forces)은 내 안의 넷자흐를 통해서 의식 상태에 이를 수 있다. 넷자흐의 영향이 없다면 예소드의 잠재의식에서 벗어나지 못하고 맹목적으로 힘을 휘두를 뿐이다.

27. 이성이 결여된 감정, 즉, 이성이라는 제동장치가 부재한 감정은 자칫하면 미쳐서 날뛸 수 있다. 불의 세기를 조절하지 못하면 주변의 모든 것을 태워버리는 파괴적인 결말을 맞을 수 있다. 타오르는 감정에 휘말려 상식적으로 도저히 말도 안 되는, 초등학생이 보기에도 어불성설인 개소리를 지껄이는 사이비 교주와 정치인들에게 넘어가 열성 광신도가 될 수 있다. 하지만 그 반대도 마찬가지다. 감정이 결여된 이성은 나에게 이익이 되는 일이라면 물불 가리지 않고 저지르는 사이코패스를 양산한다. 타인의 고통, 도덕과 윤리 따위는 고려의 대상이 되지 않고, 오로지 나에게 이득이 되는지 여부를 선과 악의 기준으로 삼는 전형적인 사탄교 신도가 탄생한다. 현대 사회에서는 이런 사람들이 사회에서 승승장구하는 경향이 있다. 선과 악이라는, 인류가 풀어야 할 영원한 과제

에 관한 디온 포춘의 생각을 들어보자.

자연적인 선의 진정한 비밀은 극성을 이루며 대치하는 양측의 상반되는 주장을 인식하는 데 있다. 선과 악 간에는 어떤 모순도, 역설도 없다. 반대편에 있는 두 극성 간의 균형만 있을 뿐이다. 어느 쪽으로든 치우치면, 즉, 한쪽의 힘이 과도하게 강해지면 악이 탄생하고, 한쪽의 힘이 너무 부족하면 악이 활개를 치도록 방치하게 된다. 제약 없는 권리 행사는 쇠퇴로 이어지고, 균형이 무너진 이상주의는 정신적 질환으로 이어진다.

28. 사회에서도 두 사람, 또는 두 진영이 열성적으로 주장하는 내용을 들어보면 양쪽 다 일리가 있는 경우가 많다. 인터넷에서 억울한 일을 당한 사람의 사연을 접하면 자연스럽게 동정심이 일면서 그의 주장에 공감하게 되고, 가해자가 괘씸하다는 생각이 들게 마련이다. 가해자가 공인일 경우에는 네티즌들이 합심하여 마녀사냥을 시작하기도 한다. 그러다 가해자 혐의를 받는 측의 입장이 알려지면서 여론이 180도 반전되기도 하고, 그동안 그를 욕했던 사람이 언제 그랬냐는 듯이 철새처럼 편을 바꾸는 경우도 종종 있다. 정과 반이 만나서 합을 이루어내는 헤겔의 변증법을 설명하면서 언급했듯이, 충돌하는 것처럼 보이는 두 관점이 화해하면서 중간 지점을 찾아갈 때 진리에 한 걸음 더 가까이 다가갈 수 있다. 제1장에서 다뤘던 일곱 가지 우주의 법칙 중, 극성의 원칙을 다시 한번 상기하자.

"만물은 이원성을 지니고 있다; 만물은 극성을 지니고 있다; 만물은 상반되는 쌍으로 이루어져 있다; 같은 것과 다른 것은 사실 같은 것이다; 반대의 속성을 가진 것들은 그 속성을 지닌 정도에 차이가 있을 뿐, 본질적으로는 같다; 양쪽 극단에 있는 것들은 서로 통한다; 모든 진리는 절반의 진리다; 모든 역설은 해소될 수 있다."

29. 넷자흐 관련 섹션을 마무리하면서 디온 포춘은 에너지의 흐름과 관련한 오컬트의 비밀 일부를 공개하고 동시에 경고도 제시한다.

인간의 인격을 전기기기에 비유해 보자. 일단 이 기기는 우주의 동력실이라 할 수 있는 신, 즉, 모든 생명의 원천과 연결되어야 한다. 그래야 작동할 수 있다. 그리고 동시에 접지되어야 한다. 접지가 이루어지지 않으면 에너지가 흐를 수 없다. 모든 인간은 문자 그대로든, 비유적으로든, 땅과 접지되어야 한다. 이상주의자는 자기에게 유입된 힘 또는 에너지를 낭비하지 않기 위해 땅과의 접촉을 완전히 차단하려고 한다. 지구(땅) 자체가 하나의 거대한 자석이라는 사실을 이해하지 못하는 바람에 나온 발상이다.

30. 흐르는 물은 깨끗하지만, 고인 물은 썩기 마련이다. 화폐(돈)를 영어로 'currency'라고 하는데, 이 단어는 '흐름' 또는 '전류'를 의미하는 'current'와 같은 어원에서 유래되었다. 돈도 흘러야, 즉, 순환해야 제 기능을 발휘한다는 뜻이다. 통용되지 않는 돈은 고인 물처럼 썩으면서 악취를 풍긴다. 체내의 피가 흐르지 않으면 사람은 얼마 버티지 못하고 죽는다. 성경에 등장하는 『달란트의 우화(Parable of the Talents)[282]』에서 주인이 출장을 떠나며 맡겨놓은 돈을 배로 불린 하인들은 칭찬하고, 돈을 땅에 고이 묻어둔 하인은 비난했던 것도 같은 이유에서다. 성경 시대에 돈으로 사용되었던 '달란트'는 오늘날 '재능(talent)'을 의미하며, 같은 원

리로 재능을 좋은 목적으로 사용하지 않고 묵히는 것 역시 우주의 법칙에 반하는 행위다.

31. 예전에 마크 패시오가 『Man From Earth(2007)』라는 영화의 포스터에 담긴 상징체계를 설명한 적이 있다. 그는 밝은 빛에 둘러싸인 남자가 우주를 배경으로 지구를 밟고 서 있는 이미지에 대해 '발은 땅을 밟고 있지만, 머리는 우주를 지향하는, 균형 잡힌 사람의 모습'이라고 평했다. 디온 포츈이 말하는 '접지'의 개념이 바로 이런 것이다. 진리를 구한답시고 '영적인 것'에만 집중하고 현실은 외면하는, 뉴에이지 사상의 달콤함에만 빠져 하루하루를 구름 위에서 사는 사람에 대한 경고라고 할 수 있다. 우리의 몸도, 정신도 접지되어야 한다. 맨발로 땅(흙)을 자주 밟으면 체내로 유입된 땅속의 음전하(-)가 몸 안에 쌓인, 염증의 원인인 활성산소(+)를 중화시키는 작용(균형을 찾는 작용)을 하여 건강이 개선된다고 한다. 문자 그대로, 몸을 땅에 접지해야 할 이유다. 정신을 접지한다는 말은 무슨 의미일까? 머릿속에서 탄생한 생각, 구상, 아이디어를 땅에서 실현해야 한다는, 쓸모있는 형상으로 만들어내야 한다는 뜻이 아닐까?

32. 타로 메이저 아르카나의 마법사(1번 카드)는 한 손으로는 하늘을, 한 손으로는 땅을 가리키고 있다. 지금까지 여러 차례 언급했듯이, 마법사는 하늘의 뜻을 받들어 땅에서 실현하는, 하늘의 뜻이 땅에서도 이루어지도록 매개 역할을 하는 사람이다. 신을 위해 봉사하는 천사들처럼, 신의 전령 노릇을 하며 그의 뜻을 온 세상에 전파하는 헤르메스/머큐리처럼, 신의 도구로 쓰이는 사람이다. 그러기 위해서는 하늘에서 받은 에너지가 나를 통과하여 땅에서 작용하도록 허락해야 한다. 인용문에서 디

온 포춘이 언급한 '이상주의자'처럼 신으로부터 받은 에너지가 땅으로 흘러나가지 못하도록 차단하는 것은 신의 선물을 독점하려고 하는, 구두쇠의 심보와도 같은 발상이다.

33. 그럼 우리의 인격을 구성하는 첫 번째 세피라, 넷자흐에 관한 설명을 이 정도로 마치고, 7번 카드들의 속성을 살펴보자.

7번 카드의 기본 속성

이미 언급했듯이, 넷자흐는 가운데 기둥에 있지도 않고 신성으로부터도 멀리 떨어진 곳에 있어서 균형이 이중으로 무너진 세피라라고 할 수 있다. 7~10번 세피라는 인간의 추락과 함께 생명 나무에서 떨어져 나간 허상의 영역으로, 곳곳에 위험한 함정이 도사리고 있다. 에이스(케테르)의 순수했던 신성한 힘도 많이 변질한 상태다.

사람들은 보통 '7' 하면 '러키 세븐'을 떠올리지만, 타로의 세계에서 7번 카드는 행운과는 거리가 멀다. 황금새벽회 전통에서 지정한 7번 카드들의 제목만 봐도 느낄 수 있다. 지팡이 슈트의 '용기'는 그나마 괜찮아 보이지만, 그 뒤를 잇는 '성공의 허상', '불안정한 노력', '충족되지 못한 성공'은 그다지 유쾌하지 않은 제목들이다.

하지만 "타로에는 좋은 카드와 나쁜 카드가 따로 없다."는 말도 있듯이[283], 7번 카드들은 대체로 안 좋아 보이지만, 맛은 없어도 건강에는 좋은, 영양분을 골고루 흡수하고 균형 잡힌 식단을 실천하기 위해 꼭 필요한 경험들이라고 생각하면 마음이 조금 편해질 것이다. 몸에 좋은 약은 원래 입에 쓴 법이다.

7 of Wands – 용기(Valour)

(Mars in Leo) 20° to 30° Leo

8월 12일 ~ 8월 21일

토트 타로의 제목 – 용기(Valour)

카드의 의미

- 에너지가 거의 다 소진된 상태. 투쟁. 몸부림.
- 승리의 가능성도 있음. 장애물과 시련이 닥치지만, 이에 맞설 용기가 있음. 작은 승리.
- 약화하는 영향을 받을 경우: 다툼. 언쟁.

크로울리에 따르면 이 카드는 에너지가 거의 다 소진되어 최후의 몸부림을 치는 것 같은, 불리한 상황임에도 승리를 거두기 위해 필사적으로 대항하는 상황을 묘사하고 있다고 한다. 남자 한 명이 언덕에 서서 지팡이 하나를 들고 언덕 아래의 적들과 힘겹게 싸우고 있는 모습을 표현한 라이더-웨이트-스미스 덱의 이미지를 보면 무슨 의미인지 마음에 확 와닿을 것이다. 계백 장군과 오천 결사대가 배수진을 치고 마지막 결전을 치르는 듯한 상황이다. 죽을 가능성이 높다는 것을 알면서도 싸우기로 했으니, 당연히 용기가 필요할 것이다.

넷자흐는 '승리'를 의미하지만, 이 세피라를 지배하는 금성은 피 튀기는 전투와는 거리가 먼, 가녀린 여인이다. 호메로스[284]의 대서사시 『일리아드(Iliad)』에 따르면, 트로이 전쟁의 발발에 대한 간접적인 책임이 있는 아프로디테는 전쟁 중 아들 아이네이아스[285]를 돕다가 손목에 창을 맞고 울면서 어머니 디오네[286]에게 달려갔다고 한다. 균형이 무너진 험악한 곳에서 살아남기에 적합한 역량은 아니다. 하지만 다행스러운 것은 금성의 연인이자 전쟁의 신인 화성이 사자자리에 들어왔다는 점이다. 8월 중순의 사자자리는 여전히 위력을 발휘하지만, 그 힘이 약해질 기미를 보이기 시작한다. 크로울리에 따르면 지팡이 7번 카드는 이처럼 태양의 화력이 약해지는 시점에 무자비한 불 에너지의 소유자인 화성에 도움을 요청한 상황을 묘사한 것이라고 한다. 하지만 순수했던 에너지가 변질하고 균형까지 무너진 상황을 극복하기란 쉽지 않을 전망이다. 크로울리의 말을 빌리자면, '군대는 이미 와해했고, 승리를 거두려면 개개인이 용기를 발휘해야 하는 상황'이다. 총알이 다 떨어졌으니 소총에 대검을 꽂고 각개전투로 생존해야 한다.

트로이 전쟁의 발단

선택의 중요성에 관한 일화 하나를 소개한다. 그리스 신화에는 최고신 제우스가 프티아의 왕 펠레우스와 바다의 여신 테티스의 결혼을 축하하기 위해 연회를 베푸는 이야기가 나온다. 모든 신이 신혼부부를 축하해주기 위해 연회장을 찾았지만, 불화와 다툼의 여신 에리스는 초대장을 받지 못했다. 그녀가 연회장에 나타나면 흥이 깨지고 난장판이 벌어질 것이 뻔했기 때문이다. 따돌림을 당했다는 사실을 뒤늦게 알아차린 에리스는 씩씩거리며 연회장에 찾아와 여신들이 모여 있는 곳에 황금 사과를 던졌다. 황금 사과에는 '가장 아름다운 여인의 것'이라고 적혀 있었고, 사과가 자기 것이라고 서로 우기는 헤라, 아테나, 아프로디테 여신 사이에 급기야 다툼이 벌어졌다. 세 여신은 사과를 들고 제우스를 찾아가 최고의 미녀를 가려달라고 요구했다.

인생 최대의 위기를 맞은 제우스는 여자 보는 안목이 뛰어난 트로이의 왕자, 파리스에게 가서 물어보라고 여신들에게 권하며 책임을 회피한다. 헤르메스의 안내를 받아 지구로 내려온 세 여신은 아름다운 자태를 뽐내며 파리스의 환심을 사려 하지만, 그가 망설이며 쉽게 선택을 내리지 못하자 알몸까지 보여준다. 세 여신은 자기를 최고의 미녀로 낙점하면 큰 선물을 주겠노라고 약속한다. 헤라는 그에게 유럽과 아시아를 주겠다고 선언했고, 아테나는 어떤 전쟁에서도 승리할 수 있는 지혜와 능력을 주겠다고 약속했고, 아프로디테는 지구상에서 가장 아름다운 여인을 주겠다고 유혹했다. 사랑에 눈이 먼 파리스는 결국 아프로디테의 손을 들어줬다. 하지만 당시 세상에서 가장 아름다운 여인은 스파르타의 왕 메넬라오스의 왕비인 헬레네였고, 왕비를 빼앗긴 그리스는 군사를 일으켜 트로이를 친다. 파리스의 선택 하나로 트로이 전쟁이 시작된 것이다.

10년간 이어진 트로이 전쟁의 원인을 제공한 이 사건은 오늘날 '파리스의 심판(Judgement of Paris)'으로 불린다. 후세의 사람들은 파리스가 아프로디테가 아닌 헤라를 선택했어야 했다고 평가했다. 아프로디테는

> 성적 매력을 물씬 풍기는 섹시한 여인이긴 하지만, 객관적으로 봤을 때는 헤라가 더 아름답다는 것이다. 게다가 헤라는 제우스의 부인이자 올림포스의 여왕이었다. 하지만 판단력이 좋다고 제우스의 인증까지 받았던 파리스도 사랑 앞에서는 콩깍지를 떼어낼 수 없었던 것 같다.
> _ 윤민의 『보리밭을 흔드는 바람』 중에서

카드 이미지를 보자. '승리'를 의미하는 6번 카드에서 보았던, 조화와 균형을 이룬 여섯 지팡이의 배열은 배경으로 밀려났고, 원시인이 들고 다녔을 법한 허접하고 야만적인 나무 몽둥이가 전면에 나섰다. 황금새벽회 입문자들이 다양한 목적의 마법을 수행하기 위해 사용하는 세련된 지팡이들과 달리, 나무 몽둥이는 가장 기초적인, 일대일 육박전을 위한 초보적인 무기다. 6번 카드에서 안정적으로 질서정연하게 타오르던 불은 마치 강풍에 흔들리듯이 요동을 치며 사방으로 위태롭게 불꽃을 튀기고 있다. 자칫 잘못했다간 불똥이 튀어 화재로 이어질 수도 있는 상황이다. 말 그대로 용기는 가상하지만, 결과는 어떨지 아무도 알 수 없다. 하지만 이 싸움에서 이기든 지든, 궁극적으로는 소중한 교훈이 될 것이다.

7 of Cups - 성공의 허상(Illusory Success)

(Venus in Scorpio) 20° to 30° Scorpio

11월 13일 ~ 11월 22일

토트 타로의 제목 - 타락(Debauch)

카드의 의미
- 망상. 성공의 허상. 마약 중독. 만취.
- 죄책감. 거짓말. 기만. 지키지 못한 약속.
- 성욕. 간음. 사랑과 우정의 소멸. 허영.

인간이 떠올릴 수 있는 최악의 발상이다. 독과 광기, 알코올성 정신병과 마약 중독…. 거짓 쾌락에 깊이 빠져 허우적대는 모습이다. 왠지 자살의 뉘앙스까지 풍긴다. 균형을 맞춰줄 요소, 이 카드를 지탱해줄 강력한 행성의 영향도 없는 형국이다. _ 앨리스터 크로울리

론 마일로 듀켓은 "술에 많이 취한 상태에서 이 카드를 바라보는 것은 금물!"이라고 경고했다. 전갈자리에서 유배되는 금성이 들어왔고, 금성은 넷자흐를 지배한다. 좋지 않은 조합이다. 섹시한 금성과 관능적인 전갈자리가 만났으니 뭔가 뜨거운 일이 벌어질 듯한 예감이 들 수도 있지만, 속만 탈 뿐이다. 금성의 퇴폐적인 영향이 너무 강하여 비너스는 자기를 주체하지 못하고 주량을 초과한 채 주책을 부리고 있다. 크로울리

는 또 이렇게 덧붙였다.

> 금성은 구리를 상징하는 심볼이라는 사실을 기억하자. 즉, 겉은 화려하지만 속은 부패했다는 뜻이다.

멀쩡한 속도 울렁거리게 만드는 카드의 이미지를 보자. 푸른 바다는 사라지고, 크로울리의 말대로 독을 연상시키는 초록색 슬라임이 컵에서 뚝뚝 떨어지며 바닥의 늪을 더욱 끈적하게 적시고 있다. 누군가(비너스)가 과음한 후 술잔에다 토사물을 게워낸 듯한 역겨운 비주얼이다. 자연을 상징하는 넷자흐의 대표색이 초록색이라지만, 이건 좀 심한 것 같다. 무지갯빛을 띤 컵들도 그다지 유쾌하게 보이지 않는다.

크로울리는 이 카드를 또 이렇게 혹평했다.

> 이 카드는 거의 6번 카드의 사악한 버전이라 할 수 있다. 제아무리 신성한 성체라 해도 얼마나 쉽게 더럽혀지고 부패할 수 있는지를 상기시켜주는 카드.

7번 카드들이 대체로 부정적인 뉘앙스를 풍기는 이유는 무엇일까? 7번 세피라를 지배하는 비너스 특유의 강렬한 감정과 감성에 쉽게 빠질 수 있기 때문이다. 디온 포춘은 이 카드를 설명하며 "비너스의 영향을 받으면 내가 믿고 싶은 것들만 믿게 된다."고 말했다. 황금새벽회에서 지정한 이 카드의 제목은 '성공의 허상'이다. 남들이 보기에는 명백한 실패지만, 자가당착에 빠진 사람은 실패를 성공이라고 우기며 고집을 피운다. 술에 취해서, 즉, 이성이 결여되고 감정에 지배된 상태에서 헛것을 보고 현실과 허상을 구분하지 못하는 것이다.

세상에서 가장 큰 사기는 자기기만이다. 타인을 상대로 치는 사기는 걸릴 수라도 있지만, 나 자신을 상대로 치는 사기는 그 사실을 인지조차 하기 어렵다. 사이비 종교의 열성 신도는 자기가 교주에게 사기를 당하고 있다는 사실을 모른다. 주변에서 아무리 객관적인 증거를 들이대며 설명해도 통하지 않는다. 견제와 균형을 제공하는 이성이 부재한 상태이기 때문이다. 다음 섹션에서 다룰 8번 세피라, 호드를 지배하는 헤르메스/머큐리도 도둑과 사기꾼의 신이라는 점도 흥미롭다. 넷자흐의 부정적인 측면은 자기를 대상으로 사기를 치는 자기기만이고, 호드의 부정적인 측면은 남을 상대로 사기를 치는 도둑질이라고 할 수 있겠다.

7 of Swords - 불안정한 노력(Unstable Effort)

> (Moon in Aquarius) 20° to 30° Aquarius
>
> 2월 9일 ~ 2월 18일
>
> 토트 타로의 제목 - 헛됨(Futility)

제목 자체에 '불안정'이라는 키워드가 들어간 불균형의 카드다. 론 마일로 듀켓이 타로를 주제로 한 어느 강연에서 "타로에는 좋고 나쁜 카드가 따로 없습니다. 단, 검 7번 카드는 예외입니다. 그건 좀 나쁩니다."라고 말하며 혹평했던 그 카드다. 수시로 기분이 바뀌는, 변덕스럽고 수동적인 달이 똑똑하지만 수시로 생각을 바꾸는 물병자리에 들어왔다. 여

카드의 의미

- 불안정한 노력. 동요. 강력한 저항에 맞선 부질없는 몸부림.
- 승리를 목전에 두고 에너지 부족으로 탈진하여 부분적 성공만 거둠.
- 피상적인 것에 매료됨. 땅을 경유한 여행.
- 신뢰할 수 없는 사람.

기에 넷자흐를 지배하는 금성의 영향까지 겹쳤다. 크로울리의 직설적인 평을 들어보자.

> 이 카드는 지팡이 7번보다도 약하다. 수동적인 별자리에 수동적인 행성이 들어온 꼴이다. 마치 오래전에 은퇴한, 류머티즘성 관절염에 시달리고 있는 나이 든 복서가 재기하기 위해 링으로 복귀한 것과 같은 형국이다. 달이 이 카드를 지배하고 있다. 달의 약한 에너지로 할 수 있는 일이란 꿈 꾸는 것밖에 없다. 무언가를 성취하기 위해 필요한 노력을 지속하기엔 에너지가 턱없이 부족하다.

그래서 다 덧없고, 부질없다는 뜻일까? 크로울리의 설명을 들으니 절망감이 밀려온다. 노력해도 소용없다는 뜻이 아닌가? 지팡이 7번에서는 일말의 희망이라도 있었는데, 그보다도 약한 검 7번에서는 아예 꿈 깨라고 조언하고 있다. 하지만 발상을 전환하면 오히려 이 카드는 좋은 카드일 수도 있다. 궁극적으로 실패할 가능성이 높은 것을 놓아주지 못하고 미련하게 계속 붙잡고 있는 것보다는, 포기할 것은 일찌감치 포기하고 새롭게 시작하는 편이 훨씬 현명하고 효율적인 경우도 많다. 이런 자세를 취하면 이 카드를 접하게 되더라도 기운이 빠지는 대신, 타로가 확실한 조언을 해준 것에 대해 감사한 마음을 품을 수 있을 것이다. 크로울리의 설명을 계속 들어보자.

> 그래도 지능의 파괴적인 행태가 5번 카드('패배')만큼 격렬하지는 않다. 심적 동요, 타협하고자 하는 마음, 심지어 관용마저 느껴진다. (중략). 이 카드는 4번 카드('휴전')처럼 유화 정책을 제시하고 있다.

'패배'와 '헛됨', 둘 다 부정적인 기운을 풍기지만, 패배가 사실상 정해진 것과 패색이 짙은 상황에서 현실을 받아들이고 검을 거두는 것에는 큰 차이가 있다. 승산도 없는 싸움 이기려고 너무 애쓰는 대신, 타협하고, 관용을 베풀고, 싸움의 중단을 목표로 삼으라는 현실적 조언이다. 전쟁에는 승자가 없다는 말이 있다. 승전국도 엄밀히 말하면 패자다. 자존심은 세웠을지 몰라도 사회와 경제가 파탄 나고, 전쟁의 후유증으로 국운마저 흔들린다면 다 무슨 소용이겠는가? 도박장에서 돈을 따는 주체는 하우스밖에 없듯이, 전쟁에서 승자는 전쟁 당사국들에 천문학적인 돈을 빌려주고 나중에 몇십 배로 돌려받는 은행뿐이다. 전쟁 당사국이 그나마 본전이라도 챙기는 유일한 방법은 전쟁을 최대한 빨리 끝내고 추가적인 손실을 막는 것이다. 인간관계나 비즈니스에서도 때로는 손절매가 최선의 방책일 수 있다.

카드의 이미지를 보자. 지팡이 7번과 마찬가지로 이번에도 1대 6의 싸움이다. 태양을 제외한 여섯 행성의 심볼이 칼자루에 새겨진 여섯 개의 작은 검이 태양을 상징하는 큰 검을 포위한 채 칼끝으로 겨누고 있다. 큰 검의 날은 이미 만신창이가 되었다. "다구리에 장사 없다."는 말이 있다. 아무리 싸움을 잘하는 사람이라도 혼자서 여럿을 상대하기란 어렵다는 뜻이다.

7 of Disks - 실현되지 못한 성공(Success Unfulfilled)

(Saturn in Taurus) 20° to 30° Taurus

5월 11일 ~ 5월 20일

토트 타로의 제목 - 실패(Failure)

카드의 의미

- 노력/노동의 중단. 게으름.
- 수익을 내지 못한 투기. 충족되지 않은 성공. 결국엔 사기였던 희망. 실망. 노력/노동에 비해 미미한 성과.
- 강화하는 영향을 받을 경우: 속도는 느리지만, 점차적인 성장. 물질적 보상을 염두에 두지 않은, 일 자체를 소중히 여겨서 하는 신성한 노동.

황금새벽회에서는 이 카드에 완성되지 않은 성공이라는 뉘앙스의 제목을 지정했고, 크로울리는 아예 '실패'라고 못을 박았다. 그의 설명을 들어보자.

극단적인 수동성의 카드다. 심연 아래에서 이런 속성은 미덕이 될 수 없다. 아무런 노력의 흔적도 보이지 않는다. 이루겠다는 꿈조차, 소망조차 느껴지지 않는다. 결론은 이미 내려졌고, 그 결론이란 다름 아닌

패배다. 일하겠다는 의지마저 저버렸다. 모든 것이 나태함에 파묻힌 형국이다.

지금까지 7번 카드들을 살펴보면서 대체로 기운이 빠진 듯한, 에너지가 부족해서 일을 추진하지 못하는 듯한 인상을 받았을 것이다. 비너스 여신은 땀을 흘리며 일하기보다는 푹신한 소파나 침대 위에 늘어져 아름다운 자태를 뽐내는 모습이 더 잘 어울린다. 미인은 잠꾸러기라는 말도 있지 않은가? 그래서 7번 카드에서는 대체로 힘과 에너지가 느껴지지 않는다. 술 진탕 먹고 난 다음 날 아침, 움직이기 싫은 것과 비슷한 느낌을 전해주는 카드들이다.

컵 7번에서는 금성이 자기랑 죽이 잘 맞는 전갈자리와 함께 자기의 구역인 넷자흐에서 술을 퍼마시며 망상에 빠졌었는데, 디스크 7번에서는 토성이 금성의 집인 황소자리에 들어왔다. 움직이기 싫어하는 비너스, 태산처럼 무겁고 얼음처럼 차가운 토성, 그리고 고집스러운 황소의 만남이다. 전체적으로 분위기가 가라앉은 느낌을 주는 조합이다.

일곱 개의 디스크는 흙점(Geomancy)의 열여섯 가지 형상 중 루베우스(Rubeus)의 모양으로 배치되어 있다. 잔이 뒤집어진(엎어진) 형상을 묘사한 루베우스는 흙점을 볼 때 가장 안 좋은 패로, '격정', '기만', '폭력', '악덕' 등을 의미한다. 카드 이미지의 칙칙한 배경에는 검게 그을린, 썩어버린 곡식이 그려져 있다. 크로울리에 따르면 병충해가 휩쓸고 지나가 수확을 망친 것이라고 한다. 디스크에는 토성의 심볼을 의인화한 얼굴과 황소의 얼굴이 뒤섞여있다. 크로울리는 이 검고 더러운 디스크들을

'bad money'라고 표현했는데, '부정한 돈'으로 해석하면 좋을 것 같다. 순환이 이루어지지 않아 썩어버린, 악취를 풍기는 돈인 것이다. 주인이 맡긴 달란트를 땅속에 묻었던 게으른 하인처럼, 밭에다 더러운 돈을 파묻는 바람에 돈도 썩고 땅도 썩어버린 것 같다.

오컬트라는 무거운 주제를 다루면서도 유머 감각을 잃지 않는 론 마일로 듀켓은 이 카드를 두고 이렇게 평했다.

> 만약 리딩에서 이 카드가 나왔다면, 질문이 '내 철천지원수에게 어떤 일이 일어날 것인가?'였기를 바라는 것이 좋을 것이다.

넷자흐를 상징하는 7번 카드들이 선사하는 체험이 너무 어렵다고 해서 좌절할 필요는 없다. 우리가 성장의 여정에서 인격을 상징하는 7~10번 세피라를 정복하고, 인격이 개성과 만나기 위해 풀어야 할 과제로 생각하면 좋을 것 같다. 과제를 푼다는 것은 정확히 무슨 의미인가? 디온 포춘의 설명을 들어보자.

> 내 안에 비너스가 없으면, 사랑의 부름에 반응할 역량이 없으면 넷자흐에 접근할 수도, 입문할 수도 없다. (중략). 상황에 대한 나의 반응이 감정적 반사작용에서 벗어나 이성적으로 통제 가능해진 후에야 자연의 힘을 마법의 힘처럼 다룰 수 있다는 점을 기억해야 한다. 모든 차원에서 비너스의 부름에 응할 수 있는 역량을 갖췄을 때, 그리고 별다른 노력 없이 그 부름에 반응하지 않는 경지에 이르렀을 때 넷자흐의 입문자가 될 수 있다.

신화에서 비너스는 사랑과 미의 여신일 뿐 아니라, 유혹자이기도 하다. 한글 성경에서는 유혹자 루시퍼를 '계명성(啟明星)'으로 표기했다.

> (이사야 14:12) 너 아침의 아들 계명성이여 어찌 그리 하늘에서 떨어졌으며 너 열국을 엎은 자여 어찌 그리 땅에 찍혔는고
> (Isaiah 14:12) How art thou fallen from heaven, O Lucifer, son of the morning! [how] art thou cut down to the ground, which didst weaken the nations!

계명성은 다름 아닌 금성이다. '가르치고(啟) 밝히는(明) 별(星)'이라는 뜻이다. 루시퍼(Lucifer)를 풀이하면 '빛(lux)을 나르는(ferre) 자'라는 뜻이 된다. 결국 비너스와 루시퍼 둘 다 우리를 유혹하고, 그 유혹에 넘어갔을 때 시련을 안겨주고, 그 쓰라린 경험을 통해 가르침을 주는, 무지로 인해 어두웠던 우리 내면에 빛을 비춰주는 존재들이라고 할 수 있다.

리하르트 바그너의 오페라, 『탄호이저(Tannhäuser)』의 주인공인 음유 시인 탄호이저는 비너스의 하렘에 머무르면서 날마다 육체적 쾌락을 탐하다가 어느 날 나태해진 자신의 모습을 바라보고 그녀의 곁을 떠나기로 마음먹는다. 비너스는 현실 세상으로 돌아가고 싶다고 호소하는 탄호이저에게 정신 차리라고 꾸짖으나, 그는 끝내 그녀의 손길을 뿌리치고 세상으로 나아가 고통을 맛보고 깨달음을 얻는다. 탄호이저의 이야기를 다룬 맥스 하인델의 『절망 속에서 태어나는 용기』 중에서 비너스와 탄호이저가 작별하는 장면을 옮겨보았다. 넷자흐와 비너스의 본질을 이해하는 데 조금 도움이 될 것이다.

비너스의 손길을 뿌리치고 하렘을 떠나는 탄호이저

[비너스]

"바보 같은 사람 같으니! 내 사랑이 싫증 났다는 말인가요?
사랑이 깨져서 괴로워했던 나날들 벌써 잊었어요?
음유 시인이여, 어서 하프로 신성한 환희를 찬미하세요!
사랑의 보물, 사랑의 여신을 사로잡았다고 노래하세요!"

[탄호이저]

"모두가 당신을 찬양하리! 영원히 당신을 경배하리!
당신이 내려주는 부드럽고 달콤한 기쁨,
시간과 사랑이 허락하는 한,
나의 하프는 당신을 위해 노래하리라!
사랑의 기쁨, 쾌락의 만족감,
나의 감각과 마음이 갈망하누나!
오로지 신만 측정할 수 있는 당신의 사랑.
당신은 그 사랑을 나에게 주었소,
그 기쁨을 나에게 주었소.
인간에 불과한 내가 당신의 신성한 사랑을 받을 수 있을지,
당신과 내가 하나가 될 수 있을지.
신은 멈추지 않고 사랑을 베풀 수 있지만,
나는 교차의 법칙에 따라,
기쁨뿐 아니라 이제는 고통도 맛보고 싶소.
인간에게는 변화가 필요하다오.
기쁨이 넘치면 고통을 갈구하게 되는 법.
여왕이여, 나는 이제 떠나야만 하오!"

[비너스]
"당신의 영혼은 흙 속에 처박히고,
역경을 체험하며 긍지도 땅에 곤두박질칠 거예요!
그렇게 자신감을 잃고 열정이 식어,
다시 나에게 기어와 기쁨을 맛보게 해 달라고 애원하겠죠!"

[탄호이저]
"내 명줄이 붙어 있는 한,
나의 하프는 당신을 위해 노래하리라!
당신만을 위해 나 소리 높여 찬양하리라!
아름다움과 우아함의 근원이여,
세상에서 가장 달콤한 노래로도 표현할 수 없는 그대여.
당신이 내 가슴에 지핀 불꽃,
당신만을 위해 훨훨 타오르리.
나 지금 슬픈 마음으로 당신 곁을 떠나지만,
영원히 당신을 대변하는 전사가 되리라.
하지만 지금은 세상의 삶을 경험하기 위해 가야 하오.
이곳에서는 당신의 노예로 남을 수밖에 없소.
나 죽음에 이르는 한이 있더라도 자유를 갈망하오.
여왕이여, 나 이제 당신 곁을 떠나오!"

(8) 호드(Hod, הוד); 영광(Glory)

① 타이틀: 호드, 영광.
② 마법 이미지: 자웅동체(Hermaphrodite).
③ 생명의 나무 상의 위치: 가혹의 기둥 바닥.
④ 세페르 예치라 상의 설명: 여덟 번째 경로는 이 경로의 본질을 발산하는 게둘라의 숨겨진 구역 이외에는 기대거나 의지할 수 있는 뿌리를 가지지 않은 태고(Primordial)의 중간이므로 절대적 또는 완벽한 지성(Absolute or Perfect Intelligence)으로 불린다.

(The Eighth Path is called the Absolute or Perfect Intelligence because it is the mean of the Primordial, which has no root by which it can cleave or rest, save in the hidden places of Gedulah, from which emanates its proper essence.)

⑤ 별칭:
⑥ 지배자의 이름:
- 신의 이름 – 엘로힘 쩨바오트(Elohim Tseva'oth), 만군의 신(God of Hosts).
- 대천사 – 미카엘(Michael), 신을 닮은 자(Like unto God).
- 천군 – 베네 엘로힘(Bene Elohim), 신들의 아들들(Sons of the gods).
- 세속적 차크라 – 코카프(Kokhav), 수성(Mercury).

⑦ 영적 체험: 장관의 비전(Vision of Splendour).
⑧ 미덕: 진실함(Truthfulness).
　악덕: 거짓(Falsehood), 부정직(Dishonesty).

⑨ **소우주와 상응:** 둔부와 다리.

⑩ **심볼:** 이름(Names), 주문(Versicles), 앞치마(Apron).

⑪ **타로:** 네 장의 8번 카드.

- 8 of Wands – 신속(Swiftness).
- 8 of Cups – 성공의 유기(Abandoned Success).
- 8 of Swords – 제한된 힘(Shortened Force).
- 8 of Disks – 신중(Prudence).

⑫ **색상:**

- 아칠루트 – 바이올렛-보라색(Violet-Purple).
- 브리아 – 오렌지색(Orange).
- 예치라 – 적갈색(Russet red).
- 아시아 – 흰색 얼룩이 뿌려진 노르스름한 검은색(Yellowish black, flecked with white).

1. 인격을 구성하는 첫 번째 세피라, 인간의 원초적 본능과 불처럼 뜨거운 감정을 관장하는 넷자흐에 이어 이번 섹션에서는 넷자흐의 짝이자 생명 나무의 하단에서 균형을 이루기 꼭 필요한, 물처럼 차가운 이성과 정신, 생각의 힘, 그리고 그 힘으로 형상, 즉, 상념체를 만들어내고 그 안에 생명(힘 또는 에너지)이 깃들게 하는 마법의 영역인 8번 세피라, 호드를 살펴볼 차례다.

2. 크로울리는 '마법(Magick)'을 다음과 같이 정의했다.

마법이란 의지에 따라서 변화를 일으키는 과학이자 기술을 말한다.
Magick is the Science and Art of causing Change to occur in conformity with Will.

여기서 중요한 것은 크로울리의 텔레마 사상에서도 가장 중시하는 '의지'라는 단어다. 이전 섹션에서 마법사는 신의 뜻, 하늘의 뜻이 땅에서 이루어질 수 있도록 중간에서 매개 역할을 하는 신의 도구라고 설명한 바 있다. 크로울리가 마법을 정의하면서 언급한, 대문자 'W'로 시작하는 'Will'이 바로 신의 뜻을 의미하는 것이다. 'Will'을 소문자 'w'로 시작하는 'will'로 착각하면 신이 아니라 나의 뜻을 실현하기 위해 마법을 행하는 흑마법사가 된다.

3. Solve et Coagula…. '용해(Solve)와 응고(Coagula)'라는 뜻으로, 변화를 일으키기 위해 기존의 물질을 본질만 남은 상태로 분해하고(용해), 내가 원하는 모양으로 다시 빚어서 완성품을 만들어낸다(응고)는 연금술의 원리를 설명한 표현이다. 여기서 본질이란 모든 물질에 내재한 힘, 인간으로 치면 육신이라는 형상 안에 거하는 영혼을 말하며, 용해는 기존의 형상을 파괴하여 그 안에 갇혔던 힘을 추출하고, 응고는 이를 이용하여 새로운 형상 안에 그 힘이 깃들도록 한다는 뜻이다. 여러 차례 강조했듯이, 생명 나무의 오른쪽 기둥은 힘, 왼쪽 기둥은 형상과 관련이 있다. 넷자흐에서는 형상을 만들어내기 위해 필요한 자연의 힘이 비교적 자유로운 상태로 존재했고, 호드에서는 이 힘을 형상 안에 가두는 작업이 시작된다.

4. 우리를 둘러싸고 있는 물질 세상, 즉, 말쿠트의 물질은 원자의 다양한 조합으로 구성되었다. 원자들이 특정한 형태로 배열되어 강력한 결합을 이루면 특정한 형상이 만들어진다. 비금속을 금으로 변환하는 연금술은 인간이 무지했던 시대에 유행했던 미신에 불과하다고 믿는 사람이 많지만, 사실 현대과학의 힘으로도 얼마든지 가능하다. 비금속에 엄청난 양의 에너지를 가하여 원자의 배열 구조를 강제로 뜯어고치면 실제로 금을 만들 수 있다. 다만 에너지 투입 비용이 이 과정을 통해 얻는 금의 금전적 가치보다 훨씬 높아서 경제성이 없을 뿐이다.

5. 한편 아스트랄계의 형상은 '정신 입자'로 구성되어 있다. 이 정신 입자는 말쿠트의 원자보다 더 '말랑말랑'한 요소로, '아스트랄 빛(astral light)', '아카샤' 등의 이름으로도 불린다. 지구상에 존재하는 생명체 중 가장 지능이 발달한 인간은 손을 이용하여 말쿠트의 세상을 자신의 의지대로 조각했고, 생각의 힘으로 아스트랄계에도 다양한 조형물을 세우고 형상을 만들어냈다.

6. 알다시피 모든 창조는 생각에서 출발한다. 신도 생각으로 우주를 창조했고, '시크릿', '끌어당김의 법칙' 류의 뉴에이지 사상에서도 원하는 것을 얻으려면 생각부터 바꿔야 한다고 강조한다. 인간은 손과 기술로 물질을 자유자재로 다루면서 지구상에 현대 문명을 일으켰고, 더 나아가 생각의 힘과 상상력으로 정신 입자를 반죽처럼 주물러 아스트랄계도 다양한 형상으로 가득 채웠다.

7. 전 섹션에서 설명한 것처럼 인간은 자신의 모습을 본떠서 다양한 신

의 형상을 만들어냈고, 가히 신적이라고 말할만한 위력을 지닌 자연계의 힘을 그 안에 담았다. 이런 관점에서 본다면 신이 한때 인간과 더불어 동산을 거닐었다는 성경의 기록은 완전히 틀린 말이라고 볼 수 없다. 지금도 아스트랄계에는 신들이 활보하고 있다. 조상들보다 영감이 약한 우리가 인지하지 못할 뿐이다.

(창세기 3:8) 그들이 날이 서늘할 때에 동산에 거니시는 여호와 하나님의 음성을 듣고 아담과 그 아내가 여호와 하나님의 낯을 피하여 동산 나무 사이에 숨은지라

8. 디온 포춘의 설명을 들어보자.

티파레트는 개성과 인격이 만나는 상위 의식을, 넷자흐와 호드는 아스트랄 의식의 힘과 형상의 측면을 각각 상징한다. 인간의 의식이 이 영역들에서 일정 수준 발달했기 때문에 이 세피로트에는 인간의 영향이 배어있다. 인간은 말쿠트에서 물질적 감각을 체험하면서 형상을 중심으로 의식을 계발했고, 형상의 의식을 말쿠트보다 위에 있는 세피로트(티파레트, 넷자흐, 호드, 예소드)에 투영했다.

인간은 눈으로 보고 손으로 만질 수 있는 형상이 지배하는 세상(말쿠트)에 살면서 조금씩 의식을 계발했고, 물질계 이면에 있는 보이지 않는 세상, 즉, 형상을 있게 한 힘, 형상을 움직이는 힘, 형상 안에 갇힌 그 무언가에 관해 궁금증을 품기 시작했다. 형상에 길든 인간은 무형의 에너지, 무형의 힘에 옷을 입힘으로써 유형의 무언가로 변환했다. 초기 인류를

공포에 떨게 했던 천둥과 번개에는 손에 든 번개로 적들을 한순간에 섬멸하는 무시무시한 신 중의 왕, 제우스와 거대한 망치로 땅을 내려치는 토르의 이미지를 입혔고, 자기가 태어난 땅, 어머니와도 같은 고향 땅(母國)을 지키는 수호신을 기리기 위해 유로파(Europa), 브리타니아(Britannia), 이탈리아 투리타(Italia Turrita) 등과 같은 어머니 형상을 만들어냈다. 넷자흐에 거주하는 힘 또는 에너지인 이 자연계의 '신들'을 의인화/형상화하여 경배하고, 생명력을 부여하고, 이들과 소통을 시도한 것이다.

손에 번개를 든 올림포스의 왕, 제우스

9. 오컬트의 기본 공리 중 하나는 "우주 만물에는 생명이 깃들었다."는 사실이다. 들판에 핀 이름 없는 잡초 한 포기에도, 풀잎 하나에도, 작은 씨앗 하나에도 신이 있다. 고대인들은 그래서 자연을 구성하는 모든 요소마다 이를 관장하는 요정, 엘프, 그놈 등과 같은 존재(엘리멘탈)를 배정했다. 조금 전 설명했듯이, 천둥, 번개, 비, 바람 등과 같은 자연현상의 배후에도 신(자연계의 힘)이 있다고 여겼고, 상상 속에서 이 신들의 모습을 그리며 이들을 이해하고 이들과 우호적인 관계를 맺으려 노력했다. 가뭄이 심해지면 비가 오게 해달라고 신에게 기도했고, 천둥과 번개가

내리치면 노한 신을 달래기 위해 공물을 바쳤다. 그리고 인간과는 다른 이 자연계의 '존재들'은 때때로 인간이 상상력으로 만들어낸 형상 안으로 들어가 인간과 소통했다. 디온 포춘의 설명을 들어보자.

> 아스트랄계를 볼 수 있는 사람이 그곳에서 인지하는 형상들은 인간이 자기와 다른 방향으로 진화해 온 생명체들이 소유한 자연의 힘을 상징하기 위해 만들어낸 형상들이다. 때로는 이 지성체들이 인간과 접촉할 때, 인간이 만든 이 형상들을 활용하도록 유도할 수도 있다. 공기를 마시며 사는 인간이 물을 매체로 하는 낯선 세상에 진입할 때 잠수복을 착용하듯이, 이 지성체들이 인간 세상에서 인간과 소통할 수 있도록, 인간이 만든 거죽을 걸치도록 유도하는 것이다.

10. 영화를 좋아하는 독자라면 위 설명을 듣고 즉시 떠오른 이미지가 있을 것이다. 인간과 다른 지성체들('신들')이 인간이 만든 거죽(상념체)을 걸치고 인간과 소통한다는 디온 포춘의 설명은 미래의 인류가 천연자원 확보를 위해 '나비'라는 거인 종족이 사는 행성을 방문하고, 나비족의 육신을 똑같이 재현하여 원격으로 조종하면서 그곳에 사는 원주민들과 접촉하고 그들 사회의 일원이 되는 이야기를 다룬 영화, 『아바타』를 연상시킨다. '아바타(Avatar)'는 '하강'을 의미하는 산스크리트어로, 힌두교에서 신이 인간의 형상을 띠고 세상에 내려온다는 '화신(化身)'의 개념이다.

11. 힌두교 전통에 따르면 브라마-비슈누-시바 삼위일체 중 우주의 존속을 관장하는 비슈누는 총 열 번에 걸쳐 아바타의 형태로 세상에 출현

한다고 한다.287 하반신이 인어처럼 물고기 모양을 띠었던 첫 번째 아바타, '마치야'는 대홍수를 맞아 멸종 위기에 처했던 인류를 구했다고 하며, 『바가바드 기타』에서 아르주나에게 가르침을 전하는 전차 몰이꾼이자 힌두교의 대표적 구세주 캐릭터인 '크리슈나'는 여덟 번째 아바타, 그리고 불교 신자들에게 친숙한 '붓다'는 아홉 번째 아바타다. 아직 세상에 오지 않은 열 번째 아바타의 이름은 '칼키'이며, 칼리 유가288 시대의 마지막에 백마를 타고 나타나 새로운 시대의 도래를 알리게 될 것이라고 한다. 예수가 요단강에서 세례 요한에게 물로 세례를 받던 당시, 그리스도 영이 하강하여 그의 몸 안에 깃든 것도 아바타의 개념이다.

12. 디온 포춘이 사례를 들어가며 이 원리를 설명한 내용을 살펴보자. 중요한 부분만 발췌하였다.

> 교육 시스템을 통해 정신을 정교하게 조직화하는 과정을 거치지 않은 원시인은 현대인보다 훨씬 뛰어난 초자연적('싸이킥') 감각을 소유했었다. 이들은 고도로 조직된 자연의 힘의 배후에는 차별적인 무언가가 있음을 직관적으로 알아차렸다. 인간의 잠재의식은 생각보다 이런 미묘한 것들을 잘 감지한다. 우리가 배를 여성으로 지칭하고, 템스강을 '아버지 템스'라고 부르는 데는 다 그럴만한 이유가 있다. 어쨌든, 자연현상의 배후에 있는 생명을 감지한 원시인은 그 미지의 힘과 타협하기 위해 접촉을 시도했다. 인간의 힘으로 자연을 정복할 수는 없는 노릇이므로, 평화 유지를 위해 타 종족의 구성원들과 타협하듯이, 자연의 힘과 타협을 시도한 것이다. 그런데 타협을 하기 위해서는 교섭의 과정과 교섭에 응할 의지가 있는 상대방이 필요하다. 이 문제를

두고 고민하던 원시인은 초보적인 비유의 논리로 자연현상의 배후에 있는 존재들이 자기가 꿈에서 본 것과 비슷한 세상에 살고 있으리라는 결론을 내린다. 또한 그가 낮에 공상하며 머릿속에서 떠올리는 세상은 밤에 꿈에서 본 세상과 비슷하고, 공상의 세상은 자신의 의지대로 만들어낼 수 있다는 점에 착안하여 이 방법으로 자연의 지성체들과 접촉을 시도했다. 즉, 공상을 통해 밤에 꿈에서 본 것과 비슷한 세상을 머릿속에서 창조하고, 고도의 집중력을 발휘하여 의식을 잠재우고 자발적으로 꿈을 꾸는 것과 유사한 상태로 진입하는 것이다.

13. 야만적인 원시인들은 문명화된 현대인보다 훨씬 '영적인' 사람들이었다. 하지만 그들이 우리보다 더 고도로 진화해서가 아니라, 물질주의에 길들기 전의 상태였기 때문에 영적 감각이 현대인보다 더 예리했을 뿐이다. 우주가 창조(involution)되는 과정에서 생명체는 극단적인 물질주의에 빠진 후에 본격적인 진화(evolution)를 시작한다. 초기 인류는 물질보다는 영에 가까웠지만, 그 후 문명이 발전하면서 물질의 늪에 깊게 빠지게 되었고, 막말로 갈 데까지 간 후 정신을 차리고 영적 성장의 여정에 오르기 시작했다. 에덴동산이라는 영적 세상에서 살다가 물질 세상으로 떨어진 인간이 카발라의 가르침을 통해 다시 낙원으로 돌아가는 여정에 오르듯이, 가출 후 방탕한 생활을 일삼으며 유산으로 받은 재산을 다 날리고 거지가 된 탕아가 아버지에게 다시 돌아가듯이, 파르지팔이 우연히 성배를 모신 몬살바트[289] 성에 입성했다가 인생의 산전수전을 다 겪은 후 다시 성을 찾아냈듯이, 인간은 가장 낮은 곳까지 떨어졌다가 가장 높은 곳으로 다시 올라가는 운명을 안고 태어났다. 밑바닥까지 추락하기 전의 우리 조상들은 영적 감각이 뛰어났지만, 세월이 흐

르면서 그들의 후손(우리)은 물질에 빠지면서 영감을 잃게 되었고, 영적인 세상은 존재하지 않는다고 확신하는 사람이 다수인 오늘날에 이르게 되었다.

14. 잠시 이야기가 빗나간 것 같다. 이 주제는 10번 세피라, 말쿠트를 설명하며 더 자세히 다룰 예정이다. 어쨌든, 자연의 배후에 있는 미지의 존재와 소통하여 자연의 힘을 자기편으로 만들고자 했던, 최소한 적대 관계의 형성만은 피하려고 했던 소박한 원시인은 현대인보다 훨씬 뛰어난 영적 힘, 훨씬 발달한 초자연적 감각을 동원하여 꿈과 같은 세상, 현대식 표현을 빌리자면 메타버스(Metaverse) 같은 세상, 즉, 아스트랄계에서 그들과 만남을 시도했다.

15. 그 이후의 과정을 살펴보자.

이를 위해 그(원시인)는 자기가 접촉하고자 하는(타협하고자 하는) 자연현상의 배후에 있는 수호신의 모습을 머릿속으로 상상하며 그려냈다. 수호신의 이미지를 떠올리고, 경배하고, 기도를 올리고, 소환하는 작업을 무수히 반복했다. 진심으로, 정성을 다해, 열렬하게 대상을 소환하면 해당 지성체가 텔레파시로 그의 부름을 듣고, 그가 하는 일에 관심을 보이게 될 수도 있다. 대상을 진심으로 경배하고 그의 마음에 드는 공물까지 바치면 그의 협력을 기대할 수도 있다. 이런 식으로 꾸준히 노력하면 그 지성체를 길들이고, 궁극적으로는 인간이 정신의 입자를 이용하여 만든 형상 안으로 가끔 들어오도록, 즉, 그 형상을 걸치도록 설득할 수도 있다. 물론 이 작업의 성공 여부는 경배하는 자가 공감을 통해 소환하고자 하는 지성체의 본성을 얼마나 인정하는지, 존중하는지에 달려있다. 성공의 정도는 경배하는 자의 본성이 소통하고자 하는 지성체의 본성과 얼마나 교감하는지에 비례한다.

이기적인 사람이 이기적인 목적을 위해 신에게 기도하며 소원을 빌면 그 소원이 이루어질까? 그 '신'이 악마인 경우를 제외하고는, 소원이 이루어질 가능성이 작다. 신과 소통하기 위해서는 내가 그 신을 닮아야 한다. 넷자흐의 힘에 접근하고 싶다면 내 안에 비너스, 즉, 사랑하는 마음, 공감하는 마음이 있어야 하고, 호드의 힘에 접근하고 싶다면 머큐리의 지혜와 지성을 겸비해야 한다. 그래야만 그 신을 소환하고 그와 소통할 수 있다는 얘기다.

16. 신은 내게 필요한 것을 주고, 악마는 내가 원하는 것을 준다. 어느 날 피타고라스의 제자가 신에게 도움을 청하는 것이 과연 바람직한지 묻자 위대한 철학자는 "지혜로운 자들만 신에게 청탁해야 한다."고 대답했다. 개인적인 야망과 편견을 모두 초월한 사람만이 남을 위해 기도할 수 있기 때문이라는 것이다. 피타고라스는 대부분 사람이 자기가 원하는 것을 위해 기도하지만, 인간에게 필요한 것을 아는 자는 신밖에 없다고 했다. 신이 지혜롭지 않은 자의 청을 다 들어주면 문제만 더욱 복잡해질 뿐이다. 디온 포춘의 얘기를 계속 들어보자.

> 이 과정이 성공적으로 이루어지면 자연의 일부를 길들이고, 숭배자들이 만든 형상 안에 신이 거하도록 유도할 수 있다. 해당 신과 교감하는 역량을 지닌 신도들이 꾸준히 그를 경배함으로써 아스트랄 형상을

유지하면 신은 신도들이 접촉할 수 있는, 인간이 인지할 수 있는 현신의 형태로 모습을 드러낸다. 만약 경배가 중단되면 인간이 만들어낸 형상 안에 거했던 신은 본래의 고향인 자연의 품으로 돌아간다. 하지만 훗날 이 신의 형상을 재건하는 지식을 보유하고, 그 신과 교감하는 역량을 지닌 신도들이 경배를 재개하면 비교적 쉽게 그 신을 다시 소환하여 형상 안으로 들어가도록 유도할 수 있다.

17. 오해가 없도록 다시 강조하지만, 여기서 말하는 '신'은 유일신인 '아인 소프' 또는 '에흐예'가 아니라 '의인화된 자연의 힘'을 말하는 것이다. 형상을 갖지 않은 자연의 힘도 다 일종의 생명체이므로 그렇게 표현한 것이다. 그리고 이들의 형상이 신도들의 경배를 통해 자기의 모습을 드러낸다는 것은 우리 육신과 같은 형태로 나타난다는 얘기가 아니라, 아스트랄체의 형태로 나타남을 의미한다. 윌리엄 워커 앳킨슨의 『신비주의 기독교』에서 이 과정을 잘 묘사한 대목을 발췌해보았다. 예수가 십자가형을 받고 사망한 후 사람들 앞에 모습을 드러냈다는 성경의 이야기를 설명하는 내용으로, 아스트랄체의 속성을 이해하는 데 도움이 될 것이다.

> 육신의 사망 후 아스트랄체의 형태로 다시 나타난 마스터를 가장 먼저 알아본 사람은 예수의 여제자, 막달라 마리아(Mary of Magdala)였다. 비어있는 예수의 무덤 옆에서 울고 있던 그녀 앞에 인간의 형상을 한 어떤 존재가 접근했다. 아스트랄체의 형상을 띤 예수의 모습은 구체적이지도, 익숙하지도 않았기 때문에 처음에 그녀는 예수를 알아보지 못했다. 잠시 후 그녀를 부르는 목소리가 들려왔고, 고개를 들어 위

를 쳐다본 마리아는 예수의 모습이 처음 봤을 때보다 선명해지는 것을 보고 나서 비로소 그를 알아차렸다.

오컬트 전설에서는 또한 예수가 갈보리에서 처형된 후, 3일 동안 예

'부활' 후 막달라 마리아 앞에 나타난 예수

루살렘과 주변 지역에서 최근에 사망한 사람들의 정령이 나타나고 여기저기서 목격되었다는 초기 기독교 교회의 전통도 뒷받침하고 있다. 당시 많은 유대인 망자들이 아스트랄체의 형태로 나타나 자기가 생전에 살았던 집과 인연이 있는 현장에 나타났고, 유족과 친구들이 이들을 목격했다고 한다.

예수도 아스트랄체의 형태로 사도들 앞에 나타났다. 전통에 따르면 예수가 막달라 마리아에게 처음으로 모습을 드러낸 날(부활절; Easter Sunday) 오후, 유다를 제외한 열한 명의 사도 중 두 명이 예수를 만났다고 한다. 이상하게 들릴지 모르겠지만, 두 사도는 예수와 함께 길을 걷고 같은 식탁에서 식사까지 했으나, 처음에는 그를 알아보지 못했다고 한다. 사도들이 예수를 알아보지 못했다는 기록은 일반적인 설명으로는 수긍하기 어렵고, 교회에서도 이를 제대로 설명하기 위한 시도조차 않고 있다. 오컬트 전통에 따르면 예수는 아무에게나 모습을 보이지 않기 위해 처음에는 자신의 아스트랄체를 완전하게 드러내지 않았고, 따라서 그의 이목구비가 뚜렷하게 나타나지 않았다고 한다. 예수는 두 사도와 식사를 하는 자리에서 비로소 자신의 모습을 전부 드러냈고, 그제야 사도들도 그를 알아보았다는 것이다. 아스트랄체가 발현되는 모습을 목격한 경험이 있는 오컬티스트라면 이 말이 의미하는 바를 대번에 이해할 것이다. 예수가 생전에 가졌던 육신을 통해 부활했다는 정교회의 이론은 예수가 죽는 날까지 매일 함께 생활했던 사도들이 그를 알아보지 못한 이유를 설명하지 못한다. 조금만 상식적으로 생각해봐도 정교회의 이론과 오컬트의 설명 중, 어느 쪽이 진실일 가능성이 더 높은지 쉽게 알 수 있을 것이다.

예수는 부활 후 40일 동안 측근들이 눈으로 볼 수 있는 상태로 세상에 머물렀다. 이 기간에 그를 목격한 증인이 무려 수백에 이르렀다. 신비주의 전통에는 복음서에 수록되지 않은 당시 예수의 행적에 관한 기록이 여럿 있다. 예수가 본디오 빌라도에게 나타나 그가 자기의 죽음에 관여한 일에 대해 용서했다는 기록도 있고, 침실에서 자고 있던 헤롯 앞에 나타나는 바람에 그가 혼비백산했다는 기록도 있다. 사원에 모여있던 고위급 사제들이 그를 보고 공포에 질려 무릎을 꿇었고, 당국의 핍박을 피해 문을 걸어 잠그고 숨어있던 열한 명의 사도들을 찾아가 "사랑하는 제자들이여, 평온이 깃들기를…."이라고 말하며 위로한 후 홀연히 사라졌다는 기록도 있다.

복음서에는 '의심하는 자, 도마(Thomas the Doubter)'가 예수의 상처 부위를 직접 손으로 만져보고 비로소 그의 정체를 확신했다는 이야기가 기록되어 있다. 이는 물론 예수가 아스트랄계의 법칙에 따라 생전에 가졌던 육신을 아스트랄체의 형태로 완벽하게 재현했기 때문에 가능했던 일이었다.

동에 번쩍, 서에 번쩍하면서 자기가 선택한 사람들 앞에만 모습을 비치고, 그렇지 않은 사람에게는 자신의 모습을 감추며 나타났다가 사라지기를 반복한 예수의 행동을 보면 그가 어떤 몸으로 부활했는지 쉽게 짐작할 수 있다. 일반 대중도 아스트랄계의 실체와 이 영역을 관장하는 법칙을 알았더라면 예수의 부활을 믿어 의심치 않았을 것이다.

복음서의 기록을 보면 사도들은 예수를 '형태가 없는, 공기에 가까운 영'이 아니라, 육신을 가진 존재처럼 인지했음을 알 수 있다. 사도들은 실제로 예수의 몸을 만지고, 그가 음식을 먹는 모습도 보았다. 이게 도대체 무슨 의미일까? 아스트랄체의 발현을 관장하는 법칙에 따라 특정 조건에서 아스트랄체가 육신과 거의 유사한 형태를 띠게 되어 눈으로 볼 수 있을 뿐 아니라 손으로 만질 수도 있다. 이는 심지어 영국의 심령연구협회(Society for Psychical Research)의 자료에도 명시되어 있는 내용으로, 일정 수준 이상에 이른 오컬티스트들은 다 알고 있는 사실이다.

18. 구약시대 최고의 오컬티스트이자 마법사였던 솔로몬 대왕은 천사뿐 아니라 악령까지 소환하여 자기 뜻대로 다루는 능력을 지녔었다고 한다. 심지어 그는 성전을 짓기 위해 악령들의 왕인 아스모데오[290]마저 속임수로 구속하여 부려먹었다. 어느 날 하나님이 솔로몬에게 나타나

악령들의 왕, 아스모데오

"네가 원하는 것은 뭐든지 다 주겠다."고 제안했을 때, 그는 장수도 아니고, 부귀영화도 아니고, 적의 죽음도 아닌 '지혜로운 마음'을 원한다고 대답했다. 하나님은 크게 기뻐하며 지혜는 물론이고, 솔로몬이 요구하지도 않은 부와 영광까지 함께 하사했다.[291] 그리고 전설에 따르면 하나님이 하사한 선물에는 천사들이 거주하는 천상의 영역과 악령과 정령들이 거주하는 땅에 대한 통치권도 포함되어 있었다고 한다.

19. 유대교 전통에는 골렘(Golem)이라는 존재에 관한 이야기도 나온다. 골렘은 마법에 능통한 유대교 랍비들이 자신의 의지대로 조종하기 위해 흙으로 빚어낸 인간의 형상으로, 이들에 관한 여러 이야기는 현재까지 전해지고 있다. 그중에서도 가장 유명한 골렘은 16세기에 프라하에 살았던 유다 뢰브 벤 베자렐[292]이라는 랍비가 블타바강 변의 진흙을 이용하여 만들었다는 골렘이다. 뢰브는 당시 프라하에 거주하는 유대

랍비 뢰브의 골렘, '요세프'
(이마에 새겨진 글자는 기멜(G)-라메드(L)-멤(M)이다.)

인들을 탄압하던 신성로마제국의 루돌프 2세 황제에 대항하기 위해 골렘을 만들었으며, 그에게 '요세프(Josef)'라는 이름까지 지어줬다. 요세프는 투명인간으로 변신하고 죽은 자들의 정령을 소환하는 능력까지 소유했었다고 한다. 뢰브는 요세프의 이마에 히브리 문자로 신의 이름을 적어 그를 조종하고 안식일에는 이름을 지워 쉬게 했다는데, 이마에 부적을 붙이면 동작을 멈추는 중국 전통의 강시(殭屍)를 연상시키는 대목이다. 『탈무드』에 따르면 아담도 신이 숨(영혼)을 불어넣기 전까지는 골렘이었으며, 중세시대의 랍비들은 골렘을 창조하고 자기 의지대로 조종하기 위해 『세페르 예치라』를 심층 깊게 공부했다고 한다.

20. 지금까지 다소 많은 페이지에 걸쳐 『미스티컬 카발라』에서 설명한 '신을 소환하는 방법'과 몇 가지 유사 사례들을 살펴봤다. 왜 여덟 번째 세피라, 호드가 '마법'과 관련이 있는지, 형상을 갖지 않은 힘 또는 에너지(넷자흐)를 형상 안에 가두는 호드의 작용이 어떤 의미인지 대략 감을 잡았을 것으로 생각한다.

21. 다시 한번 강조하지만, 호드의 지성과 지적 능력만으로는 마법을 수행할 수 없다. 생명 나무의 왼쪽과 오른쪽에 있는, 극성 관계에 있는 두 세피로트(아버지와 어머니)가 균형을 이루어야 '아이'라는 결실이 탄생할 수 있다. 호드에서 작업하는 마법사가 지능의 힘, 생각의 힘을 동원하여 형상을 만들어낼 수는 있지만, 그 안에 영혼(자연의 힘)이 깃들게 하기 위해서는 공감을 통해, 감정적 교감을 통해 넷자흐에 접근하여 '신'을 형상 안으로 모셔와야 한다. 넷자흐의 비밀에 접근하려면 내 안에 비너스가 있어야 하듯이, 내 안에 사랑하고 공감하는 마음이 깃들어야 하듯이, 호

드에 접근하려면 내 안에 머큐리, 마법을 수행하는 역량이 갖춰져 있어야 한다. 여기서 말하는 마법이란 특별한 무언가가 아니라, 집중하는 능력, 상상하는 능력, 더 나아가 대상과 공감하는 능력을 의미하는 것이다.

22. 그럼 내 안에 비너스, 머큐리가 있게 하려면 어떻게 해야 할까? 디온 포춘에 따르면 왕도가 따로 있는 것이 아니고, 삶을 경험하면서 내 안에 잠재한 역량들이 자극을 받고 깨어나야 한다고 한다. 그래서 삶에서 가장 소중한 것이 '경험'인 것이다. 넷자흐를 다룬 섹션에서 인용한 대목을 다시 한번 읽어보자.

> 내 안에 비너스가 없으면, 사랑의 부름에 반응할 역량이 없으면 넷자흐에 접근할 수도, 입문할 수도 없다. (중략). 상황에 대한 나의 반응이 감정적 반사작용에서 벗어나 이성적으로 통제 가능해진 후에야 자연의 힘을 마법의 힘처럼 다룰 수 있다는 점을 기억해야 한다. 모든 차원에서 비너스의 부름에 응할 수 있는 역량을 갖췄을 때, 그리고 별다른 노력 없이 그 부름에 반응하지 않는 경지에 이르렀을 때 넷자흐의 입문자가 될 수 있다.

23. 위 인용문은 넷자흐와 비너스뿐 아니라 모든 세피라에 적용될 수 있는 공통 원리다. 넷자흐든 호드든, 그 경지에 입문했다는 말은 해당 세피라가 관장하는 힘과 역량을 손에 넣었을 뿐만 아니라, 그 힘을 함부로 사용하지 않는 법도 익혔다는 뜻이다. 이것이 바로 백마법과 흑마법의 차이다. 세속적 권력도 그러하듯이, 마법의 힘도 남용하면 반드시 잃게 되어있다. 맨리 P. 홀은 백마법을 다음과 같이 정의했다.

백마법사는 우주의 법을 이해하고 힘(Force)을 본래의 방향대로 활용하기 위해 평생 공부하고, 명상하고, 헌신하는 사람이다. 그는 신의 의지에 자신과 자신의 욕망을 내맡김으로써 신성한 리듬의 일부가 되어 우주의 계획에 동참하고, 자신의 책무가 무엇인지, 최대한 많은 사람에게 최대한 헌신하는 방법이 무엇인지 끊임없이 묻는다.

24. 성배 전설에 등장하는 성배의 왕, 암포르타스는 흑마법사 클링조르를 죽이기 위해 성창을 무기로 사용하다가 오히려 역공을 당하며 깊은 상처를 입고 성창을 빼앗겼지만, 파르지팔은 성창(마법의 힘)은 남을 해치기 위해서가 아니라 치유하는 용도로만 사용되어야 한다는 사실을 알았기에 그 힘을 자기방어 목적으로조차 사용하지 않았다. 영화『스타워즈』에서 제다이들(백마법사)은 우주의 평화를 지키기 위해 포스를 활용하고, 다크 사이드 진영인 시스(흑마법사)는 자기들이 우주를 독점적으로 지배하기 위한 목적으로 포스를 활용한다. 현실 정치도 마찬가지다. 권력을 가진 자가 그 힘을 어떤 목적으로 사용하는지 보면 그가 어느 쪽 사람인지 파악할 수 있다.

25. 무한토록 에너지를 발산하고자 하는 호크마를 제지하는 비나, 무한토록 건설하고자 하는 헤세드에 맞서 파괴의 힘을 발휘하는 게부라와 마찬가지로 가혹의 기둥 마지막 세피라인 호드도 '억제'하고 '제한'하는 기능을 수행한다. 하지만 그 덕분에 우리가 인지할 수 없는, 무한하고 무형인 것도 인지할 수 있게 되고, 그 힘을 활용할 수도 있게 되는 것이다. 땅에서 하늘을 향해 힘차게 솟아오르는 검은 원유도 배럴에 담아 정제해야 쓸모가 있고, 전구도 그 자체로서보다는 플래시 라이트라는 용

기에 담았을 때 빛의 방향성이 생겨 쓸모가 커진다. '호드'는 '영광'이라는 뜻이다. 8번 세피라에 이런 제목이 지정된 이유는, 호드의 제한하는 힘으로 인해 신의 영광이 세상에 명명백백 드러나기 때문이다. 호드의 작용으로 우리가 인지할 수 있는 형상이 만들어지므로 우리가 세상을 보고, 우주를 보고 감탄하며 신에게 영광을 돌릴 수 있는 것이다.

26. 뒤에서 따로 각 8번 카드의 속성을 설명할 예정이지만, 디온 포춘이 호드의 억제 기능을 설명하면서 이 카드들에 관해 언급한 내용을 미리 살펴보자.

> '성공의 유기'라는 제목이 지정된 컵 8번 카드에서 반응을 억제하고 만족감을 마다한다는 개념을 엿볼 수 있다. 타로에서 비너스의 영향을 받는 컵 슈트는 사랑의 여러 측면과 작용을 상징한다. 성공을 유기한다는 것, 성공을 버린다는 것, 다시 말해, 나에게 만족감을 줄 수 있는 본능적인 반응을 억제하는 것, 승화시키는 것이 바로 호드에 담긴 힘의 핵심이다.

보통 사람은 하지 못하는, 지금 나에게 즉각적인 즐거움을 줄 수 있는 무언가를 누리지 않고 떠나겠다는 마음을 말하는 것이다. 라이더-웨이트-스미스 덱에서는 컵을 뒤로 한 채 산을 오르는, 마치 속세의 모든 영광을 뒤로하고 떠나는 듯한 사람의 모습을 묘사하고 있다.

> 검 8번 카드에 지정된 '힘의 제한'이라는 제목에서도 같은 개념을 접할 수 있다. 제목 자체에서 역동적인 힘을 검열하고 제지함으로써 통

제하겠다는 명확한 인상을 받을 수 있다.

라이더-웨이트-스미스 덱에서는 천으로 몸이 묶이고 눈이 가려진 사람의 모습을 묘사하고 있다. 역시 억제와 제한의 뉘앙스를 풍기는 카드다.

호드의 속성이 물질 세상에서 구체화한 모습을 상징하는 펜타클(디스크) 8번 카드의 제목은 '신중'이다. 역시 검열하고 억제한다는 개념을 내포하고 있는 제목이다.

'신중'은 자칫 '해야 할 일을 못 하게 방해하는 힘'으로 변질할 수 있다고 앞서 설명한 바 있다. 과도한 신중함은 성장의 발목을 잡는 작용을 하므로 경계해야 한다.

27. 그럼 이제 호드와 관련한 상징체계를 하나씩 살펴보자. 호드의 마법 이미지는 자웅동체(雌雄同體), 즉, 남성과 여성의 생식기를 동시에 가진 생명을 의미한다. 간혹 실제로 남녀 생식기를 둘 다 지닌 육신을 가지고 태어나는 사람들의 사례가 있는데, 여기서는 비정상이라고 할 수 있는 이런 생리적 현상이 아니라 상징적인 의미를 지칭하는 것이다. 넷자흐(아프로디테; Aphrodite)와 호드(헤르메스; Hermes)가 완벽한 결합으로 하나가 되었을 때 남성성과 여성성을 동시에 지닌, 균형을 이룬 헤르마프로디테(Hermaphrodite)가 탄생한다는 뜻이다.

28. 신화에는 아프로디테와 헤르메스 사이에서 태어난 헤르마프로디토스(Hermaphroditus)의 이야기가 등장한다. 헤르마프로디토스는 본

헤르마프로디토스와 살마키스

래 남자로 태어났으나, 첫눈에 그와 사랑에 빠진 물의 요정, 살마키스 (Salmacis)의 염원으로 그녀와 하나가 되었다. 살마키스는 호수에서 수영을 즐기던 헤르마프로디토스를 덮치고 강제로 키스한 후, 영원히 그와 한 몸이 되고 싶다고 신들에게 간절히 기도했다. 본인의 의사와 무관하게 살마키스와 한 몸이 된 헤르마프로디토스는 그녀가 거주하던 호수를 저주했고, 그 이후 이 호수의 물을 만진 사람은 몸이 자웅동체로 변하는 운명을 맞게 되었다고 한다. 헤르마프로디토스와 살마키스의 사랑(?) 이야기를 다룬 영국 프로그레시브 록 그룹, 제네시스(Genesis)의 명곡, 『The Fountain of Salmacis(살마키스의 못)』도 한 번 들어볼 것을 권하고 싶다. 가사의 마지막 부분이 연금술의 원리를 암시하는, 아주 인상적인 곡이다. "둘 다 자신의 모든 것을 내어줬다네. 사랑에 빠진 자의 꿈이 실현되었다네. 둘은 지금도 영원히, 호수 아래에서 함께 하고 있다네…."

29. 남녀의 육신을 결합한 헤르마프로디테의 이미지는 헤르메스가 인류에게 전수한 것으로 알려진 연금술(alchemy)에도 종종 등장한다. '화학'을 의미하는 영어단어 'chemistry'도 연금술에서 유래되었다. 'Alchemy'의 어원에 관해서는 여러 설이 있는데, 이 단어가 '신(Al)'과 '화학(chemy)'의 합성어이고, 'chemy'는 헤르메스의 원형인 토트의 고향, 이집트의 옛 이름인 'Khemia'에서 유래되었다는 주장이 설득력이 있다. 즉, 연금술은 '이집트에서 유래된 신성한 화학'이라는 뜻이다. 화학(化學)이란 무엇인가? 마법의 핵심인 변화(變化)를 일으키는 과학이다. 연금술의 목표인 대업의 완성도 결국엔 변환이 핵심이다. 화학은 화학물질을 다루는 일에 국한되지 않는다. 사람 간에도 '케미스트리' 또는 '케미'가 좋아야 관계가 오래 유지되

연금술의 자웅동체
(Androgynous Rebis)

토트 타로의 '연금술(Art)' 카드

고, 어떤 종목이든, 스포츠팀이 대회에서 우승하려면 우수한 '팀 케미스트리'가 필수 요소다. 연금술의 대업이란 단순히 비금속을 금으로 변환하는 것만 아니라, 무엇보다 사람을 변환하여 완성의 경지에 이르도록 하는 것이 핵심이라는 사실을 기억하자. 토트 타로에서는 대업을 완수하는 과정에서 남녀가 합체하여 자웅동체가 된 상태를 메이저 아르카나의 14번 카드, '연금술(Art)'에서 묘사하고 있다.

30. 호드를 지배하는 신의 이름은 '엘로힘 쩨바오트'로, '만군의 신'이라는 뜻이다. 넷자흐를 지배했던 신의 이름, '여호와 쩨바오트'와 달리, 호드에서는 남성과 여성의 의미를 동시에 지닌 '엘로힘'을 사용하고 있다. '만군의 군주(넷자흐)', '만군의 신(호드)' 모두 하나가 아닌 다수를 지배하는 존재를 지칭한다. 다수의 생명, 다수의 힘이 다수의 형상을 취함으로써 물질 세상이 만들어짐을 표현한 것이다.

31. 호드를 지배하는 대천사는 '미카엘'이다. 미카엘은 성경에 이름까지 명시된 몇 안 되는 대천사[293] 중 하나로, '신을 닮은 자', '신의 권좌 우편에 서 있는 자'라 불릴 정도로 신의 최측근이다. 기독교 전통에 따르면 미카엘은 신에게 반기를 들고 반란을 일으킨 대천사 루시퍼와 그의 추종 세력들을 상대로 벌어진 천국의 전쟁을 승리로 이끈 지휘관으로, 미술계에서는 요한계시록에 기록된 그의 활약상을 토대로 뱀(용)을 밟고 있는 모습으로 종종 묘사된다.

> (요한계시록 12:7) 하늘에 전쟁이 있으니 미가엘과 그의 사자들이 용으로 더불어 싸울새 용과 그의 사자들도 싸우나
> (요한계시록 12:8) 이기지 못하여 다시 하늘에서 저희의 있을 곳을 얻지 못한지라
> (요한계시록 12:9) 큰 용이 내어쫓기니 옛 뱀 곧 마귀라고도 하고 사단이라고도 하는 온 천하를 꾀는 자라 땅으로 내어쫓기니 그의 사자들도 저와 함께 내어쫓기니라
> (요한계시록 12:10) 내가 또 들으니 하늘에 큰 음성이 있어 가로되 이제 우리 하나님의 구원과 능력과 나라와 또 그의 그리스도의 권세가

이루었으니 우리 형제들을 참소하던 자 곧 우리 하나님 앞에서 밤낮 참소하던 자가 쫓겨났고

(요한계시록 12:11) 또 여러 형제가 어린 양의 피와 자기의 증거하는 말을 인하여 저를 이기었으니 그들은 죽기까지 자기 생명을 아끼지 아니하였도다

(요한계시록 12:12) 그러므로 하늘과 그 가운데 거하는 자들은 즐거워하라 그러나 땅과 바다는 화 있을진저 이는 마귀가 자기의 때가 얼마 못된 줄을 알므로 크게 분내어 너희에게 내려갔음이라 하더라

(요한계시록 12:13) 용이 자기가 땅으로 내어쫓긴 것을 보고 남자를 낳은 여자를 핍박하는지라

디온 포춘의 설명을 들어보자.

대천사 미카엘은 손에 든 검으로 발로 밟은 뱀을 찌르고, 다른 손에는 저울을 들고 있는 모습으로 묘사된다. 이 저울은 평형 상태, 『세페르 예치라』에서 '태고의 중간'이라고 표현한 호드의 속성을 상징한다. 미카엘이 발로 뭉개고 있는 뱀은 원초적인 힘, 프로이트 학파에서 말하는 '남근을 상징하는 뱀(phallic serpent)'이며, 이 뱀을 밟은 미카엘의 이미지는 이 원초적인 힘을 '제한'하고 허락된 범위 밖으로 넘쳐 흐르는 것을 막는 호드의 '신중'함을 나타내고 있다.

32. 호드를 지배하는 헤르메스/머큐리는 두 마리의 뱀이 서로 엉켜있는 지팡이, 카두케우스를 들고 다닌다. 전설에 따르면, 헤르메스는 어느 날 목숨을 걸고 치열하게 싸우는 두 마리의 뱀을 보았다고 한다. 헤르메스

발로 루시퍼를 밟고 있는 대천사 미카엘

는 자신의 지팡이로 싸움을 말리며 두 뱀이 화해하도록 유도했고, 그 후 두 뱀이 엉켜있는 지팡이는 화합과 평화의 상징물이 되었다고 한다. 이 역시 싸움(에너지의 방출)을 억제하는 호드의 기능임을 알 수 있다. 카두케우스의 이미지를 보면서 느꼈겠지만, 지팡이 본체는 가운데에 있고,

양옆으로 두 마리의 뱀이 마치 넝쿨처럼 지팡이를 타고 올라가는 모습은 세 개의 기둥으로 구성된 생명 나무를 연상시킨다. 양과 음을 상징하는 두 뱀이 지팡이를 중심으로 서로를 마주하며 때로는 대립했다가 때로는 화합하면서 균형을 찾아가는 모습을 표현한 것이다.

헤르메스의 지팡이, 카두케우스

33. 호드에 지정된 천군은 '베네 엘로힘', 즉, '엘로힘(신들)의 아들들'이다. 'Ben' 또는 'Bin'은 '~의 아들'이라는 뜻으로, 오늘날에도 유대인과 아랍인들 이름에서 자주 사용되고 있다.294 성경에도 이 표현이 곳곳에 등장하는데, 특히 창세기 6장의 기록을 두고 지금까지도 많은 논란이 있다.

> (창세기 6:1) 사람이 땅 위에 번성하기 시작할 때에 그들에게서 딸들이 나니
> (창세기 6:2) 하나님의 아들들이 사람의 딸들의 아름다움을 보고 자기들의 좋아하는 모든 자로 아내를 삼는지라
> (창세기 6:3) 여호와께서 가라사대 나의 신이 영원히 사람과 함께 하지 아니하리니 이는 그들이 육체가 됨이라 그러나 그들의 날은 일백이십 년이 되리라 하시니라
> (창세기 6:4) 당시에 땅에 네피림이 있었고 그 후에도 하나님의 아들들이 사람의 딸들을 취하여 자식을 낳았으니 그들이 용사라 고대에 유명한 사람이었더라

34. 초기 기독교 교부들은 사람의 딸들에게 반해 이들을 부인으로 취한 '하나님의 아들들'을 타락 천사로 규정했고, 일각에서는 하나님의 아들들은 셋[295]의 후손을, 사람의 딸들은 가인의 후손을 각각 상징한다고 해석했다. 고대의 외계인들이 인류의 창조(개조) 과정에 개입했다고 믿는 진영에서는 창세기에 기록된 하나님의 아들들이 '아누나키(Annunaki)'라 불리는 외계 종족을 지칭하며, 이들이 자신의 정자와 지구 원주민(호모사피엔스 이전의 인류)의 난자를 섞어 자기들을 대신하여 지구의 금을 채취하는 고된 노동을 수행할 노예 종족을 만들어냈다고 주장한다. 한편 카발라에서는 이들을 신의 일꾼들, 즉, 우주의 건축가에 비유할 수 있는 신의 우주 창조 구상에 따라 마름돌을 매끈하게 다듬고 쌓아 올리는 석공 천사들로 해석하고 있다. '사람의 딸들'이 문자 그대로 인간 여성을 의미하는 것이 아니라 신의 일꾼들이 작업하는 대상인 '물질'을 상징한다는 해석도 있다.

35. 호드는 '영광'을 의미하고, 호드에서 우리가 인지할 수 있는 형상이 만들어지면서 신의 영광이 세상에 드러나므로 그런 제목이 지정되었다고 설명한 바 있다. 호드의 영적 체험인 '장관의 비전'도 같은 의미다. 하지만 단순히 신의 영광, 그 장관을 보고 경탄한다는 뜻이 아니다. 디온 포춘의 설명을 들어보자.

> 호드에 지정된 영적 체험은 '장관의 비전'으로, 이는 신의 영광이 창조된 세상에 구체화한 것을 깨달음을 의미한다. 호드에 입문한 자는 신이 창조한 피조물의 이면을 보면서 창조주를 인지하고, 자연의 장관이 형언할 수 없는 절대자의 의복이라는 사실을 깨달으면서 각성하고

우주의 위대한 장인(The Great Artificer)의 조력자로 거듭난다. 세상에 구체화한 모든 것, 눈으로 볼 수 있는 모든 것을 배후에서 움직이고 있는 영적 힘의 실체를 깨닫는 것이 빛의 마법(Magic of Light)에서 다루는, 호드에 담긴 힘의 핵심이다. 백마법의 마스터는 보이지 않는 힘의 방향을 틀어 자신의 의지를 실현하는 자가 아니라, 힘의 균형이 무너진 혼란의 영역에 질서를 구현하기 위해 이 힘이 통과하는 도관 역할을 하는 자다. 그는 임의로 자연을 조종하는 자가 아니라, 무너진 균형을 바로잡는 자다.

36. 앞서 진정한 마법사는 자기 손에 쥐어진 마법의 힘을 자신을 위해 쓰지 않고 이타적인 목적으로만 사용한다는 말을 했었는데, 위 인용문도 같은 내용을 말하고 있다. 백마법사는 신의 아들들처럼, 신의 도구로 쓰이기를 자처하는 사람이다. 자기에게 주어진 마법의 힘은 자기의 것이 아니라 신에게서 나온 것임을 명확하게 이해하고 있는 사람이다. "내가 아무것도 스스로 할 수 없노라."라고 말했던 마스터 예수는 이 진리를 정확하게 이해했다. 그는 육신의 죽음을 앞둔 순간에도 자신의 의지보다는 신에게 모든 것을 맡기고 그의 뜻을 따랐던 진정한 백마법사였다.

> (마태복음 26:36) 이에 예수께서 제자들과 함께 겟세마네라 하는 곳에 이르러 제자들에게 이르시되 내가 저기 가서 기도할 동안에 너희는 여기 앉아 있으라 하시고
> (마태복음 26:37) 베드로와 세베대의 두 아들을 데리고 가실새 고민하고 슬퍼하사
> (마태복음 26:38) 이에 말씀하시되 내 마음이 심히 고민하여 죽게 되었

겟세마네 동산에서 기도하는 마스터 예수

으니 너희는 여기 머물러 나와 함께 깨어 있으라 하시고
(마태복음 26:39) 조금 나아가사 얼굴을 땅에 대시고 엎드려 기도하여 가라사대 내 아버지여 만일 할 만하시거든 이 잔을 내게서 지나가게 하옵소서 그러나 나의 원대로 마옵시고 아버지의 원대로 하옵소서 하시고

37. 호드의 미덕은 '진실함'과 '정직함'이고, 악덕은 '거짓'과 '부정직'이다. 호드는 지성과 지능을 관장하는 세피라다. 아는 것과 배운 것이 많고 지능이 뛰어날수록 정신적 역량도 강화되고 이에 비례하여 가능성과 기회도 늘어난다. 세상을 널리 이롭게 하기 위해 할 수 있는 일도 많아지지만, 세상을 등쳐먹고 이웃의 뒤통수를 쳐서 사적인 이익을 취할 기회도 그만큼 많아진다. 아는 만큼 보인다는 말도 있듯이, 보통 사람은 상상조차 하지 못할 사기 수법도 눈에 들어온다. 정치와 비즈니스 세계만 봐도 쉽게 알 수 있는 일이다. 유능한(?) 사기꾼 중 머리 나쁜 사람은 없다. 국민을 속이고 비리를 저지르는 정치인들은 다 가방끈 긴 명문대 출신이다. 호드를 지배하는 헤르메스는 인류에게 지식을 전파하고 지혜를 전수한 현자이지만, 동시에 도둑들의 신이자 협잡꾼이기도 하다. 호드가 선사하는 선물을 어떻게 활용하느냐에 따라 신의 충실한 일꾼이 될 수도 있고, 인류의 적이 될 수도 있다는 뜻이다. 성장의 사다리에서 한 단계 더 오르는지, 아니면 밑바닥까지 추락하는지는 언제나 내 선택에 의해 정해진다는 사실을 잊어선 안 된다.

38. 소우주에서 호드는 넷자흐와 비슷하게 둔부와 다리에 상응하며, 심볼은 이름, 주문, 그리고 앞치마다. '이름'은 마법사가 어떤 존재를 소환할 때 발성하는 대상의 이름을 의미한다. 다음은 필자가 예전에 미야자키 하야오 감독의 명작 애니메이션, 『센과 치히로의 행방불명』을 보고 나서 그 안에 담긴 신비주의 가르침을 요약한 책, 『센과 치히로의 신곡(神曲)』에서 '이름'의 의미와 관련하여 썼던 내용이다.

이름에는 강력한 힘이 담겨있다. 이름은 단순히 문자의 조합으로 만들어낸 단어가 아니라 자아의 일부다. 맥스 하인델에 따르면 대상이 누구든, 이름을 정확하게 발성하면 그 이름으로 불리는 지성체에 강력한 영향을 미칠 수 있다고 한다. 앞에서 살펴본 창세기 1장 26절을 보면 하나님은 인간에게 '바다의 고기와 공중의 새와 육축과 온 땅과 땅에 기는 모든 것을 다스리게' 하였고, 아담에게는 모든 동물의 이름을 짓는 권한을 주었다.

(창세기 2:19) 여호와 하나님이 흙으로 각종 들짐승과 공중의 각종 새를 지으시고 아담이 어떻게 이름을 짓나 보시려고 그것들을 그에게로 이끌어 이르시니 아담이 각 생물을 일컫는 바가 곧 그 이름이라
(창세기 2:20) 아담이 모든 육축과 공중의 새와 들의 모든 짐승에게 이름을 주니라

이러한 이유로 유대인들은 경전을 읽을 때도 신의 이름(יהוה)이 나오면 '아도나이(Adonai)' 같은 단어로 대치하여 읽고, 우리 조상들은 친구를 호칭할 때도 본명 대신 자(字) 또는 호(號)를 사용했다. 그만큼 이름을 소중하게 여기고 보호했다.

39. 악마에게 빙의된 사람을 대상으로 퇴마 의식을 행하는 퇴마사가 주인공으로 등장하는 영화를 보면 퇴마사는 처음에 자기가 상대하고 있는 악령의 이름을 알아내고 그를 상대로 우위를 점하기 위해 묻는다. "네 이름이 무엇이냐!" 그러면 악령에게 빙의된 자가 음흉한 미소를 지으며 대답한다. "My name is legion…. For we are many. (내 이름은 군대니 우리가 많음이니이다)." 이 표현은 성경에서 예수가 악령에게 빙의된 자들

을 치유하는 장면에서도 등장한다.

(마가복음 5:1) 예수께서 바다 건너편 거라사인의 지방에 이르러

(마가복음 5:2) 배에서 나오시매 곧 더러운 귀신들린 사람이 무덤 사이에서 나와 예수를 만나다

(마가복음 5:3) 그 사람은 무덤 사이에 거처하는데 이제는 아무나 쇠사슬로도 맬 수 없게 되었으니

(마가복음 5:4) 이는 여러 번 고랑과 쇠사슬에 매였어도 쇠사슬을 끊고 고랑을 깨뜨렸음이러라 그리하여 아무도 저를 제어할 힘이 없는지라

(마가복음 5:5) 밤낮 무덤 사이에서나 산에서나 늘 소리지르며 돌로 제 몸을 상하고 있었더라

(마가복음 5:6) 그가 멀리서 예수를 보고 달려와 절하며

(마가복음 5:7) 큰 소리로 부르짖어 가로되 지극히 높으신 하나님의 아들 예수여 나와 당신과 무슨 상관이 있나이까 원컨대 하나님 앞에 맹세하고 나를 괴롭게 마옵소서 하니

(마가복음 5:8) 이는 예수께서 이미 저에게 이르시기를 더러운 귀신아 그 사람에게서 나오라 하셨음이라

(마가복음 5:9) 이에 물으시되 네 이름이 무엇이냐 가로되 내 이름은 군대니 우리가 많음이니이다 하고

(마가복음 5:10) 자기를 이 지방에서 내어 보내지 마시기를 간절히 구하더니

(마가복음 5:11) 마침 거기 돼지의 큰 떼가 산 곁에서 먹고 있는지라

(마가복음 5:12) 이에 간구하여 가로되 우리를 돼지에게로 보내어 들어가게 하소서 하니

귀신 들린 두 사람을 치유하는 예수

(마가복음 5:13) 허락하신대 더러운 귀신들이 나와서 돼지에게로 들어가니 거의 이천 마리 되는 떼가 바다를 향하여 비탈로 내리달아 바다에서 몰사하거늘

(마가복음 5:14) 치던 자들이 도망하여 읍내와 촌에 고하니 사람들이 그 어떻게 된 것을 보러 와서

(마가복음 5:15) 예수께 이르러 그 귀신들렸던 자 곧 군대 지폈던 자가 옷을 입고 정신이 온전하여 앉은 것을 보고 두려워하더라

40. 여기서 '많다는 것'은 무슨 의미일까? 영화에서는 빙의된 사람 안에 하나가 아닌 여러 악령이 들어있다는 식으로 묘사하는데, 오컬트 관점에서 '많다는 것'은 '하나가 아닌 상태', 즉, '이원성의 상태'를 말하는 것이다. 다시 말해, 하나가 여러 개로 분리되어 너와 내가 다른 존재인 것처럼 보이는 세상, '하나됨'이 '많음'으로 표현되는 물질 세상을 말하는 것이다. 티파레트 아래의 세상, 생명 나무로부터 분리되었다는 하위

네 개의 세피로트는 '많음'의 세상이다. 넷자흐와 호드를 지배하는 신은 '만군의 군주'와 '만군의 신'으로, '만군'과 위에서 인용한 성경 구절의 '군대' 둘 다 '많음'을 상징하는 개념들이다.

41. 그런데 성경에서는 왜 이 '많음'을 악마에 비유했을까? '하나됨'이 진짜이고 '많음'은 허상이기 때문이다. 케테르라는 원천에서 흘러나온 유일한 힘, 유일한 에너지는 여러 차례의 발산 과정을 거치면서 티파레트에 이르러 복잡성을 띠게 되고, 넷자흐에서 여러 힘, 여러 에너지로 분리되고, 호드에서 우리가 인지할 수 있는, 무수히 많고 다양한 형상을 갖추게 된다. 하지만 눈으로 볼 수 있는 것만 진짜라고 여기는 인간은 외형에 쉽게 속아 넘어간다. 광활한 우주를 채우고 있는 모든 것들이 하나(THE ONE)에서 나왔다는 사실을, '너'와 '나'는 본래 별개가 아니라 "깨물어서 아프지 않은 손가락은 없다."는 말처럼 다 같은 손에 연결된 손가락이라는 사실을 모른 채 서로 시기하고, 증오하고, 속이기 때문에 '많음'을 악마에 비유한 것이다.

42. 『센과 치히로의 행방불명』에서 악당 역을 맡은 마귀할멈, 유바바는 자기가 부리는 종업원들의 이름을 취함으로써 그들을 통제한다. 『파우스트』 신화에서는 인간이 악마와 계약할 때 자신의 피로 계약서에 서명한다. 카발라에서도 이름이 마법의 중요한 요소로 작용한다. 카발라와 타로의 근간이자 우주 창조의 수단이기도 한 히브리 문자로 구성된 모든 단어와 이름은 숫자로 변환 가능하며, 모든 숫자에는 어떤 의미가 담겨있다. 여기에 수비학의 기법인 게마트리아, 노타리콘, 테무라 등을 활용하여 겉으로 드러나지 않는 상응 관계를 발견할 수도 있다.

43. '주문' 역시 마법과 관련이 있는 개념으로, 힌두교의 만트라처럼 반복적으로 되뇜으로써 특정한 효과를 발휘하는 수단이다. 인도에는 만트라를 가사로 삼아 만든 노래들도 많은데, 들어보면 같은 문구를 계속 반복하는 구조로 되어있다. 관심 있는 독자들은 인터넷에서 이런 노래들을 현대식으로 편곡한 그룹, 'Om Voices'의 작품들을 들어보기 바란다. 개인적으로 『Vakratunda Mahakaya』, 『Om Namah Shivay』, 『Krishna Mahamantra』 등을 추천하고 싶다. 현대의 영성계, 뉴에이지 등의 분야에서 유행하는 확언(Affirmations)도 긍정적인 효과를 얻기 위한 일종의 주문이라고 할 수 있다.

44. 앞치마는 부엌에서 일할 때 두르는 앞치마가 아니라 장인(匠人), 즉, 형상을 만들어내는 사람들이 작업할 때 두르는 앞치마를 지칭한다. 앞치마는 고대부터 현재까지 맥을 잇고 있는, 세계에서 가장 유명한 오컬트 단체인 프리메이슨(Freemasons)의 대표적인 심볼이기도 하다. 'Mason'은 '석공'이라는 뜻으로, 건축가의 지시에 따라 돌을 깎고 다듬어 성전을 짓는 사람을 지칭한다.

이상으로 호드에 관한 설명을 마친다. 이제 8번 카드들을 하나씩 살펴보자.

8번 카드의 기본 속성

7번 카드들과 마찬가지로 빛의 원천으로부터 멀리 떨어져 있고, 중간 기둥에 있지도 않은 8번 세피라에 해당하는 카드들 역시 대체로 불안한 편에 속한다. 크로울리는 8번 카드들과 관련하여 '7번의 극성을 중화하는, 7번에서 저지른 실수를 바로잡는 구실을 한다는 점을 그나마 위안으로 삼을 수 있다.'고 말한다. 8번 카드 자체로는 불안정하지만, 넓은 관점에서 봤을 때는 7에 대한 반작용, 즉, 정(正)-반(反)-합(合) 구도의 반 구실을 함으로써 합으로 연결하는 작용을 한다는 것이다.

2, 3, 4번 카드에는 각 원소 중 활성사인에 해당하는 별자리(양자리, 게자리, 천칭자리, 염소자리), 5, 6, 7번 카드에는 고정사인에 해당하는 별자리(사자자리, 전갈자리, 물병자리, 황소자리)가 지정되었고, 마지막 8, 9, 10번 카드에는 변동사인에 해당하는 별자리(사수자리, 물고기자리, 쌍둥이자리, 처녀자리)가 들어온다. 제1장에서 다뤘던 내용을 간단하게 다시 정리하자면, 활성사인은 해당 원소가 상징하는 요소의 신속하고 충동적인 속성, 고정사인은 힘의 균형과 안정성, 그리고 변동사인은 힘의 약화 또는 승화를 의미한다. 예를 들자면, 불의 활성사인인 양자리는 갑작스럽게 나타나는 불인 '번개', 고정사인인 사자자리는 꾸준히 위력을 발휘하는 불의 힘을 상징하는 '태양', 그리고 변동사인인 사수자리는 불이 승화한 형태인 '무지개296'에 해당한다고 볼 수 있다. 그럼 변동사인의 이러한 속성을 염두에 두고 8번 카드들의 속성을 살펴보자.

8 of Wands - 신속(Swiftness)

(Mercury in Sagittarius) 0° to 10° Sagittarius

11월 23일 ~ 12월 2일

토트 타로의 제목 - 신속(Swiftness)

 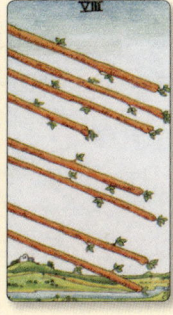

카드의 의미

- 말. 빛. 전기. 빠른 속도의 에너지. 활동.
- 목표에 접근. 편지 또는 메시지.
- 빠름. 대담함. 자유.
- 약화하는 영향을 받을 경우: 갑작스럽게 너무 많은 힘을 가함. 찻잔 속의 태풍.

올림포스 신 중에서도 제일 바쁘고 빠른 속도로 움직이며 동에 번쩍, 서에 번쩍하는 날쌘돌이 수성(머큐리)이 모험 좋아하고 외향적인 사수자리에 들어왔다. 호드는 수성이 지배하는 세피라지만, 반대로 사수자리는 수성의 유배지다. 론 마일로 듀켓은 이 카드를 두고 이렇게 평했다. "두 사람이 커피를 잔뜩 마시고 밤새 수다를 떠는 형국이다. 많은 이야기가 오가고, 서로 많은 것을 배우기는 하지만, 결국엔 둘 다 지쳐 곯아떨어질 운명이다." 뭐랄까, 둘 다 하이퍼 상태가 되어 경쟁적으로 말을 많이 하려다가 제풀에 지쳐 나가떨어진 것이 아닌가 싶다. 사수자리는 변동사인이고, 수성이 지배하는 쌍둥이자리와 처녀자리도 둘 다 변동사인이라 그런지, 지구력이 조금 떨어진다는 느낌을 준다. 마라톤을 100m 달리기하듯이 전력 질주하다가 결국엔 주저앉은 셈이다. 이것도 호드 특유의 억제 작용으로 볼 수 있겠다.

크로울리에 따르면 지팡이 슈트를 상징하는 불이 호드에 이르러 '연소'와 '파괴'라는 본질적 속성을 조금씩 잃으며 전기 또는 빛으로 승화되었다고 한다. 그러한 이유로 카드에서 지팡이는 사라지고 제우스가 손에 들고 있을법한 번개처럼 생긴 광선(빛의 지팡이)이 등장했다. 카드의 상단에는 불이 승화한 형태인 빛을 상징하는 무지개가 그려져 있다. 무지개 심볼은 사수자리가 지정된 메이저 아르카나 14번 카드, '연금술'에서 다시 또 모습을 드러낸다.

빛은 이 카드의 제목이 시사하는 것처럼 매우 빠르다.297 신의 메시지를 전하는 전령인 머큐리/헤르메스의 신속한 움직임도 그렇다. 빛의 속도보다 빠른 것은 생각의 속도라는데, 머큐리는 생각의 속도로 신의 의중을 온 우주에 전달한다. 메이저 아르카나에서는 1번 카드, '마법사'에 수성이 지정된다. 호드는 마법을 관장하는 세피라고, 호드에는 수성이 지정되고, 수성의 신인 머큐리/헤르메스는 인류에게 마법과 연금술을 전수했고, 타로의 마법사는 머큐리처럼 신의 뜻이 땅에서도 이루어지도록 도구로 쓰이는 존재라는 점을 떠올리면 여러 상응 관계가 아주 절묘하게 맞아떨어지는 것을 볼 수 있다.

카드의 배경에는 두 개의 피라미드가 90도 각도로 포개져 호드를 상징하는 팔각형을 표현하고 있다. 고대의 7대 불가사의 중 하나인 이집트의 대피라미드는 일곱 행성 중 수성과 헤르메스에 상응한다.

8 of Cups - 성공의 유기(Abandoned Success)

(Saturn in Pisces) 0° to 10° Pisces

2월 19일 ~ 2월 28일

토트 타로의 제목 - 나태(Indolence)

카드의 의미

- 성공의 유기. 모든 일에 대한 관심의 실종. 일시적으로 성공하나 추가적 성과는 없음.
- 불안정. 정신적 고통. 불평불만. 방랑.
- 대의를 위해 물질적 성공을 마다함을 의미할 수도 있음.

디온 포춘은 황금새벽회에서 '성공의 유기'라는 제목을 지정한 이 카드를 '성공을 마다하는', '당장 누릴 수 있는 쾌락을 멀리하는', 마치 대를 위해 소를 희생하는 것 같은 고상한 뉘앙스로 해석했지만, 크로울리는 의욕을 상실하고 일을 마무리할 뒷심이 부족하여 나태해지는 바람에 성공을 거두지 못한 것으로 보고 있다. 그의 말을 들어보자.

이 카드는 불쾌함의 극치라고 할 수 있다. 토성이 이 카드를 지배하고 있다. 시간과 슬픔이 즐거움을 덮쳤고, 물(물고기자리)은 이에 저항할 힘이 부족한 상황이다. 간밤에 진탕 놀고 다음 날 진이 빠진 상태로 아침을 맞은 것과 비슷한 형국인데, 문제는 간밤에 논 적도 없다는 사실이다! 마치 파티를 열기 위해 준비할 것은 다 준비했는데, 손님 초대하는 것을 잊어버렸거나 케이터링 업체가 일을 제대로 하지 않아 음식이 배달되지 않은 것과 같은 상황이다. 그런데 따지고 보면 이건 파티 주최자의 불찰이다. 자기 능력을 벗어나는 큰 파티를 계획했거나, 막판에 열정이 차갑게 식어서 그렇게 된 것인지도.

크로울리의 찰진 비유를 듣고 나니 파티에 초대한 손님이 한 명도 안 와서 식탁을 뒤엎고 바닥에 주저앉아 서럽게 우는 소년의 모습을 그린 어느 만화의 한 장면이 떠오른다. 카드의 이미지도 대체로 칙칙하고 사람 기운을 빼는, 기분 나쁜 어둠으로 가득하다. 크로울리의 말대로 우울하고 꼰대 기질이 있는 토성이 파티장에 찾아와 화기애애했던 분위기에 찬물을 확 뿌린 듯한 모습이다. 영화 『해리 포터』에서 아즈카반 감옥을 지키는 디멘터(Dementor)라는 어둠의 존재들이 스쳐 지나가는 곳마다 꽃이 순식간에 시들고 녹색 식물이 검게 타들어 가며 죽듯이, 토성의 등장으로 카드 배경의 물도 시커멓게 변했다. 유조선이 침몰하여 기름이 유출되는 사고라도 있었던 것처럼 아예 끈적끈적한 못이 되어버렸다. 장막처럼 하늘을 뒤덮은 어두운 구름이 비와 햇빛을 막는 바람에 컵 위의 연꽃도 전부 시들었고, 비옥해야 할 토양은 독으로 오염되었다.

크로울리는 이 카드를 7번 카드와 비교하면서 이렇게 말했다.

이 카드를 이전 카드와 비교해보기 바란다. 8번 카드는 7번 카드의 반대편에 있으면서 7의 오류를 보완하는 오류다. 7번 카드가 쿤드리의 정원이라면, 8번 카드는 클링조르의 궁전이라고 할 수 있다.

쿤드리의 정원을 통과하며 여인들의 유혹을 받는 파르지팔

쿤드리(Kundry)와 클링조르(Klingsor)는 바그너의 오페라, 『파르지팔』에 등장하는 인물들이다. 클링조르는 본래 존경받는 기사였으나 자신의 죄를 씻어내고자 스스로 거세한 후 흑화한 마법사고, 쿤드리는 클링조르에게 정신적으로 지배당하는 여인이다. 클링조르는 마법의 힘으로 아름다운 정원을 만들어내고 추녀인 쿤드리를 미녀로 둔갑시켜 성배의 기사들을 유혹하고 사로잡는다. 크로울리는 웅장하고 위엄이 서린 클링조르의 성을 컵 8번 카드에, 그리고 실제로는 추하나 흑마술의 힘으로 예쁘게 포장한, 조화(彫花)처럼 겉은 화려하나 속은 가짜인 쿤드리의 정원을 7번 카드에 비유하

고 있다. 호드의 개념을 다룬 본문에서 형상, 즉, 외형에 속아 넘어가는 것은 악마에게 속은 것과 같다고 설명한 바 있다. 바보 악당은 자신의 추악한 모습을 감추지 않고 있는 그대로 드러내지만, 똑똑한 악당은 언제나 양의 탈을 쓰고 먹이를 사냥한다. 그런데 요즘에는 얼굴에다 '악마'라고 써 놓고 접근하는 사람에게도 속는 사람이 많다. 이해할 수 없는 일이다.

8 of Swords - 제한된 힘(Shortened Force)

(Jupiter in Gemini) 0° to 10° Gemini

5월 21일 ~ 5월 31일

토트 타로의 제목 - 간섭(Interference)

카드의 의미

- 사소한 일에 집착하며 에너지를 낭비하느라 중요한 일을 간과.
- 지속력의 부족. 순전히 뜻밖의 액운. 제약.
- 몇 가지 일에만 집중한 결과. 다른 쪽에서 혼란이 발생.

목성이 공기의 변동사인이자 수성이 지배하는 쌍둥이자리에 들어왔다. 목성은 행운을 가져다주는 행성이지만, 쌍둥이자리는 처녀자리와 더불어 목성의 유배지다. 수성이 지배하는 별자리(쌍둥이자리와 처녀자리)들은 목성의 유배지고, 목성이 지배하는 별자리(사수자리와 물고기자리)들은 수성의 유배지다. 그러니 이 카드의 제목이 '간섭'인 것은 어쩌면 당연한 일인지도 모르겠다. 크로울리 특유의 재미있는 평가를 들어보자.

검 8번 카드의 제목은 '간섭'이다. 이 카드를 처음 봤을 때는 컵 8번('나태')과 혼동하기 쉽지만, 사실 전혀 다른 의미를 지닌 카드다. 목성이 쌍둥이자리에 들어왔다. 따라서 (컵 8번처럼) 내적 또는 외적 압력으로 의지를 꺾어버리는 일은 벌어지지 않는다. 다만 너무 온화하고 부드럽게 행동해서는 안 되는 상황에서 그렇게 행동하다 보니 문제가 생겼다. 쌍둥이자리는 공기의 사인이자 지적인 사인이다. 목성은 다정다감하고 긍정적이다. 검의 세상에서 이런 성향은 통하지 않는다. 누군가를 가격해야만 하는 상황이라면 한 번에 KO 시키는 편이 최선이다. 이 카드에는 또 다른 요소가 있다. 예상하지 못했던 간섭(머큐리의 지배를 받는 8번 카드들은 언제나 변덕스러운(mercurial) 속성을 지닌다) 또는 순전히 뜻밖의 액운이 닥치는 상황을 말하는 것이다. 세계 역사를 돌이켜 보면 사소한 일 하나로 인해 제국의 운명이 뒤바뀐 사례도 많고, 아무리 잘 세운 계획도 완전히 엇나갈 수 있다는 사실을 알 수 있다.

호드의 속성인 '억제'를 가장 잘 표현한 카드가 아닌가 싶다. 목성은 행운을 선사하려고 하는데, 변덕스러운 수성의 영향으로 인해 그 행운을 내 것으로 만들지 못하는 상황이다. 적절한 비유인지는 모르겠으나, 비트코인 가격이 30만 원대였을 때 사는 행운을 얻은 사람 중에는 자기가 코인을 샀다는 사실 자체를 잊어버린 상태로 마음을 비우고 장기 보유했다가 100배 이상의 수익을 낸 사람들도 있고, 머리를 계속 굴리면서(머큐리처럼 변덕을 부리면서) 사고팔고 다른 코인으로 갈아타기를 반복하다가 결국 본전만 간신히 건지거나 손실을 본 사람들도 있다. 두 유형 다 같은 행운을 얻었으나 한쪽은 그 행운을 온전히 자기 것으로 만들었고, 다른 한쪽은 그 행운에 스스로 간섭하면서 성공을 억제했다.

"누군가를 가격해야만 하는 상황이라면 한 번에 KO 시키는 편이 최선이다."라는 크로울리의 말은, 검의 세상에서는 우유부단과 변덕스러움이 통하지 않으니 확실하게, 칼같이 결단을 내리고 자신의 선택을 후회하지 말라는 뜻이다. 컵 8번('나태')과 검 8번('간섭')의 차이를 요약하자면, '나태'는 '해야만 할 일을 하지 않는 것'이고 '간섭'은 '해선 안 될 일을 하는 것'이라고 말할 수 있을 것 같다. 크로울리의 말대로, 이 두 카드는 비슷한 개념이 아니라 정반대에 있는 개념이다.

그런데 관점을 바꾸어 생각해 보면 '억제'는 우리가 감사해야 할 긍정적인 방향으로 작용하는 경우도 많다. 카드 이미지의 배경은 마치 치열한 칼싸움으로 인해 피로 붉게 물든 듯한 인상을 준다. 참혹한 전투가 한차례 치러진 살육의 현장이라고나 할까? 중앙에는 다양한 모양의, 다소 야만적으로 보이는 여섯 자루의 검이 있고, 세련된 장검 두 자루가 마치 질서를 잡기라도 하듯, 나머지 검들 위에 놓여있다. 어쩌면 두 장검의 간섭으로 더 많은 출혈을 막은 것인지도 모른다. 자연의 간섭과 억제가 없었더라면 인류는 이미 오래전에 멸망했을 수도 있다. 부모가 위험한 짓을 하려는 아이의 손등을 때리고 행동을 억제하듯이, 인류가 파멸을 향해 달려갈 때마다 자연이 회초리를 들었기 때문에 지금까지 살아남은 것이다.

영어 속담에 이런 말이 있다. "You can't have your cake and eat it too."

케이크를 가지는 것과 케이크를 먹는 것을 동시에 누릴 수 없다는 뜻이다. 케이크를 갖고 싶다면 먹으면 안 되고, 케이크를 먹으면 가질 수는 없기 때문이다. 인생은 모든 것이 내 뜻대로 풀리지 않는다는 의미다. 이 진리를 받아들이자. 그리고 살면서 내가 가려는 길을 방해하는, 간섭하는 일이 생긴다면, 오히려 이 일이 전화위복이 될 수도 있다는 새옹지마의 교훈을 떠올리며 유유히 넘어가자.

8 of Disks - 신중(Prudence)

(Sol in Virgo) 0° to 10° Virgo

8월 23일 ~ 9월 1일

토트 타로의 제목 - 신중(Prudence)

카드의 의미
- 지성으로 물질적 사안에 접근.
- 농업. 건축. 기술. 영리함. 근면.
- 약화하는 영향을 받을 경우: 작은 것에 집착하고 큰 것을 경시함. 탐욕과 축재. 비열함. 소를 위해 대를 희생.

'신속(지팡이)', '나태(컵)', '간섭(검)'에 이은 '신중(디스크)'이다. 신의 이름 (יהוה)을 기준으로 모든 것들을 넷으로 나누는 법칙에 따라 지팡이(불, 왕)와 검(공기, 왕자)은 남성적 속성을, 컵(물, 여왕)과 디스크(흙, 공주)는 여성적 속성을 띤다. 신속한 것과 간섭하는 것은 능동적 뉘앙스를 풍기고, 나태한 것과 신중한 것은 반대로 수동적 성향을 드러낸다.

태양이 처녀자리에 들어왔다. 흙의 변동사인인 처녀자리는 비옥한 토양의 느낌을 주고, 여기에 심어진 씨앗은 충분한 햇빛을 받고 쑥쑥 잘 자라날 것이라는 예감이 든다. 컵 8번('나태')과 마찬가지로 '신중'은 뭔가 답답하고 고리타분한 느낌을 준다. 하지만 크로울리에 따르면 디스크는 물질과 관련이 있는 슈트이므로 이런 신중함은 오히려 좋은 속성이라고 한다. 그의 설명을 들어보자.

> 디스크 8번 카드의 제목은 '신중'이다. 이 카드는 컵과 검 8번 카드보다 훨씬 좋다. 순수한 물질적 사안, 특히 돈과 관련한 문제에서는 차라리 아무것도 하지 않는 것이 오히려 강점으로 작용하기 때문이다. 돈을 굴리는 모든 자본가의 최우선 과제는 시간을 확보하는 것이다. 충분한 자산을 소유한 자본가는 언제나 시장을 상대로 승리한다. 이 카드를 한마디로 설명하자면, '만일에 대비하여 저축해두는 것'이라고 할 수 있겠다.

주식이든 코인이든, 여윳돈으로 투자한 사람은 시세변동에 일희일비하지 않고 진득하게 때를 기다릴 수 있는 마음의 여유가 있다. 크로울리의 말대로 몇 년이고, 아무것도 하지 않으며 '나태하게' 기다려도 된다. 부실한 기업의 주식, 작전 세력의 먹잇감인 주식, 처음 들어보는 듣보잡 알트 코인이 아닌 이상, 대부분 금융 자산은 시간이 흐르면서 가치가 상승하게 되어있다. 하지만 생활비로 쓸 돈을 투자한 사람, '영끌'로 돈을 박박 긁어모아 올인한 사람, 심지어 빚까지 내서 몰빵한 사람에게 시간은 같은 편이 아니라 적이다. 검 8번 카드를 다루면서 설명했듯이, 이런 사람들은 수시로 자신의 포트폴리오에 '간섭'하며 일을 그르치는 경우가 많다. 개인적인 경험을 떠올리며 되돌아보니 금전과 관련한 문제에서는 아무것도 하지 않는 것이 강점으로 작용한다는 크로울리의 말이 최고의 투자 조언으로 들린다.

크로울리에 따르면 디스크 8번은 농부의 카드라고 한다. 농부는 적절한 시기에 씨를 뿌리고, 그 이후부터는 자연의 법칙에 따라 곡식이 잘 자라나도록 관리하고, 기다렸다가 때가 되면 수확한다. 성질이 급해서, 기다림을 견딜 수 없어서 여물지도 않은 곡식을 베는 법이 없다.

카드 이미지를 보자. 태양이 강렬한 빛을 비추는 노란 배경, 초록색 토양, 그리고 나무. 나무에 달린 꽃으로 묘사된 여덟 개의 디스크는 바람개비처럼 회전하고 있는 듯한 인상을 준다. 꽃잎도 마치 스와스티카처럼 회전하고 있는 듯하다. 여덟 개의 디스크는 흙점의 열여섯 가지 형상 중 하나인 포퓰러스(Populus) 모양으로 배치되어 있다. 포퓰러스는 느긋하고 동시에 안정적인 형상으로, 이 카드의 속성을 잘 표현하고 있다. 비옥한 토양에 단단하게 뿌리를 내리고 잘 자라고 있는 나무의 모습은 인과관계의 법칙을 상징한다. "사람이 무엇으로 심든지 그대로 거두리라."[298]

(9) 예소드(Yesod, יסוד); 근본(The Foundation)

① **타이틀**: 예소드, 근본.
② **마법 이미지**: 아름답고 매우 강한 나신의 남성.
③ **생명의 나무 상의 위치**: 균형(중용)의 기둥 하단 부근.
④ **세페르 예치라 상의 설명**: 아홉 번째 경로는 발산을 정화하므로 순수한 지성(Pure Intelligence)으로 불린다. 이 경로는 발산을 통해 형성된 상징물의 설계를 검증하고 수정하며, 축소 또는 분리 없이 상징물의 단일성(획일성)을 제거한다.

(The Ninth Path is called the Pure Intelligence because it purifies the Emanations. It proves and corrects the designing of their representations, and disposes the unity with which they are designed without diminution or division.)

⑤ **별칭**: 이미지의 보고(Treasure House of Images), 마야(허상)의 영역(Sphere of Illusion).
⑥ **지배자의 이름:**

- 신의 이름 – 샤다이 엘 하이(Shaddai el Chai), 전능하시고 살아계신 신(The Almighty Living God).
- 대천사 – 가브리엘(Gabriel), 신의 강한 남자 또는 영웅(Strong man, or Hero of God).
- 천군 – 케루빔(Cherubim), 강한 자(The Strong).
- 세속적 차크라 – 레바나(Levanah), 달(The Moon).

⑦ **영적 체험**: 우주를 구동하는 동력장치의 비전(Vision of the Machinery of the Universe).

⑧ 미덕: 자립(Independence). 악덕: 게으름(Idleness).

⑨ 소우주와의 상응: 생식기.

⑩ 심볼: 향수와 샌들(The perfumes and sandals).

⑪ 타로: 네 장의 9번 카드.

- 9 of Wands – 강력한 힘(Great Strength).
- 9 of Cups – 물질적 행복(Material Happiness).
- 9 of Swords – 절망과 잔혹(Despair and Cruelty).
- 9 of Disks – 물질적 이득(Material Gain).

⑫ 색상:

- 아칠루트 – 남색(Indigo).
- 브리아 – 바이올렛(Violet).
- 예치라 – 매우 진한 보라색(Very dark purple).
- 아시아 – 하늘색 얼룩이 뿌려진 담황색(Citrine, flecked with azure).

1. 아홉 번째 세피라, 예소드는 생명의 나무를 구성하는 세 개의 삼각형 중 마지막인 아스트랄 삼각형의 마지막 세피라다. 다소 불안했던 넷자흐와 호드가 균형을 이루어서 탄생한 견고한 결과물이다. '예소드'는 '근본'이라는 뜻으로, 관련 심볼에도 '견고함', '강함'의 뉘앙스가 배어있다. 예소드의 마법 이미지는 '아름답고 매우 강한 나신의 남성'이다. 이 이미지는 자신의 어깨 위에 우주를 올려놓고 받들고 있는 그리스의 티탄, 아틀라스[299]의 모습을 떠오르게 한다. 신화에 따르면 그는 올림포스의 신들과 티

탄 간에 벌어진 전쟁에서 티탄 쪽 편을 들었다는 이유로 제우스로부터 영원히 우주를 들고 있는 형벌을 받았다고 한다. 어떤 형태의 구조물이든, 견고한 기초, 단단한 토대 위에 서야 흔들리지 않는다. '우주'라는 거대한 구조물은 강한 자가 들고 있으므로 흔들리지도, 무너지지도 않는다.

두 손으로 우주를 들고 있는 아틀라스

성모의 잉태를 전하는 대천사 가브리엘(성수태고지(聖受胎告知))

2. 예소드를 지배하는 신의 이름은 '전능하신 샤다이 엘 하이'로 역시 강하다는 뜻이고, 천군은 '강한 자'라는 수식어를 가진 '케루빔', 그리고 지팡이 9번 카드에는 '강력한 힘'이라는 제목이 지정되었다. 한편 예소드에는 강함과 상반되는 측면도 있다. 예소드의 세속적 차크라에는 단단함, 고정성, 안정성과는 거리가 먼, 흐름과 변동성의 속성을 지닌 달이 지정되며, 대천사는 물을 관장하는 '가브리엘[300]'이다. 생명의 나무 도안에서도 볼 수 있듯이 예소드는 물질계(말쿠트) 바로 너머에 있는, 우리와 가장 가깝고, 우리에게 가장 큰 영향을 주고, 달처럼 이중성을 지닌 희한한 영역이다.

3. "아홉 번째 경로는 상징물의 설계를 검증하고 수정하며… 단일성(획일성)을 제거한다."는 『세페르 예치라』의 수수께끼 같은 표현은, 1) 넷자흐에서 다수로 분리된 여러 힘은 2) 호드에서 설계한 형상, 즉, 상징물을 갖

게 되고, 3) 예소드에서 이 형상들을 검증하고, 수정하고, 획일적으로 같은 형상을 다변화 또는 차별화하여 4) 말쿠트(물질 세상)에서 태어날 형상들의 최종 틀을 만든다는 뜻이다. 디온 포춘의 말을 빌리자면, 넷자흐는 힘이 아니라 '힘들', 생명이 아니라 '생명들'이 있는 곳이다. ("Here we have not force, but forces; not life, but lives.") 즉, 하나였던 에너지, 하나였던 힘이 다수로 나뉘어 존재하게 되는 곳이다. 호드에서는 이 무형의 에너지, 무형의 힘에다 형상을 입힌다. 즉, 무형의 것을 상징적으로 표현함으로써 유형의 것으로 변환한다. 그리고 예소드에서는 이 많은 형상을 수정하는 작업이 이루어진다. 일률적으로 같은 형상들을 필요에 따라 다양한 모양으로 바꾸는 것이다. 예소드에서 만들어지는 형상들은 최종 결과물이 아니라, 말쿠트의 최종 결과물을 만들어내기 위한 형상의 틀이다. 이 틀의 모양에 따라 붕어 모양의 빵이 나올 수도 있고, 호두 모양의 빵이 나올 수도 있는 것이다.

4. 예소드에서 만들어진 이 틀은 자기와 똑같은 형상을 만들어낸다. 이 틀이 없으면 물질 형상이 존재할 수 없다. 우리의 육신도 이 유연하고 말랑말랑한 틀을 통해 형성되었다. 우리가 발로 딛고 사는 지구라는 행성을 만들어낸 틀도 있다. 우리의 육신과 똑같이 생긴 틀은 우리가 자라면서 함께 성장하며, 지금, 이 순간에도 육신에 바짝 달라붙어 있다. 특별한 조건에서 이 틀은 우리 육신과 분리되어 별개로 활동하기도 한다. 오컬트에서는 '제2의 육신'이라 할 수 있는 이 틀을 '아스트랄체(astral body)' 또는 '에테르체(etheric double)'라고 부른다. 윌리엄 워커 앳킨슨의 『그대, 아직도 '나'를 찾고 있는가?』에서 아스트랄체를 다루는 대목 일부를 발췌하였다.

전 섹션에서 살펴본 육신의 짝이자 형제격이라 할 수 있는 두 번째 원리는 일반 대중에게 상대적으로 덜 알려진 '아스트랄체'다. 아스트랄체는 육신과 완전히 똑같은 형상을 띠고 있다. 시대와 지역을 불문하고 전 세계 모든 민족이 아스트랄체의 존재를 인지하고 있었으나, 정확한 속성을 이해하지 못해 이를 둘러싼 수많은 미신과 미스터리, 오해가 생겨났다. '에테르체', '유체', '더블', '레이스', '도플갱어' 등의 개념도 모두 아스트랄체에 대한 오해에서 비롯되었다. 아스트랄체는 육신을 구성하는 물질보다 미세한, 즉, 밀도가 낮은 물질로 구성되어 있다. 하지만 이것도 엄연한 물질이다. 우리에게 익숙한 물질보다 상대적으로 밀도가 낮은 아스트랄체의 이해를 돕기 위해 예를 들어보겠다. 다양한 상태로 존재하는 '물'을 생각해 보자. 온도가 일정 수준 이하로 내려가면 물은 단단한 고체인 '얼음'의 형태를 띠게 된다. 여기서 온도가 올라가면 우리에게 익숙한 액체 형태로 존재하고, 온도가 계속 오르면 액체 상태에 있던 물의 입자가 밖으로 빠져나와 '증기'가 된다. 진짜 증기는 우리 눈으로 볼 수 없다. 공기와 섞이거나 온도가 약간 떨어져 물방울이 생성될 때 보이는 것은 증기가 남긴 흔적이다.

육신과 완전히 똑같은 형상을 띠고 있는 아스트랄체는 특수한 상황에서 육신과 분리될 수 있다. 보통 사람이 의식적으로 자신의 아스트랄체를 육신으로부터 분리하기란 매우 어려운 일이지만, 초자연적 힘을 일정 수준 이상으로 계발한 사람은 자유자재로 아스트랄체를 움직이고, 심지어 육신과 분리된 상태(유체이탈)에서 아스트랄계를 유영(astral travel)할 수도 있다. 투시력을 가진 사람의 눈에는 육신과 같은 모습을 띤 아스트랄체와 이 둘을 연결하는 비단처럼 가느다란 줄도 보인다.

육신이 사망한 후에도 아스트랄체는 한동안 물질 세상에 머무르며, 특수한 상황에서 물질계에 남아있는 사람의 눈에 뜨일 수도 있다. 사람들은 이를 보고 '유령'이라 부른다. 육신을 떠난 영혼이 물질계에 자신의 모습을 드러내는 방법은 이 외에도 더 있다. 다만 이 영혼들이 육신의 사망 후 벗어던진 아스트랄체에는 영이 깃들어 있지 않다. 영이 깃들어 있지 않은 아스트랄체는 말하자면 껍질, 다시 말해, 우리에게 익숙한 물질보다 미세한 성분으로 구성된 아스트랄 사체에 불과하다. 그 안에는 생명도, 지성도 없다. 그저 사람의 형상을 띤 구름조각과 다를 바 없는 것으로, 껍질 그 이상도, 이하도 아닌 물질일 뿐이다. 죽음을 앞둔 사람의 강렬한 염원으로 살아있는 아스트랄체가 육신에서 분리되어 사랑하는 가족과 친구들 앞에 모습을 드러내는 경우도 있다. 이런 사례는 기록으로도 많이 남아있으며, 주변에서 유사한 사례를 접한 학생들도 아마 많을 것이다.

보통 사람은 아스트랄체를 볼 수 없지만, 일정 수준의 투시력을 계발한 사람은 쉽게 인지할 수 있다. 관찰자와 관찰 대상의 정신 상태에 따라 살아있는 사람의 아스트랄체가 주변 사람들의 눈에 띄는 경우도 있다. 오랜 수련을 통해 초자연적 능력을 계발한 오컬티스트는 자유자재로 자신의 아스트랄체를 어디로든 투사할 수 있으며, 사람들 앞에 자신의 아스트랄체를 드러낼 수도 있다. 하지만 이 정도의 경지에 오른 오컬티스트는 소수에 불과하다.

최고 수준에 도달한 마스터는 죽음을 앞둔 사람의 육신에서 아스트랄체가 서서히 빠져나오는 모습을 볼 수 있다. 가느다란 선으로 육신과 연결된 아스트랄체는 한동안 육신 위에 둥둥 떠 있다. 그러다 선이 끊어지면 육신은 사망하고, 육신에서 벗어난 영혼은 아스트랄체를 걸친 채 다음 목적지를 향해 이동하며, 때가 되면 아스트랄체마저 벗어던진다. 아스트랄체는 육신보다 낮은 밀도를 가진 물질로 구성되어 있을 뿐, 영혼이 물질계에서 활동하는 동안 잠시 빌려 입는 '탈것(vehicle)'이라는 점에서는 육신과 차이가 없으며, 용도가 다하면 육신처럼 폐기된다. 육신이 사망한 후에는 아스트랄체도 서서히 분해되며, 초자연적 능력이 발달한 사람은 때로 공동묘지 주변에서 망자가 벗어던진 아스트랄체의 껍질 또는 잔해가 발산하는 보라색 빛을 보기도 한다.

5. 모든 결과에는 원인이 있다. 어떤 현상을 설명하기 위해서는 그 현상을 있게 한 원인이 반드시 존재함을 상정해야 한다. 우주의 모든 것은 출처를 거슬러 올라가면 '첫 번째 원인(The First Cause)'으로 불리기도 하는 케테르에서 나왔지만, 케테르조차도 무언가로부터 나왔어야 한다. 그래서 카발리스트들은 케테르 이전의 상태, 우주의 구체화 이전 상태인 아인 소프를 일종의 수학적 변수처럼 상정했다. 물질도 마찬가지다. 우리에게 익숙한 4대 원소로 상징되는 물질 이면에는 물질을 있게 한 무언가가 있어야 한다. 그것이 바로 제5 원소[301]라 불리는, 지금까지 몇 차례 언급했던 에테르, 아카샤, 또는 아스트랄 빛이다.

6. 앞서 똑바로 서 있는 오망성과, 거꾸로 뒤집어진 역 오망성이 의미하는 바에 관해 설명한 바 있다. 맨 위의 영혼이 나머지 네 개의 원소를 다스리는 모양의 오망성은 정상적인 인간, 똑바로 서 있는 인간을 상징하고, 네 원소가 영혼을 억누르는 모양의 역 오망성은 물질에 속박된 인

간을 상징한다. 겉으로 드러나는 인간의 육신, 인격 이면에 그의 본질인 영혼, 개성이 있듯이, 고체, 액체, 기체로 구성된 '구체적' 물질 이면에는 물질의 본질인 에테르가 있다.

7. 과학계에서는 눈으로 볼 수 없고 일반적인 감각으로 인지할 수 없는, 도구로 측정할 수도 없는 에테르의 실체를 아직 인정하지 않고 있으나, 오컬트에서는 오래전부터 여러 종류/계층의 에테르를 인지하고 그 속성을 연구해왔다. 맥스 하인델은 『장미십자회의 우주 창조론』에서 물질 세상(Physical World; 아스트랄계까지 포함하는 넓은 의미에서의 물질계)을 구성하는 일곱 영역/속성을 다음과 같이 분류했다. (밀도가 가장 높은 것부터 낮은 것 순으로).

1) 고체(Solid) - 뼈
2) 액체(Liquid) - 혈액
3) 기체(Gas) - 숨
4) 화학적 에테르(Chemical ether) - 영양 흡수와 배설(동화작용 & 이화작용)
5) 생명 에테르(Life ether) - 생식, 종족보존
6) 빛 에테르(Light ether) - 감각
7) 반사 에테르(Reflecting ether) - '아카식 레코드'의 이미지

8. 물질 세상 바로 너머에 있는 예소드는 에테르로 구성된 영역이다. 고대의 일곱 행성 중 지구에서 제일 가깝고, 태양에 이어 우리에게 가장 큰 영향을 주는 행성이 달이듯이, 상위 세피로트의 영향을 전부 다 받아

서 말쿠트에 직접 전달하는 예소드는 우리의 관점에서 가장 피부에 와 닿고 실질적인 영향을 주는 세피라라고 할 수 있다. 예소드는 상위 세피로트에서 흘러나온 모든 에너지를 한데 모아서 『세페르 예치라』의 표현대로 '정화하고, 검증하고, 수정하여' 말쿠트로 보내는 깔때기 또는 정수기 필터에 비유할 수 있다.

9. 우리가 사는 말쿠트, 즉, 물질 세상은 모든 우주 작용의 최종 산출물이 탄생하는 '결과의 영역'이다. 그리고 말쿠트 바로 위에 있는 예소드는 결과에 영향을 주는, 결과를 바꿀 수 있는 '원인의 영역' 초입이라고 할 수 있다. 따라서 예소드는 변화를 일으키는 마법의 관점에서도 아주 중요한 영역이다. 마법은 기적이 아니다. 자연의 법칙을 무시하고 불가능한 것을 가능하게 만드는 힘도 아니다. 마법에 관한 오해를 해소하고 정확하게 이해하기 위해 디온 포춘의 설명을 들어보자.

> 모든 영역은 자체의 속성(법칙)을 따르고 이에 맞춰 작용한다. 아무리 강력한 힘이 뒷받침된 마법 또는 기적도 이 속성을 바꾸지는 못한다. 우리가 할 수 있는 일이라곤 상징물의 '설계'를 '수정'하는 것뿐이다. 상징물을 통해 표현되는 본질 자체는 변하지 않는다. 따라서 병을 낫게 해 달라고, 비가 내리게 해 달라고 간절히 신에게 기도를 올리는 사람들의 생각과는 달리, 아무리 강력한 영적 힘으로도 물질 세상의 상태를 임의로 변화시킬 수는 없다. 같은 원리로, 세상에서 가장 강력한 힘을 지닌 마법사의 주문도 세상에 영향을 주지 못한다. 말쿠트에 접근하는 유일한 경로는 예소드이며, 예소드에 접근하려면 '상징물'이 '설계'되는 호드부터 접근해야 한다. 영이 물질에 직접 작용한다는

잘못된 생각부터 버리자. 그런 경우는 없다. 영은 정신을 통해서 작용하고, 정신은 에테르를 통해서 작용한다. 그리고 물질의 틀이자 생명을 담는 탈것, 용기인 에테르는 그 속성이 허용하는 제한된 범위 안에서 조작할 수 있다. 하지만 그 제한은 가볍게 여길만한 것이 아니다. 우리가 기적적이고 초자연적이라고 여기는 모든 현상은 어디까지나 에테르의 자연적인 속성을 허용된 범위 내에서 조작하여 일어나는 것이다. 에테르의 속성을 이해하면 우리가 놀랍다고 생각하는 현상들이 일어나는 이유도 이해할 수 있다.

10. 논리적으로 설명할 수 없는, 자연의 법칙을 초월하는 현상은 세상에 존재하지 않고, 물질 세상에서의 변화(마법)란 결국 에테르를 어떻게 다루느냐에 좌우되는 것이며, 에테르를 조작하려면 '상징물'의 '설계'가 이루어지는 호드, 즉, 정신의 영역에서 원인을 바꾸는 작업을 해야 한다는 얘기다. 디온 포춘의 말대로, 영이 물질에 직접 작용하여 기적을 일으키는 경우는 없다. 위 인용문을 보고 간디가 했던 말이 떠올랐다.

> 긍정적으로 생각하라. 왜냐면 생각은 곧 말로 이어지기 때문이다.
> 긍정적으로 말하라. 왜냐면 말은 곧 행동으로 이어지기 때문이다.
> 긍정적으로 행동하라. 왜냐면 행동은 곧 습관으로 이어지기 때문이다.
> 긍정적인 습관을 길러라. 왜냐면 습관은 곧 가치관으로 이어지기 때문이다.
> 긍정적인 가치관을 가져라. 왜냐면 가치관은 곧 운명으로 이어지기 때문이다.

11. 결국 생각에서 모든 것들이 출발하고, 어떤 생각을 하는지에 따라 최종 결과가 정해지는 것이다. 이것이 마법의 실체라고 할 수 있다. 영화 『스타워즈』의 첫 번째 에피소드, 『보이지 않는 위험』에서 제다이 마스터 요다는 불안에 떨고 있는 어린 아나킨 스카이워커를 접견하는 자리에서 이렇게 말했다. "두려움은 다크 사이드로 가는 길이란다. 두려움은 분노로 이어지고, 분노는 증오로 이어지는 법. 그리고 증오는 고통으로 이어지기 마련이다." 이 역시 생각이 일련의 연쇄반응을 일으켜 최종 결과를 가져오는 마법의 작용 사례라고 할 수 있다. 다음은 필자가 2017년에 론 마일로 듀켓의 『혼점』을 번역/출간하면서 작성했던 출판서 서평 중 일부다. 마법이 어떻게 작용하는지에 관한 감을 잡을 수 있을 것이다.

마법이란 무엇인가?

젊은 마법사 존은 옆집에 사는 메리를 짝사랑했다. 그는 기회가 생길 때마다 온갖 수단을 써서 메리의 환심을 사려 했지만, 그녀는 그를 거들떠보지도 않았다. 그녀가 좋아하는 타입의 남성이 아니었기 때문이다. 존은 고심 끝에 마법을 쓰기로 한다. 지금까지 배운 지식을 총동원하여 메리가 자신과 사랑에 빠지도록 주문을 걸기로 한 것이다. 주문을 건 후 존은 한동안 괴로워했다. 그는 사랑을 얻기 위해 마법 따위에 의존하는 자신의 한심한 모습을 되돌아보며 동굴 안에서 괴물 발로그와 사생결단의 혈투를 벌였던 마법사 간달프처럼 자기 안의 악마와 싸웠다. 그런데 그 후 놀랍게도 메리가 서서히 변하기 시작했다. 전에는 보지 못했던 존의 장점을 하나둘씩 발견하면서 조금씩 그에 대한 호감을 느끼게 된 것이다. 둘은 결국 연인이 되었다. 행복에 겨운 존은 지난 몇 주를 되돌아보았다. 그리고 마법을 통해 메리가 변한 것이 아니라, 자신이 메리가 좋아할 만한 남자로 변신하여 사랑이 이루어졌다는 사실을 알게 되었다.

12. 예소드는 에테르의 세상이고, 에테르는 호드에서 설계한 바에 따라 사물뿐 아니라 생명체와 상념체 등을 포함한 다양한 형상(틀)을 만들어 내는 재료고, 예소드에서 정화되고, 검증되고, 수정된 상징물의 설계가 물질 세상인 말쿠트에 최종적으로 반영된다는 개념을 이해했으리라고 생각한다. 또한 마법이란 원인의 영역에서 (제한된 범위 안에서) 변화를 일으켜 결과를 바꾸는 것이며, 변화는 호드에서 진행되는 설계를 바꾸는 것, 즉, 생각의 변화에서 시작한다는 점을 이해하기 바란다.

13. 생명의 나무 상에서 예소드가 차지하는 위치를 다시 한번 보자. 중앙 기둥의 맨 상단에는 천상의 삼각형을 시작하는, 모든 것들의 원천, 신, 성부(聖父)라 할 수 있는 케테르, 그 아래에는 헤세드와 게부라의 균형을 통해 탄생하는 윤리적/추상적 삼각형의 결과물, 성자(聖子), 구세주, 상위 자아, 개성, 신성한 수호천사라 불리는 티파레트, 그리고 그 아래에는 호드와 넷자흐의 균형을 통해 탄생하는 아스트랄 삼각형의 결과물, 하위 네 세피로트의 중심에 위치한 인격, 그리고 종교적 삼위일체의 마지막인 성령(聖靈)에 비유할 수 있는 예소드가 있다. 말랑말랑한 에테르로 만들어진 물질과 형체들, 종종 유령(幽靈)으로 오인되는 형상들이 자유롭게 떠다니는 이 영역을 '성스러운 유령'을 의미하는 성령에 비유한 것이 흥미롭다.

14. 예소드의 또 다른 이름은 '이미지의 보고(Treasure House of Images)'와 '마야(허상)의 영역(Sphere of Illusion)'이다. 앞서 장미십자회에서는 에테르를 네 종류로 분류하며, 이 중 가장 상위에 있는 영역을 '반사 에테르'로 칭한다고 설명했다. 무엇을 반사한다는 것일까? 자연의 기억, 즉, 우주에서 일어났던 모든 일들, 우주에 존재했던 모든 생명체의 행적과 생각 등, 우주에 관한 모든 데이터가 기록된 '아카식 레코드'를 반사한다는 뜻이다. 예소드에 접근하면 이 아카식 레코드를 직접 보는 것이 아니라, 달빛 아래, 호수의 표면에 반사된 아카식 레코드의 상을 볼 수 있다. 원본이 아니라 불안정한 거울에 비친 이미지를 보는 것이다. 바람이 조금이라도 불어서 호수 표면에 물결이 일면 글씨도, 이미지도 정확히 읽을 수 없을 정도로 일그러진다. 예소드에 접근해서 정보를 읽는 일반 영매들의 점괘 풀이가 틀리는 경우가 많은 이유 중 하나다.

15. 당연한 이야기지만, 학교에서 3학년에 진학했다고 해서 3학년 과정을 정복했다고 볼 수는 없다. 4학년으로 무사히 넘어가야 3학년 과정을 끝냈다고 할 수 있다. 생명의 나무를 오르는 과정도 마찬가지다. 허상과 이미지들이 난무하는 예소드를 정복하려면, 그 위에 있는 마법의 세피라, 호드의 경지에 먼저 이르러야 한다. 디온 포춘의 설명을 들어보자.

이미지로 가득한 보물창고의 문을 열고 그 안에 거주하는 존재들을 다스리는 열쇠는 마법의 영역인 호드에 있다. 신비주의 가르침에 따르면, 다음 단계에 이르기 전까지는 그 이전 단계에서 기능할 수 없다. 예소드에서 마법사로 기능하려고 시도하는 사람들은 이 사실을 금세 깨닫게 된다. 보물창고의 이미지를 볼 수는 있지만, 그 이미지들을 다루는 힘을 지닌 주문은 소유하지 못했기 때문이다.

16. 다음은 예소드에 지정된 달에 관한 이야기를 해 보자. 지구에 사는 우리하고 가장 가까우면서도 여러모로 신비스러운 달. 우리는 달을 지구에 딸린 위성 내지는 지구의 동생쯤으로 여기고 있지만, 오컬트 가르침에 따르면 달과 지구는 본래 한 몸이었다가 육신이 에테르에서 단단한 물질의 단계로 넘어갈 무렵에 둘로 분리되었으며, 두 천체의 관계에서 달은 양, 지구는 음에 해당한다고 한다.302 생명 나무의 구조상으로도 달은 9번 세피라, 예소드, 그리고 지구는 그보다 아래에 있는 10번 세피라, 말쿠트에 해당하므로 달은 지구의 오빠(매우 강한 남자로서의 측면) 또는 언니(달의 여신으로서의 측면)인 셈이다.

17. 예소드는 소우주에서 생식기에 상응하고, 달은 여성의 생리 주기와 관련이 있다. 즉, 달의 운행에 따라 여성의 배란기(排卵期)와 생명 탄생의 조건이 정해지는 것이다. 앞서 언급했듯이, 장미십자회의 가르침에 따르면 여호와는 달의 시대에 인간을 포함한 모든 생명의 짝짓기를 주관한 존재였다고 한다. 맥스 하인델의 『장미십자회의 우주 창조론』에서 관련 내용을 발췌하였다. 왜 예전에 마크 패시오가 한 강의에서 기독교(개신교)는 태양숭배에 뿌리를 두고 있고, 유대교는 달의 숭배에 뿌리를 두고 있다고 말했는지 이해할 수 있을 것이다.

    종족의 보존, 새로운 생명의 탄생과 관련한 모든 일은 달의 섭정(Regent of the Moon)인 여호와의 지도에 따라 휘하에 있는 천사들이 맡아서 진행했다. 이들은 행성에서 행성으로 뻗어 나가는 역선(力線:

Lines of Force)이 연중 적절한 각도를 이룬 시점에서만 생식 행위가 일어나도록 짝짓기 시기를 조절했다. 따라서 창조의 힘을 방해하는 장애물도 없었고, 출산에 따른 육신의 고통도 없었다. 당시의 인간은 탄생의 과정을 인지하지도 못했다. 오늘날의 인간이 깊은 잠에 빠져있을 때 주변을 의식하지 못하듯이, 당시의 인간은 자신을 둘러싼 물질 세상을 아직 온전하게 의식하지 못하는 상태였기 때문이다. 인간의 영은 성관계와 친밀한 접촉을 통해 비로소 육신을 인지하게 되었고, 남자는 부인을 '알게' 되었다. 성경에도 부인을 '아는 것'에 관한 구절이 여러 차례 등장한다. "Adam knew Eve and she bore Seth(아담이 다시 아내와 동침하매 그가 아들을 낳아 그 이름을 셋이라 하였으니. 창세기 4:25)"; "Elkanah knew Hannah and she bore Samuel(엘가나가 그 아내 한나와 동침하매… 한나가 잉태하고 때가 이르매 아들을 낳아 사무엘이라 이름하였으니. 사무엘상 1:19~20)"; 마리아가 천사에게 묻는 장면에도 나온다. "How shall I conceive, seeing I know no man?(나는 사내를 알지 못하니 어찌 이 일이 있으리이까. 누가복음 1: 34)" 이 개념은 아담과 이브의 눈을 뜨게 했다는, 그들에게 선과 악에 관한 지식을 주었다는 열매가 달린 '지식의 나무(Tree of Knowledge)'의 비밀을 푸는 열쇠이기도 하다. 그전까지(선악과를 따먹기 전까지) 이들은 선만 알았으나, 생식의 힘을 자체적으로 행사하면서 그들은 물론, 그들의 후손들까지 별의 영향에 관해 무지한 상태에서 아이를 낳기 시작했다. 여호와가 이들에게 내린 '저주'는 사실 전혀 저주라고 할 것이 없다. 별들이 발산하는 광선이 출산의 과정에 주는 영향을 모르는 상태에서 생식의 힘을 사용한 것에 따른 필연적인 결과일 뿐이다.

18. 여호와가 인간의 생식 과정을 주관하던 시절에는 천사들이 점성학적 데이터 등을 참조하여 짝짓기를 위한 최적의 시기, 말하자면 '길일(吉日)'을 점지해줬고, 이처럼 철저한 계획에 맞춰 출생이 이루어지면 산모의 고통도 없고 아이도 건강하게 태어나서 건강하게 자라난다는 것이다. 성경 시대 초기의 인간은 지금의 인류보다 훨씬 긴 수명을 누렸다는, 900살 넘게 살았다는 '말도 안 되는' 이야기들은 그리 황당한 거짓말이 아닐 수도 있다. 어쩌면 이것도 맥이 끊겨서 현재까지 전해지지 않고 있는, 또는 아직도 베일에 가려져 일반에 공개되지 않은 오컬트 지식일지도 모른다.

19. 우리에게는 그저 수학책에 나오는 '피타고라스의 정리'의 주인공 정도로만 알려진 피타고라스[303]는 단순한 수학자가 아니라 당대에 그리스 시민들로부터 '살아있는 신'이라는 소리까지 들었던 위대한 철학자이자 오컬티스트였다. 그는 음(音)과 진동을 활용하여 살의를 품고 광분한 사람을 온순하게 만들고, 다양한 기하학적 모형을 시각적 도구로 활용하여 각종 질병을 치료하고, 건물의 모양을 보고 그 구조물에 내재한 고유의 음을 알아낼 수 있었다고 전해진다. 옛 건축가들은 그의 이론을 활용하여 건물을 설계했고, 이렇게 지어진 건물들(예: 고딕 양식의 성당)은 뛰어난 음향 효과를 발휘했다. 그 안에서 울려 퍼지는 음악(예: 합창단이 부르는 성가)을 듣고 '기적적으로' 병이 치유된 신자들의 사례도 많았다고 한다.

20. 호메로스의 걸작인 『일리아드』와 『오디세이』 그리스어 원전의 어떤 대목들은 소리 내어 읽는 사람에게 치유의 효과를 발휘한다고 한다. 이 외에도 소리의 힘을 이용하여 이집트의 대피라미드를 구성하는 거대한

돌을 쉽게 옮겼다든지, 나팔 소리로 여리고의 성벽을 무너뜨렸다든지[304], 인류의 의식이 지금보다 더 상승하면 우리가 현재 가진 지식만으로는 설명하기 어려운 희한한 현상들의 비밀을 푸는 열쇠를 다시 발견할 날이 올 것이다.

21. 지구와 달이 한 몸이었다가 에테르체에서 물질 육신으로 넘어가던 시점에 분리되어 떨어져나온 달은 밤하늘에 우리 눈에 보이는 물질 육신의 측면과 에테르체로서의 강력한 영향력을 동시에 지니고 있다고 한다. 무엇이든 두 상태 사이에 걸치는 상황은 언제나 독특한 성질을 지닌다. 점성학에서는 한 별자리에서 다른 별자리로 넘어가는 시점(일명 'Cusp')에 태어난 사람은 앞뒤 두 별자리의 속성을 함께 지닌다고 설명하며, 하루 중 인간의 싸이킥 또는 초감각적 의식이 최고조에 이르는 시점은 아침에 잠에서 깨어나기 직전과 밤에 잠들기 직전이라고 한다. 즉, 깨어 있는 시간과 잠든 시간의 중간 시점이 특별하다는 것이다. 오컬트에서는 1년 중 사계절을 구분하는 절기인 춘분(春分; Spring/Vernal Equinox), 하지(夏至; Summer Solstice), 추분(秋分; Fall/Autumnal Equinox), 동지(冬至; Winter Solstice)를 중요시한다. 춘분과 추분은 1년 중 낮과 밤의 길이가 같아지는 날이며(Equinox = Equal + Night), 하지와 동지는 1년 중 태양이 중천에 떴을 때 가장 높은/낮은 지점에 3일간 머물렀다가 낮 또는 밤이 다시 길어지기 시작하는 날(Solstice = Sol + Still)이다. 전부 다 상태가 반전되기 시작하는 날들이라는 공통점이 있다. 사람이 세상에 태어나서 어린 시절 몇 년간은 어른들이 보지 못하는 것들을 보고, 때로는 전생도 기억하고, 반대로 육신의 죽음을 앞둔 상태에서는 저승에 먼저 간 친지들을 보거나 유체이탈을 하여 아스트랄체의 형태로 사랑하는

사람 앞에 모습을 드러내는 것도 삶과 죽음의 경계선에서 나타나는 독특한 현상의 사례로 생각된다.

22. 물질과 에테르의 상태를 넘나드는 달의 이러한 특이한 속성을 일찌감치 파악했던 우리 조상들은 달빛 아래 물을 한 사발 떠 놓고 두 손을 비비며 소원을 빌었고, 서양의 마법사들과 이교도들은 보름달이 뜬 날 숲에 들어가 기술을 연마했다. 달은 사람의 심리에도 지대한 영향을 준다. 보름달이 뜬 밤하늘의 모습은 참 낭만적이다. 은은한 달빛은 사랑하는 마음을 자극한다. 하지만 동시에 사람을 미치게 만들기도 한다. 영어로 '달'을 의미하는 'Luna'는 '미친 사람'을 의미하는 'lunatic'의 어원이다. 'Loon', 'loony', 'looney' 등도 '정신이 온전하지 않은 사람'을 지칭하는 단어들이고, 'loony bin'은 '정신병원'을 의미한다.

23. 남성적인 자비의 기둥에 위치했음에도 아프로디테라는 여성적 속성과 '승리'라는 전투적/남성적 속성을 동시에 지닌 넷자흐, 여성적인 가혹의 기둥에 위치했음에도 아프로디테와 헤르메스의 남성적/여성적 속성(헤르마프로디테)을 동시에 지닌 호드처럼, 달의 예소드도 이중적/모순적 속성을 지닌다. 튼튼한 '근본'을 의미하는 예소드의 마법 이미지는 넷자흐('아름다운 나신의 여인')와 대조적으로 '아름답고 매우 강한 나신의 남성'이고, 예소드를 지배하는 행성인 달은 '근본'이 상징하는 견고함과 대조적으로 28일을 주기로 차고 기우는 변화무쌍함을 상징한다.

24. 전통적으로 달의 여신은 동정녀로 묘사되기도 하고, 때로는 이와 정반대로 다산의 심볼이나 어머니로 묘사되기도 한다. 역시 매우 모순적이

다산의 상징, 에베소의 아르테미스 동상

다. 태양신 아폴로의 쌍둥이 누이인 달의 여신, 아르테미스는 아테나, 헤스티아와 더불어 그리스의 3대 동정녀 여신이다. 아르테미스는 실수로 자신이 목욕하는 모습을 봤다는 이유로 영웅 악타이온(Actaeon)을 사슴으로 둔갑시키고, 자기가 키우던 사냥개들에게 찢겨 죽는 무시무시한 형벌을 내렸을 정도로 철벽녀였지만, 아르테미스 신전이 서 있던 에베소의 아르테미스(Ephesian Artemis)는 수많은 유방이 달린 모습, 즉, 다산의 상징으로 묘사된다. 이 형상을 이용하여 만들어진 분수대에서는 그녀의 여러 유방에서 모유, 생명수를 상징하는 물이 계속 뿜어져 나온다.

25. 이집트의 동정녀 여신, 이시스의 심볼 중 하나는 초승달이고, 그녀의 또 다른 측면인 사랑의 여신이자 어머니 여신인 하토르는 머리에 다산을 상징하는 젖소의 뿔을 쓴 모습으로 묘사된다. 소는 황소자리를 지배하는 금성(비너스)과도 관련이 있다. 제2부에서 다룰 내용을 미리 조금 얘기하자면, 타로의 메이저 아르카나에서 달이 지정된 2번 카드, '여사제'는 동정녀이고, 금성이 지정된 3번 카드, '여황제'는 임신한 여성이다. 한편 보름달이 떴을 때 마법사와 마녀들이 경배하는 마법의 여신, 세 얼굴을 가진 달의 여신 헤카테[305]는 출산을 관장하는 역할도 한다.

26. 어떨 때는 동정녀이고, 어떨 때는 어머니인 달의 수수께끼를 푸는 열쇠는 무엇일까? 주기적으로 차고 기우는 달의 속성에서 해답을 찾을 수 있다. 밤마다 활과 화살을 등에 메고 사냥을 나서는 아르테미스는 그녀가 손에 쥔 활의 모양처럼 초승달, 즉, 동정녀를 상징하는 여신이다. 반면 출산을 관장하는 헤카테는 임신한 어머니의 배처럼 둥그렇게 튀어나온 보름달이다. 태양(구세주)이 태어난 크리스마스와 더불어 기독

교의 대표 명절은 부활절이다. 크리스마스는 양력으로 매년 12월 25일이지만, 양력에다 음력까지 고려하여 정해지는 부활절 일자는 매년 다르다. 부활절 일자는 '춘분이 지나고 첫 번째 보름달이 뜬 후 첫 번째 일요일'이다. 춘분(양력)이 지나야 낮(태양)이 밤(달)보다 길어지고, 달이 만삭(보름달; 음력)이 되어야 새로운 출산(부활)이 가능해지기 때문이다. 예를 들어, 2025년 춘분은 3월 20일이고, 그 이후 첫 번째 보름은 4월 13일(일)이므로, 2025년 부활절은 다음 일요일인 4월 20일(일)이 된다. 같은 원리로, 2026년 춘분은 3월 20일, 그 후 첫 번째 보름은 4월 2일(목)이므로, 2026년 부활절은 다음 일요일인 4월 5일(일)이 된다. 결론적으로 말해, 달은 상태에 따라 동정녀가 되기도 하고, 어머니가 되기도 하는 것이다.

27. 소우주에서 생식기에 해당하는 예소드는 남녀 간의 성(Sex)과도 깊은 연관이 있다. 여기서 말하는 성은 육체적인 성에 국한되는 개념이 아니다. 오컬트 전통에 따르면 인간은 일곱 개의 몸을 갖고 있으며, 실제 생식기가 달린 육신은 이 중 가장 아래에 있는 몸에 해당한다. 윌리엄 워커 앳킨슨은 요기 철학의 핵심을 요약한 저서,『그대, 아직도 '나'를 찾고 있는가?』에서 '인간을 구성하는 일곱 가지 원리'를 다음과 같이 정의했다.

    7. 영(Spirit)
    6. 영적 정신(Spiritual-Mind)
    5. 지능적 정신(Intellect)
    4. 본능적 정신(Instinctive-Mind)

3. 프라나, 또는 활력(Prana, or Vital Force)

2. 아스트랄체(Astral Body)

1. 육신(Physical Body)

사용하는 용어와 분류 기준은 약간 다르지만, 맥스 하인델은 『장미십자회의 우주 창조론』에서 인간이 가진 '일곱 가지의 탈것(Seven Vehicles of Man)'을 다음과 같이 표현했다.

7. 신성한 영(Divine Spirit)

6. 생명의 영(Life Spirit)

5. 인간의 영(Human Spirit)

4. 정신(Mind)

3. 열망체(Desire Body)

2. 활력체(Vital Body)

1. 육체(Dense Body)

28. 진정한 성이란 단순히 두 남녀 간 생식기의 결합이 아니라, 위에 열거한 일곱 차원에서 에너지를 서로 주고받으며 교감하는 것이다. 두 마리의 뱀이 스파이럴 형태로 헤르메스의 지팡이를 타고 오르며 양과 음의 역할이 계속 뒤바뀌듯이, 남과 여도 차원마다 극성이 바뀌며 상대에게 영향을 주고 상대로부터 영향을 받는다. 육체 너머의 차원에서 이루어지는 남녀 간의 교감은 섹스라기보다는 라포(rapport)의 형성에 가깝다. 즉, 마음이 맞고, 뜻이 맞는 관계를 의미한다. 인간관계에서 '기브 앤 테이크'를 중요시하듯이, 넓은 의미에서의 섹스도 주고받아야 정상적

으로 기능한다. 그러기 위해서는 육체적 차원뿐 아니라 상위 차원에서도 원활한 상호 교감이 이루어져야 하는데, 이와 같은 두 사람 간의 포괄적인 교감은 하루아침에 이루어질 수 있는 것이 아니다. 시간이 걸리는 일이다. 그래서 오컬트에서는 여러 사람을 만나서 짧게 교류하는 것보다는 한 사람과 오래 관계를 맺을 것을 권하고 있다.

29. 오컬트(백마법)에서 자위행위와 동성애를 경계하는 것도 같은 이유다. 자위행위의 경우 에너지를 일방적으로 방출하고 돌려받지 못해 궁극적으로는 낭비가 되고, 동성애의 경우 두 당사자의 육체적 극성이 같아서 에너지의 교환이 이루어지는 대신 과잉 에너지가 생산된다. 흑마법에서는 동성애의 이런 특성을 이용하여 오컬트 역량 계발 목적으로 쓰기도 하는데, 이는 마약을 이용하여 초능력을 계발하려고 시도하는 행위만큼이나 위험한 짓으로, 종국에는 당사자가 큰 대가를 치르게 된다고 한다.

30. 오컬트에서 성은 별도의 책으로 다뤄야 할 정도로 중요하고 방대한 주제 중 하나다. 이 책에서는 성에 관한 세간의 오해를 해소하는 디온 포춘의 설명을 인용하며 이 주제에 관한 설명을 마무리한다.

> 교회에서 결혼을 성례[306] 중 하나로 분류하고 있음에도 우리는 결혼의 마법적 측면을 고려하지 않고 있다. 성례란 내적이고 영적인 은총을 외적으로 드러내는 표식으로 정의할 수 있는데, 다소 차가운 기질과 육신을 경멸하는 성향을 지닌 앵글로-색슨 종족의 결혼식에서 이런 은총을 발견하기란 쉽지 않다. 결혼을 진정한 성례로 만드는 내적이고 영적인 은총은 승화와 금욕도 아니고, 부정과 자제도 아닌, 자연적인 것을 만끽

하고 즐기게 해주는, 판(Pan)의 축복에 담긴 은총을 말하는 것이다.

성과 육신은 더러운 것이 아니라 신이 인간에게 내린 신성하고 자연적인 축복이며, 성을 오용하고 남용하는 것도 물론 나쁘지만, 이를 터부시하며 인위적으로 억누르는 것도 중도에서 벗어난 행태라는 얘기다.

31. 예소드의 대표 심볼은 마법 의식에서 중요한 역할을 하는 도구들인 향수와 샌들이다. 샌들은 마법사의 지팡이만큼이나 중요한 도구라고 한다. 마법사는 오염되지 않은, 축성된 샌들을 신고 마법의 원 안에 서서 태양과 지구, 하늘과 땅 간에 에너지가 흐르는 도관 역할을 한다. 향수는 의식 또는 예배 중 신도들이 경건한 마음을 가지고 집중하도록 유도하는 목적으로 쓰인다.

32. 이상으로 우리가 사는 물질 세상 바로 너머에 있는, 결과의 영역인 물질계에 직접적인 영향을 주는 원인의 영역, 희한하고, 신기하고, 꿈에서나 볼 수 있을법한 광경이 끝없이 펼쳐지는 '이미지의 보물창고', 예소드에 관한 설명을 마친다. 이제 예소드에 상응하는 9번 카드들을 하나씩 살펴보자.

9번 카드의 기본 속성

어느 쪽으로든 균형이 무너졌을 때 나타나는 현상을 보여주는, 다소 힘든 경험이었던 7번과 8번 카드들을 통과한 후, 중간 기둥의 예소드로 돌아오면서 9번 카드에서는 균형을 되찾는다. 크로울리의 설명을 들어보자.

예소드는 에너지가 결정화(結晶化; crystallization)되는 세피라다. 하지만 이 작업은 생명 나무의 하단에서 이루어진다. 균형이 무너진 넷자흐와 호드로부터 도움을 받을 수 있으리라는 기대는 접어야 한다. 하지만 그나마 티파레트로부터 직접 받는 광선이 있기에, 티파레트를 계승하는 위치에 있기에 힘을 얻을 수 있다. 9번 카드들은 해당 슈트가 상징하는 원소의 힘이 미치는 영향을 물질적 관점에서 표현한다. 예소드는 물질 세상이 아니라 형성의 세상인 예치라에 속해 있으므로 원소의 힘 자체라기보다는, 그 힘의 관념을 표현한 것으로 이해할 수 있다.

각 슈트가 상징하는 힘이 물질 세상에 구체화하기 전, 그 안에 담긴 '포텐(잠재력)'이 터진 모습을 보여주는 카드들이라고 생각하면 좋을 것 같다.

하위 아스트랄계에 해당하는 예소드는 곳곳에 유혹과 함정이 도사리는 영역이기도 하다. '근본'이라는 제목에서 알 수 있듯이 견고하지만, 동시에 달의 영향을 받아 허상이 난무하는, 사람을 홀리게 만드는 화려한 이미지들이 파노라마처럼 펼쳐지는 곳이다. 이 점을 염두에 두고 각각의 카드를 살펴보도록 하자.

9 of Wands - 강력한 힘(Great Strength)

(Moon in Sagittarius) 10° to 20° Sagittarius

12월 3일 ~ 12월 12일

토트 타로의 제목 - 힘(Strength)

카드의 의미
- 파워. 건강. 반대와 갈등 이후의 성공. 아주 강력한 힘.
- 질병의 치유. 불안감 및 두려움 이후의 성공.
- "변화는 곧 안정이다."

본문에서 예소드의 이중성, 즉, 강한 남자, 근본, 안정성이라는 측면과 여신, 달의 변동성이라는 측면의 모순적 관계를 설명한 바 있는데, 크로울리는 지팡이 9번 카드를 설명하며 이를 다음과 같이 풀이하고 있다.

균형과 관련한 모든 주요 교리 중 가장 이해하기 쉬운 것은 "변화는 곧 안정이다."라는 교리다. 변화는 안정성을 보장한다. 무엇이든, 아주 짧은 순간이라도 변화를 멈추면 산산조각이 나게 되어있다. 변화는 자연의 질서를 보장한다. 이 사실을 모르는 상태에서 자전거를 배우면 한쪽으로 넘어지게 되어있다. 페달을 충분히 빠른 속도로 밟지 않으면 균형을 유지하기 어렵다. 손을 떨면 직선을 똑바로 그릴 수 없는 것도 같은 이치다. 이 카드는 "변화는 곧 안정이다."라는 개념을 기초적으로 표현한 카드다. 행성 중에서도 약한 축에 속하는 달이 별자리 중 가장 갈피를 잡기 어려운 사수자리에 들어왔다. 그런데 감히 '힘'이라는 제목을 붙이다니. 방어가 효과적이려면 계속 움직이는 수밖에 없다.

크로울리는 약한 요소들로 구성된 이 카드에 '힘'이라는 제목이 지정된 것을 의아해하면서도 힘과 안정성은 변화와 움직임에서 나온다는 오컬트의 기본 교리로 이를 설명한다. 'Sitting duck[307]'은 공격하기 쉽지만 'moving target[308]'은 맞추기 어려운 법이다. 『왕좌의 게임』 시즌 6, 에피소드 9가 방영된 후, 리콘이 지그재그로 뛰었더라면 화살에 맞지 않았을 것이라며 아쉬워하는 시청자들이 많았다. (스포가 될 수 있으므로 더 이상의 자세한 설명은 생략한다). 크로울리는 '변화'에서 이 카드에 담긴 힘을 보았던 것 같다.

카드 이미지를 보자. 지팡이가 8번 카드에서는 번개 형상으로 변하더니 9번에서는 사수자리에 걸맞은 화살로 표현되었다. 활과 화살은 달의 여신, 아르테미스/다이애나의 대표 상징이기도 하다는 점을 기억하자. 달이 뜬 어두운 밤과 같은 배경 위에 초승달을 촉으로 삼은 여덟 개의 화살이 X자 형태로 배치되어 있고, 그 위에 하나의 큰 화살이 놓여있다. 역시 초승달을 촉으로 삼은 큰 화살은 태양의 힘을 추진력으로 삼아 날아가도록 설계되었다. 티파레트(태양)의 에너지를 화살에 담아 예소드(달)를 향해 쏘고 있는 듯한 형상은 9번 카드의 힘이 그 배후에 있는 티파레트에서 나온 것임을 암시하고 있다. 티파레트와 예소드를 연결하는 중간 기둥 상의 경로는 활을 쏘는 반인반마(半人半馬), 켄타우로스(centaur)를 심볼로 삼는 사수자리(궁수자리)가 지정된 메이저 아르카나의 14번 카드, '연금술(Art[309])'이 위치한 경로이기도 하다. 배경에는 열 개의 불꽃이 타오르고 있다. 이는 티파레트의 에너지가 예소드를 거쳐 궁극적으로 생명 나무 맨 아래의 세피라, 말쿠트를 겨냥하고 있음을 의미한다.

9 of Cups - 물질적 행복(Material Happiness)

(Jupiter in Pisces) 10° to 20° Pisces

3월 1일 ~ 3월 10일

토트 타로의 제목 - 행복(Happiness)

카드의 의미

- 완전한 성공. 즐거움과 행복. 신체적 건강.
- 완벽에 가깝지만, 일시적일 수도 있는 행복.
- 약화하는 영향을 받을 경우: 허영심. 자화자찬. 자만. 방임에 빠질 위험.

물고기자리를 지배하는 행운의 메신저, 목성이 안락한 자기 집에 왔다. 이보다 더 좋을 순 없다. 어떤 식으로 해석해도 이 카드의 키워드는 '행복'이다. 가지런하게 정돈된 아홉 개의 컵은 싱싱한 연꽃에서 흘러나오는 술로 가득 채워졌다. 큰 컵들의 이미지가 카드 전체를 꽉 채우고 있는 듯하다. 풍성하다는 느낌을 지울 수 없다.

"나는 행복해지고 싶다", "내 삶의 목표는 행복해지는 것이다", "돈 워리, 비 해피(Don't worry, be happy)." 행복해지고 싶은 것은 인간의 원초적 본능이다. 그런데 찬물을 끼얹어서 미안하지만, 행복은 누구에게나 당연하게 주어지는 것은 아니다. 행복은 인간의 기본적 상태가 아니라, 일종의 행운이다. '행복'을 풀이하면 '幸(다행 행) + 福(복 복)'이다. 영어의 'happy'도 그 어원을 거슬러 올라가면 '운이 좋다', '행운은 내 편이다', '유리한 상황에 있다', '일이 잘 풀렸다'는 의미가 된다. '우연히 일어난 일'을 의미하는 'happening', '우연'을 의미하는 'happenstance'도 다 'happy'와 같은 어원에서 나온 단어들이다. 행복은 우연히 찾아오는 것이고, 지금 내게 찾아왔다면 다행인 것이다. 행복한 동안에는 감사하며 즐기면 된다. 역설적으로 들릴지도 모르지만, 행복을 삶의 목표로 삼으면 불행해진다. 행복이 계속 내 곁에 머물지 않으므로 실망하게 되는 것이다. 행복이 찾아왔을 때 감사하고, 떠났을 때는 그저 덤덤하게 여기며 다음을 기약하는 것이 가장 현명한 처사가 아닐까 싶다.

오해는 없기 바란다. 행복을 포기하라는 얘기도, 기대를 접으라는 얘기도 아니다. 매 순간 긍정적인 사고와 관점으로 삶을 대하는 것은 아주 바람직한 자세다. 하지만 그렇다고 매 순간 행복하리라고 기대하면 반드시 실망하게 된다. 그건 집착이다. 그건 마치 매주 로또에 당첨될 것이라고 확신하는 것이나 다름없는 일이다. 행복은 삶의 궁극적 목표가 아니라 살다 보면 누구에게나 찾아오는, 소중한 선물 같은 것이다. 새옹지마의 노인처럼 삶에서 우연히 생기는 좋은 일, 나쁜 일을 다 받아들이고 마음을 편한 상태로 유지하는 것이 진짜 행복의 비결이다. 약간 냉소적으로 들릴 수도 있는 크로울리의 설명을 들어보자.

목성이 물고기자리에 들어왔으니 행운임은 틀림없지만, 완전한 포만감에 가까운 느낌의 행운 또는 행복이다. 완전한 만족은 부패를 낳을 뿐이다. 절대적 휴식이라는 것은 세상에 존재하지 않는다. 예쁜 장미꽃에 둘러싸인 당신의 아름다운 전원주택은 영원할 줄 아는가? 천만에. 그런 것은 영구적이지 않다. 우주는 쉬지 않고 변한다. 변화는 안정을 보장한다. 그리고 안정은 변화를 보장한다.

지금 행복하다면 즐기되, 이 행복이 영원할 것이라는 기대는 하지 말자. 행복 이후에는 행복이 아닌 것이 찾아오게 되어있다. 반대로 지금 불행하다면 그 불행이 영원히 이어질 것으로 여기며 절망하지 말자. 불행 이후에는 행복이 찾아오게 되어있다. 이것이 바로 크로울리가 말하는 '변화'다.

달이 지배하는 예소드는 허상의 세상이다. 겉으로는 행복처럼 보이는 것이 사실은 불행의 씨앗일 수 있고, 불행으로 보이는 것이 사실은 행복의 도래를 알리는 징후일 수 있다. 예소드의 중요한 교훈 중 하나는 보이는 것에 현혹되지 말라는 것이다.

9 of Swords – 절망과 잔혹(Despair and Cruelty)

(Mars in Gemini) 10° to 20° Gemini

6월 1일 ~ 6월 10일

토트 타로의 제목 – 잔혹(Cruelty)

카드의 의미

- 정신적 고통. 절망. 희망을 잃음. 걱정. 고통. 손실. 질병. 악의. 통증. 부담.
- 억압. 교묘함과 술수. 거짓말. 수치.
- 강화하는 영향을 받을 경우: 순종. 충실함. 인내심. 이타심.

중간 기둥에 속한, 안정적이고 견고한 카드들로 잘 나가다가 갑자기 날벼락을 맞은 듯한 느낌이다. 무슨 공포 영화 포스터에서나 쓰일법한, 피가 뚝뚝 떨어지는 아홉 자루의 검을 묘사한 카드 이미지는 쳐다보기만 해도 불쾌하다. 제목도 '절망과 잔혹'이다. 컵 9번 카드를 처음 보고 든 생각은 "이보다 더 좋을 순 없다."였는데, 검 9번 카드를 보고 느낀 첫인상은 "이보다 더 나쁠 순 없다."다. 다른 9번 카드들의 제목은 '힘', '행복', '이득' 등, 하나처럼 다 풍요롭고 든든한데, 왜 유독 검 9번만 끔찍한 이미지를 보여주고 있을까? 크로울리의 설명을 들으면 그 이유를 알 수 있다.

검 9번 카드의 제목은 '잔혹'이다. 검에 내재한 분란의 요소가 최고조에 이르렀다. 화성이 쌍둥이자리에 들어온 이 카드는 정신의 극단적인 고통을 표현하고 있다. 루아흐(정신)가 자신을 잡아먹고 있는 형국이다. 루아흐의 힘을 동원하여 인간이 떠올릴 수 있는 생각이란 생각은 다 떠올려 봤으나, 결론은 절망이다. (중략). 이것이 바로 분석의 쓴맛이다. 머릿속에서는 계속 정신적 활동이 일어나고 있으나, 종국에는 목적지에 도달할 수 없다는 사실을 본능적으로 알고 있기 때문에 절망하는 것이다.

여러 가지를 시사하는 인용문이다. 정신적 활동, 즉, 지능의 힘으로는 목적지에 도달할 수 없다. 깨달음과 각성에 이르는 성장의 여정에서 정신은 큰 도움을 주지만, 어느 시점이 되면 정신도 내려놓고, 에고마저 내려놔야 한다. 뛰어난 두뇌와 정신의 힘을 소유한 유능한 과학자는 보기만 해도 어질어질하고 복잡한 수학과 물리학의 문제를 척척 풀지만, 나는 어디에서 왔는지, 나는 누구인지, 나는 어디로 가는지는 모른다. 그건 정신의 힘으로 알 수 있는 것이 아니기 때문이다. 그래서 크로울리의 말대로 한계를 느끼고 결국엔 절망에 빠진다. 정신은 자기 힘으로 답을 알 수 없다는 사실을 인정하지 않으려고, 통제권을 놓지 않으려고 필사적으로 매달린다. 그렇게 버티다가 결국엔 검 여왕의 손에 참수된다.

검 에이스는 '소환된 힘'으로, 선 또는 악의 목적으로 사용될 수 있다고 했다. 칼자루를 쥔 소인배는 자기가 잘나서 천하를 얻은 줄로 착각하며 자기 이익을 위해 칼을 마구 휘두르고, "칼로 흥한 자는 칼로 망한다."는 격언이 자기에게도 적용될까 봐 두려워 권력을 더욱 키우다가 결국엔 파멸에 이른다. 물론 검을 선의 목적으로, 방어의 목적으로 사용할 수도 있지만, 검은 기본적으로 생명을 해치는 도구다. 따라서 검의 개념이 완성에 가까워질수록, 검의 잠재력이 펼쳐질수록 폭력적인 결과가 나온다. '잔혹'의 9번 카드 다음에 '파멸'의 10번 카드가 나오는 것만 봐도 알 수 있다.

영화 『스타워즈』의 다섯 번째 에피소드, 『제국의 역습』에 이런 장면이 나온다. 마스터 요다에게 제다이 훈련을 받던 중, 친구들이 위험에 처했다는 비보를 접한 루크 스카이워커는 그들을 돕기 위해 훈련을 중단하고 당장 떠날 채비를 한다. 그러면서 자신감에 찬 말투로 스승에게 말한다. "저 이제 포스(Force)를 사용할 줄 안다고요!" 그러자 요다가 대답한다. "하지만 포스를 통제하는 방법은 아직 정복하지 못했잖으냐!" 스승의 만류를 뿌리치고 떠난 스카이워커는 결국 적진 깊숙이 침투하여 다스 베이더를 향해 광선검을 휘두르다가 팔을 잃는 운명을 맞게 된다. 그리고 이 사건은 훗날 스카이워커가 깨달음을 얻는 결정적 계기가 된다.

"펜은 칼보다 강하다."는 말도 있다. 사회적 또는 정치적 변혁을 일으키는 데 있어 폭력보다 글이 더 효과적이라는 의미로, 에드워드 불워 리턴이 한 명언이다. 맞는 말이긴 한데, 펜도 폭력성을 띨 수 있다. 특히 요즘같이 인터넷이 발달한 시대에는 익명성의 가면 뒤에 숨어 펜으로 멀쩡한 사람을 마녀사냥 하듯이 몰아붙이며 사회적으로 매장하거나 사지로 몰아넣는 사람들이 판을 치고 있는데, 당연한 이야기지만, 이런 행동은 전부 다 자기에게 몇십 배, 몇백 배로 되돌아온다. 얼굴과 이름을 드러내고 돈벌이를 위해 이런 파렴치한 행동을 하는 자들을 '사이버 레카'라고 칭하는데, 여기서 '레카(wrecker)'는 사고가 난 차량을 견인하는 '견인차'라는 의미도 있지만, 본래는 '파괴하는 자', 즉, 타인의 인생을 파괴하는 자라는 뜻이다. '견인차'보다는 '파괴자'가 의미상으로 훨씬 적절한 것 같다.

카드 이미지를 자세히 보면 붉은 핏방울 외에 초록빛이 살짝 섞인 노란 물방울도 위에서 아래로 뚝뚝 떨어지고 있는데, 크로울리에 따르면 이는 독(毒)이라고 한다. 말로, 펜으로, 키보드로 사람을 해치는 독설(毒舌)인 것이다. 아홉 자루의 검은 피를 머금기 위해 지금까지 수많은 결투를 치렀는지, 날도 상하고 전반적으로 상태가 안 좋은 모습이다. 검은 존재의 목적을 달성했는지 몰라도, 검을 휘두른 사람은 상처뿐인 영광(?)만 얻었다. 본래 순수한 지능을 상징했던 검이 이제는 맹목적인 힘, 원초적 본능으로 타락한 것이다.

크로울리는 이 카드에 대응하는 방법을 다음과 같이 설명했다.

> 이 카드에 대응하는 방법은 수동적인 저항, 체념, 그리고 순교자의 운명을 받아들이는 것이다.

9 of Disks - 물질적 이득(Material Gain)

> (Venus in Virgo) 10° to 20° Virgo
> 9월 2일 ~ 9월 11일
> 토트 타로의 제목 - 이득(Gain)

검 슈트의 카드들은 순수한 지능, 날카로운 지성의 상태에서 출발하여 생명의 나무를 타고 내려오면서 본래의 기능이 조금씩 왜곡되고 감추었던 이빨을 서서히 드러내지만, 물질을 상징하는 디스크의 경우에는 이와 반대로 물질계에 가까워지면서 제목만 봐도 좋은 카드들[310]이 연

카드의 의미

- 물질적 사안과 관련한 행운. 유산. 부의 증대. 물질적 이득의 완성.
- 약화하는 영향을 받을 경우: 탐욕스러움. 절도. 부정행위.

달아 등장한다. 디스크 8번 카드를 설명하면서 언급했듯이 물질의 특성은 타성이고, 물질적 사안과 관련해서는 아무것도 하지 않는 것이 오히려 유리한 경우가 많다. 그리고 이 개념은 '물질적 이득'이라는 제목이 지정된 9번 카드에도 그대로 적용된다. 크로울리의 설명을 들어보자.

> 이 카드의 제목은 '이득'이다. 디스크 슈트는 이런 것에 관심을 가지기에는 너무 둔하다. 그저 자기가 얻은 것들을 헤아릴 뿐이다. 다 얻은 후에는 내가 뭘 얻었는지 걱정하지도 않는다. 이 카드를 지배하는 금성은 자기가 뿌린 만큼 거둔 것으로 만족하며 고양이처럼 두 손을 비비며 편한 자세로 앉아 가르랑거린다. 10번 카드를 다루면서 알게 되겠지만, 다른 슈트들과는 달리 디스크 슈트는 만족감에 반응하지 않는다. 오히려 가면 갈수록 더 둔감하고, 더 무신경해지며, 우주가 선사할 수 있는 최선의 세상에서 모든 것은 이미 최선이라고 느낀다.

흙과 친한 금성이 흙의 변동사인, 처녀자리에 들어왔다. 궁합 상으로 봤을 때, 처녀와는 거리가 먼 금성은 처녀자리에서 추락한다. 따라서 마치 손발이 묶인 것 같은, 힘을 쓸 수 없는 상황인데, 오히려 그래서 크로울리의 설명대로 물질적인 면, 금전적인 면에서는 좋은 결과가 나왔다. "If it ain't broke, don't fix it." 망가지지 않았다면 굳이 고치려 하지 말라는 얘기다. 4대 원소 중 물질에 해당하는 흙은 언제나 고집스럽고 보수적이라는 사실을 기억하자.

카드의 이미지를 살펴보자. 아홉 개의 디스크가 세 개의 그룹으로 묶여 있다. 맨 위의 세 디스크에는 상위 행성들인 토성, 목성, 화성의 심볼, 맨 아래의 세 디스크에는 하위 행성들인 금성, 수성, 달의 심볼이 새겨져 있고, 중앙의 세 디스크는 태양을 상징한다. 행성 심볼을 이용하여 신의 얼굴을 표현한 것이 재미있다. 전체적으로 봤을 때, 돈을 상징하는 초록색이 카드를 지배하고 있다. 가시광선 스펙트럼(빨주노초파남보)의 중앙에 위치한 초록색은 균형과 자연, 그리고 이 카드를 지배하는 금성(넷자흐)을 상징하는 색이기도 하다. 돈(디스크)이 견고한 균형을 이루면서 사방으로 초록 광선을 발사하고 있는 듯한, 돈의 좋은 영향을 만방에 전파하고 있는 듯한 형상이다. 컵 9번과 마찬가지로, 이 카드를 접하면 내게 들어온 행운에 감사하고 마음을 비우자.

(10) 말쿠트(Malkuth, מלכות); 왕국(The Kingdom)

① **타이틀**: 말쿠트, 왕국.

② **마법 이미지**: 왕관을 쓰고 권좌에 앉은 젊은 여성.

③ **생명의 나무 상의 위치**: 균형(중용)의 기둥 하단.

④ **세페르 예치라 상의 설명**: 열 번째 경로는 모든 머리 위로 승격되고 비나의 권좌에 앉아있으므로 빛나는 지성(Resplendent Intelligence)으로 불린다. 이 경로는 모든 빛의 장관에 광채를 더하며, 얼굴의 왕자(Prince of Countenance), 즉, 케테르의 천사(Angel of Kether)가 영향력을 발산하도록 자극한다.

(The Tenth Path is called the Resplendent Intelligence because it is exalted above every head and sits upon the Throne of Binah. It illuminates the splendours of all the Lights, and causes an influence to emanate from the Prince of Countenances, the Angel of Kether.)

⑤ **별칭**: 관문(The Gate), 죽음의 관문(The Gate of Death), 죽음의 그림자의 관문(The Gate of the Shadow of Death), 눈물의 관문(The Gate of Tears), 정의의 관문(The Gate of Justice), 기도의 관문(The Gate of Prayer), 강한 자들의 딸의 관문(The Gate of the Daughter of the Mighty Ones), 에덴동산의 관문(The Gate of the Garden of Eden). 하위 차원의 어머니(The Inferior Mother), 여왕(말카; Malkah, the Queen), 신부(칼라; Kallah, the Bride), 동정녀(The Virgin).

⑥ **지배자의 이름**:
- 신의 이름 - 아도나이 멜렉(Adonai Melekh) 또는 아돈 하 아레츠

(Adon ha-Aretz).

- 대천사 – 산달폰(Sandalphon).
- 천군 – 이쉼(Ishim), 불의 영혼(Souls of Fire).
- 세속적 차크라 – 올람 하 예소도트(Olam ha-Yesodoth), 원소의 영역(Sphere of the Elements).

⑦ 영적 체험: 신성한 수호천사의 비전(Vision of the Holy Guardian Angel).

⑧ 미덕: 분별력(Discrimination), 악덕: 탐욕(Avarice), 타성(Inertia).

⑨ 소우주와의 상응: 발, 항문.

⑩ 심볼: 더블 큐브의 제단(Altar of the double cube), 팔 길이가 같은 십자가(The equal-armed cross), 마법의 원(The magic circle), 마법의 삼각형(The triangle of art).

⑪ 타로: 네 장의 10번 카드.

- 10 of Wands – 억압(Oppression).
- 10 of Cups – 완벽한 성공(Perfected Success).
- 10 of Swords – 파멸(Ruin).
- 10 of Disks – 부(Wealth).

⑫ 색상:

- 아칠루트 – 노란색(Yellow).
- 브리아 – 담황색(Citrine), 올리브색(Olive), 적갈색(Russet), 검은색(Black).
- 예치라 – 금색 얼룩이 뿌려진 담황색, 올리브색, 적갈색, 검은

색(Citrine, olive, russet, and black, flecked with gold).
- 아시아 – 노란 선이 섞인 검은색(Black, rayed with yellow).

"오늘날 서방 세계가 인류의 선봉에 서 있다는 사실에는 의심의 여지가 없다."

1. 이 책에서 여러 차례 언급한 맥스 하인델의 『장미십자회의 우주 창조론』, 첫 장의 첫 문장이다. 이 문장을 처음 읽고 덴마크 태생인 작가가 백인우월주의에 빠진 인종차별주의자가 아닐까 하는 생각도 했었다. 하지만 계속 읽다 보니 작가가 저런 말을 한 것은 내가 생각한 것과는 전혀 다른 이유에서였다. 이 책의 제1부 후반부에는 '진화의 과정에서 포도주가 하는 역할(Wine as a Factor in Evolution)'이라는 장이 있다. 개인적으로 와인을 좋아해서 기대감을 안고 읽었던 장인데, 역시 나의 예상과 완전히 빗나가는 내용이었다. 내용이 다소 길지만, 이번 섹션에서 다루는 열 번째이자 마지막 세피라 말쿠트, 즉, 물질 세상을 이해하는 데 도움이 되리라 생각되어 꽤 많은 분량을 발췌해보았다.

네 번째 시대(Fourth Epoch; 아틀란티스의 시대)에 이르러 인간은 동물 다음의 단계로 진화하게 된다. 정신(mind)을 소유하게 된 것이다. 생각하는 행위는 신경세포를 분해한다. 죽이고, 파괴하고, 썩게 만든다. 그래서 아틀란티스 시대의 인간은 죽은 육신, 즉, 고기를 먹기 시작한다. 이 시대의 인간은 먹기 위해 동물을 죽였고, 성경에서도 "니므롯은 특이한 사냥꾼이다.311"라고 표현하고 있다. 니므롯은 네 번째 시대의 인간을 상징하는 인물이다.

인간은 더욱 깊숙이 물질의 늪으로 하강하고 있었다. 그의 골격을 형성했던 기존의 에테르체(ethereal body)는 단단한 물질(solid)로 변했다. 그는 또한 이전 시대에 소유했던 영적 자각(spiritual perception)을 점차 잃기 시작했다. 다 (신에 의해) 계획된 일이었다. 인간이 장차 성장하여 지금보다 더 높은 단계에 이르면 영적 자각을 회복하는 것은 물론, 당시(네 번째 시대)에는 소유하지 못했던 자아의식도 가지게 될 것이다. 첫 번째부터 네 번째 시대에 이르는 오랜 세월 동안 인간은 지금보다 영적 세상에 관해 훨씬 방대한 지식을 소유하고 있었다. 당시의 인간은 자기가 불멸의 존재라는 사실도 알고 있었다. 하나의 육신이 죽는 것은 가을에 나무에서 마른 잎이 떨어지는 것과 같은 것이며, 육신이 죽더라도 다시 새로운 몸을 가지고 태어난다는 사실(환생)을 알고 있었다. 그래서 역설적으로 그는 지구라는 행성에서 육신을 가진 존재로 사는 삶이 주는 기회의 소중함을 인지하지도, 제대로 활용하지도 못했다.

하지만 인간은 육신을 가진 존재로서의 삶을 통해 배워야 할 것을 다 배우고, 이 기회가 얼마나 중요한 것인지 이해할 필요가 있었다. 인간은 본래 상위 차원의 시민이고, 육신을 가진 존재로서의 삶은 전체의 작은 부분이라는 사실을 알고 있는 한, 그는 물질 세상의 경험을 진지하게 받아들일 수 없었다. 물질 세상에서 육신을 가진 존재로서만 얻을 수 있는 성장의 기회를 잘 살리고 활용하겠다는 의지도 생길 수 없었다. 오늘날의 인도인들처럼, 세상의 자원을 개발하겠다는 생각 없이 세월만 낭비한 것이다.

당시의 인간이 물질 세상과 육신을 가진 존재로서의 삶을 소중하게 여기도록 유도하는 유일한 방법은 몇 차례의 환생 사이클 동안만이라도 자기가 영적 존재라는 사실에 관한 기억을 망각하도록 하는 것이었다. 그리하여 인간은 현생 이외의 삶(전생)에 관한 지식이 전혀 없는 상태로 지구에서의 삶을 살게 되었다. 그래야만 이번 생을 진지하게 대하며 열심히 사는 동기가 부여될 수 있기 때문이다.

기독교 이전에는 재탄생(Rebirth)과 인과관계의 법칙(Law of Consequence)을 가르친 종교들이 있었으나, 이런 교리들이 인간의 성장에 도움이 되지 않는, 오히려 이 교리들을 모르는 것이 성장에 유리한 시점이 오고 말았다. 환생의 개념은 잠시 잊고, 이번 삶, 즉, 물질적인 현생을 가장 중요시해야 하는 단계가 온 것이다. 이러한 이유로 기독교에서는 공개적으로는 영적 인과관계의 법칙이나 재탄생, 즉, 환생의 교리를 수용하지 않는다. 하지만 기독교는 현재 가장 앞서나가고 있는 인류 종족의 종교이자 세계 종교 중 으뜸이며, 기독교의 공개된 가르침에서 이 교리를 삭제한 덕분에 앵글로 색슨과 게르만 종족은 물질 세상의 정복이라는 관점에서 지금 세계 최선봉에 서 있다.

인류는 새로운 시대를 맞을 때마다 새로운 환경에 적응하고 새로운 목적을 달성하기 위해 새로운 음식을 섭취하기 시작하거나 기존의 식단을 바꿨는데, 다섯 번째 시대(The Fifth Epoch; 아리안의 시대)에 접어들면서는 포도주(술)라는 새로운 음식이 식단에 추가되었다. 술의 등장은 인간에 내재한 영적 원리를 억제하고 마비시키기 위해 필요한 일이었다. 그 이전까지는 세상 어느 종교도 인간은 영적 존재라는 진리를 망각하도록 유도하지 못했다. "나는 흙으로 만들어진 벌레에 불과하다", "내 몸을 움직이는 힘과 내가 생각할 때 사용하는 힘은 같다."고 착각하도록 영향을 주지도 못했다. 사실 그 정도까지 인간의 영적 본능을 억누르려 했던 것은 아니었는데, 지나친 감이 있었던 것도 부인할 수 없다.

이 시점까지 인간은 물만 음용했고 종교의식에서도 물만 사용했으나, 성경에 기록된 노아의 홍수 이야기에서 볼 수 있듯이, 아틀란티스(유럽과 아메리카 사이, 오늘날의 대서양(Atlantic Ocean)에 있던 대륙)가 침몰한 후 파괴의 현장을 피해 살아남은 생존자들은 포도나무를 재배하고 포도주를 만들기 시작했다. 노아는 다섯 번째 종족(The Fifth Race)을 구성하는 핵심, 즉, 우리의 조상인 아틀란티스 시대의 생존자들을 상징한다.

알코올의 유효 성분은 'spirit'이며, 이전 시대의 인류가 당시 걸쳤던 육신에 걸맞은 음식을 섭취했듯이, 다섯 번째 시대의 인류는 식단에 알코올을 추가했다. 알코올은 이 시대를 사는 인간이 물질 세상을 이해하고, 존중하고, 정복할 수 있도록, 그 가치를 적절하게 평가할 수 있도록 영향을 주기 위해 그의 영을 일시적으로 마비시킨다. 그 결과, 인간은 한동안 자신의 영적 고향, 영적 유산에 관한 기억을 잊게 되었고, 그전까지 경멸해왔던, 육신을 가진 존재로서의 삶을 인생의 전부라고 생각하며 이에 집착하게 되었다. 술로 인해 정신이 흐리멍덩해지면서 인간은 실체도 불분명하고 이해할 수도 없는 '천국'에 기대기보다는, 확실하게 존재하는 물질 세상을 선호하게 되었다.

이전까지는 종교의식에서도 물만 사용했으나, 이 전통 역시 변화를 맞게 되었다. 포도주의 신인 '바쿠스(Bacchus)'가 등장했고, 그가 따라주는 술을 받아마신 당시 선진국들은 물질 세상 너머에 상위 차원의 삶이 있다는 사실을 점차 망각하게 되었다. 포도주 또는 알코올이 함유된 술(발효와 부패를 통해 생산되는 음료)이라는 거짓 영(spirit)에 경의를 표하는 사람은 생명의 원천인 진정한 영, 즉, 상위 자아를 알 수 없다.

이 모든 일은 그리스도의 출현을 위한 준비 과정이었으며, 그가 행한 첫 번째 기적이 물을 포도주로 변환한 사건[312]이었다는 사실은 시사하는 바가 크다.

하지만 사석에서 그는 제자들에게 환생의 교리를 가르쳤다. 말로 설명했을 뿐만 아니라, 제자들과 함께 '높은 산에 올라갔다.[313]' 여기서 '높은 산'은 '입문 의식을 치르는 장소'를 의미하는 상징적 표현이다. 제자들은 입문 의식을 통해 환생이 진리임을 두 눈으로 확인했다. 먼 훗날 세례 요한(John the Baptist)으로 환생하게 되는 선지자 엘리야(Elijah)를 직접 본 것이다. 그리스도는 제자들에게 세례 요한의 정체를 설명하며 이렇게 분명하게 말했다. "오리라 한 엘리야가 곧 이 사람이니라.[314]" '그리스도의 변용(變容; Transfiguration of Jesus)[315]' 현장에서도 이를 다시 강조했다. "엘리야가 이미 왔으되 사람들이 알지 못하고 임의로 대우하였도다.[316]" 그리고 바로 다음 구절[317]에는 "제자들이 예수의 말씀하신 것이 세례 요한인 줄을 깨달으니라."라고 적

그리스도의 변용

혀 있다. 그리스도가 변용의 현장에서 제자들을 입문시키고 그들과 함께 환생에 관해 토론할 때, 제자들은 사람들이 그(그리스도)를 엘리야 또는 옛 선지자 중 한 명이 환생한 것으로 생각하고 있다고 보고했다.318 그러자 그는 제자들에게 "이를 아무에게도 이르지 말라.319"고 명했다. 환생의 교리는 수천 년 동안 비의 가르침(esoteric teaching)으로 취급되었고, 인류가 이 진리를 깨우치고 받아들일 수 있을 때까지 준비된 소수에게만 공유되었다.

2. "오늘날 서방 세계가 인류의 선봉에 서 있다."는 맥스 하인델의 발언은 결국 서양이 동양보다 먼저 물질의 수렁에 깊게 빠졌다는 뜻이다. 제2장에서 다뤘던 창조(involution)와 진화(evolution)의 개념을 다시 떠올려보자. 우주는 1번 세피라, 케테르에서 시작하여 발산의 과정을 순차적으로 거치면서 창조되었고, 10번 세피라, 말쿠트에 이르러 최하위 세상, 물질 세상인 말쿠트가 완성된다. 그리고 오늘날 물질로 구성된 육신을 걸치게 된 인간은 물질 세상인 말쿠트에서 물질 환경에 둘러싸여, 물질에 집착하며, 물질이 삶의 전부라고 생각하며 살고 있다. 맥스 하인델의 말대로 인간은 자신이 육신을 지닌 영혼, 불멸의 영혼이라는 진리를 망각한 상태로 살아가는 존재들이다. 그런데 물질 세상이 창조된 데는 다 이유가 있다. 우리가 낙원으로 돌아가기 전에, 말쿠트에서 시작하는 성장의 사다리를 타고 생명의 나무를 오르기 전에 반드시 통과해야 하는, 정복해야 하는 과정이기 때문에 물질 세상이 존재하는 것이다.

3. 디온 포춘은 이 개념을 요트 경주에 비유했다. 요트 경주의 목표는 바다 한가운데 떠 있는 부표, 즉, 경주 코스의 중간 지점, 반환점을 상징하는 이 부표를 돌아서 시작점으로 복귀하는 것이다. 부표에 도달하지 않은 상태에서, 또는 돌지 않은 상태에서 유턴하여 복귀하면 실격이다. 말쿠트는 이 부표와 같은 개념이다. 출발점(케테르)에서 가장 멀리 떨어진 곳이자, 꼭 돌아야만 하는 중요 이정표다. 북유럽 신화의 천국인 아스가드에서 출발하여 그곳에서 가장 멀리 떨어진 헬하임을 찍고 출발지로

돌아오는 경주라고 할 수 있겠다.

4. 물론 인간의 성장은 경주가 아니다. 맥스 하인델의 말대로『장미십자회의 우주 창조론』이 쓰인 100여 년 전에는 서양이 동양보다 먼저 물질주의에 깊게 빠지며 물질문명을 건설했고, 그로 인한 부작용과 재앙도 맛보고, 지금은 상대적으로 '영적인 느낌'을 주는 동양이 오히려 더 물질주의에 빠져있는 상황이다. 물질의 쓴맛을 먼저 본 서양에는 이제 영성을 찾으며 동양의 가르침을 흡수하고자 하는 사람들이 늘어나는 추세고, 반대로 동양은 서양의 물질문명을 수용하며 빠른 속도로 서양화되고 있다. 세월이 더 흐르면 이 경주에서 여러 차례 선두가 바뀔 것이다. 하지만 누가 먼저 결승점에 도달하는지는 중요하지 않다. 이건 경쟁도 아니고, 승자와 패자도 없는 경주다. 완주가 목적이고, 모두가 궁극적으로는 완주하는 운명을 지니고 있다.

5. 성경에 등장하는『돌아온 탕아』의 이야기는 단순히 도덕적 가르침을 담은 우화가 아니라 인류의 지난 발자취와 향후 운명을 기록한 역사서 또는 예언서에 가깝다. 아버지의 집에 살던 탕아는 영적 세상, 즉, 케테르에 거주하던 당시의 인간, 세상과 물질을 아직 경험하지 못한 갓난아기 시절의 인간을 상징하고, 아버지의 집을 떠나 유산으로 받은 재산을 다 탕진하고 자신의 잘못을 뉘우치며 돼지우리 안에서 비참하게 생활하는 시절의 탕아는 물질에 빠진 오늘날의 인간을 상징한다. 그리고 아버지의 집으로 다시 돌아가는 탕아는 자신의 정체성(본래 영적 존재였다는 사실)을 깨닫고 성장의 사다리, 생명의 나무를 오르기 시작하는 구도자를 상징한다. 이 세상의 모든 탕아, 모든 인간은 결국 아버지의 집으

로 돌아가 환대받는 운명을 지니고 있다. 중요한 내용이므로 성경에 기록된 우화의 줄거리 전체를 옮겨보았다.

(누가복음 15:11) 또 가라사대 어떤 사람이 두 아들이 있는데
(누가복음 15:12) 그 둘째가 아비에게 말하되 아버지여 재산 중에서 내게 돌아올 분깃을 내게 주소서 하는지라 아비가 그 살림을 각각 나눠 주었더니
(누가복음 15:13) 그 후 며칠이 못되어 둘째 아들이 재산을 다 모아 가지고 먼 나라에 가 거기서 허랑방탕하여 그 재산을 허비하더니
(누가복음 15:14) 다 없이한 후 그 나라에 크게 흉년이 들어 저가 비로소 궁핍한지라
(누가복음 15:15) 가서 그 나라 백성 중 하나에게 붙여 사니 그가 저를 들로 보내어 돼지를 치게 하였는데
(누가복음 15:16) 저가 돼지 먹는 쥐엄 열매로 배를 채우고자 하되 주는 자가 없는지라
(누가복음 15:17) 이에 스스로 돌이켜 가로되 내 아버지에게는 양식이 풍족한 품군이 얼마나 많은고 나는 여기서 주려 죽는구나
(누가복음 15:18) 내가 일어나 아버지께 가서 이르기를 아버지여 내가 하늘과 아버지께 죄를 얻었사오니
(누가복음 15:19) 지금부터는 아버지의 아들이라 일컬음을 감당치 못하겠나이다 나를 품군의 하나로 보소서 하리라 하고
(누가복음 15:20) 이에 일어나서 아버지께 돌아가니라 아직도 상거가 먼 데 아버지가 저를 보고 측은히 여겨 달려가 목을 안고 입을 맞추니
(누가복음 15:21) 아들이 가로되 아버지여 내가 하늘과 아버지께 죄를

얻었사오니 지금부터는 아버지의 아들이라 일컬음을 감당치 못하겠
나이다 하나

(누가복음 15:22) 아버지는 종들에게 이르되 제일 좋은 옷을 내어다가
입히고 손에 가락지를 끼우고 발에 신을 신기라

(누가복음 15:23) 그리고 살진 송아지를 끌어다가 잡으라 우리가 먹고
즐기자

(누가복음 15:24) 이 내 아들은 죽었다가 다시 살아났으며 내가 잃었다
가 다시 얻었노라 하니 저희가 즐거워하더라

(누가복음 15:25) 맏아들은 밭에 있다가 돌아와 집에 가까왔을 때에 풍
류와 춤추는 소리를 듣고

(누가복음 15:26) 한 종을 불러 이 무슨 일인가 물은대

(누가복음 15:27) 대답하되 당신의 동생이 돌아왔으매 당신의 아버지
가 그의 건강한 몸을 다시 맞아들이게 됨을 인하여 살진 송아지를 잡
았나이다 하니

(누가복음 15:28) 저가 노하여 들어가기를 즐겨 아니하거늘 아버지가
나와서 권한대

(누가복음 15:29) 아버지께 대답하여 가로되 내가 여러 해 아버지를 섬
겨 명을 어김이 없거늘 내게는 염소 새끼라도 주어 나와 내 벗으로 즐
기게 하신 일이 없더니

(누가복음 15:30) 아버지의 살림을 창기와 함께 먹어 버린 이 아들이
돌아오매 이를 위하여 살진 송아지를 잡으셨나이다

(누가복음 15:31) 아버지가 이르되 얘 너는 항상 나와 함께 있으니 내
것이 다 네 것이로되

(누가복음 15:32) 이 네 동생은 죽었다가 살았으며 내가 잃었다가 얻었

집으로 돌아와 아버지와 포옹하는 탕아

기로 우리가 즐거워하고 기뻐하는 것이 마땅하다 하니라

6. 우화 속의 아버지가 집으로 돌아온 둘째 아들(탕아)을 유난히 반갑게 맞은 이유는 그가 죽었다 살아났기(부활했기) 때문에, 물질에 파묻혀 자신의 정체성을 완전하게 망각했다가 큰 깨우침을 얻고 다시 돌아왔기 때문에, 말쿠트라는 반환점을 제대로 돌고 결승선을 통과했기 때문이

다. 이런 깨달음은 물질 세상에서만 얻을 수 있다. 물질을 얻기 위해 노동도 해 보고, 좌절도 해 보고, 쾌락도 맛보고, 행복도 느껴보고, 사랑도 해 보고, 배신도 당하고, 상처도 받아보고, 매도 맞아보고, 탕아처럼 동물보다 비참한 신세까지 떨어지는 등, 물질 세상에서 할 수 있는, 물질 세상에서 해봐야 할 경험을 다 해 본 후에야 영적 고향으로 향하는 발걸음을 뗄 수 있다. 이런 경험을 다 해봐야 내 뒤를 이어 같은 길을 걷는 형제의 심정을 이해하고 필요할 때 도움의 손길도 건넬 수 있기 때문이다. 사회에서 경험이 많은 사람, 노련한 베테랑, 특히 실패해 본 경험이 있는 사람의 말에 경청하는 것도 같은 이유에서다. 경험을 통해서 지혜를 얻은 사람이기 때문에 그들의 무용담과 의견에 귀를 기울이는 것이다. 다음은 개인적으로 좋아하는 어떤 작가에 관한 짧은 소개 글의 일부다. 말쿠트의 과제를 제대로 수행한 사람의 이력서라고 할 수 있겠다.

> 그의 작품에 영감을 주는 가장 큰 원천은 그의 삶 자체다. 그는 죽음의 문턱에 서 보았고, 정신 질환을 이겨냈고, 마약에 손을 댔고, 고문을 견뎌냈고, 마법과 연금술을 실험했고, 철학과 종교를 공부했고, 열정적으로 책을 읽었고, 신앙심을 잃었다가 되찾았고, 사랑의 고통과 즐거움을 두루 체험했다. 그는 세상에서 자기의 위치를 찾아 헤매면서 모든 사람이 겪는 문제들의 해답을 발견했다. 그리고 마침내 자기의 운명을 발견하기 위해 필요한 힘은 자기 안에 있다는 결론을 내렸다.

서론이 조금 길었던 것 같다. 그럼 이제 본격적으로 생명 나무를 완성하는 마지막 10번째 세피라, 우리에게 가장 익숙하고 확실하게 와닿는 물질 세상, 말쿠트를 살펴보도록 하자.

7. 세피라에 색이 칠해진 생명 나무를 보면 말쿠트만 단일 색상이 아님을 알 수 있다. 말쿠트를 상징하는 세피라는 평범하지 않은 네 색(담황색, 올리브색, 적갈색, 검은색)으로 4등분 되어있다. 완벽하게 순수하여 순백색으로 표현되었던 케테르의 빛이 생명 나무의 최하단인 말쿠트에 이르러 불순물이 섞이면서 다소 지저분해진, 칙칙해진 듯한 느낌이다. 제2장에서 우리는 발음할 수 없는 신의 이름, 테트라그라마톤(יהוה)을 기준으로 생명의 나무를 나누는 여러 방식에 관해 살펴본 바 있다. 이 중, 케테르와 말쿠트를 다뤘던 두 기준을 다시 읽어보자.

① 케테르와 에이스

1번 세피라, 케테르와 이에 상응하는 타로의 에이스 카드는 생명 나무의 씨앗에 비유할 수 있다. 한 톨의 작은 씨앗 안에는 나무 한 그루가 통째로 들어있다. 이 씨앗이 발아하여 자라나면 나중에 큰 나무가 된다. 마찬가지로 케테르는 2~10번 세피라를, 그리고 에이스는 2~10번 카드를 품고 있다. 그래서 카발라에서는 케테르에 יהוה가 구체화 이전의 상태, 잠재력을 가진 상태로 존재한다고 설명한다.

② 말쿠트와 10

카발라의 중요한 교리 중 하나는 '가장 높은 케테르(Highest of the High)와 가장 낮은 말쿠트(Lowest of the Low)는 서로 통한다.'는 점이다. 앞서 설명했듯이, 10은 1이 큰 원(0)을 그리며 한 바퀴 돌아 원위치로 돌아온 상태, 즉, 1+0을 의미한다. 즉, 무의 상태에 머무르던 신이 1로 구체화한 후 수많은 경험을 축적하고, 잠재력을 실현하고, '성장'을 이룬 상태가 바로 10이다. 10번 세피라, 말쿠트 또는 타로의 10

번 카드에서는 케테르와 에이스 카드에서 잠재력의 형태로만 존재했던 יהוה가 완전하게 구체화하여 생명의 나무가 완성된다. 그래서 생명의 나무에 색상까지 입힌 도안을 보면 단색으로 표현된 1~9번 세피라와는 달리, 말쿠트에는 네 개의 색상이 혼합된 것을 볼 수 있다.

8. "신이 자신의 존재를 입증하기 위해 따로 기적을 행할 필요는 없다. 이 세상 자체가 신이 존재한다는 증거이기 때문이다."라고 말한 옛 철학자의 발언은 우주의 창조 과정이 케테르의 '하나됨'에서 출발하여 말쿠트의 '많음'에 이르면서 다양성으로 가득한 물질 세상이 완성되었고, 그 결과 우주 만물에 신이 깃들게 되었다는 의미다. 말쿠트에서는 신이 자신의 모습을 물질이라는 형태로 드러내기 때문에 세피라도 신의 이름을 구성하는 네 문자를 상징하는 네 개의 색으로 칠해진 것이다.

9. 카발라에서 '4'가 상징하는 개념들을 다시 한번 정리해보자. 다음은 제2장에서 다뤘던 내용이다.

- 신의 이름을 구성하는 네 문자: 테트라그라마톤(יהוה).
- 네 개의 원소: 불, 물, 공기, 흙.
- 네 개의 세상: 아칠루트, 브리아, 예치라, 아시아.
- 네 개의 타로 슈트: 지팡이, 컵, 검, 디스크.
- 네 개의 코트 카드: 기사/왕, 여왕, 왕자, 공주.
- 인간의 혼을 구성하는 네 개의 요소: 예히다, 히아/네샤마, 루아흐, 네페쉬.

이 외에도 다음을 추가할 수 있다.

- 생명을 구성하는 네 가지 화학 원소: 질소(N), 수소(H), 산소(O), 탄소(C).
- 우주에 존재하는 네 가지 힘: 전자기력(electromagnetic force), 강력(strong force), 약력(weak force), 중력(gravitational force).
- 인간의 네 가지 체질/기질: 다혈체질, 담즙체질, 우울체질, 점액체질.
- 네 가지 엘리멘탈: 살라만더, 언딘, 실프, 그놈.
- 신의 전차를 보좌하는 네 생물: 사자, 독수리, 인간, 황소.
- 네 명의 대천사: 미카엘, 가브리엘, 라파엘, 우리엘.
- 네 명의 복음서 저자: 마가, 요한, 마태, 누가.

10. 말쿠트를 설명할 때 가장 중요한 기준은 4대 원소의 속성이다. 지금까지는 편의상 이 네 원소를 있는 그대로 표기하였으나, 사실 오컬트에서 말하는 4대 원소는 불, 물, 공기, 흙 자체를 지칭하는 것이 아니라, '에너지가 존재할 수 있는 또는 물질 세상에 구체화하는 네 가지 조건'을 의미하는 것이다. 디온 포춘의 설명을 들어보자.

> 우리에게 익숙한 물질(matter)은 말쿠트의 흙(Earth of Malkuth)이라 할 수 있다. 분자 단위든, 아니면 이보다 큰 단위든, 모든 물리적 활동은 동화작용(anabolism)과 이화작용(catabolism), 즉, 건설하는 힘(building-up)과 분해하는 힘(breaking-down)으로 분류할 수 있으며, 신비주의 용어로는 이를 말쿠트의 물(Water of Malkuth)과 말쿠트의 공기(Air of Malkuth)라고 칭할 수 있다. 비의 철학 또는 신화에서 이 원소들을 언급하면 이 두 가지 대사작용을 의미하는 것으로 해석하면 된다. 한편 말쿠트의 불(Fire of Malkuth)은 물질에 내재한 전자기적 측

면을 의미하는 것으로, 물질을 의식과 생명의 작용과 연결해주는 고리라고 할 수 있다. 생명과 관련한 신화의 내용이 이에 해당한다.

11. 철학자 아리스토텔레스는 더움과 추움, 젖음과 마름의 조합에 따라 물질의 네 가지 상태가 정해지며, 각 상태가 4대 원소 중 하나에 해당한다고 생각했다.

- 불 = 더움 + 마름
- 물 = 추움 + 젖음
- 공기 = 더움 + 젖음
- 흙 = 추움 + 마름

흙, 물, 공기는 각각 고체, 액체, 기체에, 그리고 불은 전기에 상응한다고 볼 수 있다. 물은 실온에서 액체의 상태(추움+젖음)로 존재하나, 여기에 열(더움)이 가해지면 수증기, 즉, 기체(더움+젖음)로 변한다. 반면 액체 상태에서 습기(물기)가 빠지면 얼음, 즉, 고체(추움+마름)로 변한다. 더운 속성을 가진 것(불, 공기)은 상승하고 추운 속성을 가진 것(물, 흙)은 하강한다. 그래서 불과 공기는 양이고, 물과 흙은 음이다. 네 원소를 표현하는 심볼을 통해서도 이를 알 수 있다.

- 불: △
- 물: ▽
- 공기: △
- 흙: ▽

꼭짓점(방향)이 위를 향한 삼각형은 남근(양), 아래를 향한 삼각형은 자궁(음)의 상징이다. 우리가 사는 지구의 구성을 생각해 보자. 서양에서 '어머니(Mother Earth)'라고 표현하는 지구의 약 삼 분의 일은 흙(땅), 그리고 나머지 삼 분의 이는 물(바다)로 덮여 있다. 그리고 물과 흙보다 움직임이 자유로운 불과 공기는 지구의 표면 위를 운행한다. 왜 양은 역동적이고 음은 수동적인 속성을 지닌다고 말하는지 이해할 수 있을 것이다.

12. 우주 전역에 생명이 퍼지는 원리를 설명하는 이론 중, '판스페르미아(Panspermia)'라는 것이 있다. '모든'을 의미하는 그리스어 'pan'과 '정자', '씨앗'을 의미하는 'sperm'을 합친 단어로, 소행성, 유성, 혜성 등, 빠른 속도로 우주를 가로지르며 여행하는 거대한 물체가 행성과 충돌하면서 그 물체 안에 들어있던 생명의 씨앗이 행성을 수태(임신)시킨다는 이론이다. 정자처럼 꼬리까지 달린 돌덩어리가 지구와 같은 어머니 행성(난자)을 강타(결합)함으로써 생명을 창조하는 원리를 여기서도 볼 수 있다. 그리스 신화에서 생식능력을 상징하는, 온 세상에 자신의 씨앗을 뿌리고 다니는 신의 이름이 '판(Pan)'인 것도 흥미롭다.

13. 환경 조건에 따라 고체, 액체 또는 기체의 상태로 존재할 수 있는 물의 사례에서 보았듯이, 네 원소는 서로 간에 밀접한 관계를 형성하며 영향을 주고받는다. 특정 원소의 속성을 이용하여 다른 원소에 영향을 줌으로써 물질계에서 변화를 일으키는 것이 마법이자, 화학이자, 연금술이다. 이처럼 원소 간의 상호 작용은 동양의 오행(五行: 火水木金土)과 여러모로 비슷하다. 오행에 음양(陰陽: 日月)을 더하면 서양의 일곱 행성, 생명 나무의 3~9번 세피라와 정확하게 일치한다.

- 日: 태양, 6번 세피라(티파레트)
- 月: 달, 9번 세피라(예소드)
- 火: 화성, 5번 세피라(게부라)
- 水: 수성, 8번 세피라(호드)
- 木: 목성, 4번 세피라(헤세드)
- 金: 금성, 7번 세피라(넷자흐)
- 土: 토성, 3번 세피라(비나)

14. 오행의 원리에는 상성(相性)이라는 개념이 있다. 남녀 간의 궁합처럼 서로(相) 간의 성질(性)이 잘 맞는지 여부를 의미하는 개념으로, 상생(相生), 상극(相克), 상승(相乘), 상모(相侮) 등, 여러 기준으로 나뉜다. 상생과 상극은 원소 간 균형을 이루는 정상적인 관계이며, 상승과 상모는 균형이 무너졌을 때 발생하는 비정상적인 관계다. 카발라의 용어로 말하자면 생명 나무의 세피라 간 밀고 당기는 관계는 정상적인 관계고, 균형이 무너진 클리포트의 세상은 비정상적인 관계라고 할 수 있다. 간단하게 오행의 상성을 정리해보았다.

① **상생**(相生; 서로 相 + 날 生): 기운을 살려주는 관계.
- 목생화(木生火): 불에 나무(땔감)를 더하면 불이 더욱 강렬해진다.
- 화생토(火生土): 불이 땔감을 다 태우고 나면 재, 즉, 흙으로 변한다.
- 토생금(土生金): 땅속의 흙은 시간이 흐르면 쇠로 변한다.
- 금생수(金生水): 쇠에는 물이 맺힌다.
- 수생목(水生木): 물은 나무를 자라게 한다.

② **상극**(相克: 서로 相 + 이길 克): 기운을 억제하는 관계.
- 목극토(木克土): 나무뿌리는 땅을 파고든다.
- 토극수(土克水): 흙은 물길을 막는다.
- 수극화(水克火): 물은 불을 끈다.
- 화극금(火克金): 불은 쇠를 녹인다.
- 금극목(金克木): 쇠는 나무를 벤다.

③ **상승**(相乘: 서로 相 + 탈 乘): 상극관계에서 억제하는 힘이 과하여 상대를 완전히 파괴하는 관계.
- 목승토(木乘土): 너무 큰 나무는 흙의 양분을 고갈시킨다.(木은 土를 克하고, 木이 너무 크면 土가 파괴됨)
- 토승수(土乘水): 땅이 너무 크면 물이 말라버린다.(土는 水를 克하고, 土가 너무 크면 水가 파괴됨)
- 수승화(水乘火): 물이 너무 많으면 불이 차가워진다.(水는 火를 克하고, 水가 너무 많으면 火의 기운이 파괴됨)
- 화승금(火乘金): 불이 너무 강하면 쇠가 완전히 녹아버린다.(火는 金을 克하고, 火가 너무 강하면 金이 파괴됨)
- 금승목(金乘木): 쇠로 나무를 너무 많이 치면 나무를 버린다.(金은 木을 克하고, 金으로 木을 너무 많이 치면 木이 파괴됨)

④ **상모**(相侮: 서로 相 + 업신여길 侮): 상극관계에서 억제하는 힘이 약하여 상대를 제대로 억제하지 못하는 관계.
- 토모목(土侮木): 단단한 땅(바위)에는 나무가 뿌리를 내리지 못한다.
  (木은 土를 克하지만, 土가 너무 강하면 木이 힘을 쓰지 못함)

- 수모토(水侮土): 물이 너무 많으면 흙으로도 막지 못한다. (土는 水를 克하지만, 水가 너무 많으면 土가 힘을 쓰지 못함)
- 화모수(火侮水): 불이 너무 강하면 물이 증발한다. (水는 火를 克하지만, 火가 너무 강하면 水가 파괴됨)
- 금모화(金侮火): 쇠가 너무 크면 작은 불로는 녹이지 못한다. (火는 金을 克하지만, 金이 너무 크면 火가 힘을 쓰지 못함)
- 목모금(木侮金): 나무가 너무 크면 작은 쇠로 베기 어렵다. (金은 木을 克하지만, 木이 너무 크면 金이 힘을 쓰지 못함)

서양의 4대 원소와 동양의 오행이 정확한 일대일 상응 관계에 있지는 않지만, 위에서 설명한 것처럼 원소 간 상호 작용이 있고, 이런 작용과 변화를 통해 마법을 포함한 여러 가지 일이 일어날 수 있는 것이라고 이해하면 좋을 것 같다.

15. 말쿠트는 모든 작용의 최종 결과가 나타나는 영역, 상위 세피로트들의 영향을 모두 받아들인 결과가 나타나는 영역이다. 지금까지 세 개의 삼각형을 통해 정(正)과 반(反)이 말 그대로 자웅(雌雄)을 겨루면서 합(合)에 도달하고, 일시적으로 균형을 이루고, 새로운 힘의 출현으로 그 균형이 다시 흔들리고, 또 정과 반의 상호 작용으로 새로운 합을 향해 나가는 과정을 여러 차례 거치면서 안정화 단계에 접어든 것이다. 말쿠트에 이르기 전까지는 사실 이런 안정성이 없었다. 하늘에 뜬 구름처럼, 약간의 바람만 불어도 형상이 바뀔 수 있는 변화무쌍한 환경이었다. 안정적이라고 말하는 중간 기둥 상의 세피라도 일시적인 안정이다. 디온 포춘은 이를 '곡예사가 줄타기하며 아슬아슬하게 균형을 유지하는 상황'에 비유했다.

16. 말쿠트 바로 위에 있는, 형상의 틀을 제공하는 예소드에서도 비교적 자유로운 변형이 가능하다. 하지만 말쿠트에 이르면 모든 것이 고착된다. 결과의 영역인 말쿠트에서는 변화를 일으키기가 쉽지 않다. 쿠키를 굽는 과정을 예로 들어보자. 실제로 오븐에 넣고 굽기 전까지는 내가 원하는 최종 모양을 얻기 위해 반죽을 자유롭게 주무르며 실험할 수 있지만, 굽고 나서 딱딱해진 후에는 쿠키의 모양을 바꿀 수 없다. 도자기, 금속 제품, 심지어 사람도 마찬가지다. 파괴할 수는 있어도, 변형은 매우 어렵다.

17. 말쿠트에 지정된 악덕 중 하나는 '타성', 즉, 변하지 않으려는 습성이다. 말쿠트는 기본적으로 보수적이라고 할 수 있다. 하지만 이것이 꼭 나쁜 것만은 아니다. 말쿠트의 이러한 속성 덕분에 우리의 몸은 일정한 형태를 유지할 수 있고, 정해진 규칙에 따라 생명 유지에 필요한 기능을 수행한다. 우리가 신경을 쓰지 않아도 혈액은 알아서 순환하고, 숨도 자동으로 쉬어지고, 신진대사도 자연적으로 이루어진다. 물질은 바꾸기 어렵다. 우리의 몸도 물질이므로 임의로 바꿀 수 없다. 식단 조절과 운동을 통해 근육을 더하고 지방을 뺄 수는 있지만, 이것 역시 몸을 직접 바꾼 것은 아니고, 몸의 모양을 결정짓는 원인을 바꾼 후 서서히 변화가 일어난 결과다.

18. 이처럼 말쿠트에 속한 것은 쉽게 바꾸기 어렵다. 하지만 우리가 쉽게 바꿀 수 있는 것은 세상 모든 변화의 원인이 되기도 하는 우리의 생각이다. 책의 초반에서 설명했듯이 생각은 아스트랄계에서 상념체라는 형상을 만들어내며, 엑토플라즘[320]과 같은 성질을 지닌 상념체는 내가 생각을 바꾸는 순간 즉시 변형된다.

19. 말쿠트는 형상의 영역이고, 예소드는 형상을 형성하는 영역이다. 2번과 3번 세피라에 지정된 심볼을 다시 떠올려보자. 2번 세피라, 호크마의 심볼 중 하나는 '영광의 예복(내복)'이었고, 3번 세피라, 비나의 심볼 중 하나는 '은폐의 예복(외투)'이었다. 내복이란 내면에 있는 실체, 즉, 형상을 갖지 않은 힘, 에너지를 의미하고, 외투는 그 무형의 힘, 에너지에 입힌 형상이다. 예소드와 말쿠트와 관계도 이와 비슷하다. 예소드는 형상의 모양 또는 틀을 제시하고, 말쿠트는 마치 뼈대 위에 근육과 살점을 붙이듯이, 예소드에서 제시한 틀을 물질로 덮어버리는, 즉, 껍질을 씌우는 역할을 한다.

20. 비나와 말쿠트도 여러모로 밀접한 관계에 있다. 비나는 형상의 관념을 처음으로 제시했던 세피라고, 말쿠트는 그 형상을 완성하는 세피라다. 타로에서 비나는 여왕이 있는 곳이고, 말쿠트는 공주가 있는 곳이다. 비나는 '상위 차원의 어머니', '천상의 이브(Celestial Eve)'로 불리고, 말쿠트는 '하위 차원의 어머니', '땅의 이브(Terrestrial Eve)'로 불린다. 비나에 지정된 행성은 토성이며, 토성을 상징하는 신, 크로노스는 뼈대만 가진 해골로 종종 묘사된다. 즉, 비나는 형상의 틀(골격)이라는 개념을 제시하고, 예소드에서 그 틀이 구체적으로 만들어지고, 말쿠트에서는 그 틀, 그 뼈대에 살을 입힘으로써 형상을 완성하는 것이다.

21. 조금 웃긴 비유일 수도 있지만, 예소드와 말쿠트의 관계를 생각하며 애니메이션『은하철도 999』에 등장하는 999호 열차의 차장이 떠올랐다. 암흑물질을 연상시키는 차장의 몸은 귀신 또는 투명인간과 흡사하지만, 그 위에 제복을 입으면 사람의 형상을 띠게 된다. 우리의 육신

도 일종의 옷이다. 말쿠트에서 활동하고 물질 세상을 경험하기 위해 필요한 일종의 자가용이다. 영어권에서는 그래서 육신을 'vessel(선박, 그릇)' 또는 'vehicle(차량, 탈것)'로 표현하기도 한다. 미국의 정신과 의사이자 작가인 브라이언 와이스[321] 박사의 말대로, 인간은 영혼을 가진 육신이 아니라, 육신을 가진 영혼이라는 점을 기억하자.

22. 예소드와 말쿠트의 관계를 더 자세히 살펴보자. 오컬트 가르침에 따르면 달(예소드)과 지구(말쿠트)는 별개의 육신을 가지고 있으나, 하나의 에테르체를 공유한다고 한다. 디온 포춘의 설명을 들어보자.

> 오컬트 이론에 따르면 달과 지구는 별개의 육신을 가지고 있으나 하나의 에테르체를 공유하며, 둘 중 달이 상위 지위에 있다고 한다. 즉, 에테르 차원의 관계에서 달은 배터리의 양극, 지구는 음극에 상응한다는 것이다. 그리고 앞서 설명했듯이, 예소드는 티파레트의 태양을 반사하며, 티파레트는 하위 차원의 케테르라고 할 수 있다.

23. 말로 형용할 수 없을 정도로 눈부신, 인간의 눈으로는 볼 수 없는 빛, 신성 그 자체라 할 수 있는 케테르 또는 성부가 심연 아래의 세상에 자신을 드러내면 태양을 심볼로 삼는 티파레트, 성자로 표현되고, 티파레트의 영향을 직접 받는 예소드, 달, 성령은 태양의 빛을 반사하여 생명 나무의 맨 아래에 있는 말쿠트, 지구, 즉, 인간에 비춘다. 최초의 빛인 케테르는 좌우 기둥에 있는 세피라 쌍 간의 상호 작용과 화합을 통해 다아트(호크마와 비나의 합), 티파레트(헤세드와 게부라의 합), 예소드(넷자흐와 호드의 합)를 거쳐 말쿠트라는, 단독으로 존재하는 최종 결과물을 만들어낸다.

24. 방금 설명한 관계, 세 개의 삼각형으로 구성된 구조물의 끝에 말쿠트가 시계추처럼 매달려 있는 모양의 생명 나무를 생각하며 비즈니스계에서 자주 사용하는 '라스트 마일(the last mile)'이라는 용어가 떠올랐다. 라스트 마일은 통신업계에서 처음 사용했던 용어로, 통신서비스 제공자와 서비스 가입자의 단말기를 연결하는 경로의 맨 마지막 구간을 일컫는다. 우리가 유선 인터넷 서비스를 신청할 때 내 컴퓨터가 위치한 집 또는 사무실과 가까운 통신사 지점의 장비를 연결하는 라스트 마일 구간에서 어떤 매체(전화선, 동축케이블, 광케이블, 무선 등)를 사용하느냐에 따라 인터넷 속도와 안정성의 품질이 정해진다. 요즘에는 이 개념이 유통과 같은 다른 분야까지 확장되어 널리 쓰이고 있다. 예를 들어, 유통 분야에서는 온라인으로 주문한 물품이 소비자에게 배송되는 마지막 단계를 라스트 마일이라고 한다. 이 구간 역시 고객과의 마지막 접점으로, 고객의 만족도가 정해지는 중요한 단계라고 할 수 있겠다.

25. 예소드와 말쿠트의 관계도 그러하다. 이 둘을 연결하는 경로를 라스트 마일에 비유할 수 있다. 그리고 이 둘을 연결하는 매개는 생명이다. 컴퓨터 또는 스마트폰을 이용하여 인터넷을 서핑하려면 라스트 마일 구간을 통해 데이터를 송수신해야 한다. 가전제품을 사용하려면 전선을 통해 전기를 공급받아야 한다. 마찬가지로, 4대 원소로 구성된 육신 또는 물질이 제 기능을 수행하려면 물질의 배후에서 작용하는 제5 원소가 그 안에 있어야 한다. 제5 원소가 깃들어야 물질의 형상도 일정한 상태로 유지될 수 있다. 생명체가 살아있는 동안에는 영혼(제5 원소)이 그 안에 거하면서 육신을 구성하는 요소들이 임의로 흩어지지 않도록 꽉 붙잡고 있지만, 육신이 사망하고 영혼이 떠난 후에는 부패 과정을 통해

육신의 구성요소들이 작은 단위까지 분해되어 자연으로 돌아간다. 윌리엄 워커 앳킨슨은 『그대, 아직도 '나'를 찾고 있는가?』에서 육신의 사망 후에 일어나는 일들을 다음과 같이 설명하고 있다.

> 인간의 육신이 사망하는 순간, 즉, 에고가 이번 '생애' 동안 사용했던 물질 거죽을 벗고 떠나는 순간, 육신을 구성했던 세포들은 분리되어 널리 분산되고, 소위 말하는 '부패'의 과정이 시작된다. 수많은 세포를 한데 묶어 다스렸던 힘이 빠져나갔으므로 개별 세포는 이제 각자의 길을 떠나 새로운 형상을 만드는 작업에 참여할 수 있다. 어떤 세포는 사체 주변에 있던 식물에 흡수되어 궁극적으로는 그 식물을 먹은 동물의 육신 일부, 또는 그 식물이나 그 식물을 먹은 동물의 고기를 섭취한 인간 육신의 일부가 된다. 이 작은 생명체들이 인간의 영혼 또는 에고와는 아무런 상관이 없다는 사실은 이미 이해하고 있으리라 본다. 세포는 어디까지나 육신이 살아있는 동안 주인을 섬기는 종과도 같은 존재이며, 주인의 의식과는 연결 관계가 없다. 한동안 땅속에 파묻혀 있다가 영양분을 섭취하고자 하는 또 다른 생명체에게 흡수되는 원자들도 있다. 유명한 어느 작가가 말했듯이, "죽음이란 삶의 한 측면에 불과하다. 하나의 물질 형상이 파괴된다는 것은 새로운 형상이 곧 탄생하게 된다는 것을 의미한다."

26. 디온 포춘의 설명은 다음과 같다. 아래 인용문에서 '형상을 조직한다.'는 것은 육신을 구성하는 원소에 작용하여 형상을 일정한 모양으로 유지하는 영혼의 힘을 의미하는 것이다.

예소드에서 말쿠트로의 전환은 살아있는 물질(living substance)이라는 매개를 통해서만 가능하다. '살아있음'에도 여러 단계가 있다. 신비주의자는 조직화한 형상이 있는 곳에는 생명이 깃들어 있다고 여긴다. 오로지 생명만이 형상을 조직할 수 있기 때문이다. 일반적으로 무기질(inorganic substance)이라 불리는 것에도 생명이 있다. 다만 그 정도가 매우 낮아서 생명이 없는 것처럼 보일 뿐이다.

27. 오컬트에서는 생명의 왕국을 크게 네 가지로 분류하며, 이 중에는 광물의 왕국도 포함된다. 디온 포춘의 말대로 생명의 흔적이 워낙 희미해서 무생물로 보이지만, 속도가 극히 더딜 뿐, 광물도 충분한 시간이 흐르면 성장한다. 즉, 광물도 생명체라는 얘기다. 오컬트에서 수정, 보석, 귀금속 등, '조직 수준'이 높은, 생명의 정도가 상대적으로 높은 광물을 중요시하며 마법의 도구로 사용하는 이유도 여기에 있다.

28. 맨리 P. 홀은 네 왕국을 구성하는 생명 중에서도 가장 높은 수준으로 성장한, 의식 수준이 높아서 다음 왕국으로 넘어갈 준비가 된, 즉, 현재보다 높은 차원의 육신을 걸칠 준비가 된 개체의 사례를 다음과 같이 설명했다.

- 식물의 단계로 넘어갈 준비가 된 광물: 금, 다이아몬드, 호박
- 동물의 단계로 넘어갈 준비가 된 식물: 파리지옥, 난초, 겨우살이
- 인간의 단계로 넘어갈 준비가 된 동물: 코끼리, 유인원
- 초인의 단계로 넘어갈 준비가 된 인간: 신비주의 학교의 입문자와 마스터, 성자, 철학자

오해는 없기 바란다. 충분히 오랜 세월이 흐르면 코끼리 또는 유인원이 인간으로 변한다는 얘기가 아니라, 코끼리 또는 유인원의 육신을 지녔던 영혼이 한층 더 성장하면 다음에는 인간의 육신을 가진 존재로 태어난다는 뜻이다. 마치 어린아이가 자라나면서 자기에게 맞는 큰 옷으로 갈아입어야 하듯이, 영혼이 성장하면서 이에 걸맞은 육신을 걸치게 되는 것이다.

29. 지구에 사는 생명의 역사를 보면 처음에는 가장 단순한 구조를 가진 생명체가 출현했다가 시간이 흐르고 생명의 구조가 갈수록 복잡해지면서 식물, 동물, 그리고 인간이 차례대로 나타난 사실을 알 수 있다. 성경 창세기에도 땅, 식물, 동물, 그리고 마지막에 인간이 차례대로 창조되었다고 기록되어 있다.[322] 가장 단순한 광물이 먼저 생겨나고, 물질을 육신으로 삼는 영혼이 성장하면서 이에 걸맞은, 더 세련되고 다양한 기능을 갖춘 육신이 필요하게 되어 식물, 동물, 그리고 인간이라는 형상까지 출현하게 된 것이다. 오늘날 인간의 육신을 걸치고 있는 우리들, 즉, 현생 인류의 영혼이 앞으로 더 성장하면 필요에 따라 지금보다 더 성능도 좋고 기능도 많은 육신을 가지게 될 것이다. 중요한 것은 이 라스트 마일 구간에서 제5 원소라 할 수 있는 영혼이 4대 원소로 구성된 육신 안으로 들어간다는 것이다.

30. 정상적으로 설계된 전자제품의 회로는 누전과 오동작을 방지하기 위해 접지(接地; grounded, earthed) 처리가 되어있다. 접지는 누설 전류가 제품 밖으로 빠져나가 땅에 흡수될 수 있도록 만들어놓은 경로로, 제품뿐 아니라 사용자를 보호하는 안전장치 역할을 한다. 인간도 세상에서

신의 대리인이라는 구실을 올바르게 하려면 땅에 접지되어야 한다. 타로 메이저 아르카나의 '마법사' 카드를 보면 어떤 덱이든, 한 손으로는 하늘을 가리키고 다른 손으로는 땅을 가리키고 있는 마법사의 이미지가 그려져 있다. 이 자세는 우주의 법칙 중 하나인 상응의 원칙, "위에서와 같이 아래에서도", "하늘에서 이루어진 것이 땅에서도 이루어지도록 한다", "신의 뜻을 땅에서 실현한다."는 개념을 표현한 것일 뿐 아니라, 우주로부터 받은 에너지를 땅으로 흘려보낸다는, 즉, 접지한다는 의미도 지니고 있다. 말하자면 마법사는 인간 피뢰침이라고 할 수 있다. 말쿠트는 요트 경주의 반환점이라는 사실을 다시 떠올리자. 하늘의 에너지가 땅에 이르지 못하면 무효다.

31. 'Grounded'라는 단어에는 몇 가지 흥미로운 의미가 담겨있다. 서양에서는 아이들이 큰 잘못을 저질렀을 때 부모가 아이에게 소리친다. "You're grounded for a week!" 문자 그대로 해석하면 1주일 동안 땅에 붙어 있어야 한다는, 즉, 외출 금지라는 뜻이다. 날라리처럼 여기저기 싸돌아다닐 수 없는 벌을 받은 것이다. 그런데 이 단어에는 '균형이 잡힌', '현실 감각이 있는'의 의미도 있다. 인간은 머리는 하늘을 지향하되, 두 발은 땅을 밟고 사는 존재다. 영적인 것을 추구하는 것도 좋지만, 그렇다고 해서 물질을 외면에서는 안 된다는 뜻이다. 그리스의 극작가 아리스토파네스[323]는 날마다 제자들과 모여 뜬구름 잡는 철학과 형이상학을 논하는 소크라테스를 조롱하는 『구름(The Clouds)』이라는 작품을 발표하기도 했다. 영성을 공부한답시고 세상 돌아가는 일, 정치, 사회, 경제 이슈를 외면하고, '부정적인 것들'로부터 최대한 거리를 두고 좋은 것만 끌어당기려 하는 행태 역시 접지되지 않아 균형이 무너진 상태로,

바구니 안의 소크라테스(아리스토파네스의 희극, 『구름』 중에서)

반드시 경계해야 한다. 이런 정신 상태에서는 자기도 모르게 사이비 종교와 "쉽게 깨달음을 얻게 해준다."고 주장하는 단체의 감언이설에 빠질 수 있다. 이 문제와 관련해서는 마름돌 출판사의 유튜브 채널에 올라와 있는 마크 패시오의 강연 영상, 『뉴 에이지 개소리와 신성한 남성성의 억압』과 맨리 P. 홀의 저서, 『천사가 된 악마 – 종교와 영성의 길, 그리고 함정에 관한 이야기』를 추천하고 싶다.

32. 마법사 얘기가 나온 김에 그가 사용하는 도구들에 관해 짤막하게 언급하고 넘어가자. 보통의 마법사 카드를 보면 그의 탁자 위에 지팡이, 컵, 검, 동전/디스크 등, 다양한 도구가 올려져 있다.(토트 타로의 마법사는 이 도구들을 두 손으로 저글링하고 있다). 타로의 네 슈트에 해당하는 이 도구들은 물론 4대 원소를 상징하며, 마법사는 생명을 내포한 이 도구들을

이용하여 세상에서 변화를 일으킨다. 세계 각국의 신화를 보면 여러 신과 각 신을 상징하는 수많은 심볼이 있다. 이 상응 관계는 임의적인 것이 아니라, 해당 신이 상징하는 힘과 친밀도가 높은 심볼을 연결한 것이다. 신과 심볼 간에는 아주 오랜 세월에 걸친 신도들의 지극정성과 경배에 의해 형성된 강력한 연결고리가 있다. 디온 포춘의 설명을 들어보자. 아래 내용은 신과 식물의 관계에 관한 설명이지만, 식물 이외의 다른 심볼에도 적용되는 개념이다.

> 식물에도 다양한 '정신적 활동'의 흔적이 보인다. 특히 향기를 발하는 식물에서 이런 경향이 두드러진다. 고대인들은 식물의 속성을 다양한 형태의 힘과 연결하는 세련된 체계를 수립했다. 물론 이 중에는 우리 관점에서 봤을 때 너무 환상적으로 여겨지는 관계도 있지만, 전체적인 원리를 통해 많은 것들을 배울 수 있다. 특정 식물과 신 간에 어떤 전통적인 관계가 형성되어있는 경우, 해당 식물과 신이 상징하는 힘 간에 분명한 친밀도가 있다고 판단할 수 있다. 현대인의 시각에서는 너무 피상적이고 비이성적으로 여겨질 수도 있지만, 우리의 조상들이 진지한 마음과 자세로 해당 신을 경배하며 식물과 신이 상징하는 힘 간에 정신적 연결고리를 형성했다면, 오랜 세월이 흐른 후에도 건설적인 상상력을 활용하는 법을 아는 후손들에 의해 쉽게 이 관계가 복원될 수 있다.

33. 생명의 나무는 우주의 창조와 생명의 진화를 설명하는 설계도이자 지도일뿐 아니라, 수많은 관계를 기록한 파일이 담긴 서류함 또는 관계를 상징하는 무수히 많은 장식물을 걸 수 있는 우주의 크리스마스트리

와 같다고 비유한 바 있다. 다음은 앨리스터 크로울리의 상응 관계 서류함 격인 저서, 『777』에 수록된 내용을 일부 발췌한 것으로, 생명 나무의 10개 경로(세피로트)와 몇 가지 속성(식물, 보석, 마법 무기, 향수) 간의 관계를 표시한 것이다. 네 가지 속성을 10개 세피라에 연결한 아래의 내용은 아주 작은 샘플에 불과하다. 『777』에서는 거의 200개에 이르는 속성을 생명의 나무에 지정하고 있다.

경로 (세피라)	식물 (실제 및 상상)	보석	마법 무기	향수
1 (케테르)	아몬드	다이아몬드	스와스티카 또는 필포트(卍 모양) 십자가 (fylfot cross), 왕관	용연향
2 (호크마)	아마란스	스타 루비, 터키석	남근, 영광의 예복(내복)	사향(musk)
3 (비나)	사이프러스, 양귀비	스타 사파이어, 진주	여음, 은폐의 예복(외투)	몰약, 사향(civet)
4 (헤세드)	올리브, 토끼풀	자수정과 사파이어	지팡이, 홀, 끝이 굽은 목양 지팡이	향나무
5 (게부라)	오크, 마전, 쐐기풀	루비	검, 창, 채찍, 사슬	토바코
6 (티파레트)	아카시아, 월계수, 포도나무	토파즈, 노란색 다이아몬드	라멘 또는 장미 십자가	유향
7 (넷자흐)	장미	에메랄드	램프와 허리띠	벤조인, 장미, 자단
8 (호드)	마초(魔草), 페요테 선인장	오팔(단백석), 특히 화단백석(火蛋白石)	이름, 주문, 앞치마	소합향
9 (예소드)	반얀 나무, 맨드리에크, 다미아나	석영	향수와 샌들	재스민, 인삼, 향을 풍기는 모든 뿌리류
10 (말쿠트)	버드나무, 백합, 담쟁이덩굴	수정	마법의 원과 삼각형	박하

표 XV. 앨리스터 크로울리의 『777』에서 발췌한 몇 가지 상응 관계

34. 위 도표에 명시된 마법 무기(magical weapons)는 이 책에서 각 세피라에 관한 설명을 시작할 때 열거한 심볼과 같다. 디온 포춘은 마법 무기를 다음과 같이 정의하고 있다.

마법 무기란 마법사의 지팡이나 선지자/예언자가 사용하는 물그릇, 수정구 등, 특정 힘을 소환할 때 사용하는 도구, 또는 구체화한 힘을 담는 용기(容器)를 지칭한다. 특정 경로(세피라)에 지정된 마법 무기를 통해 해당 경로의 속성을 파악하고 이곳에서 작용하는 힘의 유형을 추론할 수 있다.

35. 말쿠트는 땅이고, 발로 지구를 밟고 사는 우리 입장에서 예소드는 '하늘의 초입'이다. 하늘의 에너지를 받아 땅으로 전달하는 일에 도움을 주는 이런 도구들도 다 좋으나, 디온 포춘의 말대로 가장 훌륭한 마법 무기는 '마법사 자신'이다.

> 소우주의 관점에서 생명 나무를 바라봤을 때, 인간의 육신(physical body)은 말쿠트, 에테르체(etheric double)는 예소드, 정신체(astro-mental body)는 호드와 넷자흐, 그리고 상위 정신(higher mind)은 티파레트에 해당한다. 상위 정신이 구상한 것은 무엇이든 말쿠트에서 실현될 수 있다. 엑토플라즘의 압출이니, 체액의 분출이니 하는 외적 수단의 활용이 오늘날 가능하다손 치더라도 이보다는 나 자신을 실현의 도구로 삼는 편이 낫다. (중략). 신의 권능을 땅에 실현하는 가장 훌륭하고 완전한 방법은 (오컬트) 수련을 거친, 헌신적이고 에너지 넘치는 자의 열정(enthusiasm)을 통하는 것이다.

36. 우리말로 '열정', '열광', '열의' 등으로 번역되는 'enthusiasm'이란 단어는 '신으로부터 영감을 받은', '신에게 빙의된'을 의미하는 그리스어 'entheos'에서 유래되었다. 말 그대로 '신(theos)'이 '들어왔다(en/in)'

는 뜻이다. 앞서 신은 아름답고, 상응의 원칙에 따라 아름다운 것 안에는 신이 깃들어 있다고 설명한 바 있다. 같은 원리로 열정적인 사람, 'enthusiasm'으로 가득한 사람 안에는 신이 깃들어 있다. 물론 우주 만물에 이미 신이 깃들어 있긴 하지만, 그 신성을 인지하지도 못하고 억제하는 대부분 사람과 달리, 열정적인 사람은 자기 안의 신성을 자유롭게 표현한다. '신들린' 듯한 연주를 선사하는 음악가, '신기에 가까운' 동작으로 붓을 휘두르는 화가, '신바람' 나서 즐거운 마음으로 자신의 소임을 다하는 사람을 말하는 것이다. "천재는 노력하는 사람을 이길 수 없고, 노력하는 사람은 즐기는 사람을 이길 수 없다."는 말이 있는데, 즐기는 사람도 신들린 사람, 신의 대리인, 즉, 마법사는 이기지 못한다.

37. 사람들은 신에게 기도하며 기적을 보여달라고 조른다. 신이 내 삶에 직접 개입하여 내가 지금 겪고 있는 문제를 손수 해결해주길 바란다. 그런데 신은 그런 식으로 역사하지 않는다. 신은 자신의 대리인들을 통해 세상에 모습을 드러내고 활동한다. 한때 유행했던 유머 한 편 소개한다. 방금 설명한 개념을 아주 잘 표현한 현대판 우화다.

> 어느 종교인이 큰 홍수로 익사할 위기에 처했다. 하지만 독실한 신도였던 그는 침착하게 자신을 구해달라고 신에게 기도했다. 잠시 후 조난자들을 구출하는 구명보트가 그에게 다가왔다. 하지만 그는 구조요원의 손을 뿌리치며 말했다. "신이 저를 구해줄 것입니다!" 구명보트는 고집을 피우는 그를 놔두고 다른 사람들을 구출하러 떠났다. 잠시 후, 이번에는 구조헬기가 왔다. 하지만 이번에도 그는 신이 자기를 구해줄 것이라며 구조를 거부했다. 더 많은 시간이 흘러 그는 결국 익

사하고 말았다. 천국에 도착한 그는 신에게 따지듯이 물었다. "신이시여! 제가 그토록 기도했는데, 어찌하여 저를 구하지 않으셨습니까!?" 그러자 신이 대답했다. "무슨 소리냐! 내가 구명보트에다가 헬기까지 보내줬는데, 네가 내 도움을 다 마다하지 않았느냐?!"

38. 국가 차원에서 수많은 신을 모시던 시절, 신은 하나라고 선언했던 이집트의 선구자, 아크나텐[324]의 모습을 표현한 벽화에는 태양에서 여러 개의 광선이 뻗어 나오고, 각 광선의 끝에 손이 달린 이미지가 그려져 있다. 태양은 유일신 아텐(Aten)을 상징하고, 손들은 아텐의 뜻을 땅에 실현하는 지상의 조력자들, 즉, 마법사들을 상징한다. 마법사라는 직업이 따로 있는 것이 아니다. 신의 손 역할을 하는 자가 곧 마법사다. 드라마 『왕좌의 게임』에서 왕의 총리 역할을 하는 관리의 직책도 '핸드(Hand of the King)'였다. 이 드라마에 등장하는 교활한 간신, 피터 베일리쉬는 왕과 핸드의 관계를 이렇게 표현했는데, 아주 적절한 것 같다. "왕이 꿈을 꾸면, 핸드는 그 꿈을 현실화한다."

39. 이제 이번 장의 시작 부분에서 명시한, 말쿠트의 속성을 설명하는 다소 수수께끼 같은 『세페르 예치라』상의 표현들을 하나씩 살펴보자.

열 번째 경로는 모든 머리 위로 승격되고 비나의 권좌에 앉아있으므로 빛나는 지성(Resplendent Intelligence)으로 불린다. 이 경로는 모든 빛의 장관에 광채를 더하며, 얼굴의 왕자(Prince of Countenance), 즉, 케테르의 천사(Angel of Kether)가 영향력을 발휘하도록 자극한다.

위 내용을 요약하자면, 말쿠트는 1) 모든 빛의 장관에 광채를 더하는 빛나는 지성이고, 2) 비나와 각별한 관계에 있고, 3) 얼굴의 왕자 또는 케테르의 천사가 영향을 발휘하도록 자극하는 역할을 한다.

40. 첫 번째 속성부터 보자. 케테르의 광채와는 거리가 먼, 오히려 어둡고 칙칙하다고 할 수 있는 말쿠트가 모든 빛의 장관에 광채를 더한다는 말은 얼핏 보기에는 모순인 것 같지만, 말쿠트처럼 비교적 생명 나무의 하단에 위치한 8번 세피라, 호드가 신의 영광을 드러나게 하는 원리를 생각하면 쉽게 이해할 수 있다. 호드를 다룬 섹션에서 했던 얘기를 다시 읽어보자.

> '호드'는 '영광'이라는 뜻이다. 8번 세피라에 이런 제목이 지정된 이유는, 호드의 제한하는 힘으로 인해 신의 영광이 세상에 드러나기 때문이다. 호드의 작용으로 우리가 인지할 수 있는 형상이 만들어지기 때문에 우리가 세상을 보고, 우주를 보고 감탄하며 기적으로 여길 수 있는 것이다.

41. 호드의 제한하는 힘으로 형상이 만들어지는 덕분에 그 형상을 통해 신의 영광이 온 천하에 드러나듯이, 물질의 영역인 말쿠트 덕분에 우리는 빛을 인지할 수 있다. 빛만 존재하는 환경에서는 그 빛을 인지할 수도 없고, 아무것도 볼 수 없지만, 그 빛이 물질에 반사되어 우리의 시야에 들어오면 비로소 빛의 효용을 느끼게 된다. 너무 밝아서 볼 수 없는 케테르의 빛부터 시작해서 말쿠트 상위에 있는 모든 세피로트의 빛은 말쿠트의 물질적 속성, 즉, 추상적이고 무형의 속성을 지닌 것을 구체적인 형상으로 변환하는 기능 덕분에 존재와 장관을 드러내게 된다.

42. 비나와 말쿠트의 관계에 관해서는 앞에서도 일부 언급한 바 있다. 비나는 상위 차원의 어머니이고, 말쿠트는 하위 차원의 어머니다. 비나는 형상의 관념을 제시하고, 말쿠트는 형상의 관념이 구체화한 영역이다. 타로에서 비나는 여왕이고, 말쿠트는 그녀의 딸인 공주다. 이 관계를 통해 다신교 전통의 진짜 의미를 이해할 수 있다. 디온 포춘의 설명을 들어보자.

> 카발라 체계에서는 하나가 여럿으로 펼쳐지고, 여럿이 다시 하나로 흡수되는 발산의 교리를 명확하게 설명한다. 카발라 이외의 모든 체계에서는 발산의 개념을 구체적으로 언급하지 않지만, 신화에 나오는 신들의 족보에 이 교리가 감춰져 있다. 남성과 여성 신들, 심지어 부부 관계도 아닌 신들이 수시로 성관계를 맺고 아이를 낳는 장면들은 자기의 모습을 본떠 신을 창조한 원시인들의 야한 상상력에서 비롯된 판타지가 아니라, 발산과 극성의 교리를 상징적으로 표현한 이야기들이다.

43. 극성 관계에 있는 호크마와 비나가 결합하여 다아트를 낳고, 헤세드와 게부라의 작용으로 균형이 이루어지면서 티파레트가 탄생하듯이, 신화 속의 신들이 관계를 맺고(극성의 원칙/성의 원칙) 자식을 낳는 것(발산의 원리) 역시 이 개념을 상징적으로 표현한 것이라는 얘기다. 다음은 필자가 예전에 유럽의 전통 포크 음악을 주제로 쓴 책,『아주 오래된 노래 – 가슴을 울리는 포크 음악 이야기, 제2부』에서『The Two Magicians』라는 곡의 의미를 설명하면서 썼던 내용이다. 지금 설명하는 개념과 결부하여 참고할만한 내용인 것 같다.

그리스 신화에도 신들이 여성을 겁탈하는 이야기가 종종 등장한다.

데메테르 여신은 자기를 추격하는 남동생 포세이돈으로부터 도망치기 위해 말로 변신했지만, 포세이돈 역시 말이 되어 그녀를 범한다. 둘의 결합으로 데스포니아 여신과 아리온이라는 천상의 말이 탄생한다. 자기 얼굴을 쳐다보는 모든 인간을 석상으로 만들어버리는 메두사는 본래 아름다운 여인이었으나 아테나 신전에서 포세이돈에게 강간당한다. 그녀는 이 사건으로 아테나 여신의 분노를 사 끔찍한 괴물로 변하게 된다. (가해자는 포세이돈인데, 왜 애꿎은 메두사에게….) 제우스 역시 부인 헤라를 의부증 환자로 만들 정도로 여인, 여신, 요정들에게 수시로 찝쩍댔고, 하데스는 들판에서 놀고 있던 페르세포네를 납치하여 지하 세계로 데려가 신부로 삼았다. 물론 신화의 내용이 역사적 사실은 아니지만, 왜 굳이 고귀해야 할 신들을 이토록 저질스럽게 표현했을까? 혹시 이런 이야기에 숨겨진 의미가 담겨있는 것은 아닐까?

힌두교 경전에서는 최초의 남자가 최초의 여자를 잡기 위해 추격전을 벌였다고 설명한다. 여자가 암소로 변신하여 도망치자 남자는 황소가 되어 그녀를 덮쳤고, 그 결과 송아지가 태어났다. 여자가 암말로 변신하면 남자는 수말이 되었고, 암탕나귀로 변신하면 수탕나귀가 되었고, 암양으로 변하면 숫양이 되어 결합했다. 이런 식으로 남과 여가 수많은 형태로 변신하고 결합하면서 세상의 모든 생명이 탄생하였다. 대장장이와 여인의 결합 역시 성추행 또는 성폭행 사건이 아니라 '창조'의 과정을 이야기 형식으로 표현한 것이다. 음과 양의 결합을 통한 창조, 확장하는 힘을 상징하는 남성성과 제한을 거는 여성성의 에너지가 만났을 때 새로운 생명이 탄생할 수 있음을 상징적으로 보여주는 우화라 할 수 있다.

44. 생명 나무의 최상단, 천상의 삼각형에 속한 비나와 맨 아래에 있는 말쿠트의 위치는 말 그대로 천지 차이지만, 둘 다 어머니라는 공통점을 가지고 있다. 어머니가 상징하는 힘이 작용하는 영역과 범위가 달라서 둘로 구분되었을 뿐이다. 생명 나무의 오른쪽 기둥에 있는 호크마, 바로 아래 있는 헤세드, 그 아래 있는 넷자흐도 각 세피라가 상징하는 힘이 작용하는 영역만 다를 뿐, 사실상 다 같은 개념이다. 오른쪽 기둥, 즉, 양에 해당하는 세피로트는 모두 힘과 관련되어 있고, 왼쪽 기둥, 즉, 음에 해당하는 세피로트는 모두 형상과 관련이 있다. 신화에 등장하는 수많은 신도 마찬가지다. 신의 수는 수백에 이를지 모르지만, 크게 보면 한 명의 남성 신과 한 명의 여신이 있을 뿐이다. 디온 포춘의 설명을 들어보자.

> 그리스 신화와 미술을 살펴보면 페르세포네, 다이애나, 아프로디테, 헤라를 비롯한 여신들의 심볼, 기능, 속성, 심지어 별칭까지 뒤섞여있는 경우가 많다. 남성 신들인 프리아포스, 판, 아폴로, 제우스도 사정은 마찬가지다. 이 신들이 의미하는 바를 한마디로 요약하자면, 모든 여신은 위대한 어머니(Great Mothers)이고, 모든 남성 신은 생명을 선사하는 자(Givers of Life)라고 말할 수 있겠다. 이들은 다 같은 기능을 수행한다는 점에서 큰 차이가 없다. 기능하는 영역에만 차이가 있을 뿐이다. 신화에서는 천상의 비너스(Celestial Venus)와 육체적, 세속적 사랑을 주관하는 여신 비너스를 구분한다. 분별력이 좋은 자는 만물의 아버지(All-Father)인 제우스, 그리고 제우스와는 사뭇 다른 방식으로 아버지 기능을 수행하는 프리아포스도 사실상 같은 존재지만, 신화에서 이 둘을 구분하는 이유를 이해할 수 있을 것이다. 둘 중 하나는 천상의 아버지(제우스)이고, 하나는 땅의 아버지(프리아포스)라는 차이

점이 있을 뿐이다. 이 둘은 별도의 신이 아니라 하나의 신이다. 비나와 말쿠트가 두 개의 다른 힘을 상징하는 것이 아니라 하나의 힘이 다른 영역에서 작용하기 때문에 다른 이름으로 불리는 것과 같은 이치다. 이것이 바로 모든 고대 및 원시 신앙에서 아주 중요한 위상을 차지하지만, 학자들은 그 의미를 제대로 파악하지 못하는 남근 숭배의 진짜 의미를 이해하는 열쇠다. 남근 숭배는 인간이 신성에 다가가기 위해 신성을 인간계로 끌어내리는 행위다.

45. 프리아포스는 과장이 심하다 싶을 정도로 큰 남근을 가진 남자로 묘사되는데, 고대인들이 성에 탐닉해서 남성 신들에게 거대한 생식기를 달고 여신들에게는 비정상적으로 큰 유방을 단 것은 아니다. 천상의 아버지와 어머니인 호크마와 비나의 대표 상징이 남근과 여음이었음을 기억할 것이다. 호크마와 비나는 양과 음, 힘을 발휘하려는 의지와 형상을 만들어내려는 의지, 확장하려는 힘과 제한하려는 힘, 발사하는 힘과 수용하는 힘 등, 추상적이고 이상적인 개념들을 상징하며, 인간은 이런 고차원의 개념들을 설명하기 위해 누구나 쉽게 이해할 수 있는 남근과 여음의 심볼을 이용하여 신성을 표현했다. 이것이 바로 "인간이 신성에 다가가기 위해 신성을 인간계로 끌어내렸다."는 말의 의미다. 남근이라는 신체 부위 자체를 숭배한 것이 아니라, 그 심볼이 상징하는 개념, 원리, 가르침을 숭배한 것이다. 태양숭배도 마찬가지다. 하늘에 뜬 거대한 가스 덩어리 자체를 숭배한 것이 아니라, 차별 없이 만물에 빛과 열기를 선사하고 생명을 부여하는 태양이 신을 닮았기에 신의 심볼로 활용한 것이다. 인간이 쉬이 이해할 수 없는 추상적인 개념을 설명하기 위해 구체적이고 익숙한 무언가를 심볼로 삼은 것이다.

46. 마지막으로, 케테르와 말쿠트의 관계를 생각해 보자. 케테르는 하늘이고 말쿠트는 땅이다. 케테르는 만물의 아버지이고, 말쿠트는 만물에 물질의 형상을 선사하는 어머니다. 제2장에서 다뤘던 생명 나무를 나누는 여러 기준 중, 말쿠트 관련 내용을 다시 읽어보자.

② 말쿠트와 10

카발라의 중요한 교리 중 하나는 '가장 높은 케테르(Highest of the High)와 가장 낮은 말쿠트(Lowest of the Low)는 서로 통한다.'는 점이다. 앞서 설명했듯이, 10은 1이 큰 원(0)을 그리며 한 바퀴 돌아 원위치로 돌아온 상태, 즉, 1+0을 의미한다. 즉, 무의 상태에 머무르던 신이 1로 구체화한 후 수많은 경험을 축적하고, 잠재력을 실현하고, '성장'을 이룬 상태가 바로 10이다. 10번 세피라, 말쿠트 또는 타로의 10번 카드에서는 케테르와 에이스 카드에서 잠재력의 형태로만 존재했던 יהוה가 완전하게 구체화하여 생명의 나무가 완성된다. 그래서 생명의 나무에 색상까지 입힌 도안을 보면 단색으로 표현된 1~9번 세피라와는 달리, 말쿠트에는 네 개의 색상이 혼합된 것을 볼 수 있다.

케테르라는 작은 씨앗 안에는 네 글자로 된 신의 이름, 테트라그라마톤(יהוה)이 상징하는 모든 것들이 잠재력의 형태로 들어있었고, 마치 갓 수정이 이루어진 난자가 자라나면서 배아와 태아의 단계를 거쳐 인간의 형상을 띤 아기로 태어나듯이, 이 작은 씨앗은 말쿠트에 이르러 4대 원소로 구성된, 다양한 형상으로 가득한 세상으로 구체화한다. 즉, 케테르가 품고 있던 모든 것들이 표면적으로 드러난 것, 우주라는 꽃으로 개화(開花)한 것이 바로 말쿠트다. 그래서 가장 높은 것과 가장 낮은 것이 서로 통한다고 표현하는 것이다.

47. 영과 물질의 관계도 마찬가지다. 밀도가 아주 낮고 주파수/진동수가 아주 높은 영이 구체화한 것, 세상에 모습을 드러낸 것이 바로 밀도가 아주 높고 주파수/진동수가 아주 낮은 물질이다. 디온 포춘의 설명을 들어보자.

> 케테르에서 하강하는 생명력(Life-force)은 교류전기처럼 작용하며, 극성의 교리에 따라 때로는 힘이 말쿠트에서 케테르로 흐르기도 하고, 때로는 케테르에서 말쿠트로 흐르기도 한다. 이 개념을 소우주에 적용하면 아주 중요한 가르침을 얻을 수 있다. 천국의 신과 관계를 맺는 것도 물론 중요하지만, 지구의 영혼과 연결되는 것도 이에 못지않게 중요하다는 뜻이다. 초의식(천국)으로부터 내려오는 영감도 있지만, 무의식(지구)에서 올라오는 영감도 있다는 사실을 잊어선 안 된다.

48. 전자제품이든 사람이든, 접지가 중요한 이유가 바로 이것이다. 땅을 경시하고 구름 위에서만 둥둥 떠다니는, 'grounded' 상태에 있지 않은 사람은 영감을 받을 때도 균형을 유지하지 못한다. 이상만 추구하고 현실은 외면하는, 취지는 좋으나 실용성은 없는, 문서상으로는 그럴싸하나 실전에서는 통하지 않는, 결국엔 현실성 없고 쓸모없는 아이디어만 떠올리며 공상에 그치게 된다는 얘기다. 근엄하고 지혜로운 아버지 제우스도 중요하지만, 거대한 남근의 소유자 프리아포스와 사방에 씨를 뿌리고 다니는 판도 이에 못지않게 중요하다. 아름답고 고고한 천상의 비너스를 보면 경배하고 싶은 마음이 굴뚝같이 솟아나지만, 우리에

게는 케레스와 수많은 유방이 달린 다이애나 여신이 제공하는 영양분과 모유도 필요하다.

49. '말쿠트'는 '왕국'이라는 뜻이다. 이 왕국을 다스리는 왕은 물론 4~9번 세피라로 구성된 마이크로프로소포스, 내 안의 상위 자아, 타로의 왕자님, 신성한 수호천사이며, 말쿠트는 마이크로프로소포스의 신부이자 물질이라는 틀 안에 갇힌 타로의 공주다. 하위 자아와 인격을 상징하는 공주는 상위 자아와 개성을 상징하는 왕자님을 배필로 맞고 그의 키스를 받으면서 비로소 긴 잠에서 깨어나 영적 성장의 길, 생명 나무를 오르는 여정을 시작한다.

50. 이번에도 오해는 없기 바란다. 왕자가 공주를 다스린다는 것은 남자가 여자 위에 군림한다는 남성우월주의가 아니라, 인간을 상징하는 오망성의 상징체계에서 보았듯이, 영이 물질을 다스려야 사람이 올바르게 설 수 있다는 뜻이다. 왕자는 남자고 공주는 여자라는 얘기가 아니다. 남자 안에도 왕자와 공주가 있고, 여자 안에도 왕자와 공주가 있다. 종교계에서 이런 상징적 의미를 곡해하여 여성을 이류 시민으로 취급하고, 이로 인해 오늘날까지도 성 갈등이 이어지고 있는 것도 사실이다. '로마 가톨릭교회의 아버지', '서양 신학의 창시자'로 불리는 테르툴리아누스[325], 콘스탄티노플의 대주교 성 요한 크리소스토모[326], 밀라노의 주교 성 암브로시우스[327], 히포의 성 아우구스티누스[328], 신학자 토마스 아퀴나스[329]의 어록을 보면 여성에 관한 옛 종교지도자들의 관점이 어떠했는지 짐작할 수 있다.[330] 주석에 명시한 링크의 내용을 읽어보면 알 수 있듯이, 오시리스 시대에는 종교지도자뿐 아니라 플라톤, 아리스토

텔레스와 같은 위대한 철학자들도 남성우월주의 사상을 기본적으로 신봉했다. 이 시절에 여성을 남성과 동등하게 대우하고, 간음하다 걸려 돌팔매질을 당할 위기에 처한 여자를 보호하기 위해 군중을 향해 "너희 중에 죄 없는 자가 먼저 돌로 치라!"고 외쳤던 예수는 진정한 선구자였던 것 같다.

(요한복음 8:1) 예수는 감람 산으로 가시다

(요한복음 8:2) 아침에 다시 성전으로 들어오시니 백성이 다 나아오는지라 앉으사 저희를 가르치시더니

(요한복음 8:3) 서기관들과 바리새인들이 간음 중에 잡힌 여자를 끌고 와서 가운데 세우고

(요한복음 8:4) 예수께 말하되 선생이여 이 여자가 간음하다가 현장에서 잡혔나이다

(요한복음 8:5) 모세는 율법에 이러한 여자를 돌로 치라 명하였거니와 선생은 어떻게 말하겠나이까

(요한복음 8:6) 저희가 이렇게 말함은 고소할 조건을 얻고자 하여 예수를 시험함이러라 예수께서 몸을 굽히사 손가락으로 땅에 쓰시니

(요한복음 8:7) 저희가 묻기를 마지 아니하는지라 이에 일어나 가라사대 너희 중에 죄 없는 자가 먼저 돌로 치라 하시고

(요한복음 8:8) 다시 몸을 굽히사 손가락으로 땅에 쓰시니

(요한복음 8:9) 저희가 이 말씀을 듣고 양심의 가책을 받아 어른으로 시작하여 젊은이까지 하나씩 하나씩 나가고 오직 예수와 그 가운데 섰는 여자만 남았더라

(요한복음 8:10) 예수께서 일어나사 여자 외에 아무도 없는 것을 보시

"너희 중에 죄 없는 자가 먼저 돌로 치라"

고 이르시되 여자여 너를 고소하던 그들이 어디 있느냐 너를 정죄한 자가 없느냐

(요한복음 8:11) 대답하되 주여 없나이다 예수께서 가라사대 나도 너를 정죄하지 아니하노니 가서 다시는 죄를 범치 말라 하시니라

51. 말쿠트의 마법 이미지는 왕관을 쓰고 권좌에 앉은 젊은 여성이다. 이집트의 이시스처럼 그녀의 얼굴은 베일에 가려져 있으며, 이는 영적 힘이 형상 안에 감춰져 있음을 의미한다. 크로울리가 제작한 토트 타로에서는 메이저 아르카나의 2번 카드, '여사제'가 베일에 가려진 이시스를 상징한다. 공주의 얼굴을 가리는 이 베일은 비나의 심볼인 '은폐의 예복(외투)'과 같은 맥락의 심볼이다.

52. 비나를 다루는 섹션에서 설명했듯이, 이 세피라에는 '어두운 불임의 어머니'와 '밝은 가임의 어머니'라는 대조적인 별칭이 지정되었는데, 비나의 분신인 말쿠트와의 관계에서 본다면 비나는 불임의 어머니, 그리고 말쿠트는 가임의 어머니에 해당한다. 왜 그런지, 디온 포춘의 설명을 들어보자.

> 비나는 어두운 불임의 어머니, 그리고 말쿠트는 마이크로프로소포스의 신부 또는 밝은 가임의 어머니로 불린다. 이 두 어머니는 두 가지 측면을 지닌 이집트 달의 여신, 이시스(양의 측면)와 하토르(음의 측면)에 상응하며, 그리스 상징체계에서는 아프로디테(양)와 케레스(음)에 상응한다고 할 수 있다. 아프로디테는 여성적인 힘의 양의 측면에 해당한다. 차원에 따라 극성이 뒤바뀌는 원리(Law of Alternating Polarity)에 따라 표면적으로는 음이었던 것이 내적으로는 양으로 바뀐다. 천상의 비너스인 아프로디테(양)는 영적으로 음에 해당하는 남성을 자극한다. 현대인들이 아프로디테의 이런 기능(영적 차원에서 남성을 자극하는 기능)을 이해하지 못해 삶에서 다양한 문제들이 생겨나는 것이다. 하지만 이시스의 상위 측면인 비나는 불임의 어머니다. 양의 극성은 언제나 자극을 주는 주체이지, 결과물을 생산하는 주체가 아니기 때문이다. 이시스의 하위 측면, 즉, 말쿠트의 측면은 밝은 가임의 어머니이자 생식능력의 여신으로, 이시스의 힘이 물질계에 작용하여 창출한 결과물을 의미한다.

53. 양은 자극을 주고, 음은 그 자극을 받아 결과물을 창출하는 것이 우주의 섭리라는 얘기다. 그런데 양과 음이 언제나 남성과 여성에 상응하는

것은 아니다. 양과 음은 상대적 개념이다. 위의 인용문에서 보듯이, '어머니'를 상징하는 힘도 양과 음의 측면이 있다. 비나와 말쿠트, 둘 다 어머니지만, 비나는 천상의 어머니, 즉, 양이고, 말쿠트는 땅의 어머니, 따라서 음에 해당한다. 양의 역할을 하는 비나는 자극을 주는 주체이므로 불임의 어머니이고, 그 자극을 받아서 결과물을 생산하는 말쿠트는 가임의 어머니다. 신화에서는 크로노스, 마르스, 머큐리 모두 남자이지만, 생명의 나무에서는 음의 역할(제한함으로써 형상 만들기)을 하므로 생명 나무의 왼쪽 기둥에 있다. 반대로 넷자흐의 비너스는 형상의 재료가 될 힘, 에너지를 다루기 때문에 여신임에도 양을 상징하는 오른쪽 기둥에 있다.

54. 또 하나의 예를 들어보자. 인간의 육신이라는 관점에서 보면 남자는 양이고 여자는 음에 상응한다. 성관계를 통해 남자가 여자의 몸을 자극하고, 자극을 받은 여자가 남자의 정자를 받아들여 수정이 이루어지면 아기라는 결과물이 탄생한다. 그런데 디온 포춘의 말대로 상위 레벨에서는 극성이 뒤바뀌어 여자가 자극의 주체인 양이 되고, 남자는 여자의 자극을 받아 결과물을 생산하는 음이 된다. 그리스 신화에는 시인, 작가, 음악가, 예술가 등에게 영감을 주는, '뮤즈[331]'라 불리는 아홉 명의 여신이 있다. 켈틱 문화권에서는 이들을 '레넌 시'라고 불렀다. 다음은 필자가 『아주 오래된 노래 - 가슴을 울리는 포크 음악 이야기, 제2부』에서 『My Lagan Love』라는 노래를 설명하며 썼던 내용이다.

    아일랜드의 시인 윌리엄 예이츠는 레넌 시의 특성을 다음과 같이 설명했다.

"레넌 시(Leanhaun Shee)로 불리는 요정은 노예로 삼은 남자에게 영감을 주는 게일릭 문화권의 뮤즈다. 레넌 시는 쉬지 않고 사랑을 찾아다닌다. 그래서 게일 시인은 오래 살지 못한다. 시인이 세상에 오래 머무르도록 그녀들이 허락하지 않기 때문이다."

55. 남편 로베르트[332]에게 음악적 영감을 준 클라라 슈만[333], 시인 단테[334]의 원동력이었던 베아트리체[335], 현대에 와서는 음악가 조지 해리슨[336]과 에릭 클랩턴[337]의 명곡 탄생에 중요한 역할을 한 패티 보이드[338] 등을 대표적인 뮤즈로 들 수 있다. 물질보다 높은 차원에서 양의 역할을 하는 여성 뮤즈는 음의 위치에 있는 남자를 자극하고(즉, 영감을 주고,) 남자는 이를 통해 결과물(음악, 그림, 문학작품 등)을 만들어낸다. "남자는 세상을 지배하고, 여자는 그 남자를 지배한다."는 말도 비슷한 맥락에서 나온 것이 아닐까 싶다. 이 대목 역시 오해. 없기 바란다. 남자는 큰일을 하고 여자는 큰일을 하지 못한다는 뜻이 아니라, 남자의 경우 큰일을 하려면 여자의 자극과 인풋이 필요하다는 의미로 이해하면 좋을 것 같다.

56. 다음은 헬레나 블라바츠키[339] 여사의 『비밀 교리』에서 발췌한 내용으로, 이 개념을 더 자세히 설명하고 있다.

> 불로장생의 약(Elixir of Life) 또는 철학자의 돌(Philosopher's Stone)과 같은 연금술의 결과물을 얻기 위해… 남성 연금술사는 여성의 영적 도움이 필요했다. 하지만 이 말을 문자 그대로 해석하여 두 사람 간의 육체적 결합으로 이해한 연금술사에게는 화가 미칠진저! 이는 신성모독이자 흑마법이며, 반드시 작업의 실패로 이어지게 된다. 고대의

진정한 연금술사는 젊은 여성을 피하고 나이 많은 여성이 자신의 작업을 돕도록 했고, 결혼한 남성 연금술사는 작업 진행 전후 수개월 간 부인을 누이처럼 대했다.

57. 말쿠트의 별칭에는 '관문'이라는 단어가 유독 많이 나오는데, 이 관문은 우리가 세상에 태어날 때 통과하는 어머니의 음문을 지칭한다. 타로 메이저 아르카나에서 '땅의 비너스'를 상징하는 3번 카드, '여황제'에는 '문'을 의미하는 히브리 문자, 달레트가 지정된다. '천상의 비너스'이자 동정녀인 2번 카드의 '여사제'와는 달리, 여황제는 임신한 여성으로 묘사된다.

58. '죽음의 관문', '죽음의 그림자의 관문'…. 어머니는 우리에게 생명을 선사하지만, 육신을 가진 존재로 태어난다는 것은 육신의 죽음이라는 운명을 피할 수 없다는 사실을 의미하기도 한다. 하지만 삶과 죽음은 상태의 변화에 불과하다. 삶과 죽음은 동전의 양면이다. 물질 세상에 태어나는 순간 우리는 영적 세상에서의 죽음을 경험하며, 반대로 육신이 사망하는 순간에는 영적 세상에서의 탄생을 경험한다. '죽음'이라는 제목이 지정된 메이저 아르카나 13번 카드의 비밀 명칭은 'The Child of the Great Transformers'다. 죽음은 상태의 변환(transformation)임을 암시하는 명칭이다.

59. 마이크로프로소포스의 신부인 말쿠트의 또 다른 이름은 '신부'를 의미하는 '칼라'이며, '말카'는 '멜렉(왕)'의 배필을 지칭하는 '여왕'을 의미한다. 타로에서는 이 커플이 왕자와 공주로 표현되지만, 이들은 훗날 왕좌에 앉을 운명을 지닌 존재들이므로 왕과 여왕(또는 황제와 여황제)으로

불리기도 한다.

60. 말쿠트를 지배하는 신의 이름은 '왕인 군주(The Lord who is King)'와 '땅의 군주(The Lord of Earth)'를 각각 의미하는 '아도나이 멜렉'과 '아도나이 하 아레츠'다. '아도나이'는 유대인들이 발음할 수 없는, 함부로 발음해서도 안 되는 신의 이름(יהוה)을 대신하여 사용하는 호칭으로, '주님' 또는 '지배자'를 의미하는 'Adon'의 복수형이다. 그리스 신화에서는 아프로디테와 페르세포네 여신이 사랑했던 미소년, 아도니스(Adonis)의 이야기가 등장한다. '아도니스'는 말 그대로 '미소년'이라는 뜻인데, 그는 신이 아

아도니스와 비너스

니라 인간이었다는 점이 흥미롭다. 신화에 따르면 그는 아프로디테의 경고를 무시하고 사냥을 나섰다가 멧돼지(그를 질투한 아프로디테의 연인, 전쟁의 신 아레스가 변신한 형상)의 공격을 받아 사망했고, 그의 피가 떨어진 곳에서 '아네모네'라는 붉은 꽃이 피어났다고 한다. 비교종교학을 주제로 다룬 제임스 조지 프레이저340의 대표작, 『황금가지(The Golden Bough)』에 따르면 아도니스는 전 세계의 여러 문화권에서 발견되는 '죽었다 살아나는 신'의 원형 중 하나라고 한다. 구세주를 신랑으로 삼고 있는 말쿠트에 잘 어울리는 캐릭터인 것 같다.

61. 말쿠트를 지배하는 대천사는 '산달폰'이다. 산달폰은 케테르의 대천사, 메타트론과 더불어 한 때 인간으로 살았다는 공통점을 가지고 있다. 유대교 전설에 따르면 메타트론과 산달폰은 땅에 살다가 육신의 죽음을 체험하지 않고 승천한 두 선지자, 에녹과 엘리야였다고 한다.341 카발라에서 산달폰은 어둠의 천사(Dark Angel), 그리고 메타트론은 밝음의 천사(Bright Angel)로 불린다. 메타트론은 모든 빛의 원천인 케테르의 대천사고, 산달폰은 빛에서 가장 멀리 떨어진 말쿠트의 대천사니 적절한 명칭이라고 할 수 있겠다.

62. 이 두 대천사는 우리가 위기 또는 결단의 순간에 처했을 때 양어깨 뒤에 서 있는 존재들로, 서양의 만화나 삽화에서 종종 볼 수 있는, 사람의 두 귀에 대고 속삭이는 천사와 악마를 연상시킨다. 천사는 이익보다는 올바른 길을 택하라고 조언하고, 악마는 나에게 이익이 되는지를 기준으로 선택하라고 유혹한다. 산달폰이 악마라는 얘기는 아니다. 두 대천사는 '좋은 카르마'와 '나쁜 카르마'를 각각 상징하며, 어둠의 천사인

산달폰은 나쁜 카르마로 인한 빚의 청산을 요구하는 심판관이다. 이러한 이유로 말쿠트에는 '눈물의 관문', '정의의 관문'이라는 별칭도 지정된다. 말쿠트는 모든 원인으로 인한 최종 결과가 나타나는 영역, 인과관계의 원리가 실행되는 영역, 즉, 카르마의 보상과 형벌을 받는 곳이다. 이 원리는 건강 관리에도 적용할 수 있다. 육신은 건강 관리의 결과가 나타나는 영역이다. 정신과 마음이 건강하면 결과적으로 육신도 건강하고, 정신과 마음이 병들면 육체도 병들 수밖에 없다.

63. 우리가 사는 지구를 일종의 감옥 또는 지옥에 비유하는 사람들이 많다. 우리나라에서도 사는 것이 빡빡한 시기가 오면 '헬조선'이라는 말이 여기저기서 심심찮게 들린다. 그런데 이건 사실 정확한 표현이 아니다. 지구, 즉, 말쿠트는 카르마의 형벌뿐 아니라 보상도 이루어지는 곳인데, 대부분 사람이 보상은 내가 받아 마땅한 것이고 형벌은 억울하다고 여기며 집착하고 원망하니까 지옥으로 느껴지는 것이다. 보상과 형벌은 하늘이 내게 점지한 운명이 아니라 내가 내린 선택에 따른 결과다. 보상도, 형벌도 내가 선택한 것이라는 사실을 기억하자.

64. 말쿠트를 지배하는 천군은 '이쉼'으로, '불의 영혼'이라는 뜻이다. 랍비 마이모니데스[342]에 따르면 이들은 가장 낮은 영역에 속한 천사들이며, 따라서 인간과 가장 가까운 존재들이라고 한다. 그의 설명을 들어보자.

> 이쉼은 선지자들과 대화하고 비전을 통해 그들 앞에 모습을 드러내는 존재들이다. 이들은 인간이 정신의 힘으로 거의 도달할 수 있는 영역에서 활동하기 때문에 '인간(Men)'으로 불리기도 한다.

65. 블라바츠키 여사를 인용한 디온 포춘의 설명에 따르면 이쉼은 '원자의 의식'이며, 따라서 물질의 자연 의식을 상징한다고 한다. 물질의 배후에서 한시도 멈추지 않고 움직이는, 우리 눈에 보이지도 않을 정도로 작은 전하(電荷)와 같은 이 존재들로 인해 물질이 존재할 수 있고, 그 성질이 정해진다는 것이다. 물질에 생명을 부여하는 힘 또는 영의 개념으로 이해하면 좋을 것 같다. 마지막으로, 말쿠트를 지배하는 세속적 차크라는 지금까지 충분한 지면을 할애하여 설명한 바 있는 4대 원소의 영역이다.

66. 말쿠트의 영적 체험은 '신성한 수호천사의 비전'이다. 여러 차례 언급했듯이, 이 수호천사는 내 밖에 있는 어떤 존재가 아니라 나의 상위 자아, 육신이 죽은 후에도 언제나 나와 함께하는 내면의 영혼을 지칭하는 것이다. 말쿠트에서는 내 안의 신성한 수호천사라는 존재를 인지하게 되고, 그가 거하는 티파레트에 이르러서는 그를 영접하고 알게 된다.

67. 말쿠트에 지정된 미덕은 '분별'이고, 소우주와의 상응은 '항문'이다. 5번 세피라, 게부라에서 불필요한 것을 모조리 불태워버렸듯이, 내 삶에서 불필요한 것, 제거되어야 할 것은 잘 분별하여 항문을 통해 밖으로 배출해야 한다. 체내에 쌓인 노폐물을 적시에 배설하지 않으면 똥독이 올라 병이 나듯이, 내 삶 속의 쓰레기와 독극물도 그때그때 적절하게 처리해야 균형과 웰빙을 유지할 수 있다. 이 우주의 배설물은 말쿠트보다도 아래에 있는, 생명 나무의 뒤편, 사악한 카발라, 우주의 똥통이라고 불리는 클리포트에 버려진다. 클리포트에 관한 이야기는 다음에 기회가 될 때 하기로 하고, 이번 책에서는 자세히 다루지 않는다.

68. 말쿠트에 지정된 악덕은 '탐욕'과 '타성'이다. 타성(惰性), 즉, 콘크리트343처럼 단단하게 굳어져 변하지 않으려는 습성은 물질의 기본적인 특성이다. 하지만 쉽게 변하지 않으므로 안정적이라는 장점도 있다. 앞서 설명했듯이, 물질은 바꾸기 어려우나 생각은 바꿀 수 있다. 하지만 생각마저, 사고마저 콘크리트처럼 굳어지면 그야말로 돌대가리가 된다. 정치 분야에는 '콘크리트 지지층'이라는 말이 있다. 어떤 경우에도 정치 성향이 바뀌지 않는 사람들을 지칭할 때 쓰는 용어다. 한편 탐욕은 뭐든 꽉 붙잡은 상태에서 놓아주지 않으려는 성향, 다시 말해 구두쇠 심보와 관련이 있다. 버려야 할 것을 분별하여 배출하지 못하고 계속 잡고만 있으면 영적 변비를 피할 수 없다. 프로이트344에 따르면 구두쇠들은 거의 예외 없이 변비에 시달린다고 한다. 서양이나 동양이나, 똥이 나오는 꿈을 꾸면 금전운이 좋다고들 하는데, 이는 똥이 돈을 상징하기 때문이다. 물은 흘러야 깨끗하고, 돈도 순환해야 악취를 풍기지 않고, 똥도 주기적으로 싸서 하수처리 시스템으로 넘겨야 변비를 해소할 수 있다. 조금 더럽지만, 똥과 변비에 관한 얘기는 디스크 10번 카드를 다룰 때 다시 할 예정이다.

69. 배설은 곧 '놓아주는 것'이다. 디온 포춘의 설명을 들어보자.

> 제한적인 말쿠트의 삶에서 벗어나 확 트인 공간에서 맑은 공기를 들이마시기 위해 우리가 해야 할 아주 중요한 일은, 놓아주는 방법을 배우는 것이다. 큰 것을 얻기 위해 작은 것을 희생함으로써 '값진 진주'를 사는 법345을 배워야 한다. 말쿠트의 가르침인 '분별'을 통해 어떤 것이 희생할 가치가 있는 작은 것이고, 어떤 것이 희생을 통해 얻어야 할 큰 것인지 알 수 있다. 희생 없이 얻을 수 있는 것은 없다. 우리가

희생하는 모든 것은 몇 배로 불어나 '좀과 동록이 해하지 못하는' 천국에 차곡차곡 쌓인다는 사실을 모르는 사람이 많다. 이득으로 연결되지 않는 희생은 낭비라고 할 수 있다.

70. 소우주의 관점에서 말쿠트는 '발'에도 상응한다. 이 역시 여러 차례 설명했던 내용으로, 머리는 이상과 영성을 추구하되, 발은 땅을 밟고 있어야 한다는, 현실 감각을 유지할 수 있어야 한다는 의미다. 발이 땅을 밟고 있지 않으면 안정도 있을 수 없다. 영성은 중요하지만, 물질도 이에 못지않게 소중하다는 사실, 물질이라고 해서, 물질을 기반으로 한다고 해서 천시해서는 안 된다는 사실을 기억하자. 신이 창조한 것 중 더럽거나, 불결하거나, 쓸모없거나, 신성하지 않은 것은 없다. 예전에 맨리 P. 홀이 어느 강연에서 전했던 인상적인 일화가 떠올라서 공유한다.

> 제가 예전에 일본에서 어떤 고위 공직자가 야쿠자의 보스급 인사로 알려진 자에게 깍듯이 인사하는 것을 보고 의아해서 나중에 이렇게 물었습니다. "아니, 저 사람 악당으로 알고 있는데, 왜 그렇게 공손하게 인사를 하신 겁니까?" 그러자 이런 답변이 돌아왔습니다. "저도 그 자가 나쁜 사람이라는 것은 잘 알고 있습니다. 그런데 그 뒤에 신이 서 있어서 예를 표한 것입니다."

71. 다음은 말쿠트에 지정된 여러 심볼을 살펴보자. 두 개의 정육면체가 위아래로 쌓인 형태의 더블 큐브 제단은 상응의 원칙의 공리, "위에서와같이 아래에서도, 아래에서와같이 위에서도"를 상징한다. 말쿠트를 의미하는 10개의 정사각형으로 덮여 있는[346] 더블 큐브 제단은 신비주

의 사원에서 사용하는 제단이다. 팔 길이가 같은 십자가는 균형을 이룬 4대 원소를 상징한다. 팔 길이가 같지는 않지만, 각종 심볼로 가득한 장미 십자가의 상징체계(라멘)도 공부할만한 대상이다.

72. 6번 세피라, 티파레트와 더불어 10개의 세피로트 중 가장 많은 분량을 차지한 말쿠트에 관한 대략적인 설명이 드디어 끝났다. 케테르니, 천상의 삼각형이니, 심연 너머의 영역이니, 다 중요한 얘기지만, 우리 입장에서 가장 중요한 것은 여정의 출발지점인 말쿠트와 1차 도착지인 티파레트다. 말쿠트에서 깊은 잠에 빠진 숲속의 공주 신세에서 벗어나 '신성한 수호천사의 비전'을 체험하고, 그 수호천사, 내면의 왕자님을 진정으로 알고 대화를 트기 위해 티파레트까지 올라가는 여정을 시작하는 것이 우리의 책무다. 다음은 크로울리의 작품, 『The Wake World』에서 롤라라는 여주인공이 왕자님(신성한 수호천사)과 함께 생명의 나무를 오르기 시작하는 장면을 묘사한 대목이다. 32번째 경로(말쿠트⇒예소드)를 앞에 두고 긴장한 롤라와 왕자님의 대화다.

> 그가 내게 말했다. "어서 가자! 여기는 하인들이 머무르는 곳이야. 대부분 사람이 한평생 여기에서 시간을 보내다 생을 마감하지." 나는 그에게 말했다. "제게 키스해 주세요!" 그러자 그가 대답했다. "네가 그 말을 할 때만 한 걸음 앞으로 나아갈 수 있어!"

그럼 이제 마이너 아르카나의 스몰 카드를 마무리하는 10번 카드들의 속성을 하나씩 살펴보자.

10번 카드의 기본 속성

지금까지 진행한 말쿠트의 속성에 관한 설명, 즉, 영적인 힘이 형상의 영역에서 완성되면서 모습을 드러내고, 말쿠트에 거주하는 우리의 관점에서는 이 형상들을 제물로 바쳐 영적인 힘을 되찾아야 한다는 사실을 염두에 두고 10번 카드들을 차례대로 살펴보자.

카드들의 제목을 보며 대충 느꼈겠지만, 네 슈트 중 양에 해당하는 지팡이와 검 카드는 나쁘게 보이고, 음에 해당하는 컵과 디스크 카드는 좋게 보인다. 디온 포춘에 따르면 여기에도 어떤 법칙이 작용한다. 그녀의 설명을 들어보자.

10번에 해당하는 네 장의 카드를 보면 좋은 카드와 나쁜 카드가 번갈아 나타남을 알 수 있다. 검 10번 카드는 타로점에서 가장 나쁜 카드라는 말도 있다. 이런 패턴의 배후에는 독특한 연금술의 교리가 자리하고 있다. 연금술에 따르면 행성 기호는 세 개 심볼의 조합을 통해 만들어진다고 한다 – 태양, 초승달, 그리고 부식(腐蝕) 또는 희생의 십자가. 이 세 심볼의 의미를 올바르게 해석하면 해당 행성의 연금술적 특성과 변환이라는 대업(大業; The Great Work)의 실용성을 이해하는 열쇠를 얻을 수 있다. 예를 들어, 화성의 심볼은 부식의 십자가가 태양을 상징하는 원 위에 있는 형상인데, 이는 화성이 표면적으로는 부식성이지만 내적으로는 태양의 속성을 지니고 있음을 의미한다. 이와 반대로 원이 십자가 위에 있는 금성의 심볼은 금성이 표면적으로는 태양을 닮았으나, 내적으로는 부식성을 띠고 있음을 의미한다. 성경의 표현을 빌리자면, '입에는 꿀같이 달지만, 배에는 쓴[347]' 속성을 말하는 것이다.

디온 포춘이 위 인용문에서 사용한 '부식성(corrosive)'이라는 단어는 연금술에서 각 행성이 상징하는 금속의 속성을 염두에 둔 것이다. 겉으로 보기에는 빤질빤질 광이 나지만 속은 그렇지 않은 구리(금성의 상징), 그리고 겉은 쉽게 녹슬지만 속은 단단한 철(화성의 상징)의 속성에 관한 설명이다. 크로울리도 넷자흐를 다루는 섹션에서 이렇게 말했던 것을 기억할 것이다.

금성은 구리를 상징하는 심볼이라는 사실을 기억하자. 즉, 겉은 화려하지만 속은 부패했다는 뜻이다.

다음은 10번 카드들에 관한 크로울리의 총평이다.

말쿠트에 지정된 카드들이다. 모든 에너지의 종착지다. 탄력성을 지닌 '형성의 세상(예치라)'으로부터 완전히 분리된 영역이다. 말쿠트에는 행성도 지정되지 않는다. 에너지가 아시아(Assiah; 물질 세상)까지 내려왔다. 4대 원소라는 개념이 생겨났다는 사실 자체만으로도 본래 완벽했던 에너지가 어느 수준까지 타락했는지 짐작할 수 있다. 10번 카드들은 일종의 경고장이다. 이 카드들이 나를 어디로 이끄는지 예의주시하라. 첫 발걸음을 잘못 내딛는 수가 있다!

양의 속성을 지닌, 따라서 '영적'이라고 할 수 있는 지팡이와 검이 물질 세상에서 작용할 때, 그리고 음의 속성, '물질적'이라고 할 수 있는 컵과 디스크가 물질 세상에서 작용할 때의 결과는 다를 수밖에 없다. 디온 포춘이 위에서 했던 말을 다시 떠올려보자. 타로점을 보았는데 표면적으로 화려하고 좋은 카드가 나왔다면 이게 곧 부식할 수도 있다는 가능성을 열어두어야 하고, 표면적으로 부식한 카드가 나왔다면 조만간 그 안에 숨겨진 빛을 보게 될지도 모른다는 의미일 수도 있다. 새옹지마의 교훈을 삶의 신조로 삼자. "Not everything is as it seems." 눈에 보이는 것과 실제는 다를 수 있다는 얘기다. 악당과 싸우다가 두 눈을 잃고 오히려 사물의 실체를 꿰뚫어 보는 능력을 얻은 영화 『매트릭스』의 주인공 네오처럼, 겉모습에 현혹되지 않는 혜안을 길러야 한다.

10 of Wands – 억압(Oppression)

(Saturn in Sagittarius) 20° to 30° Sagittarius

12월 13일 ~ 12월 21일

토트 타로의 제목 – 억압(Oppression)

카드의 의미

- 영적 원천으로부터 분리된 힘. 불의 가장 파괴적인 측면. 잔혹함과 악의.
- 이기심. 거짓말. 탄압. 중상모략.
- 강화하는 영향을 받을 경우 자기희생. 너그러움을 의미할 수도 있음.

앞서 예고했듯이, 영적 속성을 지닌 지팡이가 물질계에 작용하니 제목부터 그다지 좋지 않은 카드가 나왔다. 물질의 관점에서 봤을 때 지팡이가 상징하는 불의 힘이 너무 강해서 억압처럼 느껴진다는 뜻일까? 크로울리의 설명을 들어보자.

> 지팡이 10번 카드의 제목은 '억압'이다. 언제나 힘, 힘, 오로지 힘만 사용했을 때 벌어지는 결과다. 둔탁하고 무거운 토성이 불처럼 가볍고 여린 측면을 드러낸 사수자리를 짓누르는 형국이고, 그 결과 사수자리의 가장 안 좋은 기질을 끄집어내고 말았다. 이 카드의 사수(궁수)는 이로운 광선을 쏘며 사방에 전파하기보다는, 날카로운 죽음의 비를 선사하고 있다! 지팡이는 마침내 정복에 성공했다. 해야 할 일을 제대로 해냈다. 아니, 너무나도 완벽하게 잘 해냈다. 멈춰야 할 때를 모르고 계속 휘둘렀다. 정부는 독재로 둔갑했다. 화이트홀[348]에서 참수된 찰스 1세[349]를 생각하면 히드라[350]가 떠오르기 마련이다!

말쿠트는 상위 아홉 세피로트와는 동떨어진, 어찌 보면 홀로 고립된 외딴 섬과 같은 영역이라고 할 수 있다. 7, 8, 9번 세피라를 통해서만 생명의 나무에 연결되어 있고, 따라서 그 위에 있는 세피로트의 영적 영향을 직접 받지 못한다. 말쿠트는 물질의 영향이 너무 강해 힘의 영적 원천과의 연결이 단절된 곳이다. 그 결과, 이곳에서는 근본을 알 수 없는, 맹목적이고 잔혹한 힘을 마구 휘두르게 되는 경향이 있다.

카드의 배경에는 여덟 개의 지팡이가 X자를 형성하며 불의 위력을 과시하고 있으나, 손오공의 여의봉(지팡이)처럼 길게 늘어난 두 개의 도제 지팡이(지팡이 2번 카드 참조)가 그 위에서 감옥의 창살 역할을 하고 있다. 독재자의 횡포를 더는 참지 못한 시민들이 횃불(8개의 지팡이)을 들고 일어셨지만, 상부의 명령이라면 도덕성 유무와 무관하게 무조건 따르는 공권력이 곤봉을 들고 약자들을 때려잡는 듯한 모습이다. "손에 망치를 쥐고 있으면 모든 사물이 못처럼 보이기 시작한다."는 속담이 있다. 크로울리의 말대로, 한 치 앞도 내다보지 못하는 자가 맹목적으로 힘을 휘두르고 있는 형국이다.

디온 포춘은 왜 이 잔혹한 카드를 두고 이렇게 말했을까?

> 상위 차원의 영적 힘이 물질계에 작용하면 표면적으로는 부식성을 지닌 것으로 보인다. 지팡이 10번 카드에 이르러 어느 때보다 강력해진 불은 정제하는 힘을 발휘한다. "금은 불로 단련되고 주님께 맞갖은 이들은 비천의 도가니에서 단련된다.351"

우연인지, 아니면 동시성인지 몰라도, 어젯밤 친구와 살기 힘든 세상을 주제로 대화하던 중, 그가 맹자를 인용하며 이런 메시지를 보냈다.

> 하늘이 장차 어떤 사람에게 큰 임무를 맡기려 할 때는 반드시 먼저 그의 마음을 괴롭게 하고, 그의 뼈를 수고롭게 하며, 그의 몸을 굶주리고 궁핍하게 만들어 그가 행하고자 하는 바를 어지럽게 한다. 이는 이 사람의 마음을 분발하게 하고 성질을 참게 하여 그가 할 수 없었던 일을 해낼 수 있게 하기 위함이다.

즉, 지팡이 10번은 시련을 통해 내면을 담금질한다는 의미가 담긴 카드다. "What does not kill me makes me stronger." 나를 죽이지 못하는 것은 나를 더욱 강하게 만든다는 뜻이다. 다음은 필자가 예전에 마름돌 출판사 카페에 올렸던, 명작 애니메이션『센과 치히로의 행방불명』의 한 장면을 분석하면서 쓴 글에서 발췌한 내용이다. 지팡이 10번 카드의 의미를 잘 설명했다는 생각이 든다.

센이 온천장의 맨 꼭대기에 있는 유바바의 방까지 찾아왔을 때, 유바바는 그녀를 윽박지르면서도 은근히 인정하는 발언을 했습니다. "여기까지 올라온 것만도 대단하긴 하구먼…." 그 이후에는 일을 달라고 끈질기게 조르는 자와, 일방적인 인신공격으로 상대의 의지를 꺾으려는, 체급이 전혀 다른 두 사람의 신경전이 벌어졌습니다. 누가 봐도 기울어진 운동장에서 다윗과 골리앗이 붙은 한판이었습니다. 하지만 알다시피 결국엔 센이 승리했습니다. 유바바는 분하면서도 동시에 놀랐을 것입니다. 센의 의지에 감명(?)까지 받았을 것입니다. 그렇다면 다음엔 센이 말만 번지르르 잘하는 사람인지, 아니면 말을 실천으로 옮길 수 있는 사람인지 시험해봐야 합니다. 그래서 온천장에서도 하기 가장 힘든 일을 과제로 준 것입니다.

또 하나의 이유가 있습니다. 대형 욕조의 상태가 엉망이라는 것은, 지금까지 이 어려운 일을 제대로 수행한 온천장 종업원이 한 명도 없었다는 뜻입니다. 그리고 센이 이 어려운 일을 해낼 수 있다는 기대감도 있다는 의미입니다. 무엇이든 해내겠다는 마음가짐을 가진 센이 요령 피울 생각만 하는 기존 종업원들(이들은 사실 보일러실의 검댕이들과 다를 바 없는 존재들입니다)보다 역량이 뛰어나다고 판단한 것입니다. 기업에서도 역량이 가장 뛰어난 사람에게 가장 힘든 일이 주어지는 법입니다.

내게 지금 힘든 과제가 닥쳤다면, 내게 그 과제를 해낼 능력이 있다는 뜻입니다. 나의 내공이 그만큼 높기 때문에 이에 상응하는 과제가 주어진 것입니다. 수학을 전공하는 대학생에게 더하기 빼기 과제를 주는 얼빠진 교수는 세상에 없습니다. 힘든 과제를 받았다는 것은, 내가 그 일을 맡도록 신으로부터 선택받았다는 뜻입니다. 내가 그 일을 성공적으로 해낼 적임자이기에 그런 과제가 주어진 것입니다. 이런 마음으로 과제에 임하면 좋은 결과를 얻을 수 있을 것입니다. 인터넷에서 본 멋진 문구 몇 개 소개합니다.

"신은 우리가 감당할 수 있는 일만 과제로 내어준다. 신이 나를 존X 멋진 놈이라고 생각하나 보다!"

"신은 우리가 감당할 수 있는 일만 과제로 내어준다. 큰 과제를 받았다면, 큰 운명이 나를 기다리고 있다는 뜻이다."

10 of Cups – 완벽한 성공(Perfected Success)

(Mars in Pisces) 20° to 30° Pisces
3월 11일 ~ 3월 20일
토트 타로의 제목-포만(Satiety)

힘들고 고된 체험이었던 지팡이 10번에 이어 '배부르고 등 따신' 컵 10번 카드다. 잠시 후 살펴볼 디스크 10번과 마찬가지로 물질적 속성을 지닌 슈트가 물질 영역에서 완성되었으니 표면적으로는 좋을 수밖에 없다. 하

카드의 의미

- 쾌락의 추구가 완벽한 성공으로 이어 졌으나, 완전한 성공은 아님.
- 내가 의도했던 대로 상황이 풀림.
- 지속적인 성공. 화해와 너그러움.
- 약화하는 영향을 받을 경우: 탕진. 방탕. 측은지심. 낭비. 침체.

지만 '포만'이 과연 좋은 것일까? "먹고 죽은 귀신은 때깔도 곱다."는 말도 있는데, 그럼 좋다는 얘기 아닌가? 크로울리의 설명을 들어보자.

컵 10번 카드의 제목은 '포만'이다. 화성이 물고기자리에 들어왔다. 물의 속성을 지닌 이 별자리는 침체된 꿈에 빠져 있지만, 화성의 폭력성을 품고 키우며 부패시키고 있다. 성경에도 적혀 있듯이, '화살이 간을 뚫을 때까지는352' 자신의 생명이 위태롭다는 사실을 인지하지 못하는 법이다. 쾌락의 추구는 완벽한 성공으로 이어졌다. 하지만 늘 그렇듯이, 그토록 바랐던 것들을 드디어 얻고 나면 이건 내가 진짜로 원했던 것이 아니었다는 기분이 밀려온다. 이제 그 대가를 치러야 한다.

카드를 보면 열 개의 컵이 생명 나무의 형상으로 배치되어 있고, 큰 연꽃에서 흘러나온 물이 모든 컵을 가득 채우고 있다. 그런데 좌우의 컵들은 안쪽으로 살짝 기울어졌고, 중앙 기둥의 컵들은 물을 흘리고 있다. 카펫이 젖는 줄도 모르고 흥청망청 먹고 마시다가 배가 너무 불러 벽에 몸을 기대고 뻗은 듯한 인상을 주는 이미지다. 먹고 마시기 전까지는 조만간 찾아올 육체적 쾌락에 부풀어있지만, 폭식과 폭음이 끝난 후에는 후회가 몰려온다. 쾌락이 극에 달했으니, 클라이맥스에 이르렀으니 이제 추락할 일만 남았다.

화성은 '완벽한 것'을 공격하고 교란하여 무너트리는 폭력적인 힘이고, 물고기자리는 에너지를 승화시킨 평화롭고 차분한 별자리다. 제아무리 안정적인 말쿠트라 하더라도, 지금 당장은 견고한 철옹성이라 하더라도 제거되어야 마땅한 것들은 화성의 힘으로 인해 언젠간 제거된다. 물의 카드임에도 활활 불타오르는 듯한 붉은색 배경은 서서히 엄습해오고 있는 화성의 기운을 연상시킨다. 크로울리는 이 카드의 제작과 관련하여 프리다 해리스 여사[353]에게 다음과 같은 지침을 전달했다.

> 배경은 위협적인 인상을 주어야 합니다. 이 카드에는 뭔가 아주 사악하고 불길한 기운이 배어있습니다. 배가 이미 가득 찼는데도 허기를 달래지 못하여 더 많이 먹으려는 병적 배고픔이라고나 할까요? 마치 약에 취한 마약 중독자가 더욱 강한 쾌락을 얻기 위해 약을 더 달라고 애원하는 듯한 느낌입니다. 그리고 동시에 허상 속으로의 깊은 하강을 동반하는 최후의 고통을 상징하기도 하는 카드입니다. 허상 속으로 깊게 빠지면서 만물의 아버지(All-Father)를 다시 깨우고, 원(순환)을 완성하는 것입니다.

어떤 슈트든, 10번 카드는 좋게 말하면 '완성된 상태', 그리고 안 좋게 말하면 '갈 데까지 간 상태'를 묘사한다고 할 수 있다. 컵 슈트는 가리비 껍데기(일종의 컵)를 타고 바다에서 솟아오른 비너스와 관련이 있다. 디온 포춘의 설명을 들어보자.

> 컵 슈트의 모든 상징체계에는 비너스의 영향이 명확하게 반영되어 있다. 컵 카드들의 제목을 보면 즐거움/쾌락(4번 카드), 물질적 행복(9번 카드), 풍요(3번 카드)도 있고, 성공의 허상(7번 카드), 성공의 유기(8번 카드), 즐거움의 상실(5번 카드)도 있다. 겉으로는 태양처럼 빛나지만 속은 부식한 상태임을 명백하게 보여주고 있는 슈트다.

위 인용문에서 언급한 여러 단계, 우여곡절을 겪으면서 쟁취한 포만감, 만족감, 완벽한 성공…. 비너스의 목적은 달성되었다. 이 카드를 생각하면 소파에 길게 늘어져 성공의 열매를 만끽하는 비너스의 모습이 눈에 선하게 들어온다. 하지만 크로울리는 10번 카드들이 일종의 경고장이라고 분명히 말했다. 영국의 전설적인 하드록 그룹, 레드 제플린의 명곡 『Stairway to Heaven』의 가사에는 "반짝이는 것은 다 금이라고 확신하고", "금(돈)으로 천국에 이르는 계단을 살 수 있다."고 착각하는 여인이 등장한다. 그녀는 모든 것을 표면적으로만 보고 판단하는 사람이다. 컵 10번은 포만감이 진정으로 성공을 의미하는 것인지 되돌아보게 하는 카드다.

10 of Swords - 파멸(Ruin)

(Sol in Gemini) 20° to 30° Gemini

6월 11일 ~ 6월 20일

토트 타로의 제목 - 파멸(Ruin)

카드의 의미
- 현실과 분리된 이성.
- 죽음. 실패. 재앙이지만 희망이 전혀 없는 것은 아님.
- 교란. 의미 없는 수다. 영리하고, 유창하고, 무례한 사람. 무례하지만 유쾌한 사람.
- 영적인 관점에서 보면 망상의 종식을 의미할 수도 있음.

검이 갈 데까지 갔다. 그 결과는 자명하다. 막장이다. "칼로 흥한 자는 칼로 망한다."는 말이 무슨 의미인지를 적나라하게 보여주는 카드다. 갓 제작된 명검은 실전에서 사용되기 전까지 슬피 우는 소리를 낸다고 한다. 검을 사용한다는 것이 무슨 뜻인가? 피를 먹여 달라는 얘기다. 피를 빨리 공급하지 않으면 주인을 해친다고 한다. 크로울리의 설명을 들어보자.

검 10번 카드의 제목은 '파멸'이다. 정치인들이 오래전에 이미 배웠어야 했지만, 아직도 깨닫지 못한 교훈을 선사하는 카드다. 싸움박질을 멈추지 않으면 궁극적으로 모든 것들이 파괴된다는 사실.

하지만 희망이 전혀 없는 카드는 아니다. 태양이 들어와서 영향력을 행사하고 있다. 세상에 완전한 파멸은 없다. 상황이 최악까지 치달으면 곧바로 이에 대한 반사작용으로 재건이 개시된다. 정부끼리 전쟁을 일삼으며 모든 당사국의 국토가 폐허로 변한 후에도 살아남은 농부들이 있다. 캉디드[354]도 전 세계를 떠돌면서 산전수전을 다 겪은 후, 자기 정원을 가꿀 수 있지 않았던가?

검이 제 할 일을 다 하면, 주어진 임무를 완수하면 전체의 파멸을 면하기 어렵지만, 종말이나 멸종까지는 아니니 그걸 위안으로 삼으라는 말인가! 지팡이 10번 카드가 영적 원천을 망각하고 맹목적으로 힘을 휘두르는 모습을 보여줬듯이, 말쿠트에서 작용하는 검도 위험천만한 무기다. 크로울리는 이 카드를 '광기에 휩싸인 이성', '영혼이 결여된 메커니즘', '미치광이와 철학자들의 논리', '현실과 동떨어진 이성'으로 표현하며 깎아내렸다. 여기서 크로울리가 언급한 '철학자'는 우리에게 익숙한 소크라테스, 플라톤 같은 위대한 현자들이 아니라, 언어의 토씨 하나에 집착하며 목숨 걸고 논쟁을 일삼는 궤변론자, 소피스트[355], 바리새인[356] 같은 자들을 일컫는 것이다. 인간의 정신, 생각, 이성이 말쿠트라는 종착지, 즉, 최후의 상태에 이르면 감정이 들어설 여지가 없는, 똑똑하지만 현실 감각과 동정심, 연민 따위는 찾아볼 수 없는 AI 인간이 탄생한다. 안식일에 병자를 치료한 일은 율법을 어긴 행위이므로 처벌받아 마땅하다며 치유사를 힐난하는 자들[357]처럼, 인간성을 상실한 (또는 처음부터 없었던) 자들을 말하는 것이다.

카드의 이미지를 살펴보자. 태양의 강력한 열기로 시뻘게진 배경은 화성의 영향으로 붉은빛을 띠는 컵 10번 카드와 비슷한 인상을 풍긴다.

이번에는 컵 대신 열 개 검의 자루가 생명 나무의 세피라 자리를 차지하고 있다. 1~5번과 7~9번 세피라에 해당하는 검들은 중앙의 6번 세피라를 포위하며 공격하고 있는 듯하고, 6번의 검은 이실두르358의 검, 지그문트359의 검처럼 산산이 조각났다. 크로울리에 따르면 태양이 들어왔지만, 쌍둥이자리 특유의 변덕으로 인해 태양 광선이 사방으로 분산된 형국이라고 한다. 그 결과, 말쿠트에서 조화롭고 안정적이어야 할 에너지가 교란되어 질서가 무너졌다. 크로울리는 이 상태를 '지능의 파멸', '정신과 도덕의 파멸'이라고 표현했다.

전반적으로 아주 우울한, '타로에서 가장 안 좋은 카드'이지만, 죽음은 곧 새로운 생명의 탄생을 예고하듯이, 크로울리의 말대로 파멸 후에는 재건의 시기가 찾아온다. 파멸을 일종의 희생으로 보아도 좋을 것 같다. 희생이란 큰 것을 얻기 위해 작은 것을 버린다는 의미가 아니었던가? 파멸은 모두에게 피해를 가져다주지만, 세상을 어지럽혔던 검들도 함께 쓸어버린다는 장점도 있다. 그리고 다음에는 전보다 나은, 새로운 세상을 만들 기회가 주어진다. 물론 이렇게 해서 만들어진 새로운 세상도 완벽하지는 않으므로 영화 『매트릭스』에 나오는 것처럼 또 폐기되고, 현재 체제를 갈아엎고 새로운 버전으로 리로드360하는 순환이 반복될 것이다.

사회와 문명의 역사는 인간의 역사와 비슷하게 흘러간다. 우리 삶에서 좋은 일과 나쁜 일이 번갈아 찾아오듯이, 사회와 문명도 흥망성쇠를 거듭하면서 조금씩 발전한다. 세상도, 인간도 매트릭스처럼 '리로드'되면서 전보다 나은 버전으로 업그레이드되고 필요할 때마다 패치가 씌워진다. 그리고 수많은 치명적 버그가 발견된 기존의 버전을 폐기하는 파멸도 업그레이드 과정의 일부다. 맨리 P. 홀이 예전에 어떤 강의에서 했던 말을 인용하면서 검 10번 카드에 관한 설명을 마친다.

인생의 궁극적인 목표를 한마디로 요약하자면, '태어났을 때보다 조금이라도 나은 사람이 되어 세상을 떠나는 것'이라 할 수 있습니다. 이승을 떠나 신의 면전에 홀로 섰을 때, 신이 이번에는 무엇을 배우고 돌아왔느냐고 물을 때 어떻게 대답할 것인지 생각해봐야 합니다. "사랑, 형제애, 자선, 너그러움 등의 중요성과 실천을 배웠습니다."라고 대답할 것입니까? 아니면 "각종 재테크를 통해 평균 15%의 수익을 내는 법을 배웠습니다."라고 대답할 것입니까?

10 of Disks – 부(Wealth)

(Mercury in Virgo) 20° to 30° Virgo

9월 12일 ~ 9월 22일

토트 타로의 제목 – 부(Wealth)

카드의 의미
- 물질적 번영과 부.
- 물질적 행운이 완성되었으나, 창의성을 발휘하지 않으면 그 이상은 얻을 수 없음.
- 노후.
- 약화하는 영향을 받을 경우: 나태함. 돈거래에서만큼은 명석해 수익을 창출하나, 정신은 흐리멍덩한 부분적 손실을 의미할 수도 있음. 무기력/권태.

마이너 아르카나의 스몰 카드 중에서도 마지막인 디스크 10번 카드까지 왔다. 생명의 나무에서 가장 낮은 10번 세피라, 그리고 4대 원소/슈트 중에서도 마지막인 디스크의 카드다. 향후 출간 예정인 제2부에서 다룰 디스크 공주 카드와 더불어 'Lowest of the Low'로 불리는 카드다. 그러니 가장 높은 것, 즉, 'Highest of the High'와 통할 것이라는 사실을 미리 짐작할 수 있다.

시작과 끝, 출발점과 종착지는 가장 멀리 떨어진 두 지점이 아니라, 같은 지점이다. 여정을 시작하여 목적지에 도달하면 출발했던 지점으로 다시 돌아온다. 요트 경주에서 부표를 돈 후 출발점으로 다시 돌아오는 것과 같다. 다만 출발했을 때보다 조금 높은 곳에 설 뿐이다. 즉, 여정을 통해 조금 더 나은 사람이 되어 집으로 돌아오는 것이다. 철없는 탕아는 아버지의 집을 떠나 세상을 싸돌아다니다가 고생하면서 깨달음을 얻고 집으로 돌아왔다. 파르지팔은 멋모르고 몬살바트에 입성했다가 사고치고 쫓겨난 후, 수십 년간 온갖 시련을 겪으며 전보다 지혜로운 사람이 되어 몬살바트에 재입성했다. 보통의 인간은 병원에서 태어나 한동안 세상에 나가 활동하며 이런저런 경험을 쌓고, 배우고, 깨달은 후, 병원에서 생을 마감한다. 둘레길을 빙빙 돌면서 산을 천천히 오르는 여정이라고 생각하면 감을 잡을 수 있을 것이다. 둘레길을 이용하여 조금씩 산을 오르면 한 손에 램프를 들고 길을 비춰주는 은둔자(메이저 아르카나 9번 카드)가 있는 정상에 오르기까지 시간이 오래 걸리지만, 산의 모든 측면을 두루 감상하고 체험할 수 있다는 장점이 있다.

돈, 물질과 관련이 있는 디스크 슈트의 마지막 카드가 물질 세상, 말쿠트에서 작용하면 어떤 결과가 나올까? 타로로 재운(財運)을 볼 때 나올 수 있는 최상의 카드, 아예 '부'라는 제목을 내걸고 있는 디스크 10번 카드가 탄생한다. 카드 이미지의 상징체계에 관해 아는 것이 전혀 없는 사람이라도 큼지막한 열 개의 동전(금화)을 보고 카드의 의미를 쉽게 짐작할 수 있을 것이다. 크로울리의 설명을 들어보자.

> 디스크 10번 카드의 제목은 '부'다. 가장 낮은 곳까지 내려가면 어느새 가장 높은 곳에 올라와 있다는 교리를 이 카드에서 또 발견할 수 있다. 처녀자리에 들어온 수성이 부를 얻는다. 부가 일정 수준 이상으로 축적되면 활성이 완전히 상실되어 더는 부로 부를 수 없거나, 과도한 부를 올바르게 사용하기 위해 지성을 동원하거나, 둘 중 하나의 길을 택해야 한다. 그 돈은 물질의 소유와는 아무런 관계가 없는 분야에서 쓰여야 한다. 카네기가 도서관을 짓고, 록펠러가 연구를 후원하는 것도 다 같은 맥락이다. 이런 일 외에는 돈으로 더 할 수 있는 일이 없으므로 하는 것이다.
>
> 이 카드와 관련하여 고려해야 할 사항이 하나 더 있다. 디스크 10번은 마지막 카드이므로 처음부터 지금까지 일어난 모든 작업과 작용의 합을 상징한다는 사실이다. 이러한 이유로 이 카드에는 생명의 나무가 그려져 있다. 메이저 아르카나의 마지막 21번 카드, '우주(The Universe)'가 앞에 나오는 스물한 장의 합이듯이, 디스크 10번은 이보다 앞에 나오는 서른다섯 장의 합이다.

흙의 속성을 지녔음에도 매우 지적인 처녀자리에 지배 행성인 수성이 들어왔다. 위 인용문에서 크로울리는 부가 과도하게 쌓이면 이걸 올바르게 활용하기 위해, 악취를 풍기지 않고 다른 곳으로 흘러가도록 하기 위해 지성을 발휘해야 한다고 말했는데, 그 일에 적격인 행성과 별자리가 만난 셈이다.

열 개의 동전을 보면 말쿠트에 해당하는 동전만 유독 크게 그려졌다는 것을 알 수 있다. 부가 쌓이고 쌓여 맨 아래에 몰린 것이다. 소우주에서 말쿠트는 항문에 해당하고, 돈은 똥에 비유할 수 있다고 설명한 바 있다. 이 카드의 이미지는 필요 이상의 돈을 꽉 움켜잡고 놓지 않으려는, 변비에 시달리는 자린고비 구두쇠의 엑스레이 사진과도 같다. 물질 관점에서 보면 돈이고, 우주적 관점에서 보면 이전 카드들이 발산한 힘, 에너지, 영향이 막다른 골목에 이르러 항문 쪽에 쌓인 형국이다. 말하자면 똥, 돈, 에너지의 흐름이 막혀버린 것이다. 그렇다면 이 상황에서 어떻게 해야 할까? 막힌 혈을 뚫어줘야 한다. 론 마일로 듀켓은 이를 두고 "우주 최고의 의사이자 최고의 마법사인 토트-헤르메스-머큐리가 개입하여 변비약을 투여해야 한다."고 말했다.

말쿠트는 요트 경주의 반환점과 같다고 앞서 설명했다. 경주를 정상적으로 마치려면 생명의 나무에서 가장 낮은 지점인 말쿠트를 돌아야 한다. 즉, 가장 낮은 곳까지 떨어진 후에 다시 상승하는 여정에 오를 수 있는 것이다. 이 카드가 바로 그 반환점이다. 똥내 나는 돼지우리 안에서 생활하면서 마음껏 사료를 먹는 돼지들을 부러워했던 탕아도 인생의 바닥까지 추락한 후 깨달음을 얻었다. 탕아에게는 그 돼지우리가 반환점이었던 셈이다.

카드에 나오는 동전마다 다양한 심볼이 새겨져 있다. 수성이 지배하는 8번 세피라, 호드에만 태양의 심볼이 그려져 있고, 나머지에는 수성을 상징하는 여러 심볼이 그려져 있다. 세피라 별로 하나씩 살펴보자.

- 케테르: 수성(행성)의 심볼.
- 호크마: 마법사의 심볼(메이저 아르카나 1번 카드).
- 비나: 수은(연금술)의 심볼.
- 헤세드: 에노키안361 알파벳의 Pa(히브리 문자 '베트362'에 상응).
- 게부라: 히브리 문자 베트.
- 티파레트: 티파레트와 수성을 지배하는 대천사, '라파엘'의 이름.
- 넷자흐: 수성을 상징하는 팔각성.('8'은 수성이 지배하는 8번 세피라, 호드의 상징)
- 호드: 태양을 상징하는 육각형 안의 육각성.('6'은 태양이 지배하는 6번 세피라, 티파레트의 상징)
- 예소드: 피타고라스의 테트락티스(아래 참조).
- 말쿠트: 히브리 알파벳의 세 어머니 자음, 쉰(ש), 알레프(א), 멤(מ)을 조합하여 만들어진 헤르메스의 지팡이, 카두케우스.

피타고라스의 테트락티스(Pythagorean Tetractys)

초기 카발라에 영향을 준 것으로 알려진 피타고라스학파의 신비스러운 심볼로, 생명의 나무처럼 우주의 창조 과정을 설명한다고 한다. 아래 그림에서 보는 바와 같이 카발라에서는 테트락티스의 네 줄에 신의 이름을 적었고, 이를 수로 환산하여 오컬트 에서 중시하는 '72'를 얻었다. (יהוה; 요드=10, 헤=5, 바브=6, 헤=5)

'72'는 이집트 지혜의 신이자 달의 신 이기도 한 헤르메스/머큐리의 원형, 토트와 깊은 관련이 있다. 다음은 필자 가 『죽음의 무도 - 그림으로 보는 죽 음에 관한 에세이』라는 책에서 이 관 계를 설명한 대목이다. 크로울리가 예 소드(달)의 위치에 테트락티스를 그려 넣은 이유를 이해할 수 있을 것이다.

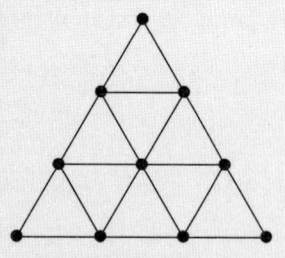

10개의 점으로 구성된 테트락티스

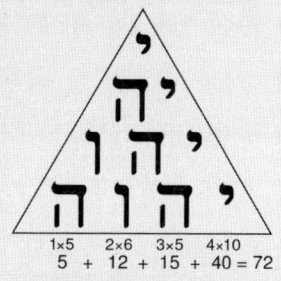

점을 신의 이름으로 대치한 카발라의 테트락티스

알다시피 지구에서의 1년은 365일을 약간 넘는다. 그런데 전설에 따 르면 본래 지구의 1년은 360일이었다고 한다. 이집트 신화에서는 지 혜의 신, 토트의 계략에 의해 1년에 5일이 추가되었다고 설명한다. 사 정은 이렇다.

태양신, 라(Ra)는 무한한 우주를 관장하는 여신 누이트(Nuit)가 자기 의 여자라고 생각했다. 하지만 그건 그만의 착각이었다. 우주 전체를 품은 여신이 일개 태양신을 애인으로 삼을 수는 없는 노릇이었다. 수 많은 신과 연분을 맺었던 누이트는 어느 날 다섯 명의 아기를 임신하게 된다. 이 소식을 듣고 질투심에 사로잡힌 라는 분노하며 그녀가 1년 360일 동안 출산할 수 없도록 저주를 내렸다. 하루게 다르게 부풀어 오르는 배를 보면서 다급해진 여신은 비상한 두뇌를 소유한 달의 신, 토트를 호출하여 도움을 청한다.

토트는 신들이 모인 자리에서 주사위 게임을 한판 벌이자고 제안했다. 그는 특유의 손기술, 교활함, 속임수를 이용해 최후의 승자가 되었다. 토트는 1등 상금으로 자신의 빛(달빛)이 지구에 비치는 시간을 1/72만큼 늘려달라고 신들에게 요구했다. 이렇게 해서 5일(=360×1/72)이 추가되어 1년이 360일에서 365일로 늘어났고, 누이트는 새로 생겨난 5일 동안 하루에 한 명씩 차례대로 무사히 아기를 출산했다고 한다.

주사위의 서로 반대편에 있는 두 면의 수를 합치면 항상 7이 된다. 서양 트럼프 카드 덱에서 킹, 퀸, 잭의 얼굴을 모두 합치면 24가 나온다. (총 12개의 코트 카드가 있고, 카드마다 두 개의 얼굴이 있음). 한편 트럼프 카드의 네 슈트(스페이드, 다이아몬드, 하트, 클럽)에서 1-10번 카드 다음에 나오는 잭, 퀸, 킹 카드에 각각 11, 12, 13을 지정한 후 모든 수를 더하면 364가 나온다. 여기에 모든 덱마다 들어있는 와일드카드, 조커에 1을 지정하여 합치면 365가 된다. 52장의 트럼프 카드에 7을 곱하면 또 364가 나온다. 하루 24시간, 주 7일, 1년 52주, 365일이 도박의 도구에 고스란히 스며들어있는 셈이다. (이걸 1년 내내 도박을 하라는 말로 해석하면 안 된다).

수성의 집인 호드에만 수성 대신 태양의 심볼이 새겨진 이유는 무엇일까? 크로울리에 따르면 가장 가까운 곳에서 태양을 보좌하는 수성은 신의 전령이자, 말씀이자, 의지이자, 지혜이자, 아들이며, 처녀자리는 동정녀, 즉, 성모를 상징한다고 한다. 호드를 제외한 모든 세피라에 수성의 심볼이 새겨졌다는 것은 신의 전령 또는 아들이 전하는 메시지가 온

헤르메스의 도움으로 지하 세계를 탈출하여 어머니 데메테르와 재회한 페르세포네

세상, 온 우주에 널리 퍼졌음을 의미한다. 신화에서도 머큐리는 가장 높은 천국(올림포스)에서 가장 낮은 지하 세계(하데스)에 이르기까지 우주 구석구석을 자유롭게 누비며 오가는 존재다. 하지만 말쿠트에 산더미처럼 쌓인 단단한 물질을 깨버리기 위해서는, 다시 말해, 딱딱하게 굳은 똥을 분해하여 우주적 변비를 해소하기 위해서는 수성의 힘만으로는 부족하므로 도움이 필요하다. 그래서 수성이 자신의 권좌를 태양에게 잠시 내어주고, 태양의 뜨거운 열기로 똥이 말랑말랑해지도록 녹여버리는 것이다. 본의 아니게 또 더러운 얘기를 하게 되었는데, 새로운 시작을 위해서는 오래 묵은 것부터 깔끔하게 제거할 필요가 있다는 사실을 덧붙이며 이번 섹션을 마친다.

맺음말

이상으로 카발라 생명의 나무와 열 개의 세피로트에 상응하는 마이너 아르카나의 스몰 카드를 중점적으로 다룬 제1부를 마친다. 2023년 봄, 타로에 관심이 많은 몇몇 지인들을 대상으로 평소 공부해왔던 토트 타로를 주제로 강좌를 진행한 후, 전달하고 싶은 내용을 제대로 전달하지 못했다는 아쉬움이 많이 남았었다. 무엇보다 듣는 사람이 이해하기 쉽게 지식을 요약하여 제시하는 필자의 강의 역량과 내용 자체에 관한 공부가 아직 많이 부족하다는 생각이 가장 컸다. 방대한 주제에 관한 설명을 짧은 시간 안에 끝내야 한다는 부담과 한계도 느꼈다.

강의를 마무리하고 내 나름대로 정성 들여 만든 교재를 더 보완해야겠다는 생각을 하던 중, 강의 내용을 골격으로 살을 붙여 아예 책으로 내면 좋겠다는 아이디어가 떠올랐다. 그렇게 쓰기 시작했던 책이 이제야 절반의 결실을 보게 되었다. 제2장까지는 비교적 수월하게 진행했다가 본격적으로 생명의 나무를 다루는 제3장을 앞두고 심적으로 압박감을 느끼며 집필 작업을 한동안 중단했었다. 그 사이에 출판사를 통해 두 권의 번역서, 『타로 속으로 떠나는 명상 여행 – 원조 타로 마스터, 폴 포스터 케이스의 비밀 강의 노트! (2023.11.15)』와 『그대, 아직도 '나'를 찾고 있는가? – 인간의 영적 비밀을 푸는 일곱 개의 열쇠 (2024.5.7)』를 차례대로 출간했고, 2024년 여름에 이 책의 집필을 재개했다.

책을 쓰기 위해 이전에 이미 여러 차례 정독했던 디온 포춘의 『미스티컬 카발라(1935)』와 앨리스터 크로울리의 『토트의 서(1944)』를 다시 읽으면서 이해가 되지 않았던 대목들을 대상으로 마치 명상하듯이 깊게 사색하고, 때로는 한 문장을 갖고 며칠간 고민하면서 제대로 공부하는 기회를 가졌다. 예전에 동양의 영성 분야에 관해 다양한 주제로 강의를 진행하는 지인이 "강의를 통해 제일 많이 공부하고 배우는 사람은 강사 본인입니다."라고 한 말을 듣고 크게 공감했었는데, 이는 글쓰기에도 그대로 적용되는 원리인 것 같다.

미국의 오컬티스트이자 카발라/타로 마스터인 론 마일로 듀켓은 "카발라와 생명의 나무는 정적인 무언가가 아니라 햇살을 받고 물을 빨아들이며 진짜 나무처럼 계속 성장하는 것이며, '나'의 카발라와 '너'의 카발라는 다를 수 있다."고 말했다. 나무라는 기본 형태는 같지만, 그 나무를 어떻게 가꾸느냐에 따라 사람마다 크기와 모양이 조금씩 다른 생명 나무를 자기 안에서 하나씩 키우고 있다는 뜻으로 받아들였다. 카발라라는 다소 난해하고 추상적인 지식체계와 가르침을 내가 이해한 대로 풀어쓰고, 내 삶에서 경험한 일들, 알게 된 것들을 적용하여 부연 설명을 시도했다. 완전함과는 거리가 먼 책이다. 5년, 10년 후에 다시 보면 잘못 이해하고 쓴 내용도 발견되고, 개선의 여지도 여기저기 보일 것이다. 아니, 책이 인쇄 들어간 직후에 이불을 빵빵 차게 되는지도 모른다. 하지만 이것도 다 성장 과정의 일부이자 생명의 나무를 오르는 과정에서 발을 헛디디는 수많은 사례 중 하나일 것이다. 이 책은 '윤민'이라는 사람의 성장 여정에서 지금, 이 순간에 찍은 스냅 사진 정도로 생각해 주면 좋겠다.

제2부에서는 마이너 아르카나의 슈트 별 코트 카드와 메이저 아르카나를 다룰 예정이다. 대부분 타로 관련 책에서는 메이저 아르카나를 먼저 설명하고 그다음에 마이너 아르카나를 다루는데, 이 책에서는 타로와 카발라를 연계하여 진행하다 보니 부득이 생명 나무와 직결된 마이너 아르카나부터 설명하게 되었다. 제1부를 통해 생명 나무의 구조와 각 세피라가 상징하는 힘, 원리, 작용을 이해했으면 제2부에서 다룰 나머지 내용도 비교적 쉽게 다가올 수 있으리라 생각한다.

프리다 해리스 여사는 장장 5년(1938~1943)에 걸쳐 토트 덱의 카드 이미지를 그리는 대업을 완성한 후, 크로울리에게 보낸 서신에서 이렇게 말했다. "아…. 처음부터 다시 또 그릴 수 있으면 얼마나 좋을까요." 아직 여정의 절반밖에 끝나지 않았지만, 필자도 비슷한 심정이다. 다시 또 공부하면서 쓰면 더 깊이 있고 알찬 내용으로 책을 채울 수 있을 것 같고, 스트레스도 받으면서, 머리를 싸매면서 고민하다가 문득 해답을 얻었을 때의 재미와 희열도 또 체험할 수 있을 것이다. 제2부를 집필하면서 그 재미를 다시 만끽하고 독자들을 찾아갈 날을 고대하면서 이만 글을 마친다.

주석

1 정교회에서는 신비주의를 이단으로 취급한다.
2 Michael Tsarion. 아일랜드의 오컬트 연구가, 작가.
3 Tawaret 또는 Taweret. 출산과 생식능력을 관장하는 이집트의 수호여신.
4 Tara(多羅菩薩). 불교 밀교와 대승불교에서 특히나 중시되는 여성 보살.
5 Paul Foster Case(1884~1954). 미국의 오컬티스트, 프리메이슨, 작가, B.O.T.A.(Builders of the Adytum; 성전 건축자들) 설립자.
6 Torah 또는 Pentateuch(모세 5경). 구약성경을 여는 다섯 권의 책을 총칭하는 것으로, 창세기, 출애굽기, 레위기, 민수기, 신명기로 구성되어 있다.
7 Hathor. '호루스의 집(House of Horus)'이라는 뜻으로, 그리스의 아프로디테, 로마의 비너스, 북유럽의 프레야에 상응하는 고대 이집트 사랑의 여신이자 어머니 여신.
8 Isis. 고대 이집트에서 중요하게 취급되는 여신으로, 오시리스의 부인이자 구세주 호루스의 동정녀 어머니다.
9 Thoth. 글쓰기, 지식, 지혜, 과학 등을 관장하는 고대 이집트의 신이자 신들의 필경사. '생각'을 의미하는 영어단어 'thought'가 'Thoth'에서 유래되었다는 설도 있다.
10 토트 타로의 매뉴얼 격인 앨리스터 크로울리의 저서, 『토트의 서(Book of Thoth)』와는 다른 책으로, 전설로만 전해지고 있다.
11 Abraham. 그의 이름이 인도의 고위 성직자 계급인 '브라만(Brahman)'을 의미한다는 설도 있다. (Abraham = A Brahman).
12 Moses. 시내산(Mount Sinai)에 올라 40일 동안 머물렀다가 십계명이 새겨진 석판을 가지고 내려온 모세와 우주의 법칙이 새겨진 에메랄드 태블릿(The Emerald Tablet)을 인류에게 전수한 것으로 알려진 헤르메스를 동일 인물로 보는 학자들도 있다.
13 Talmud. 유대교의 율법과 신학, 지혜가 담긴 경전.
14 Rabbi. 유대교의 영적 지도자 또는 교사.
15 Aleister Crowley(1875~1947). 영국의 오컬티스트, 철학자, 마법사, 시인, 소설가, 텔레마(Thelema; '의지(Will)'를 의미하는 그리스어) 사상의 창시자, 토트 타로의 제작자.
16 Sephiroth 또는 sefirot. '발산된 것(emanation)'이라는 의미를 지니고 있다. '세피로트'는

복수형이며, 단수형은 '세피라(sephira)'다.

17　Emanation. '발산(發散)되었다'는 것은 '창조되었다'와는 다른, '~으로부터 나왔다'의 의미에 가까운 개념이다. 카발라에서는 태초의 무언가(Ain Soph 또는 Ein Sof)로부터 순차적으로 세피로트가 발산되는 과정을 통해 우주 만물이 탄생했다고 설명한다.

18　'Arcana'는 '비밀'이라는 뜻이다. 고대 서양의 신비주의 학교(예: 엘레우시스 제전)는 보통 'Lesser Mysteries(소 비밀)'와 'Greater Mysteries(대 비밀)'의 두 단계로 이루어져 있었고, 솔로몬이 집필한 것으로 (또는 그의 영향을 받고 쓰인 것으로) 알려진 유명한 마법서도 'Greater Key of Solomon'과 'Lesser Key of Solomon'으로 나뉘어 있다. 타로의 'Major Arcana'와 'Minor Arcana'도 비슷한 관점의 분류로 볼 수 있을 것 같다.

19　Ibis. 마법사의 최고 덕목 중 하나인 '집중력'을 상징하는 새. 토트 타로의 '은둔자(The Hermit)' 카드 참조.

20　Hermes. 고대 그리스 신화에 등장하는 신들의 전령, 메신저.

21　Mercury. 그리스의 헤르메스에 상응하는 고대 로마의 신.

22　수은(원소)과 수성(행성) 둘 다 영어로 로마 신의 이름과 같은 'Mercury'로 불리며, 오컬트에서도 같은 의미를 지닌다.

23　Manly P. Hall(1901~1990). 캐나다 태생의 미국 작가, 강사, 점성학자, 신비주의자.

24　Dr. William Wynn Westcott(1848~1925). 영국의 검시관, 마법사, 신지학자, 프리메이슨, 작가, 황금새벽회 공동 창시자.

25　Dr. Adolphus Frederick Alexander Woodford(1821~1887). 영국의 군인, 프리메이슨, 작가, 황금새벽회 공동 창시자.

26　Dr. William Robert Woodman(1828~1891). 영국의 의사, 원예 전문가, 오컬티스트, 황금새벽회 공동 창시자.

27　Éliphas Lévi(1810~1875). 본명 Alphonse Louis Constant. 프랑스의 신비주의자, 마법사, 시인, 작가, 성직자.

28　Edward Bulwer-Lytton(1803~1873). 영국의 작가, 정치인.

29　엘리파스 레비는 황금새벽회에서 0번으로 지정한 '광대' 카드를 1번('마법사') 카드 앞이 아니라 20번('심판')과 21번('세상') 카드 사이에 넣었는데, 이는 그가 비밀유지 서약을 지키기 위해 의도적으로 퍼트린 역정보로 보인다. '광대' 카드로 메이저 아르카나를 시작하지 않으면 카드와 히브리 문자 간의 정확한 상응 관계가 완전히 깨지게 된다. 크로울리도 『토트의 서』에서 이 사실을 언급하며, '광대' 카드가 '마법사' 카드 앞에 나와야 함을 누차 강조하고 있다. 오컬트 분야에서는 이처럼 비밀유지 서약을 구실로 일반 대중에게 잘못된 정보를 흘리는 사례가 많다. 라이더-웨이트-스미스 덱을 만든 것으로 유명한 아서 에드워드 웨이트도 타로와 카발라의 상응 관계를 언급하면서 이렇게 말했다. "입문자들에게만 공개된 별도의 체계가 있다." (디온 포춘의 『미스티컬 카발라』 중에서)

30 Samuel Liddell MacGregor Mathers(1854~1928). 영국의 오컬티스트, 황금새벽회의 수장.
31 엘리파스 레비 본인도 알려지지 않은 인사를 통해 이런 정보를 습득했다고 한다.
32 Arthur Edward Waite(1857~1942). 영국의 시인, 오컬티스트, 작가.
33 Pamela Coleman Smith(1878~1951). 영국의 화가, 삽화가, 작가, 출판인, 오컬티스트.
34 Charles Henry Allan Bennett(1872~1923). 영국의 불교 승려, 오컬티스트.
35 Arthur Conan Doyle(1859~1930). 영국의 소설가, 의사. 『셜록 홈즈』의 작가.
36 William Butler Yeats(1865~1939). 아일랜드의 시인, 극작가, 작가, 정치인.
37 Dion Fortune(1890~1946). 본명 Violet Firth, 마법명 Deo Non Fortuna. ("운에 의한 것이 아니라, 신에 의한 것이다.") 영국의 오컬티스트, 마법사, 소설가, 작가.
38 Israel Regardie(1907~1985). 영국계 미국 오컬티스트, 마법사, 작가.
39 The Kybalion. 참고로 이 책은 국내에서도 『키발리온』이라는 제목으로도 번역/출간되었으며, '세 입문자'의 정체는 미국의 변호사, 사업가, 오컬티스트, 작가인 윌리엄 워커 앳킨슨(William Walker Atkinson)일 가능성이 높은 것으로 훗날 밝혀졌다. 마름돌 출판사에서 출간한 앳킨슨의 『신비주의 기독교 – 오컬트 마스터, 예수의 비밀 생애와 가르침』과 『그대, 아직도 '나'를 찾고 있는가? – 인간의 영적 비밀을 푸는 일곱 개의 열쇠』도 참고하길 권한다.
40 집중력과 더불어 마법에서 가장 중요하게 여겨지는 요소 중 하나는 바로 상상력(想像力; imagination)이다. 상상력이란 '이미지(image)를 만들어내는 능력'이라고 할 수 있다. 생각할 상(想) + 형상 상(像).
41 Hermes Trismegistus. 헤르메스 트리스메기스토스가 실존했던 인물이었는지, 언제 살았던 사람인지에 관해서는 아직도 많은 논란이 있다. 그의 이름은 'Thrice Greatest Hermes', 즉, '세 번 위대한 헤르메스'라는 뜻이며, 그가 남긴 것으로 알려진 문헌을 통해서만 '우리에게 전해지고 있다. 고대에 살았던 어느 위대한 현자가 '헤르메스'라는 이름으로 신격화되었다는 설도 있고, 헤르메스는 한 사람이 아니라 여러 세대에 걸쳐 지혜의 가르침을 전파한 지식인의 집단이라는 설도 있다.
42 The Emerald Tablet 또는 Smaragdine Table. 에메랄드 태블릿.
43 眞我; 참나, 상위 자아, True Self, Higher Self. '나'의 본질인 영혼, 내 안에 깃든 신성으로 이해하면 좋다.
44 Heraclitus(기원전 6세기~기원전 5세기). 고대 그리스의(소크라테스 이전) 철학자.
45 山上垂訓; Sermon on the Mount. 신약성경 마태복음 5~7장 참조.
46 구약성경 전도서 3장 1~8절.
47 Rhythmic Breathing. 마름돌 출판사에서 출간한 윌리엄 워커 앳킨슨의 저서, 『그대, 아직도 '나'를 찾고 있는가?』에서 리듬 호흡 방법과 효능에 관한 내용을 접할 수 있다.

48 Max Heindel(1865~1919). 덴마크 태생의 미국 기독교 신비주의자, 점성학자, 작가, 연사, 장미십자협회(Rosicrucian Fellowship) 설립자.
49 Ajahn Brahm(1951~). 영국 태생의 불교 승려, 수도원장, 작가.
50 Lon Milo Duquette(1948~). 미국의 작가, 연사, 음악가, 오컬티스트.
51 원제 『Mysteries of the Great Operas』. 마름돌 출판사 출간.
52 사도신경(使徒信經) 중에서.
53 Dionysus. 올림포스의 최고신 제우스와 인간 여성 세멜레 사이에서 태어난 반신반인(半神半人)으로, 기독교의 구세주 예수와 닮은 면이 많다.
54 세트(Set)는 지는 해, 일몰(sunset)을 의미하고, 호루스(Horus)는 지평선(horizon) 위로 떠오르는, 새로 태어난 태양을 상징한다.
55 아버지의 성기를 잘라냈다는 것은 무분별한 창조 행위에 제동을 걸었다는 것을 의미한다. 생명 나무의 각 세피라를 살펴보는 제3장에서 자세히 다루겠지만, 3번 세피라에 해당하는 크로노스 또는 토성은 '제약'의 힘을 상징한다.
56 티타노마키아(Titanomachia). 티탄 족과 올림포스 신들 간의 전쟁.
57 동양의 음양오행(陰陽五行)과 비슷한 개념이다.
58 오컬트에서는 각각의 카드를 하나의 살아있는 생명체로 보기 때문에 이런 식으로 '군주(Lord)'라는 타이틀을 지정한다.
59 Ptolemy(?100~?170). 로마의 수학자, 천문학자, 점성학자, 지리학자, 음악 이론가.
60 Nicolaus Copernicus(1473~1543). 폴란드 태생 르네상스 시대의 수학자, 천문학자.
61 하지만 프톨레마이오스 이전에도 태양이 태양계의 중심이고, 지구를 비롯한 행성들이 태양 주위를 돈다는 사실을 알고 있는 사람들이 있었다. 당시 지동설(地動說; Heliocentric Theory)은 그리스의 피타고라스와 그의 제자들 등, 소수의 오컬티스트만이 알고 있던 비밀 지식이었다. 코페르니쿠스도 지동설을 가르쳤던 피타고라스학파를 참조하여 자신의 이론을 발전시켰다.
62 엄밀히 말해 태양(별)과 달(위성)은 행성이 아니지만, 편의상 이 두 천체와 다섯 행성을 통틀어 '행성'으로 칭한다.
63 야곱의 사다리, Jacob's Ladder. 구약성경 창세기 28장 10~22절 참조.
64 무함마드의 야간비행, Muhammad's Night Journey.
65 Ishtar 또는 Inanna. 사랑, 전쟁, 생식능력을 관장하는 고대 메소포타미아 문명(수메르, 아카드 제국, 바빌로니아, 아시리아)의 여신, 천국의 여왕.
66 태어난 날짜에 태양이 위치했던 지점을 기준으로 정해지는 별자리.
67 조선 태종 이방원이 지은 시, 『하여가(何如歌)』 중에서.
68 78장으로 구성된 타로 덱은 22장의 메이저 아르카나와 56장의 마이너 아르카나로 나뉜다. 또 4개의 슈트(지팡이, 컵, 검, 디스크)를 기준으로 네 그룹으로 나뉘는 마이너 아르

카나는 총 40장의 스몰 카드(각 슈트 별 1~10번 카드)와 16장의 코트 카드(각 슈트 별 4장)로 구성된다.

69 도표로 정리한 에센셜 디그니티는 고대의 일곱 행성을 기준으로 작성된 것이며, 타로에서도 이 기준을 따르고 있다. 현대 점성학에서는 근래에 발견된 천왕성, 해왕성, 명왕성이 추가되었다. 이번 섹션에서 다루는 각 별자리의 에센셜 디그니티 항목의 괄호 안에 현대 점성학 기준의 행성을 별도로 표기하였다.

70 춘분의 정확한 시점이 매년 다르므로 양자리뿐 아니라 모든 별자리의 기간도 연도마다 약간의 차이가 있을 수 있다. 예를 들어, 춘분은 해에 따라 3월 19일, 20일 또는 21일에 올 수 있다. 이 책에서는 일반적으로 사용되는 근사치를 적용하였다. 하나의 별자리에서 다음 별자리로 넘어가는 '애매한' 시점(일명 'Cusp')에 태어났다면 인터넷 또는 앱에서 정확한 생년월일과 태어난 지역 등을 입력하여 자세한 별자리 정보를 확인해보기 바란다.

71 황금새벽회의 전통에서는 양자리에 해당하는 메이저 아르카나의 4번 카드, '황제'에 히브리 문자 '헤(He)'가, 그리고 물병자리에 해당하는 17번 카드, '별'에 히브리 문자 '짜디(Tzaddi)'가 지정되나, 크로울리는 토트 덱에서 이 둘을 맞바꾸었다. 자세한 이유는 메이저 아르카나를 다루는 제2부에서 설명할 예정이다.

72 Lucifer. '빛'을 의미하는 'lux'와 '나르다'를 의미하는 'fere'의 합성어로, '빛을 가져오는 자'라는 뜻이다. 루시퍼는 일반적으로 마귀, 사탄과 동일시되지만, 사실은 사탄과 대치되는 개념이다. 맨리 P. 홀에 따르면 루시퍼는 '행동을 부추기는 힘'이며, 사탄은 '행동을 억제하는 힘'이라고 한다. 루시퍼의 힘을 남용하면 '해서는 안 될 일'을 저지르게 되고, 사탄의 힘에 굴복하면 '해야 할 일'을 외면하게 되기 때문에 사악한 것으로 여겨지는 경우가 많은 것이다.

73 Alchemy. 신을 의미하는 'Al'과 화학(chemistry)을 의미하는 고대 이집트의 명칭인 'Khemia'의 합성어로, '신성한 화학'이라는 뜻을 가지고 있다. 연금술의 본질은 하나의 상태를 다른 상태로 바꾸는 '변환(transmutation)'이며, 궁극적인 목표는 인간의 부정적인 속성을 긍정적인 방향으로 변환시키는 것이다. 진정한 연금술사들이 비속을 금으로 변환시키기 위해 노력했던 이유는 부자가 되기 위해서가 아니라, "영적 차원에서 변환 가능한 것은 물질 차원에서도 변환 가능하다."는 헤르메스 철학의 기본 원칙인 '상응의 원칙'을 입증하기 위함이었다. 즉, 화학의 기술로 비속을 금으로 변환할 수 있다는 것은, 사악한 인간도 선량한 인간으로 탈바꿈할 수 있다는 가설을 증명하는 근거가 될 수 있다고 보았던 것이다.

74 고대 그리스인들은 우주에 선의 에너지는 있지만 악이라는 에너지는 별도로 존재하지는 않는다고 여겼다. 그들에게 악이란 실체를 가진 어떤 것이 아니라 '선의 에너지가 부족하거나 빠진 상태'였다. 같은 원리로 어둠은 빛의 반대가 아니라 '빛이 부족한 상태'이며, 추

움은 따뜻함의 반대가 아니라 열기가 부족한 상태라고 할 수 있다. 이처럼 상반되는 두 개의 에너지가 아니라 오직 한 가지 에너지만이 존재하며, 그 에너지의 많고 적음에 따라 상태가 결정된다는 우주의 법칙을 헤르메스 철학에서는 '극성의 원칙(The Principle of Polarity)'이라는 이름으로 설명한다.

75 카두케우스(Caduceus)로 불리는 헤르메스의 휴대품으로, 오늘날에는 의학의 심볼로도 쓰이고 있다. 구약성경의 출애굽기에는 모세와 아론이 뱀으로 변신하는 지팡이를 이용하여 행하는 기적이 등장하며, 민수기 21장 9절에는 뱀에 물린 백성들이 모세가 장대 위에 매단 놋뱀(Nehushtan)을 보고 목숨을 구하는 장면이 묘사된다. 유대교 신비주의 전통에 따르면 언약궤(성궤; Ark of the Covenant)에는 십계명이 새겨진 돌 외에도 아론의 지팡이와 만나(Manna) 생성기도 들어있었다고 한다.

76 Ephesus. 오늘날 터키의 이즈미르주에 위치한 고대 그리스의 식민 도시로, 아르테미스를 비롯한 다양한 신의 숭배가 성행했던 지역이다. 훗날 이집트에 건설된 알렉산드리아처럼 유럽, 아시아, 아프리카 등, 세계 전역으로부터 수많은 철학자와 신비주의자들이 찾아와 자유롭게 학문과 사상을 연구하고, 가르치고, 전파했던 곳으로 유명하다.

77 전 세계 주요 종교에 등장하는 구세주들은 대부분 '신의 아들'이라는 특징을 가지고 있다. 기독교의 예수(Jesus), 인도의 크리슈나(Krishna), 페르시아의 조로아스터(Zoroaster), 그리스의 디오니소스(Dionysus), 이집트의 호루스(Horus), 프리지아의 아티스(Attis) 등도 모두 신의 아들로 태어나 세상에 빛을 전한 인물, 영웅, 신으로 알려져 있다.

78 신약성경 요한복음 14장 6절.

79 서양의 고대 우주론에 따르면 이 세상은 천상의 세상(The Celestial World), 영적 세상(The Spiritual World), 지적 세상(The Mental/Intellectual World), 감정의 세상(The Emotional World), 그리고 물질적 세상(The Physical/Material World)으로 분류되어 있다고 한다.

80 메두사(Medusa)의 머리가 중앙에 박혀 있는 제우스의 방패로, 방어뿐 아니라 공격용으로도 쓸 수 있다. 제우스는 자신이 가장 신뢰하는 자식이자 분신인 아테나(Athena) 여신에게 이 방패를 맡겼다. 오늘날 'Aegis'라는 단어는 '보호, 후원, 지원'의 의미로 쓰이며, 미 해군의 함대 방공 시스템의 명칭도 'Aegis Combat System'이다.

81 Agamemnon. 트로이 전쟁에서 그리스를 승리로 이끈 영웅.

82 Achilles. 트로이 전쟁에서 그리스 편에서 싸운 영웅이자 용맹의 화신. 트로이의 명장 헥토르(Hector)를 죽여 그리스의 승기를 가져왔지만, 전쟁이 끝나 갈 무렵 헥토르의 동생 파리스(Paris)가 쏜 화살에 발꿈치(아킬레스건)를 맞아 사망했다. 트로이 전쟁을 다루고 있는 호메로스의 대서사시 『일리아드』는 그리스가 물질 세상(Ilion: '진흙탕'을 의미하는 트로이의 옛 명칭)에 빠진 헬렌(Helen: '아름다움'의 원형)을 구출하는 과정을 묘사한 우

화라 할 수 있다.

83   Helios. 올림포스 신들의 전성기가 오기 전에 태양을 상징했던 티탄으로, 아폴로의 원형이라 할 수 있다.

84   Eros. 큐피드(Cupid)라는 이름으로도 잘 알려진 사랑의 신으로, 아프로디테의 아들이다. 한편 고대 그리스의 시인 헤시오도스(Hesiod)의 『신통기(神統記; Theogony)』에 따르면 올림포스의 신들이 태어나기 이전에 어두컴컴한 카오스(Chaos; 혼돈)에서 태어난 아이 테르(Aether)가 곧 에로스라고 한다. 다시 말해, 신들이 존재하기도 전에 사랑이 있었던 것이다.

85   Cronus. 제우스보다 앞서 하늘을 통치한 티탄으로, 시간을 상징한다. 동기화(synchronize), 동시성(synchronicity), 연대기(chronicle), 만성적인(chronic) 등 시간과 관련된 단어들은 크로노스에서 유래되었다. 시간 안에서 소멸하지 않는 것은 없기 때문에 크로노스는 큰 낫을 들고 다니며 생명을 거둬들이는 저승사자로 그려지며, 영화, 드라마 등에서는 거의 예외 없이 괴물로 표현된다. 제우스가 인간의 의식(conscious mind)을 상징한다면, 크로노스는 내면 깊은 어두운 곳에 있는 잠재의식(subconscious mind)을 상징한다.

86   Rhea. 시간을 상징하는 크로노스의 부인 레아는 공간을 상징하는 티탄이다. 그녀는 아이를 낳는 족족 먹어 치우는 남편에게 갓 태어난 아기 제우스 대신 큰 돌덩이를 먹이는데, 이는 크로노스 때문에 멈췄던 창조 과정이 재개됨을 의미한다.

87   신약성경 누가복음 15장 11~32절.

88   Bhagavad Gita. '신의 노래'라는 뜻으로, 고대 인도의 대서사시『마하바라타(Mahabharata)』에 수록된 경전이다. 친지를 상대로 한 전쟁에 임하는 판두(Pandu)의 왕자 아르주나(Arjuna)와 전차 몰이꾼으로 변신하여 그에게 지혜를 전수해주는 비슈누의 화신(아바타), 크리슈나(Krishna)의 대화 내용을 담고 있는 경전이다.

89   Krishna. 힌두교의 삼위일체인 브라마-비슈누-시바 중 두 번째 신인 비슈누의 여덟 번째 아바타로, 서양의 그리스도(Christ)와 같은 구세주에 해당하는 존재다. 'Christ'는 '기름 부음 받은 자'를 의미하는 라틴어 'Christus(그리스어 Khristos)'에서 유래된 단어로, 속성이 다른 여러 물질을 하나로 통합하는 힘을 가진 연금술의 수은(mercury)처럼 '쉽게 합쳐질 수 없는 것을 합치는 힘'을 의미한다. 다시 말해, 신과 인간 사이에서 중재자 역할을 하며 인간의 의식 수준이 신성에 이르도록 도움을 주는 것이 곧 구세주이자 연금술의 핵심인 것이다.

90   Pegasus. 날개 달린 천마(天馬) 페가수스는 하늘로 날아오르고자 하는 인간의 의지를 상징한다. 아테나만이 페가수스를 다스릴 수 있었다는 것은 인간의 의지를 다스릴 수 있는 것은 오직 지혜뿐이라는 것을 의미한다.

91   Orpheus. 그리스 철학과 종교의 토대를 세운 철학자이자 음유 시인으로, '오르페우스

와 에우리디케(Orpheus and Eurydice)'라는 신화로 잘 알려져 있다. 뱀에 물려 죽은 부인 에우리디케를 살려내기 위해 지하 세계를 방문한 오르페우스는 아름다운 음악으로 사자(死者)들의 왕, 하데스를 감복시켜 그녀를 지상으로 다시 데려가게 해주겠다는 약속을 받아 낸다. 하지만 땅을 밟을 때까지 뒤를 돌아봐서는 안 된다는 하데스의 경고를 마지막 순간에 지키지 못하는 바람에 사랑하는 부인을 다시 잃게 된다. 그 후 실의에 빠진 오르페우스는 이곳저곳을 떠돌며 슬픈 선율의 노래를 연주했고, 이에 분개한 바쿠스(Bacchus)의 여사제들에게 죽임을 당한다. 신화에 따르면 아테나 여신이 몸에서 분리된 오르페우스의 머리를 구출했으며, 그의 머리는 레스보스(Lesbos) 섬의 도시 안티사(Antissa)에 마련한 신전에 놓여져 아폴로의 델포이 신전이 세워질' 때까지 미래를 예언하는 입의 역할을 했다고 한다.

92   Hades. 땅과 지하 세계를 다스리는 신으로, 지하 세계 자체도 주인의 이름을 따서 하데스라 불린다. 하데스는 올림포스의 신들과 동급이지만 일반적으로 올림포스 신의 대열에 포함되지 않는다. 프톨레마이우스가 지구를 태양계의 중심에 두고 행성과 별들이 인간에 미치는 영향을 설명했듯이, 하데스가 지배하는 인간의 영역(Earth)도 올림포스의 영향을 받는 곳이기 때문이다. 일반적인 생각과 달리 하데스는 '지옥'에 해당하는 곳이 아니라 '물질 세상'을 의미하며, 이를 이해하고 있던 플라톤은 "인간은 태어날 때 하데스에 오고, 죽을 때 하데스를 떠난다."고 얘기했다.

93   호메로스의 대서사시『오디세이아(The Odyssey)』에 따르면, 목마를 이용하여 적을 격파하는 꾀를 낸 이타카의 왕 오디세우스는 10년 동안 이어진 트로이 전쟁을 승리로 이끈 후 고향으로 돌아가는 여정에서 무려 10년 동안 포세이돈의 시험을 받게 된다. 이 여정을 통해 오디세우스는 가까스로 여 마법사 키르케(Circe)와 아름다운 소리로 뱃사람들을 유혹하는 세이렌(Siren)의 시험을 이겨내고 폴리페모스(Polyphemus)라는 외눈박이 거인 키클로페스(Cyclopes)의 눈을 멀게 함으로써 그동안 감각에만 의존하며 살아왔던 자아를 정복하는 데 성공한다. 군대를 이끌고 고향을 떠났던 오디세우스는 결국 오랜 여정을 통해 휘하의 모든 병사(오디세우스의 에고를 상징하는 겉치장)를 잃고 홀몸으로 집으로 돌아와 부인 페넬로페(Penelope: 모든 인간이 추구해야 할 상위 자아와 지혜를 상징)의 품에 안긴다. 지금도 'Odyssey'는 '여정'을 의미하는 단어로 쓰이며, 오디세우스의 여정은 중도에서 벗어난 인간이 본연의 상태로 돌아가는 과정을 상징한다.

94   히브리 알파벳의 '어머니 자음'은 우리가 알고 있는 모음(母音)과는 약간 다른 개념으로, '약한 자음'에 가깝다고 할 수 있다. 히브리 알파벳에는 정식 모음이 없다.

95   전통적으로는 4대 원소 중 불, 물, 공기만이 세 장의 원소 카드에 상응하지만, 크로울리는 흙과 영을 각각 '우주(21)'와 '새 시대(20)' 카드에 추가로 할당했다. 따라서 토트 타로에서 21번 '우주' 카드는 토성을 상징하는 행성 카드(Planetary Trump)이자 '흙'을 상징하는 원소 카드(Elementary Trump)이기도 하며, 20번 '새 시대'는 '불'과 '영'을 동시에 상징

하는 원소 카드다.

96   Philippus Aureolus Theophrastus Bombastus von Hohenheim(1493~1541). 스위스의 의사, 연금술사, 신학자, 철학자, 점성학자.

97   Gotthold Ephraim Lessing(1729~1781). 계몽주의 시대 독일의 철학자, 극작가, 홍보 전문가, 예술 평론가.

98   Iamblichus(245~325). 시리아 태생의 신플라톤주의 철학자.

99   이 문자들은 발음하는 방법이 두 가지(강한 발음, 약한 발음)가 있으므로 '더블 자음'으로 불린다. 『세페르 예치라』에서는 더블 자음에 두 개의 상반되는 의미를 지정했다.

100   괄호 안의 숫자는 메이저 아르카나 카드 번호를 지칭한다.

101   Notariqon 또는 Notarikon. 게마트리아, 테무라(Temurah)와 더불어 카발라에서 성경에 적힌 히브리 단어와 문장을 다양한 방법으로 재배열하여 숨겨진 의미를 찾아내는 수비학의 기법 중 하나.

102   Tau(400) + Resh(200) + Ayin(70) + Aleph(1) = 671.

103   Aleph(1) + Yod(10) + Nun(50) = 61.

104   대우주의 관점에서 보면 세피로트는 인용문의 말대로 우주의 창조 원리와 그 배후에 있는 힘을 설명하며, 상응의 원칙에 따라 소우주의 관점에서는 인간의 의식 수준 등을 의미한다. 각 세피라의 속성을 다루는 제3장에서 더 자세한 설명이 제시될 것이다.

105   Georg Wilhelm Friedrich Hegel(1770~1831). 독일의 철학자.

106   신약성경 마태복음 3장 12절.

107   http://www.qbible.com/hebrew-old-testament/genesis/1.html.

108   Vitruvius(기원전 80~70년~기원전 15년 이후). 로마의 건축가. 대표 저서 『De Architectura』.

109   'Psyche', 'psychic', 'psychism'은 본래 인간의 영(spirit), 혼(soul), 정신(mind) 등을 의미하는 그리스어('프시케')에서 유래되었으며, 본문에서는 일상에서 볼 수 있는 인간의 보통 능력을 초월하는, 즉, '초능력' 또는 '초자연적 능력'의 의미로 사용되고 있다. 이 책에서 '싸이킥', '싸이키즘' 등의 용어가 언급되면 언제나 '초능력', '초자연적 능력'과 관련된 개념을 지칭함을 기억하기 바란다.

110   Kundalini. 힌두교에서 척추 맨 아래에 위치한 것으로 여기는 신성한 여성 에너지.

111   Yesod. 생명 나무의 9번 세피라. 소우주 관점에서 인체의 'Sacral Chakra' 또는 'Svadhishthana Chakra'에 해당하는 부위에 상응한다.

112   Parable of the Lost Sheep. 신약성경 마태복음 18장 12~14절, 누가복음 15장 3~7절 참조.

113   디온 포춘은 중간 기둥을 '균형의 기둥', '중용의 기둥', '온화의 기둥' 등, 다양한 이름으로 부르고 있는데, 이 시점부터 책에서는 통일성을 위해 '중간 기둥' 또는 '균형(중용)의 기둥'으로 칭할 것이다.

114 신약성경 요한복음 10장 30절.
115 신약성경 골로새서 1장 27절.
116 앞서 영문 성경에서는 배필과 '동침'하는 것을 '아는 것'으로 표현한다고 설명했다. 타로의 코트 카드와 카발라 동화를 다루는 섹션에서 다시 설명하겠지만, 코트 카드 중 공주(Princess)는 우리를, 그리고 왕자(Prince)는 신성한 수호천사이자 진아를 상징한다. 따라서 신성한 수호천사를 '알게' 된다는 것은, 그를 신랑으로 맞는다는 의미다. 신약성경 요한계시록에서는 (하나님의) 어린 양(왕자)이 신부와 결혼하는 장면을 묘사하고 있다. (요한계시록 19장 7~9절 참조).
117 Trickster. '사기꾼', '협잡꾼'이라는 뜻이다.
118 Arnold Schoenberg(1874~1951). 오스트리아 태생의 미국 작곡가, 음악 이론가, 교사, 작가.
119 크로울리 본인도 『Liber 777』이라는 책에서 자신이 발견한 수많은 상응 관계를 도표 형식으로 정리하였다. 이 책에서는 무려 190여 가지 부문별로 32개 경로에 상응하는 키워드를 지정하고 있다.
120 크로울리가 나폴리(Naples)에 머무르던 시점에 고안한 것이라 하여 이렇게 이름이 붙여졌다.
121 아칠루트의 범위가 어디까지인지에 관해서는 사람마다 의견이 약간 다를 수 있다. 뒤에서 관련 내용을 다룰 것이다.
122 본 책에서 몇 차례 언급한 카발라 경전, 『세페르 예치라』도 신이 우주를 창조할 때 사용한 청사진에 비유할 수 있다.
123 참고로 히브리어는 오른쪽에서 왼쪽으로 읽는다.
124 https://www.yogapedia.com/.
125 영성계에서 '차크라'라는 용어는 힌두교에서 인체 내의 일곱 에너지 센터를 지칭하는 개념으로 사용되는데, 여기서도 우주의 심볼인 생명 나무의 차크라 포인트, 즉, 우주의 몸(아시아) 안에 위치한 에너지 센터로 이해하면 좋을 것 같다. '차크라'는 '회전하다'를 의미하는 산스크리트어 어원에서 파생되었다.
126 주인공 라푼젤이 왕자님을 만난 후 아들과 딸 쌍둥이를 낳는다는 점이 시사하는 바가 크다. 이는 공주와 왕자가 결혼하여 여왕과 왕이 되고, 왕자와 공주를 낳아 순환이 반복된다는 카발라/타로의 개념과 유사하다. 코트 카드를 다루는 제2부에서 더 자세히 설명할 예정이다.
127 애니메이션 『센과 치히로의 행방불명』에 등장하는 온천장의 주인, 유바바와 여러 면에서 닮은 캐릭터다.
128 Qliphoth. 물질계(Assiah)보다 아래에 있는 세상으로, 디온 포춘의 말을 빌리자면 불균형이 지배하는, '우주의 똥통'이라고 할 수 있는 영역이다.

129 기독교 신비주의 전통인 장미십자회에서는 세상을 네 개가 아닌 일곱 개로 나누고, 이에 상응하는 인간의 일곱 가지 '몸'을 정의하고 있다. 분류 방식에는 다소 차이가 있으나, 근본적으로는 같은 개념이라고 볼 수 있다.

130 Jechidah 또는 Yechidah. 히브리어로 '하나됨(Unity)'을 의미한다.

131 Chiah 또는 Chayah. 히브리어로 '생명(Life)'을 의미한다.

132 Neschamah 또는 Neshamah. 히브리어로 '숨결(Breath)'을 의미한다.

133 Ruach. 히브리어로 '바람(Wind)'을 의미한다.

134 Nephesch 또는 Nefesh. 히브리어로 '생명체(Living being)'를 의미한다.

135 이스라엘 레가르디의 『석류의 정원』에 기록된 내용을 참조하였다.

136 이스라엘 레가르디는 루아흐를 4~8번에, 네페쉬를 9번에, 그리고 10번 세피라에는 '육신'을 의미하는 구프(Guph)를 지정했다. 『석류의 정원』 참조.

137 부연 설명하자면, 여기서 디온 포춘이 말하는 왕과 여왕은 타로의 왕자와 공주를 지칭하는 것이다. 인간을 상징하는 공주가 자기 내면에 거하는 신성한 수호천사, 즉, 왕자님을 영접하고 나서 그의 배필이 되면 왕자도 자신을 완성하여 왕의 지위에 오를 수 있고, 공주도 여왕이 된다.

138 이 단어가 인간이 세상에 태어났을 때 처음 내뱉는 소리, 그리고 세상을 떠나기 전에 마지막으로 내뱉는 소리, 즉 '숨소리'를 상징하는 의성어라는 주장이 설득력이 있다. '영'을 의미하는 'spirit'은 '숨결'이라는 뜻이다.

139 본래 메이저 아르카나에는 4대 원소 중 불(20), 물(12), 공기(0)의 3개 원소를 상징하는 3개의 '엘리멘탈 트럼프'만 있으나, 크로울리는 21번, '우주' 카드에 네 번째 원소인 '흙'을, 그리고 20번 '새 시대' 카드에 제5 원소인 '영'의 속성을 별도로 추가했다.

140 대중적으로 널리 알려진 라이더-웨이트-스미스 덱에서는 코트 카드를 왕-여왕-기사-견습생(시종) 순으로 지정하나, 황금새벽회에서는 네 글자로 이루어진 신의 이름을 기준으로 삼아 왕-여왕-왕자-공주로 명명한다. 황금새벽회에서는 또한 역동성을 지닌 왕을 말에 올라탄 모습으로 묘사하며, 이에 따라 크로울리는 자신이 제작한 토트 타로에서 '왕' 대신 '기사'의 칭호를 붙였다. 토트 타로에서는 '기사'가 '왕'을 지칭함을 기억하기 바란다. 한편 왕자는 각 슈트 또는 원소를 상징하는 케루빔(사자, 독수리, 인간, 황소)이 이끄는 전차에 올라탄 모습으로 묘사된다.

141 Dario Salas Sommer(1935~2018). 칠레의 철학자, 과학자, 인문주의자, 오컬티스트.

142 또 하나의 오컬트 덱인 '헤르메틱 타로(The Hermetic Tarot)'의 코트 카드에는 별자리의 배합이 심볼 형태로 표기되어 있다.

143 Seven Deadly Sins. 자만(Pride), 탐욕(Greed), 분노(Wrath), 질투(Envy), 욕정(Lust), 폭식(Gluttony), 나태(Sloth).

144 Seven Cardinal Virtues. 순결(Chastity), 절제/중용(Temperance), 자선(Charity), 근면

(Diligence), 친절(Kindness), 인내(Patience), 겸손(Humility).
145　Seven Liberal Arts and Sciences. 문법(Grammar), 논리학(Logic), 수사학(Rhetoric)으로 구성된 트리비움(Trivium; 삼학과(三學科))과 산수(Arithmetic), 기하학(Geometry), 음악(Music), 천문학(Astronomy)으로 구성된 쿼드리비움(Quadrivium; 사학과(四學科))을 일컫는다.
146　"그들의 모든 환난에 동참하사 자기 앞의 사자로 그들을 구원하시며 그 사랑과 그 긍휼로 그들을 구속하시고 옛적 모든 날에 그들을 드시며 안으셨으나." (구약성경 이사야서 63장 9절)
147　"그 속에서 네 생물의 형상이 나타나는데 그 모양이 이러하니 사람의 형상이라." (구약성경 에스겔서 1장 5절); "보좌 앞에 수정과 같은 유리 바다가 있고 보좌 가운데와 보좌 주위에 네 생물이 있는데 앞뒤에 눈이 가득하더라. 그 첫째 생물은 사자 같고 그 둘째 생물은 송아지 같고 그 셋째 생물은 얼굴이 사람 같고 그 넷째 생물은 날아가는 독수리 같은데, 네 생물이 각각 여섯 날개가 있고 그 안과 주위에 눈이 가득하더라 그들이 밤낮 쉬지 않고 이르기를 거룩하다 거룩하다 거룩하다 주 하나님 곧 전능하신 이여 전에도 계셨고 이제도 계시고 장차 오실 자라 하고." (신약성경 요한계시록 4장 6~8절)
148　거룩한 생물(Holy Living Beings)이라는 뜻. 에스겔서에 등장하는 '그룹(케루빔)'을 의미한다.
149　구약성경 이사야서 18장 4절('일광'); 예레미야서 4장 11절('뜨거운 바람'); 아가서 5장 10절('희고도'); 이사야서 32장 4절('분명히').
150　The First Cause.
151　不動의 動者. The Unmoved Mover.
152　'누트-하디트-라 후르 쿠트'의 삼위일체는 '이시스-오시리스-호루스' 삼위일체에 상응한다.
153　편의상 아인, 아인 소프, 아인 소프 오르의 세 개 겹으로 이루어진 무의 상태를 '아인 소프'로 총칭한다.
154　Semele. 제우스가 사랑했던 인간 여성. 제우스의 부인이자 올림포스의 여왕인 헤라의 꼬임에 넘어가 연인(제우스)에게 실제 모습을 보여달라고 요구했고, 신의 광채를 바라본 순간 불에 타서 죽는다. 제우스는 자신의 허벅지를 갈라 아직 그녀의 배 속에 있던 아기를 넣은 후 바늘로 꿰맸고, 몇 달 후 디오니소스가 태어난다.
155　Lot. 구약성경 창세기에 등장하는 아브라함의 조카. 소돔과 고모라의 유일한 의인. 여호와가 타락한 도시 소돔과 고모라를 파괴하기 위해 유황과 비를 내렸을 때, 천사들의 귀띔으로 대피하여 살아난 유일한 생존자.
156　"우리가 이제는 거울로 보는 것같이 희미하나 그 때에는 얼굴과 얼굴을 대하여 볼 것이요 이제는 내가 부분적으로 아나 그 때에는 주께서 나를 아신 것같이 내가 온전히 알리

라."(신약성경 고린도전서 13장 12절)

157 Ark of the Covenant. 영화 인디아나 존스 시리즈의 첫 번째 작품인『레이더스(Raiders of the Lost Ark)』에도 등장했던 신비스러운 상자이자 유대인들의 최고 성물. 그 안에는 십계명이 새겨진 석판 외에도 아론의 지팡이와 만나 제조기가 보관되어 있었다고 한다.
158 사자자리(불)를 상징하는 사자, 전갈자리(물)를 상징하는 독수리, 물병자리(공기)를 상징하는 인간, 그리고 황소자리(흙)를 상징하는 황소.
159 Holy Communion, Eucharist. 가톨릭 미사에서 예수의 살과 피를 상징하는 축성된 빵과 포도주를 먹는 의식.
160 Richard Wagner(1813~1883). 오페라와 악극으로 유명한 독일의 작곡가. 마름돌 출판사에서 출간한『절망 속에서 태어나는 용기 – 오페라에 담긴 진리의 가르침』에서 그의 대표작인『파르지팔』,『니벨룽의 반지』,『탄호이저』,『로엔그린』에 담긴 상징체계를 설명하고 있다.
161 Mount Salvat 또는 Montsalvat. '구원의 산'이라는 뜻.
162 자연적으로 발생하는 힘이 아니라는 의미. 따라서 누가 칼자루를 쥐었는지, 어떤 의도를 가지고 휘두르는지가 매우 중요하다.
163 연금술의 7대 금속과 각각에 해당하는 행성(신): 납(토성), 주석(목성), 철(화성), 금(태양), 구리(금성), 수은(수성), 은(달).
164 여기서는 그리스어 문자에 게마트리아를 적용하였다.
165 베시카 파이시스에 관한 설명은 제2부의 '여황제' 카드 편에서 자세히 다룰 예정이다.
166 얼핏 보기에는 네 쌍만 있는 것 같지만, 카드의 배경을 보면 전체를 감싸는 두 쌍의 큰 초록색 날개가 있음을 알 수 있다.
167 구약성경 에스겔서 1장 15~21절.
168 "네가 열두 궁성을 때를 따라 이끌어 내겠느냐 북두성과 그 속한 별들을 인도하겠느냐"(구약성경 욥기 38장 32절).
169 구약성경 창세기 36장 31절.
170 Isaac. 아브라함이 100살이 되던 해에 신의 축복으로 정실, 사라(Sarah)를 통해 얻은 아들. 이슬람교의 초기 선지자이자 아랍 민족의 시조인 이스마엘(Ishmael)의 이복동생.
171 Esau. 이삭의 장자. 에서는 동생 야곱(Jacob)에게 속아 장자의 권리를 빼앗기고, 야곱은 이스라엘 열두 부족의 아버지가 된다.
172 구약성경 말라기 1장 2~3절.
173 Onan. 야곱의 열두 아들 중 한 명이자 이스라엘 열두 부족의 족장 중 한 명인 유다의 둘째 아들. 오난은 형, 엘이 사망한 후 유대 전통에 따라 그의 부인과 결혼했으나, 형수와 결합하여 대를 이으라는 아버지의 명령을 거역하고 잠자리 때마다 체외사정을 했다. 이 사실을 알게 된 여호와는 분노하여 그를 죽인다. 오늘날 '자위행위'를 의미하는 '오나니즘

(Onanism)'은 그의 이름에서 유래되었다. 구약성경 창세기 38장 8~10절 참조.
174 '물질'을 의미하는 영어단어 'matter'는 '어머니'를 의미하는 라틴어 'Mater'에서 유래되었다.
175 Percy Bysshe Shelley(1792~1822). 영국의 작가, 시인. 소설 『프랑켄슈타인(Frankenstein)』의 작가로 유명한 메리 셸리(Mary Shelley)의 남편.
176 호크마는 타로 각 슈트의 2번 카드뿐 아니라 코트 카드 중 왕(토트 타로의 경우 '기사')이 지정된 세피라이기도 하다.
177 구약성경 창세기 1장 3절.
178 지구의 세차운동(Precession of the Equinoxes). 세차운동으로 인해 지구의 관점에서 황도대가 한 바퀴 도는 데 걸리는 시간을 플라톤 년(Platonic Year)이라고 한다.
179 구약성경 창세기 2장 7절.
180 각 스몰 카드(10분각)마다 지정된 기간은 황금새벽회 전통에서 정한 근사치를 활용하였다. 각 별자리의 특성을 다룬 제1장에서 언급했듯이, 이 기간은 매년 몇 시간씩 차이가 날 수 있으며, 때로는 하루씩 차이가 날 수도 있다.
181 Ill-dignified. 카드 리딩에서 주변 카드들이 해당 카드의 힘을 약화하는 영향을 주는 경우. 이와 반대로 주변 카드들이 해당 카드의 힘을 강화하는 영향을 주는 경우는 'well-dignified'라고 표현한다. 같은 슈트 또는 원소끼리는 카드의 힘을 서로 강화하고, 우호/중립/적대관계에 따라 카드끼리 힘을 강화하거나 약화할 수 있다. 토트 덱에서는 '역방향(reversal)' 해석이 따로 없지만, 옆 카드의 힘을 약화하는 영향을 역방향과 비슷한 개념으로 생각해도 좋다. 이처럼 원소의 속성에 따른 상성 관계를 '엘리멘탈 디그니티(Elemental Dignities)'라 칭한다.

	지팡이(불)	컵(물)	검(공기)	디스크(흙)
지팡이(불)	강화	약화	강화	중립
컵(물)	약화	강화	중립	강화
검(공기)	강화	중립	강화	약화
디스크(흙)	중립	강화	약화	강화

182 Thomas Inman(1820~1876). 영국 리버풀 왕립 병원(Liverpool Royal Infirmary)의 외과 전문의, 신화학자.
183 영어로 'nun'은 '수녀'를 의미한다.
184 팔길상(八吉祥). 티베트 불교에서 말하는 8개의 행운의 상징.
185 Pan. 들판을 뛰어다니며 자신이 고안한 악기, 팬플루트(panflute)를 신나게 연주하는 염소 형상의 신. 판이 있는 곳은 토요일 밤의 번화가처럼 정신이 없으며, 영어에서는 이런

혼란의 상황을 'pandemonium'이라고 표현한다. 이 단어는 존 밀턴이 『실낙원(Paradise Lost)』에서 지어낸 신조어로, '대혼란'을 의미한다. 정신없는 상황에 발을 잘못 디디면 패닉(panic), 즉, 공황 상태에 빠질 수 있다.

186 "내가 받은 것을 먼저 너희에게 전하였노니 이는 성경대로 그리스도께서 우리 죄를 위하여 죽으시고, 장사지낸 바 되었다가 성경대로 사흘 만에 다시 살아나사"(신약성경 고린도전서 15장 3~4절).

187 '아버지 시간(Father Time)'으로 불리는 그리스의 크로노스(Cronus) 또는 로마의 사투르누스(Saturnus)를 의미한다. 고대 로마인들은 염소자리 기간이 시작되기 직전인 12월 17일부터 19일까지 사투르누스를 기리는 사투르날리아(Saturnalia; 농신제; 農神祭) 축제를 벌였다.

188 이 책에서는 'faith'를 종교적 색채를 띠는 '신앙'보다는 보다 포괄적인 개념의 '신념'으로 번역하였다.

189 엄밀히 말하면, 비나에서 형상이 만들어지는 것이 아니라, 비나에서 형상의 관념이 탄생하는 것이다. 실제 형상은 생명 나무의 하단에서 만들어진다.

190 두 곡선이 만날 때 비나와 여성성을 상징하는 베시카 파이시스의 형상이 만들어진다는 점도 흥미롭다.

191 여담이지만, 영화『레고 무비(2014)』도 오컬트의 많은 가르침이 담겨있는 명화다.

192 신약성경 로마서 7장 21절.

193 Dannion Brinkley(1950~). 미국의 작가, 연사, 임사체험자.

194 마름돌 출판사의 유튜브 채널에서 대니언 브링클리의 일대기를 다룬 영화, 『Saved By the Light』를 시청할 수 있다.

195 예수의 『산상수훈』 중에서. 신약성경 마태복음 6장 19~21절.

196 Francis of Assisi(1181~1226). 이탈리아의 신비주의자, 시인, 가톨릭 수사.

197 Teresa of Ávila(1515~1582). 스페인의 카르멜회 수녀, 신비주의자, 종교개혁가. 그녀의 신비 체험을 기록한 『내면의 성(Interior Castle)』으로 유명하다.

198 Anita Moorjani(1959~). 싱가포르 태생의 작가, 연사, 임사체험자. 말기암 투병 중 30시간 동안 혼수상태에서 임사체험을 했다고 한다.

199 "그 둘레는 높고 무서우며 그 네 둘레로 돌아가면서 눈이 가득하며"(에스겔서 1장 18절).

200 황금새벽회 전통에서 왕(기사)은 언제나 말을 탄 모습, 여왕은 권좌에 앉은 모습, 왕자는 전차를 탄 모습, 그리고 공주는 해당 원소의 속성에 따라 다양한 모습으로 묘사된다.

201 3번 세피라에는 코트 카드 중 물(컵)의 속성을 지닌 여왕이 지정된다.

202 아나킨 스카이워커는 왕(기사)이고, 아나킨과 여왕 파드메 사이에서 태어난 쌍둥이 남매, 루크 스카이워커와 레이아 오가나는 각각 왕자와 공주에 상응한다.

203 Demeter. 그리스 신화에 등장하는 수확과 농업의 여신으로, 비옥한 지구를 상징한다.

고대 그리스 신비주의에서는 데메테르 여신을 기리는 엘레우시스 제전(The Eleusinian Mysteries)을 최대의 축제로 여겼다.

204 Persephone. 그리스 신화에서 봄, 초목, 곡식을 관장하는 여신. 데메테르의 딸. 하데스(Hades)에게 납치된 후 지하 세계의 여왕이 되었다. 어느 봄날 갑자기 사라진 딸을 찾기 위해 온 세상을 뒤진 데메테르는 그녀의 행방을 파악한 후 제우스와 담판을 벌여 조건부로 딸을 돌려받는다. 그 결과, 페르세포네는 1년 중 4개월(겨울)은 지하 세계에서 하데스와 함께 살고, 남은 시간 동안은 지상에서 어머니와 함께 살게 되었다. 페르세포네가 지하 세계에 머무는 시간 동안에는 데메테르가 절망에 빠져 땅에서 곡식이 자라지 않는다고 한다.

205 Ceres. 데메테르에 상응하는 로마의 여신. 서양인들이 아침 식사로 즐겨 먹는 시리얼(cereal)도 그녀의 이름에서 유래되었다.

206 Abundantia. 컵 3번 카드의 제목인 'Abundance'가 여기에서 유래되었다.

207 Fortuna. '행운'을 의미하는 'fortune'이 여기에서 유래되었다.

208 메이저 아르카나의 9번 카드, '은둔자(The Hermit)'에서 이 개념이 다시 등장한다.

209 John Keats(1795~1821). 조지 고든 바이런(Lord Byron), 퍼시 비시 셸리(Percy Bysshe Shelley)와 더불어 당시 영국을 대표했던 낭만파 시인.

210 Hecatoncheires. 50개의 머리와 100개의 손을 가진 거인들. 훗날 티탄 전쟁에서 제우스와 올림포스 신들의 편에서 참전하여 티탄 체제의 전복에 기여한다.

211 Cyclopes. 한 개의 눈을 가진 거인들. 훗날 제우스를 위해 번개를 만들어준 3형제도 키클로페스 종족의 일원이었다.

212 Tartarus. 그리스 신화에서 흉악한 범죄자들을 고문하고 전쟁에서 패한 티탄들을 가두기 위해 사용된 지하 감옥.

213 여기서는 연금술 관점에서의 상응을 의미한다. 메이저 아르카나에서 알레프(공기), 멤(물), 쉰(불)은 각각 광대(0), 거꾸로 매달린 자(12), 새 시대(20) 카드에 상응하지만, 연금술 관점에서는 마법사(1), 여황제(3), 황제(4)에 해당한다는 뜻이다.

214 Guna. '속성'을 의미하는 힌디어.

215 단 하나의 전자를 가진 수소 원자의 99.9999999999996% 정도는 비어있다고 한다. 우리 눈에 보이는 우주도 무수히 많은 별과 행성 등으로 구성되어 있으나, 99.999999999% 정도는 역시 원자처럼 텅텅 비어있다. 위에서와같이 아래에서도…. 여기서도 상응의 원칙이 작용하는 사례를 엿볼 수 있다.

216 토트 타로를 포함한 황금새벽회 전통의 타로 덱에서는 검 여왕이 루아흐를 상징하는 잘려나간 머리를 한 손에 들고 있는 모습으로 묘사된다.

217 Kali. 시간, 변화, 창조, 힘, 파괴, 죽음과 연관이 있는 힌두교의 여신, 시바의 배필.

218 Hiram, King of Tyre, Hiram I(?기원전 1000~기원전 947/946). 페니키아(Phoenicia), 두

로(오늘날의 레바논)의 왕. 이스라엘의 왕 다윗과 솔로몬의 동맹. 솔로몬의 성전 신축 사업에 목재와 건축가를 제공한 장본인.

219 Solomon(재위 기간 기원전 970~기원전 931). 거인 골리앗을 쓰러뜨린 소년 장사이자 훗날 이스라엘의 왕에 오른 다윗의 아들/후계자. 뛰어난 지혜를 소유한 구약시대 최고의 마법사로도 유명하다.

220 여기서 '헤세드의 경지에 입문'한다는 것은 그곳에 거한다는 의미가 아니라, 헤세드의 개념을 온전히 이해하고 그 원리를 활용할 줄 아는 수준에 이르렀다는 것을 의미한다. 뒤에서 다루겠지만, 헤세드에서 실제로 활동하는 '마스터'로 불리는 자들은 윤회의 수레바퀴와 육신의 굴레에서 벗어난 존재들로, 여기서 말하는 것과는 차원이 다른 경지다.

221 Narcissus. 그리스 신화에 등장하는 미소년. 사랑을 고백하는 모든 이들을 저버리고 물에 비친 자신의 모습과 사랑에 빠졌다고 한다. 오늘날에는 극단적으로 자기중심적인 사람을 '나르시시스트(Narcissist)'라 칭한다.

222 컵 에이스 카드 참조.

223 광야에 관한 자세한 설명은 윌리엄 워커 앳킨슨의 『신비주의 기독교』 제4강, '광야의 시험'과 '두 개의 비전과 선택' 섹션을 참조하기 바란다.

224 임제의현(臨濟義玄: ?~867). 중국 당나라의 승려, 임제종(臨濟宗)의 창시자.

225 아크나텐(Akhenaten), 헤르메스 트리스메기스토스(Hermes Trismegistus), 오르페우스(Orpheus), 조로아스터(Zoroaster), 붓다(Buddha), 공자(Confucius), 노자(Lao-Tse), 플라톤(Plato), 예수(Jesus), 무함마드(Mohammed), 파드마삼바바(Padmasambhava), 케찰코아틀(Quetzalcoatl) 등, 열두 명의 대표적인 인류 스승들의 가르침을 요약한 책.

226 사실 금성(아프로디테/비너스)은 양자리를 지배하는 화성(아레스/마르스)과 반대로 양자리가 유배지이므로 좋은 조합은 아닌데(애증의 관계?), 신화에서 이 둘은 불꽃이 튀기는 커플로 묘사된다. 아프로디테는 유부녀였지만 아레스와 함께 포보스(Phobos; 두려움), 데이모스(Deimos; 공포), 하르모니아(Harmonia; 조화. 합의) 등의 자녀를 낳았다. 포보스와 데이모스는 화성 주위를 돌고 있는 두 달의 이름이기도 하다.

227 The Sixth Epoch. 극지의 시대(Polarian Epoch), 극북의 시대(Hyperborean Epoch), 레무리아의 시대(Lemurian Epoch), 아틀란티스의 시대(Atlantean Epoch), 아리안의 시대(Aryan Epoch)에 이은 새로운 갈릴리(New Galilee)의 시대.

228 "옛 지계석을 옮기지 말며 외로운 자식의 밭을 침범하지 말지어다." (구약성경 잠언서 23장 10절)

229 구약성경 창세기 18장 20절~19장 28절 참조.

230 신약성경 마태복음 11장 28절.

231 여기서 말하는 '악'이란 물론 '선이 부재한 상태'를 의미하는 것이다.

232 Tubal-cain. 최초로 철로 농업용 기구를 만든 대장장이. "씰라는 두발가인을 낳았으니 그

는 동철로 각양 날카로운 기계를 만드는 자요 두발가인의 누이는 나아마이었더라" (구약 성경 창세기 4장 22절).
233 '3월'을 의미하는 'March'에는 힘차게 전쟁터로 향하는 군대를 연상시키는 '행진'의 뜻도 담겨있다.
234 Henry VIII(1491~1547). 영국의 튜더 가문이 배출한 두 번째 왕.
235 Mary I of England(1516~1558). 헨리 8세와 그의 첫 번째 부인, 아라곤의 캐서린(Catherine of Aragon) 사이에서 태어난 딸, 튜더 가문의 네 번째 왕.
236 Elizabeth I(1533~1603). 헨리 8세와 그의 두 번째 부인, 앤 불린(Anne Boleyn) 사이에서 태어난 딸, 튜더 가문의 다섯 번째/마지막 왕.
237 Pakhet. 사자의 얼굴을 가진 것으로 묘사되는 이집트 전쟁의 여신.
238 Bhavani. '생명을 선사하는 자(Giver of Life)'라는 의미를 지닌 이집트의 여신으로, 힘, 정의, 모성, 감정을 상징한다. 여덟 개의 손에는 화살, 활, 검, 전곤 등, 다양한 무기가 쥐어져 있다.
239 Shakti. '에너지, 역량, 힘, 노력, 파워, 위력, 능력'을 의미하는 단어로, 존재하는 모든 것의 이면에서 작용하는 근본적인 에너지를 상징한다. 시바의 배필로도 알려져 있으며, 사자와 함께 묘사되는 경우가 많다.
240 Ian Fleming(1908~1964). 『제임스 본드』 시리즈로 유명한 영국의 작가, 군인.
241 The Third Reich(1934~1945). 나치가 유럽에서 권력을 장악한 시기의 독일 제국을 일컫는 용어. 제1제국은 신성로마제국(The Holy Roman Empire; 962~1806), 제2 제국은 독일 제국(German Empire; 1871~1919)을 각각 지칭한다.
242 윈스턴 처칠(Winston Churchill; 1874~1965). 영국의 총리, 군인, 작가. 영국의 스펜서(Spencer) 가문 출신으로, 히틀러와 긴밀한 관계를 유지했던 독일계 작센-코부르크-고타(Saxe-Coburg and Gotha) 가문(영국 왕실)과 갈등을 빚었다. 세계 1차대전 당시 독일에 대한 여론이 나빠지자 영국을 지배하던 작센-코부르크-고타 왕실은 성을 윈저(Windsor)로 바꿨고, 현재까지도 이 이름으로 영국을 통치하고 있다. 1997년, 영국 왕실의 전 왕세자빈, 다이애나 스펜서의 의문사로 두 가문 간의 악연은 지금까지 이어지고 있는 것으로 보인다.
243 마름돌 출판사의 유튜브 채널(https://www.youtube.com/user/yoonandlee)에서 시청 가능.
244 연역적 추론(Deductive Reasoning). 어떤 대전제(First Principle)를 기반으로 삼아 결론을 내리는 추리법. 예를 들어, '모든 인간은 필사의 존재다.'와 '소크라테스는 인간이다.'를 대전제로 받아들이면, 이를 기반으로 '소크라테스는 필사의 존재다.'라는 결론에 도달할 수 있다. 지금까지 우리는 생명의 나무를 다루면서 최초의 '아인 소프'라는 절대적인 경지, 절대적인 신의 존재를 상정하고, 여기서부터 발산의 과정을 통해 케테르, 호크마,

비나 등의 세피라가 순차적으로 형성되었다는 연역적 추론 방식으로 나무가 자라나는 과정을 설명했다. 원인을 토대로 결과를 추정하는 추론법으로, 철학에서 주로 활용하는 방식이라고 할 수 있다.

245 귀납적 추론(Inductive Reasoning). 연역적 추론과 반대로 구체적인 형상을 토대로 대전제를 추론하는 방식이다. 셜록 홈스처럼 눈앞에 주어진 현상, 증거, 흔적 등을 수집, 분석하고, 이를 기반으로 사건의 원인을 추론하는 탐정 활동을 예로 들 수 있다. 생명 나무의 경우, 티파레트 이후부터는 인간이 인지할 수 있는, 뜬구름 잡는 '힘'이 아닌, 구체성을 띠는 '형상'의 영역이므로 귀납적 추론을 활용해야 한다는 뜻이다. 결과를 토대로 원인을 추정하는 추론법으로, 과학에서 주로 활용하는 방식이라고 할 수 있다.

246 109번 주석 참조.

247 Plotinus(204/205~270). 그리스의 철학자, 신플라톤주의의 창시자.

248 Rose of Lima(1586~1617). 페루 도미니코 수도회의 성녀.

249 Catherine of Siena(1347~1380). 이탈리아의 신비주의자, 성녀, 교회학자, 작가.

250 Gian Lorenzo Bernini(1598~1680). 이탈리아의 조각가, 건축가.

251 Transverberation. 몸이 날카로운 무언가에 의해 찔리는 듯한 느낌을 동반하는 종교적 체험.

252 Meher Baba(1894~1969). 인도의 영적 교사.

253 Sufism. 이슬람교의 신비주의 분파.

254 무슨 말인지 궁금한 독자들은 유튜브에서 'holy laughter'로 검색하여 관련 영상들을 시청해보기 바란다.

255 Jonathan Edwards(1703~1758). 미국의 부흥 전도사, 철학자, 신학자.

256 Aṅgulimāla. 사람 100명을 죽여서 1,000개의 손가락을 얻으면 도를 깨우친다는 거짓말에 현혹되어 99명의 무고한 사람을 죽이고, 100번째로 자기 어머니를 죽이려는 생각을 품다가 부처를 만나 깨달음을 얻고 그의 제자가 된 승려.

257 Jetsun Milarepa(1028/40~1111/23). 앙굴리말라처럼 살인을 일삼다가 스승, 마르빠 로츠와(Marpa Lotsawa)를 통해 깨달음을 얻은 성자.

258 Paul the Apostle(5~64/65). 유대계 로마인으로 기독교와 예수의 제자들을 탄압하던 바리새인. 숨어있는 기독교인들을 색출하기 위해 다마스커스(Damascus)로 가던 중, '태양보다 밝은 빛에 휩싸여' 비전에서 예수를 보고, 3일 동안 시력을 잃는 체험을 한 후 깨달음을 얻었다. 신약성경을 구성하는 27권의 책 중, 14권은 바울이 집필한 것으로 알려져 있다.

259 Matthew the Apostle(?~68). 악명 높은 세리(세금징수 공무원)로 활동하다가 예수의 부름을 받고 그의 열두 제자 중 한 명이 된 자로, 신약성경의 4대 복음서 중 하나인 『마태복음』의 저자로 알려져 있다. 마태가 실제로 『마태복음』의 저자인지에 관해서는 현재까지

도 논란이 있다. 자세한 내용은 윌리엄 워커 앳킨슨의 『신비주의 기독교』를 참조하기 바란다.
260 Ralph Waldo Emerson(1803~1882). 미국의 수필가, 강사, 철학자, 시인, 초월주의(Transcendentalism)의 선구자.
261 특이하게도 아폴로는 치유의 신일 뿐 아니라, 질병의 신이기도 하다. 유대교 전통에는 '신의 치유(Healing of God)'를 의미하는 대천사, 라파엘(Raphael)도 있고, '신의 독(Venom/Poison of God)'을 의미하는 대천사, 사마엘(Samael)도 있는데, 아폴로는 마치 이 둘을 합쳐놓은 듯한 캐릭터다. 하지만 둘 다 우주에서 필요한 존재이기 때문에 존재하는 것이다. 어둠이 없으면 빛의 소중함을 알 수 없듯이, 병(시련)이 없으면 치유의 소중함도 알 수 없을 것이다.
262 Priapus. 거대한 남근을 지닌 것으로 묘사되는 그리스의 신으로, 생식능력과 비옥함, 채소, 자연, 가축, 과일, 양봉, 성(性), 생식기, 남성성, 정원 등을 상징한다.
263 Cloacina. 하수 시설을 관장하는 로마의 여신.
264 "여호와 하나님이 흙으로 사람을 지으시고 생기를 그 코에 불어넣으시니 사람이 생령이 된지라." (구약성경 창세기 2장 7절)
265 Carl Gustav Jung(1875~1961). 스위스의 정신과 의사, 정신요법 의사, 심리학자, 분석심리학의 창시자.
266 Book of Tobit. 기원전 3~2세기에 쓰인 것으로 알려진, 구약성경에 포함되지 않은 성경 외경(外經).
267 신약성경 마태복음 23장 11절.
268 Statue of Zeus at Olympia. 그리스의 전설적인 조각가 페이디아스(Phidias; 기원전 500?~432?)가 왕좌에 앉은 올림포스의 왕 제우스의 모습을 구현한 조각상으로, 기원전 435년경에 완성되었다고 한다. 고대 세계의 7대 불가사의 중 하나인 이 조각상은 높이가 약 12.4m에 이르렀던 것으로 전해진다, 당시의 작가들이 남긴 기록을 토대로 대략적인 모습만 상상할 수 있다. 서기 6세기 말 이전에 파괴되어 오늘날에는 전하지 않는다.
269 맨리 P. 홀의 그리스 신화 강의 시리즈에서 발췌.
270 조로아스터교(Zoroastrianism; 拜火敎). 불을 숭배하는 고대 페르시아의 종교. 선지자 조로아스터의 가르침을 교리로 삼고 있다. 전설에 따르면 조로아스터의 아버지는 불의 엘리멘탈인 살라만더였다고 한다.
271 맨리 P. 홀의 강의, 『Seven Wonders of the Ancient World』에서 발췌.
272 '거대한', '엄청난'을 의미하는 단어, 'colossal'이 여기에서 유래되었다.
273 Helios. 고대 그리스의 태양신. 하이페리온(Hyperion; '높은 곳에 계신 분'), 파에톤(Phaethon; '빛나는 분')으로도 알려져 있다. 태양이 태양계의 중심에 있고, 지구를 비롯한 행성들이 태양 주위를 돌고 있다는 '지동설(地動說)'을 영어로는 'Heliocentrism'이라

고 한다. 태양이 중심에 있다는 뜻이다.
274 Selene. 달을 상징하는 고대 그리스의 여신. 영어권의 여자 이름 'Selene'와 'Selena'는 '달'이라는 뜻이다.
275 Sól. 태양을 상징하는 북유럽 신화의 여신.
276 Máni. 달을 상징하는 북유럽 신화의 신.
277 『해와 달이 된 오누이』. "떡 하나 주면 안 잡아먹지!"라고 말하며 사람을 위협하는 호랑이가 등장하는 것으로 유명한 전래동화.
278 걸그룹 아이브(Ive)의 멤버, 장원영의 긍정적인 사고방식에서 유래된 밈. "나에게 일어나는 모든 일은 결국엔 득이 된다."는 생각으로, 주어진 상황을 다각도에서 바라보는 긍정적 사고방식.
279 마름돌 출판사에서 출간한 윌리엄 워커 앳킨슨의 『그대, 아직도 '나'를 찾고 있는가?』에서도 아스트랄계를 비교적 소상하게 다루고 있으니 참고하기 바란다.
280 Phryne(기원전 371~기원전 316). 고대 그리스의 헤타이라(hetaira; 창부).
281 Hypereides(기원전 390~기원전 322). 그리스의 연설 기초가, 연설가. 마케도니아와 알렉산더 대왕에 맞선 아테네 저항군의 지도자.
282 신약성경 마태복음 25장 14~30절.
283 "타로에는 좋은 카드와 나쁜 카드라는 것이 따로 없습니다. 하지만 검 7번 카드는 예외입니다. 그 카드는 좀…." (론 마일로 듀켓의 타로 강의 중에서)
284 Homer(기원전 8세기). 고대 그리스의 시인. 대표작으로는 트로이 전쟁의 역사를 묘사한 『일리아드(Iliad)』와, 트로이 전쟁을 그리스의 승리로 이끈 영웅, 오디세우스의 귀환 여정을 다룬 『오디세이(Odyssey)』가 있다.
285 Aeneas. 트로이의 왕자 안키세스(Anchises)와 그리스의 여신 아프로디테 사이에서 태어난 영웅.
286 Dione. 사랑의 여신, 아프로디테의 어머니. 아프로디테의 탄생 설화에는 크게 두 가지 버전이 있다. 호메로스에 의하면 아프로디테는 제우스와 디오네 사이에서 태어났고, 헤시오도스에 따르면 크로노스가 아버지 우라노스를 거세하고 생식기를 바다에 던지자 바다에서 거품이 일면서 아프로디테가 거대한 가리비를 타고 솟아올랐다고 한다. 아프로디테의 이름이 '거품'을 의미하는 그리스어 'aphros'에서 유래되었다는 설도 있다.
287 아바타들의 순서와 이름은 다음과 같다. 1) 마치야(Matsya), 2) 쿠르마(Kurma), 3) 바라하(Varaha), 4) 나라심하(Narasimha), 5) 바마나(Vamana), 6) 파라슈라마(Parashurama), 7) 라마(Rama), 8) 크리슈나(Krishna), 9) 붓다(Buddha), 10) 칼키(Kalki)
288 힌두교 우주론에 등장하는 네 시대 중 마지막 시대. 각 시대의 명칭과 지속 기간은 다음과 같다. 1) 사티아 유가(Satya Yuga; 1,728,000년), 2) 트레타 유가(Treta Yuga; 1,296,000년), 3) 드와파라 유가(Dvapara Yuga; 864,000년), 4) 칼리 유가(Kali Yuga; 432,000년).

고대 그리스에서는 인류의 역사가 황금시대(Golden Age), 은의 시대(Silver Age), 동의 시대(Bronze Age), 영웅의 시대(Heroic Age), 철의 시대(Iron Age)를 차례대로 거치면서 쇠퇴했다가 황금시대가 다시 돌아온다고 설명했고, 유대교/기독교 전통에서는 바벨론의 왕, 느부갓네살이 꿈에서 머리는 금, 가슴과 팔은 은, 배와 넓적다리는 놋, 종아리는 철, 발은 철과 진흙으로 만들어진 사람을 본 이야기가 나온다. 선지자 다니엘은 왕의 꿈이 다가오는 미래의 시대를 의미한다고 해석했다. (구약성경 다니엘서 2장).

289 Mount Salvat, Montsalvat. 『파르지팔』 전설에서 성배를 모시는 성이 있는 곳. Mount Salvat은 '구원받은 산', '구원의 산'을 의미한다.

290 Asmodeus. 『토비트서(Book of Tobit)』, 『탈무드(Talmud)』, 『솔로몬 비서(Testament of Solomon)』 등, 다양한 출처에 등장하는 악령들의 왕.

291 구약성경 열왕기상 3장 5~13절.

292 Judah Loew ben Bezalel(1512/1526~1609). 모라비아/보헤미아(오늘날의 체코 공화국)의 『탈무드』 학자, 유대교 신비주의자, 수학자, 천문학자, 철학자, 랍비.

293 개신교 성경에는 미카엘과 가브리엘, 가톨릭 성경에는 이 둘 외에 라파엘까지 명시되어 있다. 타락 천사까지 포함하면 대천사 루시퍼도 성경에 명시되어 있다.

294 예: 요하난 벤 자카이(Yohanan ben Zakkai), 엘리샤 벤 아부야(Elisha ben Abuyah), 오사마 빈 라덴(Osama bin Mohammed bin Awad bin Laden; 라덴의 아들 아와드의 아들 무함마드의 아들 오사마) 등.

295 Seth. 가인(Cain)과 아벨(Abel)에 이어 아담과 이브 사이에서 태어난 세 번째 아들로, 유대 민족의 시조. 장미십자협회의 맥스 하인델은 저서 『프리메이슨과 가톨릭(Freemasonry and Catholicism)』에서 가인은 루시퍼 영인 사마엘(Samael)과 이브의 결합으로 태어났고, 아벨과 셋은 (성경의 기록과 달리) 이브보다 나중에 창조된 아담과 이브 사이에서 태어난 아들들이라고 설명했다. 이에 따라 현생 인류는 크게 '가인의 아들들(후손)'과 '셋의 아들들(후손)'의 두 그룹으로 나뉜다고 한다.

296 불이 승화하여 무지개가 되었다는 것은 불의 가장 상위 속성인 '빛'으로 승화했다는 뜻이다.

297 여담이지만, 빛의 속도(광속)는 대략 3×10^8 m/s이며, 공교롭게도 우리나라 사람들이 즐기는 카드놀이의 일종인 '섰다'에서 가장 높은 패는 '3·8 광땡'이다.

298 신약성경 갈라디아서 6장 7절.

299 Atlas. 세계 지도책도 'atlas'로 불린다.

300 4대 대천사와 4대 원소 간의 상응 관계는 다음과 같다. 미카엘(Michael)-불; 가브리엘(Gabriel)-물; 라파엘(Raphael)-공기; 우리엘(Uriel)-흙.

301 Quintessence. 고대 철학과 중세의 연금술에서 나온 용어로, '다섯 번째 본질(fifth essence)'이라는 뜻이다. 오늘날에는 '완벽한 전형', '진수', '정수' 등의 의미로 쓰인다.

302 양과 음의 개념은 언제나 상대적이다. 달과 지구, 또는 예소드와 말쿠트의 관계에서 보면 달/예소드가 양이고 지구/말쿠트가 음에 해당하지만, 태양과 달, 또는 티파레트와 예소드의 관계에서 보면 태양/티파레트가 양이고 달/예소드가 음이 된다.

303 Pythagoras(기원전 570?~495?). 고대 그리스의 철학자, 박식가, 피타고라스학파(Pythagoreanism)의 창시자. 'Pythagoras'라는 이름은 그의 탄생을 예언한 델포이 신전의 오라클, 피티아(Pythia)에서 따온 것이라고 한다.

304 구약성경 여호수아 6장 참조.

305 Hecate. 마법, 주문, 달, 밤, 교차로, 유령과 관련이 있는 그리스 신화의 여신으로, 세 얼굴과 몸을 지닌 형상으로 묘사된다.

306 Sacrament. 기독교 교회에서 특별히 중시하는 예식으로, 세례식(Baptism), 견진성사(Confirmation), 성찬(Holy Communion), 속죄(Penance), 결혼(Marriage), 신품성사(Holy Orders), 병자성사(Anointing of the Sick) 등을 지칭한다.

307 직역하면 '가만히 앉아있는 오리'라는 뜻으로, '공격하기 쉬운 대상'을 의미한다.

308 가만히 있지 않고 계속 움직이는 표적을 맞히기란 매우 어렵다.

309 대부분 덱에서는 14번 카드에 '중용' 또는 '절제'를 의미하는 'Temperance'를 지정하지만, 토트 타로의 메이저 아르카나를 통해 연금술의 과정을 표현한 크로울리는 이 카드에 'Art'라는 제목을 지정하였다.

310 물질의 관점, 즉, 재운 면에서 좋다는 뜻이다.

311 "그가 여호와 앞에서 특이한 사냥꾼이 되었으므로 속담에 이르기를 아무는 여호와 앞에 니므롯 같은 특이한 사냥꾼이로다 하더라" (구약성경 창세기 10장 9절)

312 신약성경 요한복음 2장 1~11절.

313 신약성경 마태복음 17장 1절.

314 신약성경 마태복음 11장 14절.

315 신약성경 마태복음 17장 1~8절.

316 신약성경 마태복음 17장 12절.

317 신약성경 마태복음 17장 13절.

318 "예수께서 가이사랴 빌립보 지방에 이르러 제자들에게 물어 가라사대 사람들이 인자를 누구라 하느냐. 가로되 더러는 세례 요한, 더러는 엘리야, 어떤 이는 예레미야나 선지자 중의 하나라 하나이다." (신약성경 마태복음 16장 13~14절)

319 신약성경 마태복음 16장 20절.

320 Ectoplasm. 물질화한 영적 에너지.

321 Brian Weiss(1944~). 미국의 정신과 의사, 최면 치유사, 작가.

322 구약성경 창세기 1장 1절~2장 3절.

323 Aristophanes(기원전 446~386). 그리스의 극작가, 시인. 대표작 『구름(The Clouds)』, 『말

벌들(The Wasps)』, 『새(The Birds)』, 『개구리(The Frogs)』. 맨리 P. 홀에 따르면 아리스토파네스는 당시 신비주의 학교의 입문자였으며, 그의 작품 『개구리』에는 신비주의 입문 의식의 절차와 비밀이 상징적으로 표현되었다고 한다.

324 Akhenaten(?~기원전 1336/1334). 고대 이집트 제18왕조의 10번째 파라오. 기존의 다신교 전통을 폐지하고 아텐(Aten)이라는 태양신을 중심으로 하는 유일신교를 수립한 것으로 유명하다. 재위 중 자신의 이름도 태양신 아문(Amun) 또는 아멘(Amen)의 흔적이 남아있는 아멘호텝 4세(Amenhotep IV)에서 아텐이 들어간 아크나텐(Akhenaten)으로 바꿨다.

325 Tertullian(155~220). 카르타고 출신의 초기 기독교 작가, 신학자.

326 John Chrysostom(347~407). 콘스탄티노플의 대주교.

327 Ambrose of Milan(339~397). 밀라노의 주교, 신학자, 정치인.

328 Augustine of Hippo(354~430). 히포의 주교, 철학자, 신학자, 작가.

329 Thomas Aquinas(1225~1274). 이탈리아의 수사, 신부, 철학자, 신학자, 법학자.

330 https://lifereconsidered.com/2020/02/12/how-some-of-the-early-church-fathers-views-on-women-affect-us-today/

331 Muses. 아홉 뮤즈의 이름과 담당 분야는 다음과 같다: 칼리오페(Calliope; 서사시), 클리오(Clio; 역사), 폴리힘니아(Polyhymnia; 찬가), 에우테르페(Euterpe; 음악과 서정시), 테르프시코레(Terpsichore; 합창과 춤), 에라토(Erato; 서정시, 연애시), 멜포메네(Melpomene; 비극), 탈리아(Thalia; 희극), 우라니아(Urania; 천문).

332 Robert Schumann(1810~1856). 독일 초기 낭만파 시대의 작곡가, 피아니스트, 음악평론가.

333 Clara Schumann(1819~1896). 독일의 피아니스트, 작곡가, 피아노 교사.

334 Dante Alighieri(1265~1321). 이탈리아의 시인, 작가, 철학자. 대표작 『신곡(Divine Comedy)』.

335 Beatrice 'Bice' di Folco Portinari(1265~1290). 단테에게 영감을 준 이탈리아의 여성으로, 『신곡』에서는 연옥과 천국을 여행하는 주인공의 가이드로 등장한다.

336 George Harrison(1943~2001). 영국의 음악가, 가수, 작곡가. 그룹 비틀스의 리드 기타리스트로 유명하다. 첫 번째 부인 패티 보이드를 위해 명곡 『Something』을 작곡했다.

337 Eric Clapton(1945~). 영국의 음악가, 가수, 블루스 기타리스트, 작곡가. 총각 시절 친구의 부인이기도 한 패티 보이드를 사모하며 'Derek and the Dominoes'라는 그룹의 이름으로 명곡 『Layla』를 작곡하고, 그녀와 결혼에 골인한 후에는 패티를 위해 국내에서도 잘 알려진 발라드 명곡, 『Wonderful Tonight』을 작곡했다.

338 Pattie Boyd(1944~). 영국의 모델, 사진작가. 모델 시절 비틀스를 주인공으로 한 영화, 『A Hard Day's Night(1964)』에 단역으로 출연하여 조지 해리슨과 인연을 맺었고, 훗날 그

와 이혼 후 에릭 클랩턴과 두 번째 식을 올렸다.

339 Helena Petrovna Blavatsky(1831~1891). 러시아/미국의 신비주의자, 작가, 신지학회(Theosophical Society) 창립자. 대표작 『베일을 벗은 이시스(Isis Unveiled)』, 『비밀 교리(The Secret Doctrine)』.

340 James George Frazer(1854~1941). 스코틀랜드의 사회 인류학자, 민속학자, 신화학자, 비교종교학자.

341 신약성경에서는 엘리야가 세례 요한으로 환생했다고 기록되어 있다.

342 Maimonides, Moses ben Maimon(1138~1204). 세파르딤 유대교 랍비, 철학자.

343 영어로 '추상적'은 'abstract', 그리고 이와 반대인 '구체적'은 'concrete'다.

344 Sigmund Freud(1856~1939). 오스트리아의 신경과 전문의, 정신 분석학의 창시자, 심리학자.

345 "또 천국은 마치 좋은 진주를 구하는 장사와 같으니, 극히 값진 진주 하나를 만나매 가서 자기의 소유를 다 팔아 그 진주를 샀느니라." (신약성경 마태복음 13장 45~46절)

346 위 정육면체의 아래 면과 아래 정육면체의 윗면은 감춰져 보이지 않으므로 총 10개(=6+6-2)의 정사각형만 겉으로 드러난다.

347 "내가 천사에게 나아가 작은 책을 달라 한즉 천사가 가로되 갖다 먹어 버리라 네 배에는 쓰나 네 입에는 꿀같이 달리라 하거늘" (신약성경 요한계시록 10장 9절)

348 Whitehall. 영국의 관공서가 밀집된 런던의 거리로, 영국 정부의 심장이라고 할 수 있는 구역이다.

349 Charles I of England(1600~1649). 잉글랜드, 스코틀랜드, 아일랜드의 왕. 국왕의 권한을 축소하려는 영국 의회와 갈등을 빚고, 영국 내전(English Civil War; 1642~1651) 당시 의회 측에게 패한 후에도 독재의 권한을 포기하지 않다가 반역죄로 참수되었다. 그가 사망한 후 영국에서는 군주제가 폐지되고 잠시 공화정이 들어섰으나, 그의 아들, 찰스 2세가 1660년에 즉위하면서 군주제가 부활했다. 그래서 크로울리가 찰스 1세의 참수를 '히드라'에 빗댄 것이다.

350 Lernaean Hydra. 그리스/로마 신화에 등장하는, 여러 개의 머리가 달린 뱀. 머리 하나를 잘라내면 두 개의 머리가 새로 솟아난다고 한다. 따라서 히드라를 죽이기 위해서는 새로운 머리가 자라나기 전에 모든 머리를 동시에 잘라내야 한다. 오늘날에는 '쉽게 죽일 수 없는 것', '아무리 죽여도 다시 살아나는 것'을 의미하는 용어로 종종 사용된다.

351 구약성경 외전 집회서(Ecclesiasticus) 2장 5절.

352 "필경은 살이 그 간을 뚫기까지에 이를 것이라 새가 빨리 그물로 들어가되 그 생명을 잃어버릴 줄을 알지 못함과 일반이니라" (구약성경 잠언서 7장 23절)

353 Lady Frieda Harris(1877~1962). 크로울리가 구상한 토트 타로를 그린 영국의 화가, 크로울리의 제자.

354 Candide. 프랑스 계몽주의 시대의 작가, 볼테르(Voltaire; 1694~1778)의 풍자소설, 『캉디드(Candide)』의 주인공.
355 Sophist. 본래 고대 그리스에서 '지혜로운 자'를 의미하는 용어였으나, 훗날 논쟁에서 이기기 위해 논리를 악용하고 궤변을 일삼는 양심 없는 지식인을 비하하는 의미로 사용되기 시작했다.
356 Pharisees. 율법의 적용 취지보다는 문자적 해석에 치중했던 고대 유대교의 사상가들로, 성경에서는 예수와 갈등을 빚었던 여러 일화로 유명하다.
357 신약성경 요한복음 5장 1~18절.
358 Isildur. J. R. R. 톨킨의 명작 판타지 소설, 『반지의 제왕』에 등장하는 곤도르의 건국왕. 전투 도중 부러진 아버지의 검으로 절대 반지의 주인인 사우론의 손을 자르고 그를 물리쳤으나, 절대 권력을 선사하는 반지의 유혹에 넘어가 결국엔 죽임을 당한다.
359 Sigmund. 리하르트 바그너의 악극, 『니벨룽의 반지』에 등장하는 영웅. 그 역시 전투 도중 검이 부러졌으나, 훗날 그의 아들 지그프리트(Siegfried)가 검을 본래의 모습으로 복원하여 니벨룽의 반지를 취한 용을 무찌른다.
360 『매트릭스』 프랜차이즈의 두 번째 에피소드 제목이 『The Matrix Reloaded』다.
361 Enochian. 16세기 영국의 궁중 마법사, 존 디(John Dee; 1527~1608/1609)가 천사들로부터 받았다는 오컬트 인공 언어체계.
362 베트는 수성과 머큐리를 상징하는 메이저 아르카나, 1번 카드, '마법사'에 지정된 히브리 문자다.